EVALUATION

U0836505

ZHIDU YU JISHU:
JIAOYU ZHILIANG GUANLI JIZHI ZAI CHONGJIAN

制度与技术：
教育质量管理机制在重建

——中小学教育质量综合评价改革的浙江实践

张　丰　主编

浙江教育出版社 · 杭州

前 言

改进教育质量管理 推进教育评价改革

2018年9月，习近平总书记在全国教育大会上指出，要深化教育体制改革，健全立德树人落实机制，扭转不科学的教育评价导向，坚决克服唯分数、唯升学、唯文凭、唯论文、唯帽子的顽瘴痼疾，从根本上解决教育评价指挥棒问题。教育评价问题的确是教育体制的关键问题。浙江省自2011年起就关注这一难点，并将“构建素质教育质量监测体系”列入省教育体制改革试点项目。2013年，浙江省被确定为国家中小学教育质量综合评价改革实验区。几年来，浙江省扎实推进中小学教育质量综合评价改革。

中小学教育质量综合评价改革是浙江省深化义务教育课程改革的重要组成部分。该项目通过建立体现绿色、健康、低利害的中小学教育质量综合评价体系，引导学校和社会树立正确的教育质量观，营造良好的育人环境；促使学校回归“立德树人”，切实扭转单纯以学生学业考试成绩和学校升学率评价中小学教育质量的倾向，促进学生全面发展、健康成长。

一、 浙江教育评价改革的基本理念

（一）关注“过程型质量”和“结构型质量”

区域教育管理中存在三种“质量”：一是“结果型质量”，反映学生个体的学习进步情况，应由学生负责；二是“过程型质量”，反映学校整体的课程实施水平，包括教学活动的规范性与有效性，应由学校和教师负责；三是综合体现区域教育质量的“结构型质量”，反映区域内学校、教师和各种资源配置的科学性与合理性，是区域教育质量的核心体现，应由地方政府负责。

反思当下的教育评价，存在一些问题：片面理解教育质量，将教育质量简单等同于学生学业成绩或升学情况；片面追求“结果型质量”，忽视“过程型质量”“结构型质量”对教育发展的根本支持与长远影响。这既是教育质量管理的制度设计问题，也是实践层面的方法问题。

（二）强调区域教育发展的“结构思维”与“生态意识”

当前不少区域仍然盛行“经济模式”的教育质量管理方式，将教育工作绩效聚焦在“结果型质量”，简单统计直观的数字，过度关注考试分数，过度采用横向比较，过度聚焦尖子学生，直接导致基础教育发展的生态失衡。特别是地方政府关注教育时容易表现出来的“学业成绩政绩化”倾向，对当前基础教育的消极影响正在加剧。

教育质量综合评价改革的意义，在于重建教育质量管理机制，将区域教育管理的重点落在提高“结构型质量”上，即要用“结构思维”看区域教育发展，以促进其可持续性发展。

习近平总书记在浙江工作期间指出“绿水青山就是金山银山”。党的十九大提出，建设生态文明是中华民族永续发展的千年大计。“两山”理论不仅是生态环境保护工作的重要指南，也是指导教育事业科学发展的理论武器与核心原则。教育质量综合评价改革就是要通过准确把握各地基础教育发展状况，引导地方政府、学校贯彻落实生态文明思想，科学理解“教育质量”，优化教育生态，促进区域教育“绿色”“协调”发展。

（三）在教育质量提升过程中强调“四个关注”

教育质量综合评价改革须以“学生发展”作为学校教育质量的体现，推行基于标准的评价、尊重差异发展的评价，强调关注学生的全面发展，关注学生的学习品质，关注质量形成的过程与成本，关注学生的成长环境。这是教育质量综合评价改革的核心精神，也是浙江对“以学生发展为中心”的教育质量观的解读。

（四）凸显质量评价的综合性

以往的教育质量评价更多的是单向的、一维的、简单的，此次教育质量评价改革凸显了评价指标、评价方式、评价方法以及评价功能的综合性。一是评价指标的综合性，由单纯评价学生考试成绩变为评价学生综合发展情况；二是评价方式的综合性，强调定量评价与定性评价相结合、终结性评价与形成性评价相结合、内部评价与外部评价相结合；三是评价方法的综合性，由过去实行单一的纸笔测试转变为在科学论证的基础上采用抽样测试、问卷调查、现场观察、个别访谈等多种方法；四是评价功能的综合性，由过去侧重甄别功能转变为充分发挥评价的引导、诊断、改进和激励等方面的作用。

二、 浙江教育评价改革的主要路径

浙江省按照省级统筹与区域试点相结合、制度建设与技术发展相结合、区域推进与学校培育相结合的思路，积极开展相关探索，在实践探索中一手抓制度建设，完善评价机制建设，一手抓技术建设，推动日常评价改革。五年来，宁波、温州、嘉兴、衢州、台州、丽水6个地级市和上城、西湖、江干、萧山、平阳、南湖、德清、东阳8个县（市、区）参与试点，形成既具省域特点又有地方特色的多样实践路径。

（一）聚焦区域与学校教育质量管理

浙江省率先提出“教育质量管理”概念，并将其作为推进教育评价改革、促进教育科学发展的关键因素。

2014年，项目组开展“义务教育阶段区域教育质量管理的经验与问题”的调研活动，寻找区域层面的成功经验。嘉兴市南湖区“课程立意、学生立场”的绿色评价、杭州市上城区“构建发展意义的学校评价和学生评价”活动成为实践亮点，嘉兴市南湖区、东阳市不依靠区域统考统测提升质量的做法成为全省典型。这些实践成果相继在《人民教育》《中国教育报》上发表，《基础教育课程》杂志还开辟《浙江中小学教育质量综合改革巡礼》专栏，刊登浙江经验。

2017年，项目组针对“区域依赖统考统测，学校强调教考分离，教师采用题海战术”的问题，从调研初中校内考试现状入手，通过指导学校完善校内考试制度，构建目标与过程清晰、体现“学生立场”、激活教师智慧、旨在“促进学习”的科学规范的学校教学质量管理机制。调研报告《从校内考试制度看优质学校的密码》发表在《中国教育报》上。

（二）构建省级教育质量监测工作体系

2013年，浙江省成立中小学教育质量监测中心，在北京师范大学的专业支持下，开始进行省级教育质量监测的探索。四年来，浙江省构建了包含学生学习状况、学生综合素质和学生成长环境三个方面共12项指标的教育质量综合评价指标体系；开展了三次全省范围的综合评价监测，全面了解全省义务教育阶段学生学业质量现状和影响全省中小学学生全面健康成长的关键因素；建立起针对不同对象的分层反馈工作体系，形成面向新闻媒体的社会公示报告、面向地方政府和教育局的行政反馈报告、面向中小学教师的教学导向报告等，指导各地基于评价实证改进教育管理与教学实践。

2018年，浙江省按照“一年监测，两年改进”的工作模式，独立开展教育质量综合评价工作。新一轮监测进一步完善了以学生发展为核心的指标体系，突出学生发展与影响因素两个方面。学生发展包括品德行为、学业水平、兴趣爱好、身心健康四个方面共8项指数，其中特别关注学生在创新实践、合作交往、自我认知上的发展水平。影响因素包括学生、教师、学校、家庭和区域五个方面共12项指数，其中重点关注教师的教学方式、职业认同感、专业发展状况，师生关系，以及学校的教学管理，并以学业均衡程度、学业负担水平、教育满意度作为区域教育质量的集中反映。

（三）探索体现地方特色的综合评价工作体系

浙江省各地探索体现地方特色的综合评价工作体系。温州市构建中小学教育质量“四维评价体系”，形成学生品德发展、学业水平、身心健康和学习生活幸福四个维度的评价指标体系、评价操作体系和评价管理体系。台州市形成市、县两级质量监测工作的分工合作机制。嘉兴市南湖区重点构建基于学生学习力发展的“绿色评价”指标（学习动力、学习毅力、学习能力）。杭州市上城区在“综合监测、综合诊断、综合改进”的基础上，聚焦学科核心素养和关键能力，研制学科工具，多次组织综合监测，引导学校关注学生的阅读素养、问题解决能力和实践操作能力。这些地区的特色项目涉及学生全面发展、学科核心能力等指标研究与工具开发，针对地方教育的难点与问题，形成地方教育质量综合评价工作体系。

（四）推动区域性统考向“学习质量调查”转型

随着人们对区域性统考利弊认识的不断深化，在一些地区，原先以横向比较为主要功能的区域性统考，逐渐向以诊断归因为主要功能的“学习质量调查”转型。

杭州市江干区在组织期末考试的同时，开展对学生学习状况的深入调查，将学业测试成绩与学习现状调查结果一起反馈给学校，供学校诊断分析。区级层面、学科层面同步跟进培训指导，通过自我诊断及改进、跟进性调研、典型现象分析、对异常数据的跟进验证等，形成改进教育教学的具体建议。丽水市莲都区等地也有类似的做法。

（五）推广基于数据实证的教育教学改进行动

促进评价结果的科学运用，将评价结果转化为促进教育教学改革的数据实证。温州市、杭州市江干区、丽水市莲都区、平阳县等许多地区都在数据驱动教学改进方面有积极实践。嘉兴市南湖区的评价研究还深入学科层面，部分学科教研员能够自如地在学科教学分析中利用评价实证和数据说明学与教的现状，形成清晰、科学的教学改进建议，成为区域性教学改革的重要支持系统。

（六）深化“以校为本”的小学考试评价改革

2014年，浙江省根据小学教育“零起点”的要求，积极推进小学低段考试评价改革，坚持小学低段不以纸笔测试为主要评价形式，推广“模块游考”“游园式考试”等做法。2015年，小学评价改革逐渐向高段发展，基于学科关键能力的小学学业评价体系初见端倪，基于实践任务的表现性评价得到较好的应用。2017年，省教育厅在7个县（市、区）启动小学生综合评价改革试点工作，以“分项等级评价”为抓手，指导学校评价要基于课程标准，围绕核心素养，重视过程表现，促进有效学习，提高教师的评价能力。杭州市上城区、西湖区，平阳县，东阳市在这一方面领跑全省。浙江实践受到全国各地的关注，并在重庆、青岛、西安等地区推广。

（七）借鉴监测工具研发技术，加强学科命题技术研究

浙江省教育厅教研室（以下简称省教研室）以中考试卷质量评价为载体，启动学科考试命题技术研究，探索“基于标准，能力立意”的命题思路、高层次认知能力的测验与评价标准的拟制；引导基层开展考试命题的研究，探索以“做中学”“伙伴学”为特征的提升命题能力的“实践研修”。研究形成的“初中学科考试命题研究丛书”（五册）成为推广基于自主命题的校本研修的支持资源。2018年又在全省推广初中学科命题技术研究，对提高区域测验质量和改进日常教学起到了积极的导向作用。

（八）推动初中生综合素质评价结果的刚性使用

嘉兴市率先将综合素质评价与高中招生“硬挂钩”，有关经验在全国中考改革新闻发布会上进行交流。宁波市将综合素质评价与课程过程性评价紧密结合，研制基于信息化平台的、与应用接轨的过程评价，操作性良好。省教研室多次深入调研，强化综合素质评价在高中学校招生与录取中的刚性作用，提升初中学校规范推进综合素质评价的热情。

（九）培育评价改革的校本化实践

评价改革的推进必须坚持“以校为本”。温州市、嘉兴市、杭州市江干区、丽水市莲都区等地将推进学校评价改革实践作为实验的重点之一，有的设立评价改革培育学校，有的成立评价教研大组，有的组建学科评价教研联盟，指导学校与学科科学运用监测结果，提高教师的评价素养，通过建立以校为本的学生综合评价体系，促进学生全面发展。

评价改革的校本化实践主要体现在五个方面：一是学业评价内容与方法的改革（以小学为主）；二是构建促进学生成长的综合评价体系；三是学校教学质量管理的改进；四是建立基于评价实证改进教育教学的工作机制；五是开展提高教师评价素养的校本研修。

（十）实施教育评价改革“能力建设行动”

在项目实施过程中，省教研室高度重视评价专业队伍建设，组织数据处理分析、问卷调查设计、县区反馈报告解读等高级研修班5次，评价技术培训与研讨会12次，培训4000余人次，在实践中培养了一大批本土专业力量。

目前，全省各级教研室已配备186名专、兼职评价教研员。杭州市、温州市初步建立起市、县两级评价教研员的教研活动制度，杭州市江干区、丽水市莲都区建立了深入学校的评价教研大组，一支同伴互助、自学成才、以实践见长且有一定理论素养的本土化的专业评价队伍初步形成。

五年来，“综合评价”的思想与方法已得到广泛认同与推广，浙江评价改革得到全国同行的高度关注。教育部基础教育课程教材发展中心、基础教育质量监测中心相继来浙调研，总结浙江经验，温州市、丽水市莲都区在全国教育质量监测反馈会议上分享经验。浙江坚持近20年的中考试卷质量评价与考试命题技术实践研修已成为品牌，教育部基础教育司于2018年启动的中考试卷质量评价工作也借鉴了浙江的一些经验。

三、 深化教育评价改革的建议

中小学教育质量综合评价改革很好地传递了浙江基础教育改革的一贯理念,有利于引导教育回归本原,落实核心素养;有利于优化教育生态,促进区域与学校回到良性发展。深化教育评价改革,还应重视以下问题。

(一)落实“两山理论”,引导地方政府端正教育质量观

近几年来,各级政府对教育工作的重视力度明显加大,但急功近利地“抓”教育质量的做法仍比较盛行,教育生态受到一定程度的破坏。当前,必须重视重构区域教育发展评估体系,用“结构型质量”取代“结果型质量”,引导区域教育的整体协调发展。

在面向地方党委、政府主要领导的工作会议中,要强调正确的教育质量观,遏制“经济模式”的教育质量管理,明确地方政府支持发展教育的正确责任,建立层次化的教育质量“承责”体系。各级地方政府除了保障教育投入外,应重视绿色、健康的教育环境建设;各级教育行政部门应更重视合理配置资源,维护可持续发展的学校结构;学校应更重视规范办学,尊重学生的成长规律。

要建立体现教育生态视角、关注教育发展环境建设的区域教育发展评估体系,以“结构型质量”引导区域教育的整体协调发展,进一步强调教育发展的民生意义与群众立场,切实纠正“名亡实存”的“国有民办”现象,以“两山”理论为指南构建良好的教育发展生态。

(二)践行科学评价,避免简单使用教育质量监测结果

在浙江,教育现代化评估是对区域教育发展的重要“指挥棒”。它应抓住区域发展的特征,突出“结构型质量”,引导学校教育尊重学生身心发展规律,回归“立德树人”。“学业达标率”的绝对标准不宜作为区域教育现代化的评估指标。

同时为了保证监测数据采集的真实性,可以参照“统计违规”的办法来查处地方数据造假,在法律层面保证数据来源的真实性。

（三）克制“教考分离”，提高教师运用评价促进学习的能力

最近十多年来，基础教育普遍存在“教考分离”过度的现象。具体体现在区域性统考、校内月考和周考增多却未必能促进学生的学习。频繁的“教考分离”式评价助长了赌博式的题海训练的歪风，有效的教学活动应是教学、作业、评价相一致的。要解决区域性统考与校内考试过于频繁的问题，应引导各地开展基于自主命题的校本研修。只有提高教师运用评价促进学生学习的能力，才能提高教育质量。

五年来，浙江教育质量综合评价改革试点已逐渐发展为包括区域（学校）整体评价与学生个体评价的教育评价改革，并与深化课程改革实践相融合。14个试点单位的前期实践已积累了丰富的成果。下一阶段，我们将继续以这些实践为基础，在全省推进以学生发展为核心、以“综合”为方法论的教育评价改革。

编　者

2018年9月30日

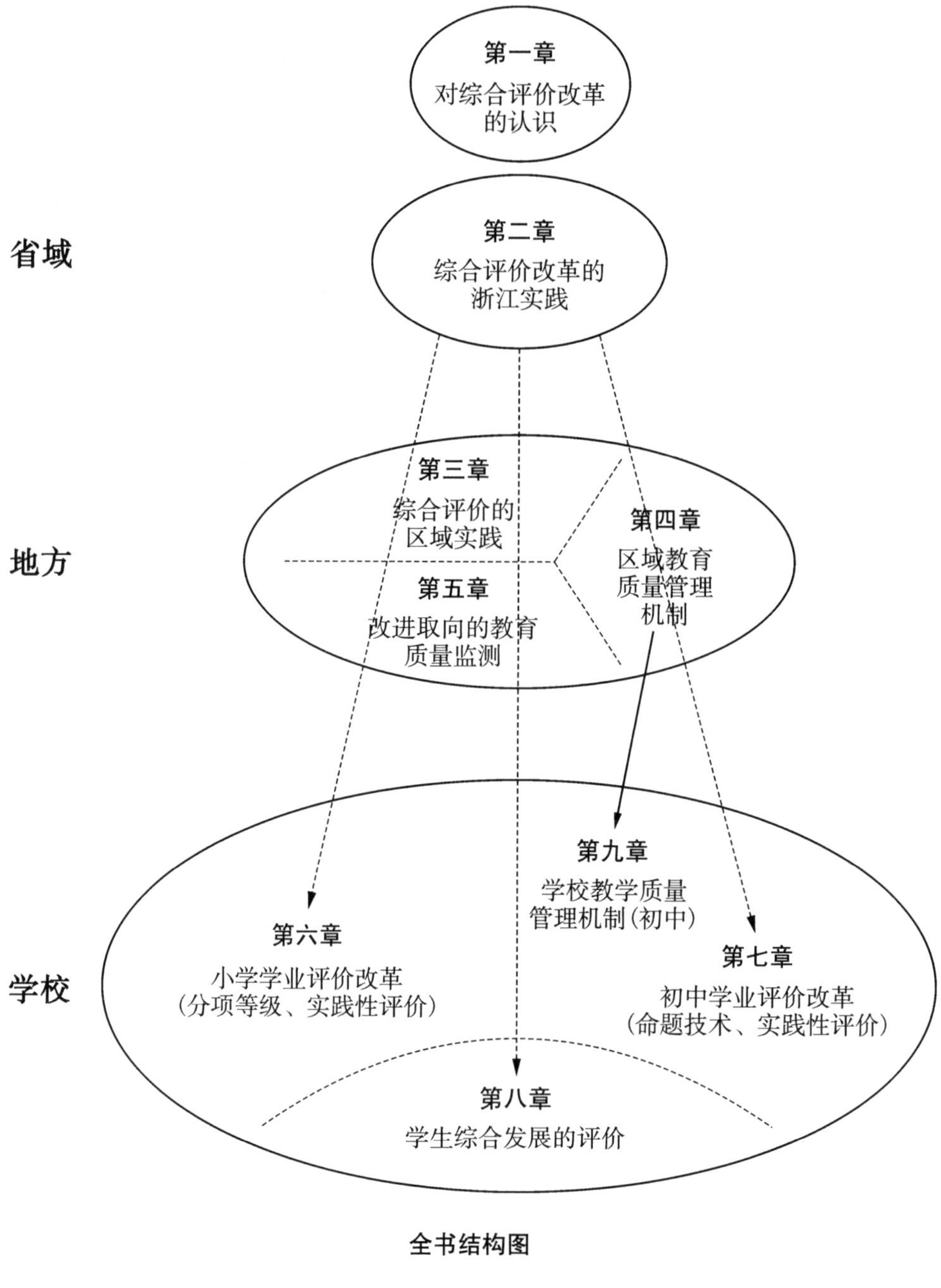

第一章
对综合评价改革
的认识
省域
第二章
综合评价改革的
浙江实践
地方
第三章
综合评价的
区域实践
第四章
区域教育
质量管理
机制
第五章
改进取向的教育
质量监测
学校
第九章
学校教学质量
管理机制（初中）
第六章
小学学业评价改革
（分项等级、实践性评价）
第七章
初中学业评价改革
（命题技术、实践性评价）
第八章
学生综合发展的评价

全书结构图

目录

第一章

寻求突破的教育评价改革

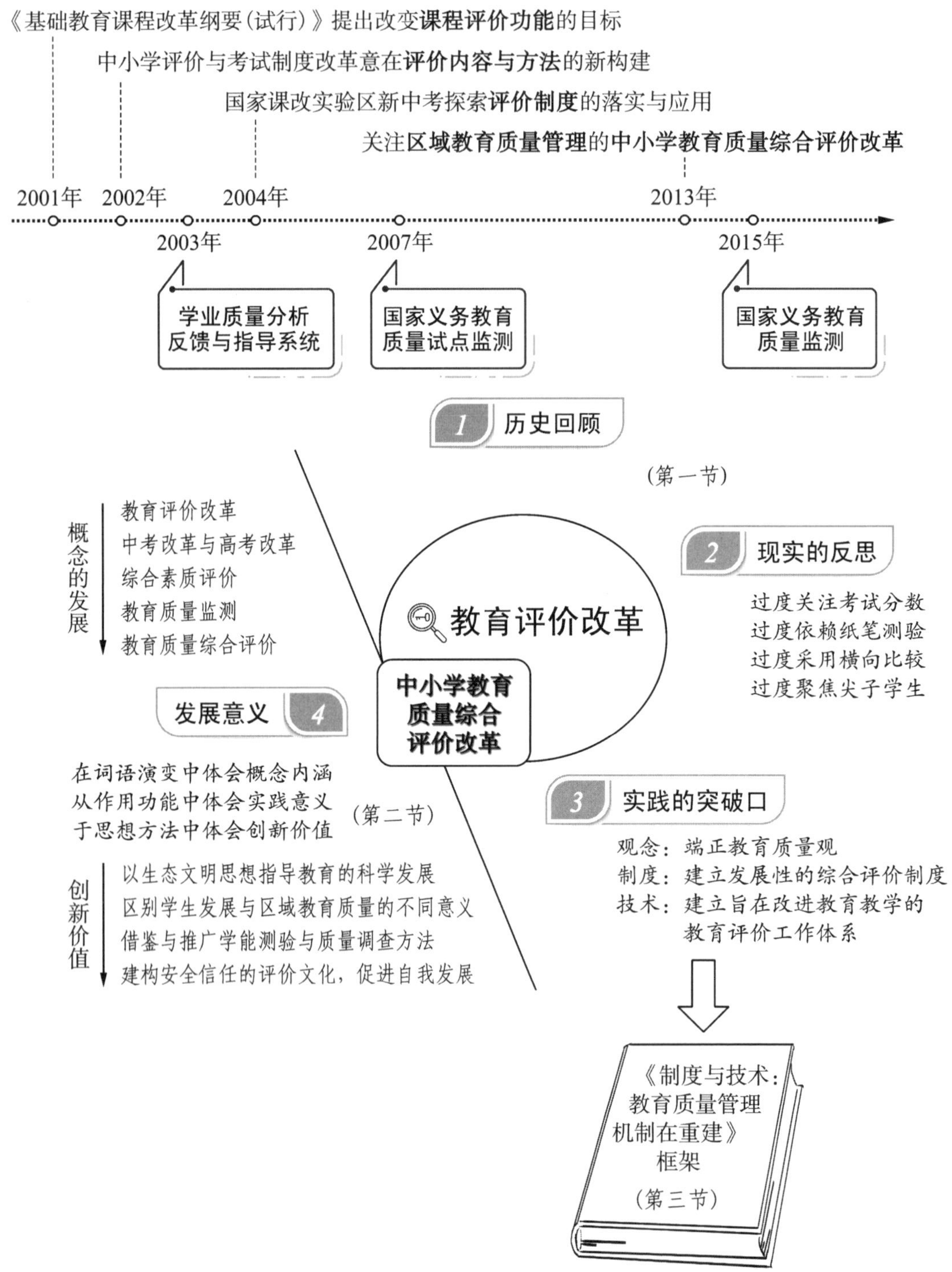
《基础教育课程改革纲要(试行)》提出改变课程评价功能的目标
中小学评价与考试制度改革意在评价内容与方法的新构建
国家课改实验区新中考探索评价制度的落实与应用
关注区域教育质量管理的中小学教育质量综合评价改革
2001年
2002年
2004年
2013年
2003年
2007年
2015年
学业质量分析反馈与指导系统
国家义务教育质量试点监测
国家义务教育质量监测
1 历史回顾
(第一节)
概念的发展
教育评价改革
中考改革与高考改革
综合素质评价
教育质量监测
教育质量综合评价
2 现实的反思
过度关注考试分数
过度依赖纸笔测验
过度采用横向比较
过度聚焦尖子学生
教育评价改革
中小学教育质量综合评价改革
发展意义 4
在词语演变中体会概念内涵
从作用功能中体会实践意义
于思想方法中体会创新价值
(第二节)
创新价值
以生态文明思想指导教育的科学发展
区别学生发展与区域教育质量的不同意义
借鉴与推广学能测验与质量调查方法
建构安全信任的评价文化，促进自我发展
3 实践的突破口
观念：端正教育质量观
制度：建立发展性的综合评价制度
技术：建立旨在改进教育教学的教育评价工作体系
《制度与技术：教育质量管理机制在重建》框架
(第三节)

图1.1　本章结构图

2013年6月，教育部下发《关于推进中小学教育质量综合评价改革的意见》(以下简称《意见》)，要求基础教育战线充分认识推进评价改革的重要性与紧迫性，准确把握推进评价改革的总体要求，建立健全中小学教育质量综合评价体系，完善推进评价改革的保障机制，并随文下发《中小学教育质量综合评价指标框架(试行)》。这一文件是我国基础教育课程改革进程中关于评价改革的重要文件，预示着教育评价改革进入新时期。

作为世界公认的教育领域的难题，评价改革的难度不言自明。反思当前中小学评价活动，“过度关注考试分数、过度依赖纸笔测验、过度采用横向比较、过度聚焦尖子学生”成为强势的惯性，对教育教学活动产生了严重的消极影响。从学理看，这是评价功能、评价内容、评价工具以及评价结果运用中存在的问题。

僵局不破，改革难行。《意见》的诞生，究竟能在多大程度上促进难题的解决?《意见》构建了中小学教育质量综合评价体系，并提出要把教育质量综合评价结果作为完善教育政策措施、加强教育宏观管理的重要参考，作为评价考核学校教育工作的主要依据。它提出了一种科学、全面的教育质量观，吹响了改变单纯以学生学业成绩和学校升学率评价中小学教育质量的片面质量观的号角。

“中小学教育质量综合评价”到底指什么?它对我国中小学评价改革意味着什么?为什么要在基础教育阶段特别提出“教育质量综合评价改革”?这些问题都需要深入思考和实践探索。在我国，中小学教育质量综合评价是一个新词语。它与以前开展的教育评价改革、中考与高考改革、综合素质评价、教育质量监测等既有千丝万缕的联系，也有本质的区别。我们要从历史的角度，辨析厘清概念，以更好地改进实践。

第一节　我国中小学评价改革的回溯与反思

一、21世纪我国中小学评价改革的发展脉络

教育评价改革是基础教育课程改革的一部分。回顾21世纪以来我国义务教育阶段教育评价改革的发展,大致可分为四个阶段。高中阶段的评价改革也有相似的主题切换,但总体步调要晚五六年。

(一) 第一阶段:思想启蒙与初步探索(2000—2004年)

2001年6月,《基础教育课程改革纲要(试行)》(以下简称《纲要》)的颁布标志着我国新世纪基础教育课程改革实验的启动。同年,义务教育各学科课程标准(实验稿)及实验教材在38个国家级实验区试行,浙江省的三个国家级实验区余杭、北仑、义乌于2002年启动实验。实践展开后,教育评价的问题日益突显。

《纲要》在课程改革目标中明确提出要"改变课程评价过分强调甄别与选拔功能,发挥评价促进学生发展、教师提高和改进教学实践的功能",并要求各地改革和完善考试制度,建立促进学生全面发展的评价体系、促进教师不断提高的评价体系、促进课程不断发展的评价体系。《纲要》将学生评价、教师评价与课程评价三方面作为教育评价改革最初的重点。

2002年12月,教育部下发《关于积极推进中小学评价与考试制度改革的通知》(以下简称《通知》),进一步明确了学生发展的六大基础目标①,明确了教师评价的四方面内容②,使《纲要》要求的学生评价与教师评价有了具体可依照的内容与方法。《通知》进一步提出"建立有利于提高学校教育质量的评价体系"的要求,将学校评价作为教育评价改革的又一个重点。要从学校领导班子、校长、制度与管理、教学研究制度、体育与文艺活动等方面来评价学校,改变以升学率为唯一标准评价学校教育质量的做法,建立体现素质教育要求的中小学校评价体系。《通知》还对中小学

① 六大基础目标为道德品质、公民素养、学习能力、交流与合作能力、运动与健康、审美与表现。
② 教师评价的四方面内容为职业道德、了解与尊重学生、教学方案的设计与实施、交流与反思。

升学考试以及招生制度的改革、普通高中会考制度的改革提出要求，为中小学评价与考试改革指明了方向。作为关于教育评价改革的整体文件，《通知》明确提出构建发展性的学生评价、教师评价和学校评价体系的任务，明确考试与招生制度改革中实施“综合评价”的方向，强调“各级教育行政部门不得以升学率作为评价学校的标准”“不以学生考试成绩作为评价教师的唯一标准”“不得将学生成绩排队、公布”等禁则。

这两份纲领性文件的背后，还有2000年成立的董奇领衔的国家基础教育课程改革“促进教师发展与学生成长的评价研究”项目组的专业支持。他们组织出版了“新课程与教育评价改革译丛”，介绍国外先进的教育评价改革经验。项目组依托国家基础教育课程改革实验区，研究出版了“新课程与教育评价改革丛书”，总结理论与实践的成果，推出系列调研报告①。在这些成果的影响下，以实验区为先行者，全国各地中小学总结了许多评价改革的实践经验，在日常学习活动中的学生评价、学生学业评价、学生成长档案袋、教师评价、课堂教学评价等方面的探索精彩纷呈。

这一阶段的主要进展反映在新课程评价思想的启蒙与丰富多样的实践上，从评价对象的角度构建起三个层次的教育评价改革。

（二）第二阶段：关注综合素质评价的落地（2004—2008年）

2004年2月，教育部办公厅下发《国家基础教育课程改革实验区2004年初中毕业与普通高中招生制度改革的指导意见》（教基厅〔2004〕2号），就新课程实验的首次中考提出具体意见，改变以升学考试科目分数简单相加作为唯一录取标准的做法，力求在初中毕业生学业考试、综合素质评定、高中招生录取三方面有所突破。

2004年6月，国家课改实验区迎来首次新中考。在此后的四五年中，新中考在全国各地陆续落地。毫无疑问，新中考是新课程评价改革的焦点，也是保障当地课程改革顺利进行的关键。初中毕业生学业考试的改进是渐进的，综合素质评价及其在高中招生录取中的体现成为新中考的突破之处。这是面向学生试图推行“综合评价”的第一次努力。从全国范围看，尽管山东潍坊、长沙开福、深圳南山等地的中考改革的确有重要突破，但综合素质评价在高中招生录取中的应用却较少。2008年前后，中小学教育评价改革实践又回落到低谷状态。

① 国家基础教育课程改革“促进教师发展与学生成长的评价研究”项目组. 新课程实施中教育评价改革的探索［M］. 西安：陕西师范大学出版社，2003年.

这一阶段的主要进展是评价方法向评价制度的转化。小学生等级制评价、初中生综合素质评价、高中招生录取办法以及教师评价、学校督导评估等都在新课程的框架下寻求重建。但是,理想与现实相遇时,或退步或妥协或突破。在大局出现分化的过程中,从全国范围看,像潍坊这样坚持中考改革近十年,通过学业成绩等级评定,使综合素质评价与高中招生硬挂钩的地区寥寥无几。2017年,教育部再次推进的中考改革的主要焦点依然是综合素质评价在高中招生中的应用。

(三)第三阶段:系统重建的前期探索(2007—2012年)

为什么综合素质评价的有效实施在实践层面受到不小的抵制?学校评价改革困难,背后是区域教育质量观的问题。在唯分数与升学率的教育质量观尚未被制止的情况下,扭转“重甄别,轻改进”的评价功能定位,提高学业测试的科学性便成为改革的关键。评价改革的重点必须从分散的基层实践,逐渐走向低调却坚定的系统工程,通过观念的转变、技术的突破,来促进制度的进步。

2007年11月30日,教育部基础教育质量监测中心在北京师范大学揭牌成立。它以抽样的方法对全国义务教育阶段的学生群体的德智体美状况进行综合监测,不对学生进行学科考试,不对学生或学校进行个体评价,不排名次,不公布分数,不评优评级。同时,还对影响学生全面发展的环境因素进行重点分析。这是我国教育改革与发展寻求新突破的一个标志性的机构,依托全国教育督导系统,从管理的角度试图扭转过度聚焦学业、过度横向比较、唯分数与升学率的教育质量观。此后,以重庆市教育评估院的成立为标志,各地纷纷成立省级评估或监测机构,试图通过教育评估或质量监测的办法扭转唯分数的绩效评价模式,建立基于数据的监测、改进模式。

其实早在2003年,教育部基础教育课程教材发展中心就已启动“建立中小学学业质量分析反馈与指导系统”项目,借鉴国外基础教育质量监测与评价的经验,开展面向义务教育阶段的、基于标准的大样本学业测试与问卷调查的探索。到2008年,项目形成了较为成熟的运作模式,上海、江苏、大连等十多个地区参与项目。2011年,上海市教育委员会在项目组的帮助下,构建起“中小学生学业质量绿色指标”,并开展抽样测试与分析反馈。北京、大连、成都等地也相继形成具有本地特点的、体现综合评价与诊断改进思想的中小学学业评价的实践模式,力图从教学的角度扭转教育质量观。

这一阶段的探索反映了教育评价改革实践策略的调整,即从以往关注学生个体的学业与综合素质的评价描述,到关注区域或学校的整体教育质量,体现了评价改革在基础教育发展中的系统性特征，同时又突出教育质量评价这一核心，以求纲举目张。

(四) 第四阶段：综合评价改革的实验(自2013年至今)

2013年6月，教育部下发的《关于推进中小学教育质量综合评价改革的意见》指出，“中小学教育质量综合评价改革”是针对“单纯以学生学业考试成绩和学校升学率评价中小学教育质量”的错误倾向，“严重影响学生全面发展、健康成长，制约学生社会责任感、创新精神和实践能力的培养”的现实，在各地改进中小学教育质量评价的进展的基础上提出的，是“教育综合改革的关键环节”。同年12月，教育部确定上海市、浙江省等30个地区为国家中小学教育质量综合评价改革实验区，率先探索中小学教育质量综合评价改革。教育部基础教育课程教材发展中心负责该实验的联络与指导。

启动教育质量综合评价改革实验后，教育部基础教育质量监测中心、北京师范大学基础教育质量监测协同创新中心、中国教育学会教育质量综合评价改革办公室以及华南师范大学心理学院等专业团队也积极参与到各实验区的探索中。北京师范大学的“教育健康体检”和中国教育学会的“中小学教育质量综合评价改革”等项目的实践探索，为我国中小学教育评价改革积累了宝贵的经验。

二、当前中小学评价中存在的主要问题

从对中小学评价改革历史脉络的梳理中，我们不难发现，我国教育界对于评价的重要性的理解毋庸置疑，国家推进评价改革的决心也很坚定。但中小学评价存在的问题，却也一直是基础教育为社会所诟病的领域。

长期以来，基础教育非常重视教育质量，重视学生发展，但在实践中却慢慢走向了误区。在以“应试教育”为代表的片面质量观的影响下，大家关注选拔结果，而非教育本身；关注考试成绩，而非“促进人的全面发展”的教育目标。中小学“重成才轻成人，只关注考试分数，忽视品德、心理等综合素质的培养。这样一来，教育就丧失了促进儿童青少年发展的本性，不能面向所有资质不同的学生，不能促进人的智力与人格、知识与品德、科学与人文的全面发展”。[①]

教育存在的问题，有社会急速发展导致的教育发展不平衡不充分，有教师总体

① 施久铭. 评价“变脸”：从分数走向人的全面发展——《关于推进中小学教育质量综合评价改革的意见》述评[J]. 人民教育，2013(17).

素质不能满足教育发展需要的矛盾，还有教育评价这一“指挥棒”的不当影响。推进中小学教育质量综合评价改革，必须深入分析存在的问题，才能对症下药，改变现状，促进中小学教育健康发展。

一般来说，教育评价具有鉴定、监督、激励、诊断等功能。鉴定功能是指教育评价能认定、判断评价对象合格与否、优劣程度、水平高低；监督功能是指教育评价能起到检查评价对象、督促其对区域教育综合改革若干问题进行思考的作用；激励功能是指合理有效地运用教育评价能激发和维持评价对象的内在动力，调动被评价者的潜力，提高其工作的积极性和创造性；诊断功能是指教育评价对教育的成效、矛盾和问题所做出的有效判断，它能够先根据评价标准做出价值判断，分析教育活动中哪些部分或环节做得好，哪些地方存在问题，其原因是什么，再针对具体情况提出改进方法和措施。

教育评价的上述功能对教育改革和发展都有重要意义。但要实现教育评价的功能，其前提是搜集的信息必须真实、科学；同时，评价内容和标准必须合理，符合教育改革的方向；评价结果能为教育的进一步发展指明方向和提供动力。但长期以来，教育评价在以下方面存在一些问题。

（一）在评价功能上，过于强调甄别和选拔，忽视诊断和激励

按照评价功能分类，评价可以分为水平性评价、选拔性评价和发展性评价。在当前的教育体系中，影响力较大的往往是水平性评价和选拔性评价。水平性评价重在对标比较，评价学生的目标达成程度；而选拔性评价重在横向比较，评价学生在群体中的相对位次。这两类评价都是自上而下的高利害评价，评价者与被评价者之间往往存在上下级关系，被评价者常会顾及评价结果对自己的影响，而以被动的状态、迎合的心态对待评价。

尤其是选拔性评价，往往通过对被评价者实施外部的奖惩或增加心理压力来促进其行为的改进。如以统考形成横向比较，以鞭策刺激教师，已成为基层评价的习惯。外部动机驱动的行为改进，无法充分激发当事人内在的进取力量，无法充分发挥评价的诊断作用。它更多地给被评价者以巨大的心理压力，迫使他们应付评价或作假，致使评价部门无法获取真实信息。而且，它还会助长行政领导和学校领导的功利思想，以教学中的“GDP指标”强化“唯分数论英雄”的价值判断；即使它可能使学校和学生便于管理，但高利害的评价却易导致基础教育课程设置的失衡，诱发不加节制地增加学习成本的冲动。

（二）在评价内容上，过于注重学生学业，忽略人的全面发展

目前，由于区域教育评价过于关注学业成绩或升学率，不少地方的教育行政部门虽然公开倡导学生的全面发展，但实际只在片面强调文化课程。学生学业成绩的评价常是最刚性的评价，也是区域内学校评价中最具区分度的指标。

科学的教育质量观应该促进学生的全面发展，应该把学生的全面发展作为检验各类教育工作者和各层次教育机构价值与贡献的标准。但在不少地区的关于学校、教师和学生这三个层面的评价中，评价内容、评价标准和评价过程并没有与学生发展建立直接的联系。比如，学校评价主要关注硬件、师资、科研和升学率等，教师评价更多关注学历、职称、公开课、教学论文等。如果仅以学生的学业成绩、学校的升学率作为评价教师、学校和相关教育机构绩效的标准，就会助长片面追求显性的学业成绩的应试倾向。

（三）在评价工具上，过度依赖纸笔测验，学习评价不够真实和科学

科学的评价工具、手段和方法是做好评价工作的基础。但人们却一直“迷信”纸笔测验的公正，“依靠统考抓质量”仍是不少地区学校教育质量评价的主要思路。这样追求量化数据的评价，貌似精确，其实粗放，所得出的评价结果也往往是笼统、不具体的。

评价工具的问题主要体现在：第一，过度依赖纸笔测验，缺乏多种方式的综合评价；第二，重视知识识记的评价远多于知识运用的评价，导致重复练习与“浅层学习”被强化；第三，评价工具科学化水平不高，许多工具编制过于随意，没有明确的测量目的，没有清晰的测试框架，也没有科学的评判标准；第四，评价工具设计与结果分析相脱节，评价结果分析简单化，难以从评价中获得有意义的结果；第五，评价工具设计过于强调“教考分离”，评价与教学的一致性受到干扰，普通教师无法通过评价引导学生学习。

（四）在结果运用上，简单化的直接运用过多，忽略对行为改进的指导

现实中，人们更多地关注评价的结果而忽略起点和过程，更多地关注终结性评价而忽视过程性评价。这样的评价不能很好地促进被评价者的发展。尊重差异是有效评价的原则。但是，在很多地区与学校，仍公开以统考成绩进行排名。统考成绩被强势运用于学校之间、教师之间的横向比较，与教师的晋升、收入等紧密挂钩。特别是在将着眼点集中到尖子乃至“状元”等偶然成果的统计（如高中从关注上线率，到

关注一本率，到关注“211”高校录取人数，到北大清华录取人数）上时，片面缩小常模参照样本规模的做法违背了面向全体学生的教育原则，助长了校际攀比与招生掠夺的歪风，使更多的师生失却了摆正位置、循序渐进的从容。

直观的横向比较不是评价的目的，运用评价促进发展才是评价的应有之意。关注过程性评价，通过及时、动态的形成性评价，诊断分析原因，提出改进建议，才能真正促进被评价者的发展。但目前评价的改进功能发挥得并不理想。

我们将上述问题概括为“四个过度”：过度关注考试分数，重文化科目轻综合素质仍是主流；过度依赖纸笔测验，以统考抓质量的思维定式相当顽固；过度采用横向比较，站在“管理立场”的综合概括评价较为普遍；过度聚焦“尖子生”，强势公布考试成绩与排名的现象广泛存在。这些问题的实质在于功利主义的教育质量观依然盛行，旨在促进学生全面发展的评价技术尚存在“瓶颈”。

面对这些问题，教育评价改革该如何寻求突破？中小学教育质量综合评价改革正是在这样的背景下提出的。

三、推进教育评价改革的突破点

从《纲要》提出“改变课程评价过分强调甄别与选拔功能，发挥评价促进学生发展、教师提高和改进教学实践的功能”，到《通知》明确了构建发展性评价的方向，要求“各级教育行政部门不得以升学率作为评价学校的标准”“不以学生考试成绩作为评价教师的唯一标准”“不得将学生成绩排队、公布”等，我国中小学评价改革从一开始就准确抓住“评价功能”这一关键“穴位”，将综合评价、发展性评价作为评价实践的基本指导思想，并明确了区域与学校的实践底线。然而，随着2004年国家基础教育课程改革实验的新中考制度从“国改区”渐次向全国推广，等级制评价、综合素质评价等新评价制度遭到了现实的“冷遇”，“不得进行学生成绩与升学率排名”等禁则也被打破了。

继续推进教育评价改革，必须正视实践中遭遇的困难，找准深入改革的突破口。

（一）推进教育评价改革，首先要端正教育质量观

反思这一波评价改革从“热”到“冷”的原因，首要的问题在于教育质量观。这是教育改革与发展的“土壤”。提高教育质量是教育改革与发展的永恒主题，全面提高教育质量需要以科学教育质量观作指导。要树立科学质量观，必须破除错误的质量

认识,明确提高质量不等于提高标准、教育结果不等于教育质量的认知。

当前学校教育中,还是存在着不少与立德树人的目标南辕北辙的现象。比如学生越来越重的课业负担,学校越来越明显的应试倾向。这固然有家长焦虑的推波助澜、学校追逐分数的利益驱动等因素,但其背后另一起着关键影响的是各地的教育政绩观。

虽然各级政府都在强调育人为本,推崇素质教育,但基层学校感受到的却是越来越强势的升学率评价。而且评价的周期越来越短,结果越来越高利害,越来越重视区域或学校间的横向比较。这是不正确的教育质量观的主要体现,它违背学生的成长规律,破坏教育发展生态,是当前基础教育科学和谐发展的重要阻力,是学生课业负担加重的机制性原因。功利主义的教育质量观从区域向学校压迫,干扰了中小学常态的教育教学,强化了单纯以学生学业成绩和升学率来评价中小学教育质量的倾向,从而成为基础教育发展中的消极力量。

教育的本质是培养人的活动。从学生发展状况来评价教育质量有一定的合理性。但如果仅以学生的“学业达标情况”和“升学率”来评价教育质量,强调“结果导向”是有明显局限性的。现实需要一种更加先进和开放的教育质量观,让教育过程变得可视,让促进学生成长与教育质量形成的机制可视,为改善教育教学质量,提高教育投入的效率提供依据。

(二)推进教育评价改革,必须建立发展性的综合评价制度

端正教育质量观,要求日常教育教学及管理中的评价不再是片面的,而是综合性并制度化的。

第一,评价范围不仅仅局限在传统意义的文化课考试科目,而应面向学生修习的所有课程,关注学生达成各科课程标准的情况。第二,评价内容不仅仅是学生的学业水平,还应将学生的品德行为、心理健康、身体素质、兴趣特长以及学生的动手实践能力和社会适应能力等综合素养纳入其中,促进学生成长。第三,评价视域不仅应关注学生学习的结果,还应该关注学习的过程,关注学生学习过程中的投入及发展变化,关注取得成果的学习成本,关注影响学习结果的学校、家庭以及社会因素。第四,评价方法不仅仅是传统的纸笔测试,还应探索基于综合学习的情景化测试,考查动手操作的能力,以及反映学习状态及影响因素的问卷调查。第五,评价结果不仅仅是对学生和学校的发展水平的描述,不仅仅是升学选拔的依据,更应成为促进学生有效学习与健康成长的方法,成为激励学校均衡发展的工具,实现评价结果的综合运用。

要将这样的综合评价思路付诸常态教育实践，必须系统思考评价与教育教学活动的关系，建立发展性的综合评价制度。要建立相对固定的评价周期，形成具有地域特色和研究重点的评价体系，建立国家、省、市、县、校各有分工的评价改进协调机制；要将数据采集、结果分析、结果报告和教学改进的流程固化，变成区域、学校基于数据改进工作不可或缺的一部分。

（三）推进教育评价改革，必须建立旨在改进教育教学的教育评价工作体系

教育评价改革的“初心”与关键在于转变评价功能，即如何在技术层面实现评价功能从“甄别比较”向“促进改进”的转变。为此，就必须建立旨在改进教育教学的教育评价工作体系，发展相应的评价技术。

要突破标准化考试的理论、方法和技术。学业评价需建立多元、多维的评价技术模型，要在试题赋分、计分和统计分析上设计新的多元、多维的分数结构，以期实现不同测试之间的等值转换，更能在成绩报告方面提供面向不同群体的数据报告。要在实践层面研究表现性评价、真实性评价以及情境性评价，则需要引导建立诚信机制。这些评价的突破，需要借助大规模的教育质量监测技术以及多年中高考实践积累的数据，也需要心理统计以及数据处理信息技术的突破。

旨在改进教育教学的教育评价，不仅要诊断发展水平，更要指出存在的问题以及改进的方向。在与功利主义的教育质量观的“遭遇战”中，有识之士开始寻求旨在改进教育教学的教学评价技术的突破，探索构建扭转应试倾向的教育质量观的工作体系。“建立中小学学业质量分析反馈与指导系统”项目（2003—2010）和国家基础教育质量监测工作（自2007年起）的相继启动为新一波中小学评价改革做了专业准备。上海市教育质量绿色评价体系的形成（2010）与国家义务教育质量监测的正式启动（2015），都将改进区域教育质量管理作为推进中小学评价改革的关键“一役”，区域层面开展综合评价的操作体系基本成熟。

2013年教育部《意见》的出台是国家层面对中小学评价改革走向的明确指引，聚焦学生发展及其影响因素，关注综合评价技术的专业指导，切入区域教育质量管理机制。这是针对基础教育评价文化的偏颇、内容的缺失、方式的缺陷以及评价结果的误用等问题而采取的系统行动。这既是形势所迫，更是使命使然，通过中小学教育质量综合评价改革，更好地发挥评价的诊断、激励、引导作用，引领基础教育走向健康发展。

（四）推进教育评价改革，必须加强教育评价专业队伍建设

面对教育评价改革的新要求，加强教育评价队伍建设迫在眉睫。这不仅要增加研究人员，更要提升研究力。

我国的中小学教育评价改革有向以美国为代表的教育发达国家学习、借鉴和本土化的过程。这些发达国家，经历了漫长的教育评价发展。无论是以评估学生的综合素质为主的“表现性评价”“真实性评价”“情境性评价”的研究，还是标准化考试的理论、方法和技术，或是大规模的教育质量监测，都有历史的积累和突破，也有成熟的理论和实践经验。但这些评价范式进入我国基础教育界后，与长期习惯的基于经验的纸笔考试和重在横向比较的“教育质量”管理形成冲突。

要转变观念，掌握技术，光靠大学培养人才还不能满足基层需求，必须整合已有的教研和科研队伍，让他们加入评价研究中，通过问题解决和任务驱动提升评价研究能力以及成果的应用转化能力；通过评价团队建设以及校本研修等方式，提升广大教师的评价素养。

端正教育质量观、建立综合评价制度与旨在改进教育教学的教育评价工作体系，既是继续推进教育评价改革的突破口，也是中小学教育质量综合评价改革的主要任务。从观念转变入手，从制度与技术两方面突破，重建教育质量管理机制，是浙江中小学教育质量综合评价改革的努力方向。

马海燕（杭州市上城区教育评估与监测中心）

第二节　中小学教育质量综合评价改革的意义

中小学教育质量综合评价改革聚焦于学生发展及其影响因素,在营造安全、文明的评价文化,提高评价工具的专业性和科学性,促进被评价者发展等方面进行改革,以真正发挥评价的诊断、激励和改进作用。只有准确理解中小学教育质量综合评价改革的意义,理解中小学教育质量综合评价改革的本质和内涵,才能更好地在实践层面加以实施。

一、中小学教育质量综合评价改革概念的内涵

评价改革实践推进困难,一方面有教育评价标准、制度、内容、技术、方法层面的专业问题以及社会问题,另一方面也有教育评价概念丛生,实践层面来不及系统、深入地研究与思考的原因。实施新课程改革后,教育评价改革、中考与高考改革、综合素质评价、教育质量监测等概念层出不穷。这些概念之间既有联系,又有区别,且与“中小学教育质量综合评价改革”相似。因而,必须从历史的角度进行辨析,厘清教育质量综合评价改革这一概念。

(一) 教育评价改革:从“学术象牙塔”中走出的学理概念

随着课程改革的推进,教育评价改革自然随潮而起。《教育部关于积极推进中小学评价与考试制度改革的通知》(国发〔2002〕26号)是基础教育评价改革中里程碑式的文件。文件第一次提出“现行中小学评价与考试制度与全面推进素质教育的要求还不相适应,突出反映在强调甄别与选拔功能,忽视改进与激励的功能;注重学习成绩,忽视学生全面发展和个体差异;关注结果而忽视过程,评价方法单一;尚未形成健全的教师、学校评价制度等”,需要积极推进中小学评价与考试制度改革,健全评价功能,重视学生的全面发展和个体差异,形成系统的学校、教师和学生评价体系。该文件提出的“教育评价改革”是我们基础教育课程改革的一部分,它应置于世界教育评价理论发展的“长河”中进行考察。

纵观教育评价理论与实践的发展历史,大致经历了古代的传统考试、近现代的

科学测试和当代的科学评价三个时期。教育评价源于古代学校对学生的学力检验，但其理论和方法的系统形成源于20世纪初兴起的一种以追求考察教育效果的客观性为目的的教育测验运动。学术界普遍认可美国评价专家E.G.古巴和Y.S.林肯在《第四代教育评价》(1984)中的提法，认为第一代评价理论盛行于19世纪末至20世纪30年代的测验时期，测验结果只是反映学生对知识的记忆特征；第二代评价理论兴起于20世纪30年代，随着"八年研究"，以泰勒模式为代表的评价理论，旨在描述教育结果与教育目标的一致程度；第三代评价理论发端于1957年以后的教育改革并延续至20世纪80年代，其特点不局限于描述，而且对教育教学方法方案的优点和价值也进行了判断；第四代评价理论更加重视评价中对不同价值体系存在的差异的协调，并视之为评价工作的关键。

从理论与实践的发展看，第一代测量性评估、第二代描述性评估、第三代判断性评估、第四代应答性评估其实都已落后于现代教育教学实践发展的需求。现代教育教学实践，需要教育评价的价值导向逐渐从以事实判断为主向以诊断决策为主发展，从以外部控制为主导向以内部控制为主导的评价发展，从以常模参照为主导的标准评价向以潜力发展为主导的个性评价发展。而这些内涵与功能，都不是一般的教育评价所能赋予和实现的。因而，教育评价改革无法回避，也不可阻挡，其核心主线仍在于如何从"重甄别比较"走向"重促进改进"。

教育评价改革是一个内涵丰富的概念，它相当于中考改革、高考改革、综合素质评价、教育质量监测、教育质量综合评价等概念的集合。下文诸概念的相继提出，反映了对评价的认识与实践的深入。

（二）中考改革与高考改革：基础教育阶段的终结性评价

说到评价，人们必然会提及中考与高考。这是基础教育阶段重要的终结性评价，也是较为刚性的高利害的学生选拔性评价。

在教育评价理论中，关于评价有两种最常见的分类，一是形成性评价与终结性评价，二是标准参照的评价(水平性评价)、常模参照的评价(选拔性评价)和个体发展参照的评价(发展性评价)。前者强调了评价与学习过程的关系，后者突出了评价的参照系。中考与高考显然是常模参照的终结性评价。

中考与高考一直是社会关注的热点。历次教育改革都需要中考改革或高考改革的协同推进。它由学生发展的综合评价与高一级学校的招生制度所组成。但实际上，学生发展的综合评价主要还是学生的学业评价，综合性体现得充分与否往往得看各地中考改革与高考改革政策的具体考量。这是从评价内容来看，中考、高考和一般教育评价的不同。

不过，中考与高考不是教育评价的全部，甚至不是教育评价中最重要的部分，它只是甄别选拔功能发挥得最突出的部分。中考改革与高考改革也不是教育评价改革的全部，但它却是对教育影响最为显著的，最具"双刃剑"作用的环节。终结性评价与形成性评价对于学生成长的意义是不同的，终结性评价的思维不能滥用于形成性评价中，更不能替代形成性评价。区别认识中考、高考与一般学习过程的评价，是教育评价从"重甄别比较"走向"重促进改进"的关键。

（三）综合素质评价：从唯学业的评价走向全面发展的评价

综合素质评价是中考改革与高考改革的实践难点，也是教育评价的综合性的基本体现。它最早出现在2004年国家课程改革实验区的初中毕业与高中招生制度改革（也称"新中考改革"）中，此后逐步推广到高考改革中。具体要求学校结合学生相关课程的学习过程，在学期或学年末，面向全体学生组织综合素质和能力的评定或测评。综合素质评价一般分为"道德品质""公民素养""学习能力""交流合作""运动与健康""审美与表现"六个维度，不同的地区或学校的评价维度略有差异，如浙江省还有"实践创新"维度，具体再分为若干个子项目，等级呈现评价结果。有些地区还将学生中小学阶段的综合素质评价计入学生档案，或将九年级或高三的最后一次综合素质评价计入中考或高考成绩，作为高中录取或大学录取的参考或录取依据。

从2004年中考改革中首次出现"综合素质评价"，至2014年新高考改革中再次被强调，这说明在评价的制度设计中，综合素质评价一直是促进学生全面发展的重要抓手。

不过，在关于综合素质的文件和文献中，对于综合素质与学业水平的关系存在两种观点。一种是将学生的学业水平视作综合素质中的一个维度或一项指标，另一种是学生的综合素质是指除学业以外的能力的综合。学术界普遍倾向于前者，而基础教育实践中普遍采用后者。这从综合素质评价的学校责任部门可见端倪。在中学里，综合素质评价一般由学生处负责，而学业评价一般由教导处负责。

综合素质评价与中高考一样，都是面向学生个体的评价。它是基础教育评价改革的重要方面，其代表的评价改革方向是从唯学业的评价走向全面发展的评价。

（四）教育质量监测：基于样本描述学生发展状况及影响因素的区域教育质量调查

2007年，教育部成立基础教育质量监测中心，开始教育质量监测的试点工作。2015年，国家正式启动义务教育阶段教育质量监测，并在随后的三年间，面向全国四、八年级的学生开展思想品德、语文、数学、科学、体育以及艺术方面发展状况的监测，了解学生在具体的知识技能、过程方法等方面的优势与不足，反映地方、学校在教育决策中存在的问题，客观、深入地描述义务教育的质量，使各级政府及时掌握义务教育的动态信息，为政府和教育行政部门制定教育发展规划、进行科学决策提供依据。教育质量监测也能向校长、教师、学生乃至家长提供有针对性的反馈报告，不仅描述学生学习质量的现状，而且通过对不同地区、不同年级、不同背景学生学习质量的比较，找到影响学生学习质量的因素，提供关于教学改善和学习改进的指导性意见，为学生学习质量的提高提供专业支持。

教育质量监测的实质是区域性的教育质量调查，它基于科学抽样，通过面向样本学生的学业测试与问卷调查，反映学生发展的状况与学校教育、家庭教育等学生成长环境的情况，描述区域教育发展的水平，提出改进教育决策与教育教学的建议。相对来说，教育质量监测结果更倾向于终结性评价，更重视决策和管理的改进，而在教育教学过程的诊断与改进上稍显不足。

不过，伴随着教育质量监测的出现及其工作体系的逐步建立，人们对于“教育质量”的理解有了明显的进步，“在内容上，既包括学业，也包括学习的态度和运用知识的能力，以及适当的价值观和生活方式；在过程上，既包括课程标准，也包括教学及其结果；在评估层次上，涵盖了微观、中观和宏观，从评估学生、教师到学校管理、地方教育行政部门，进而在国家层面上讨论教育政策、投入和教育改革等”①。

（五）教育质量综合评价：集教育理论与实践研究需求的综合反映

“教育质量综合评价”首次出现在2013年6月的教育部文件中，教育学上并没有这一概念。20世纪90年代的《中小学管理》杂志上曾出现过“综合评价”②与“质量综合评价”③等词语，但其实质更符合今天的学生综合素质评价，是对学生个体素质的有关维度的评价。

---

① 辛涛，等. 基础教育质量监测的国际比较[J]. 北京师范大学学报（社会科学版），2007(6).
② 运秉志. 学生质量综合评价[J].中小学管理，1993(3).
③ 北京市小学生质量综合评价方案[J].中小学管理，1998(3).

张珊珊认为,教育质量综合评价是“评价指标、评价方式、评价方法以及评价功能的综合”①。她认为“综合”主要体现在四方面:一是评价指标的综合,由单纯看学生考试成绩变为看学生综合发展情况;二是评价方式的综合,突出强调定量与定性、终结性与形成性、内部与外部评价相结合;三是评价方法的综合,由过去单一的纸笔测试转变为科学论证基础上的抽样测试、问卷调查以及现场观察、个别访谈等多种方法;四是评价功能的综合,由过去重在甄别转变为充分发挥评价的引导、诊断、改进和激励等多方面作用。

教育质量综合评价其实是我国十余年来教育评价改革的集成,它试图将诸项改革的理解与实践综合在一起,以促进基础教育评价的价值取向与技术方法的切实转变。它既要关注学生学业的进步,也要关注学生综合素质的发展;既要重视中考与高考等高利害的终结性评价的科学化,同时也要强调伴随着学习过程的形成性评价的不可或缺的意义;既要关注学生发展的水平与状况,也要把握影响学生发展的环境因素,形成改进教育教学与管理决策的建议;既要推进面向学生的评价实践的发展,也要推动关于学校、关于区域的教育质量管理的改进。尤其要指出的是,以科学的、综合的评价观来完善区域教育发展的评价,改进区域教育质量管理,是提出教育质量综合评价这一概念的新的意义。

尽管教育质量综合评价的概念表达是新的,但我们认为,这并不是要求学校去构建新的评价活动,而是要改进原有的评价,基于深刻理解与方法创新进行新的实践。

二、中小学教育质量综合评价改革的实践意义

教育质量综合评价是积极的评价理念的积累与集成,是教育评价改革深入到新时期的选择与发展。教育质量综合评价聚焦于学生发展及其影响因素,从营造安全、文明的评价文化,提高评价工具的专业性和科学性,促进被评价者发展等方面进行改革,以真正发挥评价的诊断、激励和改进作用。

(一)教育质量综合评价,为教育教学与管理决策提供真实的起点信息

在教育综合改革与教育质量提升中,学生的发展现状既是出发点也是最终的目标和归宿。无论是教育管理层面的改进还是课堂教学等方面的提升,乃至教师为

① 张珊珊. 教育质量综合评价改革推进中的困难与建议[J].人民教育,2015(18).

学生提供的支持帮扶，都要以学生的真实发展状况作为依据。因此，能否获得真实有效、全面客观的教育发展数据是改革能否顺利推进以及最终能否达成目标的关键。

教育质量综合评价强调积极的评价文化，要求评价者与被评价者建立相互信任的关系，采用分层反馈的方式，尊重被评价者的隐私，这些特点可以在最大程度上保证评价数据的真实性和有效性，帮助评价者了解改革实施过程中学生的发展起点和现状，确保其他各项改革都能够在教育质量综合评价的结果中获取与其相关的信息。

（二）教育质量综合评价，为教育教学改革实践提供学生发展的全面信息

教育质量综合评价充分考虑了学生发展的各个方面及其相关影响因素。在评价的内容及维度的选取上，充分考虑了学校、教师和学生评价的需求；同时考虑了学生发展的方方面面，以及影响学生发展的各个因素。除了传统应试教育中学生的学业分数外，更有学生的心理健康、道德品质以及交往合作能力等。在影响学生发展的因素中，有教师教学能力、师生关系、教师自身对职业的认同等，有学校的课程设置、社会支持，以及学生所在家庭的结构、家长期望，学生所获得的资源支持、网络信息和社会文化等带给学生的影响等。

通过教育质量综合评价，可以了解学生发展的全貌，将学生放在连续发展的整体中考虑，从而为改革的推进提供重要参考。

（三）教育质量综合评价，引导教育工作者形成使用数据的科学意识

互联网背景下，具备使用数据的意识成为教育工作者的重要能力。教育质量综合评价对数据的解读、分析、应用，可以引领各类教育工作者逐步形成搜集数据、分析数据、应用数据的意识，并在各项日常工作中渗透依靠数据进行决策、反思和改进的思路。比如，以前在进行决策的时候，教育管理人员大都是依赖经验，管理是粗放型的，如果具备使用数据的意识，就会使各项政策的制定更科学、更符合真实的状况。再如，以前大部分教师都是凭借自己的感觉改进课堂教学，而利用教育质量综合评价的结果，教师则可以了解学生对教学管理、教学方式、教学效果的反馈信息，再对照自己的主观感觉，有些可能一致，有些可能存在较大差异。通过对数据的分析和使用，教师就能够更全面、客观地了解自己在日常的课堂教学、班级管理过程中需要调整的行为。

教育质量综合评价能够逐步引领教育教学相关人员形成依靠数据、使用数据、

分析数据并根据数据进行反思、改进的意识,使改革实施和推进获得持续的动力。

(四)教育质量综合评价,有效整合区域资源,引领研究,协同推进

教育评价应在教育质量提升过程中发挥积极的导向作用,实现帮助教育工作者明确方向、检查情况、发现问题、找出差距、促进发展的功能。在教育评价中,对任何被评价者所做的价值判断,都是根据一定的评价目标、评价标准进行的。这些评价目标、标准、内容、指标及其权重,对被评价对象起着"指挥棒"的作用,并为他们的努力指明了方向。任何改革的开展、实施和推进都要设定清晰的目标,而达到目标的前提是了解起始时的真实状态以及和目标之间的差距。教育质量综合评价体系的建立,可以为教育提供学生发展和教育事业发展的各种真实信息,在日常教学与管理中持续搜集各种相关信息,了解学生、教师、学校发展的起点,及时、准确地分析所搜集的信息,发现日常教学过程中存在的各种问题。在此基础上,分析、揭示问题产生的原因,深入掌握学生发展的规律和影响因素,为问题的解决提供有用的建议。同时,在改革实施过程中还需要通过科学的监控手段,调整各种改进措施使之行之有效,科学整合各方面的资源,以保证改革向正确的方向推进。实施教育质量综合评价,可以了解改革的起点,监控改革实施的过程,评估各种措施的有效性。教育质量综合评价体系在区域教育综合改革的设计、实施和推进过程中具有引领性的作用。

综上所述,教育质量综合评价结果可以为管理改革服务,使其以教育质量综合评价为纽带,凝心聚力,共同推进教育教学改革,促进学生发展。教育质量综合评价结果可以为学生成长提供支持,满足学生不同的教育需求。教育质量综合评价结果可以为教师教学提供改进方向,精细掌握学生的发展变化。这一切,都赋予教育质量综合评价以实践意义,并在家庭内外、课堂内外、学校内外搭建起基于学生发展、促进学生发展的桥梁,真正促进学生全面而有个性地发展。

三、中小学教育质量综合评价改革的创新价值

中小学教育质量综合评价的提出,是我国基础教育评价改革进入新时期的标志。它继承了前期教育评价改革的主要成果,并针对基础教育发展中的突出问题,做了创新与发展。具体体现在:

（一）以生态文明思想指导教育事业的科学发展

从整体来看，各地探索的教育质量综合评价改革与上海市2010年提出的“绿色评价”的主张是相近的。它一方面构建了全面发展的质量的概念，另一方面用系统的、发展的眼光看质量与质量的提升。要科学地看待整体的质量与组成整体的各部分的质量，关注系统内部的良好结构与均衡性；要发展地看待当前的质量与影响质量形成的相关因素，关注系统持续进步的机制与成长性。这些关注，体现了绿色的教育质量观、生态文明思想的精髓。

“绿水青山就是金山银山。”习近平总书记在浙江安吉提出的“两山理论”不仅是生态环境保护工作的重要指南，也是指导教育事业科学发展的理论武器。教育事业的发展须按照“协调”“绿色”的发展理念，从教育生态的视角把握方略。但现实中，很多地方在很多方面都暴露出“片面追求”的倾向。教育质量综合评价关注学生学业负担状态，关注学习过程的成本，关注影响学生成长的环境因素，坚决反对“学业成绩政绩化”倾向，强调树立正确的教育质量观，重构科学的区域教育发展评价体系。

（二）区分学生发展与学校教育质量、区域教育质量的不同意义

人们长期以来将学生的分数、升学率视作“区域教育质量”的标志，将学生评价与区域教育评价和学校评价相混淆。这是不正确的。

区域教育质量必须是区域的教育整体发展的综合评量，而不是局部的个别典型。要用关于“区域”的结构性的指标来描述，而非现象的数据，要从长远来看区域教育可持续发展的能力以及其内在的机制。尽管我们在教育质量综合评价改革的口号下，借机推动学生的综合评价，但教育质量综合评价的深层意义是将学生发展与区域教育质量这两个概念区分开来，区分两者的不同意义。将学生评价与区域教育评价之间的“对等”打破，是很有现实针对性的“言下之意”。改革区域教育质量管理机制，从结构的角度看区域教育的发展，强调区域教育质量的综合性，淡化横向可比性，敦促地方停止显性或隐性的升学率比较，是教育质量综合评价改革的使命。

同样，学生发展与学校教育质量也未必能等同。学生评价与学校评价显然也是两码事。学校评价旨在对学校课程建设、教学活动过程和教育教学管理进行评价，观察其对学生的真实关照和对师生共同成长理念的贯彻。促进学生发展固然是学校教育的重要目的，但未必是学校评价的直接指标；学业分数与升学率是学校教育

成果的局部体现，以之作为学校评价的决定性指标将直接导致“重结果轻过程”“重显性轻内在”的不当教育观的蔓延。学校评价有责任改正“将学业成绩作为教育教学根本的、唯一的目的，把对学生的加压变成实现这一目的的主要手段”这一错误。教育质量综合评价，就是要引导学校回归教育的本原，从过度追求现实功利转向追求教育对人的发展的价值，从过度注重学科知识成绩转向全面发展的评价。

在此基础上，还要进一步明确学校评价和区域教育评价的不同意义。教育质量综合评价的目的，就是要逐步建立关于区域的教育质量综合评价体系和关于学校的教育质量综合评价和保障体系。

区域教育质量综合评价体系关注的是“结构意义”的质量，是宏观层面政府部门对教育质量的综合分析，主要呈现客观数据和相关性分析。它是基于标准的学业质量测试与背景问卷相结合的评价。区域层面的教育评价，只能呈现整体的状况和趋势，不足以直接解决一所学校教育教学环节的问题。因此在区域教育质量评价的基础上，必须增加学校意义的教育质量综合评价，建立以校为本的质量保障体系。

学校教育质量综合评价，关注的是“过程意义”的质量。首先要利用评价数据实现教学的持续改进。学校通过解读评价报告，全面分析学生和教师的现状，构建“教学→监测→分析→改进”的教学内部循环体系，使教师能灵活地运用数据来改进教学，实现有针对性的教学。其次，要推动学校建立以校为本的教学质量保障体系，要让教师关注每一个学生在学习进程中出现的状况，并及时采取补救或矫正措施；让教师在这一过程中掌握评价方法，增强正确使用评价促进教学的体验，提高敏锐洞察学生学习过程的能力，这也是提升专业发展水平的重要路径。

学校教育质量的评价，显然有别于学校中发生的关于学生个体的评价。学生评价，是基于学生个体发展的评价，包括个体的学业表现、身体素质及个体的品德表现、态度习惯等，还有个体随着年龄变化的能力发展。其目的是指向学生个体的发展，为个人成长画像，留下成长印记。

（三）借鉴与推广学能测验与质量调查方法

教育质量综合评价改革特别注重将教育质量监测中先进的命题技术、分析技术运用到中高考及过程性学业测验的命题与试卷分析中，从而将教育质量监测的全面诊断理念运用到现实的课堂教学与学习指导中来。

综合评价改革，在学业水平评价的基础上引入对影响因素的分析。在影响学业质量的学生个体因素中，增加学生身心健康、品德行为以及自我认知等因素；在影响学生发展的教师因素中，引入教师教学水平、师生关系、教师的职业认同等因素；

此外，还引入学校的课程设置以及学生所在家庭的结构、家长期望，学生所获得的资源支持、网络信息和社会文化等因素。这些影响因素比较全面客观地分析了教育与社会和家庭影响的关联，引导学校关注学生的全面发展，关注教育的投入与产出。

综合评价改革，引入国际学生评估项目（PISA）等国内外大规模测试的理念与技术。它用科学合理、有代表性的抽样技术取代大规模的全考全测，用网络自适应技术弥补纸笔测试的不足，引入认知结构模型等大型统计概念进行聚类分析等，引入等值处理提升监测的标准化程度。这些技术提高了教育质量评价的信度、效度，提高了监测结果处理的及时性和有效性。如将这些技术沿用在日常教学中，也会促使日常学科命题的改变。

（四）构建安全信任的评价文化体系以促进被评价者自我发展

教育质量综合评价要在区域教育质量提升中发挥作用，则需要一个安全、低利害的评价文化氛围。评价者和被评价者建立良好的信任关系，最大限度地消除由于担心人际矛盾等而出现的应付心理，保证评价结果真实有效。只有建立完全关注自身发展的评价文化氛围，才能使教育质量综合评价真正成为提高教育质量的起点。

这里，评价主体与评价对象应建立友好、互信的关系。评价主体是对评价对象发表看法的个人或单位，评价对象是评价主体进行评价的客体。两者只有建立起友好、互信的关系，评价主体才会负责、客观地面向评价对象表达自己的看法，使评价结果真实有效；两者只有建立起友好、互信的关系，评价对象才不会产生疑心和戒心，甚至会主动邀请他人对自己进行评价，真诚期待评价结果，并将其作为自己发展的契机。

在评价过程中还应重视评价对象的内心感受，关注被评价者的心理与行为反应，体现"旨在帮助被评价者发现自身存在的问题，促进其和谐发展"的评价理念。教育质量综合评价对评价结果应严格保密，未经本单位允许，任何人包括上级领导都无法知道其评价结果。这些都体现了对被评价者的尊重和保护，使其不会出现紧张和抵触心理，也不会出现被评价者暗地里人为操纵评价结果的现象。

这些看似简单的要求，在"管理取向"的评价仍占主流的当下，要做到仍十分困难。这也是教育质量综合评价改革的艰巨之所在。

马海燕（杭州市上城区教育评估与监测中心）

第三节 本书的结构

本书是浙江省承担国家中小学教育质量综合评价改革实验的成果,也是近五年浙江省义务教育阶段教育评价改革的整体总结。全书收录了省教研室与省级试点项目承担单位以及其他相关研究人员的成果。因为内在逻辑尚好,所以采用章节体来组织呈现有关成果。

第一章反映的是我们对中小学教育质量综合评价改革的理解与认识。通过对我国教育评价改革发展的脉络与概念的梳理,逐渐析解中小学教育质量综合评价的内涵与意义。我们认为,当前的教育质量综合评价改革是教育评价改革寻求突破的新实践,其意义是以综合评价思路推动教育评价实践的改进,其突破口在于端正教育质量观,在于从制度与技术两个层面重建教育质量管理机制。这是浙江的认识,也是指导浙江实践的基本理论。

第二章是近五年来浙江评价改革实践的完整回顾。在发展进程的阶段分期的基础上,我们将其分为建立教育质量监测体系、改进教育质量管理、推动小学评价改革、加强初中命题技术研究和教育评价能力建设五个重点专题,总结了省域实践的成果,并呈现了各专题的逻辑线索。相关专题是后面七章与全省评价改革实践的链接。

第三章至第五章的研究重点集中在区域实践。第三章以五个地区的综合评价改革探索为例,展开论述了地方开展综合评价改革的思路、要点与方法。第四章以省教研室关于区域教育质量管理的调研为基础,呈现了五个地区改进教育质量管理的典型经验。第五章以地方自主策划开展的教育质量监测为例,介绍旨在改进教育教学的教育评价技术。

第六章至第九章分别对应具体的评价工作专题。在关于小学考试评价改革的第六章中,既有省教研室关于小学评价改革的调研与推进的材料,又有区域的实践成果,还有典型学校的案例。关于初中学科命题技术研究的第七章,主要是将初中主要学科的不同视角的命题研究“串珠成链”,以反映学科命题技术的基本线索,这也是2017年浙江省教研室初中教研员组织编著的“初中学科考试命题研究丛书”(浙江教育出版社)的选萃。关于综合素质评价的第八章,主要是三个区域实践的调研与总结，同时包含一所学校的综合评价案例以及我们对综合素质评价的专业思考。第九章的内容是一个有浙江特色的创新专题。它将第四章的研究延伸到学校，关注学校考试制度等问题，以推动学校教学质量管理机制的重建。

尽管我们都试图在各章中努力理顺其中各节之间的逻辑联系，但因为诸节的作者并不相同，因而表达与文风还是有些“跳跃”。不过，这也正说明浙江的教育评价改革是一个“众人拾柴火焰高”的发展过程。

张　丰（浙江省教育厅教研室）

第二章

教育质量综合评价改革的浙江实践

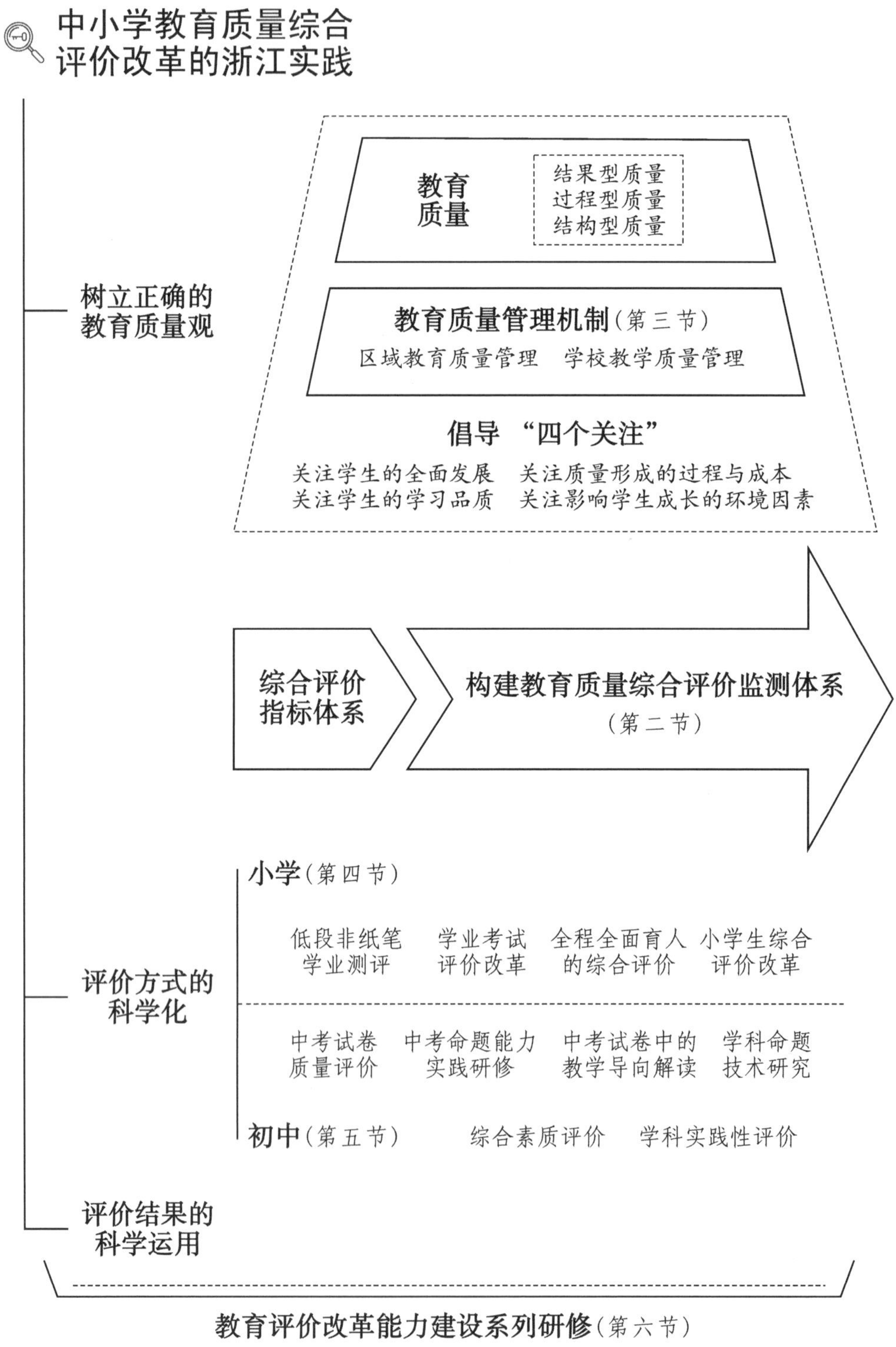
中小学教育质量综合
评价改革的浙江实践
树立正确的
教育质量观
教育
质量
结果型质量
过程型质量
结构型质量
教育质量管理机制（第三节）
区域教育质量管理　学校教学质量管理
倡导“四个关注”
关注学生的全面发展　关注质量形成的过程与成本
关注学生的学习品质　关注影响学生成长的环境因素
综合评价
指标体系
构建教育质量综合评价监测体系
（第二节）
评价方式的
科学化
小学（第四节）
低段非纸笔
学业测评
学业考试
评价改革
全程全面育人
的综合评价
小学生综合
评价改革
中考试卷
质量评价
中考命题能力
实践研修
中考试卷中的
教学导向解读
学科命题
技术研究
初中（第五节）
综合素质评价
学科实践性评价
评价结果的
科学运用
教育评价改革能力建设系列研修（第六节）

图2.1　本章结构图

2013年，教育部启动中小学教育质量综合评价改革。浙江省积极响应，将此与深化义务教育课程改革相结合，并被教育部确认为国家中小学教育质量综合评价改革实验区。

在教育部基础教育司、基础教育课程教材发展中心、基础教育质量监测中心的指导下，浙江省针对基础教育评价中存在的问题，整合基教、督导、教研三线的工作，实施以改进区域教育质量管理、推动学校教育评价改革为重点的国家评价改革实验项目。

项目目标是研制体现素质教育要求的义务教育阶段教育质量综合评价体系，引导学校、社会和家庭树立关注学生全面发展、关注质量形成的过程与成本、关注学生学习品质、关注学生成长环境的教育质量观，促使学校切实回归到落实“立德树人”的根本任务上来，提高评价的科学化水平，切实扭转单纯以学生学业考试成绩和学校升学率评价中小学教育质量的倾向。

作为省域的评价改革实验区，浙江采用省级统筹与地方试点相结合的方式推进教育质量综合评价改革。一方面，全省坚持以综合评价思想为引领，借教育质量监测从制度与技术两方面推动日常教育评价的改进；另一方面，确定14个省级试点地区，支持地方开展有侧重、更深入的评价改革实验。本章重点介绍省级层面评价改革的主要实践。

省级层面工作统筹的路径主要有：一是探索开展省级教育质量综合评价监测，形成教育质量综合评价工作体系，引导教育质量观的转变；二是聚焦教育质量管理机制，从问题调研与经验推广两方面推动区域与学校改进教育质量管理；三是借鉴应用教育质量监测的技术与方法，推动日常教育教学中的考试评价改革、命题技术研究、综合素质评价等；四是在推进评价改革的实践中，循序渐进地开展能力建设系列研修，加强队伍建设，探索研修创新。

第一节　教育质量综合评价改革的实践进展

在浙江省教育评价改革的实践进展中，2013年8月29日召开的浙江省中小学教育质量综合评价工作会议是一次标志性的事件。在这次会议上，浙江省教育厅成立了浙江省中小学教育质量综合评价改革领导小组与浙江省中小学教育质量监测中心，下发了《浙江省教育厅关于推进中小学教育质量综合评价改革的通知》，正式开启以"综合评价"为特征的中小学教育评价改革。

虽然这次会议标志着浙江省教育质量综合评价改革的正式开启，但浙江省在此前的课程改革实践中，在教育质量监测的初步探索中，已在学习与摸索综合评价的方法。从2009年到今天，浙江省义务教育阶段教育质量综合评价改革大致可以分为三个阶段。三个阶段的重点与特征分别是：学业质量监测技术的初步学习、旨在端正教育质量观的评价体系的构建、旨在推动学校评价改革的多样化实践。

一、学业质量监测技术的学习与初步应用（2009—2012年）

2009年，省教研室着手加强教育评价理论学习。首先依托室本研修，面向教研系统骨干开展"请进来"的评价前沿研究的宣讲学习，先后邀请张民生、张咏梅、崔允漷、张远增、雷新勇、刘坚等专家进行业务指导；举办教研管理高级研修班，承办"中小学学生学业质量分析、反馈与指导系统"项目组会议，全面了解样本调查形式的学业评价模式。

其次是积极"走出去"，学习先行地区实践经验。其间，派遣人员赴美、英、法等国参加教育评估与质量监测的学习考察；组团前往北京市、上海市、江苏省、福建省及广东省等兄弟省市学习经验；组织专业队伍赴北京师范大学，委托教育部基础教育质量监测中心（以下简称"国家质量监测中心"）组织专题培训。

第三是在学业质量监测的学习与试点实施中，建设专业队伍。2009年，借鉴国家教育质量监测体系、标准和实施方案，自主研制测试工具，在宁波市北仑区、绍兴市上虞区（原上虞县）、杭州市余杭区三地进行学业质量监测试点。测试对象为三年级与八年级学生，抽样比例为学生数的5%，测试学科为语文、数学，并进行了学生、教师、校长的问卷调查，完成四份学科监测报告。2011年，启动义务教育阶段学业质量标准的研制，逐渐形成骨干队伍。

2011年，为全面实施《浙江省中长期教育改革和发展规划纲要（2010—2020年）》，浙江省人民政府办公厅下发《关于启动实施教育体制改革试点工作的通知》（浙政办发〔2011〕54号），全面启动教育改革试点工作，明确了13项我省承担的国家级教育改革试点项目，确定了31项省级教育体制改革试点项目。“素质教育质量监测体系试点”项目是省教研室与省教育厅体卫艺处合作牵头的项目（省教研室负责品德发展、学业质量、心理健康等方面，教育厅体卫艺处负责体质健康与艺术素养等方面）。

根据试点项目的任务要求，省教研室结合国内先行地区的经验，分析各地的组织架构、指标体系、工作进展与经费保障等情况，就浙江省基础教育质量监测工作的架构提出建设性的意见，并着手研制浙江省中小学教育质量综合评价指标体系与实施方案。

二、关注区域教育质量管理的体系建构（2013—2015年）

这一阶段的中心任务是建立浙江省教育质量监测工作体系，组织实施了两次义务教育阶段教育质量监测，重点关注以“区域性统考”为主要载体的区域教育质量管理机制，具体进展有四方面。

（一）加强组织领导与建立工作机制

2013年8月，省教育厅组建浙江省中小学教育质量综合评价工作领导小组，成立浙江省中小学教育质量监测中心（以下简称“省质量监测中心”），制发《浙江省中小学教育质量综合评价实施方案》，建立由省教育厅统筹，督导部门组织监测和发布评价结果，基教部门负责制定政策和业务指导，省教研室与省质量监测中心具体实施，相关部门共同参与、分工合作的教育质量综合评价工作机制。8月29日，浙江省中小学教育质量综合评价工作会议召开。省教育厅副厅长韩平，基教处处长方天禄、副处长方红峰，省教研室主任缪水娟等领导出席会议。会上宣布了浙江省中小学质量综合评价工作领导小组人员组成与工作职责，宣布省质量监测中心成立，正式启动中小学教育质量综合评价改革（以下简称“综合评价改革”）。这是浙江教育评价改革项目的新起点。

(二)组织实施义务教育阶段教育质量综合评价监测

在北京师范大学基础教育质量监测协同创新中心(以下简称“协同创新中心”)的专业支持下,浙江省于2013年10月组织实施了第一次义务教育阶段教育质量综合评价监测(以下简称“综合评价监测”)。这次大样本的监测涉及全省11个地市90个县(市、区),共有842所小学的25112名四年级学生、501所初中的29967名九年级学生参加了学业测试(测试内容分别是三、八年级的学业内容)和问卷调查,样本学校的校长和相应年级相关学科的教师参加了问卷调查。

2014年3月25日,浙江省第一次综合评价监测反馈会议在杭州举行。会议就浙江省2013年省级综合评价监测结果做了全面、专业、科学的反馈。省教育厅厅长刘希平、副厅长韩平,北京师范大学副校长陈光巨出席会议。北京师范大学协同创新中心副主任刘坚做了浙江省义务教育阶段教育质量综合评价报告,学科首席专家王云峰、张丹、郑国民、綦春霞、罗星凯分别针对小学语文、数学,初中语文、数学、科学学科做了学科评价的反馈报告,并对如何运用教育质量监测结果,科学推进教育教学改革提出建议。设区市教育局分管局长、教研室负责人和各学科教研员共100多人参加了综合反馈和学科反馈与研讨活动。

2014年4月15日,省教育厅召开浙江省综合评价监测结果新闻通气会,31家新闻媒体记者参加会议。次日,有13家媒体就此做了报道。从报道看,各大媒体的关注点主要在学生学业负担和亲子关系等问题上,“关注教育质量形成的过程与成本”的导向得到了媒体的认同。

2014年10月,浙江省组织实施了第二次义务教育阶段综合评价监测,覆盖全省11个市103个县(市、区)(含市直与开发区)。共有1141所小学的34021名五年级学生和621所初中的36832名九年级学生参加了学业测试(测试内容分别为四、八年级的学业内容)和问卷调查。各类样本人数见第35页表2.1。该次监测增加了面向参加测试的学生家长的问卷调查,共有69748名家长填写了问卷。

监测内容包括教育质量健康指数和影响学生发展指数两方面。教育质量健康指数有品德行为、学业达标、高层次能力、艺术兴趣、体育兴趣、学习压力、睡眠、作业、补课、学习自信心、内部动力、外部动力、学习策略、自尊、亲社会行为、主观幸福感等16项,影响学生发展指数有学业均衡(区域、学校之间)、教师教学、校长领导力、师生关系、同伴关系、亲子关系、家长参与度、学生满意度、教师满意度、家长满意度、学校归属感等11项。

2015年6月1—2日,浙江省第二次综合评价监测反馈会议在杭州召开。各市、县(市、区)的分管局长、主要工作负责人和各学科教研员共900多人参加了综合反馈和学科反馈与研讨活动。随后,省质量监测中心在协同创新中心提供的基础数据报告、综合评估报告、影响因素报告、专题研究报告和五个学科报告的基础上,研制了面向不同对象的相关报告,引导教育管理改进与教育教学改革,如面向新闻媒体的社会公示报告,面向市、县(市、区)政府和教育局的行政反馈报告,面向中小学教师的教学导向报告等。

(三) 开展“义务教育区域教育质量管理的经验与问题”的调研

教育质量管理是指教育行政部门和学校通过教育教学评价,指导学校与教师开展教育教学,促进教育质量科学发展的过程。它具有层次性、间接性、全局性、方向性、迟效性等特点。它是区域与学校教育质量观的集中体现。

2014年至2015年,省教研室开展了主题为“义务教育区域教育质量管理的经验与问题”的调研,通过实地走访座谈、网上问卷调查、查阅各地上报的材料与文件等形式,从区域层面观察地方教育行政部门的教育质量管理行为与制度的特点;了解各地在区域推进教育评价改革,改进区域教育质量管理方面的制度与措施;了解义务教育阶段区域性统考及其结果运用的实际情况,分析现实中存在的主要问题和困难;了解教育管理者、校长、教师对当前教育质量管理以及统考、评价等现状的真实想法,并形成系列报告。

《区域性统考的“堵”与“疏”》① 与《区域教育质量管理如何科学发展》② 相继发表在《中国教育报》与《人民教育》上,关于嘉兴市南湖区、杭州市上城区、杭州市江干区、温州市的调研报告与典型经验相继成组发表在《基础教育课程》上。

(四) 组织实施综合评价改革的区域试点项目

2014年,为更好地开展中小学教育质量综合评价改革实验(以下简称“综合评价改革实验”),在各地志愿申报的基础上,浙江省教育体制改革领导小组办公室评审确定宁波市、温州市、嘉兴市、衢州市、台州市、丽水市、舟山市7个设区市教育局和杭州市上城区、杭州市西湖区、杭州市萧山区、平阳县、嘉兴市南湖区、德清县、东阳市7个县(市、区)教育局主持的项目为省级综合评价改革实验试点项目(同年9月,舟山市退出,增补杭州市江干区),重点探索区域和学校两个层面的教育质量综

① 浙江省教育厅教研室调研组.区域性统考的“堵”与“疏”[N]. 中国教育报,2014-10-11.
② 浙江省教育厅教研室调研组.区域教育质量管理如何科学发展[J]. 人民教育,2016(6).

合评价。14个试点单位在评价指标体系建设、标准制定、工具开发、教育教学改进、工作机制改进等方面开展了各具特色的实践探索。

2014年7月，国家综合评价改革实验和省级试点项目的启动仪式在杭州市召开。省教育厅副厅长韩平到会并做重要讲话，副巡视员叶向群、基教处处长方天禄、政策法规处处长陈峰、省教研室主任缪水娟等领导与14个试点项目单位的负责人和评价工作人员出席会议。杭州市上城区教育局、嘉兴市南湖区教育局、台州市基础教育质量监测中心代表在会上分别做了经验分享。会上大家还对各试点项目方案进行了讨论点评。

项目启动后，各地积极展开实践。2014年12月，全国数据驱动教学改进的第一次研讨会在杭州召开，温州市、嘉兴市、台州市代表分别在会上做了交流。会间，省教研室组织各试点项目交流实践进展情况，进一步明确各试点项目的研究方向。

2015年，省教研室建立综合评价改革的年会制度，每年秋冬时节召开全省教育评价改革研讨培训会。2015年11月24—25日在温州市平阳县召开的综合评价改革第一次研讨会包括三个板块：

一是区域推进的典型经验介绍。温州市教育评估院院长赵桂芳介绍了温州市改进测评反馈的新探索，通过逐县分别反馈的做法，加强评价分析的针对性、个性化和实效性；嘉兴教育学院副院长张志松介绍了嘉兴市结合常规教研工作，组织评价改革志愿者学校，推动学校评价改革的经验；平阳县教师发展中心主任张世银介绍了小学低段围绕学科关键能力设计实践任务进行学业测评的探索；东阳市教育局基教科科长、教科所所长沈兵介绍了东阳改革学校评价，调整评价指标，创新评价机制，引领“绿色质量”的经验；杭州市江干区教育发展研究院蒋德仁介绍了通过核心团队研修，引领学校运用评价实证改进教育教学及管理的实践。

二是学校评价改革成果的展示交流。与会代表观摩了平阳县鳌江小学“项目化学习评价”的现场，并在小学分论坛上组织了关于小学学业考试改革与综合评价的热烈讨论，在初中分论坛上就聚焦综合素质评价的设计与实现、科学运用评价数据来改进教学两个话题交流了经验。

三是评价技术的专题培训。三个讲座分别是学科命题管理（温州市教育教学研究院杨向群）、SOLO（可观察的学习结果的结构）分类理论与开放题评分标准的研制（嘉兴教育学院徐玉根）以及教育测评“热”的“冷”思考（省教研室沈启正），目的是引导大家在关注评价体系架构的同时，重视评价工具的科学化水平。

最后，省教研室副主任张丰以《教育评价改革再出发》为题，梳理了浙江省综合评价改革项目的进展情况。

三、以推动学校评价改革为重点的多样化实践(2016—2018年)

教育质量综合评价不只是自上而下的考评体系,更重要的是要提高日常教育评价的科学化水平,促进综合评价结果的科学运用。要提高教师的评价素养,激发教师的评价智慧,通过建立以校为本的学生综合评价体系,促进学生全面发展。

2016年起,我们在继续完善综合评价监测、培育综合评价改革的区域典型的同时,开始将工作着力点移向学校,积极推进评价改革的校本化实践。先是确定了评价改革重点联系学校五所与典型培育学校50所,再是借以“评价改革”为主题的第七届长三角教研论坛启动了评价改革典型培育学校工作。

基础教育评价须“以生为本”,但评价改革的实践推进须“以校为本”。目前评价改革的校本化实践主要体现在五个方面:一是学业评价内容与方法的改革(以小学为主),二是构建促进学生成长的综合评价体系,三是学校教学质量管理的改进,四是基于评价实证改进教育教学的工作机制,五是提高教师评价素养的校本研修。

这一阶段主要按照省级统筹与试点项目相结合、区域推进与学校培育相结合、制度建设与技术发展相结合的思路继续教育评价改革的探索。

(一) 完善教育质量监测,推广基于数据实证的教育教学改进

2016年10月,浙江省组织实施了第三次义务教育阶段综合评价监测,覆盖全省11个市103个县(市、区)(含市直与开发区)。共有1148所小学的33115名五年级学生和768所初中的42648名九年级学生参加了学业测试(测试内容分别为四、八年级的学业内容)和问卷调查。各类样本人数详见表2.1。

表2.1 浙江省2013年、2014年和2016年综合评价监测的样本数量

时间	小学					初中				
	学校数(所)	学生数(人)	教师数(人)	校长数(人)	家长数(人)	学校数(所)	学生数(人)	教师数(人)	校长数(人)	家长数(人)
2013年	842	25112	5706	836	0	501	29967	10498	497	0
2014年	1141	34021	7897	1140	32504	621	36832	8457	620	34065
2016年	1148	33115	8003	2119	33946	768	42648	10599	1446	42556

本次监测基本沿袭第二次监测的模式,重点增加了监测结果的县级反馈。在2017年4月召开规模较大的综合反馈与学科反馈会议后,又在5月22日召开了新

闻发布会。为进一步指导各地研读监测反馈报告，有效开展数据分析，优化数据运用，在6月22日组织了综合评价监测结果反馈分析专题培训，指导各地教研室主任、综合评价工作人员研读与运用县级反馈报告。

教育质量监测的结果分析对于日常教学与教学评价的改进有较好的借鉴意义。2017年，省教研室继续研究编写了《浙江省教学质量监测反馈教学导向报告》，基于监测结果，从宏观讨论到微观分析，挖掘对一线教师的教学有具体的针对性的改进建议，指导各地与学校开展数据驱动教学改进的校本研修。

（二）启动小学生综合评价改革试点

根据小学教育"零起点"的要求，省教育厅于2014年下发文件，降低小学低段语文与数学的教学要求，要求小学低段不以纸笔测试为主要评价形式。很多小学对这一要求不太适应，但也有不少小学积极行动起来，探索体现儿童特点的小学低段考试评价改革。

2015年6月，省教研室发现一些学校鲜活的实践案例后，迅速赴嘉兴市、金华市等地进行小学低段考试评价的专题调研，并在《浙江教育报》上推出"体现多维学习目标的真实性评价"专版，介绍各校尊重儿童年龄特点、基于实践任务开展评价的多样探索。

2016年11月，省教研室在东阳市外国语学校与武义县壶山小学召开小学评价改革现场会，展示小学综合评价与考试评价改革的成功做法，梳理后续实践的思路。

2017年9月，省教育厅启动小学生综合评价改革试点工作。在杭州市上城区和西湖区、宁波市海曙区、平阳县、东阳市、江山市、温岭市先行开展以"分项等级评价"为主要特点的小学生综合评价改革，推动小学校内评价改革。

（三）探索改进初中学校教学质量管理机制

针对初中教学质量管理中"区域倚重统测统考、学校热衷'教考分离'、教师依赖'题海战术'"的现状，2016年起，省教研室重点关注学校层面的教育质量管理，开展"重建初中学校教学质量管理机制"项目，推动改进初中校内考试制度及其结果运用。

2017年3月，项目组赴丽水市和衢州市开展专题调研，实地走访了丽水市开发区第一中学和衢州市柯城区书院中学。6月与11月，项目组分别在杭州市萧山区朝晖初级中学与丽水市实验学校召开了研讨会。会议围绕"考试管理与命题研究""教学诊断和研修改进”两个专题展开研讨。各试点单位分享了他们改进学业质量检测、完善考试与命题管理的经验，分享了如何利用大数据进行教学诊断与改进的探索以及相关的校本研修活动。

2018年1月，基于3万多名浙江省初中教师的网络问卷调查的调研报告《从校内考试制度看优质学校的密码》①发表在《中国教育报》上。

（四）加强学科考试命题研究，探索命题技术的实践研修

教育质量监测工具的研制对于改进学科命题帮助很大。在推进教育质量监测的过程中，省教研室要求义务教育阶段各学科教研员认真研究教育质量监测中的命题，将工具研制迁移为学科命题技术研究，学习借鉴PISA测验，结合自身经验，指导改进学科教学测验。

特别是初中段，以中考试卷质量评价为载体，启动学科考试命题技术研究，探索“基于标准，能力立意”的命题思路和高层次认知能力的测验与评价标准的拟制；引导基层开展考试命题的研究，探索以“做中学”“伙伴学”为特征的提升命题能力的实践研修。2017年年底出版的“初中学科考试命题研究丛书”，是推广基于自主命题的校本研修的重要资源。这些成果也是浙江省推进中考改革、完善学业考试的实践体现。

（五）配合中考改革，推进综合素质评价

为落实浙江省教育厅《关于完善初中毕业升学考试与普通高中学校招生改革的指导意见》（浙教基〔2014〕138号），在大量走访、座谈等调研的基础上，省教育厅制定了《浙江省初中阶段学生综合素质评价实施指导意见》，后来又根据《关于进一步推进高中阶段学校考试招生制度改革的实施意见》（浙教基〔2017〕122号）进行了完善。

为切实推进综合素质评价，各地按照省教育厅相关文件的精神制定了本地的实施细则或操作指南。嘉兴市和宁波市将推进综合素质评价作为综合评价改革的切入点。

嘉兴市建立九年一贯的学生综合素质成长性评价，并将综合素质评价结果折算成中考分数计入录取总分中，强化综合素质评价在高中学校招生与录取中的刚性作用，激励各初中学校实质性规范推进综合素质评价。

---

① 浙江省教育厅教研室调研组.从校内考试制度看优质学校的密码[N].中国教育报，2018－1－25.

宁波市制定《初中学生综合素质评价指南》,详细规定实施操作流程,引导学校落实学生综合素质的各个评价环节,切实保障了学校非文化科目和实践活动的课程实施。

(六)以品牌活动引领全省教育评价研究

在浙江省教育评价改革推进中,每年一度的综合评价改革研讨会发挥着重要作用。2015年11月的温州平阳会议、2016年12月的杭州江干会议和2017年10月的嘉兴南湖会议,围绕义务教育阶段教育评价改革的热点与难点,采用现场观摩、经验交流、专题研讨、专家点拨、前沿跟踪、教学展示等多种形式,积极发挥了地方的积极性和创造性,推出一批典型经验。

2016年12月6日,综合评价改革第二次研讨会在杭州市江干区召开。会议紧紧围绕“评价为了学生的发展与教学管理改进”这一中心问题展开交流。具体包括三个板块:

一是区域推进的典型经验介绍。杭州市江干区与嘉兴市南湖区分别介绍了不同特点的“绿色评价”的架构与实践,杭州市萧山区教育局、海盐县教育局、台州市基础教育质量监测中心分别从区域性学校评价制度、区域推进综合素质评价、旨在改进教育教学的自主策划的质量监测等三方面做了分享。杭州市普通教育研究室主任曹宝龙做了现场点评。从发言看,大家都在关注教育评价改革的顶层设计,从教育评价的三大核心要素(评价导向、评价技术、评价结果应用)展开讨论,都已重视评价功能的发展,但各自的路径不同,呈现多元化的区域特色,彼此相互启发。

二是学校评价改革的两个专场。在小学分会场,杭州采荷第二小学教育集团等六所小学分别就学校的多元评价体系进行了案例分享和经验交流,在这些着眼学生未来的、基于学生核心素养体系的、尊重学生年龄特点的、与课程建设相融合的小学生评价活动中,展现了一线教师们的评价智慧。在初中分会场,杭州市采荷实验学校等六所中学就基于数据的教学改进、学校考试管理的改进、促进学生发展的综合素质评价等主题展开交流,反映了初中教育教学评价改革的方向。

三是评价技术的专题培训。中国教育学会教育质量综合评价改革办公室张勇教授应邀做了主题报告,整体介绍了国际教育评价理论与技术的发展线索。省教研室评价部方张松主任及沈启正老师分别就进一步推进小学学业考试评价改革与改进初中学校教学质量管理做了辅导讲座。最后,省教研室副主任张丰在大会小结中以“坚冰初融,围师垓下”来比喻当下浙江教育评价改革的形势。他回顾了评价改革项目发展的三条线索——从改革小学评价到改进初中评价,从关注区域教育质量管理到关注学校教学质量管理，从初中学科命题技术研究到初中学校考试制度的改进，借此说明重建学校教学质量管理机制是项目三年探索的焦点问题，号召各方认真反思，积极实践。

2017年10月26日，综合评价改革第三次研讨会在嘉兴市南湖区召开。会上，省教研室主任任学宝介绍了浙江在架构中小学教育质量综合评价制度方面的实践，并指出今后研究的四个方向：一是建构学校评价制度；二是推动中小学日常评价的改进；三是以评价促进学生核心素养的提升；四是加强综合素质评价研究，推动中考与高考改革。

杭州市、嘉兴市，宁波市慈溪市、杭州市西湖区、嘉兴市南湖区等五个区域代表在大会上分别做了交流。如杭州市的教育评价研修团队建设；慈溪市初中综合素质评价的大数据平台；杭州市西湖区基于学科核心素养与关键能力的项目化评价的校本化实践；嘉兴市强调“学生立场与成长导向”，促进学生有效学习与成长的过程性评价。特别是嘉兴市南湖区较为系统地介绍了促进学生学习力发展的绿色评价体系，将理论与事例相结合。他们关于学习动力与学习毅力的测评方法，基于数据分析改进学教方式的探索，让人耳目一新。

上海市静安区教育学院附属学校校长张人利以题为《撬动分数至上的教学固土——综合评价促进教学“绿色”发展的校本研究》的报告，阐述了评价改革呼唤校本化实践的走向。省教研室评价部主任方张松带领杭州市采荷中学与平阳县昆阳三中代表分享了促进学习的评价的校本实践。

第二天上午，省教研室评价部的沈启正、马婷与美国威斯康星大学梁国立教授联袂介绍了表现性评价的理论与实践，结合当前教学实际分析了表现性评价的意义与现状。最后，省教研室副主任张丰做了题为《促进学习与发展：教学改革与评价研究的深度结合》的小结。他梳理了会议的四大亮点：一是初中命题技术研究终有成果；二是南湖团队将评价研究与教学改革相结合的探索打通了评价实证与学教方式变革的内在关联；三是自主策动评价研究成为区域教研工作的新亮点，大市教研系统在评价工作上的作为值得期待；四是对表现性评价的关注与介绍，成为以评价技术促进深度学习、综合学习的生长点。

在江干会议上，省教研室曾提出“提高教研员运用评价实证指导教学改进的能力是今后的方向”。而在一年后的南湖会议上，就涌现了一些可喜的案例。南湖区教育研究培训中心的不少教研员已能自如地在学科教学分析中利用评价实证和数据来说明学与教的现状，形成清晰、科学的教学改进建议。评价研究深入学科层面，数据驱动教学改进走向常态实践。

2018年3月20日,浙江省中小学教育质量综合评价改革试点工作总结会在杭州市上城区召开。省教育厅副厅长韩平、督导处处长徐伟标、政策法规处处长黄亮、基教处副处长朱国清,省教科院副院长王健敏,省教研室副主任张丰,以及13个试点单位的教育局分管局长、试点工作负责人等70余人出席会议。张丰代表省教研室汇报了总项目的进展与收获,13个试点单位突出重点地介绍了各地实践的亮点。副厅长韩平高度概括了浙江省综合评价改革试点工作的四个特点:一是以“四个关注”作为教育质量观的核心精神,推动中小学全面贯彻党的教育方针,落实“立德树人”根本任务,实现教育现代化;二是抓住“教育质量管理”作为推进基础教育科学发展的“牛鼻子”,从关注区域教育质量管理,到推动学校教学质量管理机制的改进,以综合评价改革促进教育质量管理体系的建立;三是以“综合”作为克服实践问题的方法论,努力在评价指标、评价方式、评价方法以及评价功能等四方面体现“综合评价思想”;四是以“能力建设”为教育评价改革可持续进展的基础保障,通过几年的改革试点,建立起一支有相当研究能力与实践能力的队伍。

张　丰(浙江省教育厅教研室)

第二节　构建教育质量综合评价监测体系

在基础教育课程的改革进展中，教育评价改革相对滞后。它突出反映在日常评价过于注重甄别和选拔功能，轻视诊断和激励功能；注重学科考试成绩，轻视学生全面发展、个体差异以及学科教学的全面育人功能。因此，要建立中小学教育质量综合评价监测体系，通过基于科学测评工具的学生发展状况的样本调查，形成关于区域（学校）教育质量的评价以及改进教育教学的建议，引导各项教育改革健康发展，确保基础教育教学质量稳步提高。

一、浙江省中小学教育质量综合评价的设计

实施中小学教育质量综合评价，有利于进一步落实基础教育“立德树人”的根本任务，树立正确的教育质量观，促进政府部门改进教育质量管理，推动中小学转变育人模式，全面实施素质教育；有利于建立科学的教育质量评价机制，准确反映区域和学校的教育质量状况，科学诊断存在的问题，提高政府部门教育决策的科学性，加快推进教育均衡化；有利于发挥教育评价的积极导向作用，引导社会树立正确的质量观，促进教育部门深化课程改革，规范办学行为，推进教育教学改革，激励学校内涵发展。

（一）浙江省中小学教育质量综合评价的总体要求

1. 主要目标。

构建体现素质教育要求、以学生发展为核心、科学多元的中小学教育质量评价体系，基本形成促进发展、职责明确、规范长效的教育质量管理机制；提高教育质量评价的科学化水平，关注学生的全面发展、质量形成的过程和影响学生成长的环境因素，科学运用评价结果，诊断与改进教育教学；尊重教育规律，规范教育教学行为，形成有利于学生健康成长的社会环境。

2. 基本原则。

育人为本。遵循学生身心发展规律和教育教学规律，综合考查学生全面发展情

况,既要关注学业水平,又要关注品德发展和身心健康;既要关注共同基础,又要关注个性特长;既要关注学习结果,又要关注学习过程和效率。

科学规范。评价内容和方法科学合理,评价过程严谨有序,综合评价结果真实有效,反馈改进落到实处。质量综合评价的整个过程都要保持高度的规范性和科学性。

全面可行。注重发展性、增值性评价,满足学生、学校多方面的发展需要,鼓励中小学办出特色。各地和学校结合实际,针对存在的突出问题和薄弱环节,完善质量综合评价指标,积极探索适宜的质量评价方式,逐步形成各具特色的质量评价模式。

(二)浙江省中小学教育质量综合评价体系

1. 建立综合评价指标体系。

依据党的教育方针、相关教育法律法规、国家课程标准等,突出重点、注重导向,把学生学习状况、综合素质和成长环境等作为中小学教育质量综合评价的主要内容,构建综合评价指标体系。

表2.2　浙江省中小学教育质量综合评价指标一览表(2013)

维度	监测指标	指标内涵
学生学习状况	学业水平	包括学业成绩达成度、学业成绩均衡度等方面
	应用和解决问题的能力	考查学生综合应用知识解决问题的实践与创新能力
	学习兴趣与动机	学习兴趣、学习信心、学习动机与学习压力等
	学习负担	从睡眠时间、作业时间、补课时间等观察学生的学业负担状况
学生综合素质	品德行为	学生热爱祖国、自尊自爱、尊重并关心他人、有诚信和责任心、守公德和有公正之心等
	体质健康	学生近视率、肥胖率、身体素质达到学生体质健康标准状况
	心理健康	学生对自己情绪的觉察与排解情况,对行为的自我约束情况,应对困难时的态度与表现情况等
	艺术素养	艺术欣赏和表现能力
学生成长环境	师生关系	教师是否尊重、信任学生,是否公正、平等对待学生,师生关系对学生成长的影响
	教师的专业能力与教学方式	教师的专业能力与教学方式对学生学习成长的影响
	校长的课程领导力	校长在课程决策与计划、课程组织与实施、课程管理与评价等方面的能力,及其对学生学习成长的影响
	社会环境	社会环境对学生学习成长的影响

具体将按照小学、中学教育的不同特点，分别研究制定具体的评价指标和考查重点，细化相关内容，完善质量综合评价指标体系与标准。在再次开展教育质量综合评价时，以“发展指数”来反映有关指标的纵向比较结果。

2. 提高教育评价的科学化水平。

完善教育质量综合评价方式。将定量评价与定性评价相结合，注重全面客观地收集信息，根据数据和事实分析判断；将形成性评价与终结性评价相结合，注重考查学生的进步程度和学校的努力情况；将内部评价与外部评价相结合，注重自我分析、自我诊断，完善质量内控机制；逐步建立政府主导和专业机构等共同参与的质量评价机制。推动单一的学业质量评价向教育质量的综合性评价发展，推动统考统测向基于科学抽样的多样化的质量调查发展，以基于标准的评价体系替代以往以相对评价为主的教育评价。

教育质量的综合评价以测试和问卷调查等方法为主，以现场观察、资料查阅等为辅。测试和问卷调查要采取科学抽样的办法，坚决不搞面向全体学生的县级及以上的统考统测。

3. 促进综合评价结果的科学运用。

对评价内容和关键性指标进行分析诊断，形成以区域为单位的教育质量综合评价报告，分别进行反馈。对于提高教育质量的成功经验和做法，给予肯定；对于存在的不足和问题，提出改进措施；对于违反规定的行为，提出整改意见。

教育质量综合评价结果的反馈兼顾改进教育教学、完善督导评估、引导社会舆论等三个应用方向。指导学校和教师提高评价教学的能力，加强基于实证的教育教学改进的研究，不断提高教育质量。促进教育督导科学化。提高教育督导的针对性和有效性，切实改变单纯以学生学业成绩和升学率奖惩学校和教育部门的做法，科学运用评价结果，完善教育政策措施，促进区域教育科学和谐发展。引导社会形成正确的教育质量观，以素质教育的理念看待学校、评价教育。

（三）中小学教育质量综合评价的保障机制

1. 加强中小学教育质量综合评价的领导。

省教育厅成立由基教处、体卫艺处、督导处，省教研室、省教科院、省教育评估院等部门和各设区市教育局负责人参与的中小学教育质量综合评价工作领导小组。领导小组的主要职责是统筹、协调、指导全省教育质量综合评价工作；制定全省教育质量综合评价工作的方针、政策、规划，并组织实施；检查、督导、评估各地教育质量综合评价工作；研究、解决教育质量综合评价工作中的重大问题。各市、县（市、区)应建立相应的工作领导小组和综合评价工作办公室,配合省教育厅做好省级综合评价监测,并结合当地的实际,稳妥推进本地中小学教育质量综合评价工作。

2. 建立组织与实施机构。

成立浙江中小学教育质量监测中心,设在省教研室,负责教育质量评价、分析、反馈与指导等。各地成立相应的组织机构,配备专业技术人员从事综合评价工作。建立由教育行政部门统筹,教育督导部门组织,质量监测中心具体实施,相关部门共同参与、分工合作的工作机制。由基教部门负责教育质量综合评价的政策制定和业务指导;由教育督导部门研制实施指导意见,发布中小学教育质量综合评价的结果,并将教育质量综合评价结果纳入督导评估范围。

3. 加强专业队伍建设。

适当充实力量,加强监测中心建设,逐步培养和建设一支具有先进理念、掌握教育质量评价专业技术、专职和兼职相结合的专业化队伍。充分利用现代信息技术,建立和完善教育质量综合评价的数字化管理平台,为开展评价、改进实践提供技术支持。

4. 建立经费保障机制。

教育质量综合评价是一项常态化的工作,需要一定的经费支持。各级教育行政部门要为中小学教育质量综合评价工作设立专项经费,确保质量评价工作的正常运行。

二、综合评价监测的方法

(一)学生学科学业水平测试

根据课程标准的要求,进行样本年级相关学科学业水平测试(以四、八年级为样本分别反映小学与初中的学业质量)。这种测试以纸笔测验为主,适当采用其他方式,如情景测试、实际操作等。

学科测试是了解学生学业水平,实现教学诊断的重要途径。四年级涉及语文和数学两个学科;八年级涉及语文、数学和科学三个学科。中小学生学科学业质量的内涵不仅包括学生在基础知识、基本技能方面所达到的水平,还包括时代发展所要求的中小学生所必备的搜集和处理信息、自主获取知识、分析与解决问题、交流与合作等各个方面的能力,特别是创新精神与实践能力等。学科测试的主要内容见表2.3和表2.4。

表2.3 四年级学科学业水平测试框架①

学科	内容	能力
语文	积累与运用	读准字音、认清字形、理解字/词义、独立识字、名句积累、古诗文积累、课外阅读
	阅读	整体感知、提取信息、形成解释、做出评价、解决问题
	习作	选择材料、组织材料、语言表达、其他
数学	数与代数、图形与几何、统计与概率	了解：识记/辨认、举例说明、按照程序完成简单操作 理解：描述、表示、解释、判断、简单应用 应用：提出问题、解决问题、推理、反思

表2.4 八年级学科学业水平测试框架

学科	内容	能力
语文	积累	熟读背诵、感悟运用、感受鉴赏
	阅读	整体感知、理解探究、鉴赏评价， 整合信息、解释推断、解决问题， 整体把握、理解欣赏
	表达	明确目的、选择内容， 语言表达、自主选材， 自由表达、文本呈现
数学	数与代数、图形与几何、统计与概率	了解：识记/辨认、举例说明、按照程序完成简单操作 理解：描述、表示、解释、判断、简单应用 应用：提出问题、解决问题、推理、反思
科学	科学知识：地球和宇宙、生命科学、物质科学； 科学探究：问题、证据、解释	了解：说出、举例、列举、描述、识别、定义 理解：阐释、说明、区别、比较、懂得、关联 应用：使用、解释、分类、归纳、分析、假设、结论、预测、评价

（二）问卷调查

通过学生、教师、校长和家长问卷了解学生的品德、身心、学习生活状况以及影响学生发展的因素。

学生问卷调查的内容包括学生基本情况、品德行为、艺术兴趣、体育兴趣、学习压力、睡眠、作业、补课、学习自信心、学习策略、自尊、焦虑、主观幸福感、教师教学

① 学科学业水平测试采用北京师范大学协同创新中心2013年研制的测试框架。

方式、师生关系、同伴关系、亲子关系、家长参与度、学习兴趣、学校归属感等与学生发展息息相关的内容。

教师问卷调查的内容包括教师基本情况、学历、任职经历、职称、教学方式,教师对学校实行民主决策、鼓励教学创新、支持专业发展的评价以及教师工作满意度、教师工作投入等。

校长问卷调查的内容包括校长及学校的基本情况、校长的课程领导力、办学自主权和国家课程开设情况等。

家长问卷调查的内容包括家长的学历、职业等背景,家庭教育投入及学习资源、父母教育期望及家长教育满意度等。

在学科测试与问卷调查的基础上,再根据需要辅以文献研究、实地调查、典型个案研究等形式,进一步分析教育质量现状、影响因素与对策建议。

三、监测工具的研发与测试的组织实施

(一)监测工具的研发

1. 基于课程标准。

各学段、各学科的学业质量测试工具严格遵循国家课程标准,体现学业质量测试的标准参照特性,在遵循课程标准要求的前提下,标定可操作、可测量的合格水平和优秀水平等不同学业水平的表现性标准,从根本上引导各地教育行政部门和广大中小学把主要精力集中到促进每一名学生达到国家规定的质量标准上来,切实施行基于课程标准的教学,全面提升学生的综合素质和核心素养。

2. 符合测量学要求。

监测工具的研发严格按照测试框架设计、试题开发、六人"出声想"测试、30人小范围测试与磨题、300人预测试分析与修改、专家团队独立审题与修改、确定正式测试卷与备用卷等的工具开发周期,确保工具开发符合测量学要求,使工具整体布局合理科学、试卷结构良好、充分发挥每一道题的测量功能,使试卷的信度、效度、区分度和其他关键指标达到统计和测量学要求。

3. 突出能力导向。

学业质量测试不仅考查学生对各学科应知应会的课程内容的了解和熟练程度,更加关注学生思考问题的条理性、批判性和独特性,关注学生的学习能力和终身发展的能力,关注学生探索未知领域、独立解决问题的能力,特别是他们在真实

情境中综合运用所学知识发现问题、提出问题、分析问题和解决问题的能力等。

4. 规范评分标准设计。

学科测试评分标准由各学科组织命题专家和一线教师，按照“试评—讨论—修订—再讨论—再修订—审核通过—定稿”的程序对其进行细化与修订后，最终形成评分手册。学科评分标准研制主要有四个阶段：预设标准、试测访谈后的修正、大规模测试后学生作答分析、形成学科评分标准。

（二）测试的组织实施

省监测中心编制了《浙江省中小学教育质量综合评价监测实施办法》《浙江省中小学教育质量综合评价监测操作手册》。测试工作的基本要求为：

1. 测试数据真实客观。

教育质量综合评价是了解中小学教育质量发展现状的重要途径。只有确保所采集数据的真实性、客观性和代表性，才能保证测试信息准确、依据真实，从而为教育行政部门和中小学提出合理、有价值的意见和改进建议。

2. 测试工具严格保密。

测试工具的开发动用了大量国家资源，使用前和使用后均为国家机密级保密材料。工具的保密情况直接关系到质量评价数据的真实性和客观性，须依法执行相关的保密规定。

3. 实施程序规范标准。

从取样、测试、数据处理分析到报告形成，整个过程须做到组织严密、程序严谨、操作规范，这是确保测试结果有效、可信的关键，必须按照标准化程序严格实施，确保所采集数据的代表性和真实性。

四、在监测与反馈中完善指标体系

2013年、2014年、2016年三次综合评价监测，都由北京师范大学协同创新中心的专家团队负责指标设计、工具研发、数据分析报告等工作。每次都根据监测结果对评价指标的观测指数进行调整，以进一步完善指标体系。2016年浙江省教育质量健康指数共26项，包括刻画学生发展状况的指数与描述关于学生发展的影响因素的指数两方面，能较好地体现浙江省教育质量综合评价改革关注学生全面发展、关注学生的学习品质、关注质量形成的过程与成本、关注影响学生成长的环境因素的改革方向。

2018年起，浙江省开始独立组织实施综合评价监测，在坚持“四个关注”的改革方向的同时，对教育质量健康指数略做了调整。具体包括学生发展与影响因素两大方面20项指数（见表2.5）。

（一）学生发展（共8项指数）

从学生品德行为、学业水平、兴趣爱好与身心健康等四方面评价。具体包括：品德行为指数、学业达标指数、高层次认知能力指数、创新与实践能力指数、兴趣爱好指数、运动健康指数、自我认知指数及合作交往指数。

（二）影响因素（共12项指数）

从学生、教师、学校、家庭与区域等五方面分析影响学生发展的相关因素。

学生个体层面突出与学习直接相关的学习动力指数与学习策略指数；教师层面包括教学方式指数、职业认同指数与师生关系指数；学校层面重点关注学校教学管理与教师专业发展；家庭层面重点关注家校合作与亲子关系；区域层面尝试从学业均衡、学业负担、教育满意度三个方面进行综合评价。

表2.5 2018年浙江省教育质量综合评价（小学段）指标体系

一级指标	二级指标	三级指标	主要评价要素
学生发展	品德行为	品德行为指数	责任、公平、助人等
	学业水平	学业达标指数	小学语文、小学数学达到课程标准的学生比例
		高层次认知能力指数	学生在高层次能力（应用）题目的综合得分
		创新与实践能力指数	学生动手实践能力
	兴趣爱好	兴趣爱好指数	学生拥有自己的兴趣爱好，能较长时间持续关注并主动参与该爱好
	身心健康	运动健康指数	学生拥有良好的运动习惯，有健康的身体和良好的身体素质
		自我认知指数	学生能了解、认同自己的形体相貌、学业、人际关系和技能特长，有一定的自我接纳能力，能正确认识、评价与管理自己
		合作交往指数	学生能与同学友好相处，能得体处理和同学的冲突，理性评价同学

续表

一级指标	二级指标	三级指标	主要评价要素
影响因素	学生	学习动力指数	学生对所学知识的好奇与渴望，能主动、积极、执着地去探索。包括学生内部动机、学习自信和学习兴趣
		学习策略指数	学生对信息的加工、整合和存储，对学习的规划、监督和调整以及综合问题的解决能力
	教师	教学方式指数	教师根据教学需要灵活运用讲授、探究、讨论、体验和对话等教学方式的能力
		职业认同指数	教师的职业认同、职业追求、自我效能，以及职业倦怠情况
		师生关系指数	师生之间的亲密度、冲突性、反应性和满意度
	学校	学校教学管理指数	学校的教学常规管理的制度和执行、对教师的教学考核方式
		引领教师专业发展指数	学校在教师专业引领与创新、同伴交流与互助、教学反思等方面的氛围、制度以及平台
	家庭	家长参与指数	家长在孩子的成长过程中，对与孩子有关的一切事物进行的一种有规律的陪伴和指导的行为，主要包括孩子的学习、学校生活和日常交往等
		亲子关系指数	学生与父母之间的信任、陪伴、亲密与冲突，父母的教养方式
	区域	学业均衡指数	区域学业质量的均衡情况，包括省级层面、地市层面和学校层面
		学业负担指数	学生在学业上的主、客观感受，包括客观负担(睡眠时间、作业时间、课外补课次数)以及主观负担(学习压力和学习焦虑)
		教育满意度指数	教育满意度，包括教师满意度、家长满意度和教育行政部门满意度

此次调整主要出于以下考虑：①影响因素的分析层次更为清晰，特别是由学业均衡指数、学业负担指数和教育满意度指数组成的区域层面的综合评价有较强的导向意义；②学生发展的四个方面与国家实验的指标体系基本一致，国家方案的第五项“学业负担”整体放在区域评价中；③根据国家《关于深化教育体制机制改革的意见》，关注学生的高层次认知能力、合作能力和创新与实践能力；④现实中影响学生发展的因素较为复杂，各层面的综合评价应突出重点，抓学习策略、教学方式、师生关系、教学管理、教师专业发展等。这一指标体系既继承了原指标体系科学细致的一面，又使指标框架与基础教育管理的实际相接近，有利于改进教育教学。

五、综合评价反馈活动的策划与完善

2014年、2015年和2017年春，浙江省组织了三次综合评价监测结果的反馈活动，请协同创新中心的专家团队来反馈监测结果。每次反馈都在前一次的基础上有进一步发展（见表2.6）。

2014年的反馈注重社会引导，专题召开新闻通气会，向社会发布综合评价监测的有关结论，并通过行政反馈报告引导地方政府与教育行政部门全面、正确、客观地看待教育质量。

2015年的反馈重视教学指导。一是让反馈会议成为"基于评价的教学改进"专题培训，扩大学科参与面；二是研读反馈资料，形成面向新闻媒体的社会公示报告、面向地方政府的行政反馈报告、面向中小学教师的教学导向报告等3份反馈报告，发挥教育质量监测的综合效应；三是加强教育质量监测反馈中的学科参与，组织本土学科专家团队深入研究评价结果与评价工具，积极指导学科教学改革。

2017年重点加强了对县级反馈报告的解读与运用的指导。邀请郑州市教研系统的同行和温州市、杭州市上城区、嘉兴市南湖区、丽水市莲都区的有关人员介绍结果反馈与数据应用的经验。在"实践分享"板块，研修人员按区域教学领导、评价技术人员、学科教研员等类别分成五组进行小组讨论，交流各地工作进展以及下一阶段的工作设想。

表2.6　浙江省历次综合评价监测的反馈活动的情况

反馈时间	反馈活动	反馈成果	进步与发展
第一次 （2014年）	反馈会议。设区市参加 新闻发布会	系列反馈报告（省＋市） 社会公示报告 行政反馈报告	注重社会引导
第二次 （2015年）	反馈会议。市、县（市、区）一起参加	系列反馈报告（省＋市） 社会公示报告 行政反馈报告 教学导向报告	加强学科参与、重视教学指导
第三次 （2017年）	反馈会议。市、县（市、区）一起参加 新闻发布会 县级报告研读高级研修班	系列反馈报告（省＋市＋县） 社会公示报告 行政反馈报告 教学导向报告	指导县级反馈报告的解读与运用

三次省级教育质量监测，初步树立起教育质量评价的正确导向，基本形成质量调查的工作模式。但我们认为，更重要的是以综合评价的观念与技术推动日常教育

教学实践的评价改革，推动评价方式方法的科学化和评价结果的科学运用，将评价改革融入课程改革、教学改革的系统工程中。

从2018年起，浙江教育质量综合评价监测的工作模式又有新调整。按照小学、初中轮次进行"一年监测，两年改进"的工作模式，小学段2018年监测，2019—2020年实践改进；初中段2019年监测，2020—2021年实践改进。按照综合评价的思想，具体采用"学科核心素养＋影响质量相关因素"的质量监测方式，监测内容重点聚焦学生语文的阅读能力、数学的问题解决能力、科学的探究能力等，继续关注学生学习过程、学业负担、学习品质、成长环境等方面的监测，突出关注学科的核心素养与发展环境。

方张松（浙江省教育厅教研室）

第三节　聚焦教育质量管理机制

推进中小学教育质量综合评价改革的首要目标是引导地方政府、学校树立正确的教育质量观，构建体现素质教育要求、以学生发展为核心、科学多元的中小学教育质量评价体系，切实扭转单纯以学生学业成绩和学校升学率评价学校教育质量的倾向，基本形成促进发展、职责明确、规范长效的教育质量管理机制。[①]浙江省推进综合评价改革突出"教育质量观"与"教育质量管理机制"两个关键词。

一、分析教育质量的三个维度

在很多人的直觉中，教育质量就是学生的考试分数，分数高则质量好，但这是狭隘的。教育的"质"与"量"分别从定性和定量的角度描述与评价学生在德、智、体、美、劳等方面的全面进步状况，以及学校在促进学生全面发展方面的努力。然而在现实中，并不是所有地区、所有学校都奉行这样全面的教育质量观。关于教育质量，除了应全面看待外，还应立体地看待。具体有三个维度：

（一）结果型质量

"结果型质量"是指某一时刻，学生个体层面所反映的学习状态与水平。它不应只是各科成绩综合起来的统计数据，而应是学生个体各学科关键能力进步的分项分析。它需要教师用"过程时态"的眼睛和"发展分析"的态度来研究。

（二）过程型质量

第二个维度是从质量形成的过程来看质量，从课程实施与学校管理（中观层面）来研究质量的形成和影响质量的因素。这可以称为"过程型质量"，具体包括学校教学工作状态、教师提供的课程的水准、教育教学过程的质量、教师的工作精神和教学素质等。

① 浙江省中小学教育质量综合评价改革实施方案.浙教教研〔2013〕101号.2013－10－12.

（三）结构型质量

第三个维度是从区域教育发展的生态看教育质量进步的潜力或危机。影响教育质量的绝不只是学校层面的努力，教育发展的结构规划、资源配置以及师资队伍等也是事关教育质量进步或危机的重要因素。这属于“结构型质量”，也可称为“结构意义的质量”。这是教育管理决策层对教育教学质量的责任。①

我们不可一叶障目地观察和理解教育质量问题，也不可“头痛医头、脚痛医脚”，急功近利地应对。教育行政部门、学校、教师在教育质量上的责任是不同的，有分工的。地方政府和教育行政部门的着力点应该在“结构型质量”。要通过学校规划与结构调整，包括队伍结构与校长任用等工作机制，形成良性的工作局面。地方教育业务部门与学校的着力点应该在“过程型质量”。要建立尊重学科特点的教育教学常规，建立常态教育教学的视导体系，通过规范教育教学行为，改进教育教学过程，帮助教师克服“重教轻学”的积弊，促进学生有效学习。

二、反思“经济模式”的教育质量管理机制

我们于2011年提出“教育质量管理”这一概念②。教育质量管理是从教育评价领域分化出来，同时兼涉评价和管理两大领域的专业活动。它具有层次性、机制性、指导性、全局性、方向性、迟效性等特点，是教育活动的指挥系统与动力系统。

在教育质量管理中，存在着多方的立场。从最基层的学生、家长、教师、校长，到县(市、区)、地级市教育行政部门、省教育厅、教育部，还有各级的其他政府部门，大家对教育质量的理解都可能不同。教育质量管理必须解决好多方立场的认识趋同问题，并构建起各有侧重、彼此尊重、机制不同的教育质量管理模型。

当前，不少地方正式或变相地以“升学率”来考核地方教育工作的绩效，甚至公开宣称教育工作就看“重点率”或“北大清华数”，或者年年提出升学率增长的指标要求。这种将教育工作绩效聚焦在统计数字的思路，是典型的“GDP思维”的政绩观。这种“经济模式”的教育质量管理机制夸大了评价的杠杆作用，忽视评价的专业标准，对当前基础教育的科学发展造成致命的侵害。

在地方政府重视横向比较的氛围中，教育行政部门将这种责任分解下放到学校，并聚焦在关键性的量化指标，对学校工作产生强大的功利导向。也正是因为局

①② 张丰.地方教育质量管理机制的反思与建议[J].基础教育课程，2011(4).

部利益的诱引，以及地方教育行政部门的“睁一只眼闭一只眼”，一些学校产生“偷跑意识”与“踩线意识”，学生负担加重，突破教育教学规范的底线的学校渐多，渐成法不责众之势。

学校将责任再度拆分到具体教师。于是，教师之间“竞争有余，合作不够”，大家竞相瓜分学生的时间，有些教师甚至对落后学生“白眼以对”。评价者与被评价者的对立，在一定程度上恶化了学校领导与教师之间的关系。

教育质量管理具体可从区域与学校两个层面来看，当前的焦点在区域教育质量管理机制。市、县（市、区）教育行政部门被“三面夹击”：要面对上级教育行政部门的倡导，还要面对地方政府的政绩考核和社会媒体的关注，更要面对基层学校、教师、学生与家长复杂的期待。很多基层教育行政领导何尝不希望切实贯彻素质教育，但他们受制于政府及社会关于教育质量的纷繁多义，往往将行政系统惯用的围绕关键指标的量化排队的管理模式，移用到学校教育教学活动的评价与管理上，导致学校在部分教育目标上的偏废和对量化绩效的过度计较与追求。

所以，思考教育评价问题，必须抓住“教育质量管理机制”这个关键，尤其是区域教育质量的管理机制。地方政府在教育方面必须有正确的政绩观，走出过于关注横向比较的、“经济模式”的教育质量管理机制。

三、关于区域教育质量管理的调研

为了解浙江省各地教育质量管理的现状，省教研室结合中小学教育质量综合评价改革实验区工作，开展主题为“义务教育阶段区域教育质量管理的经验与问题”的调研。这是根据省教育厅相关文件精神，从专业的角度对区域教育质量管理现实的深入分析与对策讨论。

（一）关于“区域性统考”的网络调查

针对各地在教育质量管理上普遍倚重区域性统考，简单以文化课的统考成绩来评价学校教育质量的现象，省教育厅于2014年年初下发《关于完善和规范义务教育阶段学校区域性学科“统测”工作的通知》（浙教基〔2014〕14号），明文要求各地控制区域性的文化课统考，制止各地频繁的学科统考。

2014年5月，为了解各地区域性统考及其结果运用的实际状况，以及教育管理者、校长与教师对此的真实想法，分析区域性统考的利弊，省教研室设计调查问卷，通过互联网，面向全省义务教育阶段的中小学教师进行不记名的问卷调查。全省共有14177名教师参加调查（有效作答）。其中小学教师10159名，初中教师4018名；学校校级领导占5.6%，学校中层干部占14.6%，一线教师占79.8%。

关于区域性统考的调研报告发表在2014年10月11日的《中国教育报》[①]上。调查揭示了区域性统考的利弊与教师对此的态度，引导各地正视考试测验的信度问题，重视区域性统考对教学秩序的干扰与影响，研究改进评价结果的分析与反馈（详见第四章第二节）。

（二）区域教育质量管理的实地调研

2014年4月，省教研室调研组开始近一年半的走访调研，了解各地在区域推进教育评价改革，改进教育质量管理的制度与措施；寻找区域层面通过科学运用评价结果，提高教学测验命题质量，促进课程规范实施和学生全面发展的成功经验，发现不依赖统考统测来提高教育质量的区域典型。

2014年春夏，调研组赴台州市路桥区、临海市以及嘉兴市南湖区调研，听取三地教育局和教研室的情况介绍。2014年冬，调研组赴杭州市上城区和萧山区调研，了解两地教育局在综合评价改革和学校评价改革方面的进展。2015年秋，调研组再赴德清县、东阳市、杭州市西湖区和江干区、温州市等地调研，总结各地评价改革经验。其间，调研组走访了9所学校，召开了24次座谈会，与12个区域教育行政和业务部门以及70余名中小学校长会谈，并与教师们做了交流。

关于区域教育质量管理的经验与问题的调研报告[②]发表在《人民教育》2016年第6期。文章概括了实践中的机制性问题，指导各地改进教育质量管理，推广学校发展性评价（详见第四章第三节）。《基础教育课程》以《浙江中小学教育质量综合评价改革巡礼》为题，刊发了四组来自试点地区的成果。具体有嘉兴市南湖区的“课程立意、学生立场”的区域教育质量管理[③]（详见第四章第四节）、杭州市上城区的“构建发展意义的学校评价与学生评价”的实践[④]（详见第四章第五节）、杭州市江干区的“绿色质量评价”和温州市的“区域教育质量综合评价的探索与实践”。

① 浙江省教育厅教研室调研组.区域性统考的“堵”与“疏”[N].中国教育报，2014-10-11.
② 浙江省教育厅教研室调研组.区域教育质量管理如何科学发展[J].人民教育，2016(6).
③ 浙江省教育厅教研室调研组.“课程立意，学生立场”的教育评价改革——浙江省嘉兴市南湖区教育质量管理的调研报告[J].基础教育课程，2014(12).
④ 浙江省教育厅教研室调研组.区域推进发展意义的学校评价与学生评价——杭州市上城区教育质量评价改革探索[J].基础教育课程，2016(12).

四、改进学校教学质量管理机制

2016年，省教研室启动“重建学校教学质量管理机制”项目，以初中为重点，针对“区域依赖统考统测，学校强调教考分离，教师采用题海战术”的现实，从校内考试制度的现状调研入手，指导学校完善校内考试制度，制止在形成性评价中滥用终结性评价的思路，还原学校考试的形成性评价功能，寻求构建目标与过程清晰、体现“学生立场”、激活教师智慧、旨在“促进学习”的科学规范的学校教学质量管理机制。

2017年3月，项目组赴丽水和衢州开展专题调研，实地走访了丽水市开发区第一中学和衢州市柯城区书院中学，更深刻地认识到重建校内考试评价机制的重要性，认识到重建的实质在于制度和文化的重建，认识到将评价数据背后的元素转化为教学行为需要管理与机制、技术与方法的完美结合。

2017年4月，省教研室面向初中教师开展“学校作业与考试情况的在线调查”，三万多名初中教师与学校管理者参与了网络问卷调查。2018年1月25日，《中国教育报》刊发本次网络调查的调研报告《从校内考试制度看优质学校的密码》（详见第九章第一节）。

2017年6月与11月，“重建初中学校教学质量管理机制”项目研讨会相继在杭州市萧山区朝晖初级中学和丽水市实验学校召开。会议围绕“考试管理与命题研究”“教学诊断和研修改进”两个专题展开研讨，分享了各校改进学业质量检测、完善考试与命题管理、利用大数据进行教学诊断与改进的实践经验以及开展的相关校本研修。

一年多的讨论与探索，六方面工作取得了进展。一是对“校本化命题”以及“还原单元测验”的认同与实践；二是体现研修意义的命题管理初见成效；三是基于策划的命题研修的可贵探索；四是作业改进与考试管理的结合，并融入教学常规的重建中；五是出现了一些根据作业与评价信息进行个性化学习辅导的案例；六是学业测试与学习状况调查相结合的教学质量评价机制初步成型。

张　丰（浙江省教育厅教研室）

第四节　推动小学考试评价改革

推进评价改革，校内考试制度是一个焦点。如何借鉴综合评价的技术与方法，推动小学日常教育评价的改进，是近年来评价改革的重要课题。

在21世纪基础教育课程改革初期，过程性的、发展性的教育评价改革相当活跃。但在2007年前后，“应试倾向”有所抬头，评价探索渐又沉寂。2014年左右，浙江小学评价改革再度活跃起来，形态多样，进展迅速。其实践推进大致可分为四个阶段：低段非纸笔学业测试的探索、完善小学学业评价体系、发展性的综合评价、以“分项等级评价”为特征的小学生综合评价改革。

一、从低段重启的小学评价改革

针对学前教育小学化的不正确倾向，根据小学“零起点”教学的要求，2014年2月，省教育厅将省教研室制定的《小学低年级语文和数学教学要求的调整意见》(浙教办教研〔2014〕21号)转发到各地，明令“严禁在小学低年级举办任何形式的校外和校内统一考试，严禁按成绩给学生排名”。

同月，省教育厅下发《关于完善和规范义务教育阶段学校区域性学科“统测”工作的通知》(浙教基〔2014〕14号)，要求各地“严格控制区域性‘统测’，一至三年级不得进行任何形式的区域性文化学科‘统测’，四至九年级每学年不得组织多于一次的区域性文化学科‘统测’”。

限制小学阶段将纸笔测试作为学生学业的主要评价形式，成为小学教育改革的新课题。虽然很多小学对此要求茫然无措，但这让原已萌芽的体现儿童特点的小学低段考试评价改革迅速推广开来。

早在2008年，杭州的学军小学、胜利小学、崇文实验学校等就已有“游园式考试”等尝试，该考试形式还在全省部分地区悄然推广。2014年前后，嘉兴、金华等地的部分小学积极探索这一做法。武义县壶山小学、嘉兴市实验小学、嘉兴市南湖国际实验学校、杭州采荷第三小学等学校又在推广中发展了这一考试方式，金华市率先区域推广小学低段“模块游考”的考试评价改革。

2014年6月，省教研室赴嘉兴市南湖国际实验学校调研，发现“游园式考试”的机制特点与推广意义。此后迅速在杭州、金华召开两次调研座谈会，召集部分小学交流、研讨小学低段考试评价改革的鲜活实践经验，并在2014年7月9日的《浙江教育报》上推出专版“体现多维学习目标的真实性评价”，介绍各校尊重儿童年龄特点、基于实践任务开展评价的多样探索。

当时的实践探索突出了“快乐考试”这一特征，尝试开展基于课程标准的过程性评价，以确保学校的教学质量；同时用游园等形式替代阶段性的纸笔考试，以激发学生的学习兴趣，促进学生个性特长的发挥，让学生在快乐的活动中完成“考试”。如杭州采荷第三小学把期末考变成了阶段性“作业”，让学生在“实践活动”中展示自己一学期的学习成果。金华市东苑小学根据学科的特点分项设计学习模块，采用“模块游考”的方法，把生活情境与知识紧紧地融合在一起，让学生的考试走进现实、走进生活。

在学校的自发实践中，基于学科关键能力的分项等级评价初见端倪，基于实践任务的表现性评价得到较好的应用。教师通过对学生运用知识解决问题、完成任务的过程的观察，进行学生的学习（包括生活技能的学习）评价。这些尊重儿童特点、关注学科素养的评价方式，反衬了纸笔测验的局限，是学习评价的有益补充。这些实践正是对体现学科多维学习目标的真实性评价的探索。

2014年10月，省教研室在金华召开浙江省小学低年级教学与评价改革现场会，以金华市宾虹小学为样本，推广金华市区域性推进小学考试评价改革的经验。

2015年11月的温州平阳会议专门安排了平阳县鳌江小学“项目学评”的现场观摩，并邀请武义县壶山小学、嘉兴市南湖国际实验学校、杭州市学军小学等学校做经验分享。四所学校展现了各具特色又殊途同归的经验，呈现了小学评价改革循序渐进的线索：从小学低段设计活动化的“游园式考试”，探索“快乐考试”；发展到健全过程性评价，落实学生学业的合格要求；再发展到根据小学生在校六年的成长特点，构建全学段的循序渐进的评价体系，逐步扩大过程性评价在整个学业评价中的权重；同时还有从关注学业评价到结合学生日常学习行为的学生综合素质评价的发展。丰富的实践探索展现了浙江省小学评价改革渐从低段向全学段的发展，从突出“快乐考试”向“促进学习”的进展。

二、小学学业考试评价体系的再构

2016年11月10日，省教研室在武义县壶山小学召开“小学学业评价改革”的现场会，借学校现场展示、交流小学考试评价改革的成功做法，梳理后续实践的思路。武义县壶山小学从学生的能力、品德、实践等方面出发，采用模块化、游园式、多学科、重整合的形式进行综合评价，改革低段学业评价方式，关注真实的学习，有一、二年级期末“乐考”、三至六年级绚丽舞台大型抽测活动、三年级“课本＋”主题任务式考试等。

嘉兴市南湖国际实验学校介绍了体现学科特点的、循序渐进的“基于学科核心能力的分项学业评价”体系。他们规划了各年级各学科的关键学习目标的阶段性合格评价，并分散到平时的学习过程中，作为“快乐考试”的基础支持。各学科的评价指标体系包括评价项目、学科重点评价内容、不同水平层次的表现与评判标准等。评价手段包括纸笔测试、典型任务测试、课堂观察和作业记录相结合。各年级根据学科特点分别设置过程性评价、阶段性评价和终结性评价等三种评价方式的不同比重。他们还策划了由教师、学生、家长共同参与的，学生自评与他评相结合的学业评价活动，努力“使评价成为学生自己的事”，成为促进学生学习的一种力量。（详见第六章第三节）

平阳县鳌江小学、嘉兴市南湖区凤桥镇中心小学等学校还介绍了他们的评价改革探索与特色。这一时期，小学评价改革渐从活动导向的任务评价发展成标准导向的过程评价。一些学校建立起以过程性评价为主的学业评价体系，关注学生学习过程、学习方式、学习习惯、个性特长和整体素养的提升。

三、内涵多元的小学综合评价改革

在武义县壶山小学现场会的前一天，省教研室在东阳市外国语小学召开了“小学综合评价”现场会。该校以核心素养理念为引领，进行综合素养评价的探索，设计了学生综合评价的三大操作环节，即“平日特色争章—期中关键点过关—期末全面评估”，形成以核心素养为导向的评价与反馈系统（详见第八章第一节）。

杭州市采荷第二小学也在会议上分享了体现和而不同的多元评价的改革经验。他们采用电子化成长记录平台，记录与汇总学生的日常表现，管理教师对学生以及学生相互之间的网上评价。

这一时期，小学评价改革渐成共识，许多教研室将此作为重点工作。杭州市基础教育研究室评价部依托杭州市评价研究团队，推进小学评价改革的实践就很有代表性。他们从2016年3月的桐庐会议开始，在短短两年时间中，分别在江南实验学校（2017年1月）、银湖实验学校（2017年6月）、长寿桥小学（2018年1月）举行了三场全市规模的小学低段非纸笔测评现场观摩研讨活动。在观摩与研讨中,发动并指导更多的学校参与研究,主动实践;引导学校思考为什么要进行小学低段非纸笔测评、测评内容应该指向什么、如何操作与实施、如何使用测评结果等问题。通过对这些实质性问题的探讨,提升对综合评价的理解。通过这些活动的引领,将“立德树人”与“教—学—评一体化”研究紧密融合,推动学校更新课改理念,转变教学行为。杭州市小学评价改革实践的重要特点是强调以校为本的实践。从三次全市性的研讨活动中,能够看到杭州市各所学校围绕“培养全面发展的学生”的共同目标,开展了各不相同的探索。

四、走向系统推进的小学生综合评价改革

为指导学校建立重在过程表现、促进有效学习的学生综合评价机制,推行基于课程标准、体现学生发展核心素养的分项等级评价,2017年9月,省教育厅启动小学生综合评价改革试点工作。在杭州市上城区和西湖区、宁波市海曙区、平阳县、东阳市、江山市、温岭市等地区域推进以“校内评价改革”为突破点的小学生综合评价改革。

改革的实践因子主要有:取消百分制,采用等级制,淡化横向比较,重视评价的诊断、导向和激励作用;关注学生课堂与作业表现,多维度描述小学生各方面发展状况及其进步程度;探索体现课程性质的、纸笔与实践相结合的评价方式,分项描述学生在学科素养(或学习领域)诸方面的发展状况;彰显“以校为本”的特色,帮助教师掌握先进的评价技术,开展评价策划与命题的校本研修,提高教师的评价素养。

在2017年9月的启动会议与11月的技术培训后,试点地区积极推进小学生综合评价改革。如江山市恒泰学校探索形成“学生成长积分制”评价机制,以评价主体的多元化、评价内容的人本化、评价方式的浮动化和过程化为特色,取得了学生、家长、教师的一致好评。杭州市长寿桥小学呈现出“解读核心素养,明确学段要求;依据课程标准,开发评价工具;创设真实情境,凸显立德树人;团队合作参与,丰富评价形式;依托数据平台,改善结果应用”等特点,每一个点很清晰,很有操作性,可以为学校今后的实践提供借鉴。

事实上,许多没有列入试点的地区也都自发开展小学评价改革的探索。如杭州滨江区的滨和小学侧重低段小学生中国文化的渗透与平时生活习惯的养成;杭州下城区的求知小学则强调运用现代教育技术提高非纸笔测试的效率。

2018年4月16日，浙江省小学生综合评价改革试点工作第三次会议在江山召开。来自省教研室的各学科教研员和七个试点县（市、区）的教育局分管副局长、基教科长、教研室负责人以及相关学校的负责人参加了会议。小学各学科分别进行了学科操作手册的培训活动。

省教育厅基教处副处长朱国清就如何做好小学生综合评价改革提出五方面要求：要从促进学生学习、帮助教师教学、完善学校教学质量管理的视角出发，从“立德树人”的高度审视小学生综合评价改革；要明确共同认可的底线要求和值得推广的经验方法，采用等级制，淡化横向比较，关注个体进步；要突出区域特色和城乡差异，达到分类指导的目标；要敢于尝试，善于总结，化繁为简，在实践中完善，帮助后人少走弯路；要有勇气面对质疑，理性对待争议，汇聚各方力量完善方案。

七个试点县（市、区）教育局代表均做了交流发言，介绍了当地推行小学生综合评价改革以来的实践探索与经验。江山市恒泰学校、平阳县宋桥小学、杭州市三墩小学等学校展现了完善评价标准、实施分项等级学业评价的探索。东阳市外国语小学、宁波市镇明中心小学、温岭市九龙学校等学校展示了德育评价具体化、学科评价模块化、综合实践活动可视化，分类分层进行多样化评价的实践。参会人员还观摩了江山市恒泰学校低年级各学科的非纸笔测评活动。

省教研室副主任张丰总结了小学生综合评价改革试点工作的六方面进展：区域评价管理的积极动向、学校评价实践的丰富探索、学科评价体系的基础建设、综合评价技术的操作实践、教师命题研修的普遍关注以及信息技术应用的初步建模。他同时梳理了项目试点以来的实践共识，强调评价应是促进学生学习与成长的教育方法。

通过近四年的改革实践，浙江省小学的考试评价改革已取得丰硕成果。当然，还有很多工作仍在延续中，例如正在编制的小学各学科的分项等级评价的操作指南。相信综合评价改革工作能更上一层楼。

马　婷　沈启正（浙江省教育厅教研室）

第五节　加强初中命题技术研究

提高教育评价的科学化水平是综合评价改革的重要任务。教育质量监测的探索也促进了学科命题技术的研究。

初中学业考试(以下简称中考)是义务教育阶段的终结性考试。中考试卷命题质量对初中教育教学有着重要的影响。浙江省于20世纪末建立起中考试卷质量评价制度,具体由省教研室组织实施。十多年来,这一制度逐渐发展为包括命题研究、命题技术研修、试卷质量评价、行政反馈、教学导向发布等环节的,较为完善的教学指挥系统,形成依托评价研究、推动促进"教、学、评"一致的教学改革的新机制。

一、建立中考试卷质量的评价与改进机制

20世纪90年代末,浙江省将中考命题权下放到地级市。从整个制度架构看,省里应该有一个监督与指导各市规范命题、控制难度、提高试卷质量的工作机制。于是,省教育厅建立中考试卷质量的评价制度,委托省教研室组织学科专家团队,开展试卷质量评价与指导。起初的做法是审阅各地各学科的试卷,分学科形成评价报告,同时按照试卷质量评价标准的各项指标将试卷分成A、B、C三个层次,重在评出优秀试卷,树立学习标杆,整理并点评"好"题与"差"题,推动命题研究与创新。

这一做法坚持了十几年,并在实践中不断改进与完善。2013年省教研室组建试卷质量评审专家库,形成了一支包括高校专家、中学特级教师、其他骨干教师和资深教研员在内的稳定的评价专家团队。综合考虑工作性质、地域分布、年龄分布和职称分布,每年筛选产生五个学科的评审专家,分通讯评审专家(每学科每地市一人,共60人)和会议评审专家(每学科三至四人)。采用通讯评审与会议评审两种评审方式,在专家独立评分和对试卷进行解构评析后,再组织专家会议研究形成评价报告,提高评价过程的公正性与研究性。

通讯评审安排在7月中旬至8月中旬。所有学科专家"背靠背"审阅本学科的12份试卷,根据评价指标独立进行分项等级评价,完成《试卷质量评价表》。各学科组中的12名专家分成三组,各对四份试卷进行重点评析,完成《亮点试题评析表》

《问题试题评析表》,并撰写四份试卷的《试卷综合评语》。

会议评审安排在8月下旬,在整合通讯评审专家意见的基础上,集体讨论并分工完成本学科试卷的综合评价报告以及对本学科12份试卷的点评分析。这一操作既尊重学科专家们对试卷的独立评析意见,又体现专家核心组在形成评价报告中的综合评议,提高了试卷评价过程的公正性。

试卷评价主要从导向性、科学性、适标性、有效性以及难易度等五个维度对试卷进行定量评价,难度控制没有达到要求的就不能评为优秀试卷。试卷质量的评价结果采用四种反馈方式:一是意在指导基层命题研究的公开的评价报告集,内有总报告、各学科的综述分析、亮点试题和问题试题的评析;二是针对各市命题组的具体试卷的质量内部反馈;三是关于各学科试卷中反映出来的学科教学导向的综述;四是意在引导社会舆论与理解的向社会公示的评价报告。

二、探索有效提高命题能力的研修模式

2012年前,省教研室每年都会组织一次为期一至两天的中考命题人员培训,通过政策解读、技术培训,以及前一年各科试卷分析与评价的交流讨论,统一思想,发现问题,及时改进。这一形式对于各市保证命题质量起到了一定的作用,但缺少导向性的研究。

从2013年开始,省教研室尝试"在真实任务中学习"的命题研修模式。通过理论学习与实践操作相结合、独立命题与集体磨题相结合、组际交流与专家点评相结合的方式,开展初中学业评价工具命制技术的研修。研修时间一般为四至五天,班额控制在30人以内。具体环节有:①学员提前原创编制半份试卷,带着原创命题的体验与初步素材来参加研修;②每学科邀请有经验的命题专家若干人,就学员编制的试卷,进行第一轮点评指导;③学员分组进行第一轮磨卷,以原有素材为基础,根据指导意见磨题并合成试卷;④各学科再邀请有理论背景的命题研究专家结合各组完成的试卷,做"学科命题技术"的报告;⑤各小组再进行第二轮磨卷,并梳理、提炼命题策略;⑥各小组说卷展示,分别阐述试卷的命制思路以及关于命题技术的思考。

在以任务先行、案例分析、学做结合、互助互学、专家指导、策略生成为特点的参与式研修中,学员完整地经历了试卷命制的全过程,切实提高了实战命题能力,生成与发展了学科命题技术。这种"做中学""伙伴学"的实践研修方式深刻而有效,得到学员的好评。

自2013年以来,省教研室共组织了五期命题实践研修,组织模式基本相同,但研修重点不同。譬如前几年着重于创新试题的编制,而这两年的重点在于研究开放题的编制、参考答案与评分标准的研制等,大家一起研究推广SOLO评分方法,逐步减少采点计分的试题,以对学生少一些记忆的催逼,多一些思维的考查。

几年来,从关注规范成卷,到有重点地钻研命题技术,浙江中考命题研修的功能已从保持试卷质量向引导教学改革发展。这是有着长远意义的进步。

三、主动解读试题背后的教学思想

考试评价的意义不在于区分学生,而在于引导教学,促进学习。省教研室主张主动解读试题命制的意图,帮助基层教师理解教学导向,主动引导教学改革。

通过解读评价引导教学改革的路径主要有三条:一是在试卷评价中,要求各学科组形成一份《学科教学导向综述》,通过评价报告集与网络发布的形式,传达到基层。二是每年修订《中考说明》,将试卷评价中发现的经验和问题,以及各学科近期研究的方向,渗透在《中考说明》中。三是通过命题研修和学科教研活动,保证教研员与骨干教师层面对教学导向的理解不偏差或少偏差,促使学校教学常态化良性运转。

近几年,浙江中考试卷中反映的教学导向突出体现在两方面:一是加强"能力立意"的教学导向,学习借鉴PISA测验的理念与技术,关注学生面对真实情境与完整任务时的综合能力;二是改进试题评分标准和方法,应用SOLO评分机制,观察并评价学生在回答问题时思维结构复杂性的不同水平。这些导向必须主动解析,才能发挥对教学的积极促进作用。

四、学科考试命题技术研究的成果化

在实践中,省教研室真切感受到学校教师对于命题指导的迫切需求。如何将十余年的积累与研究惠及基层,提高教师的命题水平,改进教学测验和评价,成为深化评价研究的重要课题。2016年,省教研室启动初中学科评价研究项目,组织相关教研员和骨干教师研究编写"初中学科考试命题研究丛书",希望能够深入浅出、理论联系实际地阐述测验与评价原理,帮助广大教师掌握命题基本技能,促使区域性的大规模考试和学校教学测验都能更加科学有效,促进教师的教和学生的学。

该丛书包括语文、数学、英语、科学和社会科共五册,2017年12月已全部出版。

丛书基于这些年来在浙江省中考试题评价中被广泛认可的优秀试题，深入阐释学科原理，注重命题技能实训，以应一线教师研习命题技术之所需；坚持“基于标准，能力立意；易而不死，活而不难”的命题原则，强调各学科考试评价应与学生生活及现代社会相联系，考查学生在真实情境中运用所学知识独立思考与分析问题、解决问题的能力。

在基层学校正就过度“教考分离”而激烈反思的今天，我们希望各地重视一线的命题研究与辅导，积极推广基于自主命题的校本研修，让教师在真实的命题实践中提高命题以及把握教学标准的能力。丛书正是应这一需求而推出的学科命题研究著作和命题技术培训用书。希望这一研究能切实引导广大教师的命题观念更新及行为转变，促进广大教师的专业发展。

2018年4月，省教研室第一次组织全省初中文化课学科教研员大会，在集体学习基于核心素养的命题方法后，分学科学习了学科命题技术。在大会后的几年，全省初中学科教研工作的重点将是加强命题研究，提高县区测验质量，推广命题研修，提高教师命题能力与教学把握能力。

浙江省坚持开展中考试卷评价、推动初中学科命题研究的经验受到教育部的关注。2017年11月，教育部基础教育司专家组来浙江调研，总结浙江经验。教育部基础教育课程教材发展中心副主任张国华、山西省教育厅正厅级巡视员张卓玉等专家高度肯定了浙江实践。

马　婷　章新其（浙江省教育厅教研室）

第六节　教育评价能力建设的实践

教育评价是指在一定教育价值观的指导下，依据确立的教育目标，通过使用一定的技术和方法，对所实施的各种教育活动、教育过程和教育结果进行科学判定的过程。教育评价对整个教育教学活动具有一种导向或指导作用。

本节所探讨的教育评价能力，特指在开展教育评价过程中评价者所需具备和掌握的知识、技巧和行为各项能力。教育评价能力建设涵盖教育评价组织能力和教育评价技术能力的建设。其中，教育评价组织能力建设主要指向的是评价的组织、管理和实施能力。教育评价技术能力建设主要指向的是评价工具研制和选择能力、评价数据分析能力和评价结果运用能力。

一、教育评价能力建设的重要性

实施现代教育评价要求评价组织、研究人员具有相当的组织管理能力、评价技术能力。随着教育评价改革的推进，对评价人员的专业化要求也越来越高，教育评价队伍的专业化程度直接影响评价的专业化水平，也可以说区域的教育评价能力水平成为影响区域教育质量评价改革能否有效推进的关键之一。

浙江省自2013年启动省级教育质量综合评价监测以来，积极实施以“改进区域教育质量管理，推动学校教育评价改革”为重点的国家实验项目，加强教育评价研究，提升区域教育评价能力水平。在实验项目的前期实践中，也遇到了一些实际问题：一是基层教育评价的体系架构还有待完善。教育评价改革起步较晚，尚未为基层单位所重视，虽然浙江省的县（市、区）教研室基本都设有评价教研员，但大多为兼职教研员，专职人员少，真正能投入教育评价研究的精力有限。二是基层教育评价队伍专业化素养有待提高。教育评价专业性强，涉及教育统计、心理测量等专业领域，对从事研究人员的要求高，而目前全省的评价师资队伍在专业素养方面还较为薄弱，亟待进一步提升。

如何有针对性地提升区域的教育评价能力，提升区域整体专业化素养以保障教育评价改革的有效推进？教育评价能力建设成为当务之急。

二、教育评价能力建设的着力点

现代教育评价的功能、目标、内容、方法、结果呈现与以往相较发生了很大的变化。正确的指导思想、完善的评价体系、科学的评价方法是开展现代教育评价的三个重要方面,教育评价能力建设应围绕这些方面来实施。

(一)树立正确的指导思想,促进教育评价转型

现代教育评价的功能从单一的测量功能发展为测量、分析、反馈、改进等多项功能,目标从提升学生的学业质量转变为关注学生的全面素质,方法从单一的学科纸笔测试扩展到综合的多元化测试,评价的方方面面都发生了很大的变化。因此充分、深入地认识现代教育评价,树立正确的评价理念,是推进教育评价改革的前提保障。

推进教育评价改革需要教育行政部门的支持、评价专业机构的努力,浙江省将渗透、运用现代教育评价思想作为开展评价工作的重要工作目标,除了在组织的各项会议、培训中反复强调外,还在开展的各项评价项目中将其作为重要的衡量指标。目前"关注学生全面发展"的教育评价理念在全省各地开展的评价活动中都已有较为明显的体现。

(二)建立和完善教育评价体系,建设评价组织管理队伍

建立健全评价组织体系是推进评价改革实施区域加强评价能力建设的前提条件。

2013年,浙江省成立中小学教育质量监测中心,在随后四年的教育质量综合评价改革实验中,促使各地加强评价专业人员的配备。目前,全省各级教研室已配备186名专、兼职的评价教研员。杭州市、温州市已初步建立起市、县(市、区)两级评价教研员制度,杭州市江干区、丽水市莲都区还设置了评价教研大组,一批自学成才的、以实践见长且有一定理论素养的本土化的评价专业队伍初具雏形。各地的评价教研员(机构)除了进行本地的评价研究外,还承担了综合评价改革项目省级实验区的推进工作,并配合进行全国、全省教育质量监测的实施工作。

推进教育评价能力建设,要考虑不同的对象:针对教育行政部门的能力建设应着重于规范的组织管理能力;针对评价研究人员的能力水平提升要从研究深度上着手;针对学科教研员及一线教师的评价能力建设应定位于评价技术的运用。

(三)综合运用多种手段,提升教育评价专业水平

浙江省采取多种手段,围绕提升现代教育评价技术水平、提高评价能力的目标,结合教育教学改进来具体实施教育评价能力建设。在省级层面开展评价专题培训与能力建设高级研修班的带动下,各地策划开展了丰富多彩的评价技术培训,提高教师评价素养,推动区域(学校)将综合评价的思想、方法、技术,尤其是试卷命题技术、学习影响因素分析、基于互联网的数据处理与分析技术等,运用于教学实践,对改进教育教学实践影响较大。

在2017年的综合评价改革南湖会议上,我们提出教师评价素养的五个方面内容,包括基于标准、能力立意的命题能力,透视思维的评分设计能力,真实性评价项目的策划与实施能力,融于教学活动中的评价智慧,旨在诊断与补偿的评价反馈能力,并将其作为教师研修的指引。

三、教育评价能力建设的实践

四年来,省监测中心组织专业研讨会与培训九次、合计培训专业人员4000余人次。特别是评价能力建设系列的四期高级研修班,从数据处理分析技术、问卷调查设计、自主监测的策划与实施到县(市、区)反馈报告的解读,紧密结合工作实践,以“做中学”“伙伴学”的形式,提升骨干队伍的实战能力。

(一)实施“任务驱动”式专题研修

近年来浙江省以“任务驱动”的方式开展了一系列专题研修。研修项目的选题从单项能力逐步扩大到综合运用能力,由浅及深;参训人员由点及面;研修过程规范有序,研修前有作业,研修中强调实践能力,研修后布置作业,强化研修效果;研修结束后开展“提升研修项目效果”的问卷调查,以便改进后续的研修工作。

1. 开展强调“理论与实践相融合”的命题技术专题研修。

“工欲善其事,必先利其器。”高质量的测量工具是进行科学评价的前提,不恰当的测量工具不可能得出正确的结果,甚至会得到与实际相反的结论,因此提升测量工具的编制水平是研修的重要任务。

从2012年开始,浙江省坚持每年组织全省初中学科考试评价高级研修班。为期一周的研修采用“在真实任务中学习”的思路,在学员小组完整经历试卷命制的全过程中,切实提高参与者的命题实战能力。命题研修基本做到年年有主题,每期

有变化，经历了从试卷、试题编制的基本技术研究到专项主题研究的过程，如探究型试题的编制、评分标准的客观公平、尝试题型的创新等。2013年至2017年的四年间，共有600余名市、县（市、区）教研员和骨干教师参加了研修，进一步提升了全省的命题技术水平。

问卷调查是现代教育评价中全面评价学生的常用手段之一，但是由于传统教育评价过于注重学业评价，所以在教育评价中较少使用问卷调查。即使使用，也因问卷工具质量不高，效果不理想。基于此，浙江省在2016年专门组织了问卷工具编制的研修。研修同样采用“在真实任务中学习”的研修模式，按理论学习与实践操作相结合、独立编制问卷与集体磨题相结合、组际交流与专家点评相结合的研修形式进行，并邀请国内知名的心理测量专家边玉芳教授、曹立人教授授课。专家讲解从不同视角由浅及深，从通识性内容向专业性内容深入；学员从听到练，最终基本上能独立完成问卷编制。

2. 开展“分析与挖掘”的评价数据处理与分析专题研修。

数据处理与分析是评价研究的重要组成部分，数据处理与分析水平往往也是综合评价能力的标志。我们组织了两次赴省外高校的教育测量与评价专题学习，邀请省内外专家为浙江省评价研究团队开展了三次评价数据处理与分析专题培训，并组织实施教育质量综合评价改革试点单位，利用现有的数据与实施经验，开展同行之间的专项研修。目前，全省评价系统在对评价数据的理解程度、专业统计分析软件的运用、教育质量监测评价的实施等方面都取得了长足的进步。

2017年开始，省监测中心在全省范围内组织骨干力量成立了评价数据专项研究小组，人员包括省内高校、教科研机构、学校骨干教师等，在李菲茗教授的指导下研究学习评价前沿理论和技术。

3. 开展“基于数据实证”的评价结果运用专题研训。

数据驱动是促进教育改进的有效途径之一。相比以往的经验型的评价机制，以数据为基础、以实证为依据的现代教育综合评价机制能更准确地反映评价对象的实际情况，更有利于做到对症下药、有的放矢。

从2013年开始，省教研室每年组织“基于数据实证”学校案例展示活动，组织参加全国“数据驱动教学改进”研讨会，关注教学改进的校本化行动。2017年浙江省开展了省教育质量监测反馈报告的助读活动，对县（市、区）报告解读、分析和运用进行实例剖析，解决数据怎么读、怎么用的问题。邀请省内外专业人员交流经验，从行政、教研等不同视角研究和探讨数据运用的问题，并结合案例分析从技术层面对指数解读、数据挖掘、分析报告撰写、问题分析与对策等进行阐述。通过助读活动引领基层单位自主进行对反馈报告的解读、分析与运用，并且通过监测反馈报告助读不断渗透科学评价思想。

（二）将自主实践探索化为研修资源

2016年春，省教研室组织人员前往重庆、四川学习考察，加强与兄弟实验区的工作交流，提高全省评价专、兼职人员的专业素养，掀起了评价理论与实践学习的新高潮。

不过，外出学习必须转化为自主实践，并进而成为深入实践的研修资源。这样，才能推进教育评价能力建设。在省级试点项目的推进过程中，部分实验区还自主策划开展了有地方特色的教育质量评价与监测工作。他们在尝试性实践中，在组织策划、工具研发、具体实施、结果运用等方面都有更具有操作性的优秀经验。为此，省教研室于2016年11月举行以自主实践经验为特点的评价研究人员高级研修班。图2.2为该研修班学习专题的基本框架示意图，这些学习专题恰好构成教育质量综合评价技术的基本框架，与浙江省本土的朴素实践相契合。

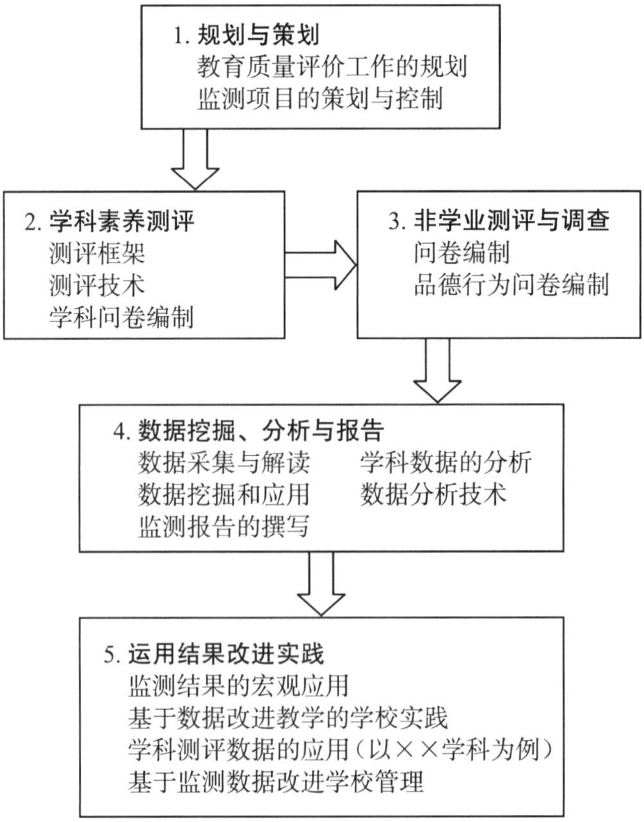

图2.2　教育质量综合评价高级研修班学习专题的基本框架（2016）

通过这些研修，浙江省教育评价能力建设取得了较好成效。评价骨干队伍明晰了包含规划与策划、学科素养测评、非学业测评与调查、数据挖掘分析与报告、运用结果改进实践等五方面的综合评价技术的基本框架，推动了关于综合评价技术的深入研究，逐步形成了适宜于常态实践推广的、初成体系的教育质量综合评价技术，有力地推进了具有主动实践能力的评价研究队伍的建设。

（三）促成学校提高评价能力的区域实践

深化教育评价改革须重视推动以校为本的基于数据实证的教育教学改进。浙江省在近几年的研究和实践中，鼓励和指导各实验区基于区域实际进行自主探索，逐步形成了“百花齐放、各领风骚”的局面。

温州市整合省、市各类质量监测结果，注重数据挖掘的系统性，在横向和纵向上加强对各类数据的整合，尽可能挖掘数据背后隐藏的深层次问题。同时改进评价数据的反馈机制，2015年开展了13场以县域为单位的全市中小学教育质量分析反馈会议。

杭州市上城区改革区域质量管理，建立了“综合监测（comprehensive monitoring）—综合诊断（comprehensive diagnosis）—综合改进（comprehensive improvement）”的3C模式，对全区中小学生的心理健康、身体素质、品德行为、学业水平以及成长环境进行全面监测，实施科学诊断，为区校教育决策和教育教学改进提供依据和导向，引导学校在区域基础上校本化实施。

杭州市江干区非常重视教育质量综合评价结果的使用。从区级、学校、学科三个层面对测评结果进行质量分析，形成系列分析报告，为学校教学改进提供现实依据和技术支持。特别是针对异常数据的跟进性调研，与学校协同进行的归因分析，以及促进学校自我诊断与改进的做法务实有效。

随着教育评价改革的深入，教育评价技术将向两极发展：一方面，教育评价技术的理论研究会越来越尖端化，对专业研究人员的要求会越来越高；另一方面，教育评价技术的运用将会越来越大众化，不断地向下延伸，一直延伸到一线教师。只有当教育评价技术与教学相结合，成为教师日常教学中的重要工具和手段，才能真正实现因人而教、精准教学的目标。

方张松（浙江省教育厅教研室）

第三章

教育质量综合评价的区域实践

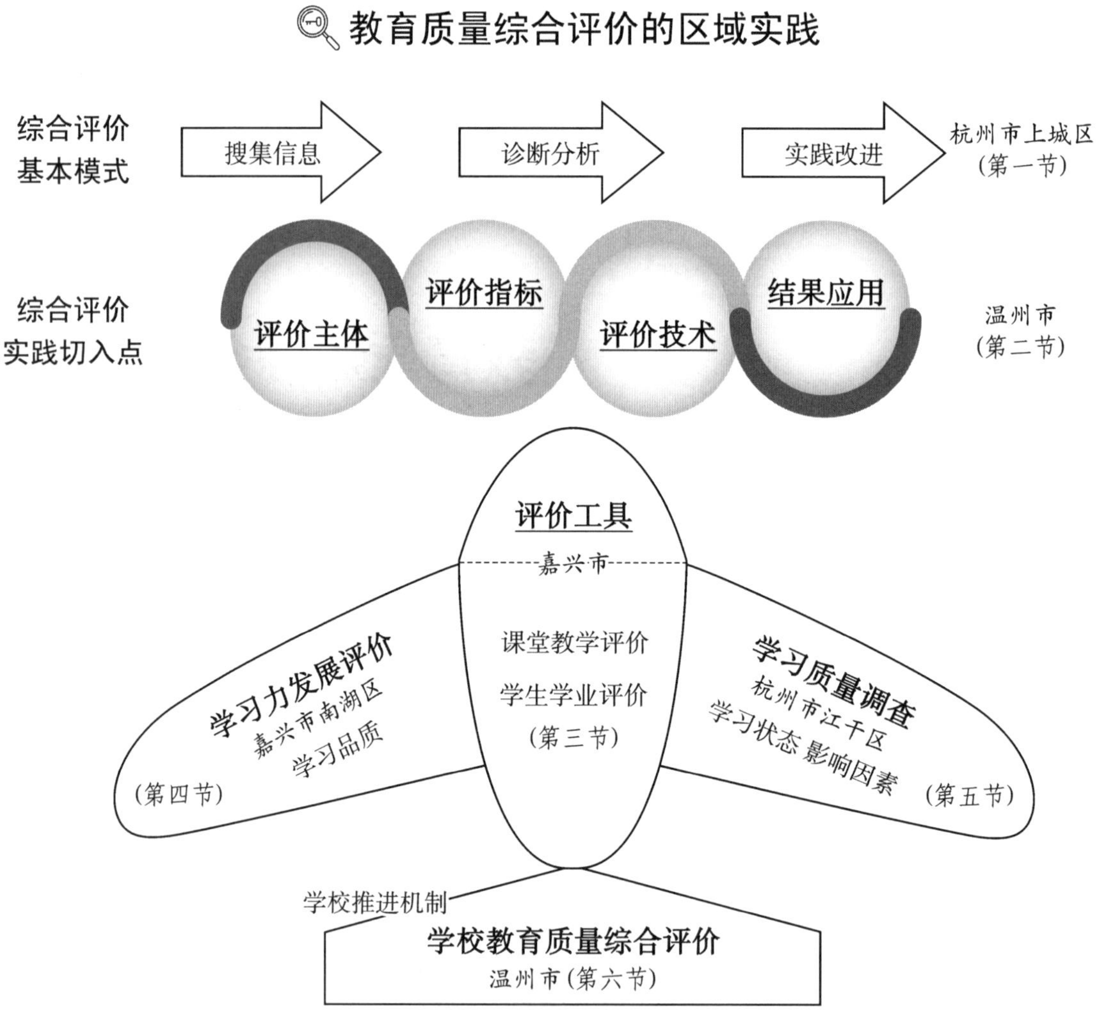
教育质量综合评价的区域实践
综合评价
基本模式
搜集信息
诊断分析
实践改进
杭州市上城区
(第一节)
综合评价
实践切入点
评价主体
评价指标
评价技术
结果应用
温州市
(第二节)
评价工具
嘉兴市
课堂教学评价
学生学业评价
(第三节)
学习力发展评价
嘉兴市南湖区
学习品质
(第四节)
学习质量调查
杭州市江干区
学习状态 影响因素
(第五节)
学校推进机制
学校教育质量综合评价
温州市(第六节)

图3.1　本章结构图

提出教育质量综合评价改革有许多新意义。最为突出的,一是要促进关于区域教育发展的评价的改变,二是要改变区域层面对学校教育的评价。构建体现区域特点的地方教育质量综合评价体系正是在这一方面所做的努力。

鼓励地方的创造性实践是浙江教育质量综合评价改革的重要特色。许多省级试点地区各有侧重地开展较为深入的评价改革实验。

杭州市上城区是浙江省教育评价改革的先行地区。他们围绕学生发展,从系统的信息采集到诊断归因分析,再到综合协同的实践改进。这相当于是区域层面教育质量综合评价的基本工作模式。温州市是浙江省推进综合评价改革最为系统的地市。他们构建了四维评价体系,并在实践中总结了教育质量综合评价的四个切入点,即丰富评价主体、完善评价指标、改进评价技术、科学运用结果,这与基本工作模式形成呼应。

好的评价工具是教育质量综合评价科学性的保障。嘉兴市以课堂教学评价、学生学业评价和综合素质评价为研究重点,组织各个学科研制适合本地需求的学科评价工具,实现科学评价的工具支持。

嘉兴市南湖区与杭州市江干区分别形成了有特别视角的区域综合评价体系。南湖区重在从学生学习动力、毅力、能力等学习品质入手,开展"学生学习力发展评价",引领教师实施"轻负高质"的教学。而江干区关心学生的学习状态与影响因素,借鉴教育质量监测技术,促使区域性统考向"学习质量调查"转型,促使"管理立场"的评价转向"学生立场"的评价。

区域教育质量综合评价其实是为学校发展改善"土壤",其观念与方法在学校的进一步深入是改革落地的保障。温州市通过试点先行、逐步推广的机制推进学校教育评价改革,在基于标准的学业质量评价机制、融入育人体系的综合素质评价机制、数据驱动的教育教学改进机制和合作取向的教师发展促进机制等方面积累了大量的学校案例。

Evaluation

第一节　区域教育质量综合评价的基本模式

要让学校感受到教育质量综合评价改革的积极意义,就必须推进教育质量综合评价的区域实践。在国家教育方针政策以及省市区有关文件精神的指导下,杭州市上城区教育局以深入实施素质教育为指导,力图构建体现绿色取向、以促进增值为特点的区域教育质量评价体系和基于个性发展的学生综合素质发展评价体系。经过长期探索,形成区县层面开展教育质量综合评价的基本模式(见图3.2)[①]。

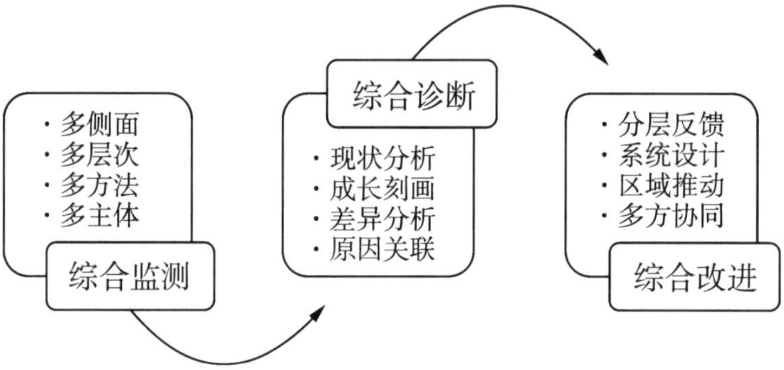

图3.2　杭州市上城区教育质量综合评价的实施模式

一、综合监测,搜集信息

所谓综合监测,是指根据一定的教育目标,运用可行的科学手段,系统搜集信息资料的过程。综合监测是区域教育质量综合评价的第一步,是聚焦学生全面发展,通过多侧面、多层次、多方法、多主体搜集关于学生发展信息的过程。其逻辑关系见下页表3.1。

① 马海燕,边玉芳.发展性评价的上城实践[M].杭州:浙江教育出版社,2015.

表3.1 综合评价的维度与信息采集方法的规划

维度		适用方法	学生	家长	教师	校长	知情人
学生自身发展特征	学业表现	测验法、表现性评价	√				
	情况状况	测验法、问卷法	√	√	√		
	行为表现	问卷法、观察法	√	√	√		
	品德发展	问卷法、观察法		√	√		
	人际关系	问卷法、访谈法	√	√	√		
	……						
家庭环境	家庭背景	问卷法	√	√			
	教养方式	问卷法	√	√			
	父母期望	问卷法	√	√			
	……						
学校环境	学校满意度	问卷法、访谈法	√	√	√		
	家校合作	问卷法、观察法、访谈法	√	√	√	√	√
	……						

（一）多侧面了解学生发展现状

学生发展应是全面的、健康的、可持续发展的。随着监测技术的发展，上城区教育质量综合评价将学生发展定义为学业水平发展、认知能力发展和社会适应性水平（即心理健康）发展等三方面，其中学生的学业水平反映的是学校教育教学工作的成效，以及学生获取知识的情况，是考查学校教育通过教育改进提升学生发展水平的重要方面。

（二）多层次搜集相关因素

对学生发展现状的评价，不仅需要关注其自身发展特征，还需要关注其成长环境的状况。影响学生成长的因素，包括产生直接影响的家庭因素、教师因素、教学情况、班级因素等，也包括产生间接影响的学校管理、学校所拥有的资源、学校文化甚至区域教育政策制度、地域文化等因素（见下页图3.3）。

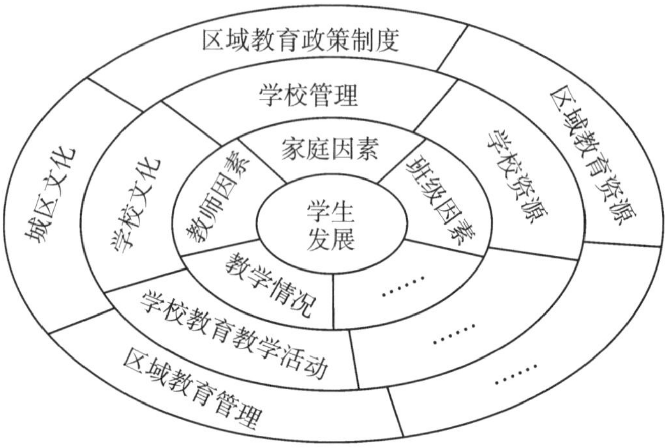

图3.3　影响学生发展的有关因素

（三）多方法了解发展现状

上城区集合了各种方法的优势，确保对学生发展现状有全面且科学的掌握。具体方法既有传统的纸笔测试，也有基于信息技术的电子测评；既有学业水平测试，也有心理测验和问卷调查；既有对教师课堂教学技能的观察，也有深入的学生个别访谈；既有对学生的表现性评价，也有学生档案袋评价。

（四）多主体搜集评价者资料

上城区强调通过不同评价主体，多视角评价学生的发展现状及其发展环境。如通过校长和其他管理者了解学校管理因素；从家长和主要抚养人了解家庭教育因素；通过学生评教和教师自评了解教师的课堂教学技能和教学效果。通过不同主体可以全面搜集到评价者资料，从而分析学生发展的现状和影响因素之间的关系。

二、综合诊断，归因分析

区域教育质量综合评价体系，相当于为当地教育行政部门建立的过程性的教育质量监测系统。它可以为教育决策和管理提供依据；为学校科学制定发展规划提供学生发展及其相关影响因素的各种真实、全面的信息；为教师掌握学生的发展状况，了解学生发展的差异，开展针对性的教育和分类指导提供可能；为教师了解自身教育教学特点、师生关系状况，以及反思和改进自己的教育教学行为提供帮助。想要达到这些目的，我们必须对监测结果进行综合诊断。

所谓诊断，就是对教育活动、教育过程和教育结果进行价值判断及原因分析。在综合监测中获得的众多数据，往往是散乱分布的，需要通过分析诊断才能准确把握区域教育质量的全貌，找到影响区域教育质量发展的重要因素。为此，上城区采用现状描述、成长刻画、差异分析、原因关联等方式对影响学生发展的因素进行综合诊断。

（一）现状描述，整体判断

首先，对数据进行描述性分析，了解区域教育的概况。例如在2014年区域学业监测报告中，有如下关于学生学业状况的整体描述。

2014年入学的初一学生在入学时的语文和数学学业总体成绩较好，均好于2013年入学的初一学生，但略低于2012年入学的初一学生。

从语文内容来看，学生在古诗文方面表现最好，在拼音、字词和信息文本阅读方面较弱；从语文能力来看，学生在语文积累的理解与分析上表现最好，在运用与评价上相对较弱，在语文阅读的解释信息上表现最好，相对薄弱的是基于阅读做出评价的能力，三年情况一致。

从数学内容来看，学生在图形与变换方面表现最好，在式与方程和测量方面相对较弱，三年情况一致；从数学能力看，学生在数学推理方面表现较差。

校间和校内学生差异都很大，校内学生两极分化现象严重，且校间发展不均衡，数学方面的校间差异尤为明显；2014年的校间差异和学生个体差异均大于2013年和2012年。

（二）成长刻画，纵向了解

上城区教育质量综合评价采用可循环的再监测模式，即同一批学生在不同的年级参加相同内容的测评，从而得出学生成长和发展的特点。下页的图3.4为某学生两次（不同年级）参加社会性水平监测的数据比较图。

由下页图3.4可以看出该学生从三年级到四年级的发展变化和成长特点。这一年来，该学生的幸福感、生活满意度、学习体验、教师信任、家长信任、教师支持等都有积极的变化，但同伴关系、师生关系和自我管理的得分却有所下降。因此，要关注该学生的人际交往方面，进一步了解原因，积极干预。

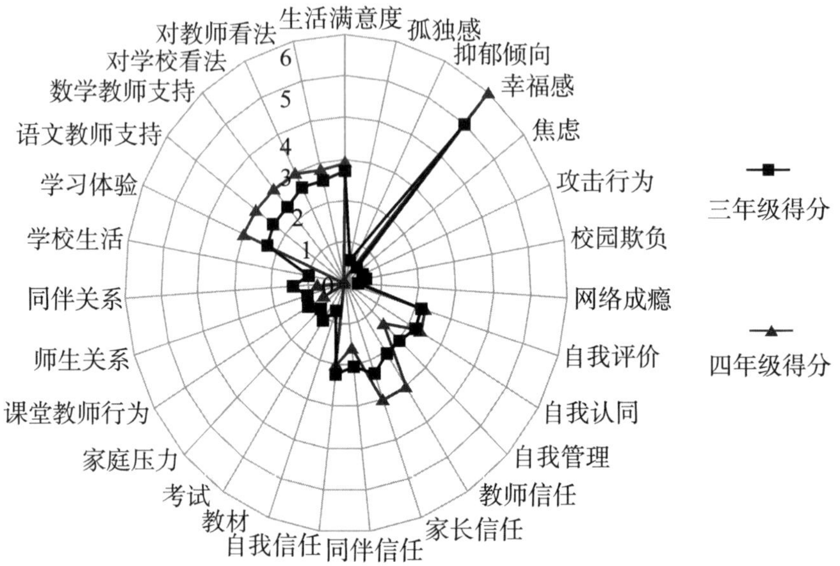

图3.4　某学生社会性水平的发展变化情况

（三）差异分析，聚类比较

学生来自不同的学校、不同的年级，在不同的家庭成长，拥有不同的受教育经历，有着不同的个性和爱好。每一个数据背后都隐藏着不同的秘密。所以分析数据时，还要对学生进行差异分析，了解不同类型和不同群体学生的发展差异。图3.5是某年区域内“后三分之一”学生的聚类分析。从图中可以发现，同样是学困生，有的是因为认知能力的限制，有的是学习投入不足，有的是因为感受信任不足从而放弃。

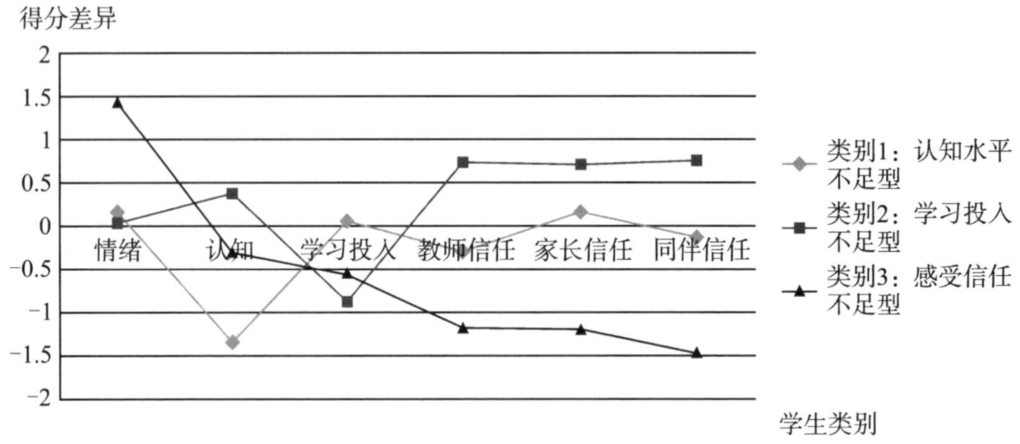

图3.5　学业后三分之一学生的聚类分析

(四)因果对应,关联剖析

经过聚类分析后,再进行信息梳理与因果关联,就能找出现象背后的原因,为改进提供方向。图3.6呈现的是学生亲子关系每提高(改善)10%,学生网络成瘾倾向显著降低的趋势;同时学生的学校归属感、品德行为、学业成绩与高层认知能力也会随之有相应的改善。但小学生与初中生的特征不同。通过比较,还能对中小学生网络成瘾现象进行归因。对于中小学生来说,亲子关系不良、学校归属感缺失都与其网络成瘾有明显关联;而对于初中生而言,学业成绩不良并不像传统印象中那样,是造成网络成瘾的重要原因。

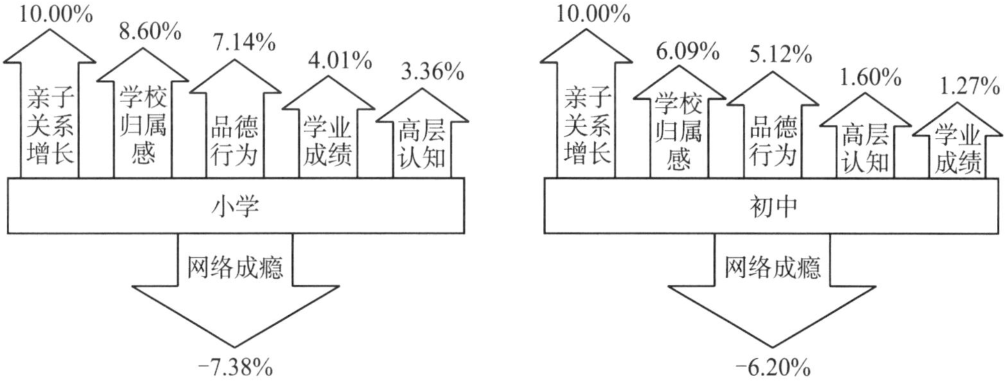

图3.6　中小学生网络成瘾归因分析

三、区域联动,综合改进

经过综合诊断,监测获得的数据成为对区域教育质量概貌的描述,成为揭示问题及其成因的证据。如何围绕问题展开后续改进、针对存在的问题采取有效措施,也是教育质量综合改革评价实践的一部分。

其中有直接的改进,如对学生情绪问题的疏导、网瘾倾向的干预等;也有间接的改进,如教师教学能力的提升,师生关系的改善;更有区域教育制度的综合设计。目前的教育问题大多不是单线调整就能解决的,上城区按照分层反馈、系统设计、区域推动、多方协同四个关键步骤,形成了自己的综合改进模式。

(一)分层反馈,凝聚共识

经过综合监测、综合诊断,大家对区域教育质量有了清晰的认识。还需要通过分层反馈，让区域教育管理者、学校管理者、教师和家长都对监测结果有科学的认识，对需要解决的问题有深刻的认识，对拟采取的改进措施有清晰的了解。在此期间，也要保护被评价者和评价者的隐私，为不同层面的对象分别提供有针对性的改进建议和指导，所以区域一般会提供三种反馈报告，包括区域层面的反馈报告、学校层面的反馈报告和教师层面的反馈报告。

（二）系统设计，综合改进

经过区域与学校的分层反馈，区域需要根据综合诊断结果，联合多方力量，设计综合改进方案。

如针对区域层面在满足学生个性化教育方面的需求，区域设计了满足特殊需要学生的区域成长支持体系。通过构建一个面向全区学生，为他们提供学习支持服务、心理支持服务、社会实践支持服务的区域性校外学生发展服务支持系统，联结起学校教育、家庭教育、社区教育，使之真正成为一个有机整体，成为学校教育的有力支持与补充，更好地促进全体学生的全面发展。

如针对当前行政管控过多、学校自主发展不足的状况，区域设计了基于发展规划的学校管理改革，意在引导学校管理者树立促进全体学生全面发展的目标意识，通过自我评估与外部评估相结合的学校SWOT分析，制定基于发展性评价结果、基于学生和教师发展的现状、符合素质教育要求、以学生发展为本的学校发展规划；鼓励学校内部管理创新，增加管理工作的计划性和针对性；指导学校在落实发展规划的过程中持续进行自我评估，不断发现问题并进行问责改进，最终建立促进学校可持续发展的新机制。

如针对教师在教育教学中对学生全面发展状况把握不足、难以开展差异化和个性化教育的问题，区域设计了基于学生发展诊断的学与教改革。以区域教育质量综合评价为基础的措施有利于引导教师的教育教学真正关注每一个学生，能真正基于学生的发展现状和差异诊断开展教育教学；建立促进学生发展的教研新机制，提升教师研究学生的意识与能力，把研究学生的学习真正作为校本教研的重要内容；帮助教师掌握“分析学生差异、基于学生差异开展教育教学”的基本原则、策略和方法；使每位学生在原有基础上获得最大限度的发展，尤其是个性化的发展。

（三）区域联动，共同发展

从区域教育系统内部而言，教育行政管理部门和教育业务支持部门都要以促进学生发展为己任，相互协作。教育系统内部要做到管理协同，家校协同，学科协同，学段协同，学校之间、学区之间的联动。同时，区域层面还要整合各种外部资源协力促进学生全面发展，全面提升区域教育质量。上城区倡导充分整合区域教育系统内部的力量和外部的资源，充分利用高校作为区域教育改革的“智库”。

经过多年的监测，上城区教育局发现学生心理健康存在一定的问题，如存在焦虑、抑郁情绪，对社会存在不信任感，价值观存在偏差等。其原因既有学生自身因素，也有家庭、教育、社会因素。因此区域围绕学生心理健康进行系统设计，实现上下联动，既有学生层面的基于学生心理健康水平制定教育教学的改进措施，又有教师层面的基于现状进行学校管理改进，营造良好氛围，还有区域层面的构建区域心理健康教育体系及实施家长教师培训方案（见图3.7）。

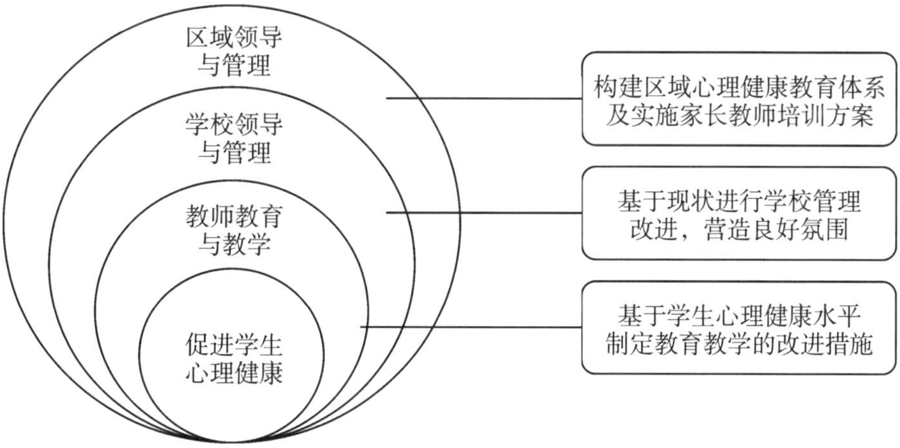

图3.7　区域联动，促进学生心理健康改进计划

（四）多方协同，深度合作

学生的成长事关学生个体、家庭、学校和社会，离不开个人的追求、家庭的培养、学校的教育和社会的支持。学生成长是个系统工程，需要多方协同共同助力。同样，学生的成长帮扶，也需要多方协调。建立多方协同机制并深度合作才能触及问题的实质，真正解决问题。

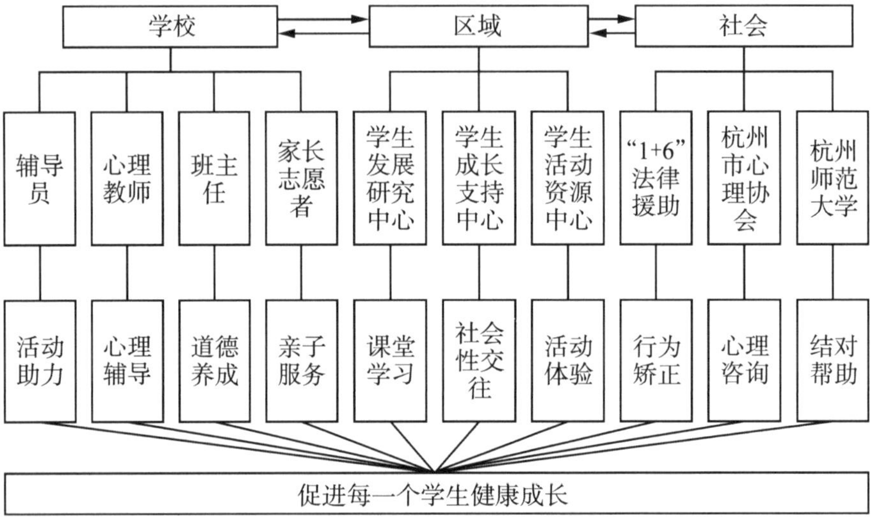

图3.8　杭州市上城区支持学生成长协同服务模式

对于有特殊教育需要的学生，上城区教育局整合了学校、区域和社会资源，共同为学生成长助力。学校层面，联合辅导员、心理教师、班主任和家长志愿者的力量，为学生做活动助力、心理辅导、道德养成教育和亲子服务。教育局层面，学生发展研究中心重点助力课堂学习帮扶指导，学生成长支持中心重点助力社会性交往，学生活动资源中心重点助力活动体验。二者形成教育内部的专业团队，助力学生成长。另外社会上还有很多关心支持教育的力量，可以整合社会上的法律援助、心理协会以及高校专业工作者，对有需要的学生提供专业诊断和矫正治疗。

以上案例，就是区域教育质量综合评价的综合诊断、综合分析和综合改进的全过程。只有经过反复诊断改进的闭环，才能将阶段性的测评转化成各项改进措施，真正帮助学生成长。

马海燕（杭州市上城区教育评估与监测中心）

第二节　教育质量综合评价的实践切入点

推进教育质量综合评价改革必须从关键处切入，有效展开实践。温州市从评价主体、评价内容、评价技术和评价结果运用四个方面切入，完善教育质量综合评价，发挥教育质量综合评价的引导、诊断、改进、激励等功能，推动区域教育质量提升。

一、丰富评价主体，发挥不同角色的推动作用

（一）健全市、县、校三级评价管理网络

为科学推进区域教育质量综合评价改革，温州市进一步明确了市、县、校三级在区域教育质量评价中的职责与功能：以市、县为单位的区域教育质量评价的作用是运用规划手段，促进学校发展，提高区域教育的"结构性质量"；学校教育质量评价的作用是领导与帮助教师尊重教育规律，正确组织教学活动，发挥评价在提高"过程性质量"中的诊断与改进功能。健全三级评价管理网络的主要措施有三个方面。

1. 机构建设。

建立浙江省首家地市级教育评估机构——温州市教育评估院。将"教育评价队伍建设"内容列入温州市教育局对各县（市、区）教育局年度工作目标考核指标之中，要求各县（市、区）成立中小学教育质量评价领导小组，于教师发展中心（教研室）内设置相应的评价研究机构，并配置至少一名县级教育质量评价专职人员。

2. 队伍管理。

各县（市、区）均成立了评价（评估）科室，县级专兼职评价员达到30人。通过各种培训不断提升评价队伍专业素质，2014年至今，共举办了12期教育评价专题培训班。

3. 试点培育。

从2015年开始，以两年为一个试验周期，先后确定了两批市级、县级中小学教育质量综合评价改革试点学校167所，引导广大学校完善以校为本的教育质量评价体系。

（二）依托试点学校推动学校开展自我评价

为实现市、县、校教育质量综合评价一体化，温州市培育市级、县级中小学教育质量综合评价改革试点学校，帮助学校明晰自我评价的价值定位，关注学校自我评价的核心要素，具体从专业引领、反馈指导和政策倾斜三个方面创新试点学校培育方式。

一是通过与重庆市教育评估院合作，聘请专家对试点项目进行持续跟踪、全程把脉，采用理论培训、技术指导等途径对试点项目的实施进行及时反馈与指导。截至2018年5月，15名重庆市教育评估院专家与20名本土专家组成五个专家团队，对88所市级试点学校开展了六次面对面的分组指导。

二是结合省、市各类质量监测结果对学校开展诊断分析，帮助学校发现教育教学质量的薄弱环节，开展有针对性的改进行动。

三是在培训学习、活动交流、课题论文等方面对试点学校予以重点支持。2016年，将“县级层面基于实际开展评价改革试点学校推进工作”列入温州市教育局对各县（市、区）教育局年度工作目标考核指标之中，要求各地重点推进评价改革。目前，县级评价改革试点学校达到79所。

（三）培育扶持第三方专业评估机构

随着教育管、办、评分离步伐的加快，多种形式的第三方评估机构共存和协同发展是教育治理体系迈向现代化的体现。2017年1月，温州市教育局与温州大学协商成立了温州大学基础教育评估中心，通过项目扶持和项目委托的方式，与该评估中心在监测量具的开发、区域学校发展性评估等方面开展合作，帮助该评估中心实现技术专业化、方案个性化、服务人性化，为区县、学校的个性化发展提供高品质的第三方评估服务。该中心的成立，意味着温州市教育评估的专业力量进一步增强，为市、县两级教育部门和广大学校开展个性化的教育评估提供了便利的本土资源，也为温州形成多元、专业化的评估市场积累了前期经验。

二、完善评价指标，开展区域教育质量健康体检

（一）基于四维评价指标体系开展中小学教育质量综合评价

为更好凸显区域中小学教育质量综合评价的诊断与导向功能，使评价内容更具针对性，我们主要围绕四维评价指标框架，结合近几年各项监测中反映的典型问题

和热点焦点问题，确定监测评价内容，开展本土化的“问题导向”的中小学教育质量综合评价。监测内容涵盖小学至高中的学生发展情况和影响学生发展的相关因素等。2014年至今，温州市相继开展了十余项市级层面的教育质量综合评价项目(见表3.2)。

表3.2 温州市自主开展的教育质量综合评价项目

项目名称	对象	时间	评价目的	评价内容
普通高中高三学生学习状况调查	高三学生	2014年2月	了解普通高中高三学生在品德发展、身心健康和学习生活幸福感等方面的情况	学生学习力、课业负担、压力与情绪的排解、人际交往、对学校的认可与归属感、对班主任工作的评价和对学科教师教学的评价、职业生涯规划等
普通高中高一学生学习状况调查	高一学生	2014年12月	了解普通高中高一新生学习生活的适应情况；了解学校、家长和学生对新高考政策的了解与相关准备情况	课程学习、学习环境、学习负担、情绪心理、学习行为习惯、生活独立性和对教师教学的评价；对新高考政策的了解、选课走班、生涯规划、特长爱好等
市直属初中质量监测	七年级、八年级学生	2016年、2017年、2018年	了解初中学生的入学起点情况，用于探索初中绿色增值评价模型	监测学科：语文、数学、英语、科学和社会思品 学生问卷调查
六年级教育质量综合评价	六年级学生	2015年6月	全面了解温州市小学教育质量的基本情况	监测学科：数学和英语 学生问卷调查
六年级教育质量综合评价	六年级学生	2016年6月	全面了解温州市小学教育质量的基本情况	学科抽测：语文和科学 学生问卷和教师问卷调查
中心城区六年级教育质量综合评价	中心城区六年级学生	2017年、2018年	了解中心城区小学教育质量的基本情况 了解直属初中学生的入学起点情况	监测学科：语文、数学、英语和科学 学生问卷、家长问卷、教师问卷和校长问卷调查
义务教育阶段学生艺术素养监测	六年级、九年级学生	2017年、2018年	了解市、县义务教育阶段学生艺术素养总体水平；了解影响艺术教育质量的主要因素	监测学科：美术和音乐 学生问卷调查

（二）基于四维评价指标体系的初中绿色增值评价模型

鉴于区域四维评价缺乏对基于学生起点和进步的评价的关注，2015年年底，温州市启动初中绿色增值评价的研究[①]，以学生为评价对象，以尊重学生间差异为

① 详见本书第四章第八节。该文系浙江省2017年教研课题“基于区域四维评价体系的初中绿色增值评价研究”的成果。

前提，充分考虑学生的起点因素，关注教育过程中学生的进步幅度，注重评价的过程，强调学生的发展。在关注学业增值的同时，探索构建品德发展、身心健康、学习生活幸福等其他三个维度非学业内容的增值办法。它是温州市中小学教育质量四维评价指标体系的补充和深化，也是区域推进中小学教育质量综合评价改革的重要内容。

1. 构建本土化的学业增值评价模型。

按照增值评价的科学性、全面性和可操作性原则，参照英国学者彼得·卡坦斯的学校效能评价模式，研究将区域学生入口成绩作为自变量，出口成绩作为因变量，建立一元线性回归方程，构建区域初中阶段学业增值评价模型。

2. 设计非学业内容增值评价方式。

非学业方面的增值评价主要通过问卷形式获得，分别在起点、中期和终点采集三次问卷数据，通过关注学生的入口和出口、结果和过程数据信息的变化，来了解学生学习质量形成的过程与成本，掌握相关因素对学业成绩的影响关系。

3. 分类进行增值评价。

根据学校办学条件和学校特点对区域学校进行分类，尽可能控制学校硬件设施和校外因素（家庭经济状况、家庭教育等），使增值结果为主要体现不受学校、家庭等外部因素影响的学校“净影响”和学生学业成绩的“净增值”。

三、改进评价技术，提高综合评价的科学性

就教育质量综合评价现状而言，研究、开发科学实用的评价方法技术，已成为区域教育质量综合评价的主要任务之一。温州市主要从工具开发、数据挖掘、分析反馈三个方面提升评价技术水平。

（一）评价工具的开发流程和技术保障

评价工具主要包括学科测试工具和调查问卷工具。其中，调查问卷工具的命制最能体现区域特色和专业特点。调查问卷工具涉及教育管理、课程开发、课堂教学、教育评价、学生管理等诸多专业领域，问卷开发的团队组成人员包括行政领导、学科教研员、教科研评价员、校长、教务主任、学科教师、班主任教师等。具体开发流程和技术保障如下：

问卷的开发是将抽象的测量对象不断显性化的过程。通过几年摸索，温州市形成了相对科学的问卷开发流程：界定测量特质内涵—搭建测量维度框架—确定关

键行为观测点—设计具体问题及磨题(见表3.3)。

表3.3 问卷开发的基本流程

流程	具体步骤	关键技术解析	开展方式
第一步	界定测量特质内涵	测量特质的明确与聚焦,是问卷研制的起点与靶心。需要对测量特质的内涵进行明确的界定和聚焦	通过文献研究对需要测量的内涵进行梳理
第二步	搭建测量维度框架	测量内涵的确定还只是定了靶心,需要进一步的内涵解析,将抽象的主题进一步分解,形成更为具体的维度和清晰的框架	在文献研究基础上,根据研究需要,形成具体维度和框架
第三步	确定关键行为观测点	需基于框架维度,进一步寻找能体现核心内容的关键行为观测点。只有以具体的行为观测点为靶心,才能以此为布点开展信息的搜集	通过头脑风暴、开放式问卷和访谈等方式搜集
第四步	设计具体问题及磨题	以行为观测点为载体,设计相应的情境和提问方式,形成问卷的各个问题,相关内容将在下文着重展开介绍	

在具体问题的设计中,温州市也有具体的流程和相应的技术要求,以此来规范问题的设计和研磨过程(见表3.4)。

表3.4 问题设计的关键技术

流程	具体步骤	关键技术解析
第一步	问题初次设计	通过访谈、开发多倍问题等途径来提高项目初次开发的质量 Ø 访谈的设计,主要是为了解问卷对象对题目的真实理解过程,为后期的修改提供信息 Ø 开发多倍问题,为了更加真实、客观地反映想要测量的特质,往往事先多预设几个问题,尝试不同的情境或是不同的切入点,通过访谈、试测来筛选最佳的问题
第二步	小规模试测	经过小规模的试测(30—50人),为问卷修改提供数据支持,关注点有: Ø 问题情境的设置——“全、准、实”:问题的设置是否指向该维度的核心内容?问题的设置是否涵盖了该维度的核心内容?问题的情境、提问方式是否和学校、教师、学生的实际背景贴近 Ø 选项支的设计——“完整、区分、需求”:选项支是否涵盖了所有可能的答案?选项支的设置是否有一定的区分性?根据选项支得出的数据结果,是否满足我们预先的调查需求
第三步	大规模试测	开展大规模试测(200—300人),为进一步修改问卷提供全面、稳定的数据,关注点有: Ø 问卷的作答结果是否有群体差异 Ø 作答结果与预计目标是否比较一致 Ø 问卷题目的呈现是否合理 Ø 问卷的容量是否合适 Ø 问卷指导语的表述是否清晰、完整 Ø 问卷题目的筛选与维度的验证

续表

流程	具体步骤	关键技术解析
第四步	专家审题	请国内教育测量、评价领域的相关学者审核。专家审核的关注点有: Ø 测量的主题是否符合价值导向 Ø 问卷中的项目是否体现了测量特质的核心内容 Ø 项目的设计是否科学合理

(二)厘清评价数据的挖掘思路与应用路径

从教育质量评价庞杂的大数据中,发现数据背后的稳定规律和潜在问题,是教育质量综合评价的价值所在。依据评价数据的复杂性,从单变量到多变量,从单一层面到多个层面,从结果的描述分析到系统建构研究,数据挖掘思路的主线可分为五个层次(见表3.5)。

表3.5 数据挖掘思路的主线

层次	数据特点	数据挖掘方法与结果
描述分析	单层 单一变量	Ø 描述分析:旨在告诉用户“结果是什么”。描述分析大致有四类:集中趋势(如平均数)、离散趋势(如标准差)、分布情况(如偏度、峰度)、相对位置(如百分位、标准分)等 Ø 描述分析一般都可以由操作软件自带的统计功能直接生成
相关分析	单层 两个变量	Ø 相关分析:研究两个变量之间是否存在某种依存关系,并对具体有依存关系的变量进一步分析其相关方向及相关程度 Ø 相关分析可通过统计软件中的相关分析功能实现
预测解释	单层 多个变量 (两个变量)	Ø 预测解释:在相关分析的基础上,更加具体地刻画一个变量对另一个变量的影响程度及方式,做出预测与解释 Ø 预测解释的方法通常有回归分析、方差分析等,可通过统计软件中的回归分析、方差分析来实现
分类分析	单层 多个变量	Ø 分类分析:当样本量很大,或是分析的变量比较多时,常常需要对样本进行分类(或是对变量进行分类),以便更有针对性地对群体开展分析 Ø 分类分析的方法通常有聚类分析、判别分析等,可通过统计软件中的聚类分析、判别分析来实现
系统建构	多层 多个变量	Ø 系统建构:教育质量综合评价数据常常是不同层次、不同类别的,相互间的影响错综复杂。为此,需要对教育质量的模型或体系做一个系统的建构与解读 Ø 所采用的分析方法相对综合,需要整合多层次、多变量数据,采用多水平分析、方差分析、回归分析、T检验等方法

（三）完善数据分析报告的撰写流程

温州市评估院在现场测试和数据分析挖掘后，撰写数据分析报告。撰写报告须坚持现状分析客观性、问题诊断聚焦性、行动改进针对性等原则，具体流程见图3.9。

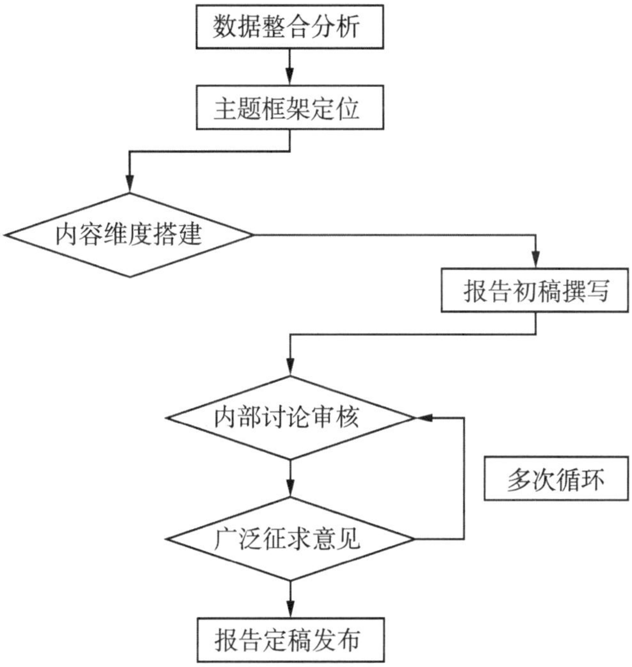

图3.9　数据分析报告撰写流程示意图

报告类型包括：区域教育质量综合分析报告、市级学业质量报告、抽样县域学业质量报告、问卷调查报告（包含学生、教师、校长、家长等问卷）、中考校级报告等。近年来，温州市评估院共撰写了近20份市级质量监测分析报告和上百份县级质量监测分析报告，并每年为369所初中学校出具中考校级数据分析报告。

四、科学运用结果，凸显综合评价的诊断改进功能

（一）“市县联动、逐县指导”的教育质量分析反馈范式

对于如何在大数据分析挖掘的基础上给出具有诊断性、操作性的反馈指导意见，让更多层次、更多对象能够接受基于教育数据改进教育教学的思想理念和方式方法，我们认为，最有效的手段莫过于开展现场体验式分析反馈。经过几年实践，温州市总结形成义务教育阶段“市县联动、逐县指导”的教育质量分析反馈范式。

就反馈内容而言，重点从结果呈现、问题分析、改进措施等方面深入精准分析，寻找省、市、县各级各类监测考试项目县域存在的主要问题及成因，并提出下一步具体可操作的改进措施。就反馈形式而言，先由县级层面自我分析反馈各监测项目的县域情况，再由市教研院、市评估院就县域情况进行进一步分析和指导，并将分析反馈送到每个县(市、区)。就反馈对象而言，市、县两级教育局局长，分管局长，业务处室负责人，教研员、师训员、评价员，各中小学校长、分管校长均参加了反馈会。每轮召开13场分析反馈会，年度总参会人数超过2500人。

（二）基于数据驱动教育教学改进的行动路径

为进一步推进基于数据的诊断与改进行动，温州市构建了数据驱动教育改进的行动路径(见图3.10)。

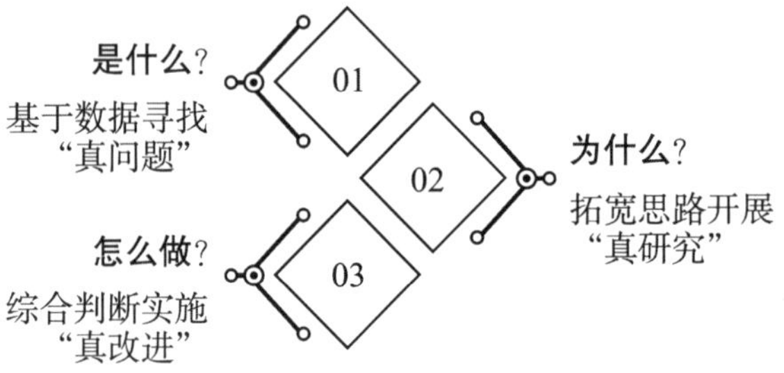

图3.10　数据驱动教育教学改进的行动路径

1. 基于数据，寻找“真问题”。

异常数据是发现问题的突破口，但异常数据毕竟是个案，还是要寻找稳定性的规律，需要结合经验和多样化的数据来进一步判断。

2. 拓宽思路，开展“真研究”。

对所要研究的问题达成初步一致后，需要对问题背后的原因展开研究。可从多层面多角度对问题原因进行假设，并通过进一步的问卷调查、访谈调研、查找文献等方式，寻找更加丰富、立体化的证据来进一步排查或验证原因。为此，首先要关注问题的核心要素，然后再分析有哪些相关的影响因素，最后确定采用哪些方式来了解这些影响因素。

3. 综合判断，实施“真改进”。

“真改进”必然要基于“真问题”和“真研究”。倘若忽视上述的问题和研究，那改进行动便是无源之水，难以操作，将会缺乏针对性和一致性。教育是一个系统工程，每一个改进行为都需要教育行政部门、教学业务部门、学校及教师、学生及家长的多方参与。因此，实施改进之前，要对改进计划做整体的综合判断，考虑计划的利弊和所需参与的主体，并在此基础上分析改进行动的可操作性和针对性。

（三）改进行动的跟进与反馈机制

在实施改进行动中，教育行政部门、教学业务部门、教师发展支持部门、学校须对改进行动做及时的跟进与反馈，以保证改进行动的持续深入，并对改进行动的效果做进一步校验，以适时调整改进的方向和策略，确保改进的针对性和有效性。为此，从2016年起，温州市将"加强教育质量监测数据的运用改进功能"纳入市教育局对县(市、区)教育局年度工作目标考核指标之中，其中"有否对所反馈问题的整改改进工作开展过程性的调研指导和督查"是考核要点之一。

温州市以上述四方面为实践切入点，构建有区域特点的中小学教育质量综合评价实施路径。该实践初步扭转了片面的教育质量观，逐步树立相对全面、全程、全员的质量观；转变了依赖经验的工作方式，逐渐形成基于实证的常态工作机制；改良了区域落后的教育生态，有效提升了区域教育教学质量。

赵桂芳　陈荣荣(温州市教育评估院)

第三节　教育质量综合评价的工具支持

在教育质量综合评价的实践中，评价工具是连接评价标准与教育实践的关键，是反映评价技术的具体载体。它始于课程标准，是依托评价方式、评价内容，对评价对象进行描述的较为标准化的观察框架、测试材料以及评价活动策划。它是具有内在逻辑的系统化的技术产品，它融于评价主体与评价对象的互动中，是促进学生学习与成长的重要因子。

2014年开始，嘉兴市在实施"促进学生有效学习与健康成长的综合评价"项目时，将中小学各学科课堂教学与学业评价工具的研制作为研究重点，在志愿者学校及学科基地学校开展应用实验，引领各层面学校教学与评价改革，让评价融于学生学习与成长的全过程中，成为指导学校和教师运用评价促进学生学习与成长的重要手段。

一、在共性基础上兼顾差异的评价标准

开展综合评价，第一步工作是制定标准。从大的方面来讲，标准有国家教育政策法规，就课堂教学和学业评价而言，主要依据国家课程标准。但国家标准主要是对一般问题的总体要求。要让国家课程标准的综合评价理念落实到课堂教学评价、学业综合评价中，还须从当地学校实际出发。这是让评价促进学生有效学习与健康成长的关键环节。

（一）解构国家标准，构建区域标准

嘉兴市在认真学习国家有关教育政策法规和重点研读国家课程标准的基础上，结合本土实际，认真研制各学科课堂有效学习评价标准和学业综合评价标准，将国家标准的要求具体解构到各学科课堂评价中去，解构到各学期学业评价中去，同时立足学科，构建起具有区域特点的、符合综合评价理念的学科课堂有效学习评价标准、学期学业综合评价标准体系。

正如教育家叶圣陶先生所言，教育是农业，不是工业。评价既有共性的标准，同

时又要尊重学生的差异,标准的制定与实施必须有利于不同的学生获得成长。这是标准研制的重要"方法论"。以小学语文、中小学美术为例(见表3.6、表3.7)。

表3.6　小学语文学期学业评价工具简要说明

评价指导思想	命题技术与评价策略	测试标准及方法
以国家课程标准为依据,分学段制定具体标准,恰当评价基础知识和基本技能,注重评价主体和方式的多样化,结果呈现定性与定量相结合,以定性为主	1. 关注基础,恰当评价学生"双基" 2. 加强综合,全方位考查语文素养 3. 凸显实践,注重运用与解决 4. 整体考虑,课内外协同发展 5. 注重过程,增强探究观念和应用意识 6. 彰显生本,不同学生得到不同发展	1. 分低段、中段、高段,以课程标准为依据,结合各学段学生学习习惯、培养重点和教材内容要求,从过程性评价和期末学科关键素养两方面综合评价 2. 制定不同的学段标准,解构课程标准,构建分学段标准并形成标准体系

表3.7　中小学美术学期学业评价工具简要说明

评价指导思想	考查技术与评价策略	测试标准及方法
以国家课程标准为依据,以学生在美术学习中的客观事实为基础,加强形成性评价、小组评价,要关注学生掌握美术知识技能,更要重视美术学习动力及态度、情感和价值观等方面的发展,切实提升美术素养	每学期包括造型表现、设计应用、欣赏评述、综合探究四大学习领域。学习结果考查与学习过程考查相结合,教师评价与作品展示、学生参与评价相结合,协调好四个领域的学习关系,兼顾学生差异,重视对学生学习态度和学习过程的考查	1. 制定一至九年级学期考查标准,含四大领域的评价要素及等第、评价重点内容及评价案例 2. 制定四张考查表:交互协商的档案袋式美术素养学期质性评价表;四大学习领域学期美术素养考查评价标准表;四大学习领域学期美术素养考核等第评价登记表;学期美术素养综合评价表

在解构过程中,既要将标准落实到具体学科和具体学段中,又要充分考虑评价现状,明确评价指导思想和测试(考查)的技术与策略要领。这是贯彻综合评价理念的必要要求,标准及方法必须在正确的评价思想和科学的评价技术与策略的基础上制定才能切实可行。

(二)在共性标准基础上提出个性标准及评价办法

标准解决的是评价的共性。而评价应让所有学生都能产生积极体验,体验到促进其进步的力量。因此评价标准还须考虑如何适应学生不同的个性,让不同的学生都能获得进步与成长。这从哲学上讲,是共性中的特性。

如表3.6中小学语文学期测试中应"彰显生本,让不同学生得到不同的发展",具体表现为命题技术要求,主要有两点。一是在开放性试题中彰显学生个性。测试中设计一定量的开放性试题,评卷时只要符合命题要求,具有一定的答题水平就行。教师要以公正、宽容甚至欣赏的眼光应对学生的不同答案,鼓励学生表现个性。二是在自主性试题中满足学生个性。测试中设计一定量的自主性试题，让学生自主选择最贴近自己成长环境的内容来答题，以满足学生生活多样化、答题个性化的需求。

又如表3.7美术学期考查评价中提出的"兼顾学生差异，重视对学生学习态度和学习过程的考查"。这是要求除了制定"优秀""一般"的标准，进行分类评价外，还要根据不同层次学生的具体差异，给予分层次评价，以激励不同层次的学生在原有基础上均能获得美术学习的进步及成就感。

（三）倡导个性创造与合作探究

现代社会是需要个性创造和合作探究的时代。标准也需要对学生的学习成长提出具体目标，同时对学生的个性表现、团队合作予以肯定和鼓励。

因此在研制评价工具时，必须将"标准"活化，注入开放性、过程性、表现性评价元素，使评价能促进学生的有效学习与健康成长。如初中科学的新授课型"核心问题引领下的探究性学习"，允许学生为寻找问题答案自主采取适合的学习方式，把学生的学习方式由听取教师讲授或接受教师引领转向放开让学生组成小组自主学习、合作实验、协同探究等有利于问题解决、经历体验及知识建构的学习方式及过程。相应的课堂评价量表见表3.8。

表3.8　初中科学新授课课堂评价量表：核心问题引领下的探究学习

方面	内容	等第
小组成员有均等的发言机会	1. 一个成员讲话时，其他成员注意倾听 2. 一个成员讲话时，其他成员表示赞同 3. 一个成员落后时，其他成员积极支持与鼓励 4. 小组学习资料是共享的	
明确而共享的目标与分工	1. 每个小组成员明白自己的任务、职责和角色 2. 每个小组成员在合作期间都积极达到自己的学习目标 3. 当某一成员玩耍或走神时，其他成员进行提醒 4. 90%以上的合作时间用于探究问题及完成学习任务	
良好的人际关系和团队合作技能	1. 小组中不存在人际关系的隔离 2. 小组中不存在对某一成员的歧视或不尊重 3. 遇到争论时能尊重别人，友善处理 4. 提供对别人发言的反馈，也接受别人的反馈	
清晰的个人绩效自我评价	1. 每个成员都对学习任务做出了贡献 2. 每个成员都能说出自己对小组的贡献 3. 每个成员都对自己的贡献有一个合理评价	

二、多元的评价主体与多维的评价内容

在具体实施中，方法本身没有对错，只有适合与否。评价方法与策略的选择，关键在于是否符合事物发展的规律性，是否符合育人规律及时代发展对育人的要求。

20世纪90年代西方兴起的成长档案袋评价法，是反映学生在特定领域的努力、进步及成就的一种评价方式。它将反映学生努力情况、进步情况、思想改变和学习成就的一系列作品进行汇集整理，促使教育评价能够真正地伴随学生成长、激励学生发展。它有效克服了以往成绩报告单偏重学业、只重结果、只强调教师评价的不足，尊重了学生成长的自主性。然而它在强调学生自主性的同时，缺失了他评的必要参与，使得评价的科学性有所不足。因而在综合评价实践中，应将成绩报告单评价与成长档案袋评价辩证结合，探索符合育人要求的多元多维评价新方式，以有效发挥评价的诊断性、激励性、发展性等功能。

（一）评价主体由教师扩展到学生、家长、社会人士等

在文化课的课堂教学上，倡导小组合作学习，在预习、讨论、发言等教学环节，鼓励学生对预习情况、讨论情况、发言情况等开展自评与互评，激发学生学习的内驱力；在家政作业、个人卫生、文明伦理教学中发动家长参与记录评价；在科技、劳技、社会实践、社区服务等教学活动中，邀请社会人士、社区机构参与评价。

嘉兴市各学科在课堂教学评价、学期学业综合评价工具的研制中解放思想、拓宽思路，积极大胆地探索多元评价的介入参与。实践证明，这确实激发了学生的学习积极性，也使课堂教学改革，特别是综合实践课程的教学评价充满了活力，有效促进了学习活动的开展。

（二）基于多维度、多形式的结构性评价形成学科总体评价

以往我们习惯以一张简便的纸笔测试卷来形成对学生学业的权威评价。但经过综合评价改革实验，我们应该多角度地评价学生的学习成效，除了通过纸笔测试取得分数或等第外，还可以将作品展示、描述记录、调查报告、实验报告等作为成绩评定的依据，变一维为多维。

如信息技术学科期末考查评价中，过程性评价与终结性评价“六四开”。过程性评价包括：操作能力，在随堂检测中利用相关软件，设定速度与正确率等要求，进行五分钟中文输入测试；平时作业，利用“魔灯”教学平台统计作业的提交、批改、订

正、反馈等情况，系统自动计算出学生的作业成绩；平时表现，制作学生平时表现电子记录表，根据学生课堂表现，教师记录并存放在学生可查看但不可修改的共享空间中；信息素养，测评学生是否有获取新信息的意愿，能否主动地从生活实践中查找探究新信息，是否能够较为自如地对获得的信息进行辨别和分析，并正确地加以处理和传递等。终结性评价占40%，根据评价标准分别编制“笔试题”和“操作题”，并录入“魔灯”教学平台，笔试题由系统自动批改，操作题由任课教师评阅。这样的学期综合评价包括了记录（平时作业）、表现（课堂表现、信息素养）、检测（期末考查）等多形式的评价，与平时的教学过程自然耦合，对学生学习进行多维度的综合评价。这是对学生学习过程的有效诊断与落实，也是对学生学科学业进步的科学评价。

（三）探索基于学科核心能力的分项分散评价

在具体的学科学习中，学习目标也是多维度的。过去常用的纸笔测试有一定的局限性，它对于某些学习目标的评价是有效的，但对于某些学习目标却可能是有困难的。如何基于学科核心能力研制出分散进行的分项评价工具，以更确切地描述学生的学业进步动态表现，从而引导有效学习？南湖国际实验学校从解构学科课程标准出发，厘清各学科核心能力，制定评价指标和方法体系，构建各学科学业分项评价办法。第六章第三节的表6.5即为该校小学科学学科的评价指标体系。

实行学科分项分散评价，减轻了学生过重的结构性负担，变期末集中评价为平时的阶段性分散评价，采取了多元、多维的评价方式，及时、多向地呈现学生学习进步动态表现，学生的负担因分散而减轻了，而受到的学习激励却更加及时，并进一步得到加强。

三、形成促进学生学习与成长的过程性评价工具体系

发挥评价对于学生学习与成长的促进作用，重点在过程性评价体系的构建。嘉兴市将课堂教学评价、学期学业综合评价以及综合素质评价作为重点，研制评价工具，对教学过程和学生成长进行过程性综合评价。

（一）根据学科课型形成系列化的课堂教学评价工具

所有国家课程都研制出分课型或分模块、分领域的课程教学评价工具。关于课程教学评价工具的说明文稿包括：现状的综合分析、对学科本质特点的认识、学科

教学活动的课型分类、分类研制评价工具以及关于工具特点的阐释说明，再提供评价工具的应用案例①。由于学科特点各不相同，我们在工具研制中既注重统一的格式，也允许学科在课型分类上有所不同。

语文、数学、英语等文化课，要求区分各种不同的课型，分别研制评价工具。语文、英语划分为阅读、听说、写作等课型；数学、科学、历史与社会划分为新授课、概念课、实验（实践）课、思维（综合）训练课等；音乐、体育、美术等则根据课程学习内容划分为不同领域的课型，如美术就划分为造型·表现、设计·应用、欣赏·评述、综合·探索四个学习领域，而综合实践活动课则划分为研究性学习、设计性学习、参观考察、社区服务四个学习模块。

即使同一种课型也要求进一步细分以提高评价导向的针对性和有效性，如语文的阅读课划分为精读课和略读课，写作课划分为指导课和讲评课，科学的新授课又细分为核心问题引领下的探究性学习、基于独立预习的分享式学习、学导交融式的学习等多种。工具研制既有统一格式要求又有不同方法呈现，构成了课堂教学评价的科学体系。

（二）考试学科侧重测试评价，考查学科进行综合评价，所有学科全覆盖

对于语文、数学等文化课，嘉兴市将重点放在改进测试命题和评价策略上，研制评价工具（命题），与国家现有的考试制度相协调。为规避纸笔测试的局限性，嘉兴市还研制了语文、英语的听说测试工具，科学、社会的实验实践评定工具。

对于体艺与综合实践活动等课程，主要以平时课堂表现、行为改变、兴趣习惯、作业作品、展示表演以及必要的单项测试（分散在平时）为评价形式，研制综合评价工具。

为了克服这种组合评价的缺陷，嘉兴市要求教研员将国家课程标准解构，具体呈现为各个学段的学业质量标准，并相应提出评价的标准和采取的办法，要求提供必要的实例，让这种组合呈现具有内在逻辑依据的结构化，从而增强评价的科学性和可操作性。考试学科和考查学科学期评价构成了覆盖所有学科的学期学业评价体系。

张志松（嘉兴教育学院）

① 张志松，等.学生立场与成长导向——促进有效学习与健康成长的过程性综合评价研究[M].杭州：浙江教育出版社，2016.

第四节　促进学习力发展的教育质量“绿色评价”

教育评价改革须与区域性教育教学改革相配合。2010年，嘉兴市南湖区启动“基于学生学习力发展的学教方式变革”项目，以培养学生学习力为目标，积极开展以课堂教学改革为重点的教改实践。2012年，在对教师课堂教学状况与学生学习力发展水平进行调研后，南湖区又启动了促进学生学习力发展的评价改革项目（简称“学习力发展评价”），以“绿色评价”为核心理念，聚焦对学习动力、学习毅力和学习能力的评价。其目的是围绕学生学习力发展的基本要素，从更加全面和生态的视角，对学生的学业进步情况和教师对课程标准的执行情况进行监控，引领教师实施“轻负高质”教学。

一、学习力发展评价的内涵

“绿色”作为一个生态学概念，代表清新、希望、安全、自然、环保……教育的“绿色”指遵循教育规律、尊重学生个性、促进师生健康、推动全面发展的状态。教育的“绿色评价”是体现生态思想的教育质量评价观念。它强调教育质量评价的综合性和多元化，关注评价对象的可塑性和发展力，体现教育评价的自然生态、尊重规律、关注生长的本质特征。

嘉兴市南湖区将“学习力”的核心内涵表征为学习动力、学习毅力和学习能力三个方面（亦称“三力”），并以其作为绿色评价的基本要素。通过对学生的能力水平、为取得成绩付出的成本和身心健康等诸多要素的分析，形成能较为全面地反映学生学业发展与学习品质的结论，较好地体现“绿色评价”的理念，体现了“尊重多元，关注生长”的教育思想。

通过对学生的学业水平及学生在学习过程中的心理状态和行为表现的分析诊断，对教师的教与学生的学提出改进建议、实施问题解决对策方面的指导，将方法策略真正落实到具体的学、教过程中。

二、学习力发展评价的指标体系

学习力发展评价从提高学生的学习素养出发，旨在促进学生的全面发展。其核心要素的内涵分别是：

学习动力，指推动学习的内在驱动力，内因主要有学习兴趣、学习需要、学习情感等，外因则有学习目标、外部激励等。

学习毅力，指学习意志力，是学生为达到预定学习目标而自觉克服困难并努力达成的一种意志品质，是学习行为的保持因素。

学习能力，既包括人的智力结构中与学习密切相关的观察力、理解力、记忆力等基本能力，还包括学习者运用科学的学习方法，独立地获取信息、加工信息和利用信息，分析和解决问题的能力。

表3.9 学习力发展评价的三级指标体系

一级指标	二级指标	三级指标	观测维度
学习动力	学习兴趣	学习兴趣的稳定状态	求知欲和好奇心
	学习需要	学习动机的自我激发水平	学习内驱力
		对学习目的意义的认识水平	学习积极性
		尝试解决问题的意愿	学习价值观
		完成学习目标的预期	学习自信心
	学习环境的认同感	对学校的认同度	社会认同感
		对生生、师生关系的认同度	师生交往和谐度
		对家庭的认同感	家庭自豪感
学习毅力	学习意志	学习过程中的坚持状况和遇到学习困难时的表现	学习坚持力
	学习过程的自我管理	学习过程中的自我调节	学习负担管理
		对学习压力和情绪的调适	心理调适能力
		对个人学习能力的自我评价	自我评价水平
学习能力	基础性学习能力	基本学习方法的习得与掌握	认知策略水平
		对学习时间与任务统筹安排、学习工具的有效利用以及寻求支持帮助的方式与能力	资源管理状况
	学科专项学习能力	学科基础知识和基本技能的学习及掌握情况	学科基础状况
		学科思想方法的理解与掌握状况	学科基本思想
	高层次思维能力	运用已有知识解决新问题的能力	学习迁移状况
		预测、观察、探究、推理和解释的能力	科学思维能力水平
		批判性思维和创造性思维能力	创新思维能力状态

评价指标体系只是“由一系列指标按照其本身的逻辑结构排列组合而成的有机整体或集合”。在实际监测过程中,根据“三力”的不同特征,需要设计不同的量具,采用不同的方式进行监测。如学习动力与学习毅力以问卷、访谈等形式进行调查,而学习能力则以习题解答和问题解决的方式进行测评。然后结合测评所得数据,根据指标进行归类,并采用指数分析方式,得出“三力”指数得分。这一做法的意义在于以“三力”指数,动态描述学校学生的学习力发展水平与变化情况,获得一个除分数以外衡量教育教学质量的量化指标。

三、学习力发展评价的实践模型

实践模型包括:依据学习力发展指标和相应年级的学习内容,细化评价目标;研发符合评价目标的、可观测的测评内容;进行论证、试测、修订、调整,形成科学合理的评分规则;实施测试和数据分析(教师分析学情、学生了解学习状态),形成数据库;学校进行测评结果反馈与学教方式的改进(如图3.11)。

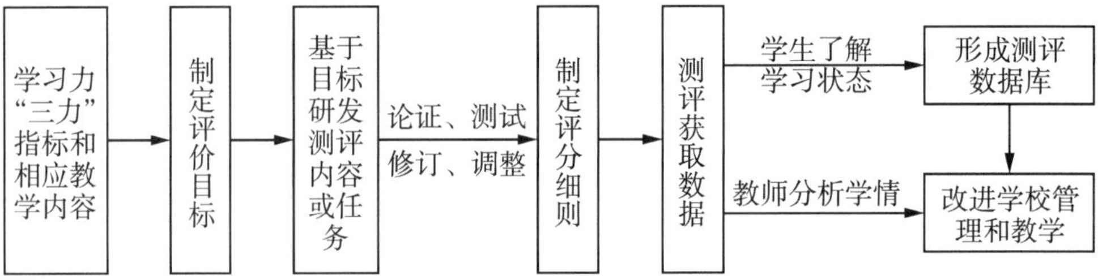

图3.11　学习力发展评价的实践模型

(一)编制学习力发展水平监测的评价工具

评价工具的研发主要从三个方面着手:

1. 内容设计。

学习能力的考查,以“基础知识+能力表现”为主干,突出“学生立场”和“课程立意”,关注学生对学科核心知识、技能的理解和掌握,尤其是综合运用所学知识解决实际问题的能力、收集与分析信息的能力,以及对重要学科思想方法的理解与掌握。对学习动力与学习毅力的监测,以“学习兴趣”“学习过程的自我管理”“学习压力”等为视点,注重反映学生学习心理、学习品质的发展状态。

2. 方法设计。

强调检测方法的简洁性和易操作性,控制测试的总体难度。学习能力测评一般采用“书面解答＋实践任务＋问卷(或访谈)”的形式进行，突出表现性评价；学习动力与学习毅力测评采用“问卷＋访谈”的形式进行。学习能力测评卷的难度控制，初中为0.65—0.75，小学为0.75—0.85，这样有利于做出区分，更好地关注差异。

3. 材料设计。

突出材料与目标的联结。问题形式多使用真实的情境和任务，注重通过客观性试题考查学生高层次认知能力，通过主观性试题考查学生的分析能力和思辨能力。比如在小学数学、科学与中学数学、科学等“能力立意”的测评中，采用“良构”问题与“劣构”问题相结合、突出考查学生思维过程的“客观＋主观分析”题，既可以看出学生的思维水平，又可以看出其分析能力。

（二）建立监测数据收集与分析平台

评价数据的采集与分析是监测活动的重要内容。学习力发展评价实践中，在前期测评目标解构与监测工具研发的基础上，南湖区建立起监测数据收集与分析的平台。主要包括：

1. 监测工具库。

包括监测内容板块和测评工具板块，具体有由对目标细化后的测评工具研发所形成的试卷、问卷、情境任务等。

2. 测试数据库。

包括历次监测后所采集的测评数据，以及与之相关的各个板块的分析图表等。

3. 数据分析平台。

基于数据，生成不同等级的监测报告。从对象范围来讲，有区域的整体报告、学校的整体报告，还有相关班级的测评报告，甚至学生个体的测评报告；从内容范围来讲，可以是某次整体监测的数据分析报告，也可以是某个典型问题的分析报告；从时间维度来讲，也可有多次测试后纵向比较的分析报告。

（三）探索基于评价实证的教学改进行动

评价研究不能就“评价”论“评价”，而要将其置于课程管理、教学改革的大系统中进行。学习力发展评价所体现的“绿色评价”既是方向，又是手段，是引领学校管理和学科教学改进的重要依据，其目的是为了引导学校、教师使用数据搜集与分析平台，基于评价实证改进学校管理和学科教学。通过教研员共同组织或教师自主实践，落实基于测评结果的改进教育教学的行为。其行动框架如下页图3.12所示。

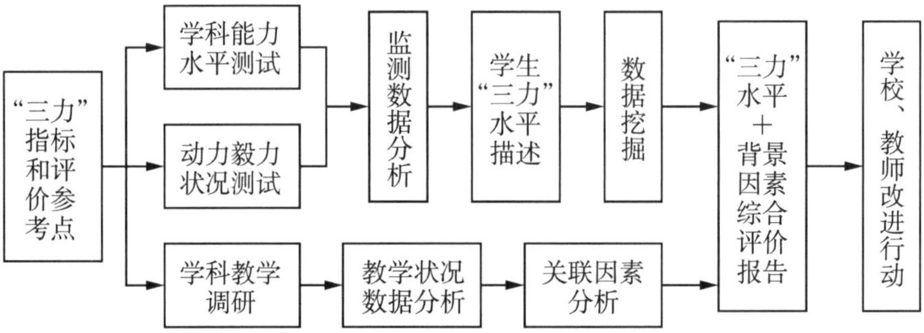

图3.12　基于测评结果的区域性改进行动框架

从行动框架可以看出，为使基于测评结果的学教方式改进更有针对性和精准度，还应在监测数据分析的基础上，配合开展相应的学科教学调研，以更加准确地把握数据背后的原因，并找到基于数据分析的结论与教学实际之间的关联因素，充实监测数据分析报告的归因依据，以便于在此基础上提出改进建议，引导学校管理者和相关学科教师对管理与教学行为做出改进。

四、学习力发展评价的支持系统

评价改革本就是教育改革的难点。学习力发展评价是涉及学生学习动力、学习毅力与学习能力的发展状态，以及教师课堂行为、学校教学管理状态对学生学习力发展的影响等多角度的综合性的评价实践，须有整体运作的工作系统来支撑。实践中，嘉兴市南湖区架构了“专家指导—学科实践—管理保障”等多层级团队联动的协同推进机制，充分发挥各层级人员的职能优势，保障评价实践顺利进行（见图3.13）。

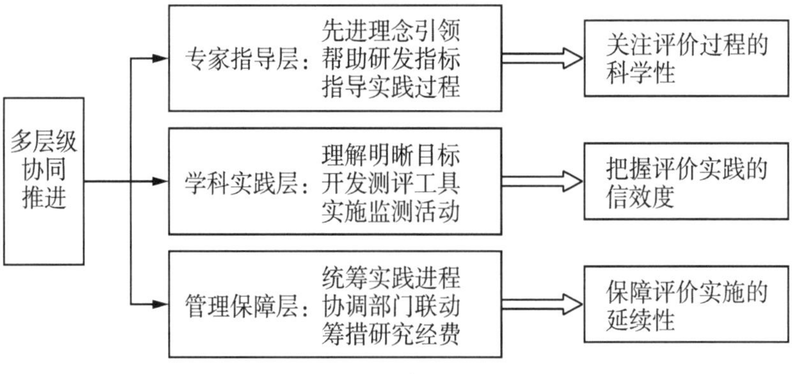

图3.13　学习力发展评价的支持系统

上述团队的人员有其各自的职能：专家指导层突出评价指导的专业性、前瞻性，关注评价过程的科学性，帮助解决评价进程中的问题和难点；学科实践层解读明晰测评指标，研制开发测评工具，组织实施测评活动，完成相应的数据分析，提出教学改进建议；管理保障层规划项目进程，筹措资金，提供经费保障，协调各层级成员的合作，促进项目可持续推进。

五、学习力发展评价的成果与技术进展

通过几年的实践，南湖区教育工作者对教育质量评价的认识有了改变，从关注“学业成绩”转变为关注“综合素养”；从关注“结果评定”转变为关注“过程测评”。学科层面“能力立意”的测评研究实践，激发了教师在教学过程中关注“过程目标”的设计与实施，提高了学业评价工具的科学性，在“学习力”评价的技术上有所突破。

（一）以促进学生全面、健康、可持续发展为原则的评价机制

南湖区的教育评价改革没有局限在对学生学业成绩的评价，而是通过“绿色评价”，了解学生学习负担等成本因素，了解学生学习品质和身心健康等内在因素，了解教师教学行为、学校课程与教学管理等背景因素对学生学习力发展的影响，构建起“学生立场”的“绿色评价”体系。通过实践，南湖区建设了“绿色评价”的数据收集与分析平台，并形成了“目标细化—工具研发—数据采集—数据挖掘—形成报告”等五步测评操作流程；对不同特征群体的学生进行分类分析，以形成具有针对性的数据分析报告，为采取恰当的改进策略提供依据。

（二）学生学习力发展水平的判据模型

学习力发展评价将学生在学习中的学习动力、学习毅力和学习能力等要素的评价数据纳入分析系统，对相关数据进行分类以及聚类分析、回归分析等深层次分析，挖掘“动力”“毅力”与“能力”之间的关联，形成包括学生能力水平和动力、毅力水平的监测报告。最终从对区域试点样本数据的分析延伸到对全区监测数据的分析，逐步形成了体现区域特色的学生学习力发展评价的常模建构系统（见下页图3.14）。

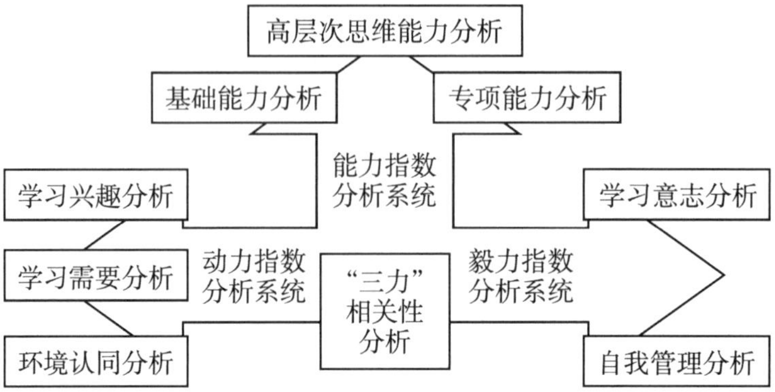

图3.14　学生学习力发展评价常模建构系统

(三)学生学习力发展水平测评工具的开发技术

在实践中,南湖区通过"编制—试测—调整—应用"的基本路径,探索形成了学生学习动力、毅力与能力水平的监测工具开发技术。在动力、毅力的监测上,南湖区探索形成了"经典测评工具+自编工具"相结合的量具开发模式;而在学科"能力立意"的测评中,通过"旧题改造"与"新题研发"的方式,编制学科"能力"测评工具,在测评的"过程设计"与"要点把握"上形成了丰富的可行性经验。

同时,核心团队还在测评数据分析的基础上,结合区域数据常模,积累了一定的对学生不同水平学习力发展的描述经验,形成了诸如对学生的语文阅读水平、数学问题解决能力以及科学探究水平等学科专项能力水平描述的量表。

(四)基于学科学业质量的区域教学改进策略

与以往区域统考后的教育质量反馈不同,学习力发展评价的反馈重点在解读监测数据,指导课堂教学,改进学、教方式,以探索促进学生学习力发展的有效学习方式,从根本上找寻解决以往重知识技能、轻能力素养的课堂教学问题,形成"诊断—指导—改进"的教学改进策略。

诊断,即在对监测数据解读的基础上做出判断。结合监测报告,在关注一般数据的同时,重点剖析典型数据背后的问题,抓住关键,提出教学建议,突出对教育质量的诊断,为区域教育、学校教育以及教师教学做体检、开处方。

指导,即进入教师实践的课堂给予针对性的帮助。结合监测中发现的问题,学科教研员进入实际课堂进行教学视导,在实际课堂中关注学生的"学"与教师的"教",从而更加精准地把握问题,并给予恰当的指导。

改进，即将教学建议落实到实际的教学过程之中。实践中，通过基于数据分析、问题归因的区域性精准教研与跟进式的学科、调研，在对“教”与“学”进行指导与帮助的同时，注重将改进建议落实到一线教师的教学行为之中。

费岭峰（嘉兴市南湖区教育研究与培训中心）

第五节　学习质量调查："学生立场"的教育质量综合评价

在教育评价的发展史中，"管理立场"的评价与"学生立场"的评价的冲突关系一直形影相随。因为众所周知的原因，"管理立场"的评价总是占上风。但"管理立场"的缺陷也显而易见。它更多地从管理者加强管控的角度来发挥评价的功能，而忽视了被评价者的主观能动性，压抑了被评价者的自我发展能力。教育质量综合评价改革的价值在于构建安全信任的评价文化，以促进被评价者的自我发展。这既是亮点，也是难点。

一、教育质量综合评价的"江干实践"

2014年5月，杭州市江干区启动"区域教育均衡发展的绿色质量评价体系建设"，参与浙江省承担的教育质量综合评价改革的国家实验。他们依据教育部《中小学教育质量综合评价指标框架（试行）》和《浙江省教育厅关于推进中小学教育质量综合评价改革的通知》，结合本土实际，形成具有区域特色的学校教育质量综合评价框架（见表3.10）。

表3.10　杭州市江干区学校教育质量综合评价框架

评价维度	评价指标	评价内容
学生学业水平评价	优质水平	优秀率、平均分、ABCDE各等第比例
	均衡水平	
	进步情况	
学科实践性学习评价	艺术素养	定期抽测体育、音乐、美术的指定项目，进行英语人机对话和科学实验操作
	体质健康	
	信息技术素养	
	英语口语	
	科学实验操作	
学生学习状态及成长环境评价	学习状态	每学期通过学生问卷的方式收集数据，进行指数分析、相关分析、回归分析
	成长环境	

这一框架中既包括了各地都比较重视的文化课纸笔测试的平均分、优秀率等的统计,又加强了容易被忽视的学科实践性学习的评价,特别是借鉴教育质量监测的问卷调查方法,开展学生学习状态与成长环境的调查,基于学生学习状态的大数据来帮助学校改进教育教学,从而使区域教育质量评价体系发生取向上的改变。江干区教育质量综合评价主要有四个特点。

(一)评价形式——以“纸笔测试+表现性评价”为主

改变以往将纸笔测试作为唯一的评价手段,过分注重等级与量化,强调终结性评价的偏向,加强对非纸笔测试、表现性评价等多种评价方法的探索与应用,改进量化和等级方法,重视质性评价。在实际操作中,依据各学科评价的目的、教材内容、学生特征,科学地选择采用最有效、最合理的评价方式。

(二)评价内容——以“核心素养测评实践”为主

着眼于学生能力的发展过程,通过多种途径(问卷调查、课题研究等)搜集学生的知识能力、兴趣习惯、情感态度及学业成果等信息,通过分类、对比和系统分析,全面客观地评价学生的学科能力与核心素养。

(三)评价结果——以“分项等第+评语”为主

强调评价结果的激励、导向和信息反馈作用,除了以分项等第评价学生掌握运用学科知识技能的实际水平、创新思维和实践能力外,学生的学习态度、情感等非智力因素也被列为评语加分的因素。

(四)结果运用——基于学生立场的教学诊断

重视评价的诊断功能,以学生为出发点进行三个方面的教学诊断。一是教师的教学情况诊断:研究教师在各知识点教学中的表现情况,发现教师思想意识根源性和教学操作层面的问题;二是班级的教学情况诊断:研究不同班级的教师组成对各知识点教学的影响因素,从中发现教学规律;三是学生的学习情况诊断:研究学生个体对各知识点的掌握程度,剖析学生的优势、弱项并思考对策。

江干区综合评价改革的主要特点是:以承认差异、鼓励发展的“五级增量评价”适当柔化文化课考试成绩的横向比较,为学校加强实践性学习,促进学生全面发展腾出空间,同时以服务的姿态进行对学生学习状态及成长环境的调查与反馈,发挥评价的教学改进功能。

二、借鉴教育质量监测技术推动区域性统考转型

近年来，区域性统考渐渐成为各地“提高”教育质量的主要手段。但这是典型的“管理立场”的评价方法。随着这一评价方法使用的日趋频繁和设计的日趋精致，这一做法的弊端已明显显现。要提高教育质量，必须帮助一线教师准确了解教学现场的实际问题，帮助学生了解自身学习中存在的问题，而不是只进行简单的压力传导。

2014年，江干区面向13所初中3400多名七年级学生进行“学习影响因素现状调查研究”。调研问卷参照浙江省教育质量综合评价指标体系，选择其中的课业负担、学习习惯、课堂参与、睡眠状况以及家庭教育等维度，以细致了解学生的学习状态与影响因素。如有关“课业负担”部分主要从“每天完成学校教师布置的作业大约需要的时间量”“作业量相对较大的学科”“对完成学校教师布置作业的难度的总体感觉”“每天的作业来源”“每天完成家长或校外教师布置的额外作业大约需要的时间量”“通常每周去校外辅导班的频数”六个方面展开调查。

问卷在期末考试时随同试卷一同下发，学生以无记名的方式填涂答题卡，统一回收，利用计算机技术对问卷进行读取与统计，整理大量原始数据，再采用SPSS进行相关分析和回归分析，并与2013学年第二学期七年级数学、英语学业水平测试的相关指标进行相关关系分析，从中得出相应结论。

这次探索成为杭州市江干区“学习质量调查模式”的雏形。这是一次借鉴教育质量监测技术，将诊断分析应用于日常教育教学活动中，以推动区域性统考转型的探索活动。它是基于“学生立场”的善意的评价，是让师生客观了解教与学中的问题以形成明确有效的自我改进的行动。学习是学生的事，只有学生的主动性被“点燃”，只有学生“亲其师，信其道”，教育教学才能进入最佳境界。而前提是管理者与教师尊重学生的独立性和独特性，站在学生的立场看待学生的学习与成长。其实今天许多一线教师已成为与学生同等的被评价、被考试的对象，这种评价取向的变化也是对一线教师的尊重，是对他们的教学能动性的激发。

实施“学习质量调查”的重点有五个方面。一是提高学科考试的命题技术，完善学业测试；二是编制问卷调查工具，建立科学的信息采集系统；三是基于大数据分析，通过显著性检验、相关分析、回归分析等技术，有效提炼数据所反映的客观规律；四是与学校和教师的分别反馈，以“促膝反馈”与“跟进调研”推动改进实践的行动研究；五是将这一工作模式固化为学校教学常规，开展提高教师运用评价改进教

学能力的校本研修。这些重点可以归为调查分析与反馈应用两大板块。

三、学习质量调查的信息采集与分析

（一）改进学业测评的命题

要让测评试卷更好地体现出诊断性，必须让试题具有更好的解释性。因而我们在试卷双向细目表中增加了学科素养栏目，基于学科素养分析看优势和不足，帮助学生尽可能准确地认识自己应该提升哪些学科素养，帮助教师开展测试后的分析和指导。图3.15是某校的分析示例。

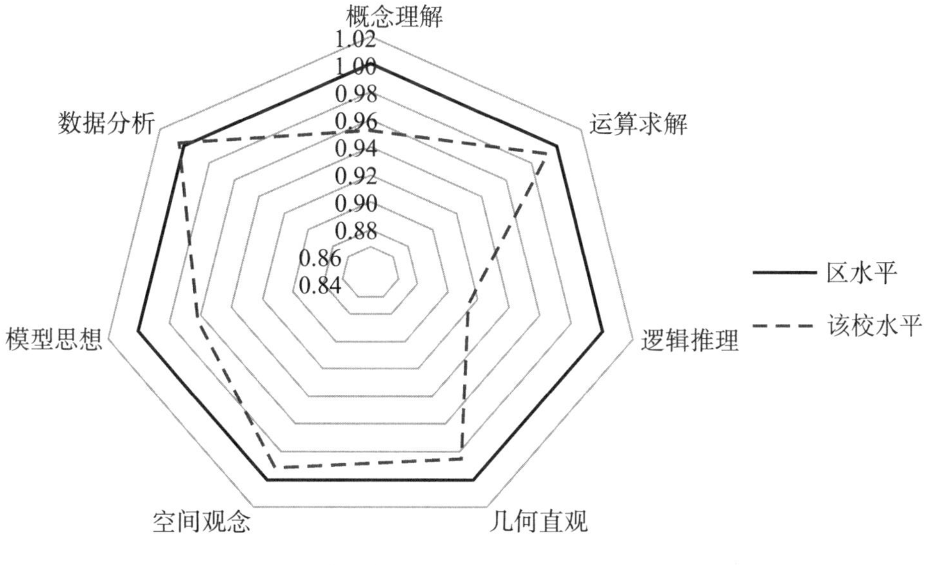

图3.15　某校各方面数学素养与区水平的比较

设置解答题的分项与分数解释法，令每一个得分都能与学生的学习水平相对应，从学生的具体得分情况准确分析学生对相关知识、技能、思想方法和活动经验的掌握情况，为学科教师指导学生和改进教学提供准确的诊断与建议。

（二）开展学生学习状态及成长环境的问卷调查

自2013学年以来，江干区持续开展中小学学生学习影响因素的现状调研。

第一年重点从课业负担调查入手，从学生对学校的认同感、学习兴趣、课堂参与、课业负担、睡眠指数、师生关系、家庭背景等方面设计调查问卷，每个维度仅选择有代表性的部分指标进行问卷调查。

第二年尝试构建评价指标指数分析体系，根据指标设计，分别将若干个关键行为表现或主观感受作为考查重点，进行监测。采集问卷初步统计的结果，将各项指标的关键表现转化为五级得分制赋分，并合成相关指数。

第三年根据浙江省中小学教育质量综合评价指标的基本要求，借鉴上海市"绿色指标"评价体系指数设定的核心技术，参照国际学生核心素养评价的分析方法，重点对"沟通合作""高阶思维""探究学习"等指标进行研究。

（三）合成各项指标并进行相关性分析

根据问卷收集的反映学生学习状态及成长环境的一系列数据，结合学生学业测试的结果，采用SPSS软件进行相关分析和回归分析，完成对数据的处理。通过显著性检验、相关分析、回归分析等技术，对学生问卷的内容维度和调查结果分布做出客观的描述，再对具体调查问卷数据与抽测年级学生学业测试的平均分、AB率、E率指标进行相关关系分析，从中提取相应的结论，提炼数据背后的内在联系和变化规律，深入研究教学质量与学生特定变量的相关关系。

通过比较分析相关核心素养、学习过程和成长环境等因素对学科教学质量的影响，能够清晰地看到学生对目前学习生活中相关问题的基本反映，也从另一个侧面反映出各学校教学管理机制与育人模式的现状与差异，可以促进各学校更好地思考自身的内涵发展，寻找更适切的应对之策。

（四）建立"学习质量调查"的数字管理平台

利用信息技术开发教育质量诊断与评价的数字化管理平台，为开展评价、改进实践提供技术支持。包括学校管理者的管理过程反馈调节信息、教研员的命题、测试结果小题分析、班级状况的趋势分析、学生个案的学科诊断信息等。

建立学校教学质量档案库，提供横向与纵向的教学质量评价报告，为学校改进教育教学及管理提供现实依据和技术支持，为区域教育教学工作决策提供参考。

四、学习质量调查结果的反馈与应用

（一）针对性寻策

对于国家、省、市教育质量监测的反馈信息，我们通过专题分析会，与学校一起，从数据中分析区域和学校教育教学工作的亮点和不足，并以此为依据，提出教育教学工作思路,筹划区域教育评价专题研讨活动,指导学校改进教育教学。

(二)校本化诊断

结合学业抽测和学生学习状态及成长环境问卷调查,学校基于数据和学校实际开展校本分析。各学校利用区教育评价数据平台,结合教研员的分析报告,从学校、备课组、年级组、学生家庭四个层面,从教师、班级、学科、学生、试卷命题、知识点、影响因素等各个角度进行数据分析,了解问题现状及成因,制定相应的改进措施,提高学校的管理效率,提升教师的课堂教学能力和试卷命题水平,帮助学生有的放矢地弥补学习中的薄弱环节,提高学习能力。

(三)跟进性调研

根据学业抽测和学生学习状态及成长环境调查结果所呈现的典型现象,我们通过跟进性调研的方式,组织教研员和学科大组成员到学校进行为时一周的实证调研,对异常数据进行跟进验证。通过调查问卷(包括课堂行为参与、认知参与和情感参与三个维度,自定义设置更为精细的相关性指标),诊断师生课堂教学行为,与学校协同进行归因分析,寻求调节和改进工作的有效策略。

“学习质量调查模式”改变了学校的教学质量管理机制。它促使学校与教师反思过度的“教考分离”与“题海战术”。2016年,江干区组织部分初中学校参加浙江省教研室组织的重建学校教学质量管理机制项目(详见第九章第二节)。这一实践不仅改变了学校的教学质量管理机制,而且也是重建区域教育质量管理机制的重要抓手。

五、打造评价研究团队与提高教师评价素养

从2012年起,江干区教育发展研究院组织了三届教学测量与评价研究团队(以下简称“测评团队”),共有35名来自各学科的骨干教师代表加盟团队,实行跨界兼职,开展“草根研究”,形成良性发展的态势。

(一)专家引领,共享同伴智慧

江干区测评团队特聘国内教育评价领域知名专家为导师,根据区域教学测评工作各环节的需要,请相关专家定期做专业指导和技术把关。测评团队团结区内评价改革项目学校,依托测评团队的研究成果,在项目学校开展试点研究;建立“基于

数据改进教学志愿者团队”微信群，发挥其强大的社会功能。真正实现专家引领、同伴互助、机制创新和智慧共享。

（二）研训一体，技术变革行动

在省市教研部门的理念引领、政策导向和项目扶持下，江干区测评团队不断发展，开展“教学测量与数据处理”“PISA背景下‘能力立意’的教师命题技术”“电子白板在课堂观察的应用”等专题研讨；借力“基于SPSS教学数据处理技术”的网络交流平台，为提高教学测评的质量与推进基于数据实证的教学改进培养了一批先行者。

（三）项目联动，回应协商构建

江干区测评团队有机结合区域教学测评的工作实践，以项目联动方式，提升团队的专业水平，激发团队的实践智慧。通过测量、描述、诊断、回应、协商，达到与学校共同构建的目标。测评团队全程参与“学生学习状况及成长环境的调查研究”项目的研究，结合各自的专业优势，合理分工，协力攻关。在指标选择、问卷设计、数据采集、数据分析、报告撰写、总结反馈、后续追踪等系列环节，团队成员全员参与，边学边做，增长教学测评的实践智慧。

（四）跟踪指导，提高评价素养

在大规模调研之后，评价研究团队有目的、有计划地对学校进行监测数据应用的指导工作。在个体层面，利用测评结果，指导本校和本学科开展针对性的专项研究；在区域层面，利用质量分析会、综合调研等方式，指导学校共同基于数据，进行教与学的诊断分析，通过师生访谈和“二次问卷”进行深入调查，精准归因，寻找对策，为学校教学改进提供技术支持。

蒋德仁　徐　杰（杭州市江干区教育发展研究院）

第六节　教育质量综合评价的学校推进机制

从全面提升教育质量的目标看,学校是教育质量综合评价改革的最终落脚点。在基层学校中,“评价”并不是一个陌生的词汇,它伴随着学校教育活动的始终。不过,现实中的“评价”并没有与学生的成长、教师的教学完全同向,形成协力,相反,“评价”常常像是游离飘浮在师生上方的“威权”,传递着压力。不少学校评价导向功利,单纯以分数和升学率评价学生、教师的现象还比较突出;评价标准缺失,指标设计随意,评价方法落后,评价功能错位等问题还广泛存在。教育质量综合评价改革之于学校的意义是什么?相较于过去,学校评价机制该有哪些特点?这是教育质量综合评价落到实处的关键。

一、学校教育质量综合评价的内涵与原则

评价不是为了评鉴,而是为了改进。深入到学校的教育质量综合评价改革应是在提高教育质量的视野下,思考学校中的评价活动与评价机制的完善,推进旨在促进学生积极成长与教师教学改进的评价实践。

2015年,温州市启动综合评价改革试点学校项目,以两年为周期,组织两批共88所学校参加试点,期望通过以点带面的形式,改变过于偏重学业成绩的教育质量评价方式,建立与学校办学定位、发展规划、特色发展相适宜的评价体系。学校评价改革项目的选题主要集中在以下三个方面:构建学生综合发展评价指标体系,开展学生综合素质评价,促进学生全面、健康发展;构建学业质量增值评价模型,开展基于监测结果的诊断、反馈和改进工作;构建基于教师专业标准的发展性评价,促进教师专业发展。这也构成了学校综合评价改革的主要机制:基于正确质量观的评价标准建设机制、数据驱动教育教学改进的评价机制、合作取向的教师发展性评价机制。

学校推进综合评价改革必须遵循以下原则:一是评价育人原则,评价活动应与教育教学相融合,成为教育教学的一种方式;二是教学评一致原则,评价活动必须基于标准,且与教学活动的标准相一致;三是关注发展原则,重视教与学的过程性

评价,强调增值和进步程度;四是积极反馈原则,建立基于评价结果改进教育教学的反馈机制,且反馈必须是积极的、建设性的。

二、学校教育质量综合评价的主要机制

(一) 基于正确质量观的学生评价标准建设机制

评价标准是评价活动的核心部分,是人们价值认识的反映。任何教育评价,都通过制定评价的指标体系和评价标准,规定、引导着教育努力的方向。为此,温州市以国家、省中小学教育质量综合评价标准为指针,制定了区域教育质量"四维评价"指标体系,并推进学校层面对市级"四维评价"指标进行校本化的构建,促进学校实现从注重成绩量化到注重人的发展的价值转向。

一是细化研究、深化研究和特色化研究,明晰学校教育质量综合评价标准建设的路径。"四维评价"指标在区域层面的表现是面上的导向和示范,在学校层面就是通过更深入的研究和探索,从发展战略的角度,结合学校办学理念、办学目标和育人目标,进一步构建校本化的评价指标。引导学校不仅关注对学生学业水平的评价,也关注对学生品德发展、身心健康和学习生活幸福感的评价;不仅关注教育的结果输出,也关注教育过程中影响学生发展的相关因素。引导学校树立以全面、科学、均衡发展为特征,关注学生学习、教师教学成本的科学的教育质量观,从"育分"走向"育人"(见表3.11)。

表3.11 "四维评价"指标的校本化构建途径

类型	研究思路	学校案例
细化研究	Ø 将评价指标转化为具体、可操作性的行为 Ø 建立与年龄相符合的评价指标和考查内容 Ø 建立与学校办学理念、课程体系相配套的评价指标体系和考查内容	温州市第二十三中学"'6+1'初中学生综合素质评价的探索与实践"
深化研究	对学业指标进行深化研究: Ø 构建校本化的学业评价指标体系 Ø 加强对学生学业成绩相关影响因素的研究 Ø 加强对学生学业评价结果的分析与诊断	温州市第十四中学"基于心理测量的学情分析与学业帮扶的实践研究"
特色化研究	Ø 将评价指标与学校办学思想、办学理念、培养目标、学校课程等相对接,形成特色评价标准	温州市少年艺术学校"以情意目标为导向的小学生艺术素质发展评价体系的构建与实施"

二是融入实践育人,关注全面发展,推进学校综合素质评价。温州市鼓励学校

在对区域“四维评价”指标进行校本化整合与提炼的基础上，既关注学生全面发展，又鼓励个性张扬，优化学生的教育环境和成长平台，提高评价的科学性和公平性，使评价成为促使学生多元发展的重要载体，推进学校综合素质评价工作。

如温州市第二十三中学开展的“‘6+1’初中学生综合素质评价的探索与实践”研究，评价体系中的“6”是对学生在行为规范、志愿服务、学业水平、学科探究、身心发展、个性特长六个维度进行综合评价，关注的是学生的过程性评价；而“1”则是终结性评价，指向评价的结果。六个维度之下又有若干指标，层层分解。文成县第二高级中学从品德操守、责任义务、行为习惯三个维度切入，就“品德发展”进行标准细化，每个维度下又各有三至五个条目，既细化了标准，又便于操作。

还有一个典型案例是瓯海区景山小学基于“人人有才，个个出彩”的办学理念，设置了万花筒课程；又根据万花筒课程总体设计与要求，将课程建设与学生评价相结合，以学生在校学习与表现为主要评价维度，设置了小标兵、小健将、小艺术家、小科学家、小博士、小当家这“六小家”评价体系；同时开发设计“六小家”评价数字化平台，建立学生全面发展的大数据，促进学生多元发展。

这些案例都有一个显著特点，就是依托课程改革，注重顶层设计，注重过程管理，开展综合素质评价。将育人融入课程实践中，关注学生的全面健康发展；将课程建设与评价改革相融合，以实现评价的精准诊断、精细反馈、靶向性改进。

（二）数据驱动教育教学改进的评价机制

评价结果的科学运用，是实现教育评价功能的“最后一公里”。而事实上，很多学校的教育评价工作重心都落在评价活动的开展和评价结果的呈现上，往往忽视了评价结果的深度挖掘与运用改进。温州市一直提倡基于证据的教育教学改进，从质量评价反馈机制、改进方向与方法、改进跟进制度等方面对学校加以扶持和引领，以加强对教育质量评价结果的综合运用与合力改进。而学校则结合日常工作中的具体问题和实际需求，聚焦于“教学改进过程”和“学校综合发展”两个角度，提炼出便于学校常态化操作的路径：

1. 指向“教—学—评”一致性的教学改进流程。

首先，结合课程标准和教材参考确定教学目标；其次，基于评价标准与教学目标相匹配、可操作化、体现差异性三个原则制定评价标准；最后，基于评价结果，通过反思，调整教学目标和评价标准，并依次循环往复，最终提高教学与评价的精准性与一致性（见下页图3.16）。

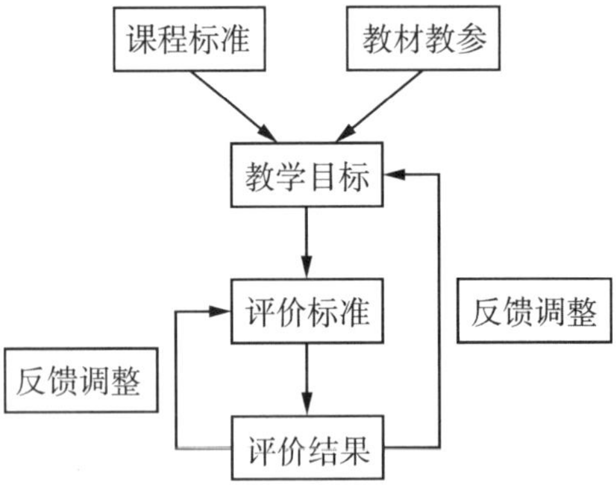

图3.16 “教—学—评”一致性改进流程示意图

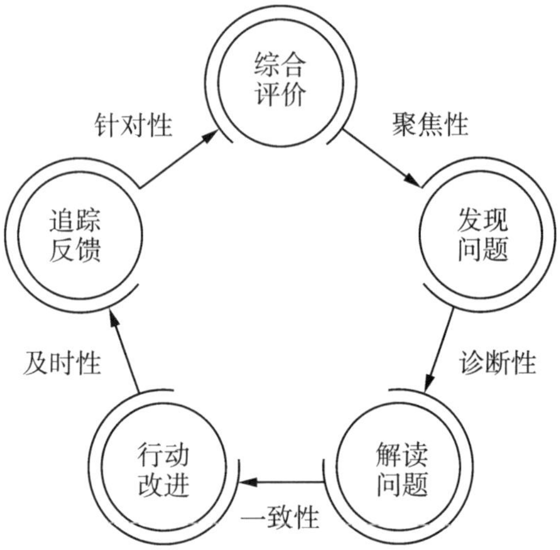

图3.17 以评价驱动教育教学改进的循环闭合圈

2. 以评价驱动教育教学改进的循环闭合圈。

以评价为载体，基于评价发现问题，通过证据进一步解读问题背后的原因，开展行动改进，继而再对改进行为进行实时反馈与调整，最后再开展新一轮的综合评价（见图3.17）。

平阳县昆阳镇第三中学开展基于数据实证的教育教学改进行动，针对教学过程中学校（教学部门）、教师、学生三个不同主体，聚焦教学管理、课堂教学、学生学习三个关键环节，通过数据收集，展开精细化的分析，深入挖掘数据背后存在的问题，开展相应的改进行动。促学、督教、评管“三位一体”，形成“学、教、管”互动共进的良好局面，提高学校教育质量。

（三）合作取向的教师发展性评价机制

现阶段教师评价主要存在五个方面的问题。一是教师评价内容不切学校实际，“千人一面”，不足以区别不同年段、不同学科、不同发展阶段的教师专业发展诉求。二是评价标准没有进一步分解细化，“过分柔性”、难操作，带有较大的主观性和随意性。三是评价方式方法单一、过程性评价不足，主要采用终结性评价。四是评价结果的运用主要体现在选拔、奖惩上，对教师专业发展的作用有限，未能达到“以评促改”的效果。五是评价方案过于注重教师个人的业绩，忽视个人对团队的贡献，忽略团队的合作与帮扶。基于此，温州市从群体、内容和层面三个维度，构建了“四阶三维二层”的教师发展性评价模型（见下页图3.18）。

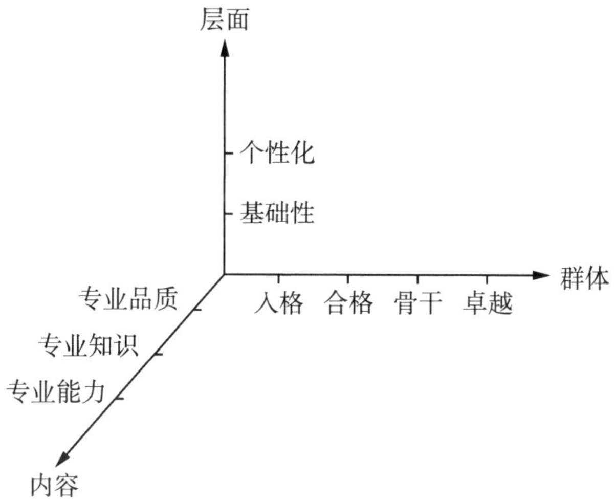

图3.18 “四阶三维二层”的教师发展性评价模型

同时根据学校的共性需求，以中小学教师专业标准为依据，设计了学校层面教师发展性评价公共指标框架，具体包括专业品质、专业知识、专业能力和工作成效四个板块，既关注教师的结果性评价，也体现教师的过程性评价（见表3.12）。

表3.12 教师发展性评价公共指标框架

评价项目	关键指标	指标考查要点
专业品质	自身素养	教师在爱国守法、育人环境创设、遵循教育教学规律、因材施教、关注学生全面发展等方面的认知和表现情况
	对待学生	教师在关爱学生、不体罚和不变相体罚学生、关注学生安全、关心学生身心健康发展等方面的认知与表现情况
	工作表现	教师在爱岗敬业、乐于奉献、工作认真负责、积极参与学校各项工作、不迟到早退等方面的认知和表现情况
专业知识	学科知识	教师能了解所教学科的知识体系，基本思想与方法、能准确理解任教学科年段课标要求和本册教材内容与要求
	个人阅读	教师自主参与专业阅读，每年阅读教育类书籍不少于两本，且有读书笔记
	团队研修	教师按时参加教研组、备课组活动，主动参与集体备课，与同事合作交流，共享经验和资源，共同发展
	专业培训	教师按时参加学校组织的各种培训、讲座、读书交流等校本教研活动。有个人专业发展规划，积极参加浙江省教师培训管理平台的学科培训选课，不断提高自身专业素质
	业务考核	教师参加学校或区域学科业务考试取得的成绩情况

续表

评价项目	关键指标	指标考查要点
专业能力	教学设计	教师根据教学规范,认真备课并有完整教案。内容包括教学目标,教学重点难点,教学资源和教学过程与方法,课后作业等环节
	课堂教学	教师能够有效组织教学,合理调控课堂,充分调动学生学习积极性,营造良好的学习氛围。每学年至少有一节校级及以上的公开课或教学观摩活动、学科讲座等
	听课评课	教师达到学校规定听课节数,且有听课评课笔记
	命题研究	教师重视命题研究,每学年至少有一份自主命题试卷,包括命题细目表、标准答案与评分细则。学生测试后能够及时收集实测数据,进行命题反思
	教学反思	教师能熟练分析各类评价数据,反思教学过程中的得与失,不断改进教学,丰富自身教学经验
	教学技能	教师能够将现代教育技术手段整合应用到教学中,通过多种方式实施有效教学。积极参加各级各类课堂教学技能评比
	德育管理	教师积极参与学校德育工作,能基于孩子身心发展的一般规律和学习特点,尊重信任学生,建立良好的师生关系等
	科研能力	教师能够结合教育教学工作中的现实问题,进行探索与实践,开展论文课题研究等
工作成效	教学绩效	根据学校的质量考核标准确定教学绩效
	学生评教	了解教师的教学情感、教学态度、教学方法和手段的选择、教学秩序的调控等
	家长评教	了解教师在师德师风情况、作业批改、学生辅导、家校合作等方面的表现
	评优评先	教师每学年度评优评先表现情况

在此基础上,学校根据自身的办学特色和实际需求,对指标进行整合优化,赋以不同的权重,形成校本化可操作的教师发展性评价体系。如龙湾中学在新高考“选课走班”背景下研究开展教师发展性评价,促进教师专业发展。

三、区域推进学校评价机制建设的策略

为了能更加有针对性、有层次性地推进学校教育质量评价机制建设,温州市提炼了“三级三阶三助”的区域推进策略,从质量管理主体、推进路径和推进支持三个方面助推学校教育质量评价机制建设(下页图3.19)。

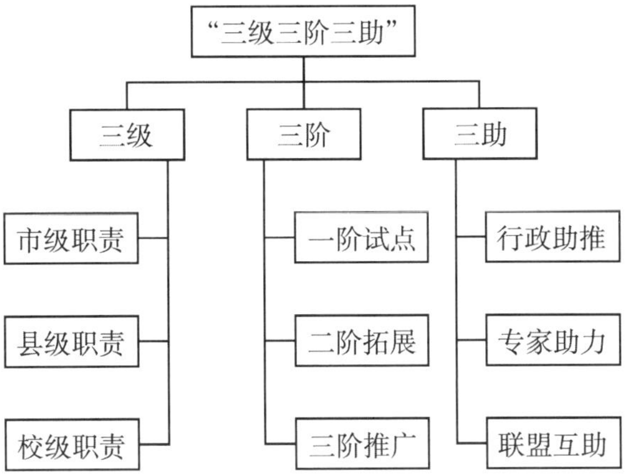

图3.19 "三级三阶三助"管理助推方式示意图

(一) 明确职责,分层落实

温州市建立了"市—县—校"三级质量管理网络,明晰了"市—县—校"质量管理职责,为学校教育质量综合评价明确了方向和定位(表3.13)。

表3.13 市、县、校三级在教育质量评价中的职责与功能

层次	质量评价关注内容	质量评价结果运用
市级	从市级层面关注教育质量的结果与过程,宏观了解全市和县域教育质量状况及相关影响因素	为行政决策、教育教学诊断改进、学校规划与结构调整、经费投入等提供实证依据
县级	从县级层面关注教育质量的结果与过程,了解县域和学校教育质量状况及相关影响因素	为县域行政决策、教育教学诊断改进、学校规划与结构调整、校长任用、师资配置、经费投入等提供实证依据
校级	关注学校教育质量的过程性管理,了解学校教育质量状况及相关影响因素	关注学校管理、教师教学、学生学习、家校沟通等方面,通过基于校本的"诊断—改进"方式,提高学校教育教学质量

(二) 试点先行,逐步推广

温州市以"一阶试点""二阶拓展"和"三阶推广"的操作路径,逐步有序推进学校教育质量评价机制建设。其中,"一阶试点"主要以首批综合评价改革试点学校为载体,重在价值导向和技术规范,完善学校已有评价内容和方式;"二阶拓展"主要以两批综合评价改革试点学校为载体,通过横向的借鉴模仿和移植创新,拓展学校评价内容和方式,提高评价内容的系统性和评价方法的科学性;"三阶推广"主要面

向全市各级各类学校,推广学校教育质量评价机制建设的典型案例及优秀成果,在推广过程中也对成果加以个性化创新和深化。

(三) 行政助推,专业支持

温州市从行政、专家和学校联盟三个方面,为学校搭建平台,给予专业引领和保障支持。市级层面出台相关文件,强化质量评价优化行动,建立健全专业支持体系和督导奖励制度;有关教育评价的培训学习、活动交流、课题论文等方面向试点学校予以倾斜;要求县域层面对本县域市级试点学校给予及时指导与跟进,基于实际开展县级试点校推进工作。聘请重庆市教育评估院专家和本土专家,对试点学校进行持续跟踪、全程把脉,并采用理论培训、技术指导等途径对试点项目的实施开展进行及时反馈与指导。将试点学校分组,以联盟互助形式来助推学校间资源共享、求同存异共发展。

四、学校教育质量综合评价的展望与思考

温州市推进综合评价改革试点学校项目三年多来,取得了不少成果和成效,但也还有诸多可以改进与拓展的研究点:

一是学校教育质量综合评价机制建设的涉及面还可以再拓宽。目前主要基于市级评价改革试点学校开展研究和实践,推广的广度和深度还不够。下一阶段,可以进一步提炼试点学校的研究成果,根据“供给侧供应链”,对需求学校进行更加深入的指导。

二是学校教育质量综合评价机制建设的研究点可以进一步聚焦,进一步细化,体现学校发展的个性化需求。在下一阶段的研究实践中,可以基于共性问题,进一步聚焦不同年段、不同学校的个性化需求。如新高考改革背景下,普通高中学生选课走班制的学生评价、教师评价等。

三是学校教育质量综合评价机制的后效研究需要进一步跟进。在学校日常的教育教学过程中,教育质量综合评价的开展与学校的发展会有哪些碰撞与冲突,需要哪些更加具体的管理办法和工作方式等,还需要我们在下一阶段个案跟踪和实践调查的基础上,进行设计与研究。

赵桂芳　陈荣荣(温州市教育评估院)

第四章

区域教育质量管理的反思与改进

区域教育质量管理

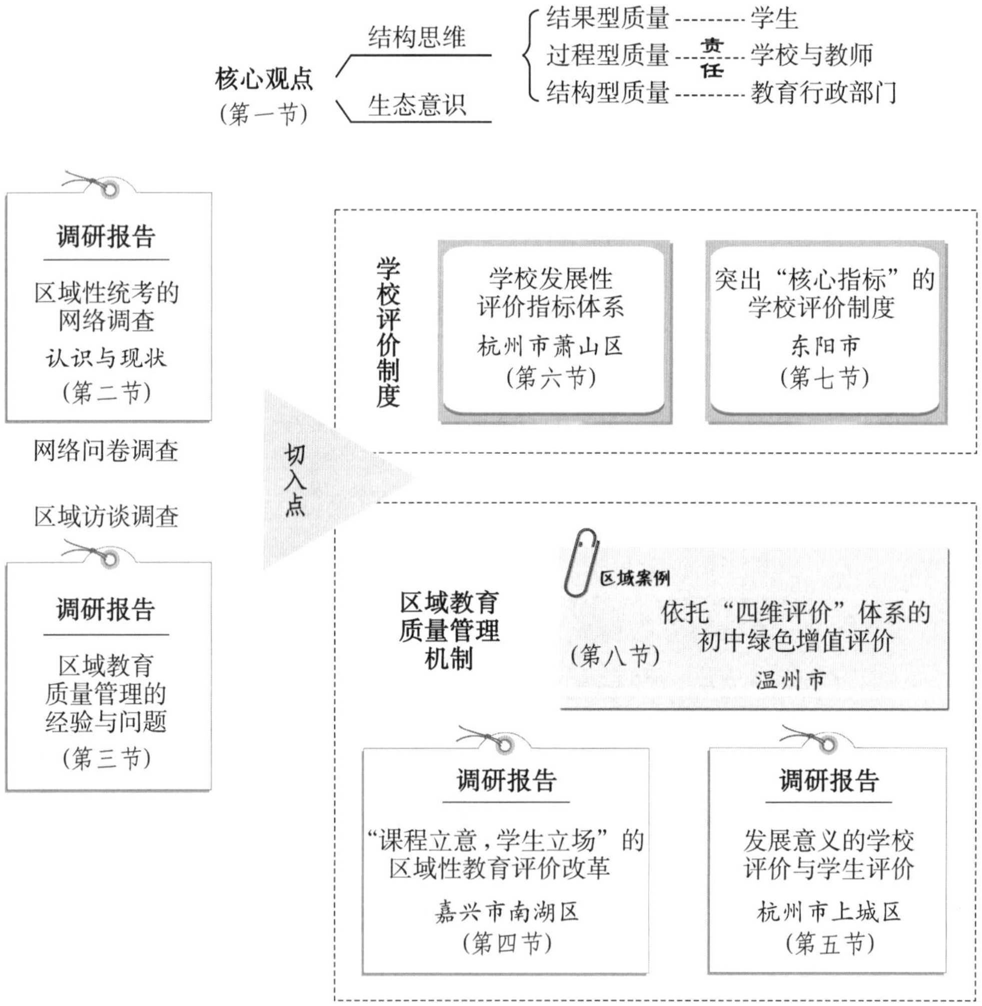

图4.1　本章结构图

在基础教育管理中,观察教育质量有三种维度:结果型质量、过程型质量和结构型质量(结构意义的质量)。结果型质量反映学生的学习结果,应主要由学生负责;过程型质量反映学校提供的课程的水平,包括教学活动的规范性与有效性,应由学校和教师负责;结构型质量反映的是区域内学校、教师、资源等要素的配置或布局的科学性与合理性,这是考量区域教育发展的关键指标。只有将三种质量区分看待,分层负责,进行有针对性的归因和改进,才能找到影响质量的关键因素,真正促进质量提升。

教育质量管理是指教育行政部门和学校通过教育教学评价,指导学校和教师开展教育教学,从而提高教育质量的过程。其本质是一种促进行为,而不只是评价,更不是责任分解。但反观当前的教育质量管理,地方政府、教育行政部门、学校、教师等各方面都不同程度地存在对评价功能的错误理解和对评价结果的过度运用。

浙江省在项目之初便将改进教育质量管理作为重点,2014年,我们开展了区域教育质量管理的专题调研,了解了基层对"区域性统考"的利弊的认识,寻找不依赖统考统测来提高教育质量的区域典型。《基础教育课程》杂志先后推出嘉兴市南湖区、杭州市上城区等四地的经验,彰扬区域教育质量管理的"课程立意""学生立场"与"发展意义"。作为省级试点地区,杭州市萧山区与东阳市根据综合评价的思想,从不同切入点改革区域性的学校评价,以体现区域教育质量管理的改进。另一个试点地区温州市则依托本土的"四维评价体系",探索面向初中的绿色增值评价。2016年下半年,对于教育质量管理的关注,从区域层面深入到学校层面,重建学校教学质量管理机制成为后续实践的新重点。

Evaluation

第一节　教育质量管理概述

我们于2011年提出“教育质量管理”一词[①]。我们认为,教育质量管理是指教育行政部门和学校通过教育教学评价,指导学校和教师开展教育教学,从而提高教育质量的过程。此后有人仿照国际质量标准的释义,将教育质量管理定义为“在教育质量方面指挥和控制学校协调的活动,包括制定质量方针和质量目标以及质量策划、质量控制、质量保证和质量改进”,并分析了教育质量管理的全面性、全员性、全程性、规范性、动态性等属性。但该定义中经济管理的痕迹稍重,控制性略强,并没有与基础教育管理的实际相结合,教育教学业务活动的特征体现得不够。

我们设想从区域教育管理与学校教育的现实出发,讨论教育质量管理的内涵、属性、沿革、问题及改进方向。

一、教育质量管理的内涵

教育质量管理是从教育评价领域分化出来,兼涉评价和管理两大领域的专业活动。它相当于教育活动的指挥系统与动力系统,以制度的完善与技术的发展为目标,促进教育管理行为的合理化。教育质量管理应具有以下基本属性:

(一) 层次性

教育质量管理系统是一个多主体的层次化的复杂系统(见图4.2)。它自上而下地发生管理行为。地方教育行政部门与学校是两个重要却艰难的角色。他们同时充当着管理者与被管理者的角色。

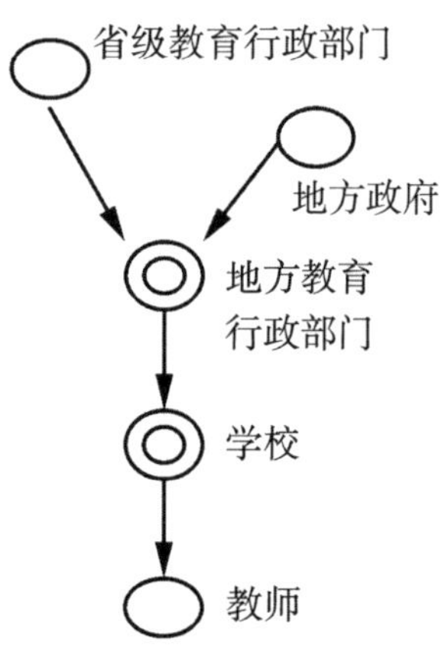

图4.2　教育质量管理系统

① 张丰. 教育质量管理机制的反思与建议[J].基础教育课程,2011(5).

（二）间接性

教育质量管理具体体现在制度、行为与技术三个层面。教育质量管理的管理者肯定不是质量的具体反映方，他必然要通过对他人的作用来反映质量。这一作用过程就是管理行为，其依据是基于制度、依凭技术的评价。管理行为通常会因为情形不同而有所变化，但制度与技术却具有相对的稳定性。所以，评价是教育质量管理的核心词，但教育质量管理的本质不是一个评价结论，而是一种促进行为。

（三）指导性

管理有“控制性管理”与“指导性管理”之分①。人们容易将管理视作“指挥与控制”，但这只是管理的一个方面。管理的另一重要功能是“指导”，如何帮助教师提高教育教学能力也是其内容，特别是对于教育教学活动这样的专业性实践。

（四）全局性

关于教育质量，结果型质量与过程型质量较容易理解，它们分别指学生的进步和学校提供的课程与教育教学过程的水平。结构意义的质量反映在区域内学校的规划布局、教育发展的均衡状态、师资队伍与经费等资源的合理配置等方面，它是从区域教育可持续发展的角度，对教育质量发展态势的评估与促进。不同管理主体的责任不同（学校的责任应该是过程型质量、区域的责任应该是结构型质量），其立场也不同。坚持单一立场，还是尊重系统规律，是教育质量管理的关键矛盾。

（五）方向性

教育质量管理有积极管理与消极管理之分，也有功利取向与长远发展取向的区别。影响教育质量的因素是多方面的，教育质量管理也便是在多因素中取舍、权衡并决策的过程。我们期待以正确的途径、合理的代价，来提高教育教学质量。

（六）迟效性

也正因为教育质量管理过程是一个多因素复杂系统，教育质量管理活动的影响往往有一定的迟效性。我们无法马上看到某一决策的影响，但在三五年后我们却可能会受其困扰。

---

① 张丰.从“控制性管理”到“指导性管理”[N].教育信息报，2010－5－27.

二、教育质量管理的早期做法与发展①

虽然“教育质量管理”一词是2011年提出的新词②，但其描述的是基础教育中存在已久的活动。

20世纪80年代，一般的测验分析都是由各任课教师进行的，重要考试才会进行全年级的整体分析。由于手工计算的不便，教师一般只会做些简单的统计，算算平均分，数数高分人数和不及格人数等。虽然，有些学校已有横向比较的苗头，但并没有成为管理的常规手段。学校层面的质量管理主要是为了保证教学秩序，区域性的统一测验、统一批改和统一分析在当时并不多见。

20世纪90年代，诸如dbaseⅡ、Foxbase以及Foxpro等数据库应用软件渐渐普及，成绩的统计分析变得非常便利。学校与区域层面的统计分析与量化评价渐趋加强与高利害化，使得频繁测验与排名比较有了可能，使得貌似精确但其实并不准确的横向比较看起来很权威。这样，教育质量管理的方式与手段就变得越来越单一，虽然公式参量越来越复杂，技术应用越来越高超，但管理者的关注越来越简单化，越来越聚焦到升学率等关键数据和尖子生等少数人群上。20世纪的最后十年，是我国基础教育规模发展最快的十年，但也可能是被功利侵蚀较为迅速的十年。素质教育与应试教育对立的背后，其实是教育质量管理的价值取向的分歧。

新世纪启动的基础教育课程改革，在全面推进课程建设与教学改革的同时，也责无旁贷地向严重功利倾向的评价机制“宣战”。《教育部关于积极推进中小学评价与考试制度改革的通知》就是当时的重要纲领。综合素质评价试图拓宽评价视野，多样化的评价方式试图改善评价方式与评价目标的匹配性，过程性评价试图转变评价对学习进展的作用，发展性评价体现了新课程评价的价值核心——克服过于强调甄别与选技的评价，发挥评价在诊断与改进中的作用。在这些纲领的倡导下，基层的智慧与创造令人欣喜，评价改革的经验与成果层出不穷。但是，热火朝天的几年后，评价改革又归于平寂。评价改革的悄悄后撤使原先在课程与教学领域所改变的一些弊病被不同程度地“复辟”了。尽管这一切似乎也是合乎情理的，但我们不得不思考，推进改革的关键制约因素是什么?一是教育管理活动中众多角色不同的立场与价值认识；二是教育质量管理的视域所及与“技术瓶颈”。

① 张丰，方张松.价值与技术：教育质量管理机制在重建[J].基础教育课程，2012(4).
② 张丰.教育质量管理机制的反思与建议[J].基础教育课程，2011(5).

三、教育质量管理中的多方立场

在学校教育与教育管理系统中,角色的类别很多。从学生、家长、教师、校长到区县、市地的教育行政领导,省教育厅,教育部,还有各级的地方政府,大家对教育质量的理解都可能是不同的。教育质量管理通常有三个层级:

(一)学校教育质量管理

学校教育质量管理的作用是领导与帮助教师尊重教育规律,正确组织教学活动。它对教育质量的观察应该是"诊断—改进"模式。它所提高的是"过程型质量"。其最容易出现的问题是对质量目标的功利取舍,过度依靠量化评价与横向比较的"鞭策作用"。

平心而论,越是基层的教师,越拥护新课程的评价主张。他们深知过度聚焦唯量化评价对学生成长的消极影响。但他们只是评价系统的"末梢",更是一群被评价者,一群被评价指挥的人。他们可能成为不当评价的受害者,也可能成为不当评价的执行者。学校教育质量管理应该有独立的机制,但保持独立的"人格"又谈何容易。

(二)区域教育质量管理

以县、市为单位的区域教育质量管理的作用是运用规划手段,促进学校发展,提高教育教学质量。对其来说,最重要的信息不是校际间的孰上孰下和细节差距,而是整体发展的均衡度和对学校运行状态的基本判断。它所提高的是"结构意义的质量",具体通过学校布局、校长任用、师资配备、经费投入等手段,使学校处于积极且良性的状态。

(三)宏观教育质量管理

国家或省域的教育质量管理的重点在标准与技术,其任务是指导规范地方教育质量管理。所以,这个层面往往最坚持素质教育的主张。但是理解并帮助地方与学校教育质量管理建立健康的运作机制是关键。改进教育质量管理须面对多方立场的认识差异问题,并构建起各有侧重、彼此尊重的教育质量管理机制。

当前困难最大、问题最多的环节在区域教育质量管理。市、县教育行政部门其实被"三面夹击"着。他们要面对上级教育行政部门的正确倡导,还要面对地方政府的政绩考核和社会媒体的关注,更要面对基层学校、教师、学生与家长的复杂的期待。基层教育行政领导何尝不希望素质教育,但他们往往受制于地方政府及社会关于教育质量纷繁多义的要求,将行政系统惯用的围绕关键指标量化排队的管理模式,移用到对学校教育教学活动的评价与管理上,导致学校在部分教育目标上的偏废和对量化绩效的过分计较与追求。

四、当前教育质量管理中的突出问题

(一)狭隘理解“教育质量”

教育质量的真正内涵是什么?当前我们口耳相传的“质量”是否就是教育质量的核心呢?教育的“质”与“量”主要指的是从定性和定量的角度对学校教育所做的评价。它主要考查的是学生在德、智、体、美、劳等方面的进步状况,和教育教学过程的方向、规范、路径、成本与效率等。但是对于区域来说,其教育质量不完全体现在学校与学生身上,还应包括反映其教育生态状况的“结构意义的质量”。

但现实中,狭隘理解“教育质量”的人多于正确理解的人。将“教育质量”简单等同于学生的学业分数,等同于学校的升学率与尖子生业绩的大有人在。特别是习惯以显性指标看问题的行政人员。

(二)学业分数被过度关注和过度运用

由于评价技术的局限,在目前的学业测验中,关于知识识记的考查所占的比重较大,测验所反映的多是相对低水平思维的面貌,以及能够通过重复练习而产生收益的“浅层学习”的成果。这显然不是学习的核心。但是,由于人们对于学生学习过程中密集的、基于经验的、以剪贴为主的测验结果的过度关注与过度运用,低水平测验常常被披上权威的外衣。“有限的解释性”被放大了,甚至滥用了。

(三)忽略了教育育人的社会使命

教育其实是促进孩子健康的社会化的活动,是促进孩子品德修养、体魄健康、社会适应、乐于劳动以及知识方法进步的过程。但在尚不健全的社会选拔机制的影响下,学校教育对学生德育、美育、体质、劳动意识与能力等综合素质的进步相对漠视,而把更多的力量投入到提高纸笔测验的分数上。当片面的教育价值与简单的评价方法成为业界的惯常认识后,一线学校的教学管理与一线教师的教学行为便出现迅速的“异化”。这就好像乳制品行业以“含氮值”代替“蛋白质含量”作为收购原料奶的质量指标一样，通过过量、枯燥的训练提高学生的考试分数（而不是促进学生成长）便成为业内人士习以为常的功利手法。

（四）过度关注小样本的高端竞争

近年来，各地的校际竞争在加剧，横向比较越来越公开，越来越集中。校际竞争的指标从一般的优胜，逐渐集中到尖子，乃至状元等偶然性的成果（从关注上线率，到关注“一本率”，到关注“‘211’高校录取数”，甚至只看北大与清华的录取人数），这种片面缩小常模参照的样本规模的做法是残酷的，其意义也有待商榷。它违背了面向全体学生的教育原则，导致一般学校有了不切实际地攀比窗口学校的焦虑，使更多的师生失去了摆正位置、循序渐进的从容。要淡化高端竞争，就要反思和节制校际的横向比较。

我们到底需要怎样的教育质量？我们需要的应是关于学生持续学习力的质量，应是反映学生全面素质的质量，应是面向全体学生的、以人为本的质量，应是体现科学发展的、生态意义上的质量。

五、改进教育质量管理的方向

教育质量管理具有方向性。“破坏意义的管理”与“促进意义的管理”常常只是一念之差。因此，改进教育质量管理必须树立正确的教育质量观，“直面问题，摆正位置，改进机制，循序渐进”，促进基础教育的科学发展。

（一）改进教育质量管理必须是政府行为，制止“学业成绩政绩化”的错误倾向

“以县为主”是我国基础教育管理体制的主要特征。地方教育行政部门既要接受上级教育行政部门的专业领导，又要接受地方政府的直接领导。因为干部任命、财政供给等原因，一般地方政府的领导作用更为突出。但地方政府常以经济工作的思维模式抓教育，将升学率视作“教育的GDP”，导致了基础教育的许多问题。

树立正确的教育质量观，叫停“经济模式”的教育质量管理机制，不能只是部门行为，而必须是政府行为。地方政府主要领导在教育方面必须树立正确的政绩观，淡化横向比较，尊重教育规律，重视“结构意义的质量”，从长远发展的高度、从区域教育发展的生态来看教育工作的成效。上级政府与教育行政部门要警惕“学业成绩政绩化”对教育系统整体生态的破坏，改革政绩考核制度，不以升学率或学业成绩的增长为主要指标，不搞升学率与考试成绩的排名。

教育部、省教育厅每年都在发文，强调“不得以升学率或考试成绩对学校、班级、教师和学生进行排名”，但现实中这一现象仍然广泛存在。我们能不能拿出像“治理酒驾”一样的勇气来治理教育质量管理中的“GDP思维”，真正把优化教育结构作为行政的重要责任？

（二）树立教育评价的“四个关注”，建立正确的区域教育质量管理机制

要落实立德树人的根本任务，积极推进中小学教育质量综合评价改革，构建关注学生全面发展、关注学生学习品质、关注质量形成的路径与成本、关注影响学生成长的环境因素的教育质量综合评价体系，扭转基础教育界唯分数的评价惯性，重建体现素质教育精神的发展性的学校评价制度。

要改革教育评价的思路与方法，从结构的角度看区域教育的发展，从过程的角度评价学校教育的质量。重点宣传“关注学习过程的成本与路径”的思想，研究替代统考统测的、体现课程性质的、有较强操作性的评价方法，破除“依赖统考抓质量”的惯性，培育与推广评价改革的实践典型。

（三）建立体现“学生立场”、旨在促进学习的学校教学质量管理机制

要改进学校教育质量制度，遏制盲目的、简单依靠统考的教学质量管理机制，制止将终结性评价的思路与方法滥用于过程性评价中的错误做法，还原学校考试的形成性评价功能，寻求构建目标与过程清晰、体现“学生立场”、激活教师智慧、旨在“促进学习”的科学规范的学校教学质量管理机制。

要坚决制止以横向比较为主要目的的统考，引导考试从各校的横向比较转到诊断学生知识技能的掌握情况上来，宁可少考，但每次考试都要充分利用。要扶持学校开展基于自主命题的校本研修和基于评价实证的教学改进行动，改进教师教学行为与学校管理，形成以校为本的工作机制。

张　丰（浙江省教育厅教研室）

第二节　关于区域性统考的网络调查①

近年来，各地在教育质量管理上普遍倚重区域性统考，以文化课的统考成绩来评价学校渐成习惯。由于统考的过早、过频以及对统考结果的强势运用，教学秩序被干扰、教学活动功利化等现象层出不穷。浙江省教育厅于2014年年初下发《关于完善和规范义务教育阶段学校区域性学科“统测”工作的通知》（浙教基〔2014〕14号），要求各地控制区域性的文化课统考。同年4月，浙江省教研室通过互联网，面向全省义务教育阶段的中小学教师进行了一次不记名的问卷调查，了解一线教师关于区域性统考的看法和改进建议。

一、调研策划

本次问卷调查包括3道背景题、13道选择题和1道开放题。

表4.1　调查要点与问题编号

调查要素		问题编号
现状	当前教育局评价学校的主要依据及教师对此的认可程度	Q4　Q5　Q7
	2014年6月各地区域性统考的现状	Q6
	当前学校统考的现状（频率与公布方式）	Q13　Q14
利弊	区域性统考的积极作用（对“提高考试成绩”“提高能力素质”“改进教学行为”是否有帮助）	Q8　Q9　Q10
	区域性统考的消极作用（对正常教学秩序的影响）	Q11　Q12
展望	对区域性统考的期待与改进	Q15　Q16

全省共有14177名教师参与调查并有效作答。其中初中教师4018名，小学教师10159名（任教一至三年级的4451名，任教四至六年级的5708名）；学校领导占5.6%，学校中层干部占14.6%，一线教师占79.8%。除管理层的受访者稍多，初中受

① 本文以《区域性统考的“堵”与“疏”》为题发表在2014年10月11日的《中国教育报》上。

访教师略少外，受访者的组成与实际大体一致。

通过网络进行开放式的问卷调查，扩大了受访群体，增加了受访安全性，提高了调研的信度。但因样本控制相对困难，样本结构与区域分布上可能存在不足，这主要靠扩大样本来弥补。

二、关于区域性统考的教师态度与利弊分析

（一）区域性学校评价的主要依据

调查发现，根据考试成绩来评价学校仍是主流。70%以上的受访者反映当地教育局以区域性考试的结果作为评价学校的主要依据（见图4.3）。

各地教育局关于小学与初中的评价制度差异明显。评价小学学校时，综合考虑非学业因素的有28.3%，根据学业抽测成绩的有26.6%，根据毕业与学年统考成绩的占45.1%。而评价初中学校时，根据毕业与学年统考成绩评价的比例达到了63.8%，综合考虑非学业因素的则只有21.6%，根据抽测来评价的只有14.6%。这说明初中阶段对学校评价显著加强了学业成绩的权重，并在统一测验与抽样测验之间，更倾向于统一测验。

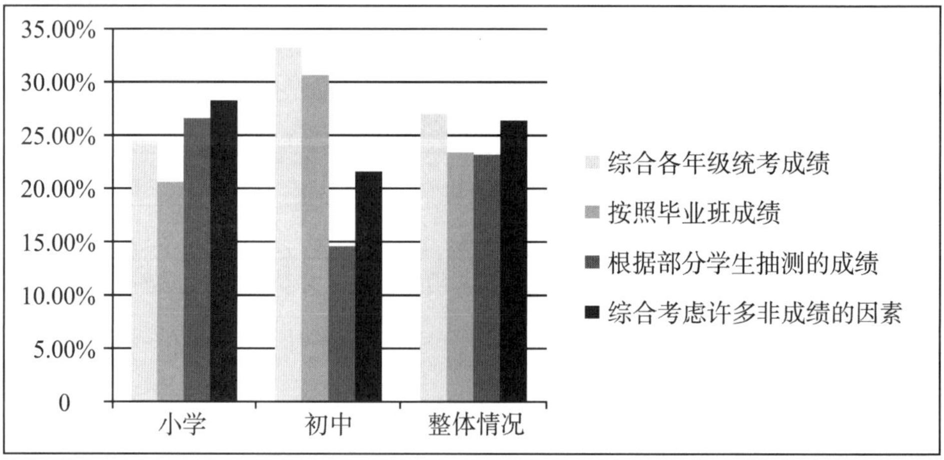

图4.3　各地教育局评价学校的主要依据的各选项人数分布图

（二）教师对区域性统考排名的看法

对于教育局按照区域性统考成绩进行学校排名的做法，教师怎么看呢？调查发现，63.5%的受访者表示不认可或很不认可，表示认可和很认可的仅有17%。

表4.2 对“教育局按照统考进行学校排名的做法”的认可比例和认可系数分布表①

	很认可	认可	说不出	不认可	很不认可	认可系数
小学	2.1%	11.3%	18.9%	48.0%	19.7%	0.18
初中	4.3%	22.2%	20.6%	37.0%	15.9%	0.45
总体	2.7%	14.3%	19.4%	44.9%	18.6%	0.24

我们设定“认可系数”来综合描述受访者对某一做法的认可程度。其计算公式为：

$$认可系数=\frac{选“很认可”的人数比例\times 2+选“认可”的人数比例}{选“很不认可”的人数比例\times 2+选“不认可”的人数比例}$$

认可系数的“槛值”为1。若系数大于1，表示认可者占多数，认可系数越大表示认可程度越高。如认可系数大于2，视为认可者占绝对多数；若小于0.5，则不认可者占绝对多数。（后文的“帮助系数”和“影响系数”同理设定。）

从表4.2看，受访者对教育局以区域性统考的排名来评价学校的做法普遍不认可（认可系数为0.24，不认可倾向相当于认可倾向的4倍）。小学教师与初中教师的倾向性差异显著，小学的认可系数为0.18，初中的认可系数为0.45，初中教师的认可程度虽更高一些，但不认可仍是主流。因此，各地教育行政部门须重视基层的反对声音，停止以区域性统考进行学校排名的做法。

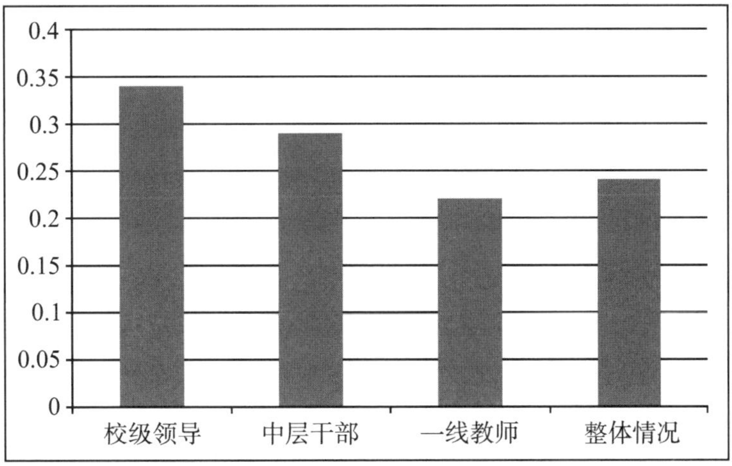

图4.4 不同教师对以统考排名评价学校的做法的认可系数分布图

调查同时发现，不同职务的受访者的倾向性也存在差异。学校领导、中层干部

① 问卷中的Q7、Q12、Q16为多选题。为方便比较，均在频度排序的基础上做“归一”处理。表中各项比例为该人群在每个选项中的应答次数与全部选项的应答次数之比。

和一线教师对此的认可系数分别是0.34、0.29和0.22（见图4.4）。这说明职务更高的人对这一措施的认可程度更高，他们思考问题的出发点是便于管理。而一线教师对此的认可程度相对较低，因为他们思考问题的出发点是改进教学。

（三）区域性统考的积极作用

我们从是否有助于"提高学生的考试成绩""提高学生的整体素质与综合能力""改进教师的教学行为"三个角度分析区域性统考的积极作用。

1. 不同学段的观点。

表4.3　任教不同学段的受访者对于区域性统考的帮助系数的认可分布表（Q8—Q10）

认可系数 学段	提高学生的考试成绩	提高学生的能力素质	改进教师的教学行为
小学低段教师	1.26	0.45	0.66
小学高段教师	1.15	0.40	0.60
初中教师	2.69	1.07	1.62
总体	1.50	0.56	0.82

对于区域性统考的积极作用，初中教师与小学教师的感受差别明显。小学教师认为统考对提高考试成绩略有帮助（帮助系数略大于1），但对学生能力素质的提高和教师教学行为的改进帮助不大。初中教师认为统考对于提高考试成绩作用明显（帮助系数达2.69），对教师改进教学行为有帮助（帮助系数为1.62），而对于学生能力素质的提高是否有帮助，大家的判断分歧较大（帮助系数为1.07，持对立观点的双方人数相当）。

2. 不同职务的受访者的观点。

表4.4　不同职务的受访者对区域性统考的帮助系数的认可分布表

认可系数 职务	提高学生的考试成绩	提高学生的能力素质	改进教师的教学行为
学校领导	2.90	0.76	1.41
学校中层干部	2.30	0.68	1.17
一线教师	1.32	0.53	0.73
总体	1.50	0.56	0.82

根据表4.4可以看出：

（1）学校领导和中层干部都认为统考对提高学生成绩较有帮助（帮助系数分别为2.90与2.30），但一线教师对此的肯定声音与领导层差别较大（帮助系数仅为1.32）。对于提高学生成绩，总体上教师认为统考是“有帮助”的。

（2）对于是否有助于提高学生的能力素质，三类人群的判断相近。认为“无帮助”的明显占多数。

（3）虽然学校领导和中层干部中认为统考对改进教师的教学行为“有帮助”的占多数，但他们的判断似是“一厢情愿”。因为一线教师中认为“无帮助”的占多数。

这一调查结果验证了管理层与一线教师关于区域性统考的认识分歧。

3. 任教不同年级的受访者的分析。

表4.5与图4.5描述的是教师对区域性统考之于提高学生的考试成绩和能力素质的帮助程度的判断。

表4.5　任教不同年级的受访者关于统考对学生学习的帮助系数的认可分布表（Q8—Q9）

年级	一	二	三	四	五	六	七	八	九
对提高学生的考试成绩	1.29	1.26	1.24	1.18	1.13	1.15	2.69	2.29	3.17
对提高学生的能力素质	0.49	0.41	0.46	0.40	0.39	0.42	1.05	0.93	1.24

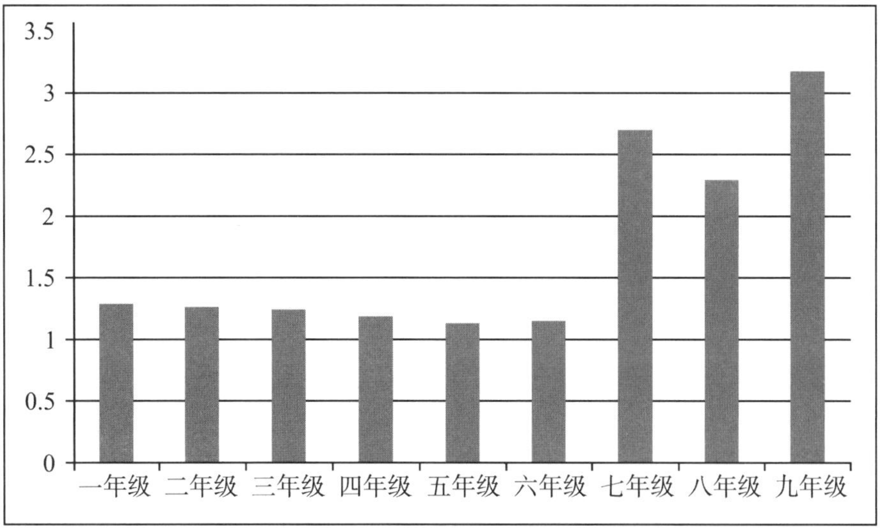

图4.5　任教不同年级的受访者关于统考对提高考试成绩的帮助系数的认可分布图

关于统考对提高考试成绩的帮助，小学各年级教师的判断非常接近，帮助系数集中在1.13—1.29，认为“有帮助”的略多，但教师之间分歧明显。其中一年级的帮助系数最高，随着年级升高，系数递减，但六年级略有回升。这说明，考试对低年级的刺激作用更明显，但实际上低年级的考试成绩意义不大。关于统考对提高学生能力素质的帮助，小学各年级集中在0.39—0.49。如此大面积的否定，表示教师对考试成绩能否真正评价学生的能力素质的怀疑。

初中教师基本肯定统考的提分作用，但对考试能否真实反映学生的能力素质依然表示怀疑。两者的帮助系数之比可以粗略反映现行的学科考试与学科能力素质评价的接近程度，这是一个饶有趣味的研究视角。

（四）区域性统考的消极影响

区域性统考的消极影响也是众所周知的。譬如，影响教学秩序、导致教学功利化、促使教师过度竞争等。本次调查主要关注其对正常教学秩序的影响。

1. 任教不同学段与年级的受访者的估计。

调查发现，区域性统考对学校的正常教学秩序的影响较大（总体的影响系数达3.05）。任教不同年级与学段的受访者的判断见表4.6与图4.6。

表4.6 受访者关于统考对正常教学秩序的影响系数的认可分布表（Q11）

年级	一	二	三	四	五	六	七	八	九
影响系数	3.46	3.39	3.72	3.71	4.08	3.70	2.07	1.89	1.88
	3.54			3.82			1.94		

从小学的数据看，一、二年级的影响系数比较接近，三至六年级中，除五年级的影响系数略高外，其他三个年级集中在3.70—3.72。由此看来，五年级教师对区域性统考最反感。初中教师关于统考对教学秩序的影响的消极体验相对较少，但三分之二的教师认为消极影响较大。在初中三个年级中，七年级的消极体验相对多些，但与八年级、九年级差别不大。

2. 任教不同学段的受访者关于统考对教学秩序的影响的分析。

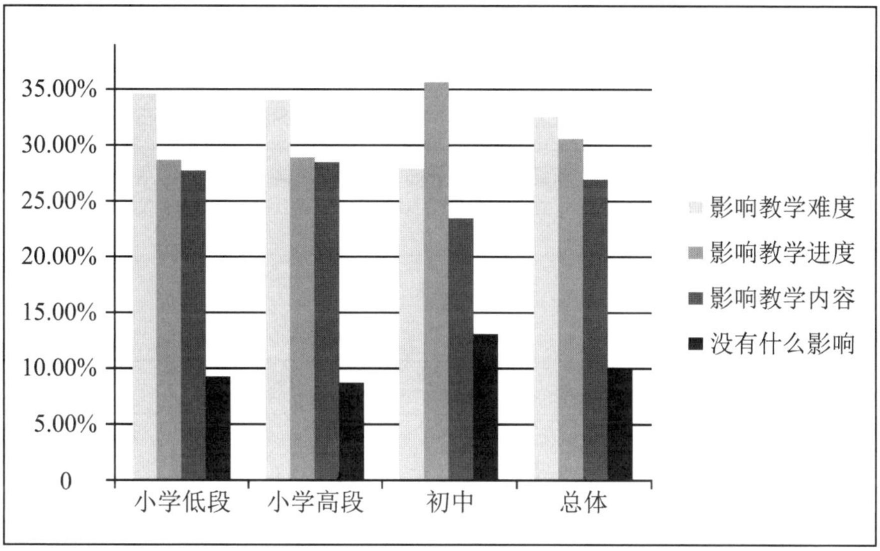

图4.6　任教不同学段的受访者对统考影响教学的维度的看法分布图

从图4.6看，小学教师认为，在区域性统考对教学秩序的影响中，对教学难度的影响最为突出，对教学进度和教学内容的影响次之；初中教师认为，区域性统考对教学进度的影响最为突出，其次是教学难度，再次是教学内容。由此看来，目前小学统考可能普遍偏难，初中统考普遍有提速现象。

3. 不同职务的受访者的分析。

关于区域性统考对正常教学秩序的影响，不同职务的受访者的估计有明显差异（见表4.7）。

表4.7　不同职务的受访者关于统考对教学秩序的影响维度的看法分布表

受访者职务	影响系数	具体影响的分析			
		影响教学难度	影响教学进度	影响教学内容	没有什么影响
学校领导	2.06	34.5%	27.0%	25.6%	12.8%
学校中层干部	2.39	33.0%	28.8%	27.2%	11.1%
一线教师	3.31	32.3%	31.2%	26.9%	9.6%
总体	3.05	32.5%	30.6%	26.9%	10.0%

显然，学校领导与中层干部对统考的消极影响的估计偏低，但影响系数已达2.06与2.39，这说明至少有三分之二的受访者对其负面影响有所认识。不过，三类人群对统考的具体影响的分析比较一致。从影响程度看，统考对教学难度的影响最大。不过一线教师对教学进度的影响更为敏感。

(五)统考成绩的公布方式

表4.8　任教不同学段的受访者反映学校统考成绩公布方式的分布表(Q14)

学段	全校教师大会上公布	年级会议上公布	教研组内公布	不公布,只进行个别交流
小学低段	30.8%	5.6%	8.8%	54.8%
小学高段	31.0%	6.0%	9.1%	53.9%
初中	32.2%	39.5%	8.4%	20.0%
总体	31.3%	15.4%	8.8%	44.6%

从表4.8来看,小学高段与低段相似,大部分不公布统考成绩,主要通过个别交流进行提醒和指导;但有31%左右的小学在全校教师大会上公布统考成绩。在全校教师大会上公布成绩的初中有32.2%,在年级会议上公布成绩的初中有39.5%,只有20%的初中比较理性地选择个别交流的形式反馈统考成绩。

由此可以得出两点结论:①小学低段不允许统考的要求还需进一步落实;②初中阶段考试过多,考试结果简单公布等问题有待遏制与疏导。

三、区域性统考的节制与改进

统考是一把利弊并存的“双刃剑”。假设有机会由教师自己决策,大家的选择又会如何呢?问题16“假如您是教育局长,是否会组织统考?”试图了解不同受访者在权衡利弊后的决策倾向。

(一)任教不同学段的受访者的决策倾向

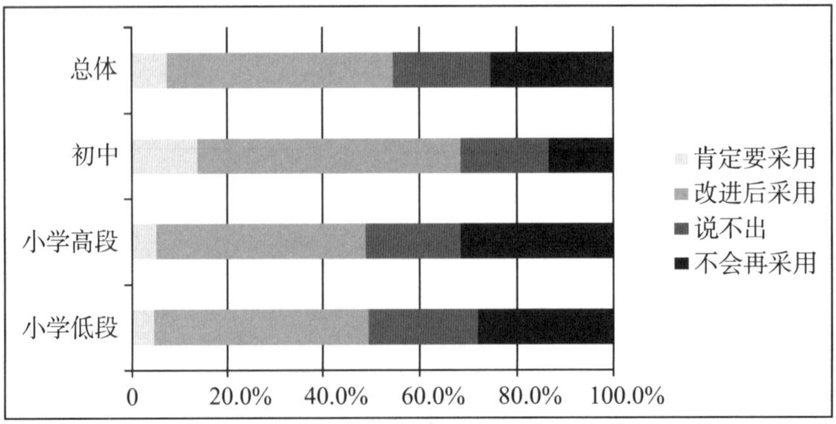

图4.7　不同学段的受访者关于问题16的作答情况分布图

在目前的背景下，如果让广大教师转换角色后权衡决策，小学教师中有30%左右坚持不组织统考，45.0%左右主张改进统考，不到5.0%的主张组织统考；而初中教师中坚持不组织统考的为13.3%，主张改进统考的有54.8%，肯定并保留原来统考的有13.8%。如选择“不会再采用”与“肯定采用”的人数比例之比（以下简称为“反对比”）为观察点的话，小学均大于6，初中约为1，相差悬殊。

由此可以反映出初中段以区域性统考来抓“成绩”的思想相当“顽固”。但大家已意识到现行统考中存在的问题，主张“改进”已成主流。

（二）不同职务的受访者的决策倾向

进一步分析不同职务的受访者的决策倾向发现“反对比”均大于1。在学校领导与中层干部中，55.0%左右主张“改进”，这比一线教师主张“改进”的比例高了近10个百分点。将此与前面关于统考利弊的分析结合起来看，管理层对区域性统考已是一种“既依靠又反思”的态度。

表4.9 不同职务的受访者关于问题16的作答情况分布表

学段	肯定采用	改进后采用	说不出	不会再采用	“不会再采用”与“肯定采用”之比
学校领导	16.8%	55.5%	10.1%	17.6%	1.05
学校中层干部	10.3%	53.5%	15.7%	20.5%	1.99
一线教师	6.1%	45.6%	21.7%	26.6%	4.36
总体	7.3%	47.3%	20.1%	25.2%	3.45

（三）改进区域性统考的切入点

在被问及如何改进区域性统考时，教师认为最需要改进的是“提高命题质量”（77.2%），其次是改进“分析与反馈的思路与方法”（58.8%），再次是“减少统考次数”（31.0%）。前两项正是评价技术的焦点，第三项则是管理的要点。这些建议同样适用于学校统考的改进。

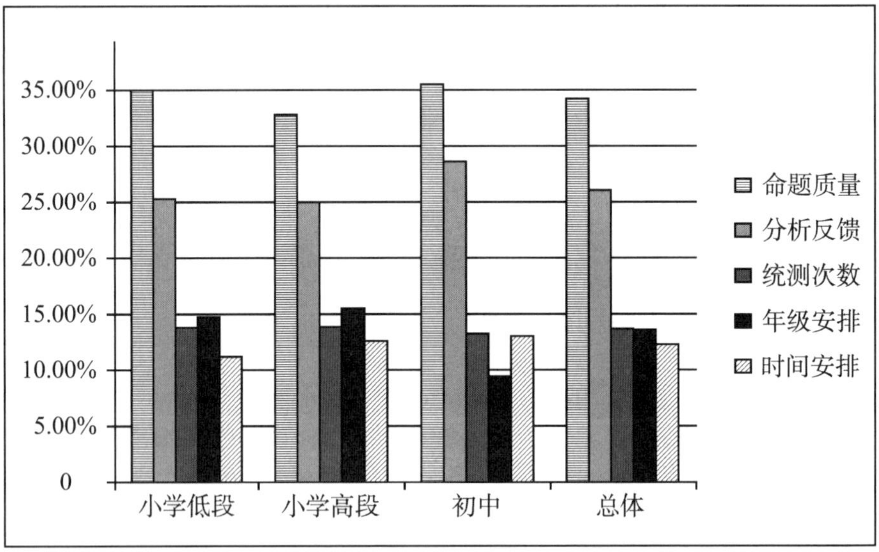

图4.8 任教不同学段的受访者对于改进区域性统考的建议分布图

从图4.8可以看出，除小学对统考年级的安排意见差异较大外，不同学段和不同职务的受访者的建议相当接近，改进建议集中在"命题质量"与"分析反馈"两项，改进方向十分明朗。

（四）一则典型的教师分析与建议

对于区域性统考的利弊，不同的受访者的看法不尽相同。以下这位教师的观点比较中肯，代表了主流意见。

利：有利于管理，有竞争，才有压力；有目标，才有方向。有利于教师进行横向对比，可适时对教学做出一定的调整，提高教学质量。

弊：一刀切的考试办法不适合校际生源、师资不平衡的现状。优质学校可能因此锦上添花，薄弱学校则会雪上加霜。对于学生而言，因材施教和因才而考也是空话，当前的大量考试是为了挑选少数人才，却制造了大量学困生，对学生发展不利。可是不统考，很大一部分学校和教师在教学上会大开放水闸门，任由学生自生自灭。这是当前最大的纠结之处。

建议：①每学期安排教研室按照课标要求抽检某些学校的学科教学，并反馈教学中存在的问题，指导该校教学，提出整改措施，过一阶段再检测；②把考试检测的权力还给学校，但要督促学校发展校本课程；③评价学校的教学指标应该多元而具体；④引导社会舆论，拒绝唯分数论。

四、调查的主要结论

第一，70%的地方教育行政部门以区域性考试的结果作为评价学校的主要依据。有的采用等级分档，但不少地方直接采用统一测验的排名。

第二，教师与学校管理层对以成绩排名来评价学校的做法都不认可(不认可倾向相当于认可倾向的3～4倍)。但不同立场决定了对学校评价制度的不同考虑。

第三，区域性统考对于提高初中生的考试成绩有一定帮助。但学校管理层对这一帮助的作用存在高估的倾向。

第四，虽然不少教师认同统考对提高学生成绩的帮助作用，但认同统考对学生能力素质有帮助的教师明显较少。从两者的较大分歧看出，目前考试测验的质量普遍不高，不能真实评价学生的学科能力与素质。

第五，区域性统考对正常教学秩序的消极影响较大(认为有消极影响的小学教师的数量相当于持对立观点的3.4～4倍，初中也有2倍)，统考严重影响了日常教学的难度与进度，是加重学生学业负担的重要因素之一。

第六，不少学校仍在加强校内统考。小学每学期组织两次及以上统考的还有15%，至少有30%的初中每月组织主要学科的统考。初中统考过于频繁，大范围公布统考成绩等做法对教学的消极影响亟待解决。

第七，对于区域性统考，小学反对声音大，初中基本能接受，但大家都期待改进。提高命题质量、改进结果的分析与反馈、减少考试频次等三方面呼声最高。

五、思考与建议

(一) 改进区域性的学校评价制度

调查发现，大部分地区以区域性考试的结果作为评价学校的主要依据，但一线教师及学校管理层对这一做法很不认可。

因为立场不同，教育行政部门还是强力推行了这一做法。学校管理层遵照执行，并形成了自己的应对经验，以相同的方式进行班级排名，下达班级指标，传递压力。这使得教师越来越重视纸笔考试，忽略育人任务，越来越在意短期测验反映的暂时性学习成果，采取题海战术，增加复习时间，加重学业负担。面对这样异化的教学，教师的心理出现了分化，有顺变，有升级，有怀疑，也有抵触。

区域性学校评价制度是地方教育质量管理的重点，评价的依据、取向必须尊重教育活动的规律，而不能简单仿照企业管理的做法。

（二）正视考试测验在评价学生能力上的局限性

改进区域性统考，必须破除对统一纸笔测验的迷信。虽然不少教师认同统考的提分作用，但也有相当一部分教师不认同统考对学生能力发展的帮助作用，从中可以看出目前的考试测验在真实评价学生的能力与素质上的局限性。纸笔测验所反映的只是教学质量的一部分，如若方向不对、质量不佳的测验，纸笔测验所反映的甚至可能是被歪曲的教学质量。过于倚重统一纸笔测验，对日常教学来说可能是一种“振荡”，甚或是一场“破坏”。

在考试测验的效度普遍不高的背景下，我们应谨慎看待统考对于提高考试成绩的积极作用。区域性统考有意义的前提，是试卷的信度与效度。如何加强命题研究，提高考试的质量，建议有三：

一是教研部门要加强命题技术研究和队伍建设，坚持“基于标准、能力立意”“易而不死、活而不难”的命题思路，杜绝“难繁偏旧”，在源头上提高评价的质量，以降低过度学习的影响，遏制应试化教育倾向。

二是减少统考，鼓励学校与教师研究命题，开展自主命题的测验，改变教师在测验面前的被动角色。教师既掌握了命题的要领，也提高了指导应试的能力。

三是建立提高区域性学业测验工具质量的工作机制。各市可建立对县区统考试卷的评议研究制度，提高教研员的命题能力。以“评议”为名，行“研究”之实。

（三）重视统考对教学秩序的干扰与影响

调查发现，区域性统考对正常教学秩序的消极影响较大（小学比初中更严重）。对区域性统考结果的强势运用，使学校普遍加强校内统考，增加考试频次，延长复习时间，甚至组织“统考的模拟考试”。教学难度加大，教学进度加快，这两大“顽疾”的背后推手就是区域性统考。这是加重学生学业负担的重要原因之一。

在无法全面停止区域性统考的情况下，我们建议：

一是区域教育行政部门与教学业务部门在统考结果的运用上必须谨慎、理性、有所克制。要警惕任何可能干扰正常教学秩序的做法。如有出现，坚决制止。区域性统考的难度与进度问题，必须基于标准、坚持原则、尊重规律。

二是坚决执行省教育厅控制区域性学业统考的要求，减少区域与学校的统考频次，制止以横向比较为主要目的的统考。小学阶段可以只保留六年级的区域性统考，其他年级“还考于校”，期中考试“还考于班”。初中阶段可每年有一次区域性统考，但须限制对统考结果的功利运用。要制止七年级、八年级的学校月考。

三是改变统考功能，变评价取向为教学导向，把工作重点从统一测验、统一阅卷、统一数据处理转向工具研发与教学指导。要降低纸笔测验在学生学业评价中的权重，探索体现课程性质的、基于实践任务的过程性评价。教研部门要从课程特点出发，根据该课程的多维学习目标，开发多元化的评价工具，指导开展基于学科关键能力的分项等级评价（以小学为主）。小学低段不组织纸笔测验，增加一些习惯规范类的检测，如握笔习惯、书写习惯、预习习惯、改错习惯等；小学高段在坚持多样评价与过程评价的同时，可逐步增加纸笔测验的权重，但不超过60%。

（四）改进评价结果的分析与反馈

统考成绩的发布与运用是十分敏感的问题。之所以很多地方选择统一测验，主要动机是便于横向比较。这是选择通过外来评价来催逼的管理策略，这是将学习目标简单量化的功利管理手段。从其他相关调研看，统考统测数据已过度运用于各校横向比较、校内同学科教师之间的比较，甚至与教师的晋职、收入挂钩，这会导致教学活动的短视与功利倾向，导致被管理者对这种管理模式的抵触与消极应对。

严控比较意义的统考，还原评价的诊断功能，是当前的重要任务。考试的功能定位，要从各校的横向比较转到诊断学生知识技能的掌握情况上来。宁可少考，但每次考试都要充分利用。教研部门要加强研究，扶持学校开展基于评价实证的教学改进行动，改进教师教学行为与学校管理，形成以校为本的工作机制。

对于区域性统考问题，应有堵有疏。“堵”要堵住频次，堵住结果的高利害运用，这是可以通过文件“立竿见影”地执行的。“疏”要疏在命题技术与命题质量、过程性评价的工具研发与实施、评价结果的分析与反馈方法、以校为本的基于评价实证的教学改进、评价策划与教学改革引导等，这些须通过研究探索积累渐进。

沈启正　张侃巍　张　丰（浙江省教育厅教研室）

第三节　区域教育质量管理的经验与问题[①]

为了解各地在区域推进教育评价改革、改进区域教育质量管理方面的制度与措施，总结义务教育阶段教育评价改革的经验，推进中小学教育质量综合评价改革，浙江省教研室于2014年4月至6月通过实地走访座谈、网上问卷调查、各地上报材料与文件查阅等形式，开展区域教育质量管理专题调研。

一、区域教育质量管理的积极动向

各地都非常重视教育质量，也都在思考和规避过于强势的学业评价可能带来的负面影响。从整体看，虽然一些机制性问题仍然存在，但基层解决问题的努力不曾停止，一些积极的动向值得关注。

（一）尊重课程性质，促成有意义学习

过去的区域教育质量管理基本依靠纸笔形式的文化课统考。纸笔测验看似公正，但其对学生学习进展的评价有着明显的局限性。只重视纸笔测验的考核要求，忽视纸笔测验难以考量的学科关键能力，是应试教育的缺陷之一。从学习目标的多维性看，这一矛盾在小学阶段尤其突出。小学阶段过于强调纸笔测验，就可能会导致小学教育出现偏向。

嘉兴市南湖区从2006年开始重视这一问题。他们在小学阶段，根据不同学科的课程性质实行多元测评。例如，根据小学英语的课程特点，以培养学生的语言实践能力，提高学生学习英语的兴趣，抓好学生的学习习惯为小学英语学习的关键；在小学英语学业评价中，增加听力、口语交际、朗读能力测试，实践性强，操作性好。又如小学科学学业评价中设置“操作性任务”现场作业，让学生按要求独立操作或开展探究活动，通过现场观察、行为记录、学生对活动过程及科学原理进行解释等定性评价方法，有重点地考查学生的动手操作、科学探究和创新能力，努力使小

① 本节主要内容以《区域教育质量管理如何科学发展》为题发表在《人民教育》2016年第6期上。

学科学课真正成为由观察、认识周围事物和周围环境的一个个探究所组成的学习活动。

2014年上半年,在省厅严令制止小学一到三年级进行任何形式的统考,反对小学低段进行纸笔学业测试的背景下,原先在少数学校开展的小学低段"模块化"的"游园式考试"得到了一定程度的推广。如金华市区与武义县就明确叫停了小学低段的学科书面考试,鼓励学校基于学科学习目标与关键能力,设计能体现课程性质的、实践化的、趣味性的分项测评。类似的做法在杭州市胜利小学、崇文实验学校、学军小学、采荷三小等学校已实施多年,嘉兴市南湖区也在推广这样的"快乐考试"。

这些尊重课程性质的评价探索,积极促成有意义学习的发生,促进学生学科素养的发展以及学科教师的专业成长。它给日常教学以正确的"信号",使课程实施更为良性。

(二)重视综合素质,规范课程实施

以往的区域教育质量管理往往重视文化课,忽视体艺等技能素养类课程的学习质量。目前,这一倾向在不少地区正在扭转。一些县市的教育行政部门十分重视对学生综合素质的动态监测,起到了很好的政策导向作用。

临海市2011年制定了《小学综合素质评价实施方案》,开始对所辖小学进行全面的综合素质抽测,防止学校一味以学业成绩作为评价学生的唯一标准。抽测内容包括品德素质、身体素质、艺术素质、技能素质。素质抽测按照临海市教研室制定的《小学体育、音乐、美术、写字评价标准》实施,每年随机抽测,督促小学规范开设课程。这一工作虽然组织起来复杂,但从学校反映的情况来看,综合素质抽测已得到基层学校一线教师的理解与支持。

南湖区主要开展"课案合一,有教有得"的学科视导,进行音、体、美、信息技术课程的教学常规检查与学生素养评价。具体通过教案查阅、教师访谈、作业查阅、学生素养测试、学生问卷等方式来了解课程实施的情况,并以该校教师教案中的学习内容为例,进行学生素养测评,更为切实地监控这些技能类课程的实施质量。

路桥区把初中学校体艺、综合实践活动获奖情况,违规分班、违规节假日补课等情况纳入重点中学招生指标分配的依据中,促使对学校的评价从原来单纯以考试分数排名转向多元评价,也促使学校重视学生综合素质的发展。

(三) 尝试等级评价,淡化高端竞争

关于学业成绩应等级呈现还是分数呈现,业界的争论较为激烈。表面上,分数制更为精确地描述了学生的学业情况,便于管理者比较、鞭策或问责。但这要求测验必须具有较高的信度。表面上,等级制只是给出学生学业水平的粗略评估,学生间的差距相对模糊一些,但这却有利于减少学生在高端竞争中的过度学习,有利于引导学生全面发展而不只专注于分数。许多小学生在成绩已达95分的情况下,争取再提高分数,这样代价很大且不值得。

基础教育课程改革之初,浙江省曾在小学推行等级制评价。很多地区当年也实施了一段时间,而后又悄悄恢复到分数制或假的等级制。而台州市路桥区却在小学段一直坚持真的等级制。他们提出“不为绝对分数而竞争”,避免小学学校间、教师间简单的分数攀比。在路桥区,小学学业成绩以等级呈现,注重完善学生成长档案,A、B、C、D、E五等的比例以学校为单位进行控制。不同乡镇(街道)的学校,各等第对应的分数可能不同,最高分下浮10分以内都是A级。这样,师生就可能不再紧盯分数,特别是给优秀学生松了绑,避免他们付出过高成本;同时将教师从分数中解脱出来,有利于开展教育教学改革。虽然学校间的可比性降低了,但这却有利于促进学校的自主发展和特色发展。

(四) 激活学校智慧,反制统考统测

在区域教育质量管理中,人们常会提“加强管理”的口号,以为“加强”了就能“提高”。但细想一下,当管理变得强势时,就会愈加将学校、教师置于被评价的境地,使其产生应对心理。这种“简单意义的加强”其实有违评价的真正功能。

调研中发现,作为“浙江省中小学教学改革项目”试点地区的路桥区和南湖区都有一个共同的特点,那就是在评价问题上给学校留空间,鼓励学校结合实际,开展评价改革。在路桥区的校长座谈会上,10所学校多数都有自己的评价改革探索。如路桥小学的展示性评价、过程性的单项检测以及由评价改革引发的作业改革;路桥四中加强德育养成课程,重视对学习习惯的评价,减少学科评价的权重,尝试以学分制的形式描述学生的学习经历。路桥区教育局余功清副局长较为辩证地分析了精准评价与模糊评价、即时评价与延时评价的利弊,希望学校能在科学的模糊评价及延时评价方面有所探索。这样的反思与创新精神,以及“指导为主,控制为辅”的教育质量管理策略,激活了学校的实践智慧,增强了学校策划与运用评价驱动教育教学改革的意识,对统考统测形成反制作用。

（五）关注学习成本，引导轻负高质

当前不少地区仍然以中考或学年统考的成绩来评价学校。学校因此建立起以这些区域性考试以及周期更短的校内统考来评价教师教学的制度。这种无视学习成本与代价，忽略达成学习目标的方式与路径的评价制度，是当前学生学业负担重，应试教育愈演愈烈的重要原因。

因为在教育质量管理的问题上，地方一直是“教练员”，学校与教师相当于“运动员”。不知从何时开始，为了在比赛中取得好成绩，不择手段、不惜代价已成惯例。所以，在减负的问题上，在监控学习成本与代价的问题上，地方教育行政部门很容易表现为“叶公好龙”。

随着观念的进步，越来越多的地区正在走出纠结，开始旗帜鲜明地推广“绿色评价”，杭州市上城区、嘉兴市南湖区都在进行这方面的探索。南湖区在推进“促进学生‘学习力’发展”的区域性教学改革的进程中，试图构建基于学生学习力三要素（学习动力、学习毅力、学习能力）发展的“绿色评价”指标，开发相应的量具，在区域层面改变教育评价的导向，体现综合评价“关注学生的全面发展”“关注学习的过程与成本”“关注深层次的学习质量”的思想。这一努力，更为明确地表达了地方教育行政部门引导轻负高质的决心。

（六）关切“后进”群体，促进均衡发展

采用传统的教育质量管理思路，常会加大学校间的分化。但义务教育阶段必须以均衡发展为目标，教育质量管理必须要有利于引导均衡发展，这就对我们提出了新要求。

临海市教育局在2009年制定了《初中教学质量动态监测实施方案》，较细致地规定了学业质量动态监测的方法。这一制度利用评价杠杆撬动学校抓教育质量的积极性，改善了有些农村山区学校消极懈怠的“放羊现象”，具有一定的积极作用。临海市学校教学质量指数T值由参测人数率、（1—“后30%”率）、平均分率和优秀率加权组成。它在反映学生总体学业成绩动态变化的同时，侧重于引导学校关心“弱势学生”，提高“弱势学校”抓教学质量的愿望与信心。特别是对“后30%学生”的教学质量的分析做得比较细致，提高“后30%学生”的学业情况在评价体系中的权重，意在促进学校及地区之间的均衡。

二、区域教育质量管理中的机制性问题

（一）在评价改革方面，小学活跃，初中沉闷

嘉兴市南湖区在小学英语和科学学科探索体现课程性质的多元评价；杭州、嘉兴、金华等地取消小学低段纸笔考试，开展主题式的、模块化的、以“游园”为主要形式的“快乐考试”；台州市路桥区的小学学业成绩呈现等级制；临海市旨在推动音、体、美、写字课程的小学综合素质测评；等等。这些评价改革的探索与突破均以小学为阵地，而初中的评价改革却乏善可陈，教育质量管理仍以统考统测为主。

（二）试图以一个综合指数概括评价教育质量的制度利弊并存

各地在教育质量管理中的“比较心理”仍然较强。通常的做法是利用数学建模，设立一个体现行政导向的“学校教学质量综合指数”，来评价学校教学质量。路桥区的称为P值，临海市的称为T值。这一指数的实质是学生学业成绩的整体加权平均值，利用此值的排名升降可以评价各校的管理实绩。这种做法过于倚重分数，对农村中小学均衡度的提高有一定的积极意义，但却容易忽视其他重要的教育功能，且给学校和教师造成了较大的压力。同时，这种做法的弊端也很明显，它会助长行政领导和学校领导的功利思想，以教学中的“GDP”指标评价学校和教师；它可能便于管理，但高利害的评价会强化“唯分数认英雄”的价值判断，造成基础教育课程设置的失衡，诱导毫不节制地加大学习成本的冲动。

（三）重视比较意义的阶段性评价，忽视促进学习的过程性评价

评价的真正目的是促进学习，但目前很多评价的真实意图是通过比较产生追赶的压力。因此，以统考统测抓质量的思维定式还相当顽固，以统一考试形成横向对比，仍是基层评价的基本习惯。看起来似乎“参与统考的面越大，评价就越准确”，但其实这是一个悖论。

据了解，国外的学习评价一般包括过程性评价与结业时的阶段性测查。而后者在整个课程的学习评价中所占的比例通常在30%以下，主要的评价是过程性评价的积累。这种做法与目前国内普遍的学业评价的指导思想是完全不同的，区别在于评价的功能到底是比较甄别还是促进学习。

我们知道统考统测的副作用，但为何采用抽测的却不多？抽测主要有两类，一

是部分学生参加几个学科的测试，二是全年级学生参加某学科的测试。校方冠冕堂皇的理由是抽测会给学校的考务管理与学生管理带来不便。但深究其真实的原因是担心抽测的结果不便进行横向比较，难以有效刺激教师。

（四）评价结果的运用有待改进，强势公布考试成绩与排名的现象普遍存在

据网络调查，统考数据一般都会分析到学科、年级、班级和教师，只是公开方式不尽相同。31.3%的教师所在的学校会将统考成绩在教工大会上公开，24.1%会在年级组或教研组公开，44.6%只通知个人。初中的公开率约为80%，小学的公开率约为45%。39.5%的初中教师反映学校通常在年级组公布成绩，这是横向比较最激烈的场所。

对统考统测数据的运用是十分敏感的话题。从调研情况看，统考统测数据被过多运用于各校间的横向比较、校内同学科教师之间的比较，甚至与教师的晋职、收入挂钩，这将会导致统考统测的变味与走样。

三、思考与建议

（一）以改变学校评价制度为重点，引导各地建立正确的教育质量管理机制

浙江省中小学教育质量综合评价改革传递的“四个关注”的精神（关注学生的全面发展、关注学生的学习品质、关注学习过程的成本与路径、关注学生的成长环境），正是改进区域教育质量管理的重要指针。全省应继续深入推进教育质量综合评价改革，加强观念引领，推动技术进步，破解机制性问题，重建体现素质教育精神的、发展性的学校评价制度。

要以改变地方政府与教育局的学校评价制度为重点，建立正确的教育质量管理机制。重点宣传“关注学习过程的成本与路径”的思想，克服部分地区简单追求高学业成绩与升学率的评价制度。

（二）培育与推广评价改革的实践典型，破除“依赖统考抓质量”的惯性

我们反对依赖统考抓质量的做法，但要让已成惯性的统考制度真正停下来，单靠行政命令是不够的。要树立像嘉兴市南湖区一样的不依靠统考统测也能保持较高教育质量的区域典型，力求在机制层面推广他们在教育评价方面的经验。要研究替代统考统测的、体现课程性质的、有较好操作性的评价方法，以防止有些地区“已

经停步”的统考“死灰复燃”。如针对小学低段取消纸笔考试、小学一至三年级取消统考后，学生的学业评价应该如何进行，金华市教研室及时研究和推广了“模块游考”的做法，浙江省教研室迅速开展小学低段评价改革调研，并通过《浙江教育报》主动宣传，及时肯定并推广这一做法。

（三）要从机制层面消除统考统测的三个消极元素——“统”“比”“综”

浙江省教育厅2014年年初下发的控制统考统测的通知是及时的，但要真正控制住且不反弹，必须帮助各地的教育管理工作者真正了解“统考之弊”，明白“控制之义”。考试不能成为教育的“敌人”，我们的“敌人”是不正确的考试和错误的考试运用。

我们不要简单地批判“统考”，要从机制层面洞悉“统考之弊”，端正区域教育质量管理态度。之所以要批判和控制统考统测，是因为它有三个消极元素。

一是“统”。统一的内容、统一的形式，使得统一之外的都不重要，使得学生的基础与特点都被忽略，使得所有鲜活的学习都必须服从死板的形式。破“统”除了要规避上述问题之外，还要防止考试的集权，避免使所有的教师都成为迎合的应对者。

二是“比”。很多时候，“统”的目的是为了“比”，以为“比”就能促进。因为横向比较是一种“赛马思维”，它关注的是少数领先者，在激励前30％的同时，打击后70％。而且没有建设性的“比”，只能平添压力与焦虑，未必能帮助师生改进教学。

三是“综”。将教育质量概括为一个自定义的综合量来表示，好像很简明，也便于管理。但在“综”的过程中，掩盖掉了许多有价值的信息。它有利于比较和甄别，却忽视了诊断与改进，所以不是正确的方法。学校教育质量评价应采用多维度分项描述的形式，反对以综合量进行简单评价。上海的“绿色评价”体系也在倡导这一方法。

（四）减少比较意义的统考，推动以校为本的基于评价实证的教学改进行动

从学校看，目前区域性的统考与学校统考的频率实在太高，对正常的教学秩序产生了不小的影响。要坚决执行省厅控制区域性学业统考的要求，制止或减少以横向比较为主要目的的统考。要引导考试从各校的横向比较转到诊断学生知识技能的掌握情况上来，宁可少考，但每次考试都要充分利用。各地教研部门要扶持学校开展基于评价实证的教学改进行动，改进教师教学行为与学校管理，形成以校为本的工作机制。

（五）加强命题技术研究与队伍建设，建立提高区域性学业测验质量的工作机制

在区域教育质量管理中，评价工具的质量是无法回避的问题。各地统考统测试卷的质量是当地教育质量管理的前提，但这又是当前一线教师诟病的焦点。除了各级教研部门要加强命题技术研究和队伍建设之外，建议各市建立对县（市、区）统考试卷的评议研究制度，坚持“基于标准，能力立意”“易而不死，活而不难”的命题思路，杜绝难繁偏旧，在源头上提高教育评价的质量，以努力降低过度学习的影响，遏制应试化教育倾向。

（六）探索体现课程性质的实践任务评价和过程性评价，促使各类课程规范实施

实践表明，学业评价的工具不仅仅是纸笔测验，还应有一些体现课程性质的实践任务。各地教研部门要从课程特点出发，根据该课程的多维学习目标，开发多元化的评价工具。要弱化横断性评价，推广过程性评价，让评价融入学生的学习过程。促使各类课程开足开好，按照各类课程应有的学习方式实施。

（七）以中考改革为突破，通过学业考试等级呈现，发挥综合素质评价的作用

在评价改革上，要激活初中段的评价，必须通过中考改革来指挥。当前初中段教育的主要问题反映在两大方面，一是课程开设不规范，文化课与非文化课分化悬殊，学业考试权重很大，综合素质评价走走过场；二是在高中普及、学业考试难度下降的情况下，文化课还在无限追求高分，导致很多学生的无意义学习和学力浪费。

因此，中考改革要使学业考试与综合素质的评价达到平衡，用等级制降低学业考试的权重，使之可以与综合素质评价相当。等级制的另一价值是淡化高端竞争，不要让优秀学生忽视全面发展而只专注于学业分数。

张　丰　沈启正（浙江省教育厅教研室）

第四节 “课程立意,学生立场”的区域性教育评价改革①

浙江省教育厅2014年年初下发了《关于完善和规范义务教育阶段学校区域性学科“统测”工作的通知》,要求各地控制“统测”次数,优化“统测”的内容与方法。有些地区的教师质疑:“不进行统考统测,如何抓教学质量?”

提高教育教学质量是否一定要依靠统考统测?有没有不进行统考统测,但当地教育教学质量仍然优异的地区?地方教育行政与业务部门在提高教育教学质量方面能够有哪些作为?2014年4月,省教研室调研组带着这些问题,开展关于区域教育质量管理机制的调研。在听取嘉兴市南湖区教育研究培训中心关于区域推进教育评价改革的经验介绍后,我们眼前一亮。他们八年来探索“学生立场,课程立意”的评价改革正是我们寻找的典型。

一、南湖区教育评价改革的八年探索

从2006年开展小学英语和小学科学学科素养评价到今天,南湖区区域推进评价改革已坚持八年,主要进展体现在以下四个方面:

(一)探索体现课程性质的实践任务评价——从小学英语、科学学科的多元化评价开始

小学阶段越来越重视英语与科学课程。出于习惯,不少地区一重视就考试,组织起了小学英语和科学的纸笔测验。但依靠纸笔测验推动的英语课与科学课,小学生明显不喜欢,教师也感觉到这样的教学有悖课程性质。

根据课程标准,小学英语课程的主要目标是培养学生学习英语的兴趣和语言实践能力(也称“语用能力”)。课程实施的关键是帮助学生建立学习的自信心,并在具体的语言实践活动中学习、积累、应用英语。因此,小学英语学业评价要以“语言实践能力”为核心,注重过程性评价,并将单纯的纸笔测验改进为听、说、读、写能力

① 本文发表在《基础教育课程》2014年第12期上。

的综合检测。同样,小学科学课程是旨在培养学生科学素养的启蒙课程。其评价要以科学实践能力为主要内容,关注学生的科学探究能力。所以,除了知识性的书面评价外,还应开展针对现场操作性任务的"真实性评价",考查学生的动手操作、科学探究和创新制作等能力。

基于这些认识,南湖区摒弃简单化的评价方式,"自寻烦恼",以小学英语和科学为突破口,探索体现课程性质的实践任务评价,还课程以正确的学习意义。他们先通过"区域性抽样评价"督促学校开展实践任务评价,再制定《学习能力与学科素养评价建议》,引导学校开展常态化的过程性评价,从而促使课程得以规范实施,从"评价引领教学"走向"教学实践改革"。

案例 4.1

南湖区推进小学英语与科学学科的实践任务评价

2006学年开始,南湖区教研室组织开展区级层面的小学英语与科学的调研性抽样评价,每次抽样数为450人左右(取样率从15%到20%不等),主要目的是了解小学生英语、科学学习的实际情况,引领学科教学改革,为学校开展学业评价改革作示例。在区域性的抽样评价的带动下,学校层面的常态学科评价也发生了改变。以实践任务为主要特点的过程性评价,促使小学英语、科学学科的教学方向回归本源。评价测试一般安排在每学期的下半学期,有的学校组织一次测试,有的学校允许多次测试,逐步实现过程性评价的常规化和常态化。

2009年南湖区教研室研究制定《小学英语学习能力与学科素养评价建议》和《小学科学学习能力与学科素养评价建议》,对学科素养的评价原则、评价内容、评价形式、评分标准、评价结果的使用等提出系统的建议,并设计了一些样题作示例,帮助学校进行规范有序的学业评价,使两门学科的学科素养评价成为学生学业评价的组成部分,让评价成为教师改进教学的有效手段。

(二)作为课程管理手段的体艺技能学科视导式评价

2010年,为规范中小学体育、音乐、美术、信息技术等课程的常态教学,完善中小学体艺技能类课程的教学质量管理,南湖区教研室策划了视导式的学业评价,关注这些课程的常态课质量。

针对这些课程虽有课标但教学内容较自由,虽有教学安排但教学效果不一定落实等问题，视导式评价以“有课有案”“课案合一”“有教有得”为切入点，检查备课与上课的一致性，进行课堂学习内容的抽测面试。各学科针对学科特点设计了不同的评价内容与方式（见表4.10）。具体方式有：①查资料，指检查教师的备课本以及对学生学业评价的相关资料；②面试，考查学生对基础知识的理解以及基本技能的掌握；③问卷调查，了解学生对相关学科的学习态度、情感以及期待。

表4.10　嘉兴市南湖区学科视导式评价的内容与方式

<table>
<tr><th>学科</th><th>评价内容</th><th>评价方式与途径</th></tr>
<tr><td>中小学音乐</td><td>歌唱、欣赏、乐理及相关知识</td><td rowspan="4">1. 查阅教案、作业
2. 访谈教师
3. 观察课堂
4. 面试：技能检测
5. 问卷</td></tr>
<tr><td>中小学体育</td><td>基本动作的了解、基本技能的熟练</td></tr>
<tr><td>中小学美术</td><td>造型、想象、欣赏</td></tr>
<tr><td>中小学信息技术</td><td>基础知识、基本操作技能</td></tr>
</table>

评价组会将视导式评价中发现的问题及时反馈给学校，并提出具体的整改建议，有效督促并推进这些课程的良性实施。

（三）推广体现儿童特点的情境化的综合任务评价

针对小学低段学科纸笔测验的一些弊端，嘉兴市实验小学于2011年1月起，在小学一年级取消期末纸笔测验，改为以“情境任务解决”为载体的游园式评价。这一做法的实质是，在真实情景中考查学生综合运用知识解决问题、完成任务的能力，这有助于克服纸笔测验中学习目标碎片化的缺点。这一做法在南湖区所属小学逐渐推广。

案例4.2

嘉兴市实验小学改“期末大考”为“快乐游园”

嘉兴市实验小学探索小学低段期末考试改革已有4个年头。自2010学年起，停止了一年级第一学期的期末纸笔测试，将“期末大考”改为“快乐游园”，采用以“情境任务解决”为载体的“游园式考试”，将学生素养的检测渗透在“游戏式”的活动中，将对知识、能力的检测融进了情境任务的完成过程中。

如在最近一次期末“游园考试”的“开心对对碰”中，教师将一些词写在卡纸上，由学生自主练习排词成句，考查学生运用语言的能力及逻辑能力。又如“科学小探秘”，通过平板电脑，让学生进行采集指纹游戏，区分不同的指纹类型，并说说自己身体的结构,既渗透信息技术手段,巩固科学小知识,又将信息技术与科学同语言应用进行整合。还有名为“我有一双灵巧的手”的考查项目,通过系红领巾、系鞋带、叠衣服等考查培养学生的生活自理能力。

“游园式评价”的结果改“分数”为“星数”,以达标制取代分数的自然排名,既激发了学生的兴趣,又保护了学生的兴趣。活动中还引入了“志愿者”服务制,让六年级的志愿者学生承担一定的测试任务和服务工作,协助教师组织游园活动,同时得到组织能力方面的锻炼。

(四)构建“促进学生‘学习力’发展”的教育质量综合评价系统

2010年起,南湖区又启动了以“促进学生‘学习力’发展”为目标的区域性教学改革。与此相配合,南湖区结合教育质量综合评价改革的精神,于2013年提出“绿色评价”的改革设想,试图构建基于学生学习力发展的“绿色评价”指标(见表3.9),研发相应的评价量具,在区域层面改变教育评价的导向,体现综合评价的方向——关注学生的全面发展、关注学习的过程与成本、关注深层次的学习质量。

二、南湖区教育评价改革的基本经验

历经八年的务实探索,南湖区教育评价改革已进入顶层设计、系统规划阶段。纵观其评价改革的实践进展,可以概括为“学生立场,课程立意”八个字。

“学生立场”指的是,评价制度的设计以学生全面、健康、可持续发展为指向,南湖探索的以学生“学习力”发展为取向的教学改革和评价改革,逻辑上是一致的;“课程立意”指的是,评价的目的在于促进课程全面、规范、正确的实施。如果将这样的评价构想与以往旨在获得关于学生学习或教师(学校)教学的判断结论的评价进行比较的话,我们能明显看到南湖评价改革的实践价值。

南湖区教育评价改革的基本经验主要有:

(一)从规范课程实施入手,保证学生全面发展的基本条件

南湖区教师坚信,真正的质量源自规范、正确的课程实施。区域教育质量管理的任务首先是督促学校按照课程计划与课程标准规范实施课程,这是学生全面发展的基础,也是学校教育的基本职能。从小学英语、科学的学业评价改革,到体艺技能课程的视导式评价,南湖区在架构评价制度时,坚持关注常态课的质量,推进课

程的规范和正确的实施，这是高瞻远瞩且难能可贵的。

（二）强调尊重课程性质的评价，让学生经历有意义的学习

开足开齐开好课程，是课程规范实施的基本要求。“开足开齐”相对容易做到，困难的是如何“开好课程”。我们认为，遵循课程性质，还学生以有意义的学习过程是“开好课程”的标志。当前，因过于倚重低成本的评价工具，导致很多课程的实际教学已经走偏。针对这一问题，南湖区以小学英语与科学为突破口，从课程性质出发确立评价内容，设计评价方案，借评价引领课程教学，体现了他们在评价问题上的专业坚持。

这一思想同时也反映在他们最近架构的“绿色评价指标”中。在“学习能力”评价中，他们提出包括“体现课程性质的核心学习能力”“应用学科知识解决问题的实践”和“学科思想方法的理解与掌握水平”的“学科专项学习能力”的测评，以引导日常教学坚持尊重课程性质的原则，更好地促进学生高层次思维能力的发展。

案例 4.3

重视“语言实践能力”的小学英语评价

小学英语实践能力评价包括三项内容：听力、朗读及口语交际。

听力测试着重检测学生理解和获取信息的能力，逐步摈弃脱离语境的单纯辨音题。

朗读测试着重检测学生的语音、语调、朗读状态，以及朗读的流畅性和对句子的整体性把握。主要形式有：标准朗读英语字母；朗读单词或短语；朗读句子；朗读本学期教材中某单元某部分对话(Let’s talk)。要求学生语音语调正确。

口语交际的内容必须以教材的教学要求为依据，利用所学词汇、短语和句子描述日常生活内容，并能够初步表达个人观点。评价的主要形式有自我介绍、师生交谈、话题描述、看图描述等。

案例 4.4

小学科学的“操作性任务”评价

小学科学的“操作性任务”评价主要是检验学生在提出假设、观察、实验、制作、测量以及科学解释与合理表达等方面的能力。可以选择教材内容，也可以课程标准

和教材为依据，自行设计科学探究活动，让学生按要求独立操作或探究，通过现场观察、行为记录、学生对活动过程及科学原理的解释等定性评价方法，有重点地考查学生的动手操作、科学探究和创新制作能力。也可以提出一项科学探究任务，在从学生提出假设到完成探究任务的过程中进行评价，具体可以从认识科学探究和参与科学探究的过程、方法两方面进行评价。

评价时，要针对每个“操作性任务”事先准备详细的评分方案、指导学生完成任务的说明、预期结果以及教师用的记录表格等，便于评价的准确实施。

（三）积极寻求评价技术的突破，循序渐进地改造纸笔测验，完善实践性评价

南湖区的评价改革一直把评价技术的突破放在第一位，小学英语和科学的评价改革在非纸笔测验工具的评价技术上有了突破。他们迅速通过《小学英语学习能力与学科素养评价建议》和《小学科学学习能力与学科素养评价建议》，帮助学校建立起规范有序且能够常态实施的学业评价活动。

2011年，从小学语文、数学等学科开始，南湖区提出改进文化课学科素养评价的“四个转变”的思路（见表4.11），改进纸笔测验，增加“考查过程”的题目，关注学生的学习过程与学习能力的水平。

表4.11　改进文化课学科素养评价的思路

主题	推进思路	实践策略
评价内容	由“针对知识、技能为主的考核”转向“基于动力、毅力、能力三者协调发展的综合性评价”	在加强对知识运用能力及综合素质考核的同时，增加对过程性目标的考评内容，在将对知识的理解、分析、运用和问题解决能力作为考查点时，关注对学生动力、毅力要素的考查
评价形式	由“单一的试卷测评形式”变为“多元的纸面＋实践相结合的测评形式”	除了纸面试卷测评之外，增加实践性的动手操作、能力展示等测试方式，考查学生的创造能力及分析、解决实际问题的能力
评价时空	由“有限的、固定时空的单一方式考核”转向“多元的、不定期的开放式和结构化评价”	即根据学习时段灵活设置考评时间，在关注书面测试的同时，采用如“1＋X”的灵活多元的测评方式，如小课题成果报告、平时的阅读成绩、单元阶段性小作业、现场制作或动手操作等过程性考核，体现结构化评价的特点
评价主体	由“被动的、封闭式”的个体考核对象转变为“主动的、开放式”的多对象参与的考评	可让小组也成为考核主体，将个体考核置于小组集体中进行，考查其团结协作精神、沟通应变能力、团队体验等，以实现多元评价目标。增加第三方评价机制，通过更多元的途径来考查学生的学习力发展状况

同时，南湖区提出改进技能学科素质评价的“两个结合”（日常教学与学生平时状况相结合；教材要求与本地实际相结合）的思路，着力探索灵活多元的实践评价方法。

技能学科评价工具研发与考评的流程如下图。

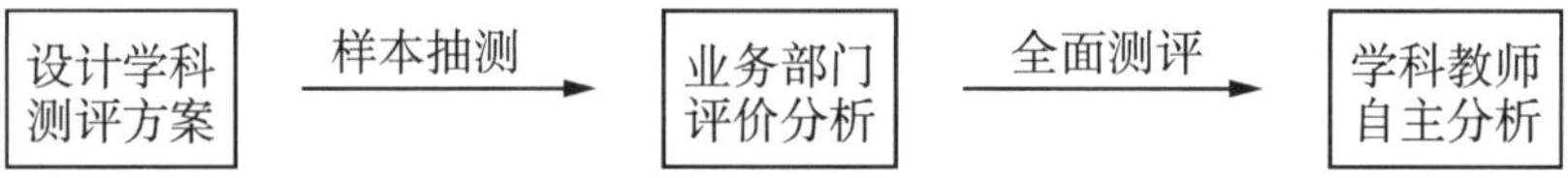

图4.9　技能学科评价工具研发与考评流程图

（四）激活学校的评价智慧，促成以校为本的基于评价改进教学的工作机制

在一些区域性评价比较强势的地区，学校往往站在被评价的“位席”，因而学校会在如何应对评价方面着力较多。教师更多的也是被动地应对评价，缺乏运用评价改进教育教学的机会与能力。但在南湖区，因为区教研室一直坚持弱化学业统考，不强化区域性的校际比较，从而使学校从“被评价的角色”中走出来，并使学校的评价智慧有了施展的空间。

评价的核心是诊断与改进。南湖区鼓励学校根据本校实际，开展评价改革，建立以校为本的基于评价实证改进教学的工作机制。除嘉兴市实验小学外，南湖国际实验学校、东北师范大学南湖实验学校等不少学校都在完善评价方面有务实的创新。

案例4.5

南湖国际实验学校的基于标准的质量评估

南湖国际实验学校将校内的教学评价分为三个部分。一是以班级为实施单位的日常评价，通过分项达标的形式，关注学生学习过程的进展与习惯；二是以年级为实施单位的阶段评价，低段采用“游园式考试”的形式，中高段目前还是采用纸笔测验，对学生阶段性的学业状况做出评价；三是学校层面的基于课程标准的质量评估，按照学科关键能力进行分项抽查，以描述学生学习的整体面貌，提出教学改进的对策。

特别是第三方面的质量评估，其目的不是对某一学生或班级的判断，而是用有较强解释性的评价工具来诊断学生达到课程标准要求的程度。如语文的识字、口语交际、朗读与背诵；数学的速算、列竖式计算、计算意义的表述、生活问题的数学表述等测查。不进行分数汇总，只进行学习状况的描述性分析，并提出教学改进的建议。这样善意的评价方式得到了教师的信任与欢迎。这与很多学校的校内评价加剧教师焦虑的现象截然不同。

案例4.6

东北师范大学南湖实验学校的期末数学口试

学校在小学低段的数学期末评价中大胆采用数学口试的形式，试图突破纸笔测试难以考查的、以隐性状态出现的数学基本思想和基本活动经验，考查学生对过程性内容的掌握情况，对知识技能的理解性掌握程度，以及对解决问题策略的选择能力。数学口试题的命制与选择必须能力立意，考查目标明确，并能引发学生积极的、深层次的学科思考。试题选材须注重学科之间及学科与生活之间的联系，关注学生现实、符合学生实际。

在2013学年的尝试中，36名被测学生的回答亮点多多。比如，不少学生看到信息后，能够专注看，会以“故事”的形式说明数学问题，并能够比较快地进入数学的情境、产生数学思考；有些孩子则会给故事中的小动物提出合理的建议；一位平时学习习惯欠佳的孩子对口试题表现出极大兴趣，“我觉得这个题目真好玩儿，挺有意思的，小兔子胖胖的，长得像我，我很喜欢”；口试中还发现，一些孩子虽然在进位加法的计算中借助了手指，但其本质仍然是“凑十”，抽象水平虽然略低一些，但并不影响算理理解和基本的运算速度，个性化的解决办法应当予以肯定。

他们的实践探索表明，口试不仅可以应用到过程性评价中，也可以应用到终结性评价中；口试的实施过程，不但可以帮助学生深化理解，提升问题解决的能力，而且可以准确识别学生数学理解的薄弱点，凸显评价的诊断功能。尤为重要的是，学生喜爱这种评价方式。

（五）系统策划，协同推进，建立与教学改革相配合的“绿色评价”机制

2010年，南湖区启动“基于学习力发展的学教方式变革”项目。2011年参加浙江省中小学教学改革试点项目。八年多来，他们以“学习动力、学习毅力、学习能力”的学习力三要素为培养目标，明确“以生为本，学为中心；以学定教，顺学而导；知能并重，提升学力”的核心理念，以推进课堂转型、强化综合学习、专项学习指导为实践路径，开展区域性教学改革，有效减轻学生学业负担，发展学生的综合能力。

教学改革能否持续前进，区域教育质量管理制度可能是促进因素，也可能是制

约因素。南湖区2013年提出“促进学生‘学习力’发展的绿色评价”的工作目标，既是顺应全国范围内推进中小学教育质量综合评价改革的精神，又是对前期教育评价改革的总结与提炼，更是对区域推进“学为中心”教学改革的支持，很好地体现了区域教育改革与发展的系统运筹。

南湖区“绿色评价”改革是区教育局统筹规划与设计的整体教育改革。他们建立起多部门协同推进的工作机制与实践思路(见表4.12)。

表4.12 南湖区教育文化体育局各部门的教育评价职能分工及实践要求

部门	评价职能改进	实践路径与操作要点
教育科	改进综合素养评估方式：深入领会国家省市“教育质量综合评价”文件精神，形成关注学生学习力的学业评价方案，具体落实评价过程	1. 以学校德育及心理健康教育为载体，关注学生身心健康的发展状况 2. 以多层次、多角度的活动设计，观照学校教育教学活动的实施状况 3. 以围绕学生学习素养发展的项目实施状况的考评为载体，引领学校重视学生学习力的发展，关注综合素养的培养
教研室	关注课堂教学评价改革：以“基于学习力发展的学与教方式变革”课改试点项目为载体，研究体现学科特征的学习素养评价改革路径	1. 课堂改革的评价。以“学与教方式变革”为观照点，设计突出学生综合学力的课堂教学评价内容，以此引领课堂教学的深度转型 2. 学习素养的评价。借助学科素养测试方式的改进，推动教师教学方式的改变，倡导重过程、重情感的教学活动设计 3. 开发评价量规。针对“学习力发展指标”，整合省市“质量综合评价指标”，开发出有较强操作性的评价量规，以有效推进评价改革
督导室	改进学校发展评价制度：结合“绿色评价”理念，设置评价指标，以对学校整体发展状况做出综合性评价	1. 目标引领。以注重学生学习发展的“绿色评价”理念改进学校发展性评价项目，改进学校评价方式，引领学校整体发展 2. “督”“导”结合。从突出“督”转向“导”，突出评价引领学校发展的功能，以保障学校在落实“绿色评价”过程中的主体地位

南湖区教育局于2013学年末，在对学校进行的三年规划阶段性评价中，引入第三方评价机构，对全区各中小学进行综合评估。评估内容主要包括：学生学习兴趣、动机与学业负担；学生对学校、教师的认同度；学校心理健康教育；公众满意度。以之引导“绿色评价”的理念进入每个学校的办学思路。

三、南湖经验的启示与推广建议

（一）评价改革须在制度与技术两个层面共同突破

从南湖经验看，他们的评价改革紧紧地与教学改革相结合，并坚持将促进课程规范实施作为评价推进的目标。这种“课程立意”的思想使评价没有陷于简单意义的数据中。

评价研究不能就“评价”论“评价”，而要置于课程管理、教学改革的大系统中规划。在新世纪基础教育课程改革的第一浪中，南湖区作为省教研室研制《学校教学管理指南》的重要基地，首先在规范课程实施与规范教学行为上着力，然后他们提出以“促进学生‘学习力’发展”为核心的教学改革思路，更为理性、更为本质地推动学习方式的变革；而后再筹划构建以“学习力”三要素为结构的“绿色评价”体系。这一步步的前进，有着很好的连续性；课程改革的诸方面，体现了较好的整合性与协同性。这与他们十余年来专业的坚持与行政的支持是分不开的。

以南湖为“镜”，我们可能要反思有些地区的教育教学工作思路，头痛医头，脚痛医脚，改革缺乏理性中肯的思考，讲质量马上又“老方一帖”，过于依赖横向比较的制度，导致人事更替频繁，政策变化振荡，基层学校无所适从。

从纵向看南湖的评价改革，它首先是从微观的技术改进入手的，而后逐渐发展为宏观的制度设计。因此，谋划评价改革必须注意评价实践的多层次主体。要促使多层次主体（如教育行政部门、教学业务部门、学校、教师等）的同向合力，避免出现为了显性指标的层层应对，乃至不惜牺牲学生学习的本质。所以，国外强调评价的“无伤害原则”是有一定道理的，评价反馈应该是善意的，要慎言问责。

对于不同层次的评价实践主体，他们在教育质量综合评价改革中的作用可以概括为制度与技术两个方面。制度反映的是教育教学改革的价值取向，技术反映的是这一价值取向的实践智慧。这也正是改进区域教育质量管理的两个核心。

（二）教育质量管理的本质是教学指挥，而不是比较施压

在前几年许多地区统考统测“硝烟弥漫”的时候，南湖区一直坚持弱化学业统考。虽然，不少南湖区的小学采用嘉兴教育学院提供的期末试卷，但南湖区教研室一般不组织统一评卷。如有调研需要，也只抽取50%，或以少量学校学生的成绩状况作为分析材料。调研成绩不作为行政考评学校业绩的材料，只作为研究教学问题

的素材。

初中阶段,除利用初中毕业学业考试进行一次统一的评价分析外,在七年级第一学期和八年级第二学期,进行两次阶段性的学业成绩监测。考试分数不作为考评学校业绩水平的指标,只作为教育教学质量改进的研究分析材料。区里不公开各校的成绩信息,提供给学校的只有该校自己的学业成绩与全区常模(包括优秀率、合格率以及“后20%”占比率),由学校自主分析。

初中三次学业监测的成绩主要用于教育教学研究分析,而不是横向比较。因此,他们特别关注一些走在教育教学改革前列学校的学业成绩水平的变化,如比较早推进“小班化教育”改革实践的学校,其学业成绩变化是否明显?其成绩提升的因素中,班级学生数的减少是否与成绩提升直接相关?再如,有些学校“学习力培养”改革项目推进得比较扎实、到位,全校教师的教改积极性较高,其学校学生的学业水平是否有所提升,等等。这些研究分析的推进,更好地体现了评价的教学指挥功能。

案例4.7

关注增量的南湖区初中学科学业质量评价

为了解决南湖区不同学校因学校性质、生源基础的不同而带来的评价难题,鼓励所有学校通过努力,在原有基础上有所提高,研训中心与教育科在对学校进行学科质量评价时,采用“离商增量评价法”来对学校教学质量进行增量评价。

以全区教学质量分析中语文、数学、英语、科学、社会思品五门学科总平均成绩(含总平均分、总优秀率、总合格率、总“后20%”占比率四项指标)为参照系,以各校七年级上学期总成绩为基数,以各校八年级下学期、中考总成绩除以全区总平均成绩所得的商值为评价指标,以八年级下学期、中考的商值与七年级上学期的商值的差值为标准进行评价。每次测试计算的增量包括总平均分、总优秀率、总合格率、总“后20%”占比率四项指标,增量均按该公式进行计算。每一届学生共参加七年级上学期、八年级下学期、中考三次统一测试,因此,每届学生在八年级、九年级各有一次增量评价考核。

南湖区基础教育发展的总体水平是省内领先的,但他们没有像某些地区那样,建立严苛的校际学业评价比较制度。这种校际比较的教育质量管理,主要是通过评价及评价结果的公开而产生一定的压力,以达到逼迫提高的目的。

也许借助这种“强心针”式的所谓“教育质量监控”，能使升学率有些许提高，但在满足提高升学率的无限欲求的同时，这种以“比较施压”为机制的教育评价，将导致教育教学追求的日渐狭窄与功利化，促使教育教学行为的机械化与异化，让学生付出更高昂的成本与代价。这与区域教育科学和谐发展的方向是背道而驰的。

南湖经验的意义不仅仅是一种可能性，更重要的是方向的引领。让区域性的教育质量管理机制从“比较施压”向“教学指挥”转变，健全评价是为了规范课程实施，发展评价是为了支持教学改革。

（三）提高教育质量综合评价改革的关键技术的科学性

试卷是人们熟知的评价工具，改进教学测验是推进教育质量综合评价改革的基础工程。当前，因低质量的试卷而干扰教学的现象比比皆是，但很多学校浑然不觉。怎样推动以考核“双基”为主的学科测验向关注能力与问题解决的“学能测验”发展，从“知识立意”走向“能力立意”，防止因试题“难繁偏旧”而助长“题海战术”，是教学评价研究的重要课题，也是教研系统的责任及其在评价改革方面的切入点。

我们不能将评价工具视为狭义的试卷。从单一的纸笔测验到今天实践性评价与纸笔测验的并存，是技术的进步让实践性评价为人们所接受，并逐渐走向常态。南湖区早期探索的小学英语和科学的评价与小学低段开展的“游园式评价”就属于实践性评价的创新与发展。实践性评价的实质是在真实的情境中考查学生运用知识解决问题的能力，其关键在于蕴含学习目标的任务设计。在实践性评价积极发展的过程中，我们还应关注学习目标的性质的体现和评价组织实施方案的制定。

评价工具发展的另一趋势是，重在结果的横断式评价正在向意在促进学生有效学习的过程性评价发展。以评价鉴别为目的的工具和以引导教学为目的的工具的设计有许多差异，将有待进一步研究。

（四）评价制度的构架须以促进学生全面、健康、可持续发展为原则

南湖区的教育评价改革没有局限在对学生学业成绩的评价上，而是通过对学生为取得成绩所付出的代价、课程教学行为、学校发展水平对教师的影响，以及学生品质和身心健康等诸多要素的综合分析，建构起“学生立场”的“绿色评价”体系，一切从促进学生全面、健康、可持续发展的立场出发，遵循教育规律。

与传统的评价方式相比，“绿色评价”意在改变单纯以学业成绩作为唯一标准的评价方式，更加全面地对学生学业水平状况和教师对课程标准的执行情况进行

监控，引导教师为实现“轻负高质”的教学而努力。

这些探索与全省中小学教育质量综合评价改革所倡导的“三个关注”是不谋而合的。教育评价要关注学生的全面发展、关注学习过程的成本与代价、关注学生的成长环境，要推动传统的相对评价向基于标准的评价发展和关注学生个体成长的发展性评价转变。

从全省看，各地都有许多评价改革的成功经验。但能够对区域教育质量管理产生深刻影响，基本建立起良性的“课程—教学—评价”运作机制的地区却很少。嘉兴市南湖区是这一方面的代表。他们探索形成的“课程立意”“学生立场”的教育评价改革经验对于扭转以单一维度的横向比较为主要特点的错误评价倾向，有着重要的意义。

不过，南湖区的评价改革与其他地区一样，也有“小学活跃，初中困难”的现象。小学应继续以学科关键能力的循序渐进为线索推行分项等级评价，积极鼓励小学自主探索，逐步建立过程性评价体系。初中应从提高评价工具的科学性，克服横向比较的思维方式，加强综合素质评价，柔化学业评价的角度突破，建立以教学改进为出发点的发展性评价体系。

张　丰（浙江省教育厅教研室）
费岭峰（嘉兴市南湖区教育研究与培训中心）

第五节 以综合为特征的学校发展性督导与学生发展性评价①

评价改革一直是基础教育课程改革的难点。杭州市上城区从1994年起，率先开展学生综合素质评价的实践，并于2009年与北京师范大学合作启动“基于学生发展的区域教育质量提升”项目，系统探索以教育质量综合评价改革促进教育内涵发展与学生可持续发展的新路，成为教育评价改革的区域典型。浙江省教育厅教研室先后组织了两次专题调研活动，与上城区教育局的领导和教师一起总结上城教育评价改革的经验，体会上城实践的启示。

一、教育评价改革的关键线索

（一）以等级制为标志的学业评价改革

1994年，上城区成为浙江省首批素质教育评价改革实验区，开始探索评价改革。1996年，上城区推出小学生学业考试改革，关注学生学习兴趣、学习态度，改变结果表达方式，取消百分制，用“优秀、合格、不合格”三种等级表达学习结果，并推出小学生素质报告单。该成果于2000年在杭州全市推广。

（二）以目标管理为标志的学校评价改革

1997年12月，上城区颁发《小学目标管理项目及标准》，明确提出对学校实施目标管理，并制定“目标管理方案实施细则”，这意味着上城区对学校的评价开始走出模糊评价，进入以目标管理为标志的标准评价。

（三）以多元评价为标志的学校特色评估

2004年，上城区教育局创造性地组织了首届“特色学校”评比活动，引导学校

① 本文以《区域推进发展意义的学生评价与学校评价》为题发表在《基础教育课程》2016年第23期上。

朝着多元特色办学的目标前进。此后上城区教育局又在此基础上，相继推出“优秀学校评比”和“‘和谐’校园评比”。这些学校的评价改革，标志着上城区教育评价改革进入了以多元评价为标志的重视内涵发展、特色发展的阶段。

（四）以诊断和改进为标志的发展性评价

2009年以后，上城区和北京师范大学合作，开展“基于学生发展的区域教育质量提升”的合作项目，实行学校发展性评价改革和以大规模质量监测为依托，以诊断和改进为手段，以“读懂学生”为抓手的上城区教育综合改革。2012年全区取消一年级纸笔测试。2013年实行中小学生综合素质评价改革。2014年7月，上城区成为浙江省首批中小学综合评价改革实验区。

教育改革需要长期坚持与积累，才能产生成效。二十余年来，上城区教育评价从单一关注学业到关注学生全面发展，从单一关注结果到重视学生成长过程的诊断与改进，从重在学校横向比较到重在目标达成以及纵向发展，学校发展性督导与学生发展性评价成为上城区教育综合改革的重要亮点。

二、上城评价改革的实践举措

纵看上城区二十年的改革实践，特别是2009年之后的八年，既有继承与坚持，又有创新与发展。其主要措施有：

（一）开展服务型机构改革，建立评价工作机制

2010年，上城区教育局从调整组织结构、梳理部门职责、规范工作流程、细化绩效考核、构建信息平台、完善人事管理、设计工作制度、建设项目团队等方面入手，开展构建“管办助评，各归其位”的新型教育管理体系，成立上城区教育督导与评价中心，开展“第三方”区域性的绩效问责和诊断指导。该部门在区政府教育督导办公室的指导下，实施监测职能。其质量监测职能的完善，明显提高了督导的专业性和指导性。该部门的设立，以推进科学、规范的教育评价为突破口，通过建立区域教育质量评价体系，基本形成了政府管、学校办和督导评的区域公共治理新格局。这是上城区实施“管办评”分离，构建政府、学校和社会的新型关系，厘清政府、学校和社会之间的权责关系的改革探索的一部分。

（二）实施学校发展性评价，引导学校自主发展

上城区以三年发展规划为突破口，实施学校发展性评价，引导学校自主发展。第一，建立基于学生发展的增值评价体系，以三年为一个周期，聘请专业研究人员、学校服务对象等第三方评价专家多元参与，采用科学的监测工具，客观评价学校的发展变化。第二，建立以学生健康发展、教师个性发展、学校内涵发展和社会影响为核心的学校评价体系，引导学校走出片面关注硬件、关注升学率的误区，从而关注学校依法办学、关注学生与教师的健康发展。第三，学校评价由学校自定目标，自我评估，自主执行，重在引导学校加强自我规划，自我约束，从简单依赖行政指令和业务指令中摆脱出来，自主寻求选择学校发展的各种支持力量。第四，建立结果问责机制，将三年总结性评价结果与校长任期挂钩，利用督导杠杆保证办学方向和质量。

（三）开展区域质量监测，强化基于数据的教育改进

根据区域实情，建立“综合监测—综合诊断—综合改进”的“3C模式”，对全区中小学生开展多侧面、多层次、多方法、多主体的监测，具体指标包括心理健康、身体素质、品德行为、学业水平以及学生成长环境。接着，围绕监测结果开展基于发展现状和成长经历的、以差异分析和关联分析为主的综合诊断，如学科评价要尊重学生的起点，重视对学校生源家庭的影响的研究，才能科学地开展现状分析、成长刻画、差异分析以及原因关联。最后围绕诊断结果，开展综合改进，改进强调结果的区、校、班的分层反馈，改进策略的系统设计，以及改进策略的区域推动和多方协同。“3C模式”大大提升了区域基于数据的改进，提升了学校教师的反思能力。

上城区以“读懂学生”为载体，区校协同，共同做好基于数据的改进工作。其中行政部门重在决策改进，学校管理者重在管理改进，教师重在教学改进。各级各类人员，对照报告，解读数据，认识学生的认知规律，了解学生的心理特征，结合学生的家庭环境和发展起点，提供适切的教育，促进学生的健康、全面发展。

例如，杭州市教科所附属小学在研读区域反馈的学校课业负担监测报告后，发现学生的作业负担、作业难度和学习压力指数都高于全区常模，而学业兴趣低于全区常模，之后他们便把工作聚焦在学科作业改进上，从作业的自主性、综合性、选择性、趣味性等角度入手研究作业设计，切实克服机械重复作业较多的问题，减轻学生过重的学业负担。

(四) 制定综合素质评价体系，培养全面而有个性的学生

围绕身心健康、品质优良、学业上乘、技能全面、个性突出的区域学生培养目标，制定区域学生综合素质评价方案，促进学生全面而个性地发展。该综合素质评价，全面反映学生学业水平、身体素质、品德行为、综合技能以及特长爱好等表现。如身体素质，评价指标包括了身体基本状况(身高、体重、视力)、身体机能(国家体测项目)和体育运动习惯三个二级指标、五个三级指标，引导学生形成良好、健康的体育运动习惯。该体系不仅强调评估学生应达到的要求，更强调过程中的发展变化。

为了更好地促进综合素质评价的校本化实施，区域系统制定了中小学生综合素质评价标准、学校制定实施细则和指导意见，还提供了中小学生综合素质报告单以及评价标准。比如，“学习兴趣”指学生对学习的一种积极的认识倾向与情绪状态，因此“学习兴趣”须从“主动性”和“持久性”两个维度进行评价，并分小学低中高学段和初中段进行行为说明，评定结果分为合格和优秀两个等级。

该方案鼓励学校结合实际情况，大胆创新，形成各自的评价标准。如建兰中学围绕道德行为评价维度，结合校本培养目标，开展“发现身边的最美、成就最美的自己”的“建兰美少年”评比，旨在帮助孩子追求良好的品行。又如时代小学营造精彩纷呈的校园文化，努力为每位学生搭建展示特长、实现梦想的舞台，如“金话筒”小主持人、“丑小鸭”才艺之王、英语卡拉OK赛、科技小院士、时代墨玩高手、小小摄影师、数学小博士等，力图让活动与课程有效接轨，将主题活动与常规教育相结合，将实践活动与学科教学相融合，通过多元的成长评价，丰盈学生的精神世界，促进学生特长的发展。这些措施，保障了综合素质评价在区域基础上的校本化实施。

(五) 规范区域教育质量管理，聚焦学科核心能力和关键技能

改变区域教育质量管理模式，走出片面关注学业质量、片面依赖统考统测、片面依赖延长学习时间的质量管理思维，建立以“关注学生健康发展、关注学科核心能力、关注学科阶段特点”为核心的区域质量管理思路。第一，以区域监测代替常规统测，取消“全年级、全学科、全员”的统考模式，实行“部分学科、部分年级、部分人员”的质量监测；第二，关注学科核心能力和关键技能，核心能力包括阅读素养、问题解决和科学素养，关键技能包括口语能力、实验操作；第三，关注学科阶段特点，还原考试学习功能。比如，天长小学开展期末“经典两周”微型课程建设，推出以发展性评价为策略的“免考制度”。用轻松愉悦的看一看、动一动、听一听等体验活动代替原有的学科复习，用“游园活动”星级评价等方法代替原有的期末语文、数学考试。

三、从上城实践看教育质量综合评价改革的实质与路径

站在积极推进教育质量综合评价改革的今天，回顾上城区在评价领域的二十年探索，可以读出深化课程改革实践中评价改革的路向。表面上看，教育质量综合评价改革是要建立以“综合”为特征的新评价体系；但从基层实践看，这是以新的教育质量观去改造以往的教育评价实践的努力。我们以上城区的改革实践为镜，来阐释对中小学教育质量综合评价改革的理解。

（一）端正教育质量观，树立以学生发展为本的“四个关注”的综合评价思想

立德树人是教育的根本任务。教育质量综合评价改革必须坚持以学生发展为本的思想，切实克服“唯分数”的评价，扭转单纯以学生学业考试成绩和学校升学率评价中小学教育质量的倾向。

上城区的评价改革，始终把学生发展视作一切改革的核心。在上城区，学生发展的内涵被扩大了。它包含三层含义，一是学生在德、智、体、美等方面的全面发展；二是存在个体差异的每一位学生的发展；三是学生可持续的发展。他们将促进学生全面而个性的发展的理念蕴含在学业评价、学生成长评价、学校评价乃至教师评价中，树立关注学生的全面发展、关注质量形成的过程与成本、关注学生的学习品质、关注学生成长环境的综合评价思想。

上城区评价改革，是从学业评价改革开始的，从百分制到等级制，以及之后开展的综合素质评价。适度降低学业评价的区分度，有利于加强综合素质评价的导向作用，以落实学生全面发展的理念。2010年，上城区进行机构改革，设置学生发展研究中心和学生成长支持中心，更好地凸显满足学生个性化成长的需要。2009年起，上城区围绕学生的全面发展，持续开展对身心健康、学业水平以及成长环境等因素的监测，通过差异分析和关联分析，综合诊断学生的学习状况、学业负担、学习品质、成长环境，完整描述学生的学习质量及其形成过程。同时根据监测所发现的规律与现状，针对特殊群体，研究专题性的教育干预对策。这些举措都很好地体现了“四个关注”的思想。

（二）完善学校发展性评价，改进区域教育质量管理机制

《教育部关于推进中小学教育质量综合评价改革的意见》指出，要依据党的教育方针、相关教育法律法规、国家课程标准等有关规定，突出重点，注重导向，把学

生的品德发展水平、学业发展水平、身心发展水平、兴趣特长养成、学业负担状况等方面作为评价学校教育质量的主要内容,着力构建中小学教育质量综合评价指标体系。这一精神说明这轮评价改革的切入点在学校评价,重点在以正确的教育质量观来评价学校。

我们必须承认,区域教育质量管理机制是当前基础教育问题的一个焦点。它指的是地方政府、地方教育行政部门如何评价学校教育质量,评价中小学教育工作绩效的思路、制度与技术。中小学教育质量综合评价改革应以改进区域教育质量管理机制为使命。官员、教育工作者以及百姓必须从机制层面认识这一问题,尊重规律、积极调整,这样基础教育才有可能回归到理性、健康的发展轨道。

学校评价改革与学生评价改革的协同推进是上城区评价改革的一大特点。从1997年强调目标管理的标准评价到2004年基于学校发展规划的多元评价,上城区的中小学校经历了从整体提高办学水平到鼓励学校特色发展的进步。2010年,上城区设立包括督政、督学和监测三项职能的区教育督导与评价中心,将学生学业评价、综合素质评价、教育质量监测、学校发展性督导等工作统筹在一起。学校评价重视学校章程的引领和发展规划的统整,考虑学校的发展基础,关注学校的特色发展,强调基于增值的学校绿色评价。

区域性统考制度是区域教育质量管理机制的具体反映。在很多地区都以频繁的区域性统考的排名作为抓教育质量的"法宝"的今天,上城区取消了区域小学一至三年级任何形式任何内容的统考,四至九年级采用标准化考试的方式,只对部分年级、部分学科、部分学生进行抽测,不进行全区性排名,不纳入学校绩效考核,结果采用分层反馈,只用于区域和学校教学改进。这种统测方式,汲取了区域质量监测的经验,保障了统考结果的低利害,重在发挥区域统考的诊断作用。

(三)深化综合素质评价,建立以校为本的学生综合评价体系

建立教育质量综合评价指标体系,并不只是指向学校评价,它要同时推进综合素质评价工作,促使面向中小学生的综合素质评价的常态化实施。

综合素质评价是克服学校教育中"唯分数"现象的重要切入点。它既是关注全面发展、鼓励个性发展的评价观的反映,又是兼具自我教育功能的过程性评价方式。综合素质评价的制度设计要求学校以学生的发展状态与水平为评价对象,多渠道开展对学生诸方面素质的过程性的个性发展评价。其常态化实施的困难,一在观念,片面寄望于综合素质评价结果的高利害应用,忽视综合素质评价的实质是促进学生成长的一种教育方法;二在方法,如何结合相关课程进行客观而简明的记载与

评价，同时又能尊重学生成长的个性特点。

20世纪90年代开始，上城区的评价改革一直聚焦在学生综合素质发展。不管是最早的学生学习兴趣、学习态度，还是如今关注学生身体素质、道德行为、学业水平、综合技能和个性特长，上城区的学生评价始终坚持综合视野、分项展开，基于学科、超越学科；淡化考试分数的绝对评价，以分项等级评价更整体地描述学生的发展；关注学生学习与成长的过程，关注学习兴趣和学习态度的积极影响，发挥评价的育人特色；鼓励学校结合实际的探索，形成以校为本的学生综合评价体系。上城区教育质量综合评价推进过程中，非常重视区域制度设计下的校本化实施，突出以校为本的实践推进。

以校为本的实践推进，极大地保证了学校参与评价改革的热情和积极性，也很好地传承了学校文化和特色。比如上城区的崇文实验学校在全省最早推行低段无纸化考试。如今，学校形成了以新班级教育的“认识自己，成就自我”为核心的学生评价体系。上城区的不少学校都形成了基于学校办学特色基础的学生评价体系，形成了“建兰美少年”“勇进阳光学子”“金都和美学生”“紫阳书香学子”等各具特色的校本学生评价体系。

（四）改革学校考试制度与技术，还原考试的学习功能

推进教育质量综合评价，虽然强调“综合”，但无法回避学业评价。区域层面的统考与抽测要以正确的评价工具与方法，体现正确的教学导向，指导学校完善校内考试制度，改进学校教学质量管理，制止学校在形成性评价中滥用终结性评价的思路，指导学校提高包括纸笔测试与实践性评价的评价技术，还原考试的学习功能。

中小学教育质量综合评价改革必须正视学校考试中存在的问题，将改进评价方式方法与学校教学质量管理机制纳入改革的目标。只有学校层面的考试制度与命题技术有改观，有进步，学生的学习状态才会好转。

上城区的学业评价一直重视学科的核心能力和关键技能，比如英语的口语表达和听力能力、科学的实验探究能力，还有更综合的核心素养，如问题解决能力和不同文本的阅读素养。区教育学院（教研室）要求各学科重视考试命题研究，组建每所学校至少一人的学科教研大组，开展命题技术培训，组织针对中考和学困生的分层命题比赛，引导学校树立科学的命题观，体现学生的学习过程，体现学科的核心能力。江城中学针对学校生源状况，开展了基于导学稿的学业评价改革，采用了“3＋3＋3＋1”的模式（3分原题、3分衔接、3分变式、1分习惯），学业成绩提升效果明显。这种评价改革了学校考试制度与技术，还原了考试的学习功能。

（五）切实“读懂学生”，推广基于数据的教育改进

评价的目的是为了改进，是为了了解学生，以促进其有效学习与健康成长。但在基层，对以“统”“综”“比”为特点的评价结果的简单应用颇为流行。习惯采用统一内容、统一形式的评价，总想用一个便于比较的统计量来概括被评价对象，总以为横向比较能产生促进的力量，但这些做法使得统一以外的内容被忽视，使得学生的基础与特点都被忽略，同时又浪费了评价过程中获得的大量信息。

“科学运用评价结果”是中小学教育质量综合评价改革的重要目标。评价结果的呈现与使用应注意“管理立场”与“学生立场”的区别，要从促进发展的角度，发挥其诊断与改进作用。上城区开展的“读懂学生”运动历时7年，集区校之力搭建平台，围绕教育质量监测数据，引导教师读懂数据背后学生的认知规律、身心健康、成长环境和学习起点，在此基础上进行反思交流和行为改进。如上城区利用教育质量综合评价监测数据，将初中学困生的学习困境转化为课题，分析学困生成因，读懂学生，并从班级协同、家校合力、心理帮扶等角度入手，实施综合对策，实现学习困难生的集体转化，成效显著。

上城区的“读懂学生”有效地挖掘了教育质量综合评价的数据价值，凸显了学情分析的综合视角，淡化了结果使用的高利害，通过方向引导和技术示范以及先进表彰，促进了教师行为的改进和学校管理的改进。

张　丰（浙江省教育厅教研室）
马海燕（杭州市上城区教育评估与监测中心）

第六节　学校发展性评价体系的架构与实施

过去学校评价往往采用以标准化管理为核心理念的“鉴定性评价”。县区教育局制定精细化的学校考核标准细目，每年年终，对照考核条目评价区域内的每一所学校。这种“鉴定性评价”模式关注各不相同的学校是否达到预先设定的统一标准。这种高度统一、重奖惩、高利害的评价模式，对于促成学校软硬件达标、管理到位，确能起到较好的作用，但也容易忽视学校发展的个性，导致“千校一面”的现象。

随着人民群众对教育的需求由“有书读”转向“读好书”，学校发展逐渐从关注外部建设走向内涵发展与品牌培育。为顺应教育的发展，尊重学校的个性特点，促使区域性的学校评价制度帮助学校寻找发展中的亮点，帮助学校实现教育价值的增值，杭州市萧山区在学校评价上引入发展性评价的理念，淡化传统评价的统一标准，探索“多把尺子来评价学校”，关注学校自主发展、个性发展及发展过程。

一、萧山区学校评价制度的发展

萧山区中小学年度考核方案始于21世纪初。作为经济发达地区引导学校内涵发展的评价体系，方案试行了近十年。十年间，萧山区遵循发展性评价的理念，微调考核指标，完善评价操作体系。2014年，萧山区通过教育部义务教育基本均衡区验收；义务教育段学校特色品牌创建已完成四轮；区域推进“新教育”实践取得明显成效。在这样一个新的发展起点上，学校的考核评价应该如何与时俱进呢？

在调研中萧山区发现，尽管之前的年终考核方案也兼顾了发展性，但考核指标体系过于标准化，考核的过程、考核结果的使用相对刻板，激发学校内在发展动力不够等问题仍不可避免地存在。如何淡化学校年度考核方案中“鉴定性评价”的痕迹，更能动地推动学校发展性评价体系的完善与运作成为当时的新课题。

2014年，萧山区启动“学校发展性评价体系架构的区域探索”项目。主要目标是：在继承的基础上，评价指标进一步删繁就简，突出重点，完善萧山区学校发展性评价体系，促进学校“各美其美、差异发展”；强调落实与工作改进，充分发挥诊断性评价功能，引导学校良性发展，促进学校形成自主、持续发展的内在机制。

二、发展性评价的基本理念

20世纪80年代，库巴和林肯在其著作《第四代评价》中提出现代教育评价发展的阶段论，“第四代评价”的主旨是反对评价中的管理主义倾向，主张重视评价利益相关者的价值观，提倡在自然主义的情景下，运用建构主义探究方法，充分听取不同方面的意见，组织协商，促进共识的达成。

在这一理论的启发下，萧山区明确了区域性学校发展性评价的意义与方向，即评价者以帮助与指导学校发展为宗旨，依据学校自身的发展水平和发展目标，对学校的发展现状、发展潜能和发展前景进行价值判断。与传统的鉴定性评价“一把尺子”的评价标准相比，发展性评价强调“多把尺子”，在确保学校评价基础性指标达标的基础上，淡化传统的以统一评价标准评价学校的做法，而更多地关注学校自主发展、个性发展及发展过程。

三、评价指标的设计原则

发展性评价应以改进和发展为目的，在构建学校发展性评价体系时，我们关注被评价对象的本质特征，采用清晰明确的评价指标，避免由于指标过于繁杂而带来人力、物力的浪费及带给评价对象的负担。运用演绎法分解学校教育的构成要素，形成一级指标，再逐级分解，形成二级与三级指标。指标内容应细化，任务应明确，便于落实到位。确立评价指标的原则有：

（一）借鉴与发展相结合

构建学校发展性评价指标，应借鉴其他指标体系中的好指标，同时根据本地实际与评价目的加以发展。萧山区借鉴《浙江省中小学教育质量综合评价指标框架》和《上海市中小学生学业质量绿色指标》中的部分内容，充分考虑本地学校特点将评价标准具体化，使其具有可行性与针对性。

（二）共性与个性相结合

学校的发展性首先需要体现共性，即学校发展的基础性与底线。但除共性外也要体现个性，突出各个学校不同的发展特点。发展性评价不能千篇一律，在设计评价指标时要充分体现共性与个性的统一。

（三）全面与重点相结合

诚然，评价的指标越全面、越系统，越能反映评价对象的本质，评价的结果也越准确。但是，如果评价指标体系面面俱到，则会大大增加评价的工作量，降低评价工作的可行性与可靠性。因此，要对数量庞大的指标进行精简，选择最能反映评价对象属性、最能满足评价目标、最能反映焦点的指标。

（四）定性与定量相结合

任何事物都是质和量的统一体，定性分析与定量分析是各有所长、互为补充的评价方法。学校的发展性评价不能只采用某一种方法，而排斥另一种方法，必须根据评价内容的特点选择方法。如，对办学思想、民主管理等内容可采用评审组定性分析的方法，而教师发展、学生发展、品牌创建等内容大多可采用定量分析的方法，用得到的分值进行同类学校的横向比较，找出差距，确定努力方向。

（五）现实与未来相结合

发展性评价既要关注评价对象的现状，也要注重对未来发展的引导，让被评价者看清楚今后的努力方向。一味地注重现实性而忽视发展性，会造成被评价者目光短浅，只关注已有成绩；不顾现实而只关注未来，评价指标和标准就会变得遥不可及，学校看不到希望，评价也失去意义。只有既关注现实，又关注未来，才会在诊断现实情况的同时，对学校未来发展提出希望，发挥其激励与促进作用。

四、学校评价的组织实施

萧山区把学校发展性评价调整为基础性评价、发展性评价和第三方评价三个维度。基础性评价主要评价学校常规管理水平，促进学生全面发展及教师成长；发展性评价主要评价学校选定的重点工作与教学改革的推进状况，包括德育、体艺、科技、综合实践、校本研修、教学改革等；第三方评价是从社会、家长和学生层面，通过问卷调查、座谈等形式进行评价。

（一）基础性评价

基础性评价包括学校办学思想、安全稳定、财务管理、民主管理、减负工作、学籍管理等方面的评价，建立学校发展的保底要求，体现学校管理的方向要求。

在促进学生全面发展方面，增加一些规范性的引领，促进学生"综合素养"的习得养成。如小学"文化素养"考评中，除了学科知识和学科能力的考核要求外，增设"书写"能力的考核，目的是倡导与重视书写这一项小学阶段的基本功；又如构建艺术教育的组织管理和艺术普及的评价指标，来引导学校重视学生艺术素养的培养。

在教师发展方面，萧山区强调师德师风的底线，细化评价指标来引导教师"守正"；通过细化教师的评价指标，来规范教师培训，推动教师的后续学习。

（二）发展性评价

发展性评价是以促进学校不断发展为目的的过程性评价，主要评价学校选定的重点工作与教学改革的推进状况，包括德育、体艺、科技、综合实践、校本研修、教学改革等，为学校提供方向性的价值引领。

在德育工作的发展性评价中，萧山区加强自选动作的考核，比如策划与开展特色德育活动、主动承担区级活动并创新策划的学校，都能额外加分；把过程和结果相结合，鼓励学校积极参与德育精品课程建设、美丽学校建设等大项目，鼓励学校注重校外德育载体。同时，每类结果加分都设置了上限，避免城乡学校之间因生源差异较大带来的不公平问题。

在体育工作的发展性评价中，萧山区为加强体育特色项目建设，鼓励各学校参加体育竞技比赛的积极性，发挥教练员的专业优势，培养优秀体育人才，允许有条件或有能力的学校每年除参加一项自选项目外，仍可补选一项其他参赛项目，但两项竞赛中获得的名次只能按最高名次计入考评分，参加另一项目竞赛的名次做自动放弃处理，且同组其他代表队的名次不依次递进。萧山区还在体育后备人才的培养输送、教师体育荣誉或教学活动成绩考评、科研成果考评等方面进行发展性评价，有效推动体育竞技与体育教学工作的开展。

在艺术教育工作的发展性评价中，萧山区在专项比赛中考核学生参加艺术实践活动的经历，开展特长激励；在突出艺术教育普及的基础上兼顾艺术特长生，分值设置体现学校差别。同时，倡导各学校发挥本校艺术教育资源优势，依托本地优秀民族民间传统文化艺术资源，形成学校艺术教育发展特色课程。

我们认为，发展性评价强调建立相互信任、密切合作的评价工作基础，将平行和谐、协调合作、共同研究的氛围贯穿于评价全过程，为各学校的发展获得经验启示，扬长补短，促进学校间的均衡发展，各美其美。如为促进学校的均衡发展，萧山区倡导名校集团化办学，对集团工作进行发展性评价，促进集团内部学校办学水平的提升与均衡化。

发展性评价是以促进学校不断发展为目的的过程性评价,为各学校的发展提供方向性的价值引领。如在学校实践创新的考核中,对新教育(学校整体)、新课程(课程建设,增加学生的选择性)、新范式(改进教与学的方式,突出“学为中心”)进行发展性评价,深化教学改革,聚焦课堂转型,科学推进轻负高质。萧山区还根据每年工作的发展需要,进行阶段性的推进。如2013年在对学校特色发展的评价中侧重“新范式”,由每校三个校长进行陈述:德育校长说德育,教学校长说教学,校长说特色亮点及管理;在2014年仍侧重于对“新范式”的推进,保留了2013年的德育和管理两项的陈述;2015年侧重于新课程改革;2016年则侧重于核心素养。通过项目推动,积极推进局重点工作。

发展性评价注重对学校发展的纵向比较,鼓励学校在原有的基础上不断进步,让学校在发展过程中不断获得成功的体验,把发展评价作为学校发展的需要和动力。因此,萧山区在发展性评价中引入增量评价,给考核片内相比排名有所提升的学校赋予进步指数,以示鼓励。

(三)第三方评价

在学校评价的实践中,有些评价指标因关涉主体的复杂、主体间的相互牵制、操作运行的繁杂和初衷与结果的矛盾而被“束之高阁”。为此,萧山区探索引入第三方评估,如引入市场安全机构对学校食堂安全进行评估。我们认为,第三方评价机构的介入立场、观测视角弥补了现有发展性评价的不足,有效解决了实施中的主体纠葛、权力博弈等敏感问题,从而使其成为学校发展性评价中的专项督导,成为保障学校年终考核的“稳定剂”和“助推器”。第三方评价丰富了评价主体,不是为了评判一所学校,而是为了帮助学校改进工作,提升大家参与学校发展的获得感,让大家获得对学校发展的真正感受,提升学校的美誉度。

萧山区成立由家长代表、学校所在地的人大代表、教育系统政协委员、行风监督员等人员组成的第三方评价组织。借鉴教育质量监测的做法,设计关于学校发展且家长与学生感兴趣的问题,由片督学负责,由第三方评价机构适度抽取样本,对学生、教师、学校管理人员进行“看、听、访、查、测”,力求获得真实的信息。具体内容为:看学校软、硬环境情况;听取校长对学校发展性评价的落实情况的报告;访家长、学生、教师以了解学校发展情况;查基础性发展的落实情况和学校发展的规划与行动;测相关书面问题,了解学校发展中的优、劣之处。再由区教育局统一做好统计工作,通过大数据梳理学校发展问题并进行分析与建议,为学校的发展出谋划策,开好处方,进而加强对学校发展的过程性监控。

五、学校发展性评价的运作机制

发展性评价的运作须以促进学校发展为目的,以学校发展过程为对象,关注学校发展的过程和潜力。发展性评价的具体运作一般经历设置任务、反馈改进、发展提高三个阶段(见图4.10)。

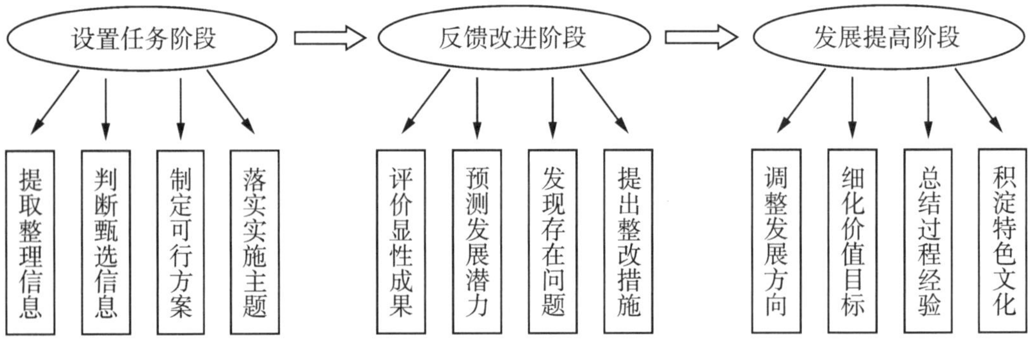

图4.10 发展性评价的分阶段推进

(一)设置任务阶段

萧山区教育局会同部分学校负责人、片督学和教育行政管理职能部门,形成学校与片督学部门的协商机制,通过讨论、座谈等方式,确定学校发展的基础性目标,包括学校在依法办学、办学质量、办学效益等方面必须达到的基本规范和水平,为学校的发展做方向性引领。同时,在确定基础性目标的基础上,确立发展性目标,既有"一校一标"的纵向评价指标,又有学校办学特色的具体体现,实现对划一标准的超越。

(二)反馈改进阶段

由于教育活动效果的延迟性,学校工作的效果并不会即时显现,只看结果不论过程的评价往往会挫伤学校的办学积极性。因此,萧山区借助第三方机构,加强对学校的过程监控,监控的目的不是"评判"与"训斥",而是更多地给予关注与帮助。

例如,"文化素养"发展性评价虽然也有学科质量检测结果,有A、B、C不同等第排序,但"合格率如不低于片平均合格率5个百分点、优秀率不低于片平均优秀率10个百分点的,将不启用扣分条款",也就是说,若达到这一"标准",将视作"文化素养"考核过关,这大大减轻了因恶性竞争转嫁到学生、教师身上的压力,评价标准的作用主要是价值引领。

（三）发展提高阶段

发展性评价注重学校的差异性和多样性，注重对学校的独特认可和积极评价，评价重点、标准、方法因校而异，引导学校根据自身实际分阶段确定发展目标。一个阶段的目标实现后再向更高阶段的目标努力，从而促进学校持续发展。

六、反思与展望

以促进发展为目的的学校评价已成为教育政策的取向。在发展性评价中，充分发挥学校的主体作用，创设学校自主发展的空间，在横向比较的同时注重纵向增量评价，充分调动学校办学的积极性、主动性和创造性，推动学校差异、特色且内涵式的发展。对于学校发展性评价的未来发展，我们有如下期待。

（一）走向更弹性、更人性化的评价机制

发展性评价的最终目的不是为了甄别，而是为了探索适合每所学校个性化成长的自主评价，追求区域教育的优质均衡。如2017年允许学校免考核，进行自我发展的试点工作，评价是为了促进发展，而不是为了管理、管制和区分，免考核也是我们追求的一种理想评价。

（二）走向技术和人文结合的评价操作

评价应尊重学校间的差异，多考虑起点与过程，多用增值评价，以清晰地看到较薄弱学校的进步，促进教育公平。

（三）走向系统内和系统外相结合的评价方法

建立开放的发展性评价已成为学校发展性评价改革的趋势与要求。我们将重构教育行政部门、学校、社会之间的关系，探索建立“教育行政部门指导、社会参与、学校自主发展”相结合的开放性学校发展评价体系，形成系统内评价与系统外评价相结合的互动机制，引导和促进学校的可持续发展。

夏国良（杭州市萧山区教育局）
李卫星（杭州市萧山区朝晖初中）

第七节　突出“核心指标”的学校综合评价

2014年，经浙江省教育体制改革领导小组办公室批准，东阳市作为试点单位参与浙江省教育厅承担的中小学教育质量综合评价改革的国家实验。东阳市教育局将改进区域性学校评价作为改革的切入点之一。

一、学校评价中存在的问题

经过广泛调查研究，东阳市梳理概括出学校评价中存在的一些问题：

一是学校教育实践与学校评价指标相脱节，“为评价而评价”的情况严重，存在工作与评价“两张皮”的现象，教育实践与教育评价缺乏一致性。

二是学校千差万别，基础不同，起点各异，但是评价标准都是“一把尺子”，学样评价评优存在不合理性和不公平性，基础薄弱、规模较小的学校以及农村学校往往失去创先争优的信心。

三是以往制定的学校教育评价指标，往往体系庞大，指标众多，面面俱到。体现学校教育管理和质量的“核心指标”，会被一些次要的、细碎的评价指标所弱化，重点评价指标的比重和分值也被这些过繁过细的评价所冲淡，影响教育评价的导向性。

四是受地方官员和社会上片面追求升学成绩的影响，学校质量评价往往只看重考试成绩和重点中学的升学比例，学生综合素质的评价流于形式，学校评价往往“一考遮百丑”，教育理想和目标往往被功利所绑架。

五是学校评价定性要求多，定量评价少，评价精准性差，难以用数据说话，学校自身和学校之间无法科学比较。

六是学校评价重结果轻过程，没有事前、事中、事后的全过程监控评价。

七是教育质量评价结果出来就“束之高阁”，缺乏教育评价的后续延伸，没有通过评价改进问题，反馈信息，调整行动，削弱了教育评价的引导激励功能等。

针对上述问题，东阳市以问题为导向，抓教育评价的“牛鼻子”，牵引“教育之乡”走素质教育的阳光大道。

二、由“交警扣分”得到的启发

2013年,为规范办学行为,东阳市教育局借鉴“交规扣分”的做法,实行“校长违规记分制”,规定:凡校长违规查实一次记4分,满12分且当年违规记分最高者,就地免职,形成“利剑高悬”之势。2014年,东阳有两名初中校长查实违规,分别记6分,诫勉谈话,全市发文通报批评。2015年后,每年都有中小学校长查实违规记分,全市通报批评。这一措施有效遏制了违规办学行为,保护了中小学教育生态,为教育评价改革营造了良好的实践环境。

依托“交警扣分”这种机制,东阳市逐渐提出“核心指标强牵引,聚焦评价促改革”的思路,形成东阳教育质量评价改革的行动特色。2014年,东阳市提出学校教育评价改革的三方面目标:一是创建具有东阳特色的“体系导航、做评合一、删繁就简、前置后延、全程透明、追求增量”评价管理体系;二是将“中小学教育质量综合评价改革”试点与深化“全国课外文体活动工程示范区”、省区域推进“轻负担高质量”联系县、全国“新教育实验区”等实践有机结合起来,落实东阳“全面管理,特色办学”的思路,切实扭转单纯以学生学业考试成绩和学校升学率来评价中小学教育质量的倾向;三是尊重教育规律,科学运用评价结果来诊断与改进教育教学,促进规范教育教学行为,实现“轻负担高质量”,努力形成有利于学生健康成长的社会环境。

三、东阳学校评价的“十大核心指标”

从宏观层面看,国家和省级教育部门理应制定一个比较全面而系统的体现素质教育发展方向和要求的“中小学教育评价体系”(即标准样本),以突出全面性、权威性和导向性。但具体到县域、学校,则须在国家或省颁“评价体系”指导下,针对县域实际和学校特点,有所取舍,删繁就简,突出重点。为此,东阳市改变以往学校评价“体系庞大,指标众多,面面俱到,四平八稳”的问题,以浙江省中小学教育质量综合评价的三方面12项指标为依据,“抓大放小”,按“体系导航、重点考量”的思路,压缩为“规范办学‘无举报’,综合考量‘求增量’、学业成绩‘三率优’、课堂教学‘效率高’、特殊办学‘有实效’”五句话,从五个维度、十大核心指标来评价学校,增强教育质量评价的针对性和时效性。

维度一:学校办学行为。

指标1:课程完成率和违规举报率。坚守省厅“减负六严格”和“减负六制度”,重点督查音体美课、综合实践课和少先队活动课等是否被挤占,通过学生睡眠时间、作业时间、补课时间等观察学业负担是否过重。

维度二:学生综合素质。

指标2:德育完成率。包括“东阳德育常规八条”“三级德育”和少先队活动落实情况。

指标3:“体艺2+1项目”参与率和考评率。包括《学生综合素质发展记录》管理系统测评率。

指标4:心理健康教育完成率。

维度三:学生学习状况。

指标5:学业成绩达成率。包括初中普高线(小学合格率)、学科平均分。

指标6:“后25%学生”进步率。(计算分母一律以局电子学籍管理学生数为准)

指标7:职高升学率达标。(关注普职高1:1)(小学不评价)

维度四:学生成长环境。

指标8:课堂教学模式改革和师训参与率。“四大共同体”推进课堂教学模式改革。

指标9:“校长课程领导力五项常规”践行率。

维度五:学校特色发展。

指标10:各级各类竞赛获奖率。

四、东阳综合评价的实施策略

经过多年的评价改革尝试,东阳总结提出“抓点合一化、起点层次化、重点简约化、视点多元化、评点数量化、查点全程化、看点可视化、赋点前置化、终点后延化、亮点个性化”的评价改革经验,对规范中小学教育行为,深化课程改革,发展素质教育,起到了积极的评价牵引作用。

(一)抓点合一化

这是指“做评合一,以评推进”,抓什么重点就评价什么,工作抓点与评价重点“合二为一”。坚持实践与评价“两个轮子”一起转,改变以往“为评价而评价”的“两张皮”现象。东阳将教育质量综合评价与创建“全国中小学生课外文体活动工程示范区”工作相结合。2006年,把“‘体艺2+1项目’参与率”“每天锻炼一小时”等纳入评价,持之以恒地推进实验。东阳市是浙江省区域推进“轻负担高质量”的联系市,于是设立“课程完成率、违规举报率”指标，把规范办学、减负六严格、减负六制度等纳入“核心指标”，重点督查音体美课、综合实践课等是否被挤占，通过学生睡眠时间、作业时间、补课时间等观察学业负担是否过重等，强化教育评价的实战性和导向性。

（二）起点层次化

针对学校基础不一、起点各异的现实，学校综合评价要变“百校一尺”为“因校而宜”，尽量避免“龟兔赛跑”式的不合理、不公平竞赛。东阳提出全市中小学“统一标准，分类创优”的评价思路，统一制定了《东阳市教育质量综合评价“十大核心指标”》。在评价过程中，用统一标准考评所有初中小学，即“同一标准、统一计分”；在考评结果使用时，分城区学校、基地学校、规上学校、薄弱学校，进行“统一评价，分层评优”，从而使各类不同起点的中小学，都能“跳一跳，摘得到”，大大激发了学校规范教育行为、发展素质教育的积极性和主动性，增强学校评价的激励性功能。

（三）重点简约化

学校综合评价的内容变“包罗万象”为“删繁就简、突出重点”。为此，东阳市抓大放小，将评价要点简单明了地概括为规范办学“无举报”，综合素质“求增量”，学业成绩“三率优”，课堂教学“效率高”，特色办学“有实效”，分别设课程完成率、违规举报率、学业成绩达成率、教改参与率、校长五项常规践行率、竞赛获奖率等“十大核心指标”，以增强学校综合评价的针对性和时效性。另外，党风廉政、安全管理等考核，不列入学校教育质量“十大核心指标”体系内，而是采取“倒扣法”，即不出问题即为合格不赋分，查实问题则倒扣分。

（四）视点多元化

借用“多元智能理论”指导教育质量综合评价，变学习成绩的“单一评价”为综合素质的“多元评价”，坚持“智能多元、评价多元”，增强学生综合素质考核评价的科学性。东阳以《全市中小学生综合素质发展评价记录册》为载体，统一印发，人人使用。主要设“身体素质、心理素质、体艺素质、品德表现、学力素质”以及研究性学习、社会实践等多元评价维度，分别对应儿童八种“多元智能”的发展性增量评价，并全程加以记录。如“心理素质”分两项对应“人际智能”和“内省智能”。又如“体艺素质”以“体艺2+1项目”为评价载体：运动素养对应“身体运动智能”，艺术素养对应“空间智能”和“音乐智能”。再如“学力素质”对应“语言智能”和“数学逻辑智能”。

东阳《初中学生发展记录册》既保持了学生综合素质发展的过程性评价，又与浙江省教育厅综合素质评价“三张表”对接。

（五）评点数量化

学校综合评价指标变“一般性要求”为定性与定量相结合，以定量为主。凡能够量化的指标尽可能量化，凡能体现发展增量的尽可能量化，使“十大核心指标”都能以数据说话，以增强评价的可比性和可操作性。如“校长课程领导力五项常规”践行率，“校长听课”达标（1.5分）以上且记录完整的前30%的校长得满分，中段50%的校长得1分，后20%得0.5分。“校长视频讲座”（1.5分）讲座视频水平高的前30%的校长得1.5分，讲座水平一般得1分，未上交视频的校长不得分。

（六）查点全程化

学校综合评价变以往的事后“一次性终端评价”为事前、事中、事后的“全过程监控评价”，以强化中小学教育评价主体的广泛性和评价方法的全程性。如初中实施素质教育评价，重在规范教育行为，难在平时监控。为坚决刹住学校不规范教育行为，东阳“下重典，用猛药”，打出特色“组合拳”。一是建立局领导和机关干部联系一所学校制度，加强平时对中小学行为的监控与督查。二是每年组织多次教育质量综合评价的“地毯式”明察暗访。三是每年组织两次学校教育质量综合评价的“推磨式”现场大检查，重点检查规范办学、德育常规、体育锻炼、校园文化、学校卫生等，教育局每年都组织现场检查。四是借鉴“交警扣分”做法，实行“校长违规记分制”，形成“利剑高悬”之势。以上措施增强了学校教育评价的过程性和真实性。

（七）看点可视化

学校综合评价须坚持信息透明原则，让国家“教育云”规模化应用试点服务于评价改革，开发“学校教育质量综合评价管理系统”，实现“数媒纸媒两用”的评价，增强教育评价的透明性和公正性。东阳积极实践“智慧队建”，全市100%的少先队员和辅导员开通了“红领巾网络活动空间”，即队员、中队、大队、家长、少工委实现“五大空间”互联互通。学校将“两卡两册”及照片、视频等活动资源，上传到队员和中队空间，实现活动可视化，评比优秀“红领巾空间”，使综合评价网络化。如东阳外国语小学将探索队员实践活动与学生核心素养发展评价相结合，将学校教育上百个实践点输入软件系统，用“雏鹰争章”形式进行评价，形成核心素养大数据。

（八）赋点前置化

规则在前，评价在后。东阳市将“评什么，怎么评，如何赋分”的“赋分办法”前置，让校长和教师提前一年知道。这是强化评价的引导功能，放大评价指标和评价办法的“诱致性”功能。教育局事先公布《东阳市义务段学校教育质量“十大核心指标”考核赋分办法》。如课程完成率和违规举报率的要求是：坚守省厅“减负六严格”和“减负六制度”。评价赋分办法是：①开齐开足课程（3分）：重点督查音体美、综合实践课和少先队活动课等是否被挤占。挤占课程和课时，查实一次扣1分，扣完为止。②以校为单位，规范办学无举报得满分（3分），重点督查学生睡眠时间、作业时间、补课时间等，观察学业负担是否过重，睡眠时间、作业时间、补课时间等有不合理情况，经举报查实一次扣1分，扣完为止。

（九）终点后延化

学校评价要变“终结性评价”为“后延性评价”，让评价节点和评价功能在原先状态继续延伸，通过评价改进问题，反馈信息，以促进和调整教育活动进程，发挥更大的牵引激励作用。比如，高一新生体质健康测试结果，以初中为单位排名通报，延续考评到每一所初中，促进初中体育活动开展。再如，升入高中后三年生均进步率，延续考评到每一所初中，与初中质量评价挂钩，以此反映初中生的学习后劲和可持续力，从另一层面反映初中教育的含金量。

（十）亮点个性化

学校综合评价变以往的“整齐划一”为“特色鲜明”。为强化当代教育质量综合评价的发展性功能，东阳把中小学校学年评价与促进学校特色化建设有机结合起来。东阳市教育局专门下发《东阳市“全面管理，特色办学”的实施意见》，全市中小学校都具有“特色项目”。在学校综合评价的“规定动作”中，专门设立学校特色发展维度，重点考核特色校园文化建设，评价在市运动会、艺术节、科技类竞赛等各级各类竞赛上的成绩。同时，为放大中小学办学的“个性”和“亮点”，学校综合评价还增设“特色办学”加分栏目，对基层创造的被上级教育行政部门推广的重大特色经验或成果酌情加分，以资鼓励。

沈　兵（东阳市教育局）

第八节　依托“四维评价”体系的初中绿色增值评价

初中是承上启下的关键阶段,温州市有350所初中学校,学生数约占全省的1/6。从近几年浙江省教育质量综合评价监测和全市初中毕业生学业考试的数据看,区域初中综合教育质量处于全省后位,区域内部整体水平差异较为明显。

2013年10月,温州市构建起包括学生品德发展、学业水平、身心健康和学习生活幸福等四个维度18项指标的“四维评价”体系[①],相继开展了7次市级层面的教育质量综合评价项目,但实践中也遇到一些瓶颈:一是如何解决因起跑线不同带来的评价偏差,二是如何关注基于进步幅度的评价等。

为此,温州市教育评估院基于四维评价体系开展初中绿色增值评价研究,设计增值评价内容、开发增值评价模型、构建增值评价数据追踪系统,进一步完善中小学教育质量综合评价模式,凸显本土“四维评价”指标体系的综合性,引领区域教育全面发展和绿色发展。

一、绿色增值评价的内涵与定位

“四维评价指标体系”是教育部、浙江省教育质量综合评价指标框架在温州本土的实践与创新。它反映了教育质量评价必须坚持的“绿色”取向。从内容维度看,不仅关注对学生学业水平的评价,也关注对学生品德发展、身心健康和学习生活幸福感的评价;从教育教学发生的时间维度看,不仅关注教育的结果输出即学生的学业水平,也关注教育过程中影响学生学业水平的过程因素、环境因素等。

“增值评价”是指学生在通过接受一定阶段教育后,在学力、生活与职业、情感、社会性发展等方面,在各自起点或基础上进步、发展、成长、转化的“幅度”,并依此对学生个体发展和学校效能进行价值判断的评价模式。[②]

温州市面向初中学校,依据上述增值评价的概念,结合区域四维评价指标体系

① 详见本书第三章第二节。
② 张亮,张振鸿.学校“增值”评价的内涵与实施原则[J].当代教育科学,2010(10).

构建的“绿色增值评价”是指在充分考虑学生的基础因素(学习基础、家庭教育环境等)的前提下,对接受过一定阶段教育之后的学生的品德发展、学业水平、身心健康和学习生活幸福感等方面的增加程度进行价值判断的评价模型。评价内容不仅关注学生的学业水平的增值,也关注包括学生身心健康在内的全面增值,旨在引导学生在各自的起点或基础上均衡和谐地、高质量地、可持续地“绿色发展”。

二、绿色增值评价的构建思路

开展中小学教育质量增值评价是为了切实解决因起跑线不同带来的评价偏差,它不仅关注学习过程的最后产出,更看重学习过程所带来的增长。它不仅关注学生的学业增值,也关注学生非学业方面的进步。

学业方面侧重开发本土化的增值评价模型,模型既要有一定的科学性和公平性,又要能让一线的学校、教师认可、理解和操作。非学业方面侧重基于增值评价的理念与方法设计、评价内容和评价办法,按照“成熟一项开展一项,逐步深入拓展”的工作思路,探索开展区域初中阶段教育质量增值评价项目。

三、在借鉴中构建学业质量的增值评价模型

(一)学业方面在借鉴中构建学业质量的增值评价模型

1. 卡坦斯学校效能评价模式[①]。

1992年,英国学者彼得·卡坦斯(Peter Cuttance)在学校效能评价中提出学校层面输入校正模式和学生层面输入校正模式,获得了比较广泛的应用。他认为,在英国,学生家庭经济状况是对学生学业水平有着重要影响的因素。他以学生家庭经济状况作自变量,以学生的学业水平作因变量,建立一元线性回归方程。某一学校的效能即为这个学校的学生家庭背景因素和个人入学成绩得到校正后所得到的成绩与平均预测成绩比较后的差异。

为了进一步完善学校层面输入校正模式,卡坦斯随后提出了学生层面输入校正模式。它不仅能够比较对学校净影响的大小,而且还引进了考察学校效能的“质量”与“均衡”的维度。“质量”代表学校学生的总体成绩水平,而“均衡”则代表学校

① 赵树贤.卡坦斯学校效能评价模式及其拓展研究[J].中国教育学刊,2007(6).

内不同起点水平的学生得到发展的情况。如果起点成绩低的学生得到较好发展，与高起点学生的成绩差距在减小，便是均衡趋势；如果两者差距在扩大，便会出现不均衡的趋势。

2. 区域本土化学业增值评价模型。

在人们通常的认识中，初中阶段学生的起点水平是影响学生学业质量提高的重要影响因素。如能扣除该因素的影响，则学校对学生学业质量的净影响主要来自学校教育教学活动，包括课程、教学、校风、学校生活等。当然，家庭与家庭教育等因素的影响也是一个方面。

按照增值评价的科学性和可操作性原则，在一线教师所能理解和认可的基础上，参照卡坦斯学校效能评价模式，将区域学生入口成绩作为自变量，出口成绩作为因变量，建立一元线性回归方程（见图4.11），构建区域初中学业增值评价模型。将各校的入口成绩与出口成绩，放入此模型中进行比较，便可观察到排除生源影响后，各校教学效能的高低。

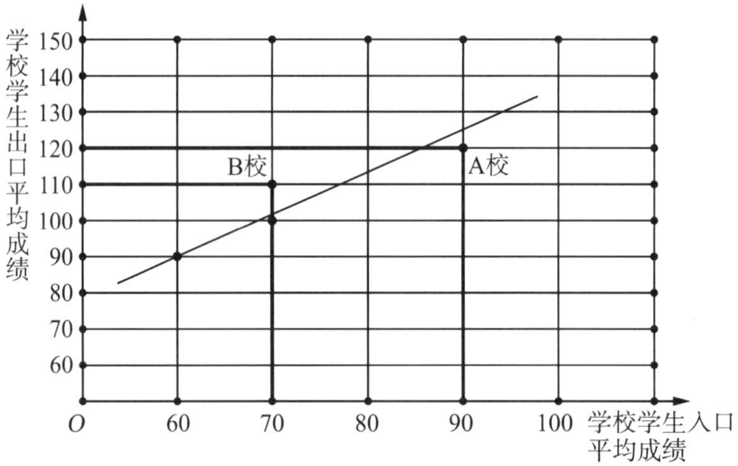

图4.11　学业质量区域增值评价模型示意图

如图4.11所示，A校学生入口平均成绩为90分，出口平均成绩为120分，该点的位置在区域效能回归线下方，则A校为较低效能。B校学生入口平均成绩为70分，出口平均成绩为110分，该点的位置在区域效能回归线上方，则B校为较高效能。虽然从出口平均成绩的实际水平看，A校（120分）比B校（110分）高，但根据区域效能回归方程，可知A校出口平均成绩要达125分左右，才达到区域教学效能标准，现只有120分，故其教学效能低于区域整体标准。如根据出口平均成绩简单判断A校教学效能高于B校就失之于客观。

3. 引进“质量”与“均衡”评价维度。

参照卡坦斯学校效能评价模式,基于区域增值评价模型,可以得出区域各学校的一元线性回归方程,并计算出对应各学校直线的不同“截距”和“斜率”。其中,斜率可反映学校教育教学对某类学生发展的适应程度。学校回归方程的斜率相对区域较大的,则该校对高分段学生的作用相对较为明显;学校回归方程的斜率相对区域较小的,则该校对高、低分数段学生的作用相对较为一致。截距则可反映学校总体水平相对高低的程度。将各校回归方程的截距与区域相比较,就可判断各校总体水平与区域的总体水平的差异。问题的关键在于斜率的大小(对学生发展的适应程度)。我们期望有更多截距大于区域,但斜率小于区域的学校,这表示该学校各类学生发展水平不低且发展较为均衡。对于截距小于区域的学校,我们期望其斜率能大于区域,这样才会有部分学生能达到或超过区域的水平。

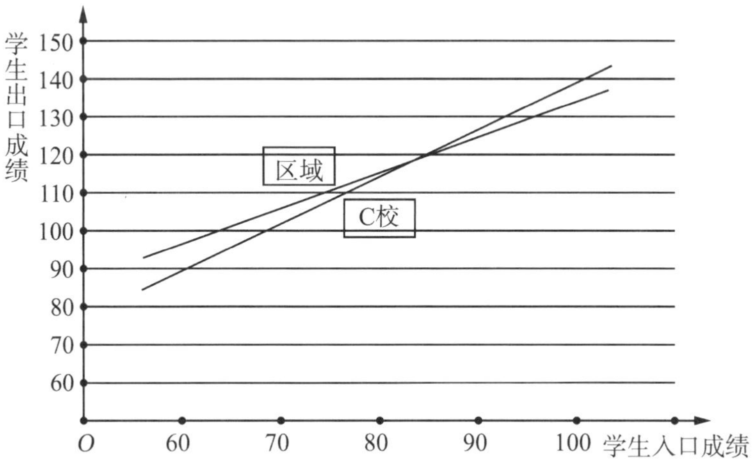

图4.12 学校层面的“质量”与“均衡”相对区域的比较

如图4.12所示,C校的回归方程的“截距”小于区域,说明C校该学科(或总分)的“整体学习水平”低于区域;但C校的回归方程的“斜率”大于区域,说明在C校中,不同层次学业水平的学生提高的“均衡性”比区域“差”。

(二)非学业方面:基于增值评价的理念构建非学业增值评价模型

1. 非学业增值评价内容的设计。

基于四维评价的实施方案,非学业的教育质量的增值评价内容将视评价工具的开发情况逐步发展与完善。近三年温州市开展的小学六年级综合评价监测的非学业方面的考查要点见下页表4.13。

表4.13　温州市六年级非学业教育质量增值评价的内容

一级指标	二级指标	指标考查要点	备注说明
品德发展	行为习惯	学生在文明礼貌、勤俭节约、热爱劳动、爱护环境等方面的认知和表现情况	测评结果能形成指数
	人际互动	学生在友善同学、友伴互动、团结合作等方面的认知和表现情况	
	助人利他	学生在均分慷慨、珍爱生命、公益劳动、谦让合作、乐于助人等方面的认知和表现情况	
身心健康	体质健康	按照现行《国家学生体质健康测试标准》执行	测评结果能形成指数
	心理品质	学生在合理自我评价、乐观进取、奋发向上等方面的认知和表现情况	
学习生活品质	学习兴趣	学生对阅读等学习活动积极的情绪反应	测评结果能形成指数
	学习动机	学生对学习本身的兴趣所引发的积极参与过程	
	学习负担	学生的客观学习负担和主观学习感受，包括学习时间（课外补习）、睡眠时间、补课时间、作业量与难度等	

通过问卷测评，基于上述关键指标内容，结合测评结果的指数合成和典型题目，关注学生相关测评指数的入口和出口的变化，来反映区域或学校的有关学生发展因素和影响学生发展因素的趋势，以此来关注学生全面发展，关注学生学习质量形成的过程与成本，引导树立正确的教育质量观。

2. 非学业增值评价办法的设计。

非学业教育质量的增值评价以学生一段时间内的非学业相关指标的增值幅度为依据来评量学校的教学效能，切实了解学生在一定时期内非学业方面的发展情况。非学业教育质量增值评价办法可采用相关指数增值的效应量大小来进行描述，根据相关指数增值的效应量大小，将增值分为五个水平（见表4.14）。

表4.14　相关指数增值等级划分表

相关指数增值的效应量大小	对应相关指数增值情况	星级标定
效应量＜−0.5	增值显著低于区域平均水平	一颗星(*)
−0.5＜效应量＜−0.2	增值低于区域平均水平	二颗星(**)
−0.2＜效应量＜0.2	增值为与区域平均相当	三颗星(***)
0.2＜效应量＜0.5	增值高于区域平均水平	四颗星(****)
效应量＞0.5	增值为显著高于区域平均水平	五颗星(*****)

四、区域本土化绿色增值评价应用

（一）区域绿色增值评价开展情况

1. 匹配2016级学生入口与出口综合数据。

利用学籍系统、小升初招生信息数据和学生身份证号码信息，将市局直属初中2016级学生2016年6月的六年级综合测评数据和2018年1月的八年级监测数据进行了匹配，分别作为入口与出口数据。从表4.15可以发现，2016年9月，市局直属初中学生数为8169人，其中有入口数据为7795人；2018年1月，市局直属初中学生数为8092人，其中有出口数据为8008人；经匹配有入口与出口成绩的学生数为7507人，与2018年1月的学生数比较，占比为93.74%。从各学校匹配情况来看，除两所学校外，其余学校有入口与出口数据的人数占比与2018年1月比较均超过90%。

表4.15　2018年1月市局直属初中入口与出口数据匹配情况

	2016年9月		2018年1月		匹配成功数	占现有人数比例
	学生数	有入口数据人数	学生数	有出口数据人数		
市局直属	8169	7795	8092	8008	7507	93.74%

2. 相关数据标准化处理。

由于六年级测评和八年级监测分属不同量尺，为统一量尺，须对两次数据分别进行标准化处理，转换成平均分为0、标准差为1的标准分。之后，将经过标准化整理好的数据，根据增值评价模型，计算获得增值的量化结果。

3. 学校分类别进行增值评价。

市局直属初中共有22所，这些学校因历史和现实的原因，在生源状况、办学条件、师资队伍、办学特色等方面存在较大的差异，这些差异决定了各学校间的教学效能存在差异。要客观评价各学校的教学效能必须从各学校的实际情况出发，综合考虑影响教学效能的各要素。因此，在开展学校增值评价前，要先结合学校办学条件和学校特点对区域学校进行分类，尽可能地控制学校硬件设施和校外因素（家庭经济状况、家教等的影响），使对学校效能的测量规定在学校“净影响”（扣除了家庭因素、学校的硬件设施和起点成绩的影响）和学生学业成绩的增值之中。

（二）区域绿色增值评价的结果应用

绿色增值评价不仅关注学校和学生的学业进步情况，而且关注学校和学生学业增长背后的相关影响因素，有利于促进学校更好地关注学生在原有基础上的全方面绿色增长，有利于引导教师遵循教育规律，树立科学的教育质量观。表4.16、表4.17与表4.18呈现的是这次市局直属初中增值评价的结果。

表4.16　2018年1月市局直属部分初中学业增值情况汇总

学校代码	原始分均值		T分均值		预估出口数据	学业增值
	入口	出口	入口	出口		
市局直属	363.10	347.86	70.00	70.00	—	—
205	371.14	367.11	73.52	74.23	72.49	1.74
215	327.39	218.68	54.35	41.63	58.90	−17.27
220	364.60	359.80	70.66	72.62	70.46	2.16

注：T分，将原始分转化为Z标准分，再将Z标准分线性转化成T分（T=70+15×Z）

从表4.16可以发现，从横向比较来看，代码为205的学校在学业方面的优势较为明显，代码为215的学校相对较差。从增值情况来看，代码为220的学校增值相对较大，代码为215的学校退步相对明显。

表4.17　2018年1月市局直属部分初中八年级监测问卷情况汇总

学校代码	T学校归属感	T师生关系	T学习兴趣	T学习压力	T自我认同感	T学习意志力
市局直属	70	70	70	70	70	70
205	67.25	66.46	67.85	69.12	66.94	71.35
215	58.16	56.39	59.32	71.52	65.79	62.51
220	81.07	81.02	77.25	80.22	72.25	72.92

从表4.17可以发现，代码为220的学校相关影响因素（包括学校归属感、师生关系、学习兴趣、学习压力、自我认同感和学习意志力）的增值情况均好于区域平均水平，而代码为205和215的学校相对较差，其中代码为215的学校差距尤为明显。

表4.18　2018年1月市局直属部分初中非学业增值情况汇总

	学校归属感增值			学习压力增值			学习兴趣增值		
学校代码	增值量	效应量	星级	增值量	效应量	星级	增值量	效应量	星级
市局直属	0.130	—	—	0.075	—	—	0.265	—	—

续表

	学校归属感增值			学习压力增值			学习兴趣增值		
学校代码	增值量	效应量	星级	增值量	效应量	星级	增值量	效应量	星级
205	0.048	−0.105	***	−0.037	−0.096	***	0.169	−0.095	***
215	−0.424	−0.711	*	0.384	0.266	****	−0.370	−0.630	*
220	0.634	0.647	*****	0.494	0.361	****	0.645	0.377	****

注:星级越高,表示情况越好[①]

从表4.18又可以发现,在非学业增值方面,学校代码为220的学校,学校归属感、学习压力和学习兴趣方面的增量均优于区域平均水平,而代码为215的学校,学校归属感和学习兴趣增量低于区域平均水平。

可见,绿色增值评价能提供更加准确和丰富的信息。代码为220的学校,学业成绩和相关影响因素增量均优于区域平均水平,这说明该校不仅学生学业方面有进步,且学业进步的背后是低负担、高兴趣的绿色成本,应是学校绿色发展的典型。代码为205的学校,学业成绩相对较好,且有正增值;但相关的影响因素相对较弱,且增量与区域平均相当,学校应在提升学业质量的同时关注学生的绿色发展。而代码为215的学校,学业成绩和相关影响因素相对较差,且增量显著低于或低于区域平均水平,教育管理部门应予特别关注,帮助学校查找问题,寻找学校教育质量负增长的深层次原因。

五、实践成效

(一)为区域初中增值评价提供相对科学的评价模型

区域初中绿色增值评价以输出的成绩为因变量,以输入的成绩为自变量,通过学校分类,用回归分析的技术来计算学校的增值,相较于采用特征分数差值法[即简单地用最后输出的特征分数(如均值、优秀率、合格率、排位等)减去输入的特征

① “*”表示显著低于区域平均水平;“**”表示低于区域平均水平;“***”表示和区域平均水平相当;“****”表示高于区域平均水平;“*****”表示显著高于区域平均水平。其中,学习压力的星级,“*”表示学习压力增量显著高于区域平均水平;“**”表示学习压力增量高于区域平均水平;“***”表示学习压力增量和区域平均水平相当;“****”表示学习压力增量低于区域平均水平;“*****”表示学习压力增量显著低于区域平均水平。

分数，得到每个学校在这一时期输出与输入的差值作为增值]更科学，也能让学校与一线教师更容易理解。

（二）为区域初中增值评价提供可操作性的范例

区域初中绿色增值评价在对各类学校教育教学质量实际水平分析的基础上，增加了排除生源影响的一项，关注到学校教育教学的有效性的评价，鼓励学校能按照自己生源的实际情况进行教育教学，使学生在原有的基础上获得提高。它是区域教育教学质量综合评价的补充与完善，也是基于区域四维评价指标的“绿色体检”的一个操作性范例。

（三）为区域初中增值评价提供向非学业延伸的尝试探索

区域绿色增值评价不仅提供了学业增值评价的操作方案，也探讨了非学业方面的增值评价，尝试构建非学业方面的增值评价内容和具体操作办法，并将二者结合，建立完善的区域中小学教育质量综合评价体系，更好地促进市、区、校遵循教育规律，树立科学的教育质量观。

（四）为区域初中教育教学提供绿色的发展方向

增值评价将发展性评价的理念带入教育评价领域，基于区域入口与出口相关数据的变化趋势，衡量县（市、区）和学校层面的增值表现。可以据此了解县（市、区）、学校总体的教育教学发展状况以及相关的影响因素，引领教育行政和教研部门在关注教育质量相对较差的区域和学校之外，关注出现负增值的区域和学校，为区域教育教学全面绿色发展提供支持。

六、问题与思考

基于四维评价体系的初中绿色增值评价是一项创新性的教育评价改革，在实践过程中也发现一些问题，例如：如何解决入口与出口阶段监测学科不一致的问题；如何设计非学业教育质量的评价内容或考查要点以更好反映学生变化的情况；如何确保非学业方面的增值评价办法的科学性；等等，这些方面还需要进行深入思考与探索突破，从而在实践中不断优化和改进。

王光秋（温州市教育评估院）

第五章

旨在改进教育教学的教育质量监测

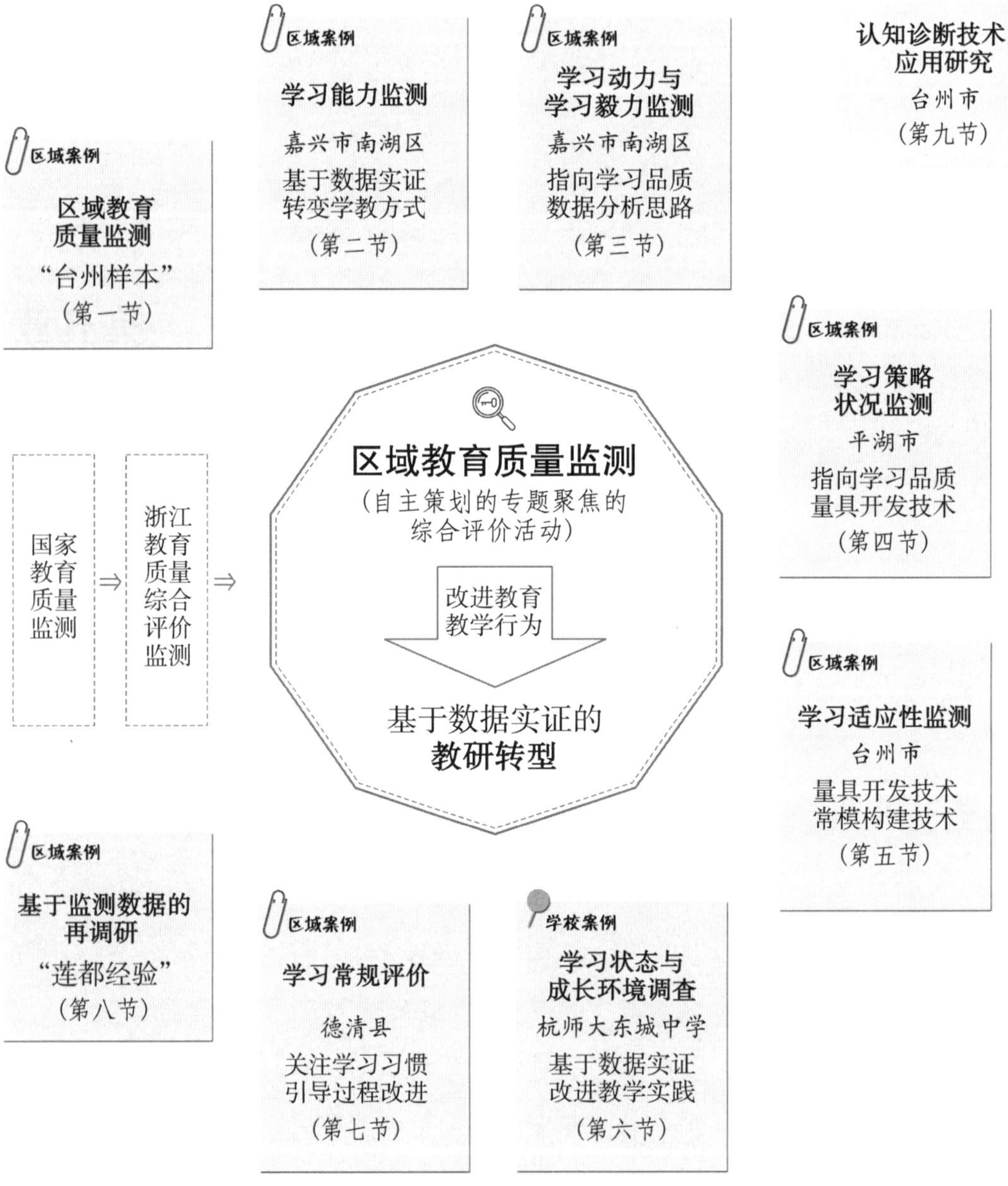
区域案例
学习能力监测
嘉兴市南湖区
基于数据实证
转变学教方式
（第二节）
区域案例
学习动力与
学习毅力监测
嘉兴市南湖区
指向学习品质
数据分析思路
（第三节）
认知诊断技术的
应用研究
台州市
（第九节）
区域案例
区域教育
质量监测
“台州样本”
（第一节）
区域案例
学习策略
状况监测
平湖市
指向学习品质
量具开发技术
（第四节）
国家
教育
质量
监测
浙江
教育
质量
综合
评价
监测
区域教育质量监测
（自主策划的专题聚焦的
综合评价活动）
改进教育
教学行为
基于数据实证的
教研转型
区域案例
学习适应性监测
台州市
量具开发技术
常模构建技术
（第五节）
区域案例
基于监测数据的
再调研
“莲都经验”
（第八节）
区域案例
学习常规评价
德清县
关注学习习惯
引导过程改进
（第七节）
学校案例
学习状态与
成长环境调查
杭师大东城中学
基于数据实证
改进教学实践
（第六节）

图5.1　本章结构图

2007年，教育部成立基础教育质量监测中心，开始国家教育质量监测试点；2015年，国家正式启动周期为三年的义务教育质量监测。浙江省于2013年首次与北京师范大学合作开展教育质量综合评价监测，2018年首次独立开展综合评价监测工作。相对于国家与省级关于教育质量的系统调查，一些地方自主策划的区域教育质量监测往往聚焦某一专题，更加注重教育教学改进。如台州市近年来自主实施了阅读能力水平监测、小学生自主管理能力监测等，主动学习，掌握先进的教育质量监测技术，勇于实践，打造地方教育质量监测的"台州样本"。本章收入了台州市关于构建区域教育质量监测体系、开展高中生学习适应性监测和认知诊断技术的应用研究的三篇成果，从工作思路、实践案例与技术研究等侧面反映台州经验。

本章同时以各地自主开展的五个专题监测为例，说明不同内容重点与技术重点的监测的设计、实施与应用的方法。如：嘉兴市南湖区基于初中生科学学习能力监测的实证数据，指导教学改进，转变学教方式的实践，以及他们开展的学生学习动力与学习毅力监测；平湖市关于小学高段学生学习策略水平的调查；台州市开展的高中生学习适应性监测；杭州师范大学东城中学根据江干区"学习调查"的反馈信息，结合校情，针对性地推进教学改革的探索。这些在监测设计的专业性与监测结果的应用性上各有深入研究的真实案例，反映了浙江省教育质量监测坚持"改进取向"的努力与创新。

教育评价观念的转变，透析教学过程的技术的进步，促进了教研工作的时代转型。

如果说南湖区的科学课堂教学改进属于教研转型的教师案例，那么东城中学基于"学习调查"深化教学改革的实践则是教研转型的学校案例。丽水市莲都区从国家与省级教育质量监测的数据出发，自主策划关于教学常规的再调研，以及德清县开展学生学习常规评价都是依托评价研究，由区域带动学校探索教研转型的新实践。

Evaluation

第一节　构建地方教育质量监测体系

国内很多地方习惯以学生考试分数和升学率来评价学校、教师和学生，衡量有关单位的“教育政绩”。但近年来，这一传统受到越来越多有识之士的批评。大家期待更为科学、有效的教育质量评估方法，以促进教育的科学发展。2010年开始，台州市教育局在国家基础教育质量监测工作的启发下，组建机构，组织人员学习研究国内外教育质量监测的理念和技术，率先在区域内组织实施基础教育质量监测。七年来，台州监测工作团队秉承正确的理念，使用科学的技术，建构工作体系和促进结果运用，形成了基础教育质量监测的“台州样本”。

一、认清教育质量监测的内涵

教育质量监测是一种与传统考试有着本质区别的全新的教育评价方式。在评价目的上，它突出诊断问题和检视策略；在评价内容上，它重视立体评价和全面评价；在评价方式上，它注重过程还原和归因分析；在对待评价结果上，它强调措施跟进和改进效度。教育质量监测是在大数据背景下，综合教育学、心理学、统计学、社会学等多学科技术而形成的一种全新的教育测量评估方式，它意在对教育教学过程进行全面解释的同时，积极建构更有利于学生发展的教育政策环境模型和教学行为优化态势。我们在实践中坚持如下认识：

（1）教育质量监测不是统考统测，要依托科学的抽样，努力降低所有可能样本的估计值与总体指标之间的离差。

（2）教育质量监测不是“测人”，而是“测点”。不是对人的知识和能力做准确描述，而是围绕每一个相关的指标，从多侧面和层次对其进行测量。

（3）教育质量监测不是测“分数”。传统考试以考查学生的学科成绩为主，而教育质量监测主要是测量学生的综合素养水平及影响其水平的相关因素。

（4）教育质量监测不是排名排序。教育质量监测不做“撒把盐”的事，也不凑热闹“点赞”。教育质量监测要跳出简单化的分数评价。

（5）教育质量监测重在诊断问题，通过对影响学生学业的相关变量的深度研究，找出区域教育存在的问题。寻找有价值的数据，拿数据说话是关键。

(6) 教育质量监测者不是做批评家，而是学做建言者，重在讨论问题产生的原因，建构有利于学生发展的教、学、管、辅的工作框架，探寻相关策略并试图解决问题。

(7) 教育质量监测是一项研究性的评价，将教育的视野从关注现象和结果拓展到研究原因和过程，进而构筑以问题为导向的区域教育改进机制。

二、制定教育质量监测的工作规范

教育质量监测是一项技术性很强的工作，从监测目标的设定到监测项目的确定，从课程标准的研究到学业水平的界定，从学习状况的调查到背景因素的分析，从测试试卷的命制到调查工具的设计，从样本规模的确定到学校样本和学生样本的产生，从测试工具数据库的建设到基础信息数据库的形成，从实施的组织架构设置到施测的规定程序设计，从数据的采集到数据的处理，从试题的技术指标分析到测试结果的差异分析，从相关因子的归因分析到分析结果的可视化呈现，从具体内容的教学管理策略探究到务实性的建议意见的提出，从监测报告的撰写到结果的解读与使用指导，都需要遵循相应的技术规范。为了保证监测工作的有效性，台州市制定了一系列工作规范，对教育质量监测相关工作人员的岗位职责、工作任务和技术指标做出了具体规定，从技术环节为监测数据信息的准确可靠把好关。

（一）做好工作规范的顶层设计

制定《台州市基础教育质量监测工作手册》《台州市基础教育质量监测工作规范》，对教育质量监测的指导思想、工作目标、基本规范、工作原则、内容、方式方法、数据处理和结果运用等，都做了规范性界定，为开展区域基础教育质量监测工作提供了依据。

（二）制订工具研制的规范

教育质量监测工具研制最忌讳的是以选拔性考试的思维来指导研制工作。台州市以具体的工具研制操作要领、技术要求和工作规范作为支撑，从而使研制工作有据可依、有路可循，使工具研制各环节不走样、不缩水。

（三）制订测试的操作规程

要保证数据的真实性，除降低工作的功利性和提高工具的技术性外，很重要的是对监测实施各环节的工作要求、各相关人员的工作要领以及各时间节点的工作注意事项做具体明确的规定。几年来，台州市已形成较为完善的规定，包括《监测实施办法》《现场测试工作指要》《工作人员温馨提示》等。

（四）制订数据整理和处理的工作流程

只有建立起高质量的数据库，才能进行数据分析和问题诊断。经几年摸索，台州市已经形成相对完整的编码与数据的录入规范和审核程序、数据核查流程与规范、数据清理步骤与技术标准、变量合成的流程与规范、常模制定的方法与技术，为建立高质量的数据库提供了保障。

三、构建教育质量监测的区域工作体系

区域教育质量监测在追求科学性的基础上，还要强调实用性，要根据区域实际，紧密结合区域教育问题展开，要从关注宏观转向关注“微观”，做到源于问题、发现问题、讨论问题，并针对问题提出建议。经过几年实践，台州市已形成较为稳定的区域工作体系。

（一）一个工作中心

教育质量监测要以查找问题、研究对策为中心，台州市借助信息技术平台，通过科学的测量工具，使经验性的模糊的评价发展成可操作的评价指标体系，实现描述教育现状、诊断教育问题、探索改进策略、促进“对症”发展的工作目标。

（二）两个基本出发点

一是诊断管理问题为教育决策服务。对基础教育阶段学生全面发展状况和影响学生发展的环境因素进行监测，准确把握区域基础教育的质量状况，科学诊断区域基础教育资源配置、课程设置、学校管理、教学策略、队伍建设等方面存在的问题，为教育决策服务。

二是诊断教学问题为教学改革服务。通过监测发现学生学习差异背后的相关影响因素，深入研究这些因素在多大程度上影响着学生的学业，并把区域教育存在的问题具体化、可视化，用科学、准确的诊断结果为教学改革提供优质服务。

（三）三个监测序列

一是义务教育阶段学科监测系列。以抽样为主要形式，开展学科质量动态及学情教情监测，积极引导学校和教师着力于“一线三点”：扣紧提高质量主线，做学业质量分析（发现问题），做问题归因研究（探讨策略），做教学改革改进（落实行动）。

二是高中段学科增值监测系列。以定期测试为主要手段，积极促成教育评价在“一程两端”上下功夫：审视中考、高考两个端点，开展过程增值性评价，建立起一套以增值讨论为核心、以成本分析为基点的教育绩效立体跟踪评价系统。

三是基础教育阶段学生素质监测。通过施行学生素质监测，积极推进社会和学校着眼于学生的终生发展，关注多方面素质的养成。

四、依托行政力量发挥教育质量监测的作用

区域监测有别于国家监测。国家监测的侧重点在于诊断发现全国层面教育教学中的问题，“诊断”意义更突出；区域监测不仅要诊断发现区域层面教育教学中的问题，而且要在实际工作中推动这些问题的解决，要“诊断”，更要“治疗”。

促进区域教育质量监测的健康发展，关键是要建立起促进监测结果运用的有效机制，把重心落在推进监测发现的问题的改进行动上。近几年来，台州市积极依托行政力量解决监测发现的问题，努力探索监测结果有效运用的途径，形成了“监测是平台、行政是抓手、督导是推力”的工作思路，构建了“监测探路—行政决策—督导跟进”的监测、行政、督导“三位一体”的教育管理新模式。具体策略有：

（一）写薄行政报告

开展教育质量监测后，监测部门要将发现的问题分门别类地向行政职能处室报告，相关处室根据监测发现的问题，科学决策并适时组织整改。这类行政报告力求“写薄”，准确梳理并表达与职能处室相关的问题，同时提出可信、可行的建议。

（二）写细业务报告

监测部门对于监测中发现的有关学习过程的信息要进行多向结果分析，对有关课程、课堂、教法、学法对学生学业的影响进行详细描述并形成报告，把教育的各种潜变量转化为显变量或可测变量，让数据成为证明事实的依据。

（三）重视结果反馈

每次监测后，都要召开市级发布会、县级反馈会和校级解读会。市级发布会中的行政发布会，参加对象一般为县（市、区）分管局长和教研、督导部门负责人，重点通报发现的问题，目的是促进相关行政措施的出台。市级发布会中的业务发布会，参加对象为教研员、教研组长、骨干教师，重点通报学业达成情况和相关因素对学业的影响情况，目的是促进学科研究和教学改进。同时，选择几个县（市、区）进行反馈，选择各种类型的学校进行面对面的问题讨论和报告解读，并邀请名师上研究课和示范课，研讨和展示在课堂教学这个微观层面上如何解决监测中发现的问题。

（四）布置促改任务

每次监测结果反馈后，根据监测发现的问题整理出促改的要点及线路图，行政分管领导当场部署相应工作，要求相关单位在接到监测报告后，认真分析研究，充分利用监测提供的信息和数据，对照教育教学管理和活动中存在的具体问题，积极反思并展开行动。

（五）"一把手"发力推进

近两年来，台州市的监测结果反馈会都由市教育局局长组织召开，监测结果通报会、促改任务布置会、县（市、区）对策交流会"三会合一"，做到了"监测发现问题深入人心、促改任务上下一心、区县策略切理会心"。

（六）列入督导考核

把监测发现问题的整改任务适时列入地方政府对下级政府的督政考核和系统内的教育科学和谐发展评价，促进政府和职能部门对监测发现问题的关注和落实。

五、打造教育质量监测的本土专业团队

教育质量监测是一项专业性很强的新兴的业务工作，一般的教育管理人员和学校教师对此并不熟悉，因而要组建专门的队伍，加强学习和研究，从而加深对监测工作的科学认识，掌握监测技术，形成监测的专业思维和专业视角。台州的经验是选好苗子打造学习型团队。一是加强自学，研读国内外有关教育质量监测的专著和文章，准确把握教育质量监测的概念、理念、方式和方法；二是向专家学，教育部

基础教育质量监测中心聚集了国内教育质量监测领域的顶级专家,通过参加培训或师徒结对,学习掌握教育质量监测的环节、流程、规范和技术;三是学习国际先进技术,重点学习NAEP(美国国家教育进展评估)的理论和技术,IEA(国际教育成就评价协会)的TIMSS(国际数学和科学教育趋势项目)、PIRLS(国际阅读素养进展项目)的工作思路和工作经验;四是在做中学,在教育部基础教育质量监测中心的指导下边做边学,在实践中逐步形成区域化的理解和适合本区域的技术。几年来,台州市积极打造出几支专、兼职结合的教育质量监测工作专业团队。

(一)监测项目设计和控制团队

负责研制项目工作目标和实施方案,设计项目各环节的操作要领、技术要求和工作规范,统领项目工作。

(二)监测工具研发团队

负责学科调查和学科分析,根据工具制作的规范、流程、方式、方法研制测试卷和问卷,解读测试数据,完成学科判断和学科建议。

(三)数据分析团队

负责数据合成和数据分析,建立数据库,形成数据常模,描述数据并科学推断数据传化的信息。

(四)报告撰写和使用指导团队

负责问题的归因分析、策略探究和监测结果的解读,根据监测发现向教育行政部门和学校相关人员提出建议意见,撰写报告,设计推进监测结果使用的线路图和时间表。

六、结语

构建教育质量监测体系对于优化区域教育决策、推进教学改革意义重大。近几年来,台州市基础教育质量监测中心在教育部基础教育质量监测中心、浙江省中小学教育质量监测中心的引导下,主动学习,勇于实践,不断挑战和超越自己,打造教育质量监测的“台州样本”,在自主实践中掌握了教育质量监测的许多重要技术(见下页表5.1),并自主策划和开展了多次专题聚焦的教育质量监测。

表5.1　台州市基础教育质量监测中心学习探索的新技术

监测技术	功能与说明
工具开发多题本技术	根据测试框架开发大题量的完整试卷,采用完全矩阵抽样设计,把“相互暗示”的题目分给不同的被试者,无须每个被试者作答所有的试题
控制离差抽样技术	编制完成市域基础教育学校抽样框,把学校名册、类别类型、规格规模、位置地图编入数据库,通过严密的计算来确定抽样比
数据分析技术	使用多种统计分析软件进行权重与抽样误差计算,测试工具的质量分析,描述性统计分析,推断性统计分析,多水平模型分析,Standardized Coefficients回归分析,区域质量均衡系数计算
结果可视化技术	使用Conquest分析项目难度茎叶分布,通过R语言ggplot2包对数据进行可视化处理
计算机测试技术	自主研发区域计算机测试系统,采用B/S架构,Sqlite数据库,以JSON编码存放,使用FTP自动上传答卷到指定服务器制订目录,通过数据集成工具Talend进行数据处理

2012年中小学生体、音、美学习质量监测。对学生的体育、音乐、美术水平进行现场应会抽测。

2013年高中生心理适应性监测。自主研制测试量表,测量学生情绪、学习、人际、生活等适应性情况。

2014年中小学生阅读素养监测。学习运用PIRLS技术,自主研发工具,测量学生的阅读素养水平。

2015年八年级学生英语说话能力和科学实验水平监测。自编人机对话软件,实现对学生英语表达能力音频的录入和解读,组织对学生科学实验的现场测评。

2016年小学生自我管理能力监测。自主研发量表和情景测试题测量小学生自我管理能力和影响管理能力的相关因素。

2016年中学生学习适应性监测。学习日本教育研究所编制的《学习适应性测验》和美国关于教师有效教学调查的经验和技术,自主研发量表,测量学生在环境、态度、技术、教学方式、学习效能感方面的适应水平。

2017年高中学校积极心理环境指数监测。邀请高校心理学专家合作开发测试工具,从安全与秩序、接纳与支持、公正与公平、自主与合作等维度检测学校对学生学习的支持水平。

江照富(台州市基础教育质量监测中心)

第二节　基于评价实证的教育教学改进

“能力立意”的学科学习能力监测是嘉兴市南湖区“绿色评价”项目的重要实践内容。2017年1月,南湖区项目组对全区七年级学生进行了一次全样本的科学学习能力监测。监测重点关注学生对科学的理解和掌握情况,尤其是学生综合运用所学知识解决实际问题的能力、收集与分析信息的能力,以及对重要学科思想方法的理解与掌握情况,突出对学生科学思维过程的考查。

一、监测工具与监测过程

(一)监测框架

提高每一个学生的科学素养是科学课程的总目标。项目组将七年级科学学习能力监测的重点放在考查科学素养,考查学生科学地解释现象,评价和设计科学探究,科学地运用证据、解释证据和推理得出符合事实的结论等方面的能力。科学素养的定义包括“作为一名反思性公民,乐于参与科学相关的议题并运用科学观念”,科学素养还强调兴趣和动机等非认知因素,所以在科学素养监测框架中,项目组把科学态度作为素养监测的重要部分纳入测评框架。在命题中将科学素养的考查置于真实情境之中,引导学生关注社会,关注运用所学知识解决实际问题。

(二)监测维度

1. 科学知识与技能。

包括对科学基础知识、技能的认知,如科学观察,分类,准确度量与测量,正确与安全操作,依据一定的事实经验建立合理的假设,预测、表达与交流等基本知识与技能。

2. 科学探究能力。

重点考查在真实问题情境下运用科学探究的方法来解释问题的能力。考查逻辑实证意识与思维能力,用批判性的思维审视面临的问题,在质疑、反思、推理的过程中甄别表象与本质，抽象、概括形成符合事实的结论或规律。

3. 科学精神与态度。

考查学生相信证据与事实、追求真理、勇于实践和质疑的精神，强调尊重事实及实验的可重复检验与实证精神等。

（三）监测的反馈

监测结果以数据分析和诊断报告的形式反馈给学校。对数据的解读，从“分数”转向其背后的“因素”分析，不但有学生问题应答的呈现，更有对学生在应答时的思维水平的评析，从个别学生的水平判断转向这一群体的共性分析，在关注学生学业水平与科学素养提升的同时，关注教师的教学方式与过程，从监测结果中发现课堂教学中存在的问题，为教师的课堂教学提出改进建议。

二、基于监测数据的教学改进案例

评价不是为了甄别，而是为了改进，基于监测数据进行教学改进才是目的。下面以一个典型问题为例，说明在基于学科学习能力监测来诊断教学中的共性问题，帮助教师改进课堂教学，提高学生的科学能力，提升学习的有效性。

例题1

自“阿波罗17号”登月行动总指挥尤金·塞尔南多次表示他看到过长城后，在太空用肉眼就能看到长城的说法已经深入人心。

毕竟，太空旅客凤毛麟角，通常来说只有在太空遨游过的宇航员，才有这个问题的发言权。就太空能否用肉眼看到长城这一问题，塞尔南第一个宣布“能”。由于没有其他宇航员质疑，这个结论就被当成了科学常识。

及至杨利伟进入太空，在记者的采访中，这名中国的宇航员实话实说：“我没有看到长城。”随后，记者写了题为《在太空中用肉眼看到长城原来是一个“弥天大谎”》的报道。就这样，塞尔南的观点成了“谬论”。这个问题在杨利伟太空之旅后似乎已经有了定论。可问题的焦点在于，当结论截然相反时，孰是孰非，没办法回避。于是，各执一词，分歧就出现了。

2005年4月25日，在太空有近300天经历的美籍华裔航天员焦立中，在太空的某一轨道、某一时段的“特殊观察”却证明了这是有可能做到的事，他用事实又扳倒了记者的结论。

1. 文中在议论一个什么问题?

2. 对这一问题,为什么只有在太空遨游过的宇航员才有发言权?

3. 记者写这篇报道时引用的证据是什么?请你对记者引用的证据和得出的结论的科学性进行恰当的评价。

4. 科学问题的争论非常必要,轻易相信或否定一切,都是不合适的。这一争论的本质不只是一个“能与否”的问题,而是事关科学本质的一个重大问题,其核心就是__▲__。

本题的监测点是在科学探究中识别科学问题、进行“问题—证据”循环论证的能力。问题1考查学生提取信息、识别科学问题的能力;问题2考查学生的实证意识,即要做出结论须先有证据;问题3考查学生确认证据的能力与思辨能力,包括逻辑推理与论证的严密性,要分辨这些证据是否可靠与有效、获取证据的时间和方式能否保证证据的有效性,判断利用这些证据得出的结论是否可靠,能够评估这些证据是否支持一个具体的结论等;问题4考查学生对科学本质的认识,即如何看待证据或怎样的证据才更可信。

这是一个在真实情境下考查学生的科学探究能力的题目。全区七年级学生的监测数据统计见图5.2和下页图5.3(满分值为10分)。

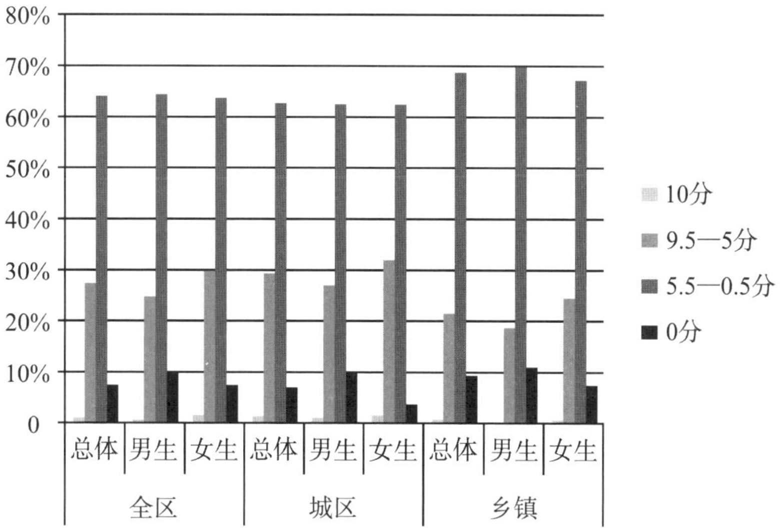

图5.2 样本学生例题1各分数段得分所占比例

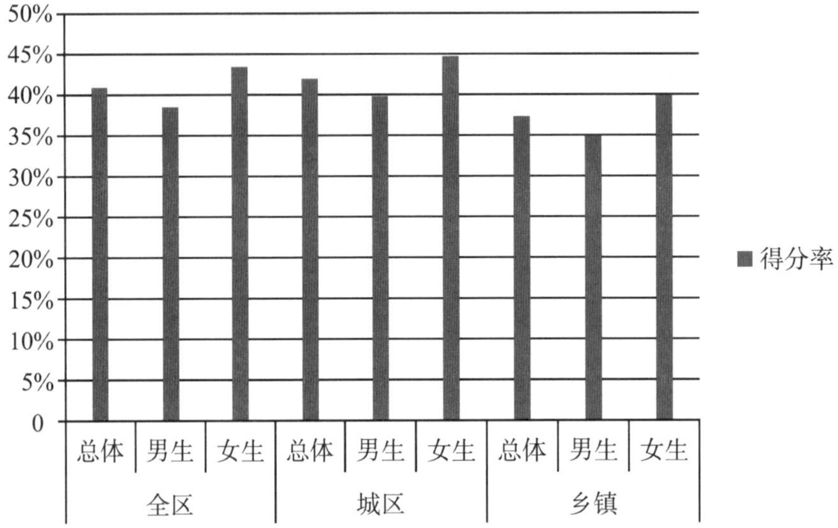

图5.3 样本学生例题1的得分率

从统计中可以发现,这一监测点学生的得分率是0.41,应该说学生在这方面的能力并不达标。下面是监测中学生应答较好的两组答案。

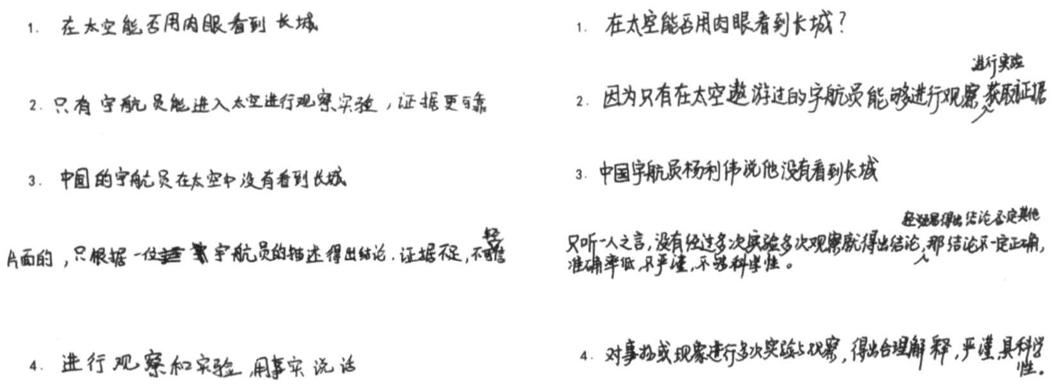

图5.4 例题1学生答题样例

从图5.4我们发现,在应答这一监测点时,学生需要有较好的逻辑思维和科学素养,这也是科学课堂教学必须落实的核心素养。学生的科学素养水平为什么会与预测有较大的落差?这与科学课堂教学中的哪些因素有关呢?

我们选择了城区的S学校进行教学观察与行动跟进,具体做法如下。

(一) 确定试点班级及学习过程的观察点

针对监测中发现的"问题—证据"循环论证的能力不足的问题,先从问卷中寻找原因。

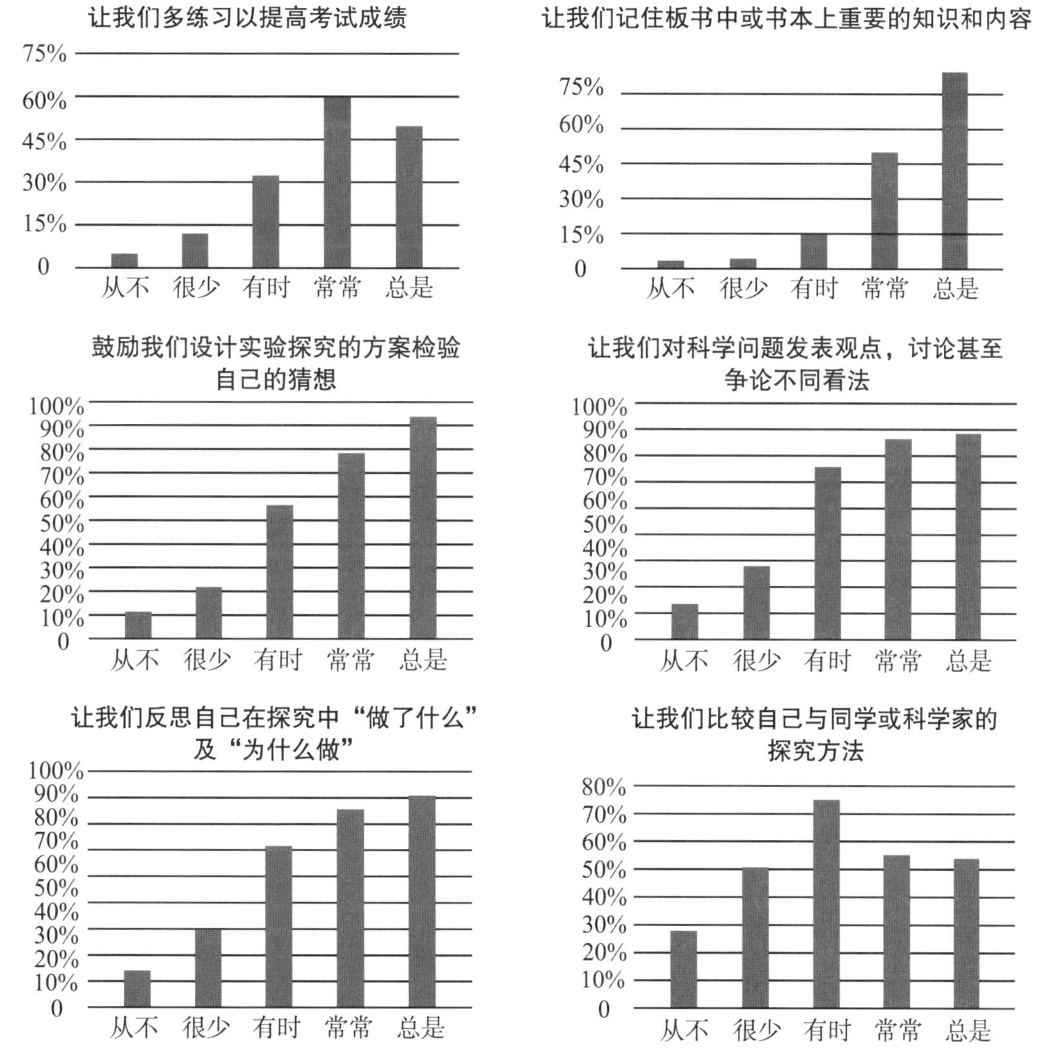

图5.5 关于科学教师教学行为的问卷调查结果

从图5.5中可以找到一点线索：教师注重教“知识”，强调记住知识、通过多练来提升成绩；对过程与方法不够重视，争论、比较优化、反思质疑、对照自身经验的学习过程不够充分，讲究实证的意识不强。

在分析问题的原因时，我们设想从学生、教师两个方面尝试解释，以便找到改进“学”与“教”的方式与方法。于是，以S学校X老师任教的两个班为试点班级，我们与X老师一起，进行了基于监测数据的教学行为观察与改进行动。

S学校是城区的一所普通学校，X老师是一名有15年教龄的骨干教师，他任教的两个班级的学生在该监测点上的表现一般，这与往常对其教学水平的预判不太一致，X老师有较强的改进教学行为的愿望。

我们对两个试点班级学生的监测数据及反映出来的问题进行了梳理：

表5.2　X老师授课的两班学生的答题得分情况

题空序号	监测的能力点	得分	得分所占比例	实际得分
1	提取信息、识别科学问题	2	88.62%	1.86
		1	8.94%	
		0	2.44%	
2	做出结论必须要有证据的意识	2	20.57%	0.94
		1	50.33%	
		0	29.10%	
3	确认证据的能力与思辨能力	2	85.13%	1.81
		1	10.62%	
		0	4.25%	
4	能够评估这些证据是否支持一个具体的结论	2	22.46%	0.64
		1	19.51%	
		0	58.03%	
5	如何看待证据或怎样的证据才更可信的意识	2	7.11%	0.42
		1	28.26%	
		0	64.63%	

从表5.2可以看出，学生在科学理解与应用方面能力不足。理解科学就是要用科学的眼光看问题，能运用科学原理，会收集并解释证据，会表达并解释科学问题。试点班的学生对第2、4、5空的应答情况存在较大的不足。

仔细分析不难发现，试点班的学生在科学思维与实践方面存在问题，特别是当遇到真实的新问题时，他们在如何运用科学证据，对证据的获取方式、方法进行质疑批判，以及尊重事实，辩证地看待事物的发生、发展，做出负责任的决定等方面缺乏有过程的深度学习。这既与学生的学习活动过程有关，也与教师组织学习的方式有关。

为此，我们结合班级实际与老师的需求，就学生在这一能力维度上的表现及其影响因素展开进一步的研究。先确定行动改进的两个研究方向：教师组织学习的方式——学习任务的设计；学生的学习活动过程——学生的生生互动与深度学习。接下来，就以这两方面为观察点，规划并设计改进的行动方案。

（二）教师组织学习的方式：学习任务设计的改进

针对以上问题，该怎么指导教师改变教学行为呢？首先，教方法比教知识重要，上述问题的存在，很大程度上与教师注重教知识有关；其次，要思考怎样才能促进学生学习的真实发生；第三是激发学生积极的学科情感，它是学生学习持续发生的支持系统。抓住了这三个关键，才可能有真实的学习经历和思维的碰撞，深度学习才能得以实现。因此，行动改进的第一步就放在探索怎样让学生的学习发生这一点上。图5.6是项目组成员与老师一起规划的改进路线图：

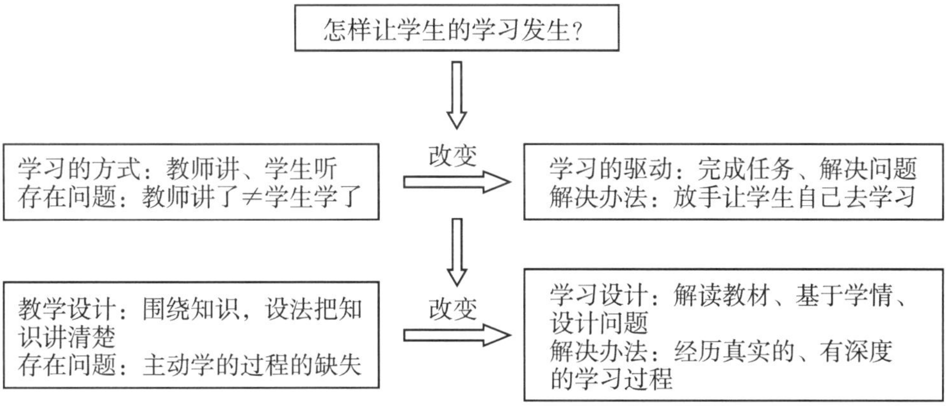

图5.6　教学改进路线图(一)

接下来结合具体的教学案例谈改进教学行为的做法。在《生物的呼吸和呼吸作用》的教学中，其中一个环节的学习任务是探索人体呼吸系统的结构与功能。为了驱动学生的学习，教师给学生的具体任务是：

1. 全体学生一起做深呼吸运动，按节奏慢慢地深吸一口气、长呼一口气。

在学生完成深呼吸运动后，要求学生仔细感受气体进入人体时，先后经过了人体的哪些器官或通道，体会深呼吸时人体所做的努力和发生的变化。

2. 同桌交流，分享做呼吸运动时的感受，要求带入自己原有的对呼气与吸气的一些认识或观点，以便对照形成科学的认知。

3. 学生自主读图，教师提醒学生读图时要关注结构与功能的对应性。要求学生说出人体呼吸系统的各结构名称及其功能，组织学生回答问题：①气体进入人体的通道在哪里？进入人体时气体经过了哪些器官？这些器官有什么作用？气体是怎样进入人体内的？②吸气或呼气时，人体做了哪些努力？发生了哪些运动或变化？为什么要这样做？

4. 根据人体呼吸系统的结构与功能相适应的特点,结合上述学习,先独立思考"在正常情况下,为什么食物不会进入气管,吸气不会吸进胃里"这些问题,然后与同伴分享、交流。

X老师运用这一设计组织学生学习,带来的直接变化是,在课堂上,学生变得很忙。学生在明确问题(任务)后,忙着活动体验、自主阅读、同伴讨论、交流分享、达成共识的各种学习活动,在学习活动过程中表现出较高的学习热情,整个学习过程眼到、心到、手到、嘴到,尤其是对"生物体的结构与功能相统一、与环境相适应"的特点有了全面的认识。

(三)学生学习活动过程:促进生生互动与深度学习的发生

以问题作为学习任务的好处很多,因为问题既包含了学生学习的信息,也包含了期待的学习结果,问题中障碍的克服(问题的解答)过程同时也表现为一种学习过程或认知的程序。

那么,怎样才能让学生人人参与到学习活动中去?这仍是一个急需解决的教学组织技术问题。只有让学生经历真实的学习过程,并在学习过程中充分展开自己的思维,才能在生生互动中促进深度学习的发生。为此,在对课堂进行细致的观察分析后,我们与X老师一起又对实践改进做了如下规划(图5.7):

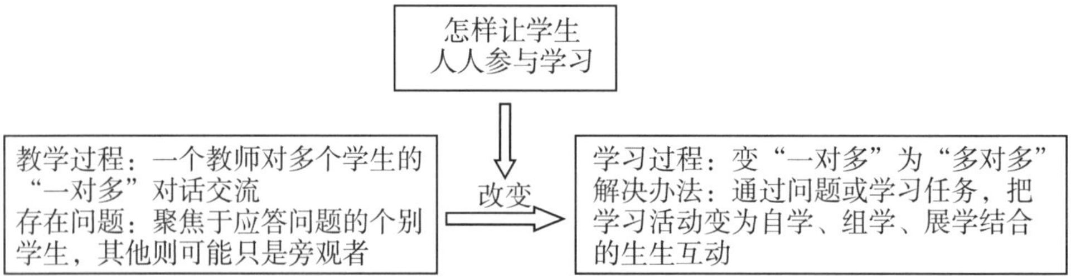

图5.7 教学改进路线图(二)

构建以生生互动为基础的学习共同体,使课堂的气氛更为活跃,让学习真正发生,需要变"一对多"为"多对多",需要教师从"基于教"转向"基于学",需要组建四人一组的合作学习型小组,明确组员的分工与职责,制定互动的行为准则。

下面结合具体的案例谈改进学生学习行为的做法。在开展《物质在水中的分散状况》一课的学习时,学生面临的问题情境是:把蔗糖放在水里,搅拌一下后,它会逐渐在水中消失;把沙放在水里,任你怎么搅拌,静置后它都会沉在水底;把油放在水里,它会一直浮在水面上。这是为什么呢?

这一内容的学习路径是:呈现事实、暴露经验认知→提出科学问题→观察多种典型物质分散状况的实验→寻找分类依据→归纳溶液、悬浊液、乳浊液的特征→表述溶液成分和溶质、溶剂的界定。

X老师在组织学生学习时,为使"多对多"的合作学习成功有效,特别重视组织中三个环节的落实,即:明确的合作目标,积极、互赖的合作气氛,有序、有效、合理的组织。各环节相互之间的关系如图5.8所示。

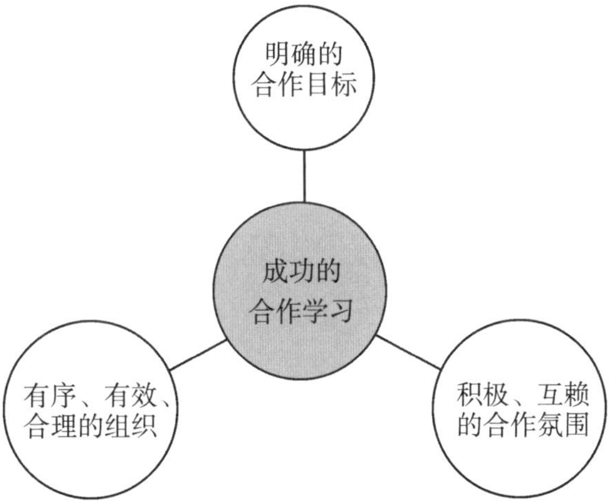

图5.8 成功的合作学习的三个环节

因此,在学生明确合作学习的任务后,开展生生互动合作学习的环节就变得清晰起来了。

1. 合作提出可以探究的科学问题。

这个环节是需要展开讨论的,一个好的问题是有效学习的重要工具或技术支撑。蔗糖、沙、油放到水中搅拌后最终的分散情况不同,隐含的是三类分散状态。有了这个环节的合作讨论,后续的学习变得"知情"且方向明确,也就是要研究"不同的物质在水中的分散状况各有什么特点"。从改进后的实践效果看,"知情"使学习变得有效。

2. 合作选择典型物质。

蔗糖、沙、油放到水中搅拌后得到的混合物代表的是三类分散状态:溶液、悬浊液和乳浊液。科学是讲证据的,单凭一次实验、一次观察是不够的,归纳出共同特征需要大量的实验事实,选什么物质实验则需要集体智慧。哪种物质有典型性?易观察、与前概念有冲突的物质显然是最佳的,如高锰酸钾在水中慢慢分散(颜色慢慢变淡)的过程有典型性,碘溶于酒精却不溶于水与生活经验中"水是溶剂"这一认识存在冲突。在大量的(多次)实验中寻找到的特征才具有可信性,通过实验认识不同的分散现象，并讨论得到分类的依据，这样的学习具有思维先导性和过程性，使得到的知识具有发现性。

3. 合作讨论，解决问题。

某一类混合物与蔗糖放到水中的分散情况一样，组织学生合作尝试对这种分散状态的混合物进行命名，有利于学生主动参与和生生互动。而给与沙、油在水中搅拌后具有同样分散情况的混合物命名时，则用迁移学习就能顺利得出。这样的解决问题的过程能让学生对科学问题发表观点，讨论甚至争论不同的看法，使学习变得有深度。

4. 完善概念，加深理解。

讨论特殊的混合物如75%的酒精溶液，促使学生完善"溶质可以是固体、也可以是液体或气体"的认识，同时，引导学生思考如何区分溶质和溶剂，如溶质、溶剂都是液体时，可以约定量多的是溶剂。这样的讨论可以扩展学生对溶质和溶剂的认识。

在以上学习过程中，我们可以发现，X老师的教学是基于学生的学来展开的，利用合作学习来发挥学生各自的优势，创设学习环节促进学生互相学习、互相启发、优势互补，充分调动每一个学生的学习积极性、主动性和创造性，使所有学生在课堂学习中共同参与，共同活动，最大限度地促进他们既独立思考，又互相启发，使学生真正成为课堂教学中的主体，促进深度学习的发生。

三、实践跟进与教学改进的思考

基于数据的实践跟进与教学改进的最大特点是"证据"和"针对性"。因此，改进教学行为的方向更加明确和精准。所以在这样的实践活动中，试点班的教师感触最深的就是结合数据解读形成教学改进经验。

例如，在研讨中，X老师发现，教师给学生探究的机会与得分率有较大的相关性。尽管"听教师讲解和演示"远比"自己设计实验验证自己的想法"省时，却远远没有想象的那样高效。因此，他认为，科学学习应该是"带着问题动手、动脑、动嘴学"。科学能力的形成虽然始于模仿，但最终要超越和创新。忽视过程的模式化训练虽然能让学生在常规的纸笔测试中不落下风，但形成不了科学能力，在新的问题情境下，学生的不足之处马上就会显现出来。这一缺陷会对学生学习的可持续发展和科学素养的提高产生消极影响。

在跟进的实践研讨中，X老师的感触还有许多。如要加强证据链意识的培养，还原知识生成过程，而不能让学生形成一个论据一个结论的简单思维。在组织教学时要关注获取信息、证据能力的培养，读懂文本中的有用信息，引导学生不仅要知道“是什么”，还要知道“为什么”，在关注知识或结论的同时，重视过程、方法，训练思维。他还发现，在这一监测点上，女生的应答水平普遍高于男生。他在反思中认识到，应让学生结合生产生活实际理解知识，把学会的说出来，并养成写下来的习惯。现在学生喜欢说，不喜欢写，而说与写是不同的，写是把说的内容转化为书面语言，要有逻辑的严密性，写的能力只有在不断训练中才能提升。

我们认为，以上的实践只是一个个例，但这样结合监测数据的解读只要能应用于教师个体的实践培训与指导，就能慢慢地促进教师个体“基于评价改进教学”的行为的发生。只有触发一线教师的教育教学行为的改变，才能真正让我们的评价变得“绿色”，我们实践的意义正在于此。

魏林明（嘉兴市南湖区教育研究培训中心）

第三节　学生学习动力的评价与分析

嘉兴市南湖区实施的“促进学习力发展的‘绿色评价’”研究项目，探索如何对中小学生进行学习动力、学习毅力与学习能力的评价分析，形成较为成熟的关于学生学习品质的样本调查与评价分析的框架。学习动力评价是其中的一个方面。

一、学习动力评价的研究背景

学生的学习动力是学生学习中最关键的、最具有激情的一种能力，属于学习心理研究范畴。开展对学生学习动力的评价研究将有助于诊断学生的学习原点，同时对教师教学行为的改进起到极大的反刍作用。

关于学习动力的研究始于20世纪80年代中期，主要是在教育心理学和社会心理学领域。在中国知网全库和美国心理协会数据库中，可以查到700多篇以“中小学生学习动力”为关键词的文献。其中研究最多的是影响学生学习的内部机制，主要是通过实验在理论层面上对学生学习动力进行深入研究，而系统研究当前中小学生的学习动力现状，通过调查研究开展中小学生学习动力评价的研究则较少。另外，关于将学生学习过程中表现出来的动力机制与教师教学过程和学生学习过程进行比较分析，从而找出在学习能力之外的影响学习的关键要素，并进行针对性的对策研究的则更少。

二、学习动力评价的框架设计

（一）总体构思

本研究以区域内的中小学生为研究对象，以学习心理学理论为依据，从学习动力、学习压力、学校认同度三个方面开展问卷调查。通过数据分析，发现影响学生学习的要素及其属性。其实施路径如下页图5.9所示。

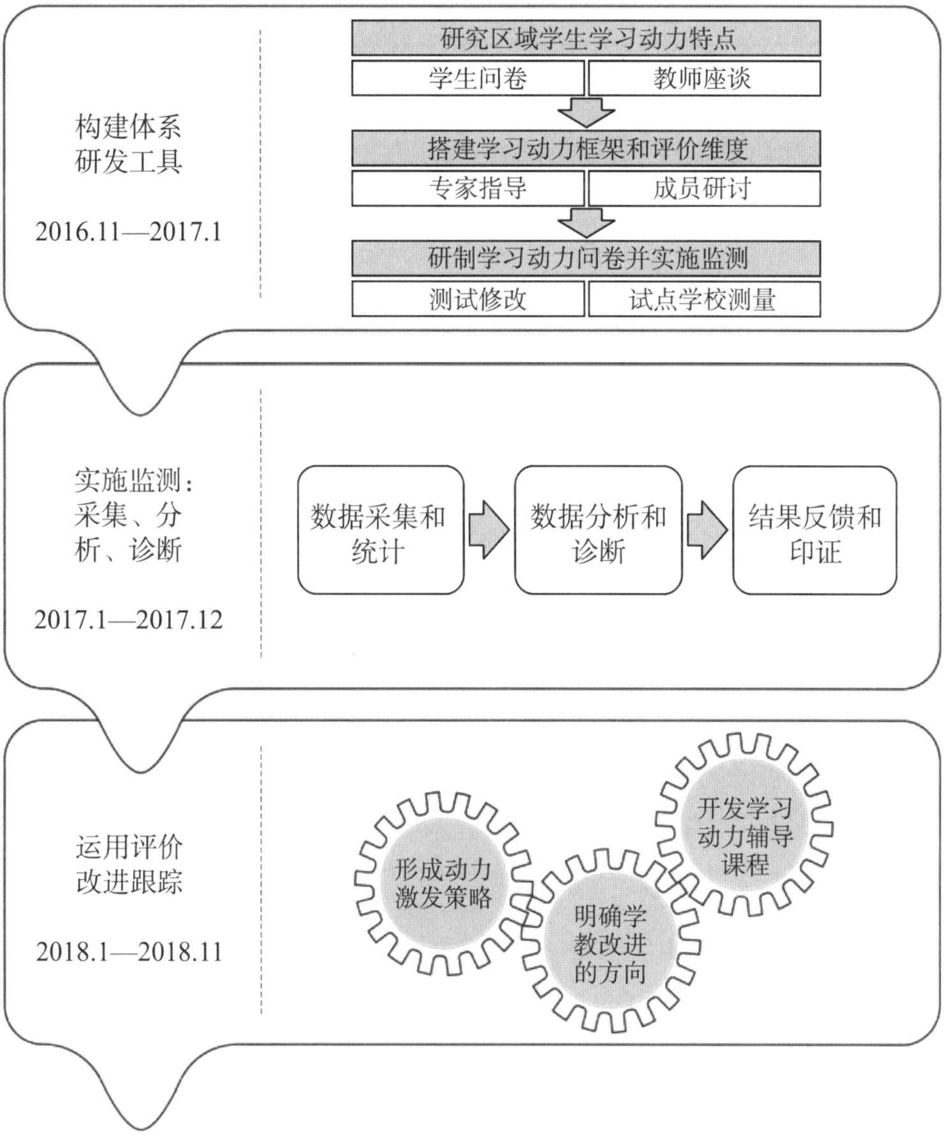

图5.9　学习动力评价监测的实施路径

（二）概念内涵与指标框架

学习动力是学习的动机和需要，包括学习需要、学习目标、学习兴趣、自信心、情绪情感、外在压力等要素。学习动力评价以问卷形式对学生的学习动机和需要开展调查研究，从而对学生的学习状态进行定量分析。具体的二级维度有内部动机、外部动机和自信心（其评价指标框架见下页表5.3）。它在过程上突出了自然的、生态的、科学的评价理念，在结论上又充分体现了教育评价要素的全面性和发展性。

表5.3　学习动力评价指标框架(2.0版)

指标	操作性定义	指标维度
内部动机	对学习本身的兴趣所引起的动机	学习兴趣
		自我挑战
外部动机	为获得和保持外界的赞许与认可表现出来的努力学习程度	依赖他人评价
		人际竞争
		追求回报
自信心	对完成学习目标的信心与预期	学习自信心、学习效能感

(三)研究目标

一是通过实证研究,厘清影响中小学生学习要素中学习动力的维度结构,形成一套较为科学、完善、带有鲜明区域特点的学习动力问卷。

二是通过大样本调查,分析区域内中小学生的学习动力现状和表现,形成对区域内中小学生学习动力的初步调查结论。

三是在区域整体、学校、班级、学生个体学习动力调查基础上,对区域教学改革、教师课堂教学、学生学习方式给出针对性的改进建议。

(四)数据分析思路

1. 因子分析。

在采集问卷数据后,对问卷各题目进行因子分析。因子分析是一种从变量群中提取共性因子的统计技术,可在许多变量中找出隐藏的具有代表性的因子,将相同本质的变量归入一个因子,减少变量的数目,检验变量间的关系。因子分析能提高问卷的效度,让后续数据分析更加准确。

2. 水平分析。

学习动力指数水平分析主要是通过区域大样本的监测,对全区中小学生的学习动力以及三个二级维度的总体情况进行分析描述。其中包括各维度全体样本的情况、各校数据的比较以及全体样本和各校学习动力指数在高、中、低三个水平上的分布情况。

3. 相关分析。

相关分析是为了研究现象之间是否存在某种依存关系,并探讨有依存关系的现象的相关方向以及相关程度。如本研究试图对学习动力问卷与小学语文、小学数学、小学科学、初中语文、初中数学、初中科学共六门学科的核心素养能力测试结果进行相关分析，包括学习动力指数和三个二级维度指数与每个学科能力之间的相关性，从中探寻学习动力与学科学习结果之间的相关性和关系程度。

4. 回归分析。

回归分析通过建立统计模型，研究变量间相互关系的密切程度、结构状态，并进行模型预测。在具体分析中，我们采用逐步回归的方法，评价自变量对因变量的解释程度，以挑选对因变量有显著影响的自变量。本研究对学习动力的回归分析，是分析学习动力以及三个二级维度对于上述六门学科能力测试结果的解释程度，了解学习动力对所取得成绩的贡献率，从而得出学习动力各维度对各科学习起关键作用的因素。

5. 差异分析。

差异检验是为了检验多个样本均值间的差异是否具有统计意义。如果差异显著，说明各样本均值间存在较大差距；如果差异不显著，则说明各样本均值间的差距可以忽略不计。

学习动力差异分析主要从性别差异、城乡差异、校级差异等维度进行检验，主要了解测试样本之间横向比较存在的差异程度。

三、基于学习动力评价改进教学实践的思路

在对区域学习动力问卷统计分析的基础上，如何将评价结果落实为具体教育教学的诊断与改进，南湖区的思路是：

（一）改进教师的教育教学行为

学习动力评价的测量结果对教的改进有重要意义。这里的“教”既包含学校和班级的教育管理，也包含教师的课堂教学。在具体教育教学过程中，指向教师管理和教学改进的主要途径有：

1. 班主任和教师的学生管理辅导工作改进。

根据学校、班级、个体学习动力总体情况和差异分析，得出学生学习动力的基本表现。将测评数据反馈给学校和班主任，班主任和教师以数据为支撑，结合影响学生学习的动力因素开展有效的、针对性强的辅导。如开展家长和教师的外部动机合理区间的讲座、个体和团体的自信心专题辅导等。

2. 指向教师的学科教学工作改进。

通过学习动力指数与学科能力的相关分析、回归分析,对影响学生学习的动力因素进行数据分析和解读。如研究在教师教学过程中,如何重点关注学习动力及各个二级维度对学科学习的影响力(标准化Beta系数、修正后的R^2),如何把学习动力因素影响值最大化,为学科教学起到最大的促进作用。

(二)改进学生的学习方式

学习动力评价的核心是促进学生学的改进,教育管理和教学的改进最终要落实为学习方式的改进。改进学包括两个方面:完善学习特质和改进学习策略。

1. 完善学生的学习特质。

学习特质指的是中小学生在学习过程中表现出来的行为和认知特点,包括学习主动性、独立性、独特性、体验性、合作性等。学生的学习特质直接影响个体的学习方式。通过学习动力评价,可以得出特定样本在学习上表现出来的鲜明特点,从而对他们的学习行为和认知取向做出较好的判断,改进其学习过程。

2. 形成激发学习动力的学习指导课程。

学习动机激发是指在一定的教学情境下,利用一定的诱因,使已形成的学习需要由潜在状态变为活动状态,形成学习的积极性。为了更好地改进学习方式,本研究在对区域学习动力分析诊断的基础上,形成具有区域特点的学习动机激发课程。

自2014年12月起,嘉兴市南湖区已开展过六次较大规模的学习动力评价实践,并已形成信度与效度较高的区域学习动力调查问卷,为进一步开展调查研究提供了可信的工具和大量数据分析资料。下例为2015年1月进行的初中生学习动力与学习毅力评价试测的报告节选。其中在学科分析方面,限于篇幅,仅保留语文学科的相关分析与讨论。

四、调查报告案例

初中生学习动力、学习毅力调查报告(节选)

2014年,为研究区域学习力培养成效,将学习力培养作为学生健康成长的重要组成部分,项目组对教师的教学状态和学生的学习状态进行基于数据的实证调查。

一、调查过程

（一）调查对象

本次问卷调查对象初中生为嘉兴市A校和B校七年级学生，共172人参加，其中有效问卷167份。样本结构信息略。

（二）调查工具

本调查问卷——《中学生学习动力与学习毅力问卷》共有26题。

1. 问卷信度。26个题目的克朗巴哈系数（Cronbach's Alpha）为0.784，对各个小题进行信度检验后发现，1、2、9、10题删除后整份问卷的信度会有所提升，故删除，剩余22题。此时问卷信度为0.830，已经能满足统计分析要求。

2. 问卷效度。KMO和Bartlett检验结果表明，剩余22题的KMO值为0.805，球形检验结果Sig.为0.000，经过最大正交旋转，发现问卷有七个维度，这七个主成分方差累计贡献率为58.97%。结合原先问卷设计的维度框架，我们将问卷结构修订如下表5.4。

表5.4　调查修正后的问卷维度及题目编号（维度1.0版）

一级维度	二级维度	题目
学习动力	学习动机	6、8、11、13
	学习求知欲	3、4
	学习自信心	5、14
	学习主动性	17、18
学习毅力	目标专一性	15、16
	过程坚持力	19、20、21、22、23
	困难应对力	7、12、24、25、26

3. 问卷维度的操作性定义。

（1）学习动机：学习动机是指一系列激发、推动学生进行学习活动，达到内在学习目标的心理过程。

（2）学习求知欲：指学生与生俱来的探求知识的强烈欲望。这种欲望驱使他去了解问题，寻求答案，并且解决问题。

（3）学习自信心：学习自信心是一种反映学生对自己是否有能力成功完成学习活动的信任程度的心理特性。

（4）学习主动性：指学生在主体意识的支配下，有目的的自觉自愿的学习。

(5) 目标专一性:指学生在学习过程中有清晰的学习目标,在执行过程中不偏离、不游离。

(6) 过程坚持力:指学生在学习过程中的持久力和忍耐力,即在完成一项学习任务时有效学习行为所持续的时间以及持有的积极态度。

(7) 困难应对力:指学生在学习过程中面对困难或挫折时的态度及采取的行为。

(8) 学习动力:指学习的动机和需要,包括学习需要、学习目标、学习兴趣、自信心、情绪情感、外在压力等要素。它是学习力中最具有激情的一种能力。

(9) 学习毅力:也叫学习意志力,是学生为达到预定的学习目标而自觉克服困难、努力实现目标的一种意志品质。它是学习力的核心要素。

(三) 数据处理与分析

本调查问卷采用里克特三点计分方式,符合为2分,不确定为1分,不符合为0分。我们将问卷的负向题得分转化为正向题得分,然后将各维度题目的得分相加,最后将二级维度得分转化为百分制分数。即每个二级维度的得分区间均为[0,100],转化公式:维度得分$=\frac{\sum(\text{各维度题目实际总分})}{\text{该维度理论满分}}\times 100\%$。一级维度得分为该二级维度得分的平均值。

(四) 评价标准

我们采用标准参照评价,按照实际分值将维度得分划分为三个等级,75分以上,表明学生的学习动力和毅力水平良好,学习精神面貌处在理想的范围之内;50—75分,表明学生的学习动力与学习毅力一般,还有较大的上升空间;50分以下,表明学生缺乏必要的学习动力与学习毅力,分数越低,厌学情绪越严重,应引起高度重视。

二、调查结果及数据解读

(一) 总体情况

表5.5 初中生学习动力与学习毅力维度总体得分表

一级维度	二级维度	全体		A校		B校	
		平均值	标准差	平均值	标准差	平均值	标准差
学习动力	学习动机	82.34	16.98	79.91	17.25	84.79	16.45
	学习求知欲	73.15	21.17	72.22	21.07	74.10	21.35
	学习自信心	69.31	28.87	70.24	29.42	68.37	28.45
	学习主动性	74.10	28.90	72.62	29.46	75.60	28.42

续表

一级维度	二级维度	全　体		A校		B校	
		平均值	标准差	平均值	标准差	平均值	标准差
学习动力总维度		74.73	16.03	73.75	15.20	75.72	16.87
学习毅力	目标专一性	82.08	24.44	79.82	25.14	84.34	23.66
	过程坚持力	76.14	19.50	75.24	18.53	77.07	20.52
	困难应对力	86.24	16.43	84.46	16.17	88.05	16.59
学习毅力总维度		81.61	15.78	80.10	15.44	83.13	16.07

从表5.5呈现的调查结果看，两所试点学校试点班级学生的学习动力平均值为74.73，学习毅力平均值为81.61，表明学生学习动力和学习毅力表现水平良好，学生学习总体状态处于理想范围之内。各个二级维度总体处于较均衡水平，得分均值基本处于70—80分。在学习动力维度中，学习动机平均值最高，为82.34；然后是学习主动性和求知欲；学习自信心在该维度中处于最低，为69.31（小学调查数据中学习自信心在二级维度中最高）。在学习毅力维度中，困难应对力指数为86.24，得分最高；然后是目标专一性82.08；得分最低的是过程坚持力，为76.14。

（二）初中生学习动力与学习毅力水平分布情况

表5.6　初中生学习动力与学习毅力各水平分布表

一级维度	二级维度	全体			A校			B校		
		低	中	高	低	中	高	低	中	高
学习动力	学习动机	3.0%	37.7%	59.3%	3.6%	42.9%	53.6%	2.4%	32.5%	65.1%
	学习求知欲	7.2%	43.7%	49.1%	6.0%	47.6%	46.4%	8.4%	39.8%	51.8%
	学习自信心	13.2%	52.1%	34.7%	13.1%	48.8%	38.1%	13.3%	55.4%	31.3%
	学习主动性	13.8%	43.7%	42.5%	15.5%	42.9%	41.7%	12.0%	44.6%	43.4%
学习动力总维度		7.2%	44.3%	48.5%	6.0%	48.8%	45.2%	8.4%	39.8%	51.8%
学习毅力	目标专一性	6.0%	38.0%	56.0%	8.4%	38.6%	53.0%	3.6%	37.3%	59.0%
	过程坚持力	6.6%	38.0%	55.4%	6.0%	39.3%	54.8%	7.3%	36.6%	56.1%
	困难应对力	3.0%	15.8%	81.2%	2.4%	19.3%	78.3%	3.7%	12.2%	84.1%
学习毅力总维度		3.7%	27.6%	68.7%	4.9%	26.8%	68.3%	2.5%	28.4%	69.1%

表5.6体现了所有调查对象在学习动力、学习毅力的水平分布情况以及群体差异（低水平指得分为50分以下，中水平为50—75分，高水平为75分以上）。学习动

力在高、中、低水平区间的学生分别占总体样本的48.5%、44.3%、7.2%。学习毅力在高、中、低水平区间的学生分别占总体样本的68.7%、27.6%、3.7%。可见处于低水平的学生数量均较少。学习毅力高水平比例比学习动力高水平比例高出20个百分点(该数据在小学调查中相反)。在二级维度中，学习自信心和学习主动性处于低水平比例明显偏高，都为13%。

两所试点学校在低、中、高群体分布上整体差距很小，其中A校在学习毅力和学习动力处于低水平的人数较为接近，B校学习动力低水平比例高出学习毅力6个百分点。二级维度上，两所学校学习自信心和主动性低水平人数比例都较高。在学习毅力维度中，A校目标专一性低水平人数占8.4%；B校过程坚持力低水平人数占7.3%，都高出了平均值。

(三) 初中生学习动力与学习毅力校际差异

表5.7　两校学生学习动力与学习毅力校际差异显著性检验

一级维度	二级维度	全　体		A校		B校		T	sig.
		平均值	标准差	平均值	标准差	平均值	标准差		
学习动力	学习动机	82.34	16.98	79.91	17.25	84.79	16.45	−1.870	0.063
	学习求知欲	73.15	21.17	72.22	21.07	74.10	21.35	−0.571	0.569
	学习自信心	69.31	28.87	70.24	29.42	68.37	28.45	0.416	0.678
	学习主动性	74.10	28.90	72.62	29.46	75.60	28.42	−0.666	0.506
学习动力总维度		74.73	16.03	73.75	15.20	75.72	16.87	−0.792	0.429
学习毅力	目标专一性	82.08	24.44	79.82	25.14	84.34	23.66	−1.192	0.235
	过程坚持力	76.14	19.50	75.24	18.53	77.07	20.52	−0.605	0.546
	困难应对力	86.24	16.43	84.46	16.17	88.05	16.59	−1.408	0.161
学习毅力总维度		81.61	15.78	80.10	15.44	83.13	16.07	−1.226	0.222

表5.7分析了两所学校在学习动力和学习毅力上的校际差异情况。差异显著性检验结果表明，两所学校在学习动力和学习毅力以及二级维度上均没有显著性差异，两所学校七年级学生群体的学习动力与学习毅力的总体水平相当。

（四）初中生学习动力与学习毅力性别差异

表5.8　全体初中生学习动力与学习毅力水平性别差异显著性检验

一级维度	二级维度	全体		男生		女生		T	Sig.
		平均值	标准差	平均值	标准差	平均值	标准差		
学习动力	学习动机	82.34	16.98	78.65	18.39	86.54	14.21	−3.120	0.002
	学习求知欲	73.15	21.17	72.10	20.99	74.36	21.44	−0.688	0.493
	学习自信心	69.31	28.87	72.19	27.03	66.03	30.68	1.381	0.169
	学习主动性	74.10	28.90	72.75	28.36	75.64	29.60	−0.643	0.521
学习动力总维度		74.73	16.03	73.92	16.06	75.64	16.06	−0.690	0.491
学习毅力	目标专一性	82.08	24.44	80.11	24.90	84.29	23.87	−1.101	0.273
	过程坚持力	76.14	19.50	75.28	19.01	77.14	20.12	−0.612	0.541
	困难应对力	86.24	16.43	86.82	17.52	85.58	15.17	0.480	0.632
学习毅力总维度		81.61	15.78	80.88	16.64	82.43	14.81	−0.626	0.532

表5.8呈现了测试对象在学习动力与学习毅力表现上的性别差异。从差异显著性检验结果看，在所有的7个二级维度中，仅学习动机存在显著性性别差异（女生平均值为86.54，男生为78.65，女生明显高于男生），其他各维度均没有显著性差异。7个维度中有5个维度女生高于男生，有2个维度（学习自信心、困难应对力）男生高于女生，但没有显著性差异。

（五）初中生学习动力、学习毅力与学科学习能力水平之间的相关性分析

在进行学习动力、学习毅力问卷调查的同时，项目组进行了小学语文、小学数学、小学科学、初中语文、初中科学五个学科的学科能力测试。本研究将学科能力测试中的语文、科学两个学科测试结果与学习动力、学习毅力问卷结果进行了对比分析，得出以下表格和数据。

表5.9　初中生学习动力、学习毅力与学习能力水平之间的相关系数

一级维度	学习动力	学习毅力	语文
学习毅力	0.664**	—	—
语文	0.188*	0.134	—
科学	0.218**	0.079	0.665**

注：相关系数在0.7以上为高度相关；相关系数在0.3—0.7为中度相关；相关系数小于0.3为低度相关。**表示相关性极其显著；*表示相关性显著；无*表示相关性不显著

表5.10 初中生学习动力、毅力的二级维度与学习能力水平之间的相关系数

二级维度	学习动机	学习求知欲	学习自信心	学习主动性	目标专一性	过程坚持力	困难应对力	语文
学习求知欲	0.132	—	—	—	—	—	—	—
学习自信心	0.285**	0.044	—	—	—	—	—	—
学习主动性	0.535**	0.096	0.382**	—	—	—	—	—
目标专一性	0.461**	0.175*	0.179*	0.330**	—	—	—	—
过程坚持力	0.624**	0.116	0.381**	0.571**	0.445**	—	—	—
困难应对力	0.498**	0.105	0.427**	0.395**	0.341**	0.451**	—	—
语文	0.248**	0.058	0.122	0.108	0.081	0.051	0.258**	—
科学	0.137	0.075	0.210**	0.139	－0.09	0.069	0.312**	0.665**

从表5.10相关系数分析可以看出，在全体测试样本中，学习动力与学习毅力之间呈中高度相关，且相关性极其显著；初中语文学科与科学学科能力水平亦呈中高度相关，相关性也极其显著。这表明，学生学习动力越强，毅力也越强；同时，语文学科能力强的学生，科学学科能力也强。在学习动力、学习毅力与学科能力交叉相关性中，学习动力与语文、科学学科能力之间呈现低度相关，但依然十分显著，特别是科学能力与学习动力之间，相关性极其显著；但数据分析也表明，学生学习毅力与语文和科学学科能力之间不存在相关性。上述数据分析表明，学生学习的精神状态与学习能力之间虽然有一定的联系，但这种联系还是处于浅层次的，或者说是不稳定的。

从表5.10的分析结果中我们可以看到，除求知欲之外，学习动力与学习毅力各二级维度之间的相关性也非常明显，但语文学习能力仅与学习动机、困难应对力之间存在显著性低度相关。科学学习能力与学习自信心、困难应对力之间存在显著性低度相关，其他动力与毅力因素与学习能力之间不具有内在联系。

（六）影响学生语文能力监测结果的学习动力与学习毅力因素回归分析

表5.11 全体测试对象语文能力测试结果因素回归分析

回归模型	非标准化B系数	标准化Beta系数	T	Sig.	修正后的R^2	Durbin-Watson系数
常量	49.487	—	11.562	0.000	4.7%	1.398
学习动机	0.151	0.229	2.978	0.003		

注：回归分析的目的是发现影响学生本次学习能力测试成绩的学习动力与学习毅力因素。我们采用逐步回归法，将测试结果作为因变量，学习动力、学习毅力的二级维度作为自变量，均纳入影响

学生本次测试成绩的因素进行逐一分析，由SPSS系统自动进行判别筛除。剩下的维度可以看作是对本次能力监测成绩有明显影响的因子。回归分析所呈现的结果，均是在检验数据本身正态分布、方差齐性、回归模型F检验等前提下做出的，具有统计学意义。因此，可以作为进一步进行原因分析的重要参考

表格数据解释：(1) 回归模型一列，表示经过逐步回归分析后发现的影响学生本次能力测试的二级维度(影响因子)，Constant表示常数，在这里，意味着除学习动力和学习毅力之外的其他潜在因素；(2) 标准化Beta系数一列，是指该维度(因子)对能力测试成绩影响力的大小，标准化Beta系数越大，表明该维度(因子)的影响力越大；(3) 修正后的R^2表示该回归模型中具有影响力的维度(因子)占全部潜在影响因子的比重大小；(4) Sig≥0.05，表明该因子实际上没有影响力，0.01≤Sig＜0.05，表示该因子具有明显的影响力，Sig＜0.01表示该因子具有极其明显的影响力；(5) Durbin-Watson系数是用来检验本假设(学习动力与学习毅力影响学生能力测试的成绩)是否能进行回归分析的重要前提之一，回归模型的Durbin-Watson系数为0—4，越接近2，表明各个样本越独立。

从全体测试对象语文能力测试结果的因素回归分析数据可以看出，在学习动力和学习毅力七个二级维度中，学习动机对语文学习结果影响最明显，修正后的R^2结果是4.7%，即在全部潜在的影响语文学习成绩的因素中，学习动机占4.7%。学习动机sig.值为0.003，表明学习动机对初中语文学习结果具有极显著的影响力。

三、调查分析及结论

(一) 区域初中生学习动力、学习毅力整体情况

1. 学习动力总体情况。

调查统计分析表明，两所试点学校的测试对象在学习动力方面表现良好。在四个二级维度中，学习动机处于最好的水平，然后是学习主动性、求知欲和学习自信心。可见，学生有较强的激发、推动学习活动的内部和外部动机，具有明确的学习目的，学习主动性较好。比较之下，学生的求知欲和学习自信心偏低，尤其是学习自信心。学生与生俱来的探求知识的欲望不是很强烈。学生对自己是否有能力成功地完成学习活动的信任程度一般，学习效能感一般，还有较大的上升空间。

2. 学习毅力总体情况。

调查数据显示，学生的学习毅力整体水平表现良好，处于理想的范围之内。学生为达到预定的学习目标而自觉克服困难、努力实现目标的意志品质较强。在学习毅力3个二级维度中，困难应对力、目标专一性、过程坚持力均处于良好水平。学生在学习过程中能很好地面对困难或挫折，并能采取积极的态度和行为。学生在学习

过程中有清晰的学习目标，在执行过程中能不偏离、不游离。学生在学习过程中有较好的持久力和忍耐力，在完成一项学习任务时有效学习行为所持续的时间较长，且能持有积极态度。

3. 男女生在学习动力、学习毅力上的差异。

女生在学习动力和学习毅力上的表现整体上都高于男生。在二级维度上，男女生在学习动机上存在显著性差异，女生明显高于男生。女生推动学习活动的内部和外部动机明显高于男生，学习目的性相比男生更强。但在学习自信心上，男生表现优于女生。可见男生对自己有能力成功地完成学习活动的信任程度更强。

4. 学习动力、学习毅力的城乡、校际差异。（略）

（二）学习动力、学习毅力与初中语文学习能力的内在关系分析

从学习动力、学习毅力与语文学习能力测试结果的相关分析看，学习动力与语文学习结果相关性显著，学习毅力与语文学习结果相关性不显著。两所试点学校之间也有差异，A校语文学习结果与学习动力显著性相关，但B校相关性不显著。这应该是与两所学校的语文教学实际情况，如语文教师是否担任班主任，是否更关注学生学习中的学习动力因素等有关。

在因素回归分析中，影响初中语文学习结果的7个学习动力、学习毅力二级维度中，学习动机的贡献率最大，起到的影响最强。可见，学生对学习活动的内部和外部动机对语文学习起到较大的影响。从性别差异数据统计可以看出，女生的学习动机强于男生，对语文学习结果正向影响相对较大。

四、调查反思及建议（略）

陈尔胜（嘉兴市南湖区教育研究培训中心）

第四节　小学高段学生学习策略状况调查研究

一、问题的提出

学习策略是指学习者在学习活动中有效学习的程序、规则、方法、技巧及调控方式[①]，它既有内隐和外显之分，又有水平、层次高低之别。学习策略既是学生问题解决的重要组成部分，也是制约学生学习效果的重要因素，是否掌握学习策略已成为衡量学生是否学会学习、学会思考的根本标志，成为衡量学生个体学习能力的重要尺度。

基于学生学习特征的学法指导是有效提升小学教学质量的核心因素，但长期以来，教研与培训都相对重视教师的教学设计与课堂教学，缺乏对于学生学习状况如学生学习心理状态、学生学习方法、学生学习个性特点等的多方位实证研究，因而也缺乏对学生学习策略与方法的指导，导致教学活动缺乏针对性与有效性。

鉴于上述问题，本研究以浙江省平湖市为样本，研究小学高段学生在自主学习过程中，在一般领域（非具体学科）学习策略的使用情况及其对学业成绩的影响；通过对学习策略的整体分析，诊断学生是否掌握有效学习的策略；通过对不同学生群体的学习策略使用状况的评估，引导教师科学地进行学情分析，为教师改进教学方法，提高教学针对性和服务有效性。

二、研究对象

2015年6月，平湖市对城乡8所小学的高段学生进行了分层随机抽样，共抽取五、六年级学生627人参与调查，并回收有效问卷538份。

① 刘电芝. 学习策略的实质[J]. 宁波大学学报，2000(1).

三、调查工具

(一)调查工具简介

平湖市采用自编的《小学生学习策略调查问卷》进行调查,问卷共33个项目,按照迈克尔的学习策略的结构框架①,分认知策略、元认知策略、资源管理策略3个二级维度。根据小学生认知发展的水平特征,先采用里克特3点计分方式,问题选项均为3项,即完全符合、有时符合,不符合,分别对应计分为2、1、0,其中6、10、11、26、28、29为负向题,对应计分应转化为0、1、2。然后将各维度题目得分相加。最后将二级维度得分转化为百分制分数,即每个二级维度的得分区间均为[0,100],转化公式为:维度得分=∑(各维度题目实际总分)/该维度理论满分×100。一级维度得分为该二级维度得分的平均值。

(二)问卷信度、效度检验

平湖市以小学五、六年级学生的调查数据为基础,对问卷进行了信度、效度检验。结果表明,问卷3个二级维度的信度分别为0.818、0.890、0.780,单个题目在各难度上的信度均理想。因子分析结果显示,KMO系数为0.952,非常适合做因子分析,经过最大正交旋转,发现问卷有5个维度,这5个维度主成分方差累计贡献率为51.385%。其中13题效度较差,删去。平湖市对这5个维度进行深入分析发现,五、六年级小学生的认知策略与元认知策略的区分并不是很明显,学生的学习自主性、自觉性以及学习坚持力可作为独立维度,此外,学习求助策略也可以单列为一个维度。结合先前的理论框架,我们将学习自主性、学习自觉性、学习坚持力以及学习求助策略作为资源管理的二级维度。(见下页表5.12)

① 刘儒德. 论学习策略的实质. 心理科学[J],1997(2).

表5.12 修订后的问卷维度

一级维度	二级维度	三级维度	题目	操作性定义
学习策略	认知策略	知识学习	1、2、17	新知识学习过程中采用的方法
		知识运用	4、5、32	运用知识技能解决问题的能力
	元认知策略	计划策略	22、27	学习目标、计划的制订及执行
		监控策略	8、9、18	学习过程中的反思意识与调控
		总结策略	16、23、25	学习总结与整理的习惯
	资源管理策略	学习坚持力	7、12、20、21、24	学习中保持专注与完成任务的意志力
		学习自主性	6、10、11、19、26	学习任务统筹安排、学习时间自主调控
		学习自觉性	14、28、31	无须他人督促或提醒而主动学习
		学习求助策略	15、30、33	学习信息资源检索与利用的习惯

此外，还抽取了参与调查学生6月份期末考试语文、数学、科学、英语四门学科成绩作为参照系，以此分析不同学业水平学生在学习策略上的差异，以及学习策略与学业水平之间的内在关系。四科成绩数据的信度为0.838，总分的区分度为0.225。（区分度计算公式：[高分组（前30%学生）平均分－低分组（后30%学生）平均分]/400）

四、调查结果

（一）学生学习策略总体水平

总体来看，学生一般领域的学习策略处于良好水平，其中，学生对自己资源管理策略的评分最高，元认知策略与认知策略评分次之。见表5.13。

表5.13 小学高段学生学习策略总体水平

维度	全体小学高段学生学习策略总体水平	
	平均值	标准差
认知策略	74.63	20.93
元认知策略	76.36	23.23
资源管理策略	80.62	15.83
学习策略	77.31	18.10

从学习策略的三级维度来看,学生资源管理策略的学习坚持力和学习自主性更优,而学生的学习总结策略、学习自觉性以及运用所学知识解决实际问题的策略相对较弱。见图5.10。

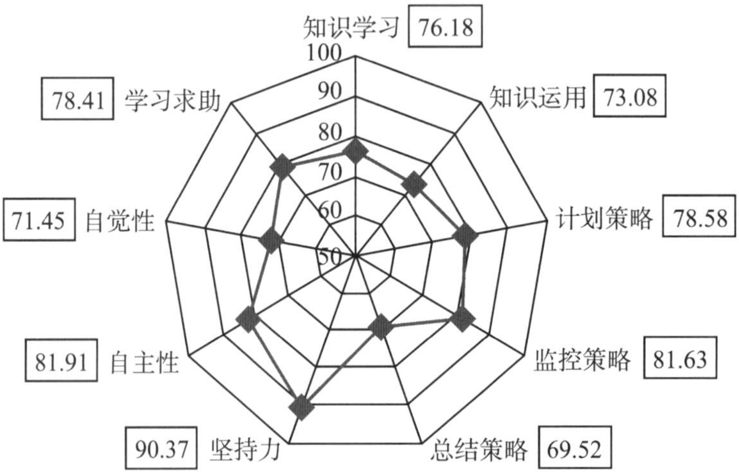

图5.10　小学高段学生学习策略三级维度评分情况雷达图

(二)不同学生学习策略的差异显著性情况

1. 不同学业水平学生学习策略的差异显著性检验。

将学生期末测试成绩由高到低排序后的前30%,30%—70%,后30%划分为优秀、中等、后进三个学业水平等级,(经检验,学优生与学困生的学习成绩存在显著性差异Sig.=0.000)以此检验不同学业水平的学生在学习策略上是否存在显著性差异。结果表明,无论在学习策略的哪一个维度,学优生与学困生之间均存在极其显著的差异,学业成绩优秀的学生的学习策略在各个维度上均非常显著地优于学习困难的学生的学习策略,实证数据验证了我们以往的经验性认识。见表5.14。

表5.14　不同学业水平学生学习策略的差异显著性检验

学习策略各维度		学优生		学困生		差异显著性	
二级维度	三级维度	平均值	标准差	平均值	标准差	T	Sig.(2-tailed)
认知策略	知识学习	79.27	19.95	65.82	26.94	−3.558	0.001
	知识运用	77.78	19.31	65.19	28.39	−3.252	0.001
认知策略维度		78.53	17.43	65.51	26.17	−3.672	0.000

续表

学习策略各维度		学优生		学困生		差异显著性	
二级维度	三级维度	平均值	标准差	平均值	标准差	T	Sig.（2-tailed）
元认知策略	计划策略	82.05	23.80	67.41	32.11	－3.249	0.001
	监控策略	85.26	19.37	69.87	29.80	－3.823	0.000
	总结策略	73.29	25.25	59.92	31.86	－2.917	0.004
元认知策略维度		79.97	20.75	65.71	28.52	－3.571	0.000
资源管理策略	学习坚持力	92.69	11.24	78.31	24.73	－4.65	0.000
	学习自主性	87.18	16.51	71.65	24.47	－4.669	0.000
	学习自觉性	76.71	24.37	56.62	23.47	－5.243	0.000
	学习求助策略	84.83	18.45	65.82	28.61	－4.953	0.000
资源管理策略维度		85.35	12.52	68.50	19.91	－6.301	0.000
学习策略总维度		81.28	15.05	67.20	22.83	－4.538	0.000
学业成绩		378.10	6.41	288.14	47.84	－23.72	0.000

2. 不同年级学生学习策略的差异显著性检验。

五、六年级学生的学习策略在总体上没有明显差异，但随着年级的上升，学习任务的深化，学生的学习策略水平总体上略有下降。五、六年级学生的认知策略中，知识学习策略自评分较高，而知识运用策略的自评分相对较低，五、六年级不存在显著性差异。故知识学习策略是学生在学习中所采用的简单信息加工策略，如重复性记忆和重复性练习，而知识运用策略涉及学生学习中对信息的深层次加工方式，即认知图式的精致化策略，包括批判性思维、创造性思维等高层次思维的运用，调查结果显示出学生在这方面实际上还是相对欠缺的。

五、六年级学生的元认知策略中，计划、监控策略自评分较高，而总结策略自评分相对较低，而且在学习总结策略的运用上，六年级学生明显低于五年级学生（Sig.＝0.025）。这表明小学高年级学生对学习过程与学习结果的自主总结与反思能力不足，其中六年级学生由于学习内容的深化，学习任务的加重，对于学习过程与学习结果的总结已经出现了自顾不暇的倾向。

五、六年级学生的资源管理策略中，对于学习坚持力的评价最高，学习自主性也良好，这表明学生的学习态度端正，能比较科学合理地安排学习时间和学习任务，这可能是平湖市小学高段学生最突出的优势；但是，数据分析也表明，学生的学习自觉性相对偏弱。小学高段学生正值十一二岁，爱玩是这个年龄段学生的天性，学习自觉性相对偏弱可以理解，但是学习自觉性偏弱与学习坚持力、学习自主性偏强形成了明显的反差，这值得深入思考。这个问题可能与教师、家长对学生学习的监控强度有关。学生在教师和家长高强度的监控与指导下，都比较听话，无论学习还是作业，他们都高度遵从家长和教师的要求，因此，坚持完成作业的动力可能多数来自外部的约束（见表5.15）。

表5.15 不同年级学生学习策略的差异显著性检验

学习策略各维度		五年级		六年级		差异显著性检验	
二级维度	三级维度	平均值	标准差	平均值	标准差	T	Sig.
认知策略	知识学习	77.22	22.32	75.06	22.52	1.114	0.266
	知识运用	74.88	23.00	71.15	22.76	1.887	0.060
认知策略维度		76.05	21.04	73.11	20.75	1.630	0.104
元认知策略	计划策略	80.13	25.81	76.92	29.16	1.351	0.177
	监控策略	83.15	22.10	79.99	23.65	1.604	0.109
	总结策略	72.12	26.89	66.73	28.64	2.252	0.025*
元认知策略维度		78.26	22.30	74.32	24.07	1.967	0.05
资源管理策略	学习坚持力	90.54	15.97	90.19	15.27	0.255	0.799
	学习自主性	82.95	20.50	80.81	20.43	1.213	0.226
	学习自觉性	71.88	23.78	70.98	24.33	0.436	0.663
	学习求助策略	80.04	22.71	76.67	23.58	1.688	0.092
资源管理策略维度		81.35	15.59	79.82	16.08	1.117	0.264
学习策略总维度		78.55	17.86	75.96	18.30	1.659	0.098

3. 不同区域学生学习策略的差异显著性检验。

平湖市把城镇学校归为一类，乡镇学校归为另一类（经检验，城乡学校学生的学业成绩存在着显著性差异Sig.＜0.001），以此检验不同区域学校的学生在学习策略上是否存在显著性差异。结果表明，不同区域学生的学习策略水平存在着极其显著的差异，城镇学校学生的学习策略水平明显高于乡镇学校的学生。具体而言，在认知策略、元认知策略及其三级维度上，城镇学校与乡镇学校学生均存在极其显著的差异；在资源管理策略上，学生的学习自觉性、自主性以及学习坚持力方面不存在显著性差异，但在学习求助策略上存在着显著性差异。这个结论表明，小学高段的优秀学生多集中在城镇学校，学困生多集中在乡镇学校，平湖市义务教育领域的内在均衡发展还有很长的路要走(见表5.16)。

表5.16　不同区域学生学习策略的差异显著性检验

学习策略各维度		城镇学校		乡镇学校		差异显著性	
二级维度	三级维度	平均值	标准差	平均值	标准差	T	Sig.
认知策略	知识学习	78.61	20.76	74.22	23.53	2.299	0.022
	知识运用	75.49	20.22	71.14	24.78	2.240	0.026
认知策略维度		77.05	18.44	72.68	22.59	2.470	0.014
元认知策略	计划策略	82.50	23.57	75.42	29.97	3.067	0.002
	监控策略	83.54	20.02	80.08	24.90	1.786	0.075
	总结策略	72.78	25.09	66.89	29.68	2.492	0.013
元认知策略维度		79.24	20.25	74.03	25.19	2.659	0.008
资源管理策略	学习坚持力	91.38	13.58	89.56	17.09	1.370	0.171
	学习自主性	82.92	20.22	81.11	20.67	1.019	0.309
	学习自觉性	70.42	23.27	72.28	24.63	－0.898	0.37
	学习求助策略	81.67	20.78	75.78	24.65	3.003	0.003
资源管理策略维度		81.59	14.00	79.82	17.16	1.315	0.189
学习策略总维度		79.30	15.61	75.69	19.78	2.357	0.019
学业成绩		357.10	33.78	328.07	49.34	8.073	0.000

（三）学习策略各维度与学业成绩的相关分析

1. 不同学业水平学生学习策略与学业成绩的相关分析。

平湖市将被调查学生的学习策略与他们2014学年第二学期期末的学业成绩进行相关分析后发现,整体上学习策略及其二级维度与各科学业成绩之间呈现一种显著性低相关。特别值得重视的是,小学高段学生中,学业成绩优秀的学生,学习策略及其任何一个维度与学业成绩之间均不存在相关性关系,而越是学习成绩落后的学生,各维度与学习策略之间的相关性越显著,这种显著性相关主要体现在元认知策略和学习坚持力维度上。从这些信息可知,虽然在理论上学习策略是影响学生学业成绩的主要因素之一,但是在小学阶段,优秀学生的学业成绩几乎与学习策略的优劣无关,这可能与小学阶段的学习内容、学习任务、考试以及复习备考等因素的特征有关。从一线资深教师的访谈中了解到,在小学高段,由于学习任务程度尚浅，且学生期末考前的复习时间相对充分，大部分学生即使平时学习策略不怎么科学合理，只要考前经过教师的充分辅导与自己的努力复习，也能取得较好的成绩。而那些学习基础较差，学习策略又相对薄弱的学生，即使短期内充分复习也未必能取得较好的成绩（见表5.17）。

表5.17　小学高段学生学习策略与学业成绩之间的相关分析

学习策略各维度		学困生成绩	中等生成绩	学优生成绩	全体学生成绩
认知策略	知识学习	0.205	0.094	－0.058	0.224**
	知识运用	0.184	0.091	－0.031	0.191**
认知策略维度		0.206	0.101*	－0.050	0.225**
元认知策略	计划策略	0.340**	0.132*	－0.046	0.241**
	监控策略	0.308**	0.149**	0.057	0.282**
	总结策略	0.293**	0.045	－0.132	0.186**
元认知策略维度		0.349**	0.115*	－0.054	0.258**
资源管理策略	学习坚持力	0.338**	0.144**	0.032	0.371**
	学习自主性	0.114	0.123*	－0.021	0.241**
	学习自觉性	0.152	0.155**	－0.079	0.282**
	学习求助策略	0.207	0.161**	－0.015	0.285**
资源管理策略维度		0.272*	0.198**	－0.044	0.376**
学习策略总维度		0.264*	0.145**	－0.056	0.288**

2. 各年级不同学业水平学生学习策略与学业成绩的相关分析。

除此之外，还对两个年级分别做了上述维度的相关分析，结果表明，五、六年级学困生几乎所有的学习策略自评分与学业成绩均呈显著性相关，而中等生和优秀生的学业成绩与学习策略之间几乎不存在相关性（见表5.18）。

表5.18　不同年级学生学习策略与学业成绩之间的相关分析

学习策略各维度		五年级			六年级		
二级策略	三级策略	学困生	中等生	学优生	学困生	中等生	学优生
认知策略	知识学习	0.221*	0.127	0.020	0.351**	0.151	－0.036
	知识运用	0.174	0.050	－0.032	0.279*	0.025	0.080
认知策略维度		0.206*	0.099	－0.007	0.338**	0.092	0.021

续表

学习策略各维度		五年级			六年级		
二级策略	三级策略	学困生	中等生	学优生	学困生	中等生	学优生
元认知策略	计划策略	0.321**	0.169	−0.076	0.235	0.071	−0.041
	监控策略	0.253*	0.235*	0.026	0.411**	0.072	−0.025
	总结策略	0.241*	0.101	0.023	0.373**	0.012	−0.015
元认知策略维度		0.289**	0.187	0	0.394**	0.053	−0.029
资源管理策略	学习坚持力	0.416**	0.221*	0.063	0.366**	0.161	−0.061
	学习自觉性	0.248*	−0.050	−0.013	0.330**	0.102	−0.072
	学习自主性	0.262**	0.070	−0.004	0.134	0.001	−0.003
	学习求助策略	0.236**	0.125	−0.110	0.226	0.048	0.095
资源管理策略维度		0.366**	0.082	−0.034	0.367**	0.106	0.012
学习策略总维度		0.301**	0.147	−0.013	0.318*	0.088	−0.002

3. 不同区域学生学业水平与学习策略的相关分析。

我们分别对城乡学校学生的学业水平与学习策略做了相关分析，结果表明，城镇学校学生的学习策略中除了学习坚持力和学习自觉性两个维度外，其他维度与学业成绩之间均不存在相关性，而乡镇学校学生所有的学习策略维度自评分与学业成绩呈显著性相关。这一结果再次表明，学困生群体多集中在乡镇学校（见表5.19）。

表5.19　不同区域学生学业水平与学习策略的相关分析

学习策略各维度		城镇学校	乡镇学校
认知策略	知识学习	−0.006	0.309**
	知识运用	−0.025	0.260**
认知策略维度		−0.017	0.303**
元认知策略	计划策略	0.051	0.284**
	监控策略	0.053	0.371**
	总结策略	0.010	0.234**
元认知策略维度		0.039	0.325**
资源管理策略	学习坚持力	0.185**	0.459**
	学习自觉性	0.234**	0.357**
	学习自主性	0.115	0.312**
	学习求助策略	0.062	0.344**

续表

学习策略各维度	城镇学校	乡镇学校
资源管理策略维度	0.207**	0.459**
学习策略总维度	0.072	0.362**

(四)影响小学高段学生学业成绩的学习策略因素回归分析

从以上相关分析可知,不同学业水平、不同区域学生的学业成绩与学习策略之间相关性存在明显的差异,从整体上分析影响学生学业成绩的学习策略因素价值不大。因此,按照不同成绩层次与不同区域对学生进行分类,可把影响学生学业水平的学习策略因素做回归分析。将这些学生的四科总成绩作为因变量,将学习策略的三级维度作为自变量,进行逐步回归分析,这样的好处在于可以更加深入地确定是何种策略对学生的学业成绩产生了影响,以及影响程度如何。

1. 影响不同水平学生学业成绩的学习策略因素回归分析。

经过回归分析发现,对于学困生和中等生,影响他们学业成绩的学习策略因素都是学习坚持力。特别是学困生,学习坚持力对学业成绩的影响力超过了中等生。而优秀生不存在影响学业成绩的学习策略因素。回归分析结果也表明,虽然在所有影响小学高段学生学业成绩的因素中,学习策略的影响程度比较小(学困生的回归模型中修正后决定系数R^2仅为0,148,中等生的修正后决定系数R^2仅为0.033,这可能是由于本调查仅涉及影响学生学业成绩的一个维度),该回归模型的残差独立性也不太理想(如果残差间相互独立,则Durbin-Watson系数应接近2),但是这也足以提醒小学教师,重视培养学困生良好的学习坚持力,他们的学业成绩可能会有明显的提升(见表5.20与下页表5.21)。

表5.20 影响学困生学业成绩的学习策略因素回归分析

回归模型	非标准化系数B	标准化系数Beta	T	Sig.	R	R^2	修正后的R^2	Durbin-Watson系数
常量	−1.031	—	−13.000	0.000	0.392	0.154	0.148	0.923
学习坚持力	0.294	0.392	5.360	0.000				

表5.21　影响中等生学业成绩的学习策略因素回归分析

回归模型	非标准化系数B	标准化系数Beta	T	Sig.	R	R^2	修正后的R^2	Durbin-Watson系数
常量	0.240	—	14.839	0	0.181	0.033	0.028	0.693
学习坚持力	0.058	0.181	2.649	0.009				

2. 影响不同年级学生学业成绩的学习策略因素回归分析。

从五、六年级的回归分析中发现，影响学生学业成绩的因素集中在学习坚持力和学习自觉性两方面，而其他认知和元认知策略对学业成绩没有明显的影响。尽管回归模型的拟合优度不是很理想，但也足以说明，在小学高段，学生学习的非智力因素比智力因素更能影响他们的学业成绩（见表5.22与表5.23）。

表5.22　影响五年级学生学业成绩的学习策略因素回归分析

回归模型	非标准化系数B	标准化系数Beta	T	Sig.	R	R^2	修正后的R^2	Durbin-Watson系数
常量	−0.125	—	−2.060	0.042	0.437	0.190	0.185	0.638
学习坚持力	0.406	0.367	6.438	0				
学习自觉性	0.170	0.149	2.609	0.010				

表5.23　影响六年级学生学业成绩的学习策略因素回归分析

回归模型	非标准化系数B	标准化系数Beta	T	Sig.	R	R^2	修正后的R^2	Durbin-Watson系数
常量	0.150	—	3.367	0.001	0.379	0.143	0.137	0.576
学习自觉性	0.169	0.222	3.244	0.001				
学习坚持力	0.166	0.211	3.080	0.002				

3. 影响不同区域学生学业成绩的学习因素回归分析。

从城乡学校学生回归分析结果中发现，对于城镇学生，学习自觉性对他们的学业成绩有一定的影响，其他学习策略因素对学业成绩没有明显影响，这与学优生多集中在城镇学校有关。而对于乡镇学校学生，除了重点培养他们的学习坚持力和学习自觉性外，若能够指导他们学会在学习中进行有意识的反思、总结，学生的学习成绩将会有较为明显的提升（见下页表5.24与表5.25）。

表5.24　影响城镇学生学业成绩的学习策略因素回归分析

回归模型	非标准化系数B	标准化系数Beta	T	Sig.	R	R^2	修正后的R^2	Durbin-Watson系数
常量	0.362	—	7.724	0	0.234	0.055	0.051	0.504
学习自觉性	0.179	0.234	3.706	0				

表5.25　影响乡镇学校学生学业成绩的学习策略因素回归分析

回归模型	非标准化系数B	标准化系数Beta	T	Sig.	R	R^2	修正后的R^2	Durbin-Watson系数
常量	−0.271	—	−5.073	0	0.519	0.269	0.259	0.778
学习坚持力	0.390	0.402	5.778	0				
学习自觉性	0.233	0.225	3.918	0				
总结策略	0.252	0.251	3.244	0.001				
监控策略	0.167	0.169	2.065	0.040				

五、结论及建议

（一）结论

平湖市小学高段学生学习策略总体水平良好，其中，资源管理策略维度表现最好，主要表现在学生普遍具有很强的学习坚持力和学习自主性，但是学习自觉性相对不高；学生的认知策略和元认知策略处于中等偏上水平，主要问题在于学生运用所学知识解决实际问题的策略和学习后的总结策略比较薄弱。

平湖市小学高段学优生的学习策略水平非常显著地优于学困生的学习策略水平；城镇学校学生的学习策略总体水平明显高于乡镇学校的学生，但城乡学生在学习自觉性、自主性以及学习坚持力方面不存在显著性差异；五、六年级学生的学习策略在总体上没有明显差异，但随着年级的上升，学习任务的深化，学生的学习策略水平总体上略有下降。

小学高段学生学习策略与学业成绩之间呈现显著性低相关，其中学优生学习策略与学业成绩之间不存在相关关系，而学困生学业成绩与学习策略之间的相关性显著；城镇学校学生的学习策略中除了学习坚持力和学习自觉性两个维度外，其他维度与学业成绩之间均不存在相关性，而乡镇学校学生所有的学习策略维度与学业成绩呈显著性相关。

影响小学高段学困生和中等生学业成绩的学习策略因素主要是学习坚持力，学习策略因素对学优生学业成绩不存在明显的影响；学习坚持力和学习自觉性对五、六年级所有学生的学业成绩均有一定的影响；对于乡镇学校学生，除了学习坚持力和学习自觉性会对其学业成绩产生影响外，元认知策略中的监控策略与总结策略也是重要的影响因素。

（二）建议

基于以上调查结果，我们提出如下建议：

1. 关于认知策略与元认知策略的培养。

在小学高段，学生学习的非智力因素是学习策略的重要组成部分，比智力因素更能影响他们的学业成绩，因此，培养他们良好的学习习惯，激发他们内在的学习动力，有助于良好学习策略的养成；在教学中，教师应更加重视培养学生养成自主总结、反思的习惯，引导学生在生活实践中运用所学知识，在解决实际问题的过程中培养学生的高层次思维能力。

具体而言，在学生学习水平和认知图式的诊断与分析方面，可以参考加涅和安德森关于任务分析和学习分析的研究成果，充分利用已有的数字化交互式学习平台，及时跟踪学生学习数据，诊断学习存在的问题和学习风格，并以诊断结果和学习风格为依据，为学生个体提供可视化的、详细的诊断性报告和具有针对性的学习建议，推送差异化的学习内容，这样有助于学生比较客观地认识自己的学习状况，开展自我规划并进行自我补救式学习。如果教师今后能朝着这个方向努力，即努力为学生的自适应、个性化学习创造条件，相信每个学生均能在各自的起点上获得认知结构的完善与学习策略的提升。

2. 关于资源管理策略中学习自觉性和学习坚持力的培养。

对于城镇学校的学生，教师要重在激励学生养成良好的学习自觉性；对于乡镇学校的学生，教师除了激励学生养成良好的学习坚持力与自觉性以外，还要重视指导学生养成经常反思和总结的学习习惯。对于学困生，教师需要格外重视培养他们良好的学习坚持力，从培养学生的学习自信心做起，逐渐使其产生学习的成就感与内在动力，这样可能会收到事半功倍的效果。

鉴于城乡学生，学优生、中等生和学困生之间的学习资源管理策略存在明显差异这一现实，建议对于不同学业水平的学生，采用不同的方法来激发其学习坚持力与学习自觉性。具体而言，对于成绩优秀的学生，建议主要以马斯洛需要层次理论和阿特金森的成就动机理论为指导，激发他们自我实现的高层次动机，使这些学生在学业成功中不断获得高峰体验和成就感。对于成绩中等的学生,建议主要采用归因理论来进行激励:当这些学生完成某一项学习任务后,教师有意识地引导他们对学习的成败做出归因,尤其是进行内部归因,将成功归因于自己的努力,失败归因于自己努力不够。当学生的归因主要关注于自身努力程度时,会明显增强学生的行为意志,激发学生学习的积极性。对于学困生,建议主要采用强化和最近发展区理论来进行引导:对于在学习竞争中处于不利地位的学生而言,表扬与奖励比批评与指责更能有效地激发他们的学习动机,教师应给予这部分学生更多的关注,将学习任务难度置于他们的最近发展区内,完成任务时给予及时的、具体的反馈、表扬与鼓励,使其不断体验到成功的快乐和学习自我效能感。

李强　王爱民(平湖市教师进修学校)

第五节　高中生学习适应性监测的初步探索①

高中阶段是学生个体学习成长的关键时期，此阶段学习适应是否良好可能影响学生的毕生发展。在学习国内外学习适应的相关研究成果的基础上，台州市编制了适用于区域的高中生学习适应性调查的五维度量表，并通过高中生学习适应性量表建立起区域常模，以便为区域和高中学校的教学指导提供依据。

一、研究背景

"适应"这一概念，较多地出现在心理学、生物学和教育学等学科中。心理学家皮亚杰认为适应是个体由同化和顺应不断交替变化而出现的相对平衡的状态。他认为，个体的成长和进步是通过对外界环境不断适应而实现的，其中同化是把知觉到的事件特征与已有图式进行匹配来理解事件的过程，它是量变的过程；顺应是当个体遇到不能以原先的图式来同化的新的刺激情境时，便要改变已有图式以适应变化的环境，它是质变的过程。个体只有通过同化和顺应两种方式重新构建新的、更复杂的图式，才能保证主体与客体结构之间达成平衡，形成相对稳定的适应状态②。生物学家达尔文在进化论中讲到"适者生存，不适者淘汰"，这种理论在学校环境中同样也适用。如果学生无法通过顺应和同化适应新的学习环境，那么他们在学习过程中被淘汰是必然的。从学校的角度看，学生的学校适应是应付学校环境的要求和压力，以期在学校生活中达到平衡的过程，而学校环境适应中最重要的适应过程便是学习适应。

高中阶段是青少年走向青年的重要时期，这不仅是学生身心统和的关键期，也是承受着学习压力，承载着父母期盼的高压期。高中生能否从初中顺利过渡到高中，能否快速适应高中生活会直接关系到他们在学校的表现，也会对高考升学产生影响。首先，学生的学习适应性越强，身心越愉悦，与同学、老师和父母相处也越融

① 本文发表在《考试研究》2018年第5期上，有修改。
② 谢弗，等.发展心理学：儿童与青少年[M].邹泓，等，译.北京：中国轻工业出版社，2004.

洽,学习遇到困难时也较愿意寻求同学、老师、父母的帮助,他们得到的帮助显然就越多,学习成绩也相对较好。其次,学生的学习适应性越好,学习热情就越高,学习技术和学习方法运用越灵活,表现为精力旺盛,求知欲强,学习自信心足,对自己的学习预期高,学习成就感也相对较高。再者,学生学习适应性越好,对自己的学习环境就会相对满意,学习起来压力便较小,能恰当处理不适感的学生较那些学习适应性弱的学生,往往更能卸掉思想压力的包袱,轻装上阵,所以各方面学习表现相对较好,同时学习效能感显著增强,学习兴趣大大提高,这有利于学生提升学业成绩,度过高中关键期。因此,有必要编制一份适用于高中生学习适应性调查的量表,调查高中学生的学习适应状况,为他们的学习改进提供数据和理论依据。

二、量表的开发

此次高中生学习适应性监测主要通过学生问卷和量表获得。我们通过查阅国内外学习适应性研究的相关文献(主要有日本教育研究所编制的《学习适应性测验》、华东师范大学周步成教授编制的《学习适应性测验手册》、华瑞人才测评公司的《初中学生学习适应性测验》、美国关于教师有效教学的调查),并结合本地高中学校的教学安排情况和高中生的心理特点,通过探索性因素分析和验证性因素分析,开发了适用于本地区的高中生学习适应性量表。

三、关于量表的统计分析

(一)统计方法

本次监测通过SPSS24,Mplus7.0以及R语言3.2.0对数据进行统计分析,采用的统计方法有相关分析、T检验、因子分析以及结构方程模型等。

(二)探索性因素分析

对学习适应性项目进行探索性因素分析,在提取特征值大于1的条件下,KMO值为0.956,巴特利特球形度检验小于0.01,说明量表很适合做探索性因素分析①。

① 吴明隆.问卷统计分析实务:SPSS操作与应用[M].重庆:重庆大学出版社,2010.

表 5.26 KMO 和巴特利特检验

KMO 取样适切性量数		0.944
巴特利特球形度检验	近似卡方	25762.382
	自由度	946
	显著性	0.000

通过模型比较发现，五维度的情况下，量表的拟合指数最佳，KMO 值为 0.944，巴特利特球形度检验同样小于 0.01，说明非常适合做探索性因素分析。五维度的方差总解释率为 54.57%，基本能解释学习适应性的情况[①]。

（三）信度分析

表 5.27 高中生学习适应性量表的信度分析

学习环境	学习态度	学习技术	教学方式	学习效能感
0.796	0.795	0.858	0.895	0.918

高中生学习适应性量表的信度分析采用的是 Cronbach α信度。根据 Cronbach α信度的要求，量表维度的信度系数最好是 0.8 以上，0.7—0.8 表示量表相当好，分量表的信度系数最好是 0.7 以上，0.6—0.7 表示还可以接受[②]。本次监测的高中生学习适应性量表各分量表信度最低的是 0.795，仍高于 0.7 的指标要求，所以本量表的信度较好。

（四）效度分析

表 5.28 高中生学习适应性量表模型拟合情况

模型	X^2	df	X^2/df	RMSEA	CFI	TLI	SRMR
四维	2816.37	761	3.70	0.048	0.907	0.899	0.049
五维	2998.57	872	3.44	0.046	0.916	0.909	0.046
六维	7522.42	1726	4.36	0.053	0.842	0.832	0.073
七维	6757.25	1716	3.94	0.050	0.855	0.845	0.065

模型评估方法：比较拟合指数（CFI）、非规范拟合指数（TLI）不小于 0.90，则模型拟合数据；RMSEA 小于 0.05 表示模型精确拟合，0.05—0.08 表示模型合理拟合，

① 吴明隆.问卷统计分析实务：SPSS 操作与应用[M].重庆：重庆大学出版社，2010.
② 吴明隆.问卷统计分析实务：SPSS 操作与应用[M].重庆：重庆大学出版社，2010.

0.08—0.10表示模型拟合不好，大于0.10表示拟合很差；SRMR小于0.08，则认为模型拟合良好，小于0.10，认为模型可以接受①。通过Mplus7.0②对模型进行比较发现，四维模型与五维模型基本能达到模型评估要求，但综合分析看，五维模型的拟合结果更好，所以此次监测选用五维模型。

（五）学习适应性测验维度情况

表5.29　高中生学习适应性量表各维度的相关分析

	学习环境	学习态度	学习技术	教学方式	学习效能感	总分
学习环境	1	—	—	—	—	—
学习态度	0.309**	1	—	—	—	—
学习技术	0.539**	0.421**	1	—	—	—
教学方式	0.482**	0.584**	0.414**	1	—	—
学习效能感	0.521**	0.438**	0.364**	0.671**	1	—
总分	0.682**	0.688**	0.667**	0.876**	0.846**	1

对量表的各维度以及总分进行相关分析，发现总分与学习环境、学习态度、学习技术、教学方式、学习效能感分别达到了0.682、0.688、0.667、0.876以及0.846的相关程度，说明各维度能较好地反映出量表的学习适应性情况。

四、调查结果

（一）总体情况

共11213名高中生参加此次监测，学习适应最小值为1.09，最大值为5，平均值为3.06，标准差为0.58。具体结果见表5.30。

表5.30　台州市高中生学习适应性总体情况

个案数	范围	最小值	最大值	平均值		标准差	方差	偏度		峰度	
				统计	标准误			统计	标准误	统计	标准误
11213	3.91	1.09	5	3.06	0.01	0.58	0.35	0.50	0.02	0.84	0.046

① 吴明隆.结构方程模型：AMOS的操作与应用[M].重庆：重庆大学出版社，2009.
② 王济川，王小倩，姜宝法.结构方程模型方法与应用[M].北京：中国人民大学出版社，2008.

图 5.11 为高中生学习适应性分布情况，从图中可知，高中生的学习适应性基本呈现正态分布的状况。

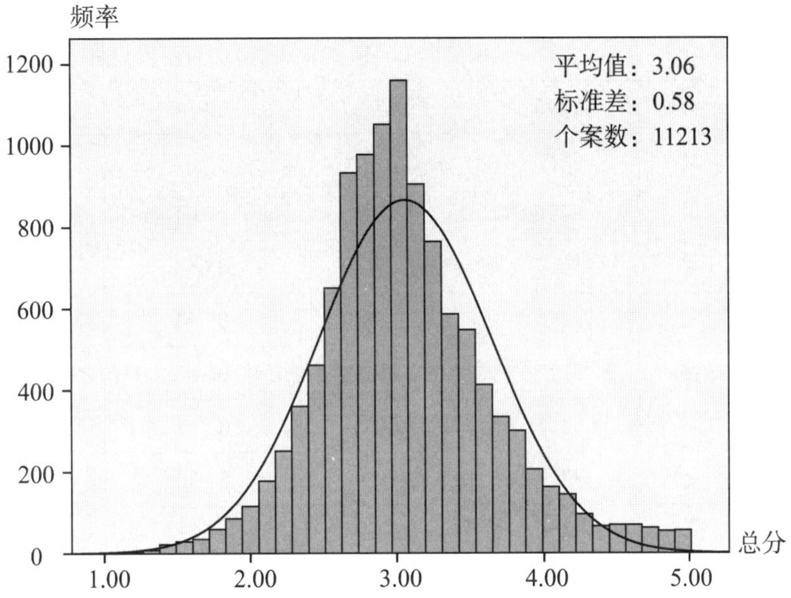

图 5.11　台州市高中生学习适应性总体分布情况

（二）初步建立高中生学习适应性常模

1. 建立高中生得分情况常模。

常模是指标准化的样本在量表所测特性上的普遍水平或水平分布状况，它可以提供参照依据和比较标准，对心理量表的结果进行解释，以便让测验者明白测验分数代表的意义。

根据研究设计和研究目的的不同，常模可分为不同的类型。在实际研究中，常用的有年龄常模、年级常模、百分位常模、标准分数常模等[①]。本次监测采用标准分数常模建立高中生学习适应性常模。标准分数常模可以被转换为任意平均数和标准差的分数。

① 金瑜. 心理测量(第2版)[M]. 上海：华东师范大学出版社，2001.

表5.31　不同性别高中生的学习适应性情况

性别		个案数	平均值	标准差	标准误差平均值
学习环境*	男	5496	3.085	0.725	0.010
	女	5717	3.041	0.645	0.009
学习态度*	男	5496	3.685	0.654	0.009
	女	5717	3.747	0.607	0.008
学习技术*	男	5496	3.127	0.704	0.009
	女	5717	3.076	0.657	0.009
教学方式*	男	5496	2.700	0.794	0.011
	女	5717	2.892	0.767	0.010
学习效能感*	男	5496	2.984	0.902	0.012
	女	5717	2.801	0.830	0.011
总分	男	5496	3.059	0.591	0.008
	女	5717	3.060	0.583	0.008

注:在统计学上,带*的维度男生与女生间的差异显著。

从表5.31可知,男生在学习环境、学习技术以及学习效能感上优于女生,而女生在学习态度和教学方式上优于男生,但男生与女生在总分上差异不显著。

表5.32　不同年级高中生的学习适应性情况

年级		个案数	平均值	标准差	标准误差平均值
学习环境*	高一	7572	3.048	0.691	0.008
	高三	3613	3.095	0.672	0.011
学习态度*	高一	7572	3.738	0.637	0.007
	高三	3613	3.673	0.617	0.010
学习技术*	高一	7572	3.070	0.687	0.008
	高三	3613	3.165	0.662	0.011
教学方式	高一	7572	2.801	0.787	0.009
	高三	3613	2.792	0.783	0.013
学习效能感*	高一	7572	2.859	0.880	0.010
	高三	3613	2.957	0.847	0.014

续表

年级		个案数	平均值	标准差	标准误差平均值
总分*	高一	7572	3.048	0.594	0.007
	高三	3613	3.084	0.571	0.009

注:在统计学上,带*的维度高一与高三间的差异显著。

从表5.32可知,高三学生的学习环境、学习技术、学习效能感优于高一学生,而高一学生的学习态度优于高三学生,总体来说,高三学生的学习适应性优于高一学生。

2. 建立高中生水平达标情况常模。

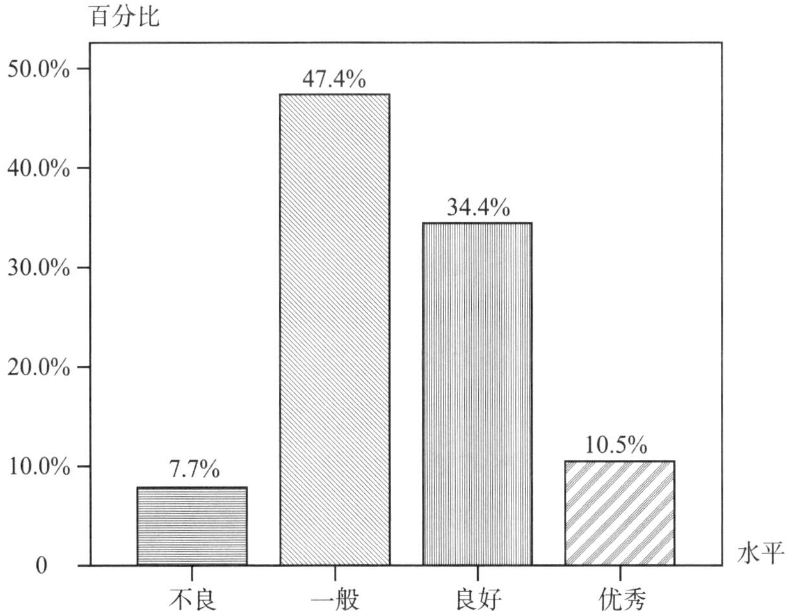

图5.12 台州市高中生学习适应性达标情况

根据标准分数的原则,将标准分数大于1.28(学生数量大约占10%)的学生认定为学习适应性较好,标准分数在0—1.28(学生数量大约占40%)的学生认定为学习适应性良好,标准分数在−1.28—0(学生数量大约占40%)的学生认定为学习适应性一般,标准分数小于−1.28(学生数量大约占10%)的学生认定为学习适应性较差。根据这个标准,台州市高中生的学习适应性达到优秀的有10.5%,达到良好的有34.4%,达到一般的有47.4%,学习适应不良的有7.7%。

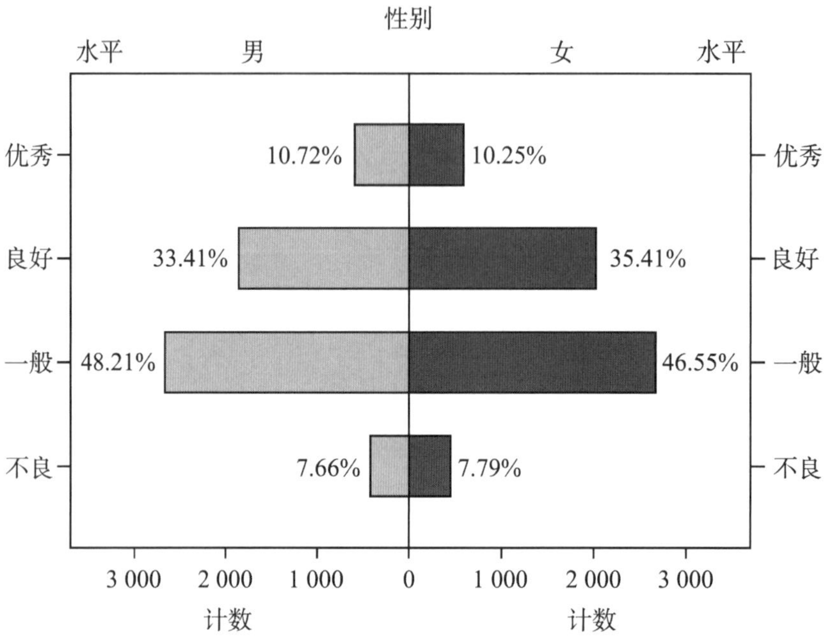

图5.13　台州市高中生不同性别的学习适应性达标情况

根据标准，10.72%的男生学习适应性达到优秀，33.41%达到良好，48.21%达到一般，7.66%的男生学习适应性不良。女生学习适应性达到优秀的占10.25%，良好的占35.41%，一般的46.55%，学习不良的占7.79%。

根据标准，10.27%的高一学生学习适应性达到优秀，34.55%达到良好，46.75%达到一般，8.44%的学生学习适应性不良。高三学生学习适应性达到优秀的占10.93%，良好的占34.19%，一般的占48.65%，学习不良的占6.24%。

（三）各县(市、区)学生学习适应性达标情况(略)

（四）各类学校学生学习适应性情况

通过数据分析发现，各类学校间的学习适应情况差异比较显著。除了在学习技术维度上，普通学校的得分等于私立学校，而优质学校的得分大于普通学校和私立学校外，其他维度上都是优质学校的得分优于普通学校，普通学校的得分又优于私立学校。

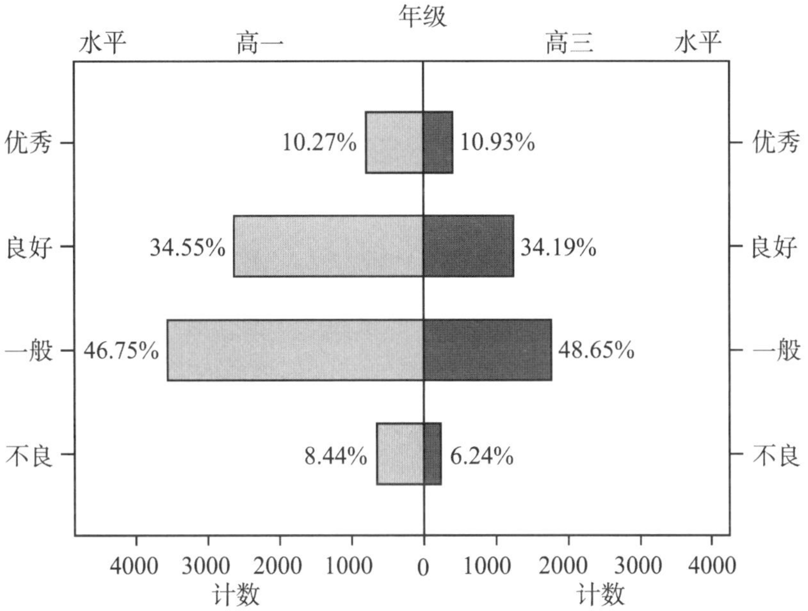

图5.14　台州市高中生不同年级的学习适应性达标情况

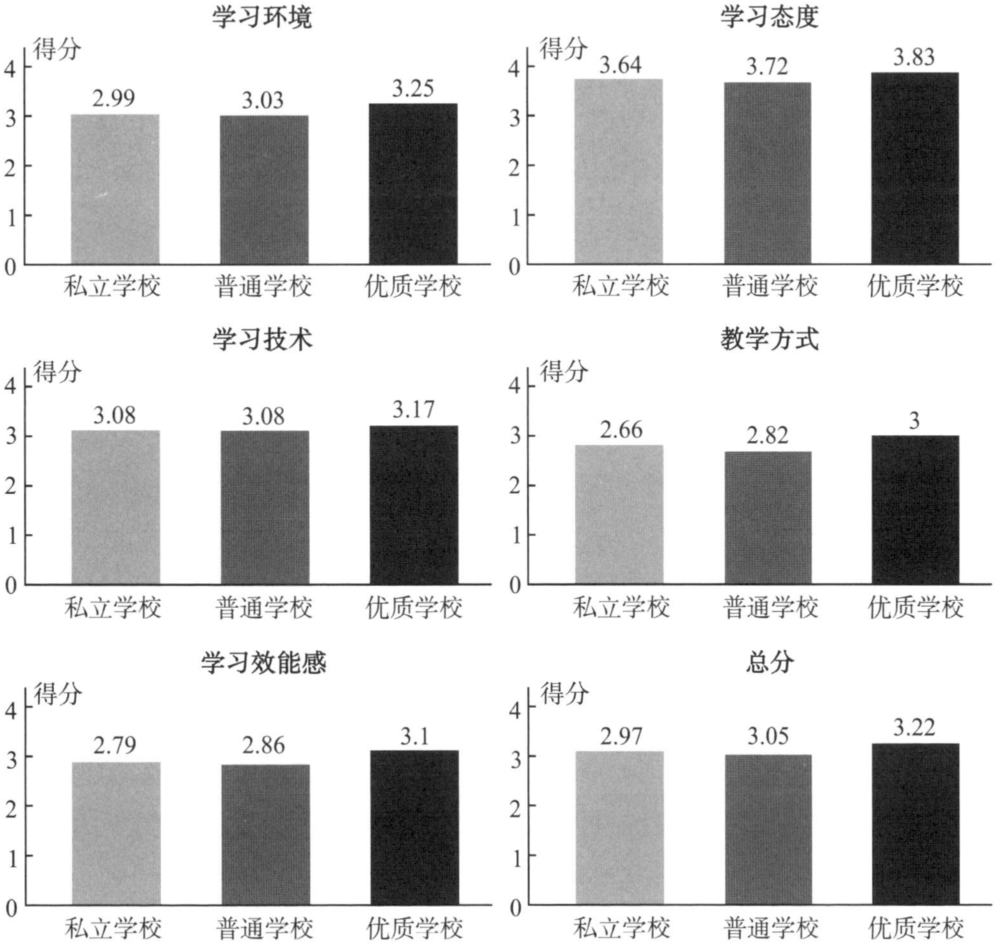

图5.15　各类高中学校学生学习适应性情况

五、结论和建议

(一)结论

1. 问卷信效度较高。

通过经典测量理论对问卷的信度和效度进行初步检验,发现五维度的指数最佳,其中方差总解释率为54.57%,量表的分维度信度都在0.79以上,X^2/df为3.44,RMSEA小于0.08,CFI、TLI都大于0.90,SRMR小于0.08,说明问卷的信度和效度良好。

2. 学生的学习适应情况差异明显。

男生在学习环境、学习技术以及学习效能感上优于女生,而女生在学习态度上优于男生,但男生与女生在总分上差异不显著。高三学生的学习环境、学习技术、学习效能感优于高一学生,而高一学生的学习态度优于高三学生,总体来说,高三学生的学习适应性优于高一学生。从数据的结果看,区域、校际之间的高中生学习适应性差异较大,尤其是不同类别学校间的差异更大,优质学校学生的学习适应性显著优于普通学校,而普通学校学生的学习适应性显著优于私立学校。

(二)建议

1. 加强初、高中教育的衔接。

一是向学生介绍高中学习的基本要求,让学生了解高中的课程设置、课程标准、考试要求等;二是分析高中课程与初中课程的不同要求,鼓励并指导学生适应高中学习。

2. 加强学情研究。

为了促进教师适应学生,学校要组织教师有意识地研究学生的学习基础、学习需要、学习能力、学习习惯、学习兴趣、学习方法、学习意志、学习困难,以寻求有针对性的教学改进方法。

3. 促进课程的校本化。

学科组要积极致力于改造并完善课程,使课程切合学生的实际,在课程内容的取舍和组合、课堂的定位与目标、教学的进度和密度、教法的设计与使用、习题的巩固与拓展等具体环节上形成切合学校实际和学生实际的技术和策略。

4. 加强对学生的学习指导。

一是开展有针对性的学科学习方法训练，邀请有经验的学科教师对学生进行学科学习方法咨询和辅导；二是加强对学困生的帮扶，任课教师可以组织学优生与学困生结对帮扶，学校可建立学生进步表彰奖励机制，通过精准帮扶提高学困生的学习适应能力。

5. 重视个性学习。

依据国家课程，根据学校实际，开发满足学生多样化、个性化需要的选修课程，利用选修课进行知识梳理和整合，通过个性化的课外修习来落实学科知识点的理解和运用，助推各层次学生的发展。

6. 完善学生心理辅导工作机制。

向学生普及学习适应方面的心理知识，根据不同的性别、年级、学业成绩等有侧重地进行心理教育，并定期进行心理检查，建立心理档案，以便及时发现学习不适的问题并予以矫治。

7. 增加教师的心理学知识储备。

高中任课教师不仅需要有扎实的专业课知识，而且还需要有心理学方面的知识，以便了解学生的成长规律与心理特点，这样才能真正去倾听他们的心声，建立良好的师生关系，帮助学生适应高中生活。

8. 构建学校信息交流的平台。

建立家校微信互动群，向家长定期汇报学生在学校的学习与生活情况。如有条件，教育部门可定制家校互动app（应用软件），建立学生成长数据库，定期反馈学生的情况，对可能存在学习不适应情况的学生进行及时干预，避免学生因学习不适应而造成更严重的后果。

9. 营造健康和谐的校园环境。

良好的校园文化环境能影响学生的心理品质、价值取向，进而影响学生的学习行为。学校应该加强各类社团活动建设，将社团活动与学校的理念有机结合成一个共同体，增强学生在校的幸福感和归属感，让学生在学校体会到家一般的温暖。

江照富　王　洁（台州市基础教育质量监测中心）

第六节　基于区域“学习调查”推进学校教学改革

在推进教育质量综合评价改革的实践中，杭州市江干区从2013学年开始，在进行学业测试的同时，每学期开展一次中小学学生学习影响因素现状调查研究。利用学业水平测试、学生学习状况问卷调查等方式收集大数据，通过信度分析、回归分析等技术，深入研究教学质量与学生学习兴趣、课业负担、睡眠指数等特定变量的相关关系，促使比较取向的区域性统考向诊断取向的“学习调查”转型。

杭州师范大学东城中学科学运用测评结果，细致分析区域“学习调查”的反馈信息，准确把握学校学教现状，规范教育教学行为，改进教育教学管理，有针对性地开展自主学习和“思维课堂”教学改革。学校的这一实践正是依托教育评价促进学生个体发展，为学校整体发展指明方向的成功案例。

一、学校教学改革与评价研究的基础

学校秉承“人格为先，五育并进”的办学理念，于2012年年底启动课程改革。不少教师对“人格为先，五育并进”的办学理念心存疑虑，担心“五育并进”会挤占教学时间，导致教学质量下滑。针对教师心中的疑虑，学校开展教育思想大讨论，提出“教育质量观的植物模型”。以植物之根虽然在地下，却是植物茁壮生长之本为喻，引导教师重视学生人格素养这一隐性质量。因为只有学生的人格发展了，才有“五育并进”，分数、升学率等显性质量才能如花般绽放。这是学校教学改革与评价改革的认识基础。关于如何更好地让区域的评价改革与学校的课程教学改革有效对接，学校进行了摸索和尝试，初步建立起实践的模型（见图5.16）。

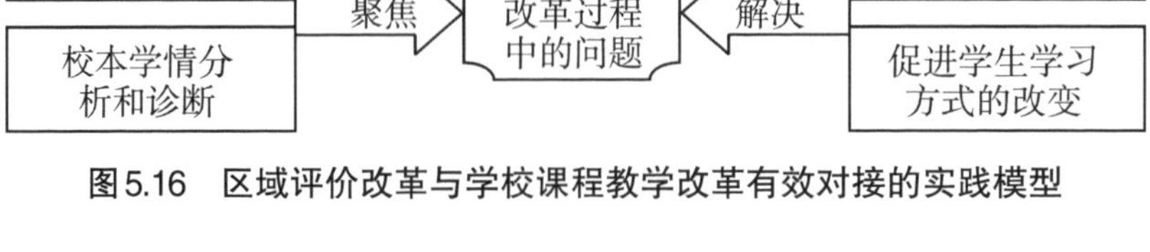

图5.16　区域评价改革与学校课程教学改革有效对接的实践模型

二、教学改革1.0:控制作业负担,促进自主学习

课程教学改革初期,教师们重教轻学,学生的自我期望、自信心与城区学生差异显著,学生普遍处在被动学习状态中。2013年,江干区对全区七年级学生的课业负担、学习习惯、课堂参与、睡眠状况、家庭教育五个维度进行问卷调查,了解七年级学生的学习与成长现状以及教育文化特点,并形成一份近两万字的报告。对照这份调查报告,学校深入分析本校教育教学中的问题,进一步认识到让学生成为主动学习者的重要意义。

(一)解析区域“学习调查”反馈信息

根据区域“学习调查”的反馈报告,调查以学生的课业负担为重点,结合数学、英语学科测试成绩,分析了解学生的学习现状:

关于每天完成学校老师布置的课外作业大约需要的时间量,我校(学校4)学生需要1—2小时的比例为40%,排名在全区靠后。数学测试成绩与此呈显著正相关(见图5.17)。

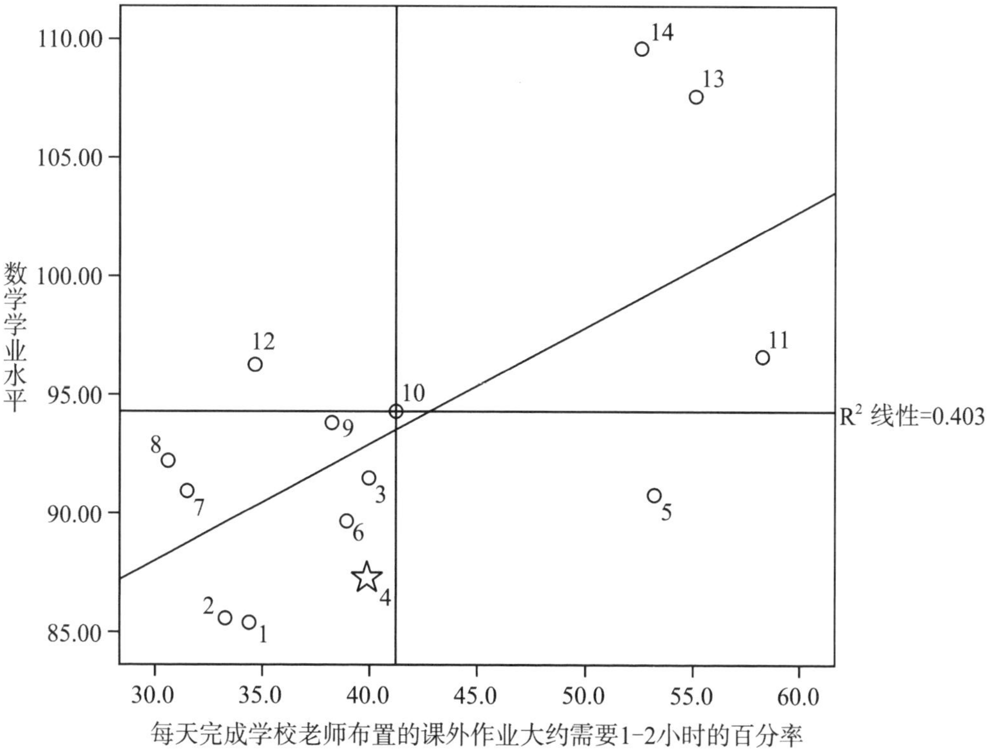

图5.17　学生数学测试成绩与每天完成学校布置的课外作业的时间的回归分析

在"哪些学科作业量相对较大"这一多选题中，我校（学校4）学生选择语文、数学、英语、科学的比例分别是31.6%、27.4%、46.3%、19%，其中认为英语学科作业多的学生比例位列全区第三高，而英语测试成绩与其相关系数是-0.73，为显著负相关。

在学生对学校老师布置的作业难度的总体感觉的判断中，我校（学校4）学生选择难度适中的比例为85.79%，位列全区第三高，英语测试成绩与其呈正相关（见图5.18）。

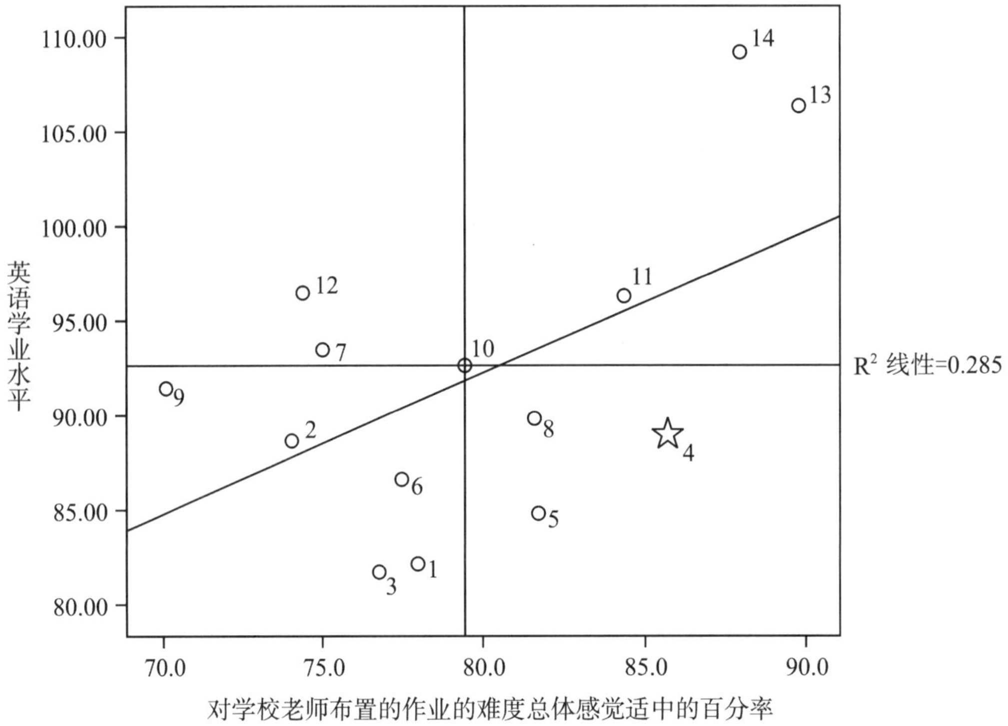

图5.18　学生英语测试成绩与作业难度感受的回归分析

关于学生每天的作业来源（多选题），我校（学校4）学生选择"老师布置"的比例为93.7%，选择"自加作业"的比例为29.5%，选择"家长布置"的比例为17.4%。其中学生自己加作业的比例是全区所有学校中倒数第二，而数学测试成绩、英语测试成绩与其均呈现显著的正相关（见下页图5.19）。

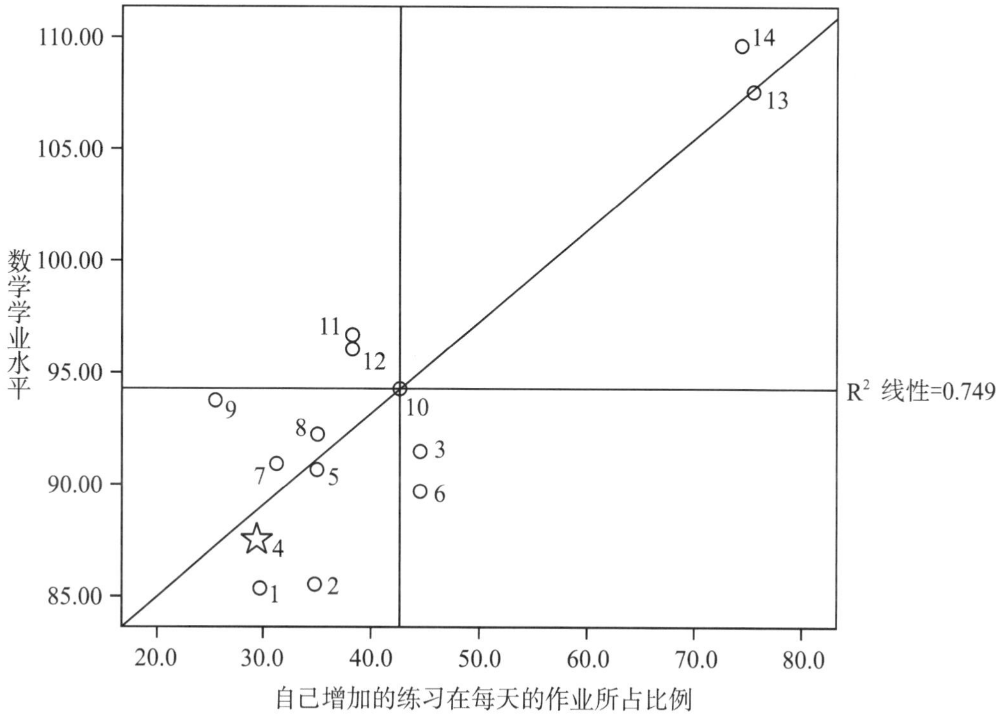

图5.19 学生数学测试成绩与学生自主作业量的回归分析

（二）学校教学现状的诊断分析

在区域分析报告的基础上，学校通过学生问卷、师生访谈、年级教师质量分析会、家长调查等形式进一步了解了七年级教学中存在的问题。

学生们认为教师布置的作业难度适中，但作业时间偏长。从这一数据看，并非是教师对作业难度把握得较好，而是部分教师可能过多布置一些较简单且有可能重复的作业。

作业量整体偏大，尤其是文科作业量，特别是英语学科。作业量大导致教师不能及时批改，不能及时发现学生在学习中存在的问题，不能及时指导学生解决问题，如此恶性循环，导致学科学业水平反而较低。

学生的自主作业严重偏少，基本上以完成教师布置的作业为主，一方面可能是因为成绩中等及以下的学生完成教师布置的作业比较费时，没有时间再自主完成作业；另一方面可能是因为大部分学有余力的学生缺乏自主学习的意识，也缺乏自主学习的能力。学校作业形式单一，在一定程度上导致作业的效果不佳。

（三）具有针对性的教学管理与教学改革措施

1. 针对作业量整体偏大的情况，完善课业负担监控机制。

严控教师布置的作业量。建议教师适当减少布置的作业量，单科作业量控制在半小时内，总量控制在两小时内。建议教师布置作业避免简单重复，倡导教师创新作业形式。

每学期进行两次全校性的课业负担调查，采用网络无记名调查的方式，全面了解学生的课业负担情况。建立教师作业巡查制度，值周教师进行每日作业巡查，记录各班上交作业情况，每周汇总上报。下发统一的作业情况记录表给各班学生，每天分学科记录作业数量、完成情况及教师批改情况，每周汇总上报教导处。每周利用问卷星从家长处了解学生的课业负担情况，每学期召开三次以上家长会，借助QQ、微信等平台建立课业负担家校联动。

学校层面，每学期在全校教工会议上进行课业负担情况反馈两次；年级组层面，每月在年级教师会议上反馈课业负担情况一次；教导处、年级组对教研组、备课组、教师等不同层面进行约谈、通报，确保能较客观地了解学生的课业负担情况，并能快速反馈到位，建议反馈对象采取相应的改进措施。同时，学校制定了《合格教研组月考核方案》，将课业负担的控制作为教研组考核的必查内容和必达项目。

2. 针对作业简单重复的情况，借力校本教研优化。

依托校本教研，减少无效作业。每周五下午以备课组为单位开展三小时的集体备课，备课组要完成一周学情分析，针对学情编制《周过关练习》，查改一周薄弱点。备课组教师分工，提前完成下周要布置给学生的作业，删减简单重复或难度过大的题目；预判学生在作业中可能会出现的重点错误及难点，在教学设计中设置合理的“脚手架”，进而提高课堂学习效率。

依据教情学情，分层设计作业。学校层面鼓励并建议教师在配套作业统一的基础上，在作业完成及订正上设计分层要求。

以年级组为单位推行作业免做机制。教导处制定《学生作业免做规则》，鼓励学优生自我免做简单、机械的作业，通过课外拓展提高学习效益并获得更多“免做卡”，从而形成良性循环；中等学生依托“免做卡”从一些较难的作业中解放出来，去巩固课堂上未能及时消化掌握的重点和难点内容；学困生有了“免做卡”也能选择放弃部分较难的学习任务，将精力聚焦于基础知识的巩固。作业免做机制使不同层次的学生能根据自己的需求选择性地免做一些作业，有效保障了作业的分层落实。

自编校本作业本，聚焦“学什么”的问题。由学科教师根据学生的学情与课堂教学内容同步配套特色作业。其编制要求是内容讲究适用性、练习讲究典型性、题量讲究适当性、背景讲究适时性、使用要求常态化、反馈讲究及时性。

3. 针对作业传统、单一的情况,借力校本课程以求丰富。

依托学校主题实践课程,设计综合实践作业。根据主题,不同学科设计各种形式的作业:专家报告观点剖析、调查、实验、徽章设计、手抄报制作、演讲、环保时装秀、小品、相声、知识竞赛等。

4. 转变教师的学教观念,激发学生自主学习。

当年9月,学校开展主题为"让学生成为主动学习者"的小课题研究活动,一年来,全校70多名教师申请立项了56个关于激发学生主动学习的校级小课题,并整合两周一次的"东中无限讲坛",通过专家讲座、读书报告、教学改革实践、跨学科交流等形式,帮助教师认识学生自主学习的重要性,及时共享经验和研究成果。

5. 转变学生的学习方式,开展自主学习活动。

为激发学生学习的主动性,学校开展了全校性的自主学习评比活动,对学生的自主学习活动进行及时指导、检查与反馈。首先,建立学生会、班级学生干部自主管理队伍,制定评比细则,从评比启动、过程指导、阶段反馈到管理经验分享等方面予以支持与保障。其次,针对学生普遍到校较早,却不能及时开展学习的现状,组织晨间自主学习评比活动,引导学生开展各种形式的学习,如学生小干部带领集体朗读、播放录音集体跟读、学生小干部抽背互动等。第三,为确保学生在校时每天有自主内化、整理的时间,学校开展午间自主学习评比,在规定的时间里,学生不出教室、老师不进教室,学生自主完成作业或者订正、梳理作业。这些评比减弱了学生对老师的依赖,激发了学生学习的主动性。

三、教学改革2.0:坚持能力取向,探索"思维课堂"

2015年,江干区开展了中小学学业状况调查,从学生沟通合作、高阶思维、探究学习等方面开展调查。这次调查的结果和对于结果的分析,坚定了学校深化课程教学改革,坚持培养学生的学习能力、促进学生的思维发展这一改革方向。

(一)解析"学习调查"的反馈信息

作为社会性发展的通用素养,"沟通与合作"对学生个体的发展非常重要。由下页图5.20可知,沟通合作指数较高的学校,学生的科学学业成绩都比较高,进一步回归分析发现,学生的科学学业成绩和学生的沟通合作指数呈显著正相关。调查同时发现，我校（学校6）学生学习的沟通合作指数处在全区初中学校的中等偏后水平（见图5.21）。

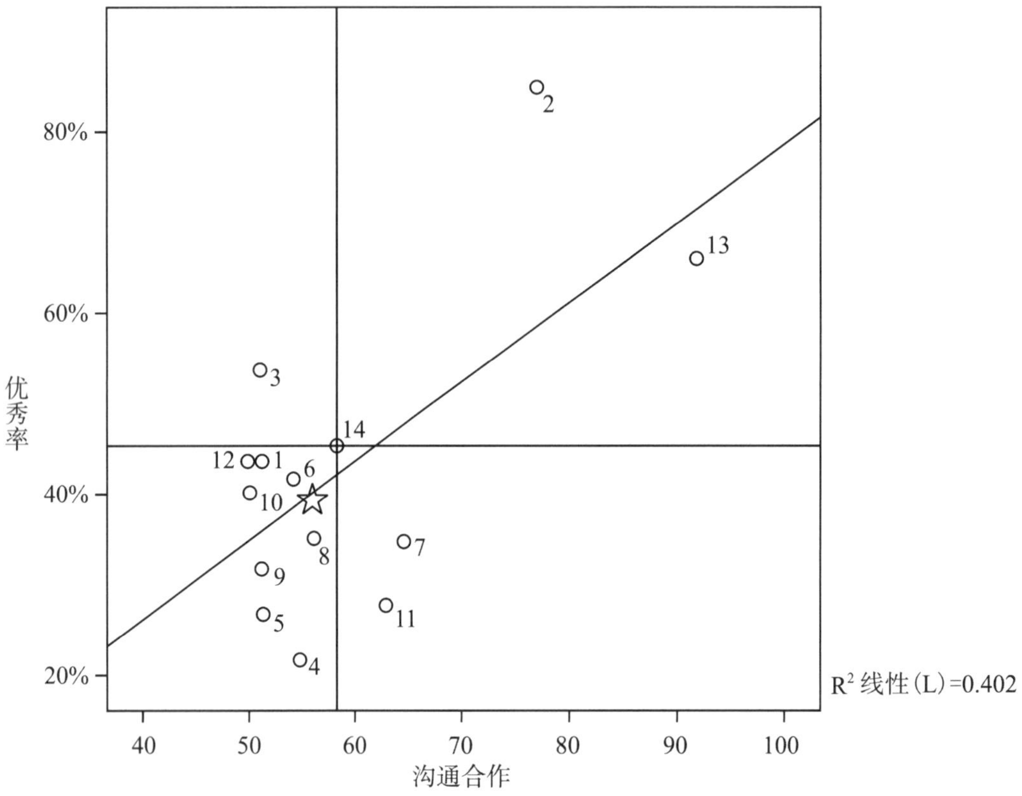

图5.20　七年级学生科学学业成绩与学生沟通合作指数的回归分析

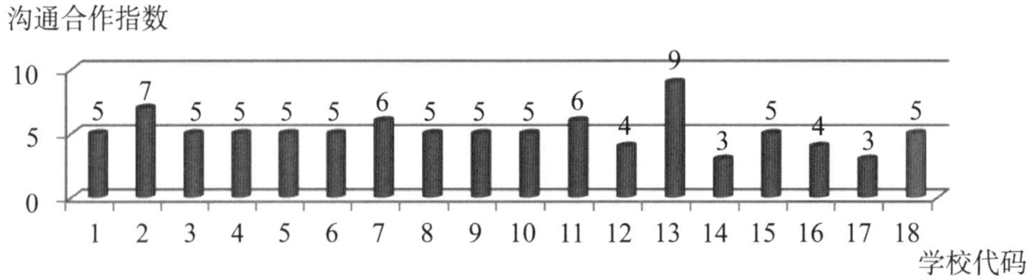

图5.21　江干区各初中学校的沟通合作指数

高阶思维是发生在较高认知水平层次上的心智活动或认知能力，它在教学目标分类中表现为分析、综合、评价和创造，集中体现了知识时代对人才素质提出的新要求，是适应知识时代发展的关键能力。由下页图5.22可知，高阶思维状况较好的学校，学生的科学学业成绩也较好。进一步通过回归分析发现，学生的科学学业成绩与学生的高阶思维状况呈显著正相关。调查结果同时显示，我校（学校6）学生的高阶思维指数处于全区初中学校的中等水平(见图5.23)。

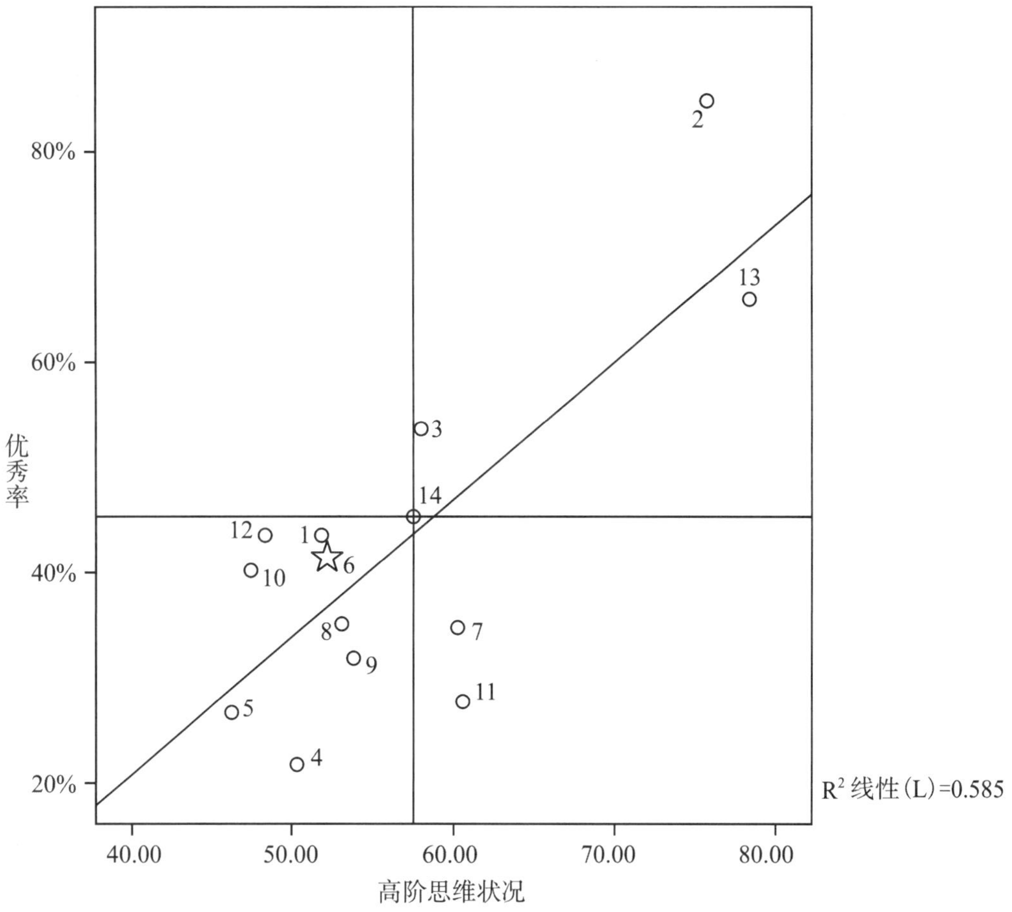

图5.22 七年级学生科学学业成绩与学生高阶思维指数的回归分析

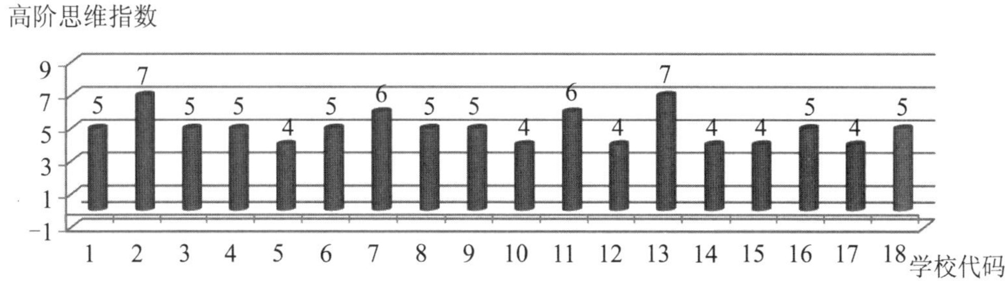

图5.23 江干区各初中学校的高阶思维指数

由下页图5.24可以发现,全区七年级学生的探究学习水平整体较高,学校之间也比较均衡;探究学习指数较高的学校,科学学业成绩较高。进一步回归分析表明学生的科学学业水平与学生的探究学习指数呈正相关(见下页图5.25)。我校(学校6)学生探究学习指数处在全区初中学校的中等略偏前水平。

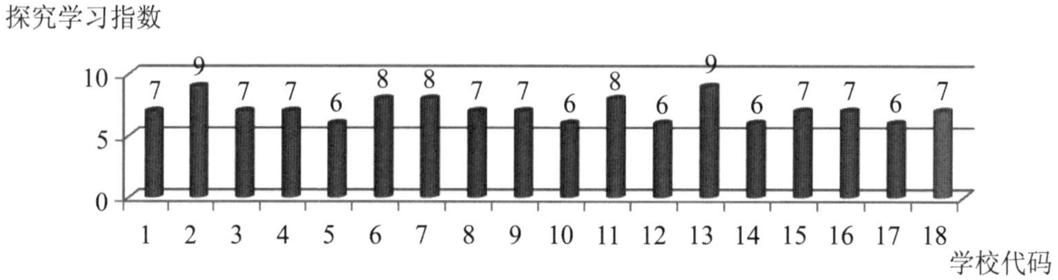

图5.24 江干区各初中学校的探究学习指数

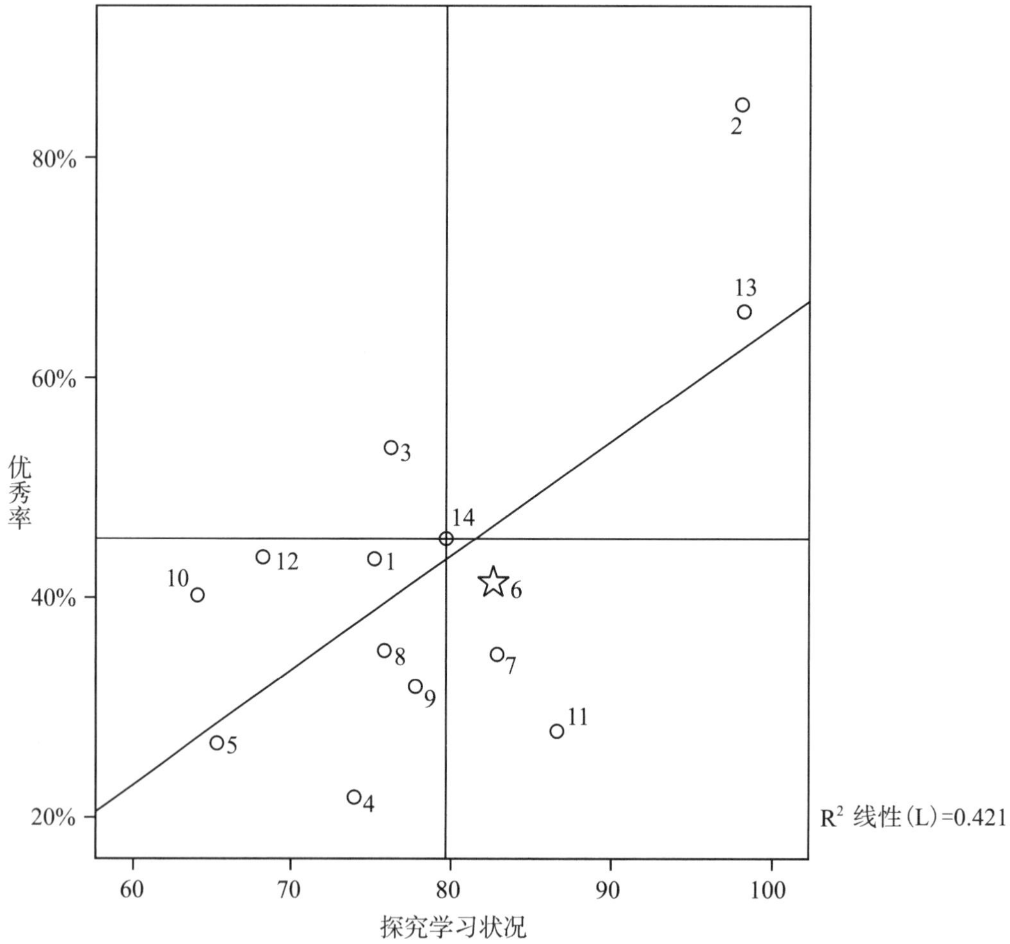

图5.25 七年级学生科学学业成绩与学生探究学习指数的回归分析

(二)学校教学现状的诊断分析

在区域调查结果的基础上,学校组织了不同层面的研讨活动,进行本校学情分析。调查数据显示,学生在"沟通与合作""创新思维""探究能力"等方面具有优势的学校，这几年都在积极开展相应的课程教学改革实践。如某校学生沟通与合作等关键能力的指数在全区都比较靠前，这两年学生的学业水平也有较大提升，而该校这两年一直在探索学生小组合作学习。

这一结果更加让学校确定了改革的方向。自课程教学改革以来，学校推进系统的课程设计，积极践行江干区的“四为课堂”（以生为本、以标为纲、以学为主、以导为方）理念，通过弘毅课程、思维课堂及评价的优化来进一步促进学生思维的发展和能力的提升，取得了一定的成效。但调查表明，学校在帮助学生发展创新思维等关键能力上还有很大努力空间。

（三）具有针对性的课程教学改革实践

1. 坚定推进“思维课堂”。

为更好地激发学生的求知欲，用问题驱动学生思考，引导学生自主建构知识，发现真理，变被动接受的“讲练课堂”为主动求索的“思维课堂”，学校提炼了“思维课堂”的五个操作点：激活旧知、问题驱动、自主发现、自主建构、学以致用。

学校每学期举办一次“思维课堂”展示活动，采用三年内新教师上课、青年教师说课、骨干教师评课的形式，全体教师跨学科参与，以此来推进全校课堂教学的改进，改变教师的课堂教学观念。

课例研究是学校教研组层面推进“思维课堂”的重要形式，教研组利用周三或周四下午（两周一次）开展“思维课堂”主题课例研究活动。如科学教研组围绕“利用问题链设置培养学生的科学思维”的课题开展课例研究，以差异推动进取，分享智慧；科学组每个教师还从自身教学需求出发，围绕教研组的课题，开展小课题研究，如“科学课堂提问策略探索”“如何在提问中巧设台阶”“追问在问题链研究中的应用”等。

2. 鼓励学生自制微课。

学生自制微课是体现“做中学”与“展示学习”的高效学习方式。为激发学生的自主学习，学校启动区级重点课题“初中生微课制作与运用的实践研究”，探索学生通过自制微课，加深学科知识的理解与学科技能的掌握，提升语言表达、组织策划、沟通合作等能力的模式。学校构建了学生微课制作运行机制，大力鼓励学生制作微课，在组织运作、技术支持、交流发布等方面都给予保障。

针对学生个体差异导致班内作业辅导效率较低这一问题，自2016年起，学校尝试开发融入学生微课的校本作业，推进校本作业的升级。2017年，建立了师生共同参与的校本作业修订学科团队，指导学生利用暑假及平时将单元或章节的重点知识及易错题做成微课（此为自主性作业），经备课组审核后，生成二维码，并印制到对应的校本作业上，形成适合学生个性化学习的“智慧校本作业”，供学生在作业碰到疑难时，自主扫码，观看学习。

3. 开设学科社团，实施“小先生”课堂。

学校开展区级课题“‘小先生制’在学生学科拓展社团中的实践研究”，并在周五教师集体备课期间，分年级组开设“小先生”课堂。每个年级根据学生的能力和知识水平，将学生分成四层：学科导师班、学科拓展班、学科补短板班、学科基础班。设置四个学生年级组长和与班级数相当的学生班主任参与“小先生”课堂的管理和评价。学科导师班的学生组成语文、数学、英语、科学备课组，自行组织备课，分别为对应的学科补短板班授课；学科拓展班的学生自行组织分组的学科拓展，结合教师在内容和形式上的建议，开展自主学习；学科基础班则由学科拓展班的学生授课，落实各学科重点内容的基础知识，为学科基础班学生的后续学习夯实基础。“小先生”课堂让不同层次的学生在分层教学中参与适切的学习活动，在学习能力和思维等方面有了较大的进步。

4. 组织提升思维品质的学生论坛。

为进一步激发学生的自主学习积极性，以参与学科社团授课的学生导师为主，每学期自行举办以“智慧分享——提升思维品质”为主题的论坛活动。同时借助集团课堂节每年举办学生辩论赛。

区域层面的学生学习状况的调查和分析为学校教育教学的诊断以及学校改进教学管理提供了有力的支撑和有益的启示，推动学校以适当的切入点深化课程教学改革，继续探寻真正有利于学生全面发展的教育之路。

伍小斌（杭州师范大学东城中学）

第七节　促进学生学会学习的学习常规评价

好习惯让人终身受益。良好的学习习惯是学生学习知识、培养能力、发展素养的重要基础，有助于学生形成自觉主动、稳定持久的学习动力，促进学生全面发展。对学生学习常规的评价是促进学生学会学习的有效抓手。

一、学习常规评价的意义

（一）有利于促进学生养成良好的学习习惯，提升学习品质

教育作为一种有目的地培养人的活动，离不开对培养过程、结果及目标实现程度的评价，及时、客观的评价能使学生获得某种精神上的满足，调动学生的学习积极性和主动性，促进良好学习习惯的保持和巩固，提升学习品质。学习常规达成状况是学生学习习惯养成的直接外化表现，做好对学生学习常规的评价工作有利于促进学生良好学习习惯的养成，因此，建立学生学习常规评价机制非常必要。

（二）有利于学生发展学会学习的核心素养，促进自主学习

学会学习是学生发展必备的核心素养之一，是学生学习意识形成、学习方式方法选择、学习进程评估调控等方面的综合表现。开展学习常规评价有利于培养学生对自己的学习状态进行审视的意识和习惯，促使学生不断总结经验，根据不同情境和自身实际，选择或调整学习策略和方法，从而逐步养成良好的学习习惯，掌握适合自身的学习方法，提升自主学习的意识和能力。学生学习常规的达成不仅直接关系到学生的学业成就，也是学生综合素质发展水平的一个重要体现，建立并健全学生学习常规评价制度有利于推进体现学科本质、促进学生自主学习的教学改革。

（三）有利于进一步完善学生学业评价机制，丰富教育评价内容

学习习惯是衡量学生学习发展水平的重要指标之一，但在目前的中小学教育质量综合评价中，涉及学校发展评价、学业质量评价、综合素质评价等方面内容的

较多，而对基于学生学习常规达成的评价研究相对较少。以学习指导为突破口，开展基于促进学生学会学习的学习常规评价研究，能进一步完善学生学业评价体系，丰富教育质量评价的内涵，从而促进教育质量评价体系的改革和发展。

二、项目实施过程

（一）项目研究的基础性工作

1. 制订和实施《德清县中小学生学习常规》。

学生学习常规评价的目的是促进学生学习习惯的养成，首先必须让教师和学生清楚学习常规的具体内容和基本要求。为此，项目组根据实际研制了《德清县中小学生学习常规》，并以教育局文件的形式正式下发，以此作为规范学生学习习惯的行为标准。

2. 研究开发中小学生学习常规达成度评价的测量工具。

教育教学业务部门如何考量一所学校学生的学习常规落实情况与达成度？学校如何考量每一个学生学习常规的达成水平？如何形成科学合理且具操作性的关于学校及学生的学习常规达成情况的可测量的工具？基于这些问题，项目组研制了四套针对中小学生学习常规评价的量表，分别为小学和中学的《德清县学习常规评价用表》（以下简称《学校评价用表》）、《德清县××学校学生学习常规评价表》（以下简称《学生评价表》），分别用于对学校学习常规达成水平的评价和对学生学习常规达成水平的多维评价。

3. 建立对学生学习常规的多元评价机制。

有了评价内容依据，有了基本测量工具，项目的第三步是建立对学校及学生的学习常规评价的运行机制。目前，项目组已经初步构建了中小学生学习常规评价的多元机制。项目组认为，中小学生学习常规评价应将过程性评价、表现性评价和发展性评价相结合。评价应重在过程，既关注学生学习常规在一段时期内的表现，又关注学生及学校在学习常规落实达成水平上的动态发展。

（二）学习常规评价的学校实践

1. 确立实验学校。

在前期研究的基础上，2015年10月，经自主申报和综合考量，项目组确定逸夫小学、乾元镇中心小学、干山中心学校、三合中心学校四所学校为“促进学生学会学习的学习常规评价的研究与实践”的第一批项目试点实验学校。四所实验学校中，既有学生学习常规达成水平较高的城镇学校，又有学生学习常规达成整体欠佳的农村学校，同时为便于今后中小学之间的跟踪、衔接，项目组有意选择了2所九年一贯制中心学校作为实验学校。

2. 确定实验对象。

在项目实验学校第一次工作会议上，确定学习常规评价主要在二至五年级和七、八年级实施。因为这些年级段是学生学习习惯形成和逐步强化的关键时期：一方面，学生的学习常规养成的可塑性还较大；另一方面，学生已具备一定的对自己的学习常规进行审视、评估和调控的能力。

3. 完善实验量表。

在项目实施过程中，前期研制的学习常规评价量表在具体使用时暴露出一些问题。如有个别评价指标的操作较难，客观性不强；在倡导等第评价制度的背景下，小学生与初中生采用同样的量化打分方式不够合理；学生对于评价操作过程的兴趣不浓等。为此，项目组会同实验学校对原有量表进行了修改和调整，小学生学习常规评价以星级评价为主，初中生学习常规评价仍以分项记分评价为主。

4. 组织测量评价。

在完善量表的基础上，四所实验学校在项目组的统一要求和组织下，着手开展了学生学习常规的第一次测评。各试点学校对这项工作高度重视，都成立了以学校分管副校长为组长，学校教务、教科主任为副组长，参与测评班级班主任为主要成员的项目实验工作组。在工作组成员的大力支持下，实验对象的学习常规测评的前测和中测工作均顺利完成。

5. 数据采集分析。

测评完成后，四所实验学校项目实施负责人随即对测评数据进行了统计和分析。从整体看，实验获得的数据与学校、班级、学生的学习常规实际基本吻合。随后，实验学校工作人员还对不同班级、不同学生个体的测量数据进行了针对性分析，并完成前测分析报告，根据数据梳理出本校班级、学生在学习常规达成水平上的整体状况，指出优点和存在的问题，同时有针对性地开展了个例分析。为使各实验学校数据分析和运用更加客观、真实，项目组专门召开了两次工作会议，就前测工作和中期测评数据分析进行了交流和总结。

6. 跟进矫正措施。

测量不是目的，通过学习常规的测评，让学生发现和意识到自身在学习常规养成上存在的问题并及时纠正，从而学会学习，养成良好的学习习惯，才是测量的最终目的。针对在学生学习常规测评中学校、班级及学生个体暴露出来的问题，四所实验学校都采取了一些矫正措施。如开展学习常规比学赶超竞赛、学习常规评价进入学生学业发展水平期末总评、学习常规课前点评、学科学习常规课堂即时评价等系列活动，从多个层面，采取多种手段，帮助学生改进不良的学习习惯，激励学生养成良好的学习习惯，学会学习。

三、学习常规评价的依据与工具

（一）德清县中小学生学习常规

基于促进学生学会学习的需要，项目组经多次研讨和征求学校意见，制定了《德清县小学生学习常规》和《德清县中学生学习常规》。《德清县小学生学习常规》主要从课前、上课、作业、课外四大方面进行描述，行文以“三字经”的形式呈现；《德清县中学生学习常规》主要从课前、上课、复习、作业、检测、课外六个方面进行阐述，行文以七言诗的形式呈现。两则学习常规均内容全面、层次分明、表述简洁，符合中小学生认知特点，学生易于接受。常规下发后，学校教师和学生反映较好，对常规的认可度和接受度高。

一、课前	二、上课
1. 上课前，物备齐	5. 铃声响，坐端正
2. 勤预习，做标记	6. 专心听，勤思考
3. 善安排，有条理	7. 发言响，乐交流
4. 学与玩，巧结合	8. 大胆问，善倾听
三、作业	**四、课外**
9. 姿势正，“三个一”	13. 常复习，查漏洞
10. 细审题，效率高	14. 爱阅读，好运动
11. 书写整，勤订正	15. 会自理，善动手
12. 独立做，按时交	16. 乐助人，懂分享

图5.26 《德清县小学生学习常规》

一、课前	二、上课
1. 制定计划明目标,落实计划莫跑偏	5. 朗读问答声音亮,他人发言会倾听
2. 新课之前必预习,遇到难点做标记	6. 圈点勾画好习惯,课堂笔记有重点
3. 课本练习尝试做,检查效果留疑问	7. 合作讨论善参与,互帮互助共提升
4. 课堂用品准备齐,提前静心候老师	8. 当堂练习认真做,敢于提问和质疑
三、复习	**四、作业**
9. 课后复习莫忽视,归纳整理抓重点	13. 独立完成按时交,书写工整求规范
10. 深化理解强记忆,比较分析善运用	14. 遇到难题勤询问,同学师长寻帮助
11. 阶段复习联新旧,查漏补缺通脉络	15. 老师批改认真阅,错误之处速订正
12. 复习练习不可少,学有余力拓思维	16. 出错原因细分析,错题归集常整理
五、检测	**六、课外**
17. 认真复习心态正,诚信考试禁作弊	21. 课堂之外勤阅读,经典好书伴成长
18. 仔细审题不慌张,遇到难题可先放	22. 薄弱学科多用心,持之以恒有成效
19. 卷面整洁字端正,细心检查不漏题	23. 相互合作善助人,学习成果愿分享
20. 考后分析查漏洞,妥善保管备查阅	24. 社会实践乐参与,积累经验提素养

图5.27 《德清县中学生学习常规》

(二) 德清县中小学生学习常规评价测量工具

为了使学生的学习常规达成情况可测量、可评估,能以数据来反映问题,项目组根据中小学生学习常规的内容,制定了一系列测量表。其中《学校评价用表》主要用于教育业务部门评价中小学整体学习常规达成水平情况,也可用于学校对某一班级整体学习常规达成情况的评价;《学生评价表》主要用于学生学习常规的自评和互评,也可用于学校教师对班级学生学习常规达成度的评价。

四、学习常规评价的工作机制

(一) 中小学生学习常规多元评价机制

学校及学生的学习常规评价运行机制的建立是本项目研究的重点。项目组根据实际,选择运用学生自评、同伴互评、教师评学生、家长评学生、学校评教师、教研部门评学校等多种评价手段,促进学生将学习常规的养成融入日常学习。

1. 学生自评。

学生运用《学生评价表》定期对自己落实学习常规的情况进行对照评价。对学习常规落实情况的自我评价有利于学生及时进行审视和反思，发现自己在落实学习常规上的优点和进步，以及存在的问题和不足，根据评价，自我对照，及时纠正问题，从而使自己逐步养成良好的学习习惯，提高学习效率和学习幸福感。

2. 同伴互评。

由同一学习小组内的学生根据《学生评价表》对被评价学生一段时期内落实学习常规的情况进行评价。学习小组内学生对彼此的学习情况以及学习常规落实情况的了解相对较为深入和全面，因此同伴互评往往能客观反映评价对象落实学习常规的真实情况，发现评价对象的优点和缺点，促进被评价者巩固良好的学习习惯，改正在常规落实上的不足。同伴互评对被评价者的激励和鞭策作用往往更大。

3. 教师评学生。

班主任或任课教师根据学生的日常学习表现，运用《学生评价表》对学生学习常规执行情况进行定期评价。教师对学生学习常规的评价可以在定性评价的基础上给予量化呈现，这样更便于教师描述和发现学生学习习惯的养成及变化情况，并及时反馈，帮助学生矫正。班主任可以综合教师评价结果及学生自评、同伴互评、家长评等评价结果，对每个学生的学习常规达成情况给出定性描述，发现问题，及时介入，从而促使学生形成良好的学习习惯。

4. 家长评学生。

学生家长根据《学生评价表》在一定时期内对自己子女在落实学习常规上的表现给予客观评价。此举旨在引导家长关注学生的学习习惯，有利于家长及时了解子女的学习情况，引导家长发现子女在家中自我学习状态下的学习行为，发现问题及早与子女交流，和老师沟通。由于不同家长对子女学习习惯的关注和掌握情况不同，本项评价手段宜由教师根据需要选择使用。

5. 学校评教师。

学校教务部门对某一班级学生学习常规达成情况进行抽查评价，并以此作为评价班主任及任课教师在落实学生学习常规上的工作成效的依据。学校可以以《学校评价用表》为主要评价工具，通过课堂观察、作业抽检、个别访谈等手段，定期对全校各班级学生的学习常规达成情况进行综合评价。

6. 教研部门评学校。

教研部门结合日常教学调研，运用有关评价量表，每学期对各校学生学习常规的达成情况进行一次综合评价，评价可采用抽查、访谈、问卷、课前观察、课堂观察、作业查阅等多种形式，结合学校学生学习常规的整体情况，形成对学校培养和落实学生学习常规情况的评价分析。

（二）学习常规养成的实践改进机制

针对学习常规评价中发现的问题，四所实验学校根据本校学生实际和教学工作实际，开展了一系列基于学生学习常规改进的实践活动，以日评点拨、周赛改进、每月常规秀、课堂即时评、自我反思改进等活动为载体，逐步形成了促进学生学会学习的学习常规养成的实践改进机制。

1. 一日一评，点拨改进。

实验学校在实验班级每天开展学习常规"三分钟点评"活动，结合各任课教师的反馈意见，由班主任每天简要总结、点评班级学生当天学习常规的整体表现状况，对学习常规达成较好、进步明显的学生给予表扬，及时指出学习常规达成存在的问题，并提出改进建议。这样的一日一评，花的时间不长，但有利于学生重视自己的学习常规，及时知晓自身在学习常规达成上存在的不足并改进。实践证明，一日一评活动在学生学习常规改进上起到了较好的效果。

2. 一周一赛，评优争先。

学习常规的养成是个渐进的过程。四所实验学校普遍开展了学习常规评比活动，学生积极参与学习常规的争星、争章、争优等比赛活动。有的活动个体参与，有的活动学习小组组团参与。学校和班级对周评表现出色的或进步较大的学生(学习小组)给予奖励，从而激发学生学习常规争优的积极性。在一周一赛活动中，四所实验学校紧密结合学校实际，开展校本特色的学习常规比争活动。如乾元镇中心小学把学习常规比争活动与学生的星卡评价制度结合起来，逸夫小学把常规之星活动与规范达标班、示范班评比结合起来，干山中心学校把学习常规评价与学校道升文化建设结合起来，三合中心学校把学习常规评价与小班化小组合作学习结合起来，形成了学习常规评价改进的校本化之路。

3. 一月一晒，常规展示。

四所实验学校每月开展一次学习常规"晒一晒"活动，一是晒课前、课堂常规。每月定期开展一次班级同学互相观摩课前常规执行情况的活动，让学校领导和老师观摩本班同学课堂常规落实情况。二是晒作业常规。每月把全校各班级作业常规达到优秀的学生的作业本进行集中展示，附上教师的点评。通过"常规秀"活动，使班级之间、学生之间在学习常规培养上都有切切实实的目标，鼓励其他学生以优秀学生为榜样，努力改进自己在学习常规达成上的不足。

4. “学、帮、赶、超”，巩固提升。

为激发学生在日常学习中关注并改进自己的学习常规，不断巩固、提升学习常规的达成度，实验学校在每月晒常规的基础上，开展了学习常规“学、帮、赶、超”活动。“学”即通过学习德清县中小学生学习常规内容，进一步明确自己在学习常规上要达成的目标和要求；“帮、赶、超”即学习小组内学生在学习常规养成上互相督促、互相帮助，形成你追我赶的改进学习常规的局面。

5. 我思我悟，审视调整。

学习常规上的自我反思主要是学生能经常对自己的学习状态、常规养成状况进行审视，不断总结反思，并根据不同情境和自身实际，选择或调整学习策略和方法，这也是学会学习的一个重要表现。四所实验学校的教师在实验班级中，引导学生定期反思，以周记的形式记录和总结自己一段时间内在学习常规落实上取得的进步和存在的不足，并提出改进的方向。事实证明，学生基于自我反思的学习常规改进、调整，效果最为持久。

6. 即时评价，学科落地。

各学科学习常规既有共性要求，又有个性特质。为此，项目组要求各学科制定体现学科特质的学科课堂学习常规评价指标，并把它们融入教师的课堂即时评价中。四所实验学校的任课教师对学生课堂表现的即时评价，更多地关注学生在该学科学习中的学习常规表现状况，激励学生更好地落实学科课堂常规。如在语文课中，教师的课堂即时评价须多关注学生倾听、发言、朗读、书写等学习常规达成状况；数学课中，教师在即时评价中要多关注学生听说习惯、操作习惯、合作习惯、练习习惯等学习常规；英语课中，教师要从倾听习惯、朗读习惯、表达习惯、书写习惯、模仿习惯等方面对学生的课堂学习进行即时评价；科学课中，教师要更多地开展对学生倾听与思考、观察与猜想、实验与交流、合作与探究等学习常规达成情况的评价。教师通过对学生学科学习常规达成的即时评价，逐步引导学生培养良好的学科学习习惯，促进学生基于学科特质的学会学习素养的养成。

（三）体现学习常规评价的学生学业发展期末评价制度

四所实验学校在原有学生学业发展水平等第制评价的基础上，进一步细化了评价内容和维度，针对学生的学习现状，语文、数学、英语、科学等学科在期末评价中试行“学习兴趣”“学习习惯”“学业成果”分项等第评价，以此凸显学习常规在学生学业发展水平评价中的地位。这样，某一学生即使在学业成果评价中表现不够优异，但通过学习兴趣和学习习惯培养上的努力，仍可获得学业优秀的等第评价。这一评价制度使师生和家长更加关注学生学习过程中的能力、兴趣、习惯、态度等重要素养的培养，使学业评价从重结果转向重过程，从重分数转向重素养。

（四）学习常规改进的个案跟踪机制

四所实验学校在学生学习常规评价改进过程中，对于某些在学习常规改进养成上有显著进步的学生，切实做好个案跟踪。个案记录和描述可以真实反映典型个体在学习常规评价活动中取得的显著进步，记录他们的进步轨迹，及时给予他们鼓励和鞭策，使他们进一步养成良好的学习习惯，同时可以将这些个案作为激励其他学生学习常规养成教育的鲜活素材。

学会学习是学生发展六大核心素养之一。良好的学习常规的养成是学生学会学习的重要表征，而学习常规的评价是促进学生学习习惯养成的一个有效手段。对学生学习常规的评价是一种形成性评价，其主要目的是通过这一评价杠杆促进学生学习方式的转变，引导和鼓励学生独立思考、主动探究与合作交流，提升学生的自主学习能力，推动教师教学方式的改变，让学生真正学会学习，体验学习的乐趣，最终提升学生的综合素养发展水平。

嵇永忠（德清县教育研训中心）

第八节　基于教育质量监测数据的再调研

国家义务教育质量监测（以下简称“国测”）和浙江省中小学教育质量综合评价监测（以下简称“省测”）的结果报告给我们提供了丰富的数据信息。这些数据反映的是区域教育的“健康图谱”，但这些数据无法形成对学校的针对性指导。作为教研部门，如何才能做到精准指导、服务于教学第一线的教师呢？丽水市莲都区的办法是架设一座“桥梁”，开展基于教育质量监测数据的再调研，多渠道收集“混合数据”，多方印证数据，以便精细诊断和精准指导。同时培育学校自我诊断文化，促进学校可持续发展。以下是莲都区在解读国测和省测报告后，进行再调研和教育教学改进的案例。

一、深度解读报告，寻找调研专题

教育质量监测报告的解读应该重点关注以下四方面：一是阐明报告隐含的内在信息；二是挖掘图表背后的海量信息；三是重视基于大数据的结论性描述；四是寻找问题及开展关联分析。

（一）国测报告解读

《2015年国家义务教育质量监测莲都区结果报告》显示：“数学学业成绩”综合排名在全国323个样本县中，四年级第35名、八年级第47名；“数学教学行为”综合排名四年级第108名、八年级第38名。当找出与“数学教学行为”相关的数据信息（见下页图5.26）深入分析后，发现有15.2%的四年级教师和38.5%的八年级教师的教学行为“好”，有13%的四年级教师和8.2%的八年级教师的教学行为“有待改进”。

从数据看，虽然八年级教师的表现优于四年级教师，但是八年级学生的“学业成绩”指标排位却低于四年级，背后的原因是什么？

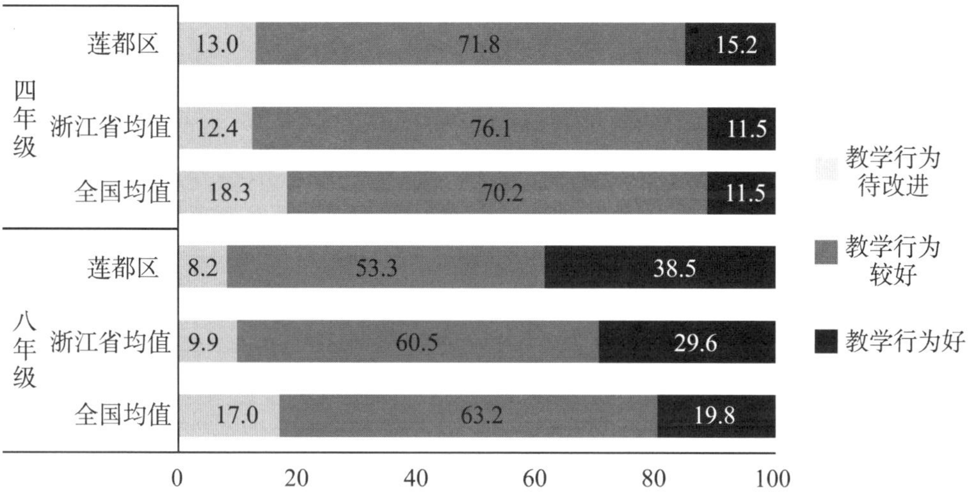

图5.28　2015年国测中莲都区数学教师教学行为状况

表5.33　2015年国测中反映的莲都区数学教师教学行为的典型问题

指标	具体表现（选项：完全符合）	四年级（%）			八年级（%）		
		莲都区	浙江省均值	全国均值	莲都区	浙江省均值	全国均值
鼓励学生表达与交流	a. 老师鼓励我们表达不同观点	63.7	65.2	55.9	72.0	62.0	55.9
	b. 老师鼓励我和同学讨论问题	48.1	47.9	50.9	53.9	37.8	47.0
	c. 老师经常让我们借助画图、举例子和打比方等方式理解知识或解决问题	77.3	73.6	64.1	69.9	60.5	56.7
支持学生的个性化学习	d. 老师经常要求我们"讲出想法，说明理由"	75.3	70.7	62.2	69.2	64.1	59.6
	e. 我的老师更看重"解决问题的思路或想法"	61.9	64.4	55.5	72.4	68.1	60.1
	f. 老师经常鼓励我们发现并提出问题	66.3	67.7	61.9	58.8	54.5	53.1

表5.33是"数学教学行为"指标形成的典型问卷数据统计，结果显示：四年级b指标低于全国均值，a、e、f指标低于全省均值；八年级所有指标均高于全国和全省均值，c、d、f指标均低于四年级。

（二）省测报告解读

《浙江省2016年中小学教育质量综合评价莲都区报告》显示，莲都区四、八年级和“学业达标”指数等级[①]分别为4★、3★；“高层次能力”指数等级分别为3★、2★；“学习策略”指数等级分别为4★、2★；“教师教学方式”指数等级分别为4★、5★。

表5.34　2016年省测莲都区教师教学行为的典型问题

指标	具体表现	四年级(%)			八年级(%)		
		常常	总是	合计	常常	总是	合计
因材施教	a. 老师鼓励我们使用适合自己的学习方法	23	41	64	32	41	73
	b. 老师发现我们学习上的优势和劣势	22	47	69	36	40	76
	c. 老师给我们不同的人提出不同的学习建议	28	49	77	29	42	71
互动教学	d. 老师在课上组织我们进行小组活动	21	44	65	27	40	67
	e. 老师让课堂气氛很活跃	20	48	68	28	36	64
	f. 老师和我们共同交流学习心得	22	50	72	25	38	63
引导探究	g. 老师引导我们就某个问题进行讨论	23	51	74	33	41	74
	h. 老师在讲课时尽量将所教内容与我们的生活实际相联系	25	46	71	31	42	73
	i. 老师鼓励我们用不同的思路解决问题	22	60	82	31	51	82

表5.34是四、八年级各学科教师的“教师教学方式”指数形成的典型问卷数据统计，结果显示：四年级的a、b、d、e和八年级的d、e、f比例均低于70%，其中交集是d、e指标。选择“常常”和“总是”的比例是63%—82%，离目标要求还有一定的差距。

（三）形成调研专题

基于国测与省测报告的分析，我们有这样的困惑：八年级数学教师的“教学行为”表现较好，但是学生的“学业达标”“高层次能力”和“学习策略”指数均不理想。监测数据与实际情况之间到底存在怎样的关联？一般而言，高层次能力要求学生在解决问题的过程中能够全面而准确地预估和分析问题、能够自如地储存和提取所学的知识、能够发散思维并联系生活实践给出合理的解释、能够与团队合作并创造

① 在省测中，根据效应量E(effect size)大小，将指数等级分为五个水平。其中：E＜－0.5，为显著低于全省平均水平，记1★；－0.5≤E＜－0.2，为低于全省平均水平，记2★；－0.2≤E＜0.2，为与全省平均水平相当，记3★；0.2≤E＜0.5，为高于全省平均水平，记4★；E≥0.5，为显著高于全省平均水平，记5★。

性地解决问题;学习策略是学习者为了提高学习的效果和效率,有目的、有意识地制定的有关学习过程的复杂的方案。这些都与教师的教有密切的关系。于是,莲都区将教师教学作为研究的突破口,关注教师的课堂教学。

二、基于精准靶向,实施专项调研

澳大利亚墨尔本大学哈蒂教授在《可见的学习》一书中指出,教师是影响学生学业成就的关键因素。他用元分析的方法,将138项因素归入学生、家庭、学校、教师、课程和教学六大类别加以比较、阐释和总结。经过比对他发现,排在前三位的是教师、课程和教学。很显然,课程和教学的实施者是教师,可见,教师是影响学业成就的关键因素。莲都区聚焦课堂教学常规落实,开展网络问卷调研活动,与教育质量监测数据互相印证、充实证据。

(一)制定调研方案

丽水市莲都区教研室组建研究小组,组成人员有单位领导、学科教研员、评价员及部分骨干教师。结合学科课程标准、省教研室和市教育教学研究院的相关文件,对原有的课堂教学常规进行重新审视,同时结合国测、省测报告反馈信息,特别是其中涉及的教师教学指数内容,设计师生网络调查问卷并制定详细的调研方案。师生问卷中有部分题目可互相印证。

(二)实施网络调查

问卷调研平台:问卷星。

调研对象:小学五年级学生,初中七、八年级学生和全体中小学教师。

调研时间:要求在统一时间内按时完成。

学校调查活动责任人:学校评价员。

(三)整理分析数据

下页图5.27是莲都区5672名五年级学生的问卷调查结果。数据显示:“允许不同见解”“上课鼓励表扬”维度各学科之间差异非常大,“小组讨论”“批改作业无错”“按时下课”“上课铃响时老师已在教室”等维度各学科总体表现不理想。同一维度不同学科的表现也存在较大差异。分别有44.75%和56.14%的学生认为数学老师“课上经常组织小组讨论学习活动”和“经常教我们怎么学习”。

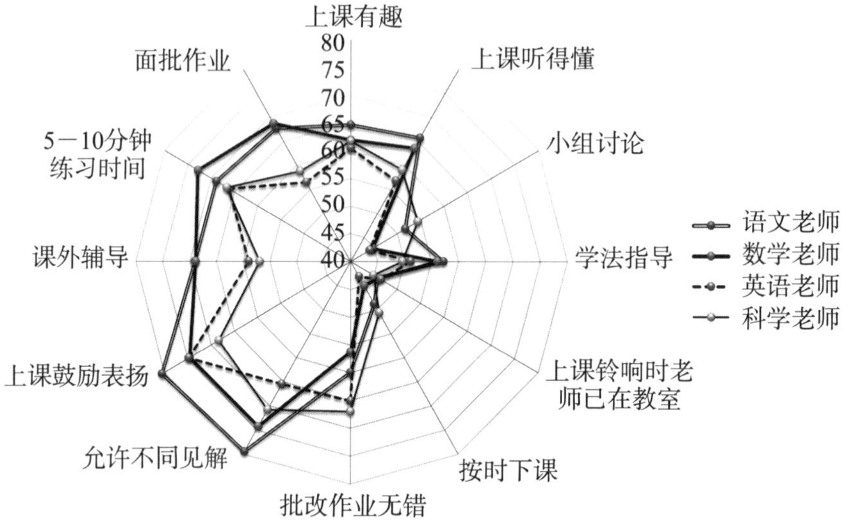

图5.29　教学常规落实情况五年级常模

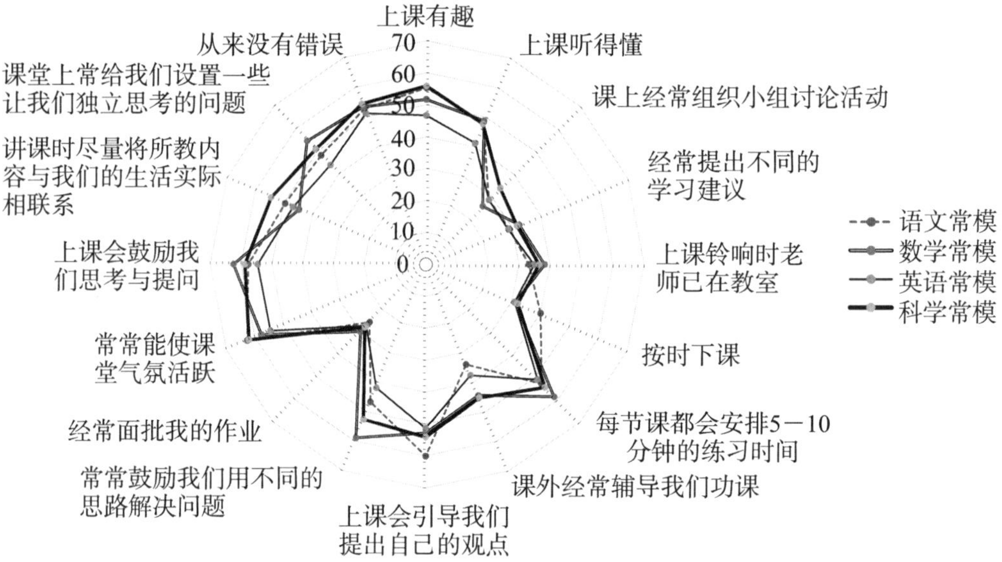

图5.30　教学常规落实情况八年级常模

图5.28是莲都区4578名八年级学生的问卷调查结果。数据显示："课上经常组织小组讨论活动""经常提出不同的学习建议""课外经常辅导我们功课""按时下课"等维度各学科总体表现不理想。同一维度不同学科的表现也存在较大差异。

表5.35　八年级语文、数学、科学教师再调研数据与省测数据的对比

指标	具体表现 （选项：常常和总是）	2016年省测 （抽样：480人）	课堂常规调研 （全样：4578人）
因材施教	a. 老师给我们不同的人提出不同的学习建议	71.00%	31.15%
互动教学	b. 老师在课上组织我们进行小组活动	67.00%	29.43%
	c. 老师让课堂气氛很活跃	64.00%	60.70%
引导探究	d. 老师在讲课时尽量将所教内容与我们的生活实际相联系	73.00%	49.66%
	e. 老师鼓励我们用不同的思路解决问题	82.00%	52.44%

表5.35的数据表明：再调研数据除c指标接近省测数据外，其他指标均大幅低于省测数据。数据的互相印证，让我们发现课堂常规落实的提升空间非常大。另外，在“老师经常鼓励我们发现并提出问题”方面，八年级再调研的结果为62.48%，高于国测问卷的58.8%。综合五、八年级的数据，发现学校在“课上经常组织小组讨论活动”“按时下课”方面均执行得不好。这为教学常规落实与改进提供了切入口。

（四）形成改进措施

1. 狠抓教学常规落实。

针对再调研报告反馈的信息，区教研室逐条修订、完善了《莲都区中小学课堂教学新常规》，涉及备课、上课、作业、辅导、评价、研究等六个方面22条内容。还编制了新常规核心要求口诀：备课做到领会课标、吃透教材、基于学情、任课必备；上课做到教备一致、目标准确、学为中心、方法得当；作业做到精心设计、分层布置、有做必改、有错必纠；辅导做到关注个体、培优扶弱、循序渐进、全面提升；评价做到科学检测、精准分析、参与调研、综合评价；研究做到乐于学习、勤于思考、勇于实践、善于总结。

2. 优化入校调研流程。

把评价作为指导教学的有效手段，完善基于教育质量监测数据的再调研模式，优化流程，逐步克服单纯依靠经验进行教学调研的弊端，逐步提高教学研究与指导的精准性。

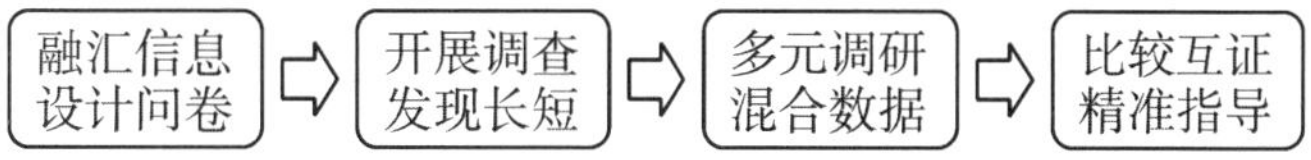

图5.31　基于教育质量监测数据的再调研流程

从问卷调查结果中发现学校的优势与短板，采用自主申报和指定调研两种方式实施再调研。自主申报是学校在每学期初填写《学校教研需求信息表》，区教研室整合相关资源，统筹规划全区教研和调研工作；指定调研是指区教研室针对从问卷结果和质量监控系统数据中发现存在较大问题的学校或学科并展开调研。

三、培育自我诊断文化，促进学校持续发展

在全面提高教学质量、增强学校教学有效性的大背景下，学校自我诊断逐渐成为分析和判断学生发展状况、提高学校管理科学性、有效规避管理风险的重要手段。如何实现从内部评价办法的制定到自我诊断文化的建设，是现代学校制度建设的重要命题。只有注重价值引领，选择与学校发展阶段相适应的评价内容和方法，发挥诊断在育人目标落地过程中不断纠偏的保障作用，才能建设具有诊断文化特质的组织文化，使学校走上稳定的可持续发展之路。再调研数据覆盖了全区中小学校，有效地克服了国测、省测数据不到校的弊端，给学校诊断教学问题、改进教学行为提供了丰富的数据资源。

（一）自我诊断与改进的学校探索

K中学是一所城区二类公办学校，70%左右的学生为进城务工人员子女。学校较早开始利用数据来统计分析教师教和学生学的情况，建立起学科评价员队伍。正因为他们对数据的敏感和科学运用，精准地找出了学生学业成绩的阻力点、用力点和支点，齐心聚力，精准发力，收到了较好的效果。

学校获取下页图5.30与图5.31的信息后，组织管理人员与学科评价员一起进行分析与研究。

1. 数据分析。

将学校的教学常规落实情况与区常模进行比较，发现总体差距较大；校内学科之间进行比较，发现不同年级、同一年级的不同学科之间均存在较大的差异。其中“每节课都会安排5—10分钟的练习时间”做得最好，“课上经常组织小组活动”做得最差。

2. 查找原因。

检查教师的备课、上课、批改、辅导等情况，观察学生的听课、作业等习惯，发现存在的主要问题有：一是学习方式、教学方式单一，缺乏有效的对话、沟通、合作等教学活动；二是作业批改不及时，作业布置缺乏层次性与针对性；三是对学生的个

性化辅导不到位。

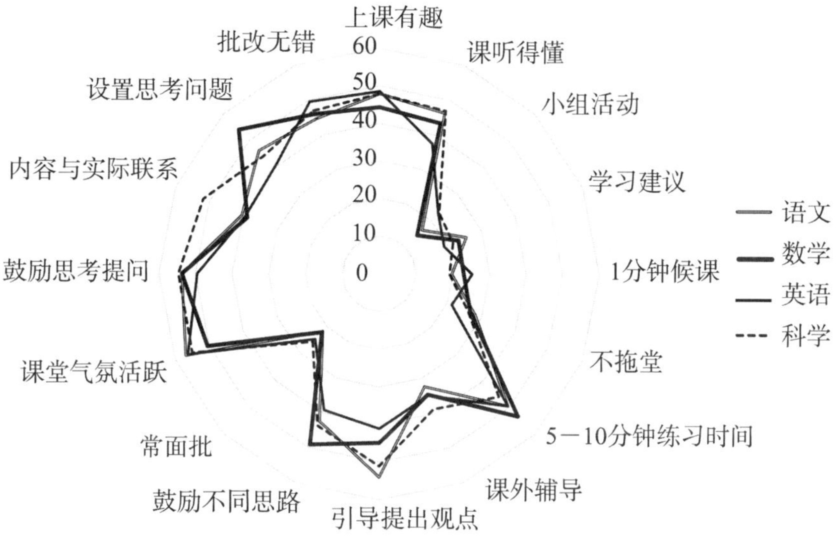

图5.32　K中学七年级课堂教学常规落实情况分析图

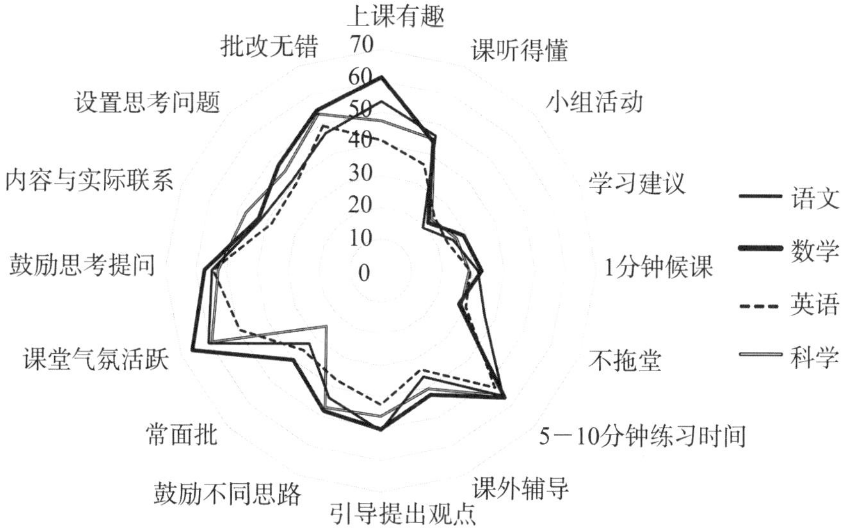

图5.33　K中学八年级课堂教学常规落实情况分析图

学校开展“家庭学习环境、学校学习状况、学生学习基础”的学生和家长问卷调查，结果显示：一是家庭学习环境较差，父母初中及以上学历占比不高；二是学校的学习状况令人担忧，92.6%的学生“没有预习习惯”，近60%的学生“畏惧学习”；三是学生的学习基础较为薄弱，学生在家做作业的时间少。可见，学生的作业落实是学校教学质量提升的阻力点，其主要原因在于课堂学习的知识在学校里没有得到巩固落实，在家里又不会或没能力落实。开展作业量与学业成绩的相关性分析，结果是：要想有好成绩，作业不能少；如果作业布置太多，成绩就好不了；教师布置作业不能任意而为，要学会科目之间的协调与合作，要根据学生的需求和能力布置分层作业，让每一个学生都能完成。

3. 改进措施。

措施一：作业抓早抓好，促进有效提质。做到三结合：教师下水作业和学生分层作业相结合；先交作业后进班制度和作业免检制度相结合；常规考核和榜样引领相结合。做严做实“周周清”，有效巩固一周所学。针对学生周末的有效学习时间很少、家庭的监管无力的现状，提倡在双休日前就能巩固基础的内容。

措施二：提倡让每一个学生都成为奔跑者。鼓励学生在课堂上表达真实的自我，让作业彰显学生的个性思想，关注学优临界生和学困临界生。让每一名老师都成为助跑者。强调课堂教学的有效性，促使教师不断提高课堂教学的调控能力和组织能力。要求教师多关注不同层次的学生，课上得慢一点，练习多做一点，作业尽可能在课堂上完成。学校以课堂是否有效为评课主要指标，通过赛课活动、教研活动周等，开展教师业务交流评比；通过教研组、备课组“有效课堂”主题研讨实践，促进教学提质。注重考试后的数据分析，让数据发挥最大的功效，挖掘数据背后隐藏的教育价值。

措施三：以浙江省教育科学规划课题“教育质量监测数据驱动学校自己诊断改进”基地学校为契机，尝试开展学校自我诊断文化建设，力求做到诊断人员构成民间化、诊断工具共识化、报告反馈精细化、结果使用日常化、改进监督落实化，推动“诊断→改进→再诊断”的良性循环。

（二）自我诊断和改进的学校探索——以M中学为例

M中学开展了数据挖掘的创新尝试，将学业成绩转换为标准T分后与调查问卷获得的数据在同一个雷达图中表示出来，设置全校教师均值、最大值、最小值和教师个人等四条曲线，便于比较与诊断。

这种创新让教师找到了一把“尺子”，摸准了自己的位子，寻找到了突破的口子。同时也给学校开展自主问卷调查与诊断分析提供了可借鉴的样板。

M中学数学组以再调研数据（下页图5.32）为依据，对八年级课堂常规落实情况进行了诊断分析。

1. 发现问题。

“上课有趣”和“课堂气氛活跃”维度比例略高于区均值，但其他大部分维度比例均低于区均值，可见课堂落实不到位。

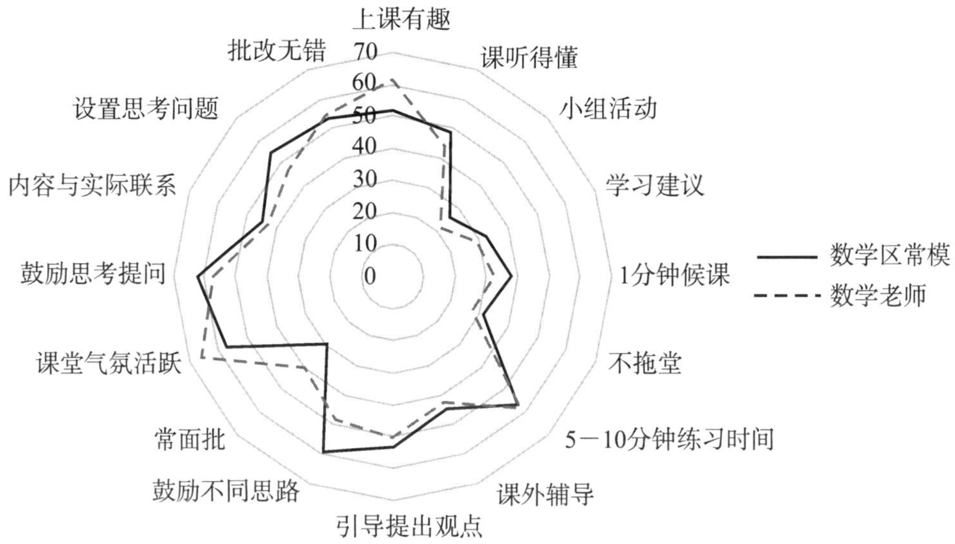

图5.34 M中学八年级数学教师常规落实分析图

2. 课堂观察。

教师把大部分学生定位成“差生”，导致上课少引导，学生课堂表现沉默，课堂实效性差。教师讲，学生听，师生单一的对话多，较少有开放性、思考性问题。

3. 原因剖析。

主要是教育教学观念陈旧，课标、教材研读不到位，教师的学科及教学素养欠佳。

备课简单。大部分教师由于在学校管理上付出时间很多，备课的时间或精力投入明显不足，理解教材不到位，不能很好地把握一节课的教学重点，导致各环节教学时间安排不尽合理。

上课随意性强。部分有资历的教师凭借已有的教学经验，往往“脚踏西瓜皮，滑到哪里算哪里”。同时，“赶进度”现象严重，教学要求与学生接纳能力有明显偏差，“周周清”难以落实。

教学方法单一。受教学内容多、学生状态差、教学“不放心”等因素的制约，灌输式的教学方法仍然是很多教师采用的主要教学手段，导致课堂上教师讲解的时间过多，学生独立思考、练习的时间偏少，反馈矫正的工作等也做得不太到位。大部分的数学课“学生不太需要思考，不需要动手”。

大部分教师能按学校要求运用课件上课，但对课件的选择能力差，对内容研究不够深入。

4. 改进措施。

开展研读“三书”（课标、教材、教师教学用书）系列活动，结合省教研室的《初中数学学科教学建议》要求，让每个数学教师明确教学过程中的每个环节的规范，在各个环节中做细、做实。切实做到关注学生，根据学生的实际情况定位上课的要求和学习内容，在教学中摆正师生关系，让更多的学生参与到学习中来。在集体备课中重点解决“教什么”“怎么教”的问题，通过集体备课，明确哪些核心内容是必须在课堂上完成的，在重点内容上该花多少时间，确定这节课的难点在何处，教学中应如何突破难点。个体备课是在集体备课的基础上，根据对教材的不同理解和班级学生的实际情况，对教案做微调修改，主要解决“学什么”“怎么学”的问题。课堂教学采用“低起点、小步子、慢节奏”的方式，小步设问、步步引导，落实“堂堂清”。

5. 系统建构。

为了让综合评价在学生个体层面更具实效性和可操作性，我们建立起一个基于数据驱动的运用于日常教学活动评价的改进循环系统。

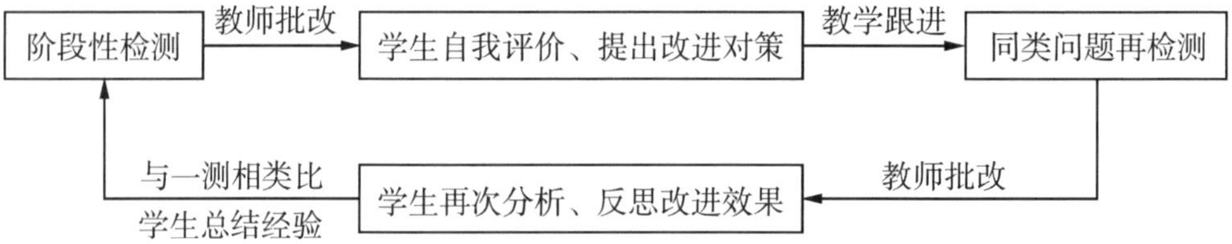

图5.35　改进循环系统

这种改进循环系统有利于学生及时了解自身学习的短板，据此寻找解决短板的策略，总结经验，改进学习方法，提升学习效率。

周　鸿（丽水市莲都区教育局教研室）

第九节　认知诊断模型在教育质量监测中的应用[1]

教育质量监测通常在国家或省级层面进行，这些监测通常为教育决策与教育质量评估服务，较少关注到具体的教师教学与学生学习过程。但教育质量监测更为重要的功能应是诊断功能。在基层的教育质量监测中，学校与教师更关注的是学业诊断功能，以将知识学习和能力培养联系起来，实现横向（如不同班级同一学科）和纵向（如同一班级历次成绩）的比较分析，对提高教师的教学质量和学生的学习能力有着重要的指导意义。实现学业诊断功能的前提是教育测量与评价技术的应用。传统的经典测量理论与项目反应理论虽然在当下教育监测中起着重要的作用，但是在以学生能力为导向的教育模式下，这些技术也有局限性，因此以学生的能力和特质为研究目标的认知诊断模型越来越受到重视。

一、认知诊断模型的价值

教育测量是教育监测和评价获取信息的重要途径，是教育监测和评价中非常基本的获取教育相关信息的方法[2]。随着经济社会的发展，教育测量的理论模型也随社会的要求而改变。

（一）现代教育测量在教育质量监测中发挥着重要作用

当前国内外监测与评价主要用到的教育测量技术为经典测量理论与项目反应理论，它们在不同领域起着不同的作用。经典测量理论是指测量都是由潜在特质或者潜在能力（真分数）和误差构成，用数学表达式表示为$X=T+E$，X是测验的分数，T是测验的真实分数，E为测量误差[3]。经典测量理论的难度、区分度、信度与效度都通过该数学表达式获得。从数学表达式可以看出，经典测量理论的这些指标受制于样本是否具有代表性，如果测试没有代表性，即误差较大，那么测验的指标便失去了意义。

---

① 本文已发表在《考试研究》2018年第2期上，内容略有修改。

② 杨向东.教育测量在教育评价中的角色[J].全球教育展望，2007(11).

③ 戴海崎，张峰，陈雪枫.心理与教育测量（第3版）[M].广州：暨南大学出版社，2011.

项目反应理论又称潜在特质理论或项目特征曲线理论，它是对测验者能力的一种估计，并将测验者对单个测验项目的答对概率与项目的特征（难度、区分度、猜测概率）建立数学模型[①]。因为项目反应理论用非线性模型将答对概率与项目特征建立起非线性的数学关系，所以它更符合实际情况，对测验等值、项目功能差异检验、计算机自适应测验、标准参照测验的编制等问题都有较好的解决方法，而项目反应理论的难度与区分度的估计也不会受到样本的影响。

（二）现代教育测量无法描述测验者的学习过程

虽然经典测量理论与项目反应理论在教育质量监测上发挥着重要的作用，但是它们无法完全实现教育监测和评价中的诊断功能。因为无论是经典测量理论还是项目反应理论，它们都存在着一个缺陷，即都是将学生置于一条线上进行比较，并以此进行选拔或评价。它们只能说明学生的能力或得分高低，无法辨别学生在测试中缺乏的能力点、知识点或心理特质。例如，两名学生参加一次数学测试，测试试卷分为两部分，分别是五道计算题和五道几何题，当这两名学生得到同样的分数时，可能存在不同情况的分数组合。当出现一名学生计算题全对，另一名学生几何题全对的情形时（见表5.36），通过经典测量理论和项目反应理论只能判断学生总体能力的高低，无法具体评估学生到底哪个知识点掌握得好，哪个知识点的掌握还有所欠缺，这就无法对学生进行针对性的补救，缺少诊断功能。

表5.36　学生答题存在的可能情况

题目	学生A	学生B	题目	学生A	学生B
计算题1	对	错	几何题1	错	对
计算题2	对	错	几何题2	错	对
计算题3	对	错	几何题3	错	对
计算题4	对	错	几何题4	错	对
计算题5	对	错	几何题5	错	对

（三）认知诊断理论为教育质量监测提供诊断功能

为了解决这一问题，近年来心理与教育测量界发展出一种新的测量理论，即认

① 戴海崎，张峰，陈雪枫.心理与教育测量（第3版）[M].广州：暨南大学出版社，2011.

知诊断理论。认知诊断理论指的是对个体知识结构、加工技能或者认知过程的诊断与评估①,它将认知诊断模型、认知心理学和学科教学研究结合在一起,以实现对测验者内部心理加工成分和过程的测量,并提供测验者认知加工诊断信息②。认知诊断理论与经典测量理论、项目反应理论最大的区别在于,认知诊断理论可以分析学生对知识点的掌握情况、学生的认知结构、学生解题的认知加工过程③,如图5.36的认知诊断报告,它不仅能报告学生的答题情况,还能报告题目的难度情况,学生在各知识点的得分情况等。可见,认知诊断理论很大程度上着眼于评价学习过程,而不是简单评价学习的结果,所以认知诊断理论能实现教育的诊断功能。

答题分析　　　　姓名:

题目	1	2	3	4	5	6	7	8	9	10	11	12	13	14	15	16	17	18	19	20	21	22	23	24	25
学生回答	√	√	√	√	a	c	√	c	d	√	√	√	c	√	d	a	√	b	a	a	d	c	b	a	c
正确回答	d	a	b	d	d	a	b	d	a	c	a	b	d	c	a	d	a	c	b	d	a	a	a	d	b
难度	e	e	m	m	m	m	h	h	h	m	e	e	m	m	m	h	m	m	h	h	h	h	h	h	h

得分:

25题答对10题　简单题:4/4　中等难度题:5/10　难题:1/11

注:e为简单题,m为中等难度题,h为难题

提高技能

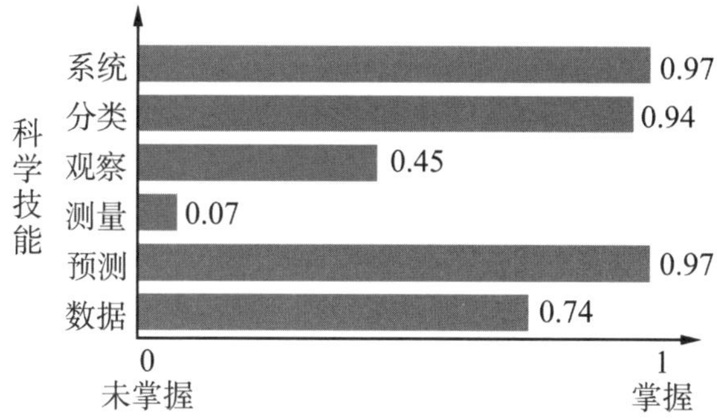

题目
3、14、2、17、19、23、9
3、12、13、5、2、17、18、16、24、7
11、15、1、6、18
22、20、10、11、5、6、18、25
4、14、20、12、5、19、9
22、1、19、21

图5.36　认知诊断报告

我国传统的考试主要关注学习者的成绩,对学习者的学习过程并不重视,而且也没有一种切实有效的方法去评估。通过认知诊断理论可以将详细的诊断信息反馈给学校和教师,进而让教师应用这些信息去精准指导学生的学习,避免题海战术,达到轻负高质的效果。本节将以小学六年级的分数运算为例,采用认知诊断理论对小学生的分数运算能力进行分析,建立小学生分数学习的认知诊断模型,构建

① Leighton J P, Gierl M J. Verbal reports as data for cognitive diagnostic assessment[J]. Cognitive diagnostic assessment for education: Theory and applications,2007.

② 罗照盛.项目反应理论基础[M].北京:北京师范大学出版社,2012.

③ Templin J, Henson R A. Diagnostic measurement: Theory, methods, and applications[M]. New York: Guilford Press,2010.

相应的认知结构,充实认知诊断理论在小学生数学教育质量监测评价中的应用。

二、认知诊断理论的相关模型

(一) 认知诊断模型

随着近年来认知诊断理论研究的深入展开,国内外心理与教育研究者已经提出众多的模型以适应不同的学科。有学者在总结认知诊断模型时发现有60多种认知诊断模型,这些模型的理论思想和计算方式也各不相同①。随着信息技术的发展,认知诊断模型可能已经远远超过60种。认知诊断模型一般可以分为补偿型、非补偿型和一般型三类②。其中补偿型的主要代表有DINO(deterministic-input, noisy-or-gate model)模型和C-RUM(compensatory reparameterized unified model)模型,非补偿型的主要代表有DINA(deterministic-input, noisy-and-gate model)模型和NC-RUM(noncompensatory reparematerized unified model)模型,一般型的模型有GDM(general diagnostic model)模型、LCDM(log-linear CDM)模型以及G-DINA(generalized DINA)模型(见表5.37)。

表5.37 认知诊断常用模型

CDM类型	范例	作者
补偿型	DINO	Templin & Henson
	C-RUM	Hartz
非补偿型	DINA	Junker & Sijtsma
	NC-RUM	DiBello et al.; Hartz
一般型	GDM	Von Davier
	LCDM	Henson, Templin & Willse
	G-DINA	de la Torre

本文将采用国内外应用比较广泛的DINA模型和G-DINA模型对小学生分数计算能力进行研究,建立小学生分数计算能力的模型,分析区域小学生分数计算教

① Fu J, Li Y. Cognitively diagnostic psychometric models: An integrative review[C]//annual meeting of the National Council on Measurement in Education, Chicago, IL. 2007.

② Ravand H, Robitzsch A. Cognitive Diagnostic Modeling Using R[J]. Practical Assessment, Research & Evaluation, 2015, 20.

学中存在的问题。

（二）DINA模型

DINA模型是一种非补偿型认知诊断模型，适用于二分变量(0,1)，其公式如下：

$$n_{ij}=\prod_{k=1}^{K}\alpha_{ij}^{q_{jk}}$$

$$S_j=P(X_{ij}=0\mid\eta_{ij}=1)$$

$$g_j=P(X_{ij}=1\mid\eta_{ij}=0)$$

$$P(X_{ij}=1\mid\eta_{ij})=(1-s_j)^{\eta_{ij}}g_j^{1-\eta_{ij}}$$

$P(X_{ij}=1\mid\eta_{ij})$表示在给定知识状态α_i条件下，被试$i(i=1,2,\cdots,\mathrm{N})$在项目$j$ $(j=1,2,\cdots,M)$上正确作答的条件概率，η_{ij}表示在知识状态α_i条件下项目j上的理想反应，s_j、g_j和q_j分别为项目j的失误参数、猜测参数和所测的属性向量。DINA模型将每一题分成两类，一类是完全掌握该题属性的被试，另一类是至少掌握一个考察属性的被试①。

（三）G-DINA模型

G-DINA模型是DINA模型的一般型模型，对认知属性具有更弹性的评估②。G-DINA模型的公式如下：

$$P(\alpha_{lj}^{*})=\delta_{j0}+\sum_{k=1}^{K_j^*}\delta_{jk}\alpha_{lk}+\sum_{k'=k+1}^{K_j^*}\sum_{k=1}^{K_j^*-1}\delta_{jkk'}\alpha_{lk}\alpha_{lk'}+\cdots+\delta_{j12\cdots K_j^*}\prod_{k=1}^{K_j^*}\alpha_{lk}$$

$P(\alpha_{lj}^{*})$代表被试对于试题j的答对概率，δ_{j0}代表答对概率的底线，也就是不具备任何认知属性时的答对概率，即猜测答对概率；δ_{jk}代表掌握单一的认知属性α_{lk}时，对答对概率的影响；$\delta_{jkk'}$代表认知属性α_{lk}和$\alpha_{lk'}$的掌握对答对概率的交互性作用；$\delta_{j12}\cdots K$*则代表全部认知属性的掌握对答对概率的交互性作用。

三、研究方法

（一）测试样本

本次测验在浙江省某市的四所学校进行，共计182名小学三年级学生参加，无

① 郭磊，苑春永，边玉芳.从新模型视角探讨认知诊断的发展趋势[J].心理科学进展，2013: 21(12).
② 陈慧麟，陈劲松.G-DINA认知诊断模型在语言测验中的验证[J].心理科学，2013(6).

缺考漏考,学生智力正常,无学困生。

(二) 分数测验认知诊断

此次测验采取期末考试的形式,取分数计算测验的七道题用作认知诊断。聘请多名小学数学教研员、一线数学教师以及三名心理学硕士研究生对测验的属性进行分析,最后获得六个属性:A1分数乘法,A2倒数的意义,A3分数除法,A4百分数,A5分数乘除规则,A6通分。以题I0101为例,题I0101在A1、A5上为1,在A2、A3、A4、A6上为0,表示该题只考查了倒数的意义和分数乘除规则,其他题项的属性见表5.38。

表5.38 分数运算认知属性Q矩阵

项目	A1	A2	A3	A4	A5	A6
I0101	1	0	0	0	1	0
I0102	0	1	0	0	0	1
I0103	1	1	1	0	1	0
I0104	1	1	1	1	0	0
I0105	1	1	1	0	1	1
I0106	1	1	1	0	1	1
I0107	1	1	1	0	1	1

(三) 试题分析

本研究通过项目反应理论分析分数测验的七道题,获得每道题的难度与区分度。项目反应理论与经典测量理论的难度概念有所不同,项目反应理论的难度是数值越大,难度越大,其难度参数的取值范围理论上为$(-\infty,+\infty)$,但一般要求难度位于-2与2之间,难度太大或太小的项目都不利于对学生能力进行有效估计[①]。项目反应理论的区分度与经典测量理论的意义相同,理论上可以取$(-\infty,+\infty)$,但在实际工作中一般取正数,因为负数表示能力强的学生答对的概率低,这与实际情况相反,为了对试题的参数及学生的能力参数进行有效估计,一般不会取很大的值[②]。

① Lord F M. Applications of item response theory to practical testing problems[M]. Routledge,2012.

② Hambleton R K, Swaminathan H. Item response theory: Principles and applications[M]. Springer Science & Business Media,2013.

从数据的结果看,这七题的难度相对较低,但区分度较好,具体结果见表5.39。

表5.39 题目的难度和区分度

	I0101	I0102	I0103	I0104	I0105	I0106	I0107
难度	−0.97	−1.12	−1.33	−1.11	−0.96	−1.06	−0.16
区分度	1.68	3.16	1.73	1.46	2.13	2.14	1.79

测验的信息量表示试题在不同能力值上的测量精度,其值越大表示试题对该能力值的测量精度越高,也就是说信息量能反映出试题在不同能力值上的测量误差,信息量越大说明测量误差越小。从图5.37可知,信息量最高值在能力值为−1.2左右的位置,总的信息量为14.078,信息量在−2到0之间的信息量为10.414,占总信息量的73.97%,说明此试题整体偏简单,对能力值为−1.2左右的学生测量精度最高。

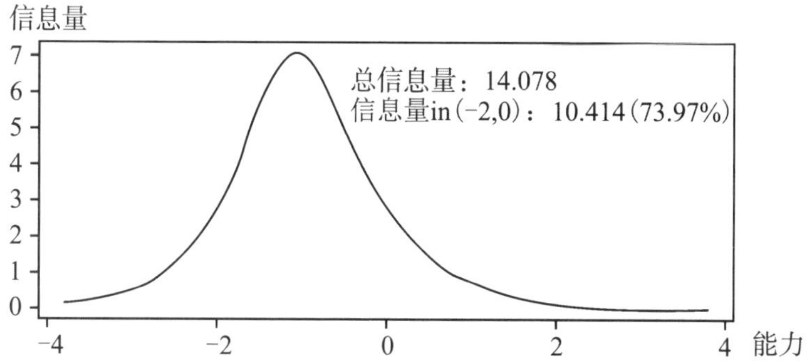

图5.37 测试的信息量

(四) 统计分析

本研究采用R语言的ltm包进行项目反应理论分析,采用R语言的CDM包进行认知诊断理论分析。

(五) 模型比较

采用AIC和BIC准则对DINA模型与G-DINA模型进行比较。AIC数值越小越好,越接近于0,表示模型的契合度越高且模型越简约,BIC也是越接近于0,表示模型适配度越佳且精简①。通过模型的比较发现,DINA的AIC和BIC分别为1222.23、1337.58,都小于G-DINA模型,说明DINA模型更适用于本次测验的结果,因此本文将采用DINA模型评估小学生的分数计算能力。

表5.40 模型比较

模型	Loglik	Deviance	Npars	AIC	BIC
DINA	−575.12	1150.23	36	1222.23	1337.58
G-DINA	−526.87	1053.75	158	1369.75	1875.98

(六)模型拟合

本研究采用RMSEA指标对认知诊断模型进行检验。RMSEA为渐进残差均方和平方根,其值越小说明模型的适配度越佳,一般而言,RMSEA需要0.08—0.1,比较良好的模型需要0.05—0.08,小于0.05则说明模型拟合非常好②③。RMESA的结果发现,七道题中I0103和I0105大于0.08,其他都小于0.08,平均值为0.054,说明测验的模型拟合可以接受。

表5.41 模型拟合

	I0101	I0102	I0103	I0104	I0105	I0106	I0107	平均
RMSEA	0.039	0.022	0.141	0.000	0.106	0.048	0.020	0.054

四、结果与分析

表5.42为各属性间的相关关系,除A4百分数与其他属性的相关系数在0.3至0.6,其余属性间的相关系数都在0.8以上,其中A1分数乘法与A2倒数的意义、A1分数乘法与A5分数乘除规则、A1分数乘法与A6通分、A2倒数的意义与A5分数乘除规则、A2倒数的意义与A6通分、A5分数乘除规则与A6通分等的相关系数都在0.95以上,说明题目间的相关度较高。具体结果见表5.42。

① von Davier M. A general diagnostic model applied to language testing data[J]. ETS Research Report Series, 2005,2005(2).

② 吴明隆.结构方程模型:AMOS的操作与应用[M].重庆:重庆大学出版社,2009.

③ Kunina-Habenicht O, Rupp A A, Wilhelm O. A practical illustration of multidimensional diagnostic skills profiling: Comparing results from confirmatory factor analysis and diagnostic classification models[J]. Studies in Educational Evaluation, 2009,35(2-3).

表5.42　属性间相关

	A1	A2	A3	A4	A5	A6
A1	1	—	—	—	—	—
A2	0.993	1	—	—	—	—
A3	0.903	0.914	1	—	—	—
A4	0.573	0.595	0.555	1	—	—
A5	0.964	0.989	0.841	0.464	1	—
A6	0.980	0.95	0.800	0.399	0.957	1

表5.43为学生认知属性掌握的概率。从表中可知，学生对A1分数乘法和A2倒数的意义的掌握情况最好，掌握率分别为0.9053和0.9085，对A3分数除法、A5分数乘除规则以及A6通分的掌握情况良好，掌握率也基本达到90%，对A4百分数的掌握率最差，掌握率只有0.7789。

表5.43　认知属性的总体掌握率

	未掌握率	掌握率
A1	0.0947	0.9053
A2	0.0915	0.9085
A3	0.1146	0.8854
A4	0.2211	0.7789
A5	0.1008	0.8992
A6	0.1047	0.8953

表5.44为学生潜在掌握知识点情况的分布概率，以111110属性为例，即该类型的学生掌握了A1分数乘法、A2倒数的意义、A3分数除法、A4百分数以及A5分数乘除规则，但未掌握A6通分的知识点，该类型的学生占所有学生的1.24%。数据表明，只有68.53%的学生掌握了全部分数计算能力，还有30%左右的学生在不同程度上没有掌握分数计算能力。具体结果见表5.44。

表5.44　学生潜在掌握知识点情况的分布概率

潜在类型	概率	潜在类型	概率	潜在类型	概率	潜在类型	概率
000000	0.0388	011100	0	001110	0	010101	0
100000	0	111100	0.007	101110	0	110101	0

续表

潜在类型	概率	潜在类型	概率	潜在类型	概率	潜在类型	概率
010000	0	000010	0.001	011110	0.0057	001101	0
110000	0	100010	0	111110	0.0124	101101	0.0026
001000	0.0064	010010	0.001	000001	0.0043	011101	0
101000	0	110010	0	100001	0.0014	111101	0.0084
011000	0	001010	0	010001	0	000011	0.0051
111000	0	101010	0	110001	0	100011	0
000100	0.0205	011010	0.0016	001001	0	010011	0
100100	0	111010	0	101001	0.0014	110011	0.0145
010100	0	000110	0	011001	0	001011	0
110100	0	100110	0	111001	0	101011	0
001100	0.0090	010110	0.0013	000101	0	011011	0
101100	0	110110	0	100101	0.0010	111011	0.1457
000111	0	010111	0	001111	0	011111	0
100111	0	110111	0.0258	101111	0	111111	0.6853

五、结论与建议

(一) 结论

1. G-DINA与DINA的情况分析。

G-DINA是DINA的一般型模型,它放宽了一些条件限制,但是通过比较本测验的模型发现,DINA模型的AIC、BIC值都小于G-DINA,且RMSEA的平均值也小于0.08,更适合于本次测验的能力分析与评估。虽然DINA对本次测验有良好的效果,但是针对此次测验难免会有一些问题,不论是DINA还是G-DINA,都只针对二分类数据,但是分数运算中可能不只有二分类数据,还有连续或者分布的数据,这也可能会对学生能力的评估造成一定的误差。

2. 小学生分数运算能力情况。

通过对182名小学生进行认知诊断分析发现,除了百分数的掌握情况低于80%,其他五个知识点的掌握率都在90%左右,说明学生分数运算的掌握情况良好。通过对学生潜在知识点掌握的情况分析发现，68.53%的学生完全掌握了分数运算能力，但仍然有31.47%的学生在不同程度上没有掌握。在各项属性中，学生对百分数的掌握情况最差，因此影响了学生分数运算的整体成绩。可见，这些学校的教师应该有针对性地加强小学生的百分数教学。从本文可知，认知诊断模型可以分析学生对某类知识的掌握情况，可以从微观和定量的角度分析学生的学习状况，为教师的教与学生的学提供理论依据，进而达到教学补救的目的。

（二）建议

通过认知诊断了解学校在分数运算教学中存在的问题，学校组织数学教研组对分数教学进行研究，尤其是对百分数教学，进行集体备课的同时，邀请当地学科专家做专题报告，并让学校教师开关于百分数的公开课，请具有丰富教学经验的教师或者数学教研员对公开课的情况进行点评，以此提高百分数的教学质量。

数学教师可根据认知诊断的评估结果对分数教学中存在的问题进行分析，布置针对性的练习，避免题海战术，也可开设分数教学的补救性专题课。补救性专题课可以由教师讲解、课堂练习、强化训练三个部分组成，其中教师讲解部分要将各认知属性的知识解释清楚，尤其是错误率较高的百分数的相关知识，再通过课堂练习检查学生的掌握情况，对未掌握的学生进行重点指导，强化训练，直到所有学生均能正确作答该属性的题目为止。

王　洁（台州市基础教育质量监测中心）

第六章

促进学习的小学考试评价改革

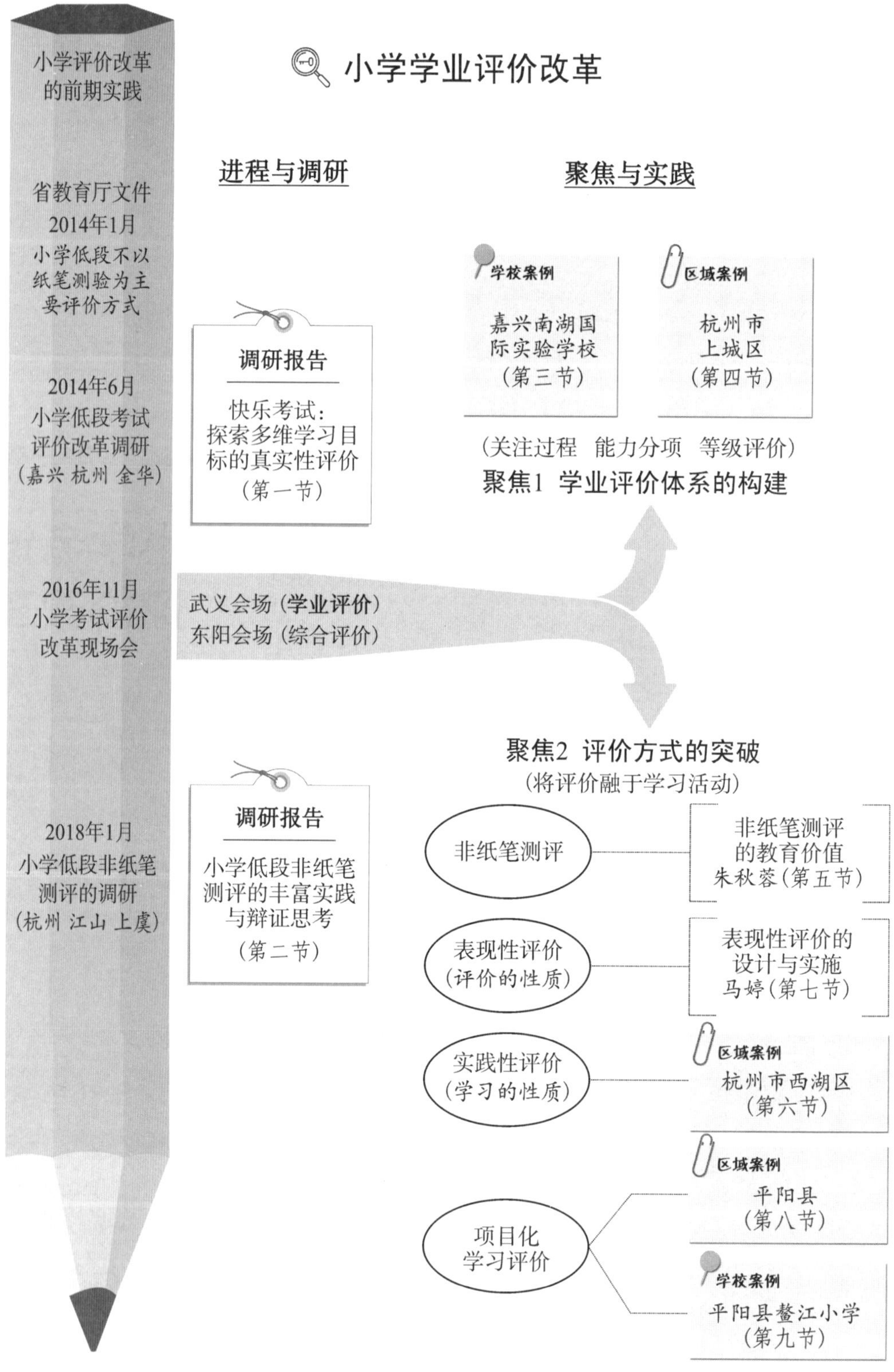
小学学业评价改革
小学评价改革的前期实践
省教育厅文件
2014年1月
小学低段不以纸笔测验为主要评价方式
2014年6月
小学低段考试评价改革调研
(嘉兴 杭州 金华)
2016年11月
小学考试评价改革现场会
2018年1月
小学低段非纸笔测评的调研
(杭州 江山 上虞)
进程与调研
调研报告
快乐考试：探索多维学习目标的真实性评价
(第一节)
武义会场（学业评价）
东阳会场（综合评价）
调研报告
小学低段非纸笔测评的丰富实践与辩证思考
(第二节)
聚焦与实践
学校案例
嘉兴南湖国际实验学校
(第三节)
区域案例
杭州市上城区
(第四节)
(关注过程 能力分项 等级评价)
聚焦1 学业评价体系的构建
聚焦2 评价方式的突破
(将评价融于学习活动)
非纸笔测评
非纸笔测评的教育价值
朱秋蓉(第五节)
表现性评价
(评价的性质)
表现性评价的设计与实施
马婷(第七节)
实践性评价
(学习的性质)
区域案例
杭州市西湖区
(第六节)
项目化学习评价
区域案例
平阳县
(第八节)
学校案例
平阳县鳌江小学
(第九节)

图6.1 本章结构图

浙江省教育厅2014年下发文件，规范义务教育阶段区域性学科“统测”，特别强调小学一至三年级禁止任何形式的“统考统测”。停止“统考统测”，减少纸笔测验，让学校自己来组织考试，这给广大小学出了个“难题”，但这也激活了基层学校关于评价的实践智慧。

2014年6月，省教研室评价部前往嘉兴与金华调研“游园式考试”“模块游考”与“快乐考试”等学校实践，发表调研报告《快乐考试：探索多维学习目标的真实性目标》，介绍小学低段考试评价的新动向，分析这些实践的价值与意义。自此，小学低段考试评价改革开始在浙江各地迅速推广。2016年11月，省教研室在武义与东阳召开小学评价改革现场交流会，东阳会议聚焦综合评价（详见第八章），武义会议聚焦学业评价的两大问题：

一是小学学业评价体系的构建。从小学低段的改革向小学全学段的学业评价体系发展，本章在全省众多典型中选择杭州市上城区与嘉兴南湖国际实验学校作为区域和学校典型，呈现他们推进分项等级学业评价和构建基于学科核心能力的小学生学业评价体系的探索。

二是学业评价方式的转变。非纸笔测评是这一轮小学低段考试评价改革的突破点，朱秋蓉老师基于杭城小学的实践案例，挖掘其对师生的教育意义。这些探索指向的是学生的实践性学习，关注学科关键能力的实践性评价（杭州市西湖区）。如何设计与实施非纸笔测试，马婷老师基于实例对表现性评价的理论与方法做了“科普”。平阳县以及平阳县鳌江小学是省内最早提出“项目化学习评价”的区域与学校，他们系统展开了围绕学科关键能力，设计学习活动与相关测评项目的实践。

2018年1月是浙江省推进小学学业评价改革的小高潮，省教研室走访了杭州与江山等地，现场观摩了多场小学低段非纸笔测评活动，并在调研报告中揭示出评价问题的焦点已深入到如何将评价融于学习活动，体现其促进学习的本质功能的事实规律。

Evaluation

第一节　快乐考试:探索多维学习目标的真实性评价

纸笔测验是学校教育中最常见的。但是对于刚从幼儿园升入小学的孩子们来说,以一张试卷来确定甚至区分孩子的学习状态,的确是一件残酷的事。在分数面前,大多数教师、家长、学生认为只有考100分的孩子才是好孩子。所以,从小学开始,学生就在考试和分数面前被区分和甄别,为100分而做许多无谓的操练,被扼杀了兴趣和特长。根据省教育厅的规定,“小学低段不得举行统考统测”“一、二年级不能组织纸笔测验”。因此,杭州、嘉兴、金华等地积极尝试基于课程标准的过程性评价,以确保学校教学质量。同时用游园式考试等形式替代阶段性的纸笔测验,以激发学生的学习兴趣,发挥个性特长,让学生在快乐的活动中完成“考试”。本文是2014年夏天关于各地小学评价改革实践的调研总结。

一、小学低段评价改革的积极探索

(一)将活动与智慧结合的“游园式考试”

期末考试的纸笔测验取消了,学生成长的脚步不能停。嘉兴南湖国际实验学校经过两年的探索,于2014年6月为一年级学生设计了“游园式考试”。具体活动项目有:“果园寻宝”“超市大赢家”“海底拾贝”“我行我秀”“小鬼当家”等。游园活动项目不仅要抽查本学期各学科的学习内容,还要结合学生的行为习惯和寄宿制学校的特点考查学生的生活独立和自理能力、同学间交往和合作能力等。

案例6.1

评价项目:果园寻宝

在校园的树枝上悬挂着本册教材550个汉字的词组,孩子们进入活动场地后,每人抽取一张写着拼音的纸条,任务是先拼读拼音,再寻找纸条上拼音对应的三个词语,最后到老师处,利用其中的一个或两个词语说一句完整的话。评分规则:找对三个词语,说话完整得五分;找对二到三个词语,说话不够完整得三分;只找对一个词语，说话不完整或没有用上抽到的词语得一分。

这个活动项目考查了语文的拼音、认字、造句等知识点，考核了学科的阅读、表达能力。同时在摘果子的过程中，孩子们都展示出在尽可能短的时间内完成任务的智慧。

（二）体现学科核心素养的“模块游考”

纸笔测验的形式取消了，评价形式变得更为丰富。金华市东苑小学一、二年级的期末学业评价改革从2012年开始。2014年，他们策划了“乐学小达人”的“模块游考”，具体涵盖了语文、数学、英语、美术、音乐、体育、生活等学科，并根据学科的特点分项设计考核模块，如语文学科分成听、说、读、写、用等方面。

案例6.2

金华东苑小学的“模块游考”

识字屋——有板有眼来认字。准备包含本册教材中要求会认的生字的文字，给没有学到过的字注上拼音，学生抽签认读其中的一段。

朗读吧——有滋有味来品读。选取本册教材中适合带感情朗读的八个课文片段，学生随机抽签决定朗读其中一篇。

阅读坊——有声有色来表述。准备好八篇适合一年级孩子阅读的短文，并在短文后面附一道客观题和一道主观题，让孩子根据提示交流自己的看法。

书写园——有模有样写汉字，抄写教材中指定的一百个会写字，学生在田字格中正确书写。

与传统考试游离于现实生活的情况不同，东苑小学的“模块游考”把生活情境与知识紧密地融合在一起，不仅让学生们的考试走进现实、走进生活，还把每一道考题、每一间活动教室都设计和布置得妙趣横生。在二年级数学的“空间馆”里，教师除了设计一些考题考查学生对八个方位的辨认能力外，还要求学生回答“你在野外迷路怎么办”这样与实际生活息息相关的问题，激发学生思考。学生的考场回答也让老师们倍感惊喜，他们有的答观察树桩的年轮，有的答观察岩石上青苔的方向，有的还提出用手表来辨识。

（三）运用流行元素构建的“实践活动”

杭州市采荷第三小学把期末考变成了阶段性“作业”，让学生们在实践活动中展示自己一学期的学习成果。比如他们将二年级下学期的实践活动设计成“舌尖上的浙江”。要求学生们实地走访超市，了解浙江美食，调查浙江美食，询问邻居及社区里的人最喜爱的浙江美食，编写综合小报。这既可以培养学生日常生活的口语交际能力，又能够测试学生数据收集和整理推理的能力。学校同时还开展了“汉字听写大赛”和“采三好声音”等实践活动。

采荷第三小学的实践活动策划，检测目标清晰，过程设计可行，做到人人参与、各有所获。

案例6.3

评价项目：“舌尖上的浙江”的检测目标

本部分检测语文二年级下研究浙江美食的综合实践能力及口语交际能力；数学二年级下数据收集和整理能力，克与千克、图形的运动（平移、对称、旋转）的知识和推理能力。

表6.1 “舌尖上的浙江”的检测目标

目标	夸家乡的特产	数据收集和整理	克与千克	图形的运动	推理能力
知识目标	认识、了解浙江美食	将调查的浙江美食按照一定的标准进行分类，并能用统计图或统计表的方式把搜集的数据结果记录下来	通过实际称重和估计，对克与千克形成初步认识	掌握图形的运动（平移、对称、旋转）	设计数据推理题并完成该题
能力目标	1. 询问邻居及社区里的人最喜爱的浙江美食，能进行日常的口语交际 2. 将本次活动的感想及研究浙江美食的体会汇编在小报中	根据统计图表的结果进行数据分析，在撰写调查感想时能从数学的角度进行思考	能正确用克和千克表示物品的质量	借助生活中的图形，通过平移、对称、旋转等运动，画出美丽的花边，感受数学美	—

（四）融目标、过程、评价于一体的“学习护照”

没有书面考试，不等于无法检测学生的学习情况。金华市婺城区宾虹小学将过程性的“学习护照”与期末的活动考核相结合。在学期初，每位学生都会拿到一本“学习护照”，“护照”上详细记载着本学期学生应该掌握的知识和技能，是一本名副其实的“学期目标书”。在学期中，学生们按照“护照”提示闯关完成学习任务。学生可以随时向相应的老师提出申请，进行考核“通关”。学习护照是载体，过程性目标管理才最重要。“学习护照”让期末不再繁忙，使宾虹小学的学业检测走得更为扎实，更加切合儿童身心发展。教师、学生、家长都用这本“护照”关注学习过程，并且用“护照”检测学习成果。

在学生完成“学习护照”的过程性通关后，学校会在学期末举行以活动为载体的“3＋X”闯关大考核，打破班级界限，学生自由组队，用半天时间完成闯关考核。每组学生完成三个必测项目和一个自由选择项目，让考试变得“有味”。

案例6.4

金华市宾虹小学的“3＋X”实践评价项目

一年级第二学期时拼图脱口秀、趣味七巧板、English show time三关属于必选关卡，疯狂小马达、劳动最快乐、文明好少年三关属于自选关卡。

表6.2 “3＋X”闯关大考核

必测项目	目标	规则	等级评定
必测1：拼图脱口秀	口语表达、创编故事与美术构图结合，语文、美术学科相融合	五人一组，在两分钟内选择两至三种贴图，在画板上摆出一幅合理的图画，并完整说两至三句话	A：构图合理，自信、流利、大声地说两至三句完整的话 B：构图基本合理，较流利地说两至三句完整的话 C：在老师的提示下完成构图，说上一至两句话
必测2：趣味七巧板	经典有趣的七巧板游戏，数学思维的训练。任意选择，自创作品	两分钟时间内，五人一组，按要求摆出图案——1.基本图形（三角形、正方形、长方形）；2.依图成形（花瓶、衣服、茶壶等）；3.自创图形（花草、狗猫等）	A：独立拼凑基本图案，依图成形图案和自创图案 B：独立拼凑基本图案，依图成形图案 C：独立拼凑基本图案
必测3：English show time	根据要求完成读英文单词、摆英文单词和唱英文歌的三重挑战，考核英语能力与歌唱能力，英语与音乐学科融合	两分钟时间内，四人一组选择自己喜欢的颜色包，包内装有各类单词卡，要求读出单词，并把单词贴到黑板上正确的类别下。合作唱一首关于动物、运动、职业或五官类的歌曲	A：正确读出英文单词和摆放英文单词，有节奏地唱英文歌 B：正确读出英文单词和摆放英文单词，流利地唱英文歌 C：在教师帮助下，正确读出英文单词和摆放英文单词，唱几句英文歌

续表

选测1：疯狂小马达	急速小游戏，乘着各自的卡丁绳，进行一分钟速度测评，冲刺小马达	七人一组，听口令一分钟跳绳急速火拼	A：一分钟急速跳绳90下 B：一分钟急速跳绳70下 C：一分钟急速跳绳50下
选测2：劳动最快乐	根据提供的工具和场景，考核劳动技能与团队协作能力	两分钟内，五人一组合作整理好地面、讲台、黑板、课桌椅等	A：分工合理，呈现整洁美观的教室 B：分工较合理，呈现整洁的教室 C：在教师的帮助下，分工明确，呈现基本整洁的教室
选测3：文明好少年	通过与考官的问好等，考量孩子与人交往的文明礼仪及必要的相关姿势	学生进入考场，主动向考官问好，敬队礼。并根据考官要求，做出相关姿势，如：写字、阅读、问好等	A：主动问好，仪态自然，姿势规范 B：主动问好，稍显害羞，姿势有不足 C：被动问好，姿势存在明显错误

（五）以点带面推行"乐考、乐评、乐学"

2011年，武义县壶山小学取消一年级书面期末考试，实施"以游园代替考试"的评价改革。游园考试深受学生喜爱，但有些家长却不放心。为了取得家长的支持，壶山小学先召开家长代表会进行调研，让家长畅所欲言，提出自己的意见。在游园考活动期间，让家长参与场景的布置、拍照等具体工作，还邀请了部分家长担任评委。活动结束后，及时举行家长论坛听取家长的反馈。这样，怀疑的声音逐渐少了，家长的赞同支持率提高了。武义县教育局在认真总结壶山小学经验的同时，逐步将期末的"快乐考试"向本县的其他小学推广。

金华市在东苑小学、宾虹小学、金华师范附小等学校成功经验的基础上，积极改进小学低段的考试与评价，在进行"快乐考试"的同时，让快乐的评价融合到学生的学习过程中，达到"快乐学习"的目的。2012年，金华市教研室召开现场会，推广"乐考、乐评、乐学"的评价方式。目前市区有三分之一的学校取消了期末纸笔测验。

二、小学低段推行"快乐考试"的价值与意义

（一）在真实的情境中考查学生综合运用知识解决问题的能力。

与以往的纸笔测验相比，"快乐考试"无论是"游园式考试""模块游考""实践活动"，还是"学习护照"，其实质都是一种实践任务评价，即在体现儿童特点的情境化的任务中，通过对学生综合运用所学的知识解决问题、完成任务过程的观察，对学

生进行学习评价(包括生活技能的学习)。它的出现可以反映出纸笔测验的局限性。不过,其更重要的意义是对学习评价方式的有益补充。

“快乐考试”体现了“综合性”。也许成年人会将孩子的学习活动分成若干个小活动,但如果“以童眼看世界”,它们可能是一件综合的事。如参与“超市大赢家”活动的孩子既要用数学来合计自己选择的商品的金额,还要用语言将自己选购这些商品的意图表述出来,并且必须基本符合生活常识。这对孩子的锻炼是相当大的,促进了孩子的学以致用与综合思考。

“快乐考试”体现了“实践性”。我们应该能感觉到我国学生在“解答习题方面”的优秀,但这不能掩盖我国学生在“解决问题方面”的不足。这是因为我们过去过于依赖纸笔测验,使学生忽略了实践学习的意义。“快乐考试”是趁着小学低段不宜以纸笔测验为主,要改变评价工具的政策间隙“挤”进来的,但这并不意味着实践性评价仅限于低段。在小学低段,“游园”是一种恰当的形式。随着学生年龄的增长,任务可能就不能太幼稚,“长作业”就是一种很好的变式。

（二）探索多维学习目标的真实性评价

在初次接触时,人们不免会被这种“寓考于玩”的评价创新所打动。但要让这类“快乐考试”真正实现学业评价的功能,必须重视评价活动或评价项目中蕴含的学习目标。否则,它可能就只是一次热闹的游戏。

在纸笔测验中,我们每一道题都有对应的检测目标,用来检验或指导学生的学习。但纸笔测验的局限是只能对能通过纸笔测验完成的学习目标进行考查,而对于听说、实验探究等学习目标,便有些捉襟见肘。

“快乐考试”“游园式考试”及其他类似的新型考试的价值,在于对多维学习目标的真实性评价的探索。它意在避免将多维学习目标的评价转化为纸笔测验可能导致的失真。尽管它产生的评价结论不能满足家长或其他人的比较心理,但小学阶段的评价没有形成精确比较的必要,因为那些迅速发展变化的孩子最需要的是鼓励、包容和等待。真实的描述比统计化的数字更重要,帮助孩子改进比横向的比较更重要。

（三）重建以过程性评价为主的学业评价体系

目前,有家长对学校不再组织期末考试表示忧虑。因为人们习惯以期末考试的成绩作为对学期学习的评定结果。有些老师认为,像“快乐考试”那样的新型考试可能是期末阶段性评价的“替代”。但我们更愿意视之为“补充”。因为,这样的评价活动的背后必然要有扎实的日常评价作为支撑。可谓是小学阶段“过程评价清晰化，阶段评价适当模糊”。如语文的拼音、识字、朗读、说话、书写等，有些内容既难以进行纸笔测验，也无法完全纳入“快乐考试”。这就需要过程性评价来“保驾”，以一些基于课程标准的、具有达标意义的、可以重复挑战的测查来保证学生的基础性学习水平。

从中小学教育评价改革的方向看，要重建以过程性评价为主的学业评价体系，扩大过程性评价在整个学业评价中的权重。如何还权于学校、还权于任课老师，不让过程性评价简单走过场，区域性的评价必须有所节制。

（四）“快乐考试”促进教学返璞归真

尽管“游园式考试”“模块游考”等创新考试的组织形式、活动内容不同，但其本质是一致的，都是从关注儿童的特点出发，让考试形式符合儿童的天性，让考试的内容回归学科的本质，让教学关注学生学科素养的形成。所以，“快乐考试”所引导的是教学观念的改变。取消了纸笔测验，依靠机械的记忆和操练方式难以获得好的评价。教师不得不思考，孩子喜欢什么？用什么样的教学方式能让孩子们“乐学”？因此，“快乐考试”不仅能对小学低段的教育教学产生积极的意义，而且还有利于遏制学前教育小学化。小学的教学与考试都把快乐还给了儿童，幼儿园还有什么理由让孩子进行不符合儿童认知规律的教学活动？

三、小学低段推广“快乐考试”的建议

（一）“快乐考试”要以过程性评价为基石

各地在探索尝试评价改革的过程中，要坚持因地制宜，策划有自己特色的评价活动，不过必须要注意阶段性评价与过程性评价的结合。目前尝试“快乐考试”的学校，都是一些教育理念比较先进，教师的执行力比较强，教学环境比较优越的学校。这类学校开展“快乐考试”，有明确的目标，有详细的策划，有扎实的日常评价机制作为支撑。只有在“过程评价清晰化”的背景下，“阶段评价适当模糊”才有可能实现。

（二）“快乐考试”要百花齐放

评价改革需要有先行者作为榜样，更需要后起者寻找符合本校特色的路子，只

有自己走出来的路,才是最好走的路,也是最能走好、走远的路。因此,区域推广“快乐考试”时,要避免项目策划和设计程式化、统一化。如果某一区域统一安排“快乐考试”,统一设计活动内容,就可能违背“快乐考试”设计和推行的初衷,使之变成一种新的应试模式。

(三)以“快乐考试”策划促进教师的成长

“快乐考试”的活动设计与策划源自教师,源自各学科的教师团队。我们不仅看到了评价方式的灵动与创新,还关注到评价的策划者对儿童特点的研究,对课程性质、课程标准和学科素养的准确把握,以及学习结果的呈现与活动的有机融合能力。因此,教师首先是儿童教育的专家,其次才是学科教育的专家。教师也从“统考、统测”评价模式下的被评价者,变成“快乐考试”中评价策划的参与者。

然而,“快乐考试”活动对策划者来说,其要求远高于纸笔测验的编制。活动的设计与策划,一是要研究儿童心理特点,从儿童喜闻乐见和有利于孩子乐学、会学的角度,选择设计评价形式;二是根据学科的特点和核心素养确定评价要点;三是综合任务设计,将不同层次的学习内容设计成与活动相关的任务,并拟定组织实施的要求;四是准确表达评价结果,思考如何评定以及评价结果的表述与运用。随着年段的升高,“快乐考试”的项目也会从简单的学科活动走向多学科综合的活动,各地要加强活动策划设计队伍的建设,通过多种途径推动教师参与评价策划,发挥教研组的功能,把个人的研究转化为教研组的集体品牌。

周彩莺(浙江省教育厅教研室)

第二节　小学低段非纸笔测评的丰富实践与辩证思考

如果说2006年出现的小学低段游园考试还是新生事物,令人眼前一亮,引来众多学校竞相学习的话,当前小学低段非纸笔测评已成星火燎原之势,覆盖了全省多数地区。虽然有些学校还处于形式模仿水平,但全省已有许多学校能准确把握改革的实质,并有所发展地实践着。2018年1月,我们走访观摩了数所小学低段非纸笔测评活动。综观之,这些评价改革实践形式丰富、精彩纷呈。

一、当前小学非纸笔测评的主要特点

(一) 关注幼小衔接,激发学生兴趣

调研发现,各小学低段往往以情境化游园式为主,这符合小学生的身心发展特点,关注幼小衔接,更能激发学生兴趣。小学低段学生处在从以直观形象思维为主向抽象思维发展的关键时期,处在从以游戏为主的学习转向规范课堂学习的过渡阶段。不同年龄段学生的身心发展也呈现出一定的层次性,因此教师在设计项目的过程中,切合不同年龄段小学生的心理发展特点,为学生设计差异化的非纸笔测试项目。如低年级的测试项目以游戏为主,中高年级的测试项目以动手操作、语言表达等内容为主,这样学生就能够通过不同层次的测试,循序渐进地提高综合素养。

(二) 尊重课程性质,体现学科特点

不同课程有不同的培养目标和素养,各校充分研究各课程的性质,体现学科特点。如语文突出口语交际,数学强调实际应用,科学强调动手实验,音乐侧重考查韵律节奏和歌唱水准,体育强调协调性、速度和力量,美术侧重动手操作。非纸笔测试打破了传统试卷测试的规范性和统一性,测试中的不确定因素增加,在实践操作中,教师如果不能对学科特点和教学评价标准进行全面把握,就很容易陷入形式化教学的误区,进而影响非纸笔测试的效果。各学校安排了多个活动场地,以更好地体现学科特点。

（三）重视综合素质，规范课程实施

纸笔测验受限于考试形式，无法全面体现学生的综合能力，例如语文试卷很难考出学生的口语交际水平，科学试卷也无法测量学生在动手实验时解决问题的能力，所以每个课程都要求教师在教学时基于课程标准教学，不能忽略纸笔测验无法考查的元素，规范课程的实施。比较欣喜的是，各校都能够重视综合素质的培养，把非纸笔测评的重点放在纸笔考试难以企及的地方。

（四）认同多元智能，培养学生特长

在纸笔测试中，教师更多的是从学生知识掌握的角度对其进行单一智能评价。而在非纸笔测试设计中，教师重视多元智能在学生个性发展中的意义，结合具体的教学内容拓展学生个性化的发展空间，让学生在测试中也能够实现逻辑思维、空间想象思维、动手实践能力等多方面的发展。多元化的评价形式是促进小学生多元智能发展的关键。

（五）创设真实情境，强调表现评价

真实和模拟真实的环境是培养学生解决问题能力的实践场所，是培养学生创新精神的重要阵地。采用以“情境任务解决”为载体的游园式考试，将学生评价体现在学生感兴趣的真实情景中，渗透在游戏式的活动中，融进情境任务的完成中。由于解决实际问题需要运用多种能力，纸笔测验无法全面测量，必须观察学生在活动过程中的表现才能正确判断。鉴于此，情境化的评价任务一方面通过解决真实生活情境下的真实任务，促使学生自觉、主动地调用所学的知识、技能，另一方面也帮助学生认识和解决现实生活中的问题。各校均创设真实或模拟真实的环境考查学生的表现，有些学校还参照课程标准研制了三级评价语。制作表现性评价的量规已进入教师们的视线，各校正在进一步思考和研发。

（六）信息技术助力，过程评价便捷

往年，在朗读、特长展示等实践测评活动中，由于测试教师少、学生多，所以费时费力。目前，信息技术的应用，不仅使评价活动增强了趣味性，而且提高了测评的速度，还能即时产生评价结果。学生能快速了解自己的优势、劣势，教师也能一目了然地掌握全班情况。如杭州求知小学在语文和英语听读说测评中借助智慧教育平台，根据拼音、单词、短文阅读等不同模块，自动生成朗读录音。学生点读自动匹配，

测评后形成的智能分数可以转化为大拇指、笑脸、爱心等等级符号。家长端、教师端、学生端都有账号密码进入，教师端可以看到每位学生的测评情况，家长也可以看到自己孩子的测试结果。对于学习相对薄弱的学生，可以多次测评，直到学生达到满意的分数，智能系统自动记录最高分值。在杭州市长寿桥小学的测评活动中，教师只需用自己手里的移动终端扫一下学生的二维码就能进入该学生的评价界面，在移动终端上即时评分，同时可以在后台预设的评价语上进行个性化的修改。

（七）家校牵手协作，沟通保障效果

各所小学都用心构建家校协作体系来保障非纸笔测评的正常开展。家长是推进非纸笔测评的中坚力量，学校在实施非纸笔测评之前，通过家长微信群等形式向家长做广泛的宣传，争取家长的支持。并聘请有专长的家长担任期末“非纸笔测评”的评委，聘请部分家长参与组织引导工作，亲临现场感受体验。学校及时主动地与媒体沟通，使媒体成为支持改革的又一股重要力量。

（八）强调以校为本，促进个性发展

小学评价改革的重要特点是强调以校为本的实践。这不是省里规定怎么做，各学校就依葫芦画瓢的过程，而是我们向学校提供中肯建议，展示有效方法论，由学校结合校情主导开展评价改革的实践。从各所学校开展的期末测评来看，这些学校围绕同一个方向，开展各不相同的探索，而各不相同的探索里又有一些共同的特征。如杭州市学军小学践行基于儿童文化的个性化教育，着力构建促进教师发展与学生成长的学业评价体系，推行基于多元激励的个性化评价和基于成长需要的群体性评价，倡导“全面合格、鼓励优秀”，适时开发学生向上的力量，更好地满足每个学生的个性化成长需求。江山市恒泰学校以学生成长积分制为评价机制，制定《学分指导手册》，多维度描述小学生各方面发展状况及进步程度，完善学生综合素质报告单，深化学生个性发展的综合评价。

二、关于小学低段非纸笔测评的辩证思考

由于高考指挥棒的强势影响，小学学业评价一直也依赖纸笔测试，但确实有不少领域或维度的素质是无法通过纸笔测试来有效评价的。所以随着素质教育理念的深入人心，小学低段非纸笔测评呈“燎原之势”是一个水到渠成的过程。但一线老师也很清楚，纸笔测评仍然是测试知识、技能、方法的最有效、最经济也最易操作的

方法，非纸笔测评只是纸笔测试方式的重要补充手段。出于这样朴素的理性思考，我们应该深入考虑、认真研究纸笔测试与非纸笔测评的优势与劣势，合理定位，辩证处理。总的来说，应关注以下五个方面：

（一）核心学科与整合元素的协同探索

非纸笔测评往往是一项实践任务。有的是单项的技能评价，有的是综合任务评价。操作中要注意关注几个核心学科之间的连接点，处理好不同测评元素的自然整合与适时转换，彼此协同，达到共同探索的目的。如在杭州市长寿桥小学二年级的期末测评中，有两个考场叫作西湖厅和运河厅，用以考查“语文＋艺术”学科的相关素养。学生到达考场后，可以选择一篇短文，小组合作完成任务。这些短文都是教师根据二年级上册二会字和四会字编写的，这些文章介绍了西湖的某一个景点，或者运河的某个特点。每篇短文含“我爱阅读”“小讨论”“工作坊”三项任务共四个测评点。“我爱阅读”指向识字、理解感悟朗读和表达的能力，“小讨论”指向提取概括信息的能力、表达合作的能力，“工作坊”指向美术造型表现能力或音乐表现力。第四个测评点是隐性的，测评收拾整理工具的能力。它以考查语文阅读为主，包括朗读、查字典（识字）、回答问题（提取信息及阅读理解）、小组合作，还包括画画或者唱歌，考查的是综合学科素养及多项技能水平。

（二）合格评价与优秀评价相得益彰

在学校的教育评价中，让每一位学生合格，是学校的责任。学校要抓住底线，强调孩子必须达到的一些要求，确保最弱的孩子在这个过程中也能得到一种激励。

对于低段学生的评价，要让那些能力较弱的孩子也能够通过努力达到标准，这是我们的目的。但是对于优秀的孩子呢？他们的学习机会在哪里？杭州市学军小学的免考制度是一种很好的做法，浙江有不少学校都有对优秀学生的奖励制度，让有把握处于前20%的学生，不用参加平常的考试。杭州崇文实验学校的做法是让这部分学生在其他学生复习迎考时，去做小课题，去参加综合实践活动，让他们在更有挑战性的学习中得到锻炼与提高。江山市恒泰学校采用学生成长积分制来评价学生，积分采用基础分＋奖励分的形式，基础性学分总分为100分，针对超额完成学习任务的同学，另外设立奖励性学分，且奖励性学分上不封顶。孩子们的优秀程度各不相同，但是合格底线必须坚守得固若金汤。

这是教育理念的升华，更是教育责任的坚守。

(三)对认知能力与社会性发展的共同关注

过去,学校主要关注学生认知能力的发展;现在,越来越多的学校开始关注孩子的社会性发展。如杭州市学军小学在小组合作扫地的任务中,让教师观察四名学生怎么分工、怎么沟通、怎么顺利迅速地完成任务,既看学生的生活自理能力,又看学生的人际沟通能力。杭州市长寿桥小学的体育项目,除了考查运动技能,运动动作的正确性、连贯性,身体的协调性,还要考查学生的体育综合素养。它是隐性的测评,包括测评学生是否穿着运动服装、认真听讲解、认真看示范,是否有安全意识,是否尊重他人安全,是否以积极的态度参与测试,测试过程是否遵守纪律与规则。关注学生的态度,关注学生是否遵守规则等都是关注学生社会性发展的体现。

还有一个现象也令人欣喜,就是评价活动中"小老师"的表现。现在很多学校期末测评中都邀请本校高年级学生来担当"小老师",学生表现得也很好。其实这种赋予学生"小老师"身份的做法,于学生而言,也是一个非常重要的学习锻炼机会。

(四)阶段性测试与过程性测评的有机结合

非纸笔测评的"游园考试"相当于期末的诊断性评价。但评价仅靠一次游园就够了吗?我们需要将具有积累意义的学习过程评价与具有诊断意义的阶段评价相结合。有些学校已经开始对学生学习生活过程的记录与评价进行探索,如九莲小学利用智能系统将学生学习过程中的良好表现记录下来,将学习过程中达标性的测试保留下来。大关小学将测评活动从原先的阶段性、集中测评逐步分散到日常学习之中,使之成为常态化的过程性评价。如将测评工作与平时的课堂教学、作业评价相结合,适当分散教学任务,减轻教师的工作量,且师生在日常教学中就能完成这些工作。这样也解决了集中测评时间仓促、现场测评工作人员忙不过来等问题,为多学科综合评价提供了更大的整合和拓展的时空。总之,阶段性测试与过程性测评的有机结合离不开信息技术的帮助,离不开综合评价手段的运用,当然也离不开纸笔测试与非纸笔测评的分工配合。

(五)测评的系统管理与细节的精心实施

在推行无纸笔测试的过程中,也有一些学校对非纸笔测评的认识有偏差,过于强调娱乐化和快乐化,以为让学生玩一玩就是考试了,随意设计几个项目,学生完成规定的活动,老师简单做个评价,就宣称测评结束了。这样的活动的评价任务有效性差,内容浅易,形式单调,挑战性不强……无法真正测评到需要测评的学生素质元素。一项好的“快乐考试”一定是精心设计的，如同纸笔测试一样，它也需要有命题蓝图，包括考查的知识点、评价标准、实施建议等。同时还要考虑各项活动之间的关系，不能只是快餐店里的一道道菜，而应该是一桌精心打造的满汉全席，需要有顶层设计和通盘考虑，变零散组织为系统管理。当然也鼓励学校将测评活动与学校管理及平时的课堂教学相结合，以达到“教—学—评”的一致性。

总之，学校的行动研究与深入实践值得肯定，一线的点点成果令人欣喜。虽然在推进小学评价改革过程中我们还有一些困难需要克服，还有一些问题仍需思考，但只要我们正视纸笔测试与非纸笔测评的特点，扬长避短，辩证处理好两者之间的关系，我们的评价改革必将开出绚丽之花。

三、研究与推广非纸笔测评的建议

（一）校本化是前提

细看低年级期末考试变脸的新闻，尽管标题不同，如“以游代考受热捧”“期末考变闯关游戏”“期末考变快乐游园”等，但内容大同小异。不少学校简单照搬照抄。但由于各校条件不同，有些项目在试点学校能实施，在其他学校不一定能实施。

（二）信息化是关键

非纸笔测评之所以难以在面上推开，其中一个很重要的原因就是操作烦琐，工作量大。如何删繁就简？基于大数据的信息化处理可能是解决此困境的唯一法宝。

（三）标准化是难点

表现性评价的量规设计是一个一直困扰着学校的难题，应成为教研部门和教师研究的重点。教师要结合年段要求和教材规定，制定简便易行的操作方案和评价标准，变轰轰烈烈的“热闹”为真实全面的“门道”，探索出真正尊重孩子特点的多元、分项、分散、激励的发展性评价模式。

（四）过程化是手段

终结性评价与过程性评价的最大区别是测评过程化，过程化意味着动态、即时、多元考查、综合评判。这是重要手段。

（五）无纸化是补充

非纸笔测评不能完全代替纸笔测验。纸笔测验具有考查信息量大、知识覆盖面广、效率高、操作简单的优点，是非纸笔测评无法替代的，因此我们不可不切实际地把非纸笔测评当作灵丹妙药取代纸笔测验，它是一种补充和协同。要思考怎样的搭配能全面考查学生的综合素养，同时又能把学生最核心的素养给凸显出来，为后续学习奠定基础。只有配合好，各自发挥优势，方可达到最佳效果。

（六）情境化是方向

纸笔测验的缺点是纸上谈兵，而非纸笔测评的优势是真实或模拟真实的情境，一个理想的值得推敲的非纸笔测评项目必然是情境化的，这是命题发展的方向。

（七）学科化是主流

有些学校往往把非纸笔测评当成一次综合实践活动，我们不否认两者有相近的元素，但若把非纸笔测评仅仅当成综合实践活动，就容易忽视学科内纸笔测验难以评判的能力因素，这势必会引起国家课程设计体系中某一环节的缺损。所以学科化成主流是有其合理性的。

（八）常态化才永恒

有些学校把搞非纸笔测评当成素质教育的标签来点缀，这样不但没有发挥非纸笔测评的功能，反而增加了师生的负担。因此，如何把非纸笔测评作业化、常态化？我们要探索从期末非纸笔测评过渡到日常过程性评价、阶段性评价、期末质量评估三个模块的实施路径，才能实现减负提质与知识落实的双赢。

总之，探索尊重儿童特点的小学低段学业评价改革，不仅要重视结果，更要重视过程，明确促进学生发展的改进要点。只有不断对学生的学习评价进行探索，不断适应于服务当前教学改革，有所进步，有所完善，才能形成真实全面的评价体系。非纸笔测评要真正发挥它“减负提质”的作用，还有很长的路要走。

小学评价改革貌似“变革”，实是“坚守”。它表面上是一次变革行动，反对简单化的做法，采用一些较为复杂的评价方法。但这其实是一种坚守，这是尊重低段孩子的特征，坚守全面育人的教育价值的实践。

沈启正　马　婷（浙江省教育厅教研室）

第三节　基于学科核心能力构建分项评价体系

“评什么?怎样评?”这关系到一个学校的评价导向,直接影响日常的教学方式和学习方式,以及素质教育的实施进程。学校秉持“激励学生的学、改进教师的教、改善家庭教育”的基本思路,以国家课程标准为基本依据,以促进学生发展为目标,开始新一轮学业评价改革的探索。

2013年9月,学校在一年级启动学业评价机制的改革,以“游园活动”取代期末考试,尝试过程性评价。一年级的学业评价改革,勾勒出学校学业评价改革的第一笔。2014年9月,学校进一步完善低段游园活动及过程性评价,同时推动英语、科学的学业评价,以“板块式评价”取代期末考试,实施过程性评价。2015年2月起,全校所有学科、所有年级进行分项学业评价改革。三年来,学校分阶段稳步推进评价改革,边实践边反思,边反思边修正,主要经历了“从一卷评价到分项评价”“从重终结性评价到重过程性评价”“从重结果呈现到重结果应用”三个阶段。各学科初步构建了基于学科核心能力的小学生分项学业评价体系,积累了一定的实践经验和推进策略。

一、强化学业评价的顶层设计

顶层设计是学校对学业评价改革方向和目标的把握,在改革推进中至关重要。南湖国际学校的学业评价包括两种方式:过程性评价与阶段性评价。过程性评价主要以事实的方式将学生学习过程中的表现记录下来,依据累积起来的数据、现象或作品对学生的学习情况做出分项评价。阶段性评价是指在某一个时间点对学生某一项能力进行专门的检测。根据组织者及结果应用功能的不同侧重,阶段性评价又可分为两类:一是由年级备课组牵头,由班级任课教师自主负责实施的针对个体学生学业水平的检测,结果应用侧重于激励学生的学,一般可进行多次评价。二是由课程部牵头,由学科组负责实施的针对该年级学生某项能力整体状况的检测,结果应用侧重于改进教师的教。学科不同,年级不同,评价方式的选择侧重不同。顶层设计就要对评价体系做好规划,搭好框架。

（一）简化终结性评价

传统评价方式中，终结性评价被视为学业评价的关键。不仅语文、数学、英语学科要考试，就连美术、音乐、体育等学科也要考查。教师要在学期结束之时组织一次期末考试，测评学生一个学期的成绩，登记在学生《评价手册》的“期末成绩”一栏中。

本次学业评价改革的首要任务就是简化终结性评价，部分学科取消终结性评价。根据省教育厅有关文件精神和我校实际情况，最终确定四、五、六年级语文和数学学科可以组织期末分项考试，其他学科一律取消期末阶段的考试。

（二）搭建过程性评价的框架

渗透于学习过程中的过程性评价才是学业评价的关键，是体现教师促进学生有效学习的智慧所在。反思2013年的一年级过程性评价指标体系，明显感觉到指标比较粗线条，科学性不够，与课程标准的核心能力关联不紧密。为了构建更为科学的评价体系，从第二年开始，学校从“为什么评”这个起点重新出发，根据评价目标思考评价内容，不同的评价项目选择不同的评价方法，通过评价结果的反馈与应用实现评价目标。各要素之间的关系如图6.2所示。

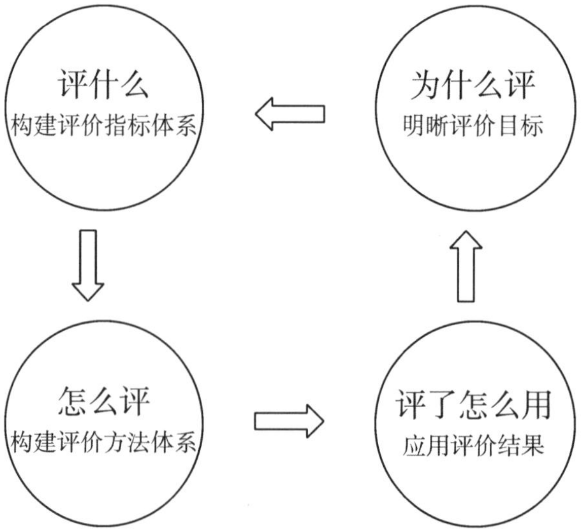

图6.2　评价体系各要素关系示意图

经过理性思考，学校搭建了学科过程性评价框架（见下页表6.3）供学科组参考。

表6.3　学科过程性评价框架

评价内容	评价指标	评价方法（主体、方式、时机）	评价细则	评价结果反馈与应用

每个学科组可按照评价框架的要求，根据学科特点确定评价内容，并制定本学科具体的过程性评价方案，也可根据实际需要对评价框架进行微调。

（三）落实过程性记载表

评价方案明确了各学科的学业评价内容、具体指标以及操作的策略。在实践之初，教师人手一本记录册，随时记录学生学习过程中的表现与评价。其优点是教师记录方便，缺点是学生无法及时了解自己的学业表现。因此，在全校铺开时，学校要求各学科根据评价方案，设计过程性记载表，发挥学生主体作用，师生共同参与过程性的记录。每年学期结束时，学科组进行信息和资料的收集、整理，根据实际情况进行修正和微调。

（四）规划学科推进模式和进程

学科特点不同，学业评价方式也有所不同。各学科如何把握评价的尺度，设计评价的方式?学校在顶层设计时就明确了不同学科的推进模式和进程可有所不同。

首先，各科均要重视过程性评价，对学生在学习过程中的行为表现与学习结果分项做好事实性记录。通过过程性评价，既关注学生学科的专业学习，又重视学习习惯的养成。如在语数作业本的第一页粘上一份作业情况记录表，统计每一次作业的正确率及书写情况（以五角星数来登记），学期累计得星数作为学生学习能力与态度的评价依据之一。音乐、体育、美术、科学等学科主要依据过程性记录对学生的学业做出分项评定。

其次，对于语文、数学、英语这些偏重知识学习的学科，要求教师既要做好过程性评价，又要做好阶段性评价，以考查学生的知识掌握水平与能力发展水平。在学期初，由学科组确定阶段性评价的时间、频次与组织方式，研讨评价的内容。过程性评价实施者一般为班级任课教师，依据学生的测试结果与个人意愿，定时分项开展，可进行多次评价，也可免试。其中，每学期有一至两次阶段性评价由课程部主持、教研组策划实施，以了解该年级学生某一项能力水平的发展状况，如四年级学生的阅读能力发展水平检测。课程部主持的阶段性评价对测试的内容与方式有更加细致的前期规划，实施过程相对更加严谨，尤其重视对年级测试结果数据的分析，寻找现象背后的原因，商讨教学改进策略，确定一些教学研究点并持续跟进。语文、数学、英语学科教师依据过程性评价与阶段性评价结果，对每一个学生的学科学习状况做出分项评定，并撰写学科诊断性评语。

（五）设计评价主题教研活动

通过评价改进教师的教，促进学生的学，是本次学业评价研究的重要目标。学业评价形式的改变，对教师的教学理解和行为会产生影响，有助于教师更好地把握重难点，更加重视学生学习过程中的学习状态和习得情况。为了进一步扩大这种影响，学校在顶层设计时要求各学科组致力于“以评价改进教师的教”的研究，利用好评价结果和数据，确定本学科评价主题研究的切入点，组织教师深入思考，通过专题学习、行动研究等方式，带动研究的深入和持续开展，逐步提高课堂效率。例如，“科学探究能力”是科学评价的一项重要指标，为了更准确地评价和促进学生探究能力的发展，科学组对各年级教材中重点的探究活动进行了研读和重新开发，以“科学主题实践活动”为研究重点，设计展开了系列研究活动。

二、构建各学科评价体系

根据学业评价框架，在总结一年级学业评价机制成果及科学、英语学业评价经验的基础上，学校组织各学科组认真学习，反复研讨，从课程标准出发，厘清本学科核心能力，制定评价指标和方法体系，构建各学科学业评价体系。

（一）确定学业评价项目

各学科的核心能力的界定起先并不清晰。学校组织教师认真研读学科课程标准，分析课程内容和基本要求，进而确定学科的主干知识和核心能力，制定分项评价项目内容。

《义务教育语文课程标准》(2011年版)在课程目标和内容中，从识字与写字、阅读、习作、口语交际四个方面提出要求。据此，语文学科确定识字与写字能力、阅读能力、写作能力、口语交际能力为评价的一级指标。数学学科结合课程内容，确定运算能力、空间想象能力、解决问题能力为评价项目。学科核心能力及评价项目的确定，是一种渐进的、动态的，反复琢磨和不断改进的过程。

（二）构建评价指标

评价指标体系是学科核心能力发展在不同年级、不同学期要求的具体化体现。它建立在对学科课程标准和教材的深入分析以及对本校学生实际情况充分调研的基础之上。评价指标体系不仅指向学生的学习结果还指向学生在学习过程中的发展和变化。评价指标体系让实践者知道要评价什么，同时也划定了定性或定量评价不同水平的标准。

指标体系分三级：一级指标为分项评价项目；二级指标为本学期重点评价内容；三级指标为具体评价栏目与不同水平层次的表现标准。表6.4为美术学科评价指标的一部分。

表6.4 美术学科“造型·表现”领域第二学段的评价指标

<table>
<tr><th>目标</th><th>评价要点</th><th colspan="3">核心要素分列</th></tr>
<tr><td rowspan="10">初步认识线条、形状、色彩与肌理等造型元素，学习使用各种工具，体验不同媒介材料的效果，通过观察、绘画、制作等方法表现所见所闻、所感所想，激发丰富的想象，唤起创造的欲望</td><td rowspan="10">1. 对造型表现活动有比较浓厚的兴趣，并表现出想象力和创造力
2. 在绘画作品中表现自己所观察到的事物的特征和感受
3. 运用三种以上方法创作表达一定意图的立体作品
4. 认识和运用原色、间色和冷暖色</td><td rowspan="5">三年级</td><td>造型</td><td>抓住物体特征，能用线条、拓印，完成造型表现，物体特征明显</td></tr>
<tr><td>构图</td><td>主次分明，会运用大、小的对比关系处理画面</td></tr>
<tr><td>色彩</td><td>学会冷暖色的搭配</td></tr>
<tr><td>创意</td><td>能用点、线、面、色彩丰富画面</td></tr>
<tr><td>整体</td><td>在绘画中，能有远近关系，合理运用色彩，画面干净、整洁</td></tr>
<tr><td rowspan="5">四年级</td><td>造型</td><td>用水墨工具表现水墨的蔬果、动物造型，用线描的表现方法表现生活中物体的特征，用泥塑的方法表现各种物体</td></tr>
<tr><td>构图</td><td>注意画面构图的饱满性和物体之间的前后遮挡关系</td></tr>
<tr><td>色彩</td><td>学习冷暖色的基本知识及合理运用冷暖色表现风景</td></tr>
<tr><td>创意</td><td>根据主题，借用绘画工具和材料，表现个人创作意图</td></tr>
<tr><td>整体</td><td>基本组成部分表达充分，画面完整</td></tr>
</table>

（三）构建评价方法体系

评什么很重要，如何评同样很重要。学校坚持评价主体的多元化，建立以教师评价为主，教师、学生、家长共同参与的评价制度。让自评与他评相结合，努力做到"使评价成为学生自己的事"。坚持评价手段的多样性，将纸笔测试、典型任务测试、课堂观察和作业记录相结合；坚持评价实施的全程性，既有过程性记录评，又有分项中期评、总评，逐步形成更多具有校本特色、学科特征的评价方法。表6.5为科学学科的分项评价方法。

表6.5　科学学科分项评价方法

评价内容	分级项目	评价方法		
		评价主体	评价方式	评价时机
科学知识理解和运用能力	科学知识理解能力	师评	作业本	平时
	科学知识运用能力		纸笔测试	期中
科学实验操作能力	实验操作能力	师评	现场操作/检测记录单	平时（学期中后期）
科学探究能力	问题提出能力	自评＋互评＋家长评＋师评	实践方案记录单/评价量表/相关辅助材料（可装订成册展示）	平时

（四）建立评价结果应用机制

采用分项评价，教师对学生学习的分析更具体，学习建议更有操作性。所以要重视评价结果的呈现与利用，以更好地发挥评价的激励作用。学校要求教师对于学生的评价兼顾定性评价与定量评价，通过语言描述、成果展示等方式让学生与家长获得更感性与丰富的关于学习过程与结果的反馈，激发、调动学生学习的积极性，使之获取不断发展和前进的动力。评价的数据来源于学生，评价的最终目的也是为了服务"学生的学"。评价结果可以直接作用于"学生的学"；也可以通过教师的自我反思与教学改进，进一步影响"学生的学"；还可以通过对家庭教育的影响，再间接作用于"学生的学"。具体关系如下页图6.3所示。

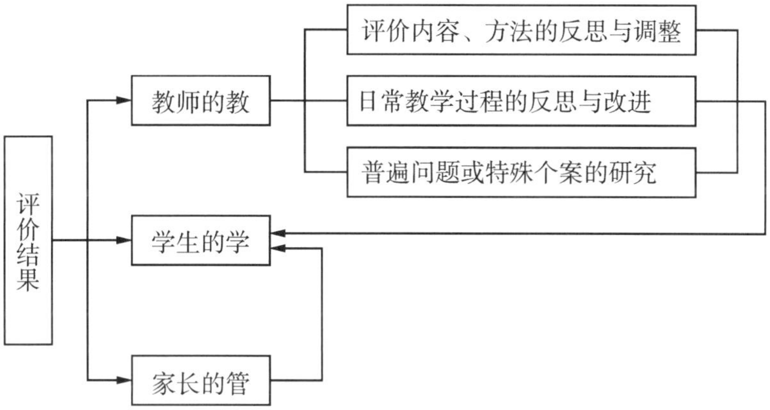

图6.3 评价结果的应用机制

评价结果的应用包括诊断解读、反馈指导、问题研究。教师要对照评价的指标体系,综合考虑评价发生时的主客观条件,采用个体纵向比较的方式对学生的学业情况做出诊断,并进行有针对性的反馈和指导。如英语学科,教师会在《我的英语评价手册》上写出给学生的学习诊断和建议。

除针对学生个体的诊断和指导外,学校还要求教师通过评价对自己的教学行为进行分析与反思。在学业评价全面铺开进入第二个阶段时,要求学科组和骨干教师对评价中发现的普遍性问题或特殊个案进一步关注、提炼、研究,确定研究点,开展教学改进行动。如"思维能力"是数学学科评价的项目之一,数学组将研究点定为"以数学语言为媒介,促进学生数学思维能力的发展",展开两个方面的研究:以书面语言为媒介,促进学生数学思维能力发展;以口头语言为媒介,促进学生数学思维能力发展。通过此项目的研究,教师对本年级学生在数学思维能力发展上的要点,以及引导学生借助语言来外化自己思维过程的路径更加清晰。基于评价结果的项目研究,帮助教师找到了日常工作与专业成长的结合点,实现了评价对教学的促进功能。

三、分项学业评价的成效

(一)减轻了学生过重的结构性负担

传统评价重在期末终结评价,语、数、英等科目都要进行期末考试,技能学科也需要完成期末考查。期末阶段,学生的学习负担和压力明显加重。本次学业评价改革简化了终结性评价,除了四、五、六年级语文和数学学科组织期末考试,其他学科的评价都在过程中完成，有效减轻了学生过重的结构性负担，缓解了人为的集中性的学习压力。

（二）让学生在学习过程中感受到具体的激励

评价方案明确了各学科的学业评价内容、具体指标以及操作策略。各学科根据评价方案，制定分项评价表，师生与家长共同参与评价的全过程。每个学科根据评价的具体内容，进一步设计过程性评价记录表，随时记录学生的日常学习情况，并将《学生日常学业评价表》作为学期成绩报告单的附件，真实反映学生学习过程中的学习状态和学业水平。对分项评价成绩不满意的学生有申请二次评价的机会。学业评价更为全面、完善，真实反映学生学习的全过程，且充分发挥了评价的激励作用。

（三）驱动教师的深入研究与教学改进

在构建评价体系的过程中，教师熟读课程改革纲要、课程标准、教学用书和参考书，对教学目标和能力的把握更为准确。在推进评价的过程中，教师的教育观念逐渐发生了改变，从关注结果到关注过程，从关注整体到关注个体，从关注学生的学业整体表现到关注学生的分项学业素养。在过程性评价中，教师需要定期定时记录各项数据，及时发现个体差异，进行调整和跟进。各学科组在组织评价研究活动时，通过年级组数据比对和个体样本比较，挖掘教师的教学优点，发现共性和个性问题，进行针对性的研究活动，改进教师的教学。如语文中段组针对学生习作能力的评价指标，以“习作素材单”为研究点，组织教师设计素材单，上研究课，带动了习作教学的研究。

评价改革是一项复杂的系统工程，是深化课程改革的重要任务。基于学科核心能力的分项评价正如我们所期待的那样，发挥着“激励学生的学、改进教师的教、改善家庭教育”的作用。

王建良（嘉兴南湖国际实验学校）

第四节　区域推进学科分项等级评价改革的实践

2017年9月，浙江省小学生综合评价改革试点工作启动。浙江省教育厅确定杭州市上城区、杭州市西湖区、宁波市海曙区、温州市平阳县、东阳市、江山市和温岭市为试点地区，区域推进以“校内评价改革”为突破点的小学生综合评价改革。其重点是指导学校建立重在过程表现、促进有效学习的学生综合评价机制，推行基于课程标准、体现学生发展核心素养的分项等级评价。

之所以在小学阶段推行学科分项等级评价，一是因为学生的差异客观存在，学校教育要为学生提供多元发展的机会，而多元发展呼唤多元评价；二是强调学科分项，有利于更好地发现学生学习中的长处和短板，发挥评价的诊断功能，采取针对性的教育教学改进措施；三是强调等级评价，有利于淡化百分制评价的精准排序，营造相对良好的学习生态，更好地促进学生全面而有个性的发展。

一、基于课程标准确定分项等级体系

在浙江省各学科教研员的带领下，由试点区教研员等组成的研究小组对各学科课程标准进行认真的解读和解构，确定了学业评价的学科分项和等级参考标准体系，力图在学科课程标准的基础上形成初步的质量参考标准。

（一）学科学业评价的分项体系

小学语文分为识字与写字、阅读、习作（写话）、口语交际和综合性学习五个评价分项，将语文学习的兴趣与习惯，方法与策略，情感、态度与价值观等融入五个分项之中。

小学数学分为学习的态度与习惯、学业水平表现两个大类。前者分为日常表现和作业两个分项，后者按数学课程标准的四大内容领域分为数与代数、图形与几何、统计与概率、综合与实践四个分项。日常表现主要通过课堂观察结合学生的听讲、发言、思考、合作、求助等方面做出评价。作业包括基础性作业和拓展性作业。前者可以根据平时作业的书写、及时完成和及时订正情况、正确率等方面做出评价。

后者可以通过“挑战思考性强的作业”“尝试做小调查、小课题、长作业”“主动学习有关数学的课外内容”等方面做出评价。

小学英语分为态度习惯和语言能力两部分。其中语言能力又分为听力、口语、阅读、书写、唱演五个分项，将学生在语言学习中所表现出来的兴趣态度、习惯方法、文化意识及思维品质等学科素养融入分项评价。

小学科学从理解与应用、思维与实践以及态度与习惯三个维度进行分项评价。除态度与习惯外，均要综合平时与期末表现做出综合评价。理解与应用分项，平时可从作业质量、单元评估和课堂表现三个角度评价。思维与实践分项，平时可以从课堂表现、课外表现两个角度评价。

（二）等级评价的参考标准

根据各年级学生应有的学业水平和具体学习情况，各分项分别设定A、B、C、D四个水平，分别对应优秀、良好、合格、暂缓评价四个评价等级，并给出A、B、C三个水平的参考标准。

评价的参考标准须根据各学科或领域的特点设定。如表6.6为按年段给出的态度与习惯的评价标准；下页表6.7为小学语文学科分年级将学业水平和学习态度与习惯的评价融合在一起的评价参考标准；下页表6.8为小学数学学科按年级、单元、课时知识点给出的细化的评价参考标准。

表6.6　态度与习惯的评价参考标准

评价内容	年段 等级	低段	中段	高段
倾听合作	合格	能听清合作要求，能认真听每位同学的发言	能听清合作要求，能认真听每位同学的发言	能听清合作要求，能认真听每位同学的发言
	良好	认真倾听，能对同学的发言表示赞成或发表不同的意见	完成小组分配的任务，能对同学的发言表示赞成或发表不同的意见	完成小组分配的任务，能对同学的发言表示赞成或发表不同的意见
	优秀	认真倾听，能对同学的发言表示赞成或发表不同的意见，能代表小组发言	能组织小组讨论，记录要点，对同学的发言表示赞成或发表不同的意见，能总结汇报	能组织小组讨论，记录要点，对同学的发言表示赞成或有理有据地发表不同的意见，能评价质疑，能总结综述
愿意求助	合格	遇到困难愿意向同伴和老师请教		
	良好	遇到困难会主动向同伴、老师请教，或通过其他渠道解决问题		
	优秀	遇到困难会主动向同伴、老师请教，或通过其他渠道解决问题，并能帮助有需要的同学		

表6.7　小学语文四年级识字与写字的评价参考标准

评价等级 评价内容	A水平	B水平	C水平
识字兴趣与习惯	对学习汉字有浓厚的兴趣，能主动识字	对学习汉字有兴趣，能主动识字	能学习汉字，但兴趣不浓，不够主动
字词积累与运用	1. 认识汉字2500个左右，能正确书写、理解意思和熟练运用其中的1600个左右 2. 能读写、理解和运用“读读写写”中的419个汉字，能认读“读读记记”中的390个汉字，并能理解部分常用词语的意思 3.主动在具体的语言环境中运用学会的词语	累计认识汉字2500个左右，能正确书写其中的1600个左右	累计认识汉字接近2500个，会写其中的将近1600个
识字方法与能力	具有独立识字的能力。会运用音序检字法和部首检字法查字典、词典	有初步的独立识字的能力。会运用音序检字法和部首检字法查字典、词典	会运用音序检字法和部首检字法查字典、词典

表6.8　小学数学三年级上册第一单元具体知识点的评价参考标准

单元	教学内容（目标）	合格	良好	优秀
第一单元 花果山上学数学	能计算一位数乘两位数和三位数	掌握一位数乘两位数和三位数的计算方法，形成运算技能，正确率∈(80%，90%)	理解一位数乘两位数和三位数的算理，掌握一位数乘两位数和三位数的计算方法，形成熟练的运算技能，正确率∈(90%，95%)	理解一位数乘两位数和三位数的算理，掌握一位数乘两位数和三位数的计算方法，能迅速灵活地运算，形成熟练运算技能，正确率∈(95%，100%)
	能理解加法、乘法交换律和结合律	能借助图或提示，根据课本中的定义来解释交换律和结合律	能根据课本中的定义，结合具体的情境解释交换律和结合律，以及简单说明其推理过程	能根据课本中的定义，用多样化表征解释交换律和结合律，并能比较详细地阐述其推理过程

二、分项等级评价的技术与工具

为推进学科分项等级评价的落实，我们组织研制了与评价目标相适应的各学科分项等级评价操作手册。具体路径有三个方面：

（一）规范过程评价的日常行为

梳理教师已在进行的日常评价行为，可以为评价提供最基本的技术和工具。如教师通常会对学生的日常作业情况进行等级评价，以落实作业的“堂堂清”“日日清”。从降低教师的评价负担、培养学生自主能力的角度，鼓励学生对自己的作业情况进行整理记录。如在学生的作业本扉页上贴上“课堂作业本情况记录表”（见表6.9），既可以引导学生进行阶段性自评和反思，又可以将其作为期末总评的依据。

表6.9　课堂作业本情况记录表

页码	按时作业	书写质量	及时订正	错误题数
1				
2				
3				
……				
单元合计				

（二）研制能力导向的表现性量规

要进行能力立意的评价，必然要重视表现性评价量规的开发。表现性评价是针对客观性评价（利用选择题、判断题等的标准化测试）主要面向初级认知水平——识记、理解、（简单）应用的测评而提出的。表现性评价是指教师让学生在真实或模拟的生活环境中，运用先前获得的知识解决某个新问题或创造某种东西，以考查学生知识与技能的掌握程度，以及实践、解决问题、交流合作和批判性思考等多种复杂能力的发展情况。

我们从学习与日常行为、解决问题与学习能力、品德与学习情感态度三个维度研制表现性量规。具体有核查表、分值系统、分析性量规、综合性量规四种类型。其中特别重要的是供学生使用的自我评价量规。

如关于倾听的自我评价量规。你如何表现出你在仔细聆听？

层次一，我和认识的人交谈，倾听他们的声音；

层次二，我倾听并回应他人；

层次三，在讨论中，我是一个专注的倾听者，我要求澄清和扩展问题；

层次四，在讨论与写作中，我接受不同的观点，并寻找共同点；

层次五，我可以在讨论中参与协作或担任领导，专注于深化或改变我们的观点。

量规用第一人称描述自我评价的表现层次，用第二人称的问题形式指导教师如何通过陈述或提问引导学生自我评价，增强可操作性，便于成果的推广。图6.4是杭州新世纪外国语学校教室墙上用于指导学生控制交流讨论音量的表现性量规。

音量水平
5 大声讲话：全班可以听见你
4 正常声音：你边上的人可以听见你
3 安静地说：只有你的小团队可以听见你
2 低声说：只有一个人可以听见你
1 完全寂静：没人在说

图6.4 关于交流讨论音量的表现性量规

（三）开展技术工具操作应用的研修活动

推进分项等级评价，必须提高教师的评价能力，加强评价技术与作业设计的培训，落实学、教、评一致。区域层面积极开展分学科的命题技术、数据分析技术等专项培训。研究知识技能测试的命题方式，避免机械记忆和简单模仿，改造传统的纸笔测验，适当体现能力导向和现实立意，尽可能避免让参加各种补习班的学生在检测中获得先学多学的优势，从而引导教师减少题海，回归课堂、回归课本与经典，引导家长退出奔波，回归家庭、回归常态，还学生自由、自主发展的时间和空间。同时加强作业研究，使得作业与考试的要求相一致。

学校层面加强评价技术的校本研修。如杭州市凤凰小学开展了学生语文阅读素养测评研究，基于PIRLS对阅读素养的定义与简单阅读观的理解，建立阅读素养的“凤凰”标准框架：一是解码能力，即将语言的书面形式转换成语音形式的能力，包括书面字词识别的准确性和流畅性；二是言语理解能力，即获取口语中的词汇信息，并对句子和话语形成理解的能力，一般采用听力理解测试或者口语词汇测试的形式进行测量；三是阅读理解力，即理解、使用、反思和参与书面文本的能力，可以实现自己的目标、发展自己的知识和潜能并参与到社会生活中；四是阅读的流畅性，即阅读者在自然、轻松地阅读时，能够具有一定程度的解码准确性和阅读速度，表现为朗读时流利、准确、适当的感情表达，并且能够将注意力分配到阅读理解中。在此基础上建立测验编制整体框架（见图6.5），就测评的整体框架展开工具开发和相关技术培训。

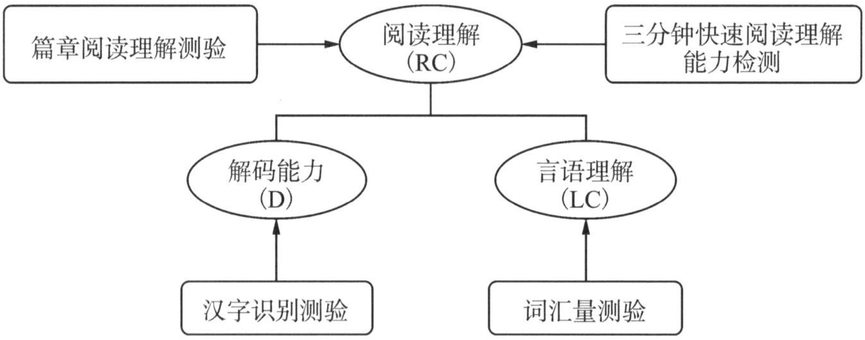

图6.5　阅读测验编制整体框架

三、将分项等级评价融入日常教育教学

在教育教学实践中，常常存在学、教、评不一致的情形。学生学到的与教师教的不一致，这是教师教学目标不明确、达标评估与诊断不一致造成的。学生学的、教师教的与课后作业、单元或期末考试不一致，增加了学生、教师的心理与学教负担。学、教、评一致的教育教学设计，将评的要求明确置于学教活动展开之前，这样就不会做无用功，也能有效减轻师生的负担。我们的实践主要聚焦以下三个方面：

（一）利用“参考标准”改进教学

各学科一般在年级层面提出知识技能与学科能力的具体层次标准，部分学科还细化到课时、知识点。我们通过组织形式多样的研修活动引导教师利用“参考标准”改进教学：根据“参考标准”的提示更准确地写明课堂教学目标，进行课堂达标评估的问题设计与诊断；根据“参考标准”的层次设计“脚手架”，便于学生从较低层次向较高层次有序攀升，指导教师根据“参考标准”判断学习活动中学生达到的水平层次，组织由低到高的教学反馈；根据“参考标准”进行随堂作业的设计评价和改进；根据“参考标准”进行单元独立作业的设计、期末检测的命题和测评等。

另外，由于研制“参考标准”主要依靠编写者的实践经验和理性思考，并无实证研究的支持，所以要引导教师检验“标准”设置的合理性，积累数据，为进一步修订完善提供依据，并提出修改建议。

(二)基于"表现性量规"改进教学

在表现性量规的研制过程中,我们尤其重视伴随学教过程、承载教学目标的评价量规。师生共同经历量规的形成过程,进而利用前置量规引导学生自主学习,落实基于自评、互评、师评的诊断和改进。

如小学数学学科研制关于数学"阅读理解"的评价量规的过程分为三步:

第一步,通过预学单布置学生课前预学《圆锥的体积》:①阅读课本第68—69页,画一画关键信息;②想一想,课本中圆锥的体积公式是怎么来的?③如果你学会了,请完成课后习题;④你还有什么问题?

第二步,在课堂中,先引导学生汇报预学成果,进而引导学生揣摩人们是如何想到用等底等高的圆柱体来研究圆锥体积的,然后引导学生质疑讨论。

第三步,引导学生反思回顾学习过程,提炼阅读理解能力的四个表现层次:①简单重复(简单重复课本内容,没有任何加工);②概括再现(对课本内容做概括性再现);③揣摩思想(对文本内容进行揣摩,推测"数学是如何发现和提出问题、分析问题和解决问题的",体会蕴含其中的创造智慧);④质疑创新(对文本的结论持怀疑态度——结论是否正确,是否有其他方法,结果是否可以做进一步的应用和推广,等等)。

当学生头脑中有了这样的表现层次,就可以以此指导他们今后的自学活动。

表现性量规的研发和利用既是评价改革的实践所需,也是教学改革的抓手,同时又是校本研修的主题。如杭州市胜利实验学校开展了"指向关键能力的学、教、评一体化设计"校本研修,其中语文研修基于识字方法与能力检测的现状进行反思,探索制定分年级能力标准,展开基于能力标准的命题技术培训和教学探索。数学研修探索推理论证意识和能力培养,包括训练点的选择,表现层次的获取,基于层次的自主学习以及课后检测、单元检测、学期检测的设计。

四、分项等级评价结果的应用

与以往的百分制分数不同,分项等级评价的结果是一个看似笼统实则精确的结果,它试图通过分项、等级对学生的学习进行真实地刻画。要用合适的方式向学生、家长及各任课教师报告评价结果,满足各方的知情权,就存在的问题形成共识,进而整合多方力量,促使各方反思改进,助力学生全面而有个性地发展。

(一)优化结果报告,方便多方知情共情

项目试点以来,试点学校分项等级评价的结果报告,总体上受到家长的热烈欢迎和高度评价。但也有部分家长反映,学科分项较细,阅后感觉比较琐碎,不便于整体把握孩子的学习情况。为此,上城区结合省教育厅文件精神,征求各学科研究员意见,形成上城区学科分项评价的基础模版(见表6.10)。

表6.10 上城区学科分项等级评价的基础模板

学科	分项		等第
道德与法治	学习态度		
	认知水平		
	实践能力		
语文	态度与习惯	日常表现	
		作业	
	学业水平表现	识字写字	
		阅读	
		写话与习作	
		口语交际	
		综合性学习	
英语	态度与习惯	日常表现	
		作业	
	学业水平表现	听力	
		口语	
		阅读	
		书写	
科学	态度与习惯		
	学业水平表现	理解与应用	
		思维与实践	

学科	分项		等第
数学	态度与习惯	日常表现	
		作业	
	学业水平表现	数与代数	
		图形与几何	
		统计与概率	
		综合与实践	
体育	情感与态度		
	技术与能力		
	体质健康		
音乐	态度与习惯		
	学业水平表现		
	特长展示		
美术	态度与习惯		
	学业水平表现		
	个人特色强项		

这个模版一方面有利于在视野所及的范围内整体把握学生的学习情况,另一方面以此作为一个保底的分项要求提供给相对薄弱的学校使用,便于各校在此基础上借助插页、网络平台等进一步做个性化的细化处理。当然,如果学校已有自己的思考与计划,可以按自己的设想做,不必拘泥于这一模版。如杭州市崇文实验学校、杭州市胜利实验学校就使用自己设计的个性化报告单;杭州市上城区教育学院附小聚焦“态度与习惯”的评价研究,采用插页的形式向家长报告结果。

杭州市胜利小学和杭州市金都天长小学等学校结合网络平台,采用丰富多样

的形式来呈现结果，如统计表、雷达图、折线图等。图6.6是杭州市金都天长小学基于学科分项评价维度而生成的学科学业评价雷达图，更直观、更明确地评估学生学业水平的发展情况。

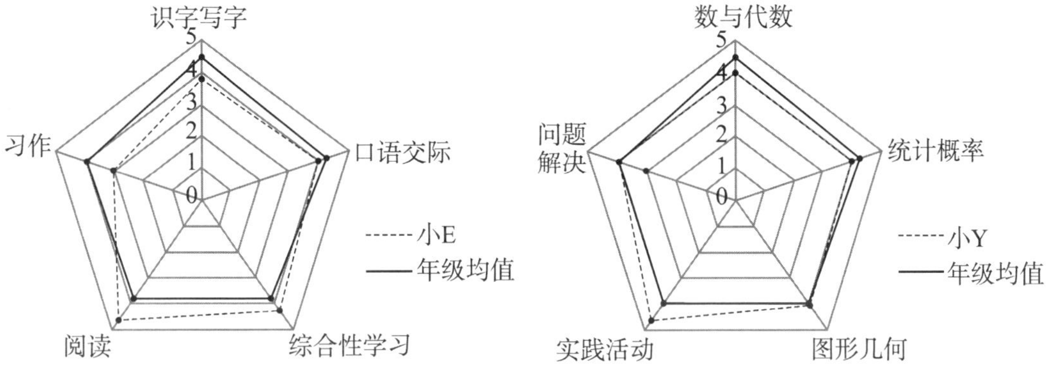

图6.6　学科学业评价雷达图

另外，杭州市崇文实验学校等还加强了单元（或阶段）学情反馈（见表6.11），进一步凸显了评价的过程性，便于及时发现问题、采取对策，得到了家长的高度评价。

表6.11　崇文实验学校科学单元学情评价反馈单（部分）

评价项目	课堂实验情况
实验	A. 不仅能自行实验，还能在小组探究实验过程中起到引领作用
	B. 能听从小组安排参与实验
	C. 不知道该怎么实验
记录	A. 能分清记录中的事实和推测，并产生新的问题
	B. 能如实做实验记录（数据），并努力做出解释
	C. 能如实记录一些现象（数据）
课外实验（记录一天中阳光下的影子）	A. 对影子进行记录并有分析
	B. 对影子进行了完整的记录
	C. 记录了一部分或未完成

（二）优化结果使用，促进多方反思改进

结果的报告和使用使得学生、家长、教师都能非常直观地评价学习，发现问题所在，采取适当的对策解决问题。家长能更好地把握孩子的学习情况，尤其是阶段

性结果报告的使用，便于家长及时采取适当的措施对孩子做出指导和矫正。教师与家长的交流也更为顺畅，面对详细的报告单，问题更明确，措施的针对性也更强。另外，由于学科分项等级评价呈现更丰富的评价内容，适当召开任课教师会议，分析学生存在的共同问题，采取一致行动变得更有可能且必要。

五、激励以校为本的实践创新

小学生的学业评价应该“以校为本”。因而，在项目推进中，我们强调以校为本，区校联动，凸显学校智慧，激励草根创新。要求学校围绕学生培养目标，自主策划，创造性地开展小学生综合评价改革，根据学科特征及校本化理解，全面实施学科过程性评价和分项等级评价。

（一）顶层设计，试点先行，建立区校联动机制

推进教育评价改革，需要行政部门挂帅，业务部门研究跟进。上城区采用试点校先行、区校联动的工作机制，根据试点学校的相对优势学科设立学科基地，确定学科研究员作为项目联系人，并吸收其他学校的骨干教师一起成立核心研究小组，展开学科分项等级评价的项目攻关研究。待各科分项等级评价的基本框架形成后，试点校还须全面展开校本化研究，特别注意分科整合研究，以保证不同学科的分项以及评价报告单的相对一致性。

（二）融通重构，柔性推进，营造自主创新的宽松环境

对于广大的一线教师来说，以分项等级评价为重点的小学生综合评价是一个新事物，而且学科分项等级评价不可避免地会增加教师的工作负担。因此在推进过程中，学校教师、领导心有疑虑有所抵触也是情有可原的。我们注重引导学校评价改革与原有工作的融通重构，柔性推进，营造自主创新的宽松环境。

我们积极引导试点校把小学生综合评价改革融入学校原有的课程改革进程。如杭州市上城区教育学院附小把学科分项等级评价与学校课程规划中的“七彩阳光”育人模式进行整合；杭州市金都天长小学把学科分项等级评价融入学校基于“心体礼乐习”的核心素养课程实施中，成为学校课程改革的有机组成部分。

所谓的柔性推进是指我们非常重视学校教师、领导在项目推进过程中的工作体验。积极与学校、教师沟通，以不断有所进步为底线，以允许异步、阶段达成为基本原则，采用蚕食策略，引导学校从部分优势学科的点上突破，逐步推点成线，扩线

成面，形成学校综合评价体系。这样的推进既给了学校领导、教师一个适应的过程，有利于推进工作的展开，也为学校的自主发挥和草根创新创造了宽松的氛围，留出了比较充足的空间。

（三）重点突破，凸显特色，全面落实“一校一方案”

在明确项目推进的目的要求、认真学习学科分项等级评价操作手册的基础上，我们结合校情与学情，加强项目推进的分层分类指导，落实“一校一方案”。

首先，帮助学校梳理已有的评价体系，明确哪些是符合项目精神的、需要发扬的，哪些是需要改进或补充完善的。如以杭州市崇文实验学校、杭州市胜利实验学校为代表的一批学校，已经形成了比较成熟的评价体系和工作经验，他们在总结改进的基础上为区域推进提供了样板和经验。对于相对薄弱的学校，要引导他们借助项目推进的契机升级改造完善已有的评级体系。尤其对于特色明显、短板也明显的学校，要加强帮扶。

其次，引导学校结合本校和学科实际选取突破点，集中力量突破难点，补齐短板，彰显特色。如杭州市天长小学英语学科重点突破口语能力评价，以每日的“face to face（面对面）”为媒介，制定相应的标准及实施策略；语文学科重点突破阅读能力评价，以四年级进行的电子化阅读为媒介，制定相应的标准及策略；科学学科重点突破科学实验操作能力评价，以家庭实验室为操作媒介，制定相应的标准及策略；等等。重点突破也已经取得了一定的成果，如杭州市胜利实验学校将校本课程的评价纳入分项等级制评价，将说话礼仪与水平评价和语文的口语交际的评价分项相结合，在语文课中开设《谈天说地》短课程，包括一年级儿童诗、二年级童话故事、三年级故事寓言、四年级时政新闻、五年级主题演讲、六年级话题辩论，取得了很好的效果；杭州市金都天长小学的道德与法治学科通过设计单元实践作业、建立学习档案袋落实道德实践能力评价；杭州市抚宁巷小学则完善了“奇妙的科技之旅”评价体系；等等。

（四）明确方向，铸好两翼，着力探索综合能力评价

从测评的内容来看，基于文本（课本教材）的分科教学把整体的世界分解为多个部分进行认识，学校教育要为学生提供把部分还原为整体，进而整体地认识世界的机会，这就需要在教育教学中引入项目学习。目前我区各校都关注到了这一点，在各年级的教育教学中也有一定程度的体现，但往往停留在经历过程，评价的短板非常明显——对学得怎么样的评估往往非常笼统，如何改进也难以谈起。从测评的

形式与方法来看，纸笔测评的优点在于高效地检测知识技能的习得情况，非纸笔测评的优点在于可以结合过程观察和作品评价评估学生在团队合作、动手实践、综合应用知识解决现实问题等方面的表现，两者是评价的两翼，相互补充、缺一不可，综合、灵活应用这两种方法有利于全面评价学生的发展情况。项目学习尤其需要非纸笔测评。

近来，上城区各校持续创新一、二年级期末非纸笔测评的形式和内容，特别注意用项目学习的思路创设连贯的有挑战性的任务情境（故事），如“营救”“魔法森林”“旅游”等任务主题，体现合作的必要性、知识应用的价值以及综合能力的表现，通过学评合一、标准前置进行测评。中高年级在纸笔测评之外也加强了基于项目学习的非纸笔测评研究，取得了一定的成果。如杭州市金都天长小学一直开展“御街探寻”“走读西湖”等项目学习活动，通过几年来的不断改进完善，建立了基于完成任务的过程表现和成果展演的评价体系。

任敏龙（杭州市上城区教育学院）

第五节　小学低段非纸笔测评的教育价值

什么是素质?素质就是学生将学习和实践所获得的知识、技能、思想、观念等等内化于心、外化于行的综合性品质。传统的纸笔测评往往只测量学生已经知道了什么,不注重测量学生在实际生活中“会做什么”①。因此评价改革必须研究“素质如何测量”的问题②,如何通过评价促进学生更优地发展?在小学学业评价改革的实践中,我们将非纸笔测评纳入小学考试评价(尤其是低段)的整体框架之中,将学习与实践、知识与能力、思想与行为结合起来,综合考查学生的能力与素养。

作为一种表现性评价,非纸笔测评重在观察、评价学生在真实情境任务中运用所学知识和经验解决实际问题的能力,尤其是考查那些难以在纸笔测试中反映出来的能力和素养。随着非纸笔测评的不断推广,无论是学生、教师还是家长,对此都抱以积极的态度。有家长认为:“学校实行非纸笔测评内容多元,既涵盖语文能力、数学实践,也涉及体育、健康、手工制作等方面,于孩子而言,这不仅是一次别开生面的全新体验,更是一项‘玩中学、考中乐’的思维挑战。”有老师认为:“非纸笔测评为低段孩子搭建了交流展示的平台,找到了自信和发展的定位。”更有学生觉得:“非纸笔测评挺好玩的,我还想再玩一次。”那么,非纸笔测评深受欢迎的奥秘究竟在哪里?其背后又蕴含着怎样的教育价值?

回顾杭州市小学低段非纸笔测评实践的探索历程,大致经历了三个发展阶段:从2010年1.0版本的“模块过关”,发展到2015年2.0版本的“游园乐考”,直到今天3.0版本的“项目化学习评价”。从2015年起,杭州市以“现场观摩研讨”的教研策划推进非纸笔测评工作,以“项目化学习评价”的实践研究引领各校开展以校为本的非纸笔测评顶层设计。笔者认为,非纸笔测评的教育价值主要体现在以下几个方面。

① 周文叶.中小学表现性评价的理论与技术[M].上海:华东师范大学出版社,2014.
② 褚宏启.改造我们的考试[J].中小学管理,2017(7).

一、基于学科整合的“项目化学习评价”

“项目化学习评价”是指以项目化学习（Project Based Learning，简称PBL）的方式来开展非纸笔测评，即以学生为中心，围绕学校育人主题，根据课标和学情创设真实的情境任务，制定等级化、描述性的评分标准，观察并描述学生个体及团队在任务解决过程中所展现的解决问题的策略和表现，以此来评价学生的知识掌握情况与综合能力，并给予个性化的指导和帮助。

以下借杭州市长寿桥小学2018年年初开展的“喜看杭城新变化，我为祖国点赞”非纸笔测评活动，来分析“项目化学习评价”活动的顶层设计。

2017年秋，学校为迎接党的十九大的召开，开展“我为祖国点赞”系列活动。学生围绕这个主题开展了丰富多彩的活动，有体验、有感受、有心得。学校在设计非纸笔测评主题时，与这一活动紧密衔接。学校组织教师研读小学各学科的课程标准，将小学低段各学科中无法用纸笔来测评的内容（各学科的知识理解点、技能应用点以及能力表现点）梳理出来，并制定出等级化、描述性的评分标准。然后根据测评主题和学生的实际情况，将这些内容进行整合，创设真实的任务情境，以考查学生在情境任务完成中所体现出来的公共空间文明礼仪、口语交际能力、团队合作能力、运动协调能力、艺术表现能力等综合性品质。最后学校还根据不同学生的表现，设计了不同的评语，以此肯定鼓励学生，为其进一步发展提供指导性建议。

在测评活动中，学生自由组成四人探索小队，组队完成各项情境任务。每一项情境任务（游览美景、诵读美文、创意绘景、表演歌唱等）都指向学生的学科核心素养和学生的社会性能力（同伴交往、合作分享、公共空间意识等）的培养。学生不仅需要调用平时所学和所积累的知识、技能、方法等，而且需要调用自己的生活经验和生活常识，更需要在团队合作中学会与老师、同龄小伙伴、家长志愿者、高年级学生志愿者等的沟通交往，并在团队交流中学会设计方案，在团队合作中学会相互配合来共同完成情境任务。整个测评过程既是一场非纸笔形式的考试，又是一次项目化学习的体验。通过测评活动，学生不仅增加了学习兴趣，提高了学习能力，还真切感受到了家乡的巨大变化和家乡秀美的风景、丰厚的历史文化底蕴。整个测评过程将学生个体评价与团队评价结合起来，不仅关注学生个体及团队在各项情境任务完成中所表现出来的综合性品质，而且重在培养学生在团队协作中生发出来的社会性情感，激发其对家乡的热爱和对祖国繁荣昌盛的自豪感。这些内容都是在传统的纸笔测评中无法实现的，这也正是非纸笔测评的意义所在。

从以杭州市长寿桥小学为代表的诸多学校的非纸笔测评实践经验中，可以梳理出“项目化学习评价”的实施路径：解读核心素养，明晰学段要求；依据课程标准，开发评价量规；凸显立德树人，创设真实情境；注重深度学习，培养团队合作；完善结果运用，关注个体成长。整个测评活动循着“解读素养—研读课标—创设情境—实施评价—反馈改进”的实践路径，与学校的学期教育教学活动紧密衔接，实现了评价活动与教学活动、德育活动的统一，真正实现了“教—学—评”一体化，从而把立德树人、社会主义核心价值观的教育融入学校的教育教学工作之中，赋予测评活动鲜活而深远的教育意义。

二、融入智慧教育的测评实施

在非纸笔测评过程中，不少教师困惑于实施过程的烦琐。如何让非纸笔测评高效、便捷地开展呢？杭城的许多小学利用现代信息技术构建智慧教育平台，为每一位学生创建成长数据库。每位新生入学伊始，就拥有一个独一无二的二维码，陪伴他度过小学六年的学习时光。只要扫描该学生的二维码，就可以实时录入过程性评价，而系统的后台数据会自动与该生的信息保持同步。基于智慧教育平台的实时性和便捷性，很多小学利用技术改进测评方式，提高了非纸笔测试的信度和效度。

如杭州市求知小学的非纸笔测评实践中就很好地融入了智慧教育的特色。朗读能力对小学低段学生来说非常重要。但传统纸笔测验只能测试学生对读音规则的掌握，却无法评价学生发音是否标准、语言表达是否流利等。杭州市求知小学针对低段学生语言学习特点，开发了基于人机对话的“悦读”测评体系，利用教育app为学生提供朗读示范，智慧教育平台会根据学生的朗读进行语音识别，提供实时的反馈和校正，供学生自主练习、自我测评。学生朗读的题目是教师根据学生已掌握的情况，结合课程标准和测评活动的主题，事先在app教师端精心编制录入的。能力较强的学生可以直接朗读作答，而能力较弱的学生可以借助朗读示范，多次练习，不断纠正并巩固自己的发音，反复测评，直到获得自己满意的评分，体验成功的喜悦。智慧教育平台的使用，不仅帮助学生明确自己的发音问题，提供针对性的练习和矫正帮助，而且大大减轻了教师组织非纸笔测评的压力，完善了仅凭直觉来评定朗读水平的测评方式。除此之外，平台还在测评数据的收集、统计、分析、处理上发挥着重要作用。测评结束后，每位学生都能拿到一份反映自己测评情况的数据雷达图和分析诊断报告，直观了解自己的学习情况，评判自己的成绩，监控自己的发展。而教师可以通过教师端收到学生的得分情况和朗读的录音，家长也可以通过家长端看到自己孩子的测试结果。同时平台还自动生成班级和年级的测评数据雷达图，提供历年学生的测评数据情况。通过分析对比，诊断学生个体、班级和年级在整个测评活动中的表现，为改进教学的诊断和归因提供了实证支持，也为教学研究提供了第一手的实证资料。这个智慧平台不仅关注每一位学生个体的微观表现，而且有助于教师全面了解全班学生的发展状况，有的放矢地开展教学，真正实现技术为教育服务的目的。

随着信息技术的不断发展，教育正由“互联网＋教育”飞速发展成为“AI＋教育”。人工智能在自动组卷、作业批改、口语测试等方面应用的不断拓展，必将对学校的教育教学产生积极的影响。如何面对这样的变化？在众多实施智慧教育的学校中，我们发现融入智慧教育的非纸笔测评，弥补了传统纸笔测评只能测评学习结果的不足，真实记录并展现了学生的思考过程，利用对可观测数据的采集、整理、加工，建立起学生的认知图谱，从而帮助教师更好地因材施教，为不同水平的学生提供个性化的教学指导方案。我们发现教师的评价观念也在悄悄改变，“评价即学习”的理念正深入人心。非纸笔测评不是终结性的评价，而是一次项目化学习，它真正的目的在于让每一个学生不断通过与评价标准间的自我校正，明确自己的改进方向，积极地向更高的标准迈进，在反思和改进中不断前行、不断成长。

三、开启新知学习的测评反馈

和以往的考试不同，非纸笔测试并没有随着测评活动的结束而结束，也没有随着学期的结束而中止。每一场非纸笔测评都是新一轮学习活动的开始。非纸笔测评中记录下来的大量学生信息，成为诊断教学问题、设定新教学起点的宝贵教学财富。通过对信息、数据的解读，聚焦学生的共性问题，开启新一轮的教育教学活动。

如何利用评价结果来展开新一轮教学实践呢？杭州江南实验学校的教师进行了卓有成效的探索。该校2017届一年级共有598名学生，在2017年6月的期末非纸笔测评活动中，约有三分之一的同学因为没有在规定的时间内完成所有的闯关活动而哇哇大哭。针对这一现象，年级组召开班主任会议，分别联系家长沟通，共同分析找寻原因，寻求解决策略，制定了具有针对性的矫正帮扶方案：通过利用《暑假安排单》进行针对性训练、结合数学课的教学理解时间概念、加强学校生活中的时间管理、家校配合克服拖拉等措施，进行个别化的帮助和指导。通过一学期的针对性纠正指导和教育教学跟进，在2018年1月的二年级期末非纸笔测评中，全体学生都在规定时间内顺利完成了所有的非纸笔测评活动。

从杭州江南实验学校的实践中，我们可以汲取开展非纸笔测评的经验：必须重视评价结果的教育功能。对于每一次的非纸笔测评活动，教师都应及时撰写测评反思，反思在测评活动方案设计和实施过程中的不足，反思在学科教学、策略运用、实践能力培养等方面存在的问题，进一步了解学生的个体差异、各自的优势和劣势，改进教师的教育教学活动；应高度重视测评现象和测评数据所反映出来的问题，及时分析、诊断、归因，充分挖掘其背后带给我们的教育启示；应主动联合家长、社区等各种教育力量，共商解决对策，共同制定系统的改进方案，监管其落实和执行，帮助每一个孩子更好地成长。

在众多非纸笔测评研究成果中，我们深深感受到每一个孩子的未来都有着无限的可能性，而开展非纸笔评价的根本目的在于帮助每位学生挖掘其发展潜能。长远来看，期末的非纸笔测评仅是学生成长过程中的一次阶段性评价，是学生学习成长之旅的加油站，它连接和指导着学生的假期生活和下一阶段的学习，为不同学生提供个性化的学习建议和学习指导，给每位学生的可持续发展储蓄力量。

非纸笔测评作为一种考试方式，考查的是学生在真实情境任务中的问题解决能力。只有在真实情境任务中学习，才能体味学习的意义和价值。学生在“项目化学习评价”真实情境任务的挑战中，一方面接受对其基础知识、基本技能、问题解决能力、沟通合作能力和批判性思维等的考查；另一方面也通过挑战获得了大量的直接经验和更为深刻的学习认知，从而激发其更强烈的学习欲望。这都是传统的纸笔测评无法比拟的，也是非纸笔测评深受学生、老师、家长喜爱的原因。非纸笔测评不是甄别和选拔学生，而是通过“项目式学评”方式关注学生精神层面的成长，为每位学生提供展示才能的平台，释放其纯真的天性，激励其不断地进步。

非纸笔测评用学生喜欢的方式评价他们的学习，让他们感受到学习的快乐和成功的喜悦。在活动中“考试”，在“考试”中学习，在“考试”中体验快乐和成功。非纸笔测评引发了评价方式的变革，真正转变了教师的教育理念，真实撬动了课堂教学的变革，促进核心素养的落实。希望学校和教师都能以评价为杠杆，进一步助推学习方式的变革，为孩子更好的发展而努力。

朱秋蓉（杭州市基础教育研究室）

第六节　关注学科关键能力的实践性评价

杭州市西湖区立足区域教育实际情况，坚持“区域整体推进，学校特色实践”基本方向，旨在建立教育质量综合评价体系，推进“3＋K”教育质量监测模式，形成关注学科关键能力的实践性评价。同时，融合教研、科研和培训功能，实时关注评价改革过程中呈现的问题，形成教育质量综合评价改革的循环创生机制。

西湖区实践性评价的主要表征为三点：一是改变标准化纸笔测试占据教育评价的主导地位，开展实践性评价，为不同的评价任务创设契合的情境，评价更具真实性；二是围绕学科关键能力，开展评价标准和工具研究，形成学科关键能力内容图谱和能力结构，评价更具科学性；三是从对知识评价走向问题解决能力评价，重视评价主体的实践活动和体验，关注学习过程的发生，研究影响学习行为变化以及导致这样的学习结果的因素等深层次问题，评价更具多元性。

一、区域“3＋K”评价实践演变进程

2011年以来，西湖区统整学业水平监测、体质健康监测、艺术素养监测，形成“三项监测”工作机制，同时不断研究拓宽监测领域，开展基于学科关键能力的监测，形成“项目制”监测工作机制，区域“3＋K”监测体系架构逐渐丰满。“3”指区域每年常态开展的中小学生体质健康监测、艺术素养监测和学业水平监测，“K”是“key competencies（核心素养）”的第一个字母，指区域围绕学科关键能力开展的专项监测。从“学科统考”到“学科抽测”，从开展“考试学科抽测”到关注“考查学科抽测”，从“学科抽测”深入到“学科关键能力测试”，区域实践性评价不断演进。

第一阶段：树立全面的素质观，确立“三项监测”

传统的监测主要聚焦文化课，即传统意义上的考试学科，其监测形式主要是纸笔测验。为了打破文化课监测“一统天下”的局面，打破纸笔测试的单一监测方式，树立全面发展的素质教育育人观，区域评价工作的关注点由文化课拓宽至体育、音乐、美术课。通过监测诊断区域体育、音乐、美术学科教学及学校管理存在的问题，更好地促进学生“健全体魄、陶冶情操、培养审美”。

2011年，区监测中心统整了音乐、美术学科由教研员开展的单学科以调研为主的评价形式，开展"常规调研与集中抽测"相结合的中小学生艺术素养监测工作。2012年，中心把体育抽测从区教育局行政工作中剥离出来，开展了由部分学校抽测到中小学生全校区铺开的体质健康抽测。随着体艺监测的推进，2013年，中心进一步深化学业评价，从关注学科考试成绩到关注影响学业水平相关因子的分析与研究，连续两年开展了小学毕业生"健康体检"，试图借鉴上海的"绿色指标"开展评价改革。与此同时，积极响应省厅低段学生期末取消纸笔考试的文件精神，2014年，开展非纸笔测试评价实践，从区域层面打破以纸笔测试为唯一评价方式的格局。

这一阶段实践的意义主要有：逐步确立并强化"三项监测"在区域教育教学质量管理中的地位；督促确保学校开齐开足课程，促进学校规范办学，努力提升体育工作和艺术工作的管理水平及学生体艺水平；大力促进体育、音乐、美术教师加强学科教学研究，提高课堂教学质量；引导学校架构全学科质量评价与监控体系，落实"立德树人""健康第一""全面发展"的质量观。

第二阶段：关注考查学科，形成全学科评价

在推进体艺课程的实践性评价的后期，西湖区加强小学科学、英语及中小学信息技术等考查学科的实践性评价，推进小学实验能力、英语口语和中小学信息素养等的测评。这也是确立全学科评价，树立正确教学导向的需要。

西湖区小学科学学科较早地开展了以实践操作为主要形式的实践性测评。从2006年至2011年，该学科采用抽样方式在部分学校开展实验操作测评，西湖区积累了一定的经验。2013年，全区以校区为单位，实施"小学生实验操作水平"专项监测，在测评程序、组织实施及测评工具的开发与使用上，加强规范性与科学性，引导学校、教师从关注实验开出到重视质量提升。2015年进一步实施"以实验为主的动手能力"监测，以推进"亲身经历以探究为主的学习活动"成为"学生学习科学的主要途径"的区域小学科学教学改革。目前为止，西湖区小学科学实验专项监测更趋制度化，主要开展"基础1/3＋整合2/3"或"基础1/3＋整合1/3＋全新情境1/3"的分层水平监测。

小学英语评价主要围绕学生听、说、读、写、用等语言技能和语言基础知识方面开展，重点以语言的应用实践能力为核心。2015年西湖区开展小学英语听、说、读、写能力的综合监测，朗读和口语测试主要采用面试、情境话剧等形式，注重创设语用环境，让学生在每一个语言实践中都能够学习、体验语言的环境，积累英语语感，发展语言的运用能力和应变能力，促进学生英语学科素养的全面发展。

2016年，开展中小学生信息技术操作能力及信息素养测评。测评旨在培养和发展学生积极学习和探究信息技术的兴趣，养成和巩固良好的信息意识和健康负责的信息技术使用习惯，形成和提高信息处理能力，培养和强化学生使用信息技术支持各种学习和解决问题的意识和能力。

第三阶段：关注学科关键能力，构建实践性评价体系

2015年，“学科核心素养”和“关键能力”的提出，为西湖区评价改革的深入提供了理论依据。各个学科必须从自己的特性中提取本学科对于学生发展而言最有价值的东西，并将这些东西作为本学科的核心素养和关键能力。如果不对学科关键能力进行层级化和可测量的设计，那么核心素养和关键能力就只能作为概念存在，学科的学业质量标准也就无从谈起。

要推进初中学科教学改革，必须改变评价思路，打破对学生的学业水平评价“一纸试卷定终身”的平面化评价模式，构建基于学科关键能力的立体评价模式。这种评价有别于纸笔为主的评价模式，而是以多元化、多形式的模式，通过情境式、活动式等开展的实践性评价。只有围绕学科核心素养和关键能力开展的测评才能使中小学学科测评一以贯之、形成体系，使中小学学科教学衔接顺畅紧密。基于这样的认识，西湖区推进初中生实验操作能力测评和英语人机对话测评等项目，形成了关注学科关键能力的实践性评价体系。

第四阶段：关注学科分项等级制评价，强调校本化评价实践

早在2000年，西湖区的学科分项等级制评价就由求是教育集团、学军小学等名校辐射至区域各小学，期末成绩报告单上均已关注学生平时与期末各方面的表现，包括学科学习兴趣、学习习惯与态度、学业成果等，重视学生发展的过程。2017年，西湖区成为浙江省小学生综合评价改革试点区，分项等级制评价成为综合评价的重要内容，区校两级都需要进一步深化学科分项等级描述的研究。

区域层面，从2016年开始，取消小学期末三至六年级统一提供样卷的做法，倡导学校自主命题，区域开展命题质量评估，把命题质量水平纳入区校质量管理体系中。区域抽取一个年级部分学生开展监测，进行学科分项评价，并由学校基于基本数据自主开展等级评价。如2018年6月小学语文“积累与运用”项包括“规范书写、字词积累、识字能力、阅读积累”四个要素，“阅读能力”项包括“整体感知、信息提取、信息运用、文本解释、文本评价”五个要素。通过细化分项中的能力要素，为学校学科教学改进提供依据，引导学校开展科学的学科分项等级评价。

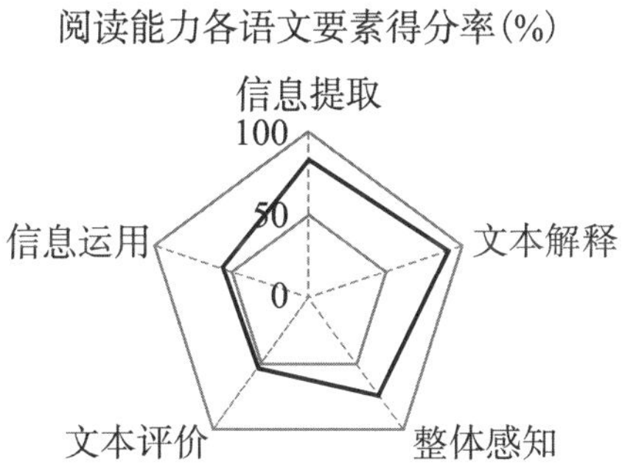

图6.7　西湖区小学语文四年级“阅读能力”分项评价

学校层面,依据省教育厅评价标准和区域学科分项推进要求,在原有基础上修改完善学科评价体系,细化改进操作细则,学校整体架构,教研组、备课组按学科实际逐渐推进,体现学科属性,彰显学校实践成果。如三墩小学从五个方面开展分项等级评价研究,形成《学科分项等级制评价内容》《学科分项等级制评价标准》《学科分项等级制评价实施办法》《学科分项等级制学业评价单》《学科分项等级制星级实施办法》。九莲小学形成比较成熟的学科分项等级评价操作细目表及操作细则,如五年级上学期语文学科将基础、阅读、习作、口语交际、综合性学习五项内容分解成13个指标,针对每一个指标研制出详细的过程性评价细目及内容与方法。以阅读为例,分为“阅读积累、阅读能力、情意态度”三个指标,对其中“阅读能力”指标过程性评价细目的描述为“单元形成性学习＋课堂作业本＋课文学习＋阅读项目＋预学作业”,每一条目有详细的评价方法。

二、实践性的评价操作要素与特征

为使实践性评价科学真实有效,西湖区提供各学科实践性的评价操作要素,包括规范性要素和科学性要素。规范性要素主要指组织实施层面的,比如流程设置中的实践性监测项目的梳理与选定、监测方案的制定与公布、监测流程设计、监测培训、实施过程的监控等;科学性要素主要指评价内容与标准的制定、监测工具的开发、评价方式的选择、相关信息的采集及监测结果的分析与应用等。以下就评价科学性要素及表现特征作一说明。

(一)可观察可测量的评价内容与标准

西湖区开展教育质量监测,遵循“学科能力—学科一般能力—学科关键能力—

学科核心素养”的路径进行学科关键能力概念的界定、结构的划分和要素的分析，从“课程标准—学科核心素养—内容标准—质量标准”的视角领悟课程标准、理解学科特征、确立学科内容标准和质量标准。如小学数学学科的评价内容包括数与运算、方程与代数、图形与几何、数据整理与概率统计四个方面。小学英语学科的评价内容包括语音、词汇、词法、句法、语篇五个方面。小学语文学科的评价内容主要包括识字写字、阅读、表达三个方面，我们对阅读素养提出“五层次阅读素养评价框架”，其指标包括整体感知能力、信息提取能力、信息运用能力、文本解释能力、文本评价能力五个方面，同时对每一个方面进行标准的界定。比如，“文本解释能力”指能解释词语、句子的深层含义，能解释文中人物言行隐含的思想、态度、情感等，能解释文章隐含的中心、作者的写作意图和情感等，能结合个人经验阐述自己获得的启发、引发的思考等。

（二）契合评价内容的监测工具

依据评价标准科学选择监测工具，由监测中心、学科教研员组建监测专家命题小组对每门学科的“学科关键能力——学科体系梳理”“学科关键能力构成要素——内容图谱能力结构”“如何对学科关键能力进行评价与监测——监测方式选择”“学科关键能力的标准——水平和表现”进行深入研究，并根据监测目的，选择开发适合的工具。如2016年小学毕业生科学实验操作能力抽测，设计基于特定情境的一组实验项目，以“影片《闪闪的红星》中潘冬子的送盐方式”为引子，以“检验小刚的想法是否可行”为情境设置了“调制一杯浓盐水、蒸发水分析出食盐、测试浓盐水是导体还是绝缘体、测量物体浸没在浓盐水中受到的浮力”四个任务，测查学生“量取液体、搅拌、使用滴管、使用酒精灯加热、使用弹簧测力计、使用电路检测器”六项操作技能。同时，还关注学生“整理器材和放好凳子”两项习惯的养成情况。监测体现出实验操作技能为科学探究服务、为解决实际问题服务。

再如2017年初中生实验操作测评中的七年级实验“探究平面镜成像规律”。命题小组开发了学生试题与教师核查表。学生试题包括实验名称、实验器材、实验过程，教师核查表包括考查能力要点、实验步骤评分点、评分标准及答题形式四项。其中能力要点三个，涉及观察特点、摆放器材、记录处理数据，操作要点共九项，根据学生试题中的九个实验步骤设置九项核查标准，按点评分。答题栏目中正确与错误填图项的设置，一方面便于结果统计与分析诊断，另一方面又可以让教师和学生明确监测工具既是学习的资料，又是评价的标准，体现了实践性评价学评结合的特点（见下页表6.12）。

表6.12　西湖区实验操作核查表——平面镜成像(教师用)

考查要点	检核标准		评分	
			正确	错误点
	1. 将白纸对折并沿对折线画线	画线用铅笔和直尺。全部正确给1分,错误一处得0分	□	未使用铅笔和直尺　□
	2. 将固定好的玻璃板竖立在画好的线上	玻璃板与画好的线重合,保证玻璃板与纸面垂直。全部正确给1分,错误一处得0分	□	玻璃板未与线重合　□
	3. 点燃蜡烛后放在某位置,寻找蜡烛像的位置、观察大小	点燃蜡烛并固定于玻璃板前某一处,前后移动玻璃板另一侧未点燃的蜡烛,直至与燃烧蜡烛的像重合。全部正确给1分,错误一处得0分	□	不会正确划火柴　□ 玻璃板前后蜡烛是否点燃判断错误　□ 玻璃板后蜡烛未前后左右移动　□ 确定像的位置时眼睛观察的位置错误　□
	4. 标出蜡烛和像的位置	画出整个蜡烛切面的圆形。全部正确给1分,错误一处得0分	□	未画出蜡烛体的切面圆形　□
1. 观察平面镜成像的特点 2. 摆放玻璃板 3. 记录和处理实验数据	5. 探究平面镜所成的是虚像	光屏的位置放正确,眼睛观察的位置正确。全部正确给1分,错误一处得0分	□	光屏没有放于玻璃板后　□ 眼睛没有位于玻璃板前观察　□
		实验结果和结论正确。全部正确给1分,错误一处得0分	□	问卷第5步填空回答不正确　□
	6. 移去玻璃板,作蜡烛和蜡烛像的连线,并测量其到玻璃板的距离	移去玻璃板时及时熄灭蜡烛,测量时选择像和物同靠近或远离玻璃板的一侧。全部正确给1分,错误一处得0分	□	移去玻璃板时未及时熄灭蜡烛　□ 蜡烛和像的对称测量点选择错误　□
	7. 实验数据记录正确	记录测量的距离,并正确判断出大小和垂直的关系。全部正确给1分,错误一处得0分	□	问卷第7步表格记录错误　□
	8. 平面镜成像规律归纳正确	等大、垂直、等距、虚像。全部正确给1分,错误一处得0分	□	问卷第8步结论四个关键词不完整　□
	9. 整理实验器材	所有器材放回原处,并清理用过的纸张。全部正确给1分,错误一处得0分	□	用过的白纸未及时处理　□ 器材未放回原处　□

（三）体现项目性质的组织形式

由于监测项目涉及的学科和内容不同，其组织形式也截然不同。体质健康监测以校区为单位在规定的时间及固定的地点实施监测，通过聘请第三方测评机构，对规定的初中与小学各八个项目依次进行监测（2017年又把视力纳入体质健康监测体系中），确保测评标准的一致性。音乐监测采用学生个人书面纸笔测试以及团体大合唱等形式考查学生的"欣赏能力和表现能力"。美术监测主要采用现场创作的形式考查学生美术欣赏、美术实践与表现能力。小学科学实验监测以四人小组为单位完成一个实验项目，实验中既有独立完成部分也有合作探究部分，主要考查学生的操作技能，每组有两位测评员，并全程录像。初中实验监测采用一人独立完成一个实验的形式开展现场测评，当场评分并公布结果，体现科学性与公正性。

随着区域实践性评价的深入实施，学校的评价智慧得到进一步激发，如杭州市求是小学音乐学科以组织班级音乐会的形式呈现，美术学科开展班级作品展，科学学科要求与同伴一起完成一项科研任务，体育学科开展"一场竞技赛"，信息技术学科要求自主展示运用最先进的app，英语学科开展"一出英语话剧表演"等。

（四）体现智慧评价的数据采集系统

以学科关键能力为基础，设计开发学科素养诊断框架及学科诊断工具，建立学生学习全过程的教育大数据系统，实现学科优势发现与增强、学习问题诊断与改进，是项目制监测的重要目标。大数据时代背景下，区域搭建数据化分析平台，能够检测测量工具的信度、效度和难度，在学科关键能力与核心素养测评数据的基础上，通过数据挖掘分析技术，形成反馈报告，为教育决策与学校教育教学改进提供依据。学校利用智慧平台，架构校本综合评价框架，形成学生个性化的成绩报告单。如九莲小学借助现代教育信息技术建立一站式智慧教育平台，对教育教学、家校互动等成长数据进行管理，校内、校外一体，实现教师、家长、同伴评价、自我展示的网状评价体系，最终形成一份全面评价学生成长过程的综合素养评价报告，成为校本评价的实践典型。

（五）体现内外部循环的诊断系统

分析反馈结果运用是实践性评价要素之一，是监测有效性的落地环节。监测实践中，区域建立了区教育局结果发布、区教师进修学校分析反馈与中小学校运用改进体系，形成不同评价结果运用的主体群；区域完善质量分析制度，推进反馈改进机制与基于结果的预警和过程的动态监控机制建设。学校层面建立校本教育质量管理预警机制，学科层面建立学科质量动态监控机制，形成评价引领研修的教研策略。通过建立区校两级“教学—监测—分析—改进”的内外部循环体系，实现评价改进教学的目的。

三、实践性评价改革推进策略

（一）完善工作机制，构建实践性评价联动机制

强化行政—学校—业务部门“三位一体”联动推进工作机制。重塑“面向全体学生，落实全面教育、全面合格教育，鼓励优秀教育”的西湖教育育人理念，以省小学生评价改革试点项目为契机，开展“践行绿色评价　培育核心素养”为主题的第五届学术节，通过主题论坛、学术沙龙、教学展示、成果分享等形式，帮助我区全体教育工作者建构新的评价理念。评价理念的整体性更新，有利于区域新一轮实践性评价改革的整体推进，有利于发挥科学的教育评价在学生成长过程中的正确导向作用。

（二）抓住学科特质，优化实践性评价基本路径

西湖区“3＋K”监测体系不断完善，每项监测均包括评价标准确定、工具选定、监测实施、结果反馈、改进监控等环节。其中，在评价标准确定方面提出学业评价要关注学科关键能力，注重增量；艺术素养体质健康评价要关注核心素养，注重技能水平。在监测工具的选择方面提出要根据学科性质采用不同的监测方式，综合运用纸笔测试、问卷调查、观察记录、表现性评价等方法。在监测的实施方面提出应由监测中心统筹谋划，中小学教育研究部和综合教育研究部等相互协调开展，细化程序，规范操作，确保科学。聚焦学科核心素养和关键能力，基于质量标准，科学制定选择评价工具，对相关指标进行评价是区域研究的重要内容及推进思路。项目制监测是区域目前较为成熟的做法，中小学校根据区域要求，依据本校学生特点，结合学校办学理念和育人目标，研究细化指标相关内容，逐步完善校本评价指标。

（三）改进研训策略，构建质量提升实践模式

西湖区立足学科核心素养和关键能力，开展评价标准和工具的研究实践，促进学科教研策略的选择与优化，由单一追求学教方式变革转变为深入探究基于学科

关键能力点的学教重难点的把握。如小学语文高段架构了基于学科关键能力的“教、学、评一体”的主题培训与课例研究,分组推进,赛课研讨,其实践路径可操作、有实效。再如,西湖区以命题管理为导向重构质量提升新模式,从区域层面专题培训到校本研修指导,不断改进研训策略,促进教师评价能力的提升。西湖区的做法主要有以下几点:一是各校把命题能力的培训与提升作为校本研修的关键内容,并把命题纳入青年教师演练的项目之一;二是学科特级、首席教师工作室把命题能力的提升作为工作室重点研究项目,构建命题智库;三是学科教研员加大命题能力的培训、交流与展示平台建设,并纳入区学科发展三年规划。通过校本培训、名师工作室辐射、区域学科引领三级研训,形成区域整体推进、学校校本化实施的纵深局面,促进研训整体化带动、协同化提升的模式的形成。

(四) 改进质量管理,创新区校两级评价方式

考试评价从注重结果分析导向过程诊断,是区域深化评价改革,使评价真正落地的关键。实践中,西湖区评价机制和手段在区校两级层面都有了实践性创新,区域以项目制监测推进中小学生发展性评价,在一、二年级取消纸笔测验的同时,取消了三至六年级期末统一提供样卷的做法,倡导学校自主命题。“把评价还权于学校,还权于教师,实现教、学、评一体”是西湖区教育新一轮评价实践的新主张。必须打破片面关注学业质量、片面依赖统考统测的质量管理固化思维,把区域小学阶段教育质量监测纳入学校教学质量管理改革中。实践性创新的主要特色体现在四个方面:一是架构期末监测年级抽测班级与考试班级相结合的评价模式;二是采用区域提供抽测学科分项分数,由学校根据本校学业水平状况划定等级标准的评价方法;三是形成由学校自主研究命题开展学业评价,区教师进修学校负责试卷评估的评价机制;四是促进学校树立质量管理意识,重构校本质量管理机制,促进教师对学科标准与命题质量的研究。

四、实践性评价探索的成效和思考

(一) 以项目制监测为载体,促进学科关键能力研究

西湖区通过项目制监测,以质量监测来促进教育问责、教育公平和教育发展,充分体现“德育为先、能力为重、全面发展”的重要思想,激活教师的质量意识,促进教育质量提升。通过学科核心素养和关键能力研究,构建基于学科关键能力的标

准、要素结构和评价模型，聚焦学科内容标准和质量标准，通过区域、学校教研等多种形式研讨，将指标融入课程之中，引领教师对学习过程和学习结果的评价，促进教研模式创新，为区域深化课程教学改革提供方向和路径。

（二）以学科关键能力为路径，有效促进教师专业发展

学科关键能力是基于课程标准的解读与领悟，对课程目标的学科性分解与落实，是一种介于课程目标与教学目标之间的学科指向。西湖区回答了学科核心素养和关键能力、构成要素，以及学科质量标准是什么、为什么、怎么评价等问题，进一步强化教师对课程标准的把握，形成学科核心素养、关键内容图谱和能力结构，促使教师加深学科理解、加强学科属性建设，促进课堂教学的深层变革，改变教与学的方式，提升教师的专业能力综合发展。

（三）以校本评价实践为导向，促进学校特色发展

评价植根学校本土文化，是学校各项改革发展绕不开的主题之一，以评促发展、不断推进学校内涵发展是评价改革的重要组成部分。西湖区始终以校本化评价实践为方向，在实践中涌现出一批改革特色学校。有些学校的评价体系体现校园文化，如星洲小学“百分百星教育”评价体系、行知小学“生活力”综合素质评价体系、文三教育集团基于“学分制”的全学段评价体系等；有些学校的评价借助信息技术，如育才外国语云课堂和手机客户端3D学校管理app、袁浦中学基于电子信息平台的晋级式评价体系、九莲小学“漫学园云平台”评价体系等，都展示了评价改革在西湖校园里的生动实践。

孔建美（杭州市西湖区教师进修学校）

第七节　表现性评价的设计与实施[①]

近两年来，表现性评价（performance assessment）成为我国教育评价领域的热点话题。它指的是在尽量合乎真实的情境中，运用评分工具对学生完成复杂任务的过程表现或（与）结果做出判断[②]的一种教育方法。作为传统纸笔测验评价形式的重要补充，它强调学生的主体性、注重评价过程、重视评价任务的真实性并着眼学生发展，受到中小学校的广泛关注与逐步推广。

但是，据调研发现，一些学校在期末进行着各类的"游园""闯关"等活动。这些都是表现性评价吗？从表现性评价的定义来看，教师通常需要设置一个真实或模拟真实情境的复杂任务，鼓励学生主动运用和建构知识来完成这个任务，然后运用评分工具对学生完成任务的过程与成果进行判断。可见，并非采用活动形式的评价就是表现性评价。表现性评价需要学生自己主动去建构答案，它是一种建构性的或者说是创新性的行为，指向的是深度学习，而非浅层的只需要了解掌握的简单知识或操作[③]。同时，从定义中可以看出，实施表现性评价，一要有要求学生执行的表现性任务，二要有用以判断结果和表现的评价标准。而表现性任务和评分标准都是依据我们期望学生能表现出来的学习结果而设计和开发的[④]。因此，学习目标、表现性任务、评分工具就构成了表现性评价的三个核心要素。

一、适宜采用表现性评价的学习目标

如果只想评价学生对特定事实的回忆，对基本概念和简单技能的掌握情况，那么表现性评价并不合适，更合适的方法可能是选择题或填空题。但如果想知道学生能用所学的知识做什么，他们能否利用这些知识进行合理的推理论证，能否在一个新情境中进行迁移，是否可以完成那些需要高阶思维和技能的任务，比如文学作品

① 本文发表在《基础教育课程》2018年第11期上。
② 周文叶.中小学表现性评价的理论与技术[M].上海：华东师范大学出版社，2014.
③ 周文叶.表现性评价：指向深度学习[J].教育评价与测量，2018(7).
④ 周文叶.中小学表现性评价的理论与技术[M].上海：华东师范大学出版社，2014.

分析、数学问题建模、科学实验设计与探究等,那么更合适的可能就是表现性评价。

传统的纸笔测验所能测量的东西通常是非常有限的,原因之一是它的形式。传统纸笔测验一般采用选择题、是非判断题、填空题、简答题等,他们只需要学生给出一个答案就可以了。这些形式的题目也是有用的,他们能够快速地评价学生对特定的事实信息、基本概念与技能的掌握情况。但对于评价学生真正理解了什么、运用这些已学知识能做什么、能否很好地将自己的所学知识应用到现实的情境和问题中去,这些传统的评价形式就有很大局限性。而表现性评价正好弥补了这一缺陷。表现性评价不仅评价学生知道了什么,更重要的是评价学生能做什么;不仅评价学生表现的结果,更重要的是评价学生表现的过程;不仅是对某个学习领域、某方面能力的评价,更重要的是对学生综合运用已有知识进行实作与表现能力的评价①。

二、表现性任务的设计

(一)任务取材设置的情境化

表现性评价是检测学生在真实或模拟真实的情境下运用已有的认知方式、行为方式、道德品质等方面的能力,因此表现性任务的设计需要营造尽可能真实的生活情境。

如杭州市长寿桥小学的测评项目"交通厅",需要学生根据要求选择合理的交通方式并购票和购物。该任务围绕数学学科素养进行,特别关注学生获取信息、解决问题、运算和统筹安排的能力。为了最大化地营造真实的生活情境,该校在场景布置上颇下功夫,设计了四个具有杭州元素的展厅。如在"西湖厅"的教室里挂满西湖绸伞,把窗帘图案换成西湖风光,墙体布置为西湖十景,让学生仿若置身西湖,近距离感受西湖的美。情境化的评价任务一方面通过解决生活情境中的真实任务,让学生自觉、主动地调用所学的知识、技能,在情境问题的解决中展现精神风貌;另一方面也帮助学生认识和解决现实生活中的问题,在体验生活的过程中体会家乡的美,并内化成自己的个性情感。

(二)与综合实践活动相结合

一些学校开展基于项目学习的实践活动。如杭州市金都天长小学一直开展"御

① 周文叶.中小学表现性评价的理论与技术[M].上海:华东师范大学出版社,2014.

街探寻""走读西湖"综合实践,通过两至三天跨学科整合学习,开展项目化、主题式的研究活动。在活动结束后,学生可以根据自己的学习优势,自主选择汇报形式来展示研究成果,可以是调查报告、小论文、PPT演讲、剧本表演、艺术作品等,根据学生完成任务过程的表现和成果展现情况,最后通过互评与教师评价给予等级评定。

杭州市采荷第三小学把期末考试变成阶段性的"作业",让学生们在"实践活动"中展示自己一学期的学习成果。如他们将二年级下学期的实践活动设计成"舌尖上的浙江"。要求学生们实地走访超市,了解浙江美食,调查浙江美食,询问邻居及社区里的人最喜爱的浙江美食,编写综合小报。这既可以培养学生日常生活口语交际的能力,又能够测试学生的数据收集、整理能力和推理能力[详见本章第一节中"(三)运用流行元素构建的'实践活动'"部分]。

(三) 跨学科评价内容的整合

一些不同学科同类项目的评价内容可以进行整合,以项目的形式开展评价,这不仅可以减轻学生过重的课业负担,还有利于消解他们的心理压力。

如平阳县鳌江小学将三年级数学"测量物体的长度、质量、周长"的评价项目和科学"测量水的温度"的评价项目整合,设计"水的研究"评价项目,让学生观察水的特征、测量水的温度、度量水在杯子中的高度等。

案例6.5

你见过浪费水的现象吗?请你观察并找到一个不小心没有关紧的水龙头,用杯子接12个小时,估一估大约有多少水。明天带到学校里来玩游戏哦!

【评价流程】

第一步:你昨天在接水的时候,观察过水的特点吗?请你描述一下。(透明、无色、无味、会流动的液体、能占据一定的空间)这里大约有多少水?(用体积或质量单位表述)提供量筒进行体积验证。

第二步:请用直尺测量水的高度,并想一想用什么作为单位比较合适(毫米或厘米)。

第三步:使用温度计测量水的温度,并正确读数。

(四) 任务设计是一个不断修改迭代的过程

任务设计的好坏直接关系到表现性评价是否有效。所以一个良好的表现性任务的研制往往需要一段时间的不断修改与完善。如绍兴市上虞区滨江小学在二年级上册的数学游考中，表现性任务的设计就改了四稿。第一稿为“侦破小区盗窃案”，要求学生根据提供的信息分析推断出谁是罪犯并给出推断依据。这个设计有情景、有童趣、重应用，但知识点的考核有局限性。第二稿由“我是侦察兵、我是精算师、我是惜时人、我是思维星”四个模块组成。每个模块都有一些小任务。如在“我是侦察兵”模块中设计了三个任务：在考场中找锐角、直角、钝角各一个，并一边摸一边指出角各部分的名称；选取合适的测量工具去测量考场中某一物体或场景的长度；用三个小正方体拼成一个自己喜欢的图形，站在不同位置看一看，将在不同位置看到的图形说一说。这个方案内容全面，覆盖整册教材，生活化、可操作，但缺少趣味性。到了第四稿时，仍是分成几个模块，但它更具趣味性。如其中一个模块“携手做窗花”要求学生“裁剪一个边长八厘米的正方形；在老师指导下折一折，辨一辨折好后的图形中角的类型，做好不同的标记；合作拼成一个窗花并粘贴好”。第四稿方案融知识性、趣味性、实践性为一体，且操作性强，效果不错。

这个过程不仅体现了任务设计的迭代，同时也强调了我们在设计任务时需要考虑问题情境的合理设置（第二稿存在不足）及对任务的有效分析（第一稿存在不足）。设置情境时需要考虑该情境是否能引发学生展示出我们预期的表现结果；是否能自然地激起学生的兴趣；是否符合学生的认知发展水平；是否能用学生理解的方式来描述问题，并能很好地突出问题考查的知识点；也要考虑问题的可操作性，即学生能否在给定的时间内，利用可找到的资源，进行充分的探究；同时要考虑学生对于问题情境的熟悉程度，不能有些学生对情境是熟悉的，而有些学生对情境感到很陌生，这样就会产生公平性问题。

对任务的有效分析需要做到两步。一是分析初识状态：在设计表现性任务的时候，必须明确完成这个任务学生必须具有的基础知识及技能，即这项任务对学生的基本要求是什么，同时也要明确学生已经具备的基本特征。因为不弄清楚这两个问题，就不能确定所设计的任务对学生而言是否具有挑战性，是否符合学生最近发展区的特征，而这两者是最有利于学生学习的。二是分析过程：明确完成这个任务的过程中学生要经历的认知过程，这有利于帮助我们认识学生是如何来完成这个任务的，以及完成任务中哪些方面是最重要的、最值得评价的，也就是我们通过这个任务可以对学生进行评价的点在哪里。

三、评分工具的设计

在表现性评价中，常见的评分工具主要有三种，核查表（检核表）、采点记分法、量规。

核查表是一个包含了学生表现的各种特征的简单列表。它通常将一系列观察的特质或行为列出，观察时只对某项特质或行为做"有"或"无"的判断，不关注表现的质量水平。特别适用于现场表现评价。采点记分法是对任务预期表现结果的每个组成部分赋予一定的分数，达到了某一部分就给分。这两种方法都比较简单，反馈的作用不大。在表现性评价中运用最多也最有用的是量规。

量规能够对学生作品的质量进行判断和测量，可分为整体性量规和分析性量规。整体性量规把学生的表现看作一个整体，对其给出一个单一的评价。如2017年嘉兴市南湖区小学语文习作专项测评中的量规。最初，他们使用的是整体性量规（见表6.13，有改动），分为四个水平，每个水平均有一段描述，在这段描述中包含了学生表现的不同方面的特征。当教师使用整体性量规评价时，需要综合考虑各个因素，对这些因素进行总体权衡，最后给出一个最能概括学生整体表现的等级评价。显然，学生拿到的只是一个等级结论，但他不知道自己哪项技能达到标准，哪些还没有，这样的评价结论对于学生的提高没有很大的帮助。但教师使用起来比较容易，所需的时间也较少。后来南湖区改进了这个量规，把它变成了分析性量规（见下页表6.14，有改动）。分析性量规将要评价的表现分解成几个维度，对他们分别做出评价。学生的习作表现被分成四个维度进行评价，每个维度均有四个表现等级的描述，通过对每一个维度进行单独评价，学生就可以得知自己习作的各个方面处于什么水平，哪些地方做得好、哪些地方需要改进。所以利用分析性量规可以得到关于其作品的精确反馈，对学生提高学习帮助大。但教师评价比较费时。

表6.13　学生习作综合评分标准

A	能选择"六一"儿童节的，学校组织的一个活动或几个场景。能按一定顺序并详略得当地进行叙述。语句通顺，用词准确、丰富；能运用具体的写作方法和恰当的修辞手法把一个活动或几个场景写得具体、生动。能恰当地表达自己的真情实感。书写正确、端正、美观，基本无涂改；能恰当运用标点符号
B	能选择"六一"儿童节的，学校组织的活动或场景。能按一定顺序并详略得当地进行叙述。语句通顺，用词准确；能运用一定的写作方法和恰当的修辞手法描写一个活动或几个场景。能表达自己的真情实感。书写正确、端正，但涂改较多；能准确运用标点符号

续表

C	能选择“六一”儿童节的，但不是学校组织的活动或场景。叙述条理不清楚，详略不分。语句不通顺，用词不够准确；偶尔能运用修辞手法描写一个活动或场景。基本能表达自己的真情实感。书写不够端正；错别字较多
D	不是“六一”儿童节的，也不是学校组织的活动或场景。逻辑比较混乱，未形成基本的框架。语义不连贯或词不达意。不能够表达自己的真情实感。错别字多，影响辨认

表6.14　学生习作评分细则

维度 等级	材料选择	组织材料	语言表达	情感表达	基本要求
A	能选择“六一”儿童节的，学校组织的一个活动或几个场景	能按一定顺序并详略得当地进行叙述。如活动叙述时，能按事情发展顺叙、倒叙、插叙等；场景描写时，能按地点转换顺序、时间顺序等	语句通顺，用词准确、丰富；能运用具体的写作方法（如正面描写、侧面烘托、点面结合等）和恰当的修辞手法把一个活动或几个场景写具体、生动	能恰当地表达自己的真情实感	书写正确、端正、美观，基本无涂改；能恰当运用标点符号
B	能选择“六一”儿童节的，学校组织的活动或场景	能按一定顺序并有详略地进行叙述。如活动叙述时，按事情发展顺叙、倒叙、插叙等；场景描写时，注意地点转换，时间顺序等	语句通顺，用词准确；能运用一定的写作方法（如正面描写、侧面烘托、点面结合等）和恰当的修辞手法描写一个活动或几个场景	能表达自己的真情实感	书写正确、端正，涂改较多；能准确运用标点符号
C	能选择“六一”儿童节的，但不是学校组织的活动或场景	叙述条理不清楚，详略不分	语句不通顺，用词不够准确；偶尔能运用修辞手法描写一个活动或几个场景	基本能表达自己的真情实感	书写不够端正；错别字较多
D	不是“六一”儿童节的，也不是学校组织的活动或场景	逻辑比较混乱，未形成基本的框架	语义不连贯，或词不达意	不能够表达自己的真情实感	错别字多，影响辨认

四、表现性评价的实施

（一）表现性评价未必就是实践性评价

不难发现，学校探索的一些表现性任务形式大多是一些实践活动、项目学习、实验与调查等非纸笔的形式。其实表现性评价也可采用纸笔任务形式。可能一些老师直觉上认为表现性评价就应该“动手做出来”。但其实论述题和问题解决题这类任务也可以作为表现性任务。如“小丽手里有1张100元纸币,放学后她去文具店买一只价值20元的文具盒,店员将零钱找给小丽,小丽数了数,有1张50元、1张10元、1张5元、5张1元纸币,店员找给小丽的钱对吗?你是怎么思考的?如果你是店员,你会怎么组合不同面值的纸币找给小丽?”这道题不仅考查学生是否掌握了人民币面值、大小的比较、等值兑换,而且老师也可以知道不同的学生是如何解决问题的,他们使用的策略是什么。它不同于简单的填空题如“1张10元=(　　)张5元”等。其实我们只需改变测评的视角,换一种方式提问,把学生的思维过程外显出来即可。因此老师们不要以为设计表现性评价很难,有一些复杂的表现性任务确实需要花费很大的精力,但我们也可以从小处着手,先学习设计使用一些简单实用的表现性评价。

(二)表现性评价可以化为促进日常学习的教育方法

2014年,浙江省教育厅明文制止小学低段的学业“统测”和期末纸笔测验。在这一背景下,许多学校积极探索推行体现儿童特点的多维学习目标的实践性任务评价,不同形式的“游园考试”应运而生。但这些表现性评价基本都聚集在期末,或者是某个阶段性测评,很少配合平时的教学来实施。

内容同样是“人民币”的两节小学一年级数学课。A教师按照知识点讲授,B教师则不同,她给学生准备了红包(里面有不同面值的纸币和硬币),创造了一个买东西的场景,教会了学生正确使用人民币。很显然,B教师在课堂上使用了表现性评价,学生对人民币有了更直观的感受,这堂课的教学效果更好。我们都知道掌握人民币的知识是为了在日常生活中正确使用人民币,而不仅是为了解题。所以希望更多的老师对待每一节课都像对待公开课一样,将教学效果发挥到最好。

(三)要重视表现性评价的信度与效度

在推行表现性评价时,要警惕形式主义。表现性评价只是传统纸笔测验的补充,纸笔测验具有考查信息量大、知识覆盖面广、效率高、操作简单等优点,是表现性评价无法替代的,千万不能为了表现性评价而通过“表现”来评价。

从前文所述的绍兴市上虞区滨江小学“四易其稿”的例子中,我们可以看出,一项良好的“表现性评价”一定是精心设计、反复修改完善的。这不仅需要精力,更需要技术。相对于传统纸笔测验的命制,表现性评价的实施对教师的要求更高。教师的工作不仅仅是在学生的试卷上判断对错、打上分数,还要设计有效的评价任务、合理的评价标准,并依据评价标准对学生在过程中的表现进行观察分析,最后对学生的表现做出判断。

要保证表现性评价的质量,离不开信度和效度。不同于传统纸笔测验有唯一正确的标准答案,表现性评价一般没有统一的标准答案,需要教师对照评分标准来评价学生的表现,这难免会带有个人主观性,造成评价结果的不一致,从而使得信度降低。解决这一问题的一个方法就是在评价前组织参与评价的教师培训,一起讨论分析评分标准,使评价者对评分的标准有正确的理解,对评价的重点达成共识。

效度,即我们如何确定我们设计的任务能有效地评价学生在该方面的能力。Haertel(1992)曾提出过解决此问题的办法,认为通过深入了解学生在完成任务中的具体过程能加强表现性评价的结构效度,如在评定期间让学生谈论任务,或运用任务后座谈的方法来探究完成任务所运用的技能,让教师能得到更多学生的内在信息,知道学生是怎么想、怎么做的,从而提高评价的效度①。这也是之前在讲任务设计时需要注意的对任务的分析。总之,表现性评价的实施是一个不断修改完善的过程,应尽量用“精”的任务去“精准”地评价学生,得到“精确”的结果。

马　婷(浙江省教育厅教研室)

① 吴晨.基于学业评价改革的小学数学表现性评价的运用研究[D].上海:上海师范大学,2013.

第八节　区域推进小学项目化学习评价的实践探索

项目化学习评价,是通过真实的综合性的任务,评价学生知识理解与运用知识解决问题的能力而采用的一种学业评价方式。它指的是项目化的关于学生学习的评价,而非狭义的"项目化学习"的评价。其中的"项目"宽泛地包括大小不等的测评任务。一方面,它能真实反映某些在纸笔测试中难以评价的学习目标;另一方面,它有利于展现学生真正理解与掌握的情况。综合性、互动性、选择性是其特征。在评价过程中,将项目化学习任务融入评价活动,使得评价过程既是促进学习的活动,又是一种学习(高阶认知活动)。

区域推进小学项目化学习评价是平阳县教育评价改革的重要工程。它坚持"学为中心"的理念,突出学生的"学力"培养,按照"以评导教,以评促学,以评优管"的总体思路,践行"人人过关,乐学善学"与"我爱学习"的理念,回归评价的学习功能。

一、项目化学习评价的要领

项目化学习评价活动包括规则、情境、工具和测评方式(技术要领)四大要素。其测评方式主要有现场测评与日常学习表现评价两种(见图6.8)。

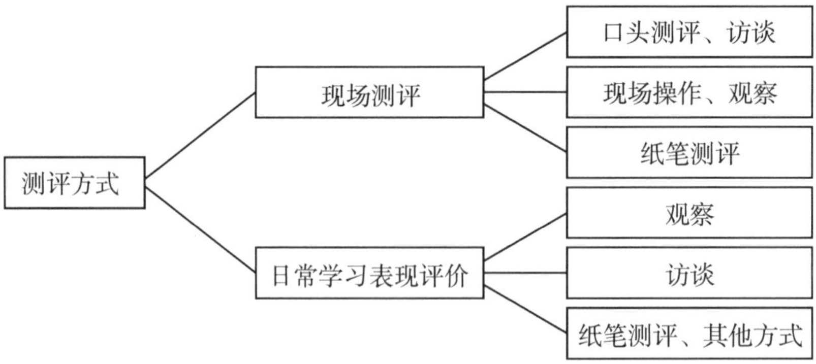

图6.8　项目化学习评价的测评方式

（一）项目化学习评价的操作要领

人人过关。项目化学习评价追求“人人过关”，夯实底线教育，有效达成“人人合格”。

学评结合。将项目化学习任务融入评价活动，实现“学习—评价”互相促进。关注“乐学”情感的培育和学习方法的指导，在生动有趣的真实场景和互动情境中开展学评活动。

学力取向。重视“学力”培养，指向学科关键能力和核心素养，体现认识结构的合理性，关注高阶能力及综合素养的形成与发展。

习惯为重。十分重视习惯的养成，这是“培根”教育。把适量的负担加在学生感兴趣的方面，调动学生学习的内驱力，激发学生兴趣，助力习惯的养成。在课前、课堂、课后及测评活动的全程都必须一以贯之地培养学习习惯，为后续的学习生活奠基。

（二）项目化学习评价的意义

从单项测评走向综合评价。就一门学科的测评活动而言，设计单项的测评学习项目，可以指向本学科的关键能力和综合素养的学习和评价；就多门学科的综合测评活动而言，设计一个测评学习项目，可以涉及多门学科的综合能力和素养的学习和评价。

从零散组织走向系统管理。平阳县把一至六年级共计12个学期的测评学习项目做了整体设计，以《“我爱学习”活动手册》为载体，将原来相对零散的测评工作进行整合，逐步系统化，不断提升项目化学习评价的品质。测评手册也是学习手册，相关信息一目了然。

从阶段性测评走向日常学习表现评价。项目化学习评价的理想状态就是在日常学习过程中实现“学评结合”。如今，平阳县各小学已将测评活动从原先的阶段性、集中测评逐步分散到日常学习之中，使之成为常态化的“学评结合”活动。

二、项目化学习评价工具的研发

不同的测评方式对操作性资源有不同的需求。因此，需要研发相应的评价工具。评价工具需注重实用性，便于一线教师操作。在操作层面，涉及项目设计、评价标准、试题、“小评价师”的引导语等工具。下面开发非纸笔测评所需的评价工具为例。

(一)评价工具研发的基本原则

一是独立命题和征集评比相结合。把"项目组"的独立命题和全县范围的命题征集评比活动相结合,"双轨运行",优势互补。

二是科学性和合理性相结合。科学性指的是命题要基于课标,合理性指的是命题要尊重学情。科学性和合理性并行不悖。

三是均衡性和个体差异相结合。平阳县学校分布在城镇、近郊、山乡,各地校情、学情差距悬殊。因此,命题要兼顾均衡和差异。对学生个体而言,如果因发挥失常或特殊情况对测评结果不满意,可以申请"二次测评"。

(二)非纸笔测评项目的开发

语文共五项:	数学共五项:
(1)非纸笔和纸笔:识字与写字;	(1)纸笔:数字书写和计算;
(2)非纸笔:课内外朗读;	(2)非纸笔:口算与听算;
(3)非纸笔:看图说话(口语交际);	(3)非纸笔:观察—动手—口述(问题解决);
(4)非纸笔和纸笔:作业展评;	(4)非纸笔和纸笔:作业展评;
(5)非纸笔:日常学习表现评价(观察记录)。	(5)非纸笔:日常学习表现评价(观察记录)。

图6.9 一年级语文和数学测评项目开发图

非纸笔测评项目指向学力的培养,与纸笔测评互为补充。如一年级语文非纸笔测评项目为识字、课内外朗读、看图说话(口语交际)等板块,三年级英语非纸笔测评项目为口语、听力、朗读等板块,科学学科则突出"实验操作"现场测评。

(三)星级制测评标准的研制

相比传统的纸笔测试,项目化学习评价更加关注标准的过程性和个性化。因此,如何基于测评目标,研制具有内在一致性的测评标准,是项目化学习评价的一个关键要素。为此,平阳县从两个环节加以保障,一是建立标准研制流程(见下页图6.10);二是扩大标准研制人员。

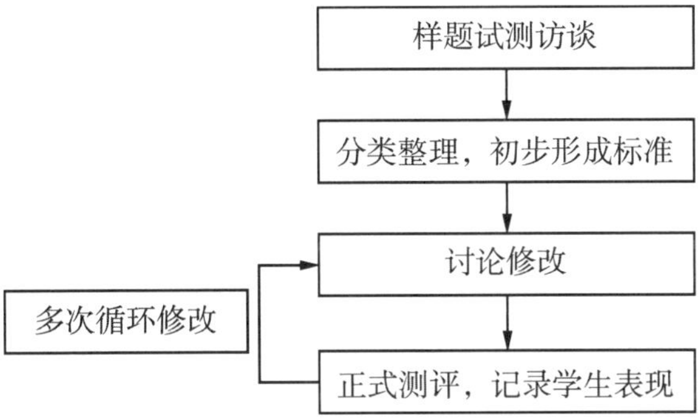

图6.10 测评标准研制流程图

标准研制人员包括学科老师、非学科老师和作为“小评价师”的学生。学科老师从学科角度把握标准设定的科学性；非学科老师从学生身心发展、学习生活经历的角度加以补充矫正；“小评价师”则从学生的言语表达和思维的角度补充矫正。

（四）“小评价师”引导语的专业设计

“小评价师”能发挥同伴互评的优势。如“同伴话语”的优势是专业教师无法替代的。调查发现，学生乐意接受评价，其中一个原因就是“小评价师”的“同伴话语系统”与之匹配。“小评价师”的话语既要求明确、符合测评标准，又因人而异，具有一定的引导和激励作用。因此，设计引导语十分讲究语境性、标准化与合理性兼顾。

（五）非纸笔测评活动的统筹安排

统筹安排既能保证一个学期测评活动的整体性，又能保证学评过程的充分展开。日常学习表现测评贯穿学期的始终，重在培育良好的学习习惯。因此，《日常学习表现测评表》内容涉及课前准备、课堂表现、书写素养、作业态度四个方面，实施多主体、多向度的测评。

表6.15 阶段性测评活动中测评项目安排总表(一年级数学)

测评内容	测评形式和操作办法	测评者	完成形式	测评时间
作业展评	……	生评(“小评价师”)、师评	纸笔、非纸笔	期中、期末各一次
“观察—动手—口述”	根据非纸笔的试题(三选一)要求完成[内容涉及观察、动手、口述(解决问题)等]		非纸笔(表现性测评)	第19周
……	……	……	……	……

三、项目化学习评价的运行机制

项目化学习评价的运行机制包括四个方面：一是引擎机制；二是过程调控机制；三是“小评价师”的培养机制；四是结果的反馈机制。四者相对独立，发挥各自的功能，又互相配合，共同完成各个环节的任务。

（一）项目化学习评价的引擎机制

星级报告单可以直观反映一个学期项目化学习评价的概貌，以此为引擎，驱动教师、学生、家长等自觉完成相关任务。如表6.16的二年级语文的项目化学习评价星级报告单（试行）。

表6.16　项目化学习评价星级报告单（试行）

学科	内　容		自己评一评	“小评价师”评一评	老师评一评	家长的话
语文	平时	识字与写字				
		作业展评				
		习惯表现				
		享受阅读				
	笔试	单项测评				
	面试	口语交际				
【温馨提示】“家长的话”一栏，请家长分别评一评孩子的学习情况：在语文学习上，哪些方面表现比较好（特别好），或有哪些相对薄弱的地方，以及对孩子学习的建议等						

注：①为了学生、家长等相关人员能直观了解，在星级评价报告单中，我们将“日常学习表现测评”“纸笔测评”和“非纸笔”三种术语相应地换成“平时”“笔试”“面试”。②空的一栏，可由学校添加项目

（二）项目化学习评价的过程调控机制

和纸笔测评相比，项目化学习评价的现场性、个性化等特点，给测评的组织带来很大的挑战。为此，平阳县从两个角度加强了操作流程的规范化：横向上，明确人员分工；纵向上，细化操作流程，细致规定了现场测评的组织工作。常规的测评流程可见下页图6.11，个性化的测评项目则由学校自行设计流程。

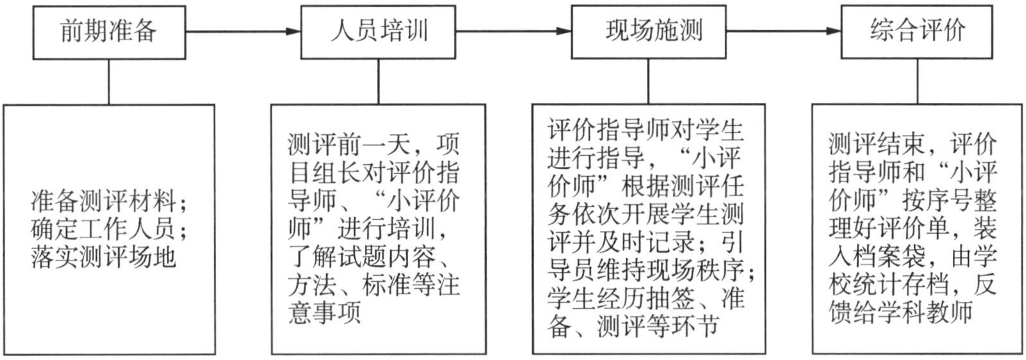

图6.11 项目化学习评价测评流程图

（三）项目化学习评价中“小评价师”的培养机制

项目化学习评价催生了一批又一批“小评价师”。在测评现场，“小评价师”是观察员和评判员；在测评幕后，“小评价师”是测评任务的开发者和测评标准研制的参与者。“小评价师”既能解决测评人员需求量大的问题，又能发挥“评价即学习”的作用。而“小评价师”的评价是否精准，决定了整项工作的科学性和后续开展的可持续性。这涉及“小评价师”的评聘标准、办法以及培养思路等方面。

关于“小评价师”的评聘标准：一方面，需要较高的学科素养，不仅自己能正确完成测评任务，能理解测评背后的目标指向，还要能判断测评学生的目标达成程度；另一方面，需要具有较高的综合素质，如表达能力、协调能力、捕捉信息能力等。

关于“小评价师”的评聘办法：班级和校级共同推行“小评价师制”，包括“晋级与评选机制”和“受聘任与评价权利”。其中，一星级“小评价师”、二星级“小评价师”由班主任评聘；三星级及以上“小评价师”由校级项目组评聘；四星级及以上“小评价师”可参与校级组织的跨班级、跨年段的学业项目评价活动，进入校级项目组的“小评价师智库名录”。聘任“小评价师”严格执行以下程序：自主申报—现场展评—学习与培训—颁发聘书。

关于“小评价师”的培养思路：一是“选优—培优”策略，即根据“项目选人”，凸显项目需求，选择在某一项目的学习上有明显优势的学生担任“小评价师”；二是“培优—扶差”策略，即学习和评价活动有机整合，凸显学情需求，借助“小评价师”的介入，进行同伴互助。

（四）项目化学习评价的反馈机制

通过填报《非纸笔测评的试题编制与现场组织工作的评价与建议表》等途径，

广泛征求师生对项目组试题编制与现场组织工作等方面的建设性意见,并及时反馈与交流。如对测评任务的优缺点、学生作答特殊点的记录进行整理后反馈给学科教师和学科项目负责人,以便进一步完善测评任务的命制和标准的研制;又如课堂练习反馈时,由"小评价师"帮助查补,可以更有效地发现学习困难伙伴的学习薄弱点,这样既可以及时反馈,又是一种鞭策鼓励;再如教师根据测评记录单,梳理教、学、评各方面的不足,为改进教学提供支持。

四、项目化学习评价促进课堂的变革

评价是学习的终点,也是学习的起点,应实现"以评促学";评价是教学的终点也是教学的起点,应达到"以评导教"。以评促学、以评导教,从目标上考量,这是基于标准的评价,逻辑上与"基于标准的教学"相统一。因此,以评价为导向和切入点引导和倒逼课堂变革成为可能,这也是必然的选择。

(一)基于课程目标的课堂学习

项目化学习评价基于标准,设计"学力"取向的学习目标和测评内容,活动既考查学习成果也展示学习过程,又体现认识结构的合理性。评价也是学习,项目化学习评价更能接近学科本质。比如,数学测评方式是"观察—动手—口述",不仅重视记忆、理解,更多涉及应用、分析等高阶能力要求。可见,在测评标准引领的课堂学习中,基于课程目标开展的学评结合,目标集中,"教—学—评"一致性高(见表6.17)。

表6.17　数学"解决问题"的学评活动

项目	内容	测评标准	学习领域	学习和测评要点
解决问题	根据教材内容及要求设计问题(四选一)	5☆ A. 能够从问题情境中提取信息,能独立正确解决问题,并对解答方法做简单的解释说明 B. 对解答的结果和方法能自觉地进行检验、回顾与反思 4☆(略) 3☆(略)	数学	1. 是否能说明已经知道了什么?要求的问题是什么 2. 解答是否正确?能否对解答方法做简单的解释 3. 能否自觉进行检验与反思

(二)力求转变学习方式的课堂学习

真正的学习是怎样发生的?怎样的学习活动才能直抵学习的本质?根据学习金

字塔理论，在课堂教学某个环节，发挥自主学习、自主评价的优势，使学习目标要求、测评标准根据学生的讨论生成。比如，英语课堂测评标准采纳学生的意见(见表6.18)；又如“小老师”“教同伴学”(“小评价师”在日常学习过程中担任“小老师”)，转变了学习方式，强化了优势“学力”，学生学习主动而高效。

表6.18　英语学科学生参与研制的测评标准(加粗部分为学生讨论所得)

项目	测评内容	折合星级
语言能力(3分)	A. 发音准确清晰，语调自然流畅，语速恰当；**语调正确，语法和词汇应用正确，能用较多语法结构较复杂的语句，反应快**(3分) B. 发音较准确清晰，语调较自然流畅，语速较恰当；**语法和词语应用基本正确，发音较标准，母语口音不明显，反应能力一般**(2分) C. (略)(1分) D. (略)(0分)	
表达内容(4分)	(略)	

(三) 指向课堂结构重建的课堂学习

将测评元素与课堂学习活动设计相结合，课堂的结构必然随着新元素的植入而发生变化。“学评结合”的课堂活动，以真实的活动情境为外壳，将测评任务植入其中，学生参加的是“无压力”的测评活动，学评融为一体。以口语测评课《“能不能撒谎”》的板块三为例，看课堂结构的变化。

案例6.6

板块三：结果呈现(测评后的整理与反思)

观察者(离开场地，十分钟互动交流)：六位场外观察教师和六位场内观察教师与观察者交流。

观察者(进入课堂，十分钟反馈)：对每一个孩子的倾听能力与口语交际能力进行评价，并提出意见，使孩子明白如何说更好、如何听更佳。

互动研讨，可促进课堂结构的重建。这样的课堂结构显然有别于以往的样式，采用有针对性的互动学习，评价者适时融入，既有效达成活动目标，又悄然完成了对每一个学生的测评，有利于实现“人人过关，人人发展”的理念。

（四）彰显多元价值的课堂学习

按照“学力取向”设计学评活动，强调现场的操作、体验和表达，有争议、有合作，更有利于深化课程学习，还可以弥补纸笔测评的缺陷。学习过程的充分展开，体现出对学生的深度学习能力和评价能力、交流意识、主动应对挑战等高阶能力的培养。

以“学评结合”为特征的课堂学习，注重采用现场互动方式，这样不仅可以了解学习者的学科关键能力，还可以关注学习者的学习过程及方法，甚至可以观察和判断学习者的情感态度，打通学科之间的界限，打通学习和生活之间的界限，提高学生的综合能力和素养。从核心素养的发展看现场互动学习和测评，可以发现课堂教学从观念到行为正在发生深刻的变化，项目化学习评价正折射出多元的价值。

纪相钊（平阳县教师发展中心）

第九节 项目化学习评价工具的研发和应用

平阳县鳌江小学(以下简称“鳌小”)较早开始小学生学业评价方式的改革,后来发展提出项目化学习评价的框架。项目化学习评价指的是围绕学科关键能力和核心素养,设计学习活动及相关的测评项目,开展以学生为主体、以课程标准为依据、以学力为价值取向的、阶段性的学生学业水平与进步的测评活动。平阳县已在全县小学推广这一评价方式。

一、研究探索的历程

(一)从安安静静的期末纸笔测评到热热闹闹的“口头测评”活动

以往的以一张试卷来评定学生学习结果的做法是不科学、不全面的。我们应对学生的学业水平、学习能力、学习过程、学习习惯等方面做全面的评定。如语文学科有些知识点适合书面笔试,有些知识点却适合口头测评。2007年9月,鳌小率先取消一、二年级的语文、数学两科的笔试,改为口头测评。在此后几年中,“口头测评”形式在全校各学科、各年级中“开枝散叶”。随着测评学科的增加,评价内容也更加丰富。以一、二年级的数学为例,我们增加了数字书写、口算过关、作业展评、观察口述等项目,力图评价更加多元、立体。

于是,原来临近期末就会“静悄悄”的校园变得热闹起来:朗读声、交流声、笑声、歌声……这样的评价经历给孩子们带来了快乐,也给校园带来了活跃与灵动的氛围。

在评价改革初期,教师反映全由教师来主持测评,工作量太大,效果也不好。于是,鳌小尝试采用学生管理学生的方式,培养高年级的学生做“小评价员”或“小小引导员”,替代教师开展测评或帮助引导低年级学生完成评价项目。这样的做法,不仅减少了老师的工作量,而且在引导员的带领及鼓励下参加测评的低年级学生会更有信心,评价员们也得到了更好的锻炼。

渐渐地,每个项目都形成了比较完整的评价流程。每学期期末,鳌小会利用一天的时间组织“快乐游园会”“智力大闯关”等形式的口头测评活动,让孩子们在轻松的游戏过程中，完成各种项目的评价工作。

（二）从单一的期末口头测评到多元的阶段性项目化学习评价

2015年，鳌小开始尝试将原来关注“知识掌握”的评价标准向关注“学科素养与能力”转变，从而完善学业质量标准，提出项目化学习评价方案。

根据项目化学习评价的理念，期末口头测评活动改进为阶段性的项目评价活动。教师在教学中可以根据自己的教学进度、内容随时开展测评活动；在测评中，除了评价学生的知识掌握情况，还要关注学生的“学科关键能力”或“学科核心素养”。比如针对“语言素养”，可以在一年级教学“拼音”之后开展的“拼音认读”检测中评价，也可以在教学了“认识人民币”之后安排的“现场模拟商场”检测中评价，还可以在三年级“英语口语交际”测评活动中再评价……

在这一阶段，可以发现原来用于学生评价的一张一张的评价单，不但不好整理，而且不能反映学生的学习过程与进步。为使评价活动更加简单、有效，方便教师适时开展，帮助家长及时了解孩子阶段性的学习情况，学校研制了《鳌江小学“我爱学习”评价活动学生手册》与《鳌江小学“我爱学习”评价活动教师手册》。这一评价工具的研发，促进了项目化学习评价活动的开展。

（三）从分项目测评到“整合测评”

在项目化学习评价实施过程中，教师还发现：就三年级而言，语文的过关项目有八项、数学有六项、英语有五项、科学有五项、美术有三项、音乐有三项、体育有八项，这还不包括拓展性课程的各个项目。如此分解细化的学习测评是否增加了学生的负担？如果能将这些项目进行整合，是否更符合实际，更受学生欢迎？

于是，学校依据百年鳌小的特色文化，开展项目整合，开发出具有鳌小历史气息的试题。在“鳌小人物”“鳌小环境”“鳌小荣誉”等模块中整合进语文、数学、科学、英语、音乐、美术等不同学科的评价活动，并在期末开展“学科大整合”的评价活动。让学生在参与评价活动的过程中，切实感受到百年鳌小的文化，培养学生的综合素养，让教师体会到了整合的好处。

二、项目化学习评价的评价工具的研发

科学的评价工具是实施项目化学习评价的关键。在实践中，鳌小从基础的评价项目的策划、评价工具的研发开始，逐步积累，研制了师生操作手册，开发了网络测

评平台与手机app，让基于标准的项目测评渗透在学生学习过程中，引导学生更好地学习，同时收集积累学生学习进步的信息，便于个性化地管理。

（一）评价工具的要素与开发环节

项目化学习评价是对以往纸笔测评形式的补充和完善，将学生的学习与测评有机整合，在测评中突出了过程性与表现性。为此，鳌小组建了命题团队，合理设计测评任务，科学设置评价标准，制定科学规范的操作流程，提高测评工具的科学性和有效性。

1. 测评任务的设计。

基于课程标准，梳理了其中体现思维过程，侧重操作性、过程性、互动性的目标，进一步转化成可操作的评价目标，并设计相应的评价项目。如三年级科学学科评价项目（见表6.19）的共同点在于都关注了科学学科的核心素养，但不同年级则根据学生身心发展和学习特点的变化而各有区别和侧重。

表6.19　三年级一学期科学学科评价项目

活动内容		所涉及的科学核心素养						检查内容及方式	活动时间
		理性思维	批判质疑	勇于探究	勤于反思	问题解决	技术应用		
观察与描述	观察水生植物	✓		✓				知道水葫芦的特点，通过解剖的方法了解水葫芦浮在水面上的原因	12周
	观察金鱼	✓		✓				观察金鱼，能用画图的方法描述金鱼的外形	12周
实验操作	比较硬度	✓	✓	✓	✓	✓	✓	能通过实验比较四种材料的硬度，能判断出在木条、卡纸、铁钉和塑料尺中，最硬的是铁钉，其余依次是塑料尺、木条和卡纸	20周
	水和食用油的比较	✓	✓	✓	✓	✓	✓	通过比较水和食用油的特点，了解水和油的性质区别	20周
实验操作	空气占据空间吗	✓	✓	✓	✓	✓	✓	通过实验证明空气占据空间	20周
学习过程	作业展评				✓			在学期结束时，检查课堂作业本的整洁度、正确率、字迹、及时订正情况以及老师的评改情况	20周
	学习习惯	✓	✓	✓	✓	✓	✓	利用学习过程评价表，通过自评、组评和师评的方式，综合评价学生在课堂上的学习习惯	20周

续表

活动内容		所涉及的科学核心素养						检查内容及方式	活动时间
		理性思维	批判质疑	勇于探究	勤于反思	问题解决	技术应用		
使用仪器	滴管	✓					✓	会正确取持滴管、会使用滴管吸取液体和滴液滴的方法,使用时不可出现将滴管横放或倒过来放置的现象	课堂评价
	量筒	✓					✓	会正确使用量筒量取正确的液体体积,会正确读数,会使用液体体积单位	课堂评价
课后拓展	做一幅叶子画						✓	课后拓展作业根据实际教学情况布置,能完成其中感兴趣的一项即能过关,完成两项为优秀	6周
	饲养小动物	✓		✓	✓	✓	✓		8周
自主项目		✓	✓	✓	✓	✓	✓	在学期结束时,向任课老师发出申请,主要包括课外科技小制作、趣味小实验等探究活动	19周

测评任务的设计需要考虑两个关键要素:一是测评任务的类型,二是测评任务的情境。测评任务的类型除了需要考虑所要测评的目标外,还需要考虑学科差异、空间与设备条件的限制、学生的发展水平等。如对于英语口语能力的测评,采用“我会说”(根据提供的画面,借助材料中的句型框架和单词库进行简单的描述和说明)和“我会模音”(学生抽签决定朗读其中一份并进行模音)两种任务形式;对于语文口语能力的测评,则采用转述形式(转述音频内容,根据主题进行讲述)。测评任务的情境创设,是为了确保在情境中能够真实地观察到学生稳定、潜在的表现。因此,情境的创设应该有典型性,也应该相对常态化(和学生日常的学习生活经验比较接近,和学生的认知心理发展水平相吻合)。根据情境的真实性差异,可将其分为自然情境和模拟情境。

2. 测评标准的制定。

如何基于测评目标,研制内在一致的测评标准,是项目化学习评价的关键。具体实施要点有两方面。

一是建立标准的研制流程,为了在实践中不断校验修改测评标准,我们还建立了测评反馈机制。反馈机制中包含对测评任务的优缺点、学生作答特殊点的记录,整理后反馈给学科教师和学科项目负责人,以便进一步完善测评任务的命制和标准的研制。

二是扩大标准研制人员，标准研制人员包括学科老师、非学科老师和“小评价师”。学科老师从学科角度把握标准设定的科学性，非学科老师从学生身心发展、学习生活经历的角度加以补充矫正，“小评价师”则从学生的言语表达、学生的思维角度加补充矫正。

3. 组织实施的规范化。

纸笔测验的组织实施已有成熟统一的操作办法，而项目化学习评价活动需要更多细节的策划。包括人员的组织、材料的准备、规范的操作流程以及必要的应急预案。

为确保规范测评流程，提高测评工作的标准化程度，每次测评均需有详细的流程设计，制定一系列实施细则。

顺利开展项目测评，还需对测评工作人员进行清晰的分工。每一评价项目有一名项目负责人和若干名评价指导师，同时可聘请部分高年级学生担任助手，称为“小评价师”。项目负责人总体负责，具体任务包括前期的工具命制、活动策划、人员分工、设备准备、测评现场的组织等。评价指导师负责现场指导，“小评价师”负责与测评学生互动，对测评学生的活动表现做出评价。

“小评价师”作为“同伴互评”的主要力量，要通过项目测评和学习活动，在现场测评中主动发挥“评价、助学、激励”的作用。为了保证测评质量，事前教师会对“小评价师”进行培训，先培训再上岗。“小评价师”参与测评的优势有：一是消除被测评学生紧张的心理障碍，促使测评对象轻松参与评价过程，跟“小评价师”进行现场互动，当堂呈现评价结果，有利于反思和改进；二是借助培养“小评价师”，减轻教师的负担，减少测评工作带来的烦琐事务；三是不管是被测试者，还是“小评价师”，每次测评都是一次学习活动，双方都能得到成长；四是“小评价师”能起到榜样作用，在班集体中发挥辐射、帮扶作用，因为老师不可能随时在学生身边，但是“小评价师”无处不在。此外，在有些班级中还创意邀请“家长评价师”“专业评价师”（社会上有一技之长的专业人士）参与项目化学习评价。

（二）项目化学习评价的学生操作手册

鳌小研制了内容丰富、操作方便的学生操作手册，将一至六年级基础性课程所有学科项目的类别、达标要求、测试时间安排等一应俱全地做了规划安排。学生手册的主要特点有：

1. 涵盖学科广，关键学力发展的导向性强。

开学初，学生拿到操作手册，可以规划自己这一学年要做些什么，怎么去做，有目标、有计划地去完成。对于家长而言，他们可以充分了解孩子在小学学习过程中不同阶段的能力发展进程。对于教师而言，更便于他们把握教学的侧重点，对学生应发展的关键学力目标更明确，更有利于各阶段教学的连贯性与有效性。

2. 有效弥补以往成绩报告单的不足，多元展现学生的综合能力。

传统意义上的成绩报告单只有一个总评的成绩，只能粗线条、笼统地反映学生的学业状况。而作为教师，如果仅将期末成绩报告单作为每个学生的学业情况反馈给家长，则太过片面。因为成绩报告单所显示的等第往往只是从期末的一张试卷中所获取的分数信息，这个评价结果不能全面反馈学生一学期各方面能力的发展情况。而手册的测评内容以表现性测评为主，根据不同学科的特点，设计精简的测评内容和科学合理的评价标准，对学业的评价从关注学生的学习结果转到关注他们学习的过程、学习的水平，以及关注他们在学习活动中所表现出来的情感与态度。所以手册可以弥补成绩报告单的不足，能更多元地展现学生的综合能力。

3. 有效地结合了日常评价与阶段性评价。

日常评价主要指的是对学习过程的评价，包括“作业展评”和“习惯表现”两个方面，贯穿教学始终。“作业展评”分班级和学校两个层面。班级层面可以于学期中和期末两个时间段进行，评出优秀课堂作业和特色作业并进行展示，旨在养成学生独立完成、认真思考、及时订正、书写端正的良好习惯。学校则会举办优秀作业展，并不定期更换。孩子们看到自己的作业经常上榜也会感到特别骄傲。

手册中特意增加了关于学生的学习态度、兴趣、习惯、方法、能力等方面的评价，特别是对学生在课堂上所体现出来的学习习惯达成程度的评价等。通过学生自评、组评和师评的方式，综合评价学生的习惯表现。在课前、课堂、课后等都必须一以贯之地培养学生的学习习惯，为后续的学习生活奠基。通过“作业展评”和“习惯表现”的评价，帮助学生在日常学习过程中养成良好的学习习惯。

手册中清晰列明了阶段性评价的内容、检查方式及时间安排，对学生而言，更有利于调动学生学习的内驱力；对家长而言，有利于家长对学生的学习内容和能力发展有清晰的认识，并做相应的指导；对教师而言，有利于教师教学活动的设计。

4. 兼顾“后20%”学生与优秀特长生。

项目化学习评价是以人人过关为目标的评价活动，是为了夯实基础的底线教育。考虑到“后20%”的学生首次测评可能不一定能“过关”，因此设计手册时，为二次评价、三次评价留有空间，给他们更多的时间与机会去努力达成目标，使“人人过关”成为评价的底线，这种评价方式关注了学生的纵向发展，特别有利于学习困难的学生树立学习的信心。

此外,各学科的优秀学生还可以通过参加“小评价师”的竞争上岗或根据特长申报自主项目来扬长发展。如语文的“小小朗诵家”,数学的“玩转魔方”,音乐的器乐表演,科学的小发明、小制作、趣味小实验等,都可以录制成视频或现场展示。

5. 解决了评价结果存档难,反馈不及时的问题。

以往我们一直采用“学习单”或“报告单”的方式记录学生测评的结果,一张张学习单容易丢失、难存档,且在测评结束后,学生就将学习单交给了教师,家长并不能直接地了解孩子的测评结果。有了学生活动手册以后,评价结果记录完整、反馈及时,可以帮助学生与家长第一时间了解优势与不足,个别成绩为“继续努力”的学生还可以为二次评价做好准备。

(三)项目化学习评价的教师操作手册

为了使评价活动更加简单、有效,方便教师随时开展测评活动,促使家长及时了解孩子阶段性学习情况,鳌小在《项目化学习评价学生操作手册》的基础上还研发了《项目化学习评价教师手册》。

教师手册与学生手册完全配套,手册的内容有项目名称、测评时间、测评形式、试题内容、操作流程、评价标准等,这使老师在开展项目化学习评价活动的过程中节省了很多时间。我们在开学初就下发教师操作手册,让老师在备课、上课的过程中,也能紧紧结合评价的内容开展教学活动,提高教学效率。

(四)项目化学习评价网络测评平台及手机app

“手册”使用两年后,也出现了一些弊端。如纸质手册往往以一年为周期,孩子到高年级的时候就会丢失以前的评价手册,忘记前面的学习、评价历程;家长、老师通过手册看到的仅仅是评价的结果,而对于评价的过程,除了“小评价师”无人知晓;音乐、体育等学科的评价标准仅仅用文字难以描述,有些需要视频讲解辅助;在评价过程中,有些特别优秀的案例不能录制;等等。

为了克服以上缺点,鳌小在原来评价手册的基础上,开发了项目化学习评价网络操作平台及一个app。平台的使用让评价活动可以随时发生,教师在课堂教学中可以随时对学生进行评价。在各种阶段性的测评中,学生也不用再带着手册了。最重要的是,每次测评之后的数据,后台都进行了记录,这样就方便教师、家长对学生的学业成绩进行科学的分析和诊断。

通过近一年的实践,我们收集了大量的后台测评数据。这些数据中既有学生的典型错例,又有优秀的解答案例。通过对数据的分析和梳理,教师能更加方便地看出自身教学的成功和不足,为改进教学、提高课堂效率提供了有用的素材。

三、项目化学习评价的实践特点

鳌小的项目化学习评价活动,历时八年。在评价主体上,经历了由"教师评价"到"小老师评价"再到教师、学生、家长、社会专业人员组成的"专业评审团"评价的转变;在评价工具上,经历了由"评价单"到"评价手册"再到"网络评价平台"的发展;在评价内容上,经历了"低年级评价"到"全年级评价"再到"拓展课程评价"的迁移;在评价形式上,经历了"期末测评"到依据教学进度开展的"项目化学习评价"的变化……项目化学习评价真正把评价和学习紧紧地结合了起来,让评价融入日常学习活动中。

(一)形式化测评走向内涵式测评

项目化学习评价从形式化走向内涵式测评,主要体现在以下几个方面:基于学科课程标准,体现学科主干内容和关键核心素养,具有"教—学—评"一致性;情景设置具有真实性,能将学科知识与生活实践相整合;能依据测评数据,合理设计有层次性和开放性的问题;学生表现行为符合其年龄的心理特点,能体现其情感、态度、价值观;考查重点和评价标准相吻合,评价标准简要实用,操作性强。

(二)关注结果的测评走向过程性测评

随着深化课程改革的继续推进,教师普遍认识到教育应该更加关注孩子的学习过程,而不仅仅是学习的结果。以往,测评时间都在期末,由于时间紧张,测评项目的数量会受到限制。所以,鳌小的项目化学习评价活动结合教学进度和拓展性课程修习时间,每学期安排三至六次,突出过程性评价;与期末集中式测评相比,各项目考查的时间比较充沛,可以保证考查的深度和广度。通常以年段学科组为单位,老师有较大的组织自主性,对学生的学习都有过程性的促进作用,而且容易保持"教—学—评"的一致性。

(三)从低年级段口头测评走向高年级段综合素质测评

原本我们只是简单地认为,低段学生不便进行纸笔测试,这才开始探索项目评价;随着评价改革的逐渐深入,我们发现高年级段学生的评价也能超越纸笔测评,从而进行了新一轮的关注综合素养能力发展的项目化学习评价活动,这无疑将表现性评价推向了一个新的高度。

表现性测评相对纸笔测试具有很多优点，可以考查学生实验操作能力、动手实践能力、实验探究能力和利用公式解决实际问题的能力等，如要求学生用三角板或直尺现场测量平行四边形塑料片面积、圆形物品的面积、小盒子的容积，这些题目如果以纸笔测试的方式进行，只能测评公式计算能力。虽然表现性测评组织麻烦，但是校长和教师都认识到了表现性测评的价值——符合课程改革的精神，符合育人的目的。所以，高年级段出现了纸笔测试和项目测评并举的现象，并将项目测评结果纳入学科成绩，做到优势互补。

（四）有机结合拓展性课程和综合素质评价

随着课程改革和综合素质评价改革的开展，鳌小的项目化学习评价活动将拓展性课程评价、综合素质评价和项目测评整合。测评学科除了所有的国家基础课程，还有各类拓展性课程。从最初的单一关注学业考评逐渐转向关注学业、德育、拓展性课程的综合测评，并将项目测评纳入学生项目化学习评价手册中。项目化学习评价将学校的课程与教学、学生的学习与生活、现代家庭社会与科技发展紧密联系起来。

（五）测评活动演变成校园文化

期末项目测评已经成为学校、学生和家长的盛大节日，成为学校一道亮丽的风景线。大家也认识到测评过程比结果更重要，应该给学生一个准备的过程，一个努力的过程，一个体验的过程，一个互动的过程。学校可以结合办学理念、学校特色、课程体系和学生活动，做好顶层设计，研制多样性的评价方法，创设积极的评价氛围，将表现性测评过程化、活动化，发展成为学校文化的一部分。

目前，小学的项目式表现性评价同时具有评价功能、学习功能和发展功能，让学生的考试从教室走向校园，在活动中"考试"，在"考试"中学习，在"考试"中体验成功和快乐。借用评价方式的变革，真正地转变教师的教学理念，真实地撬动课堂教学变革，促进学科核心素养的落实。引导教师课堂教学从"知识立意"转向学科"能力立意"和"情感、态度、价值观立意"，从"重视解答习题能力"转向"解决真实问题的实践能力"。项目化学习评价是基于儿童特点的学业"考试"，也是核心素养养成的过程，还是一种新型的学生、教师和家长共同参与的活动，更是学校育人的一种新载体、新机制。

兰衍局（平阳县鳌江小学）

第七章

初中学科考试命题技术研究

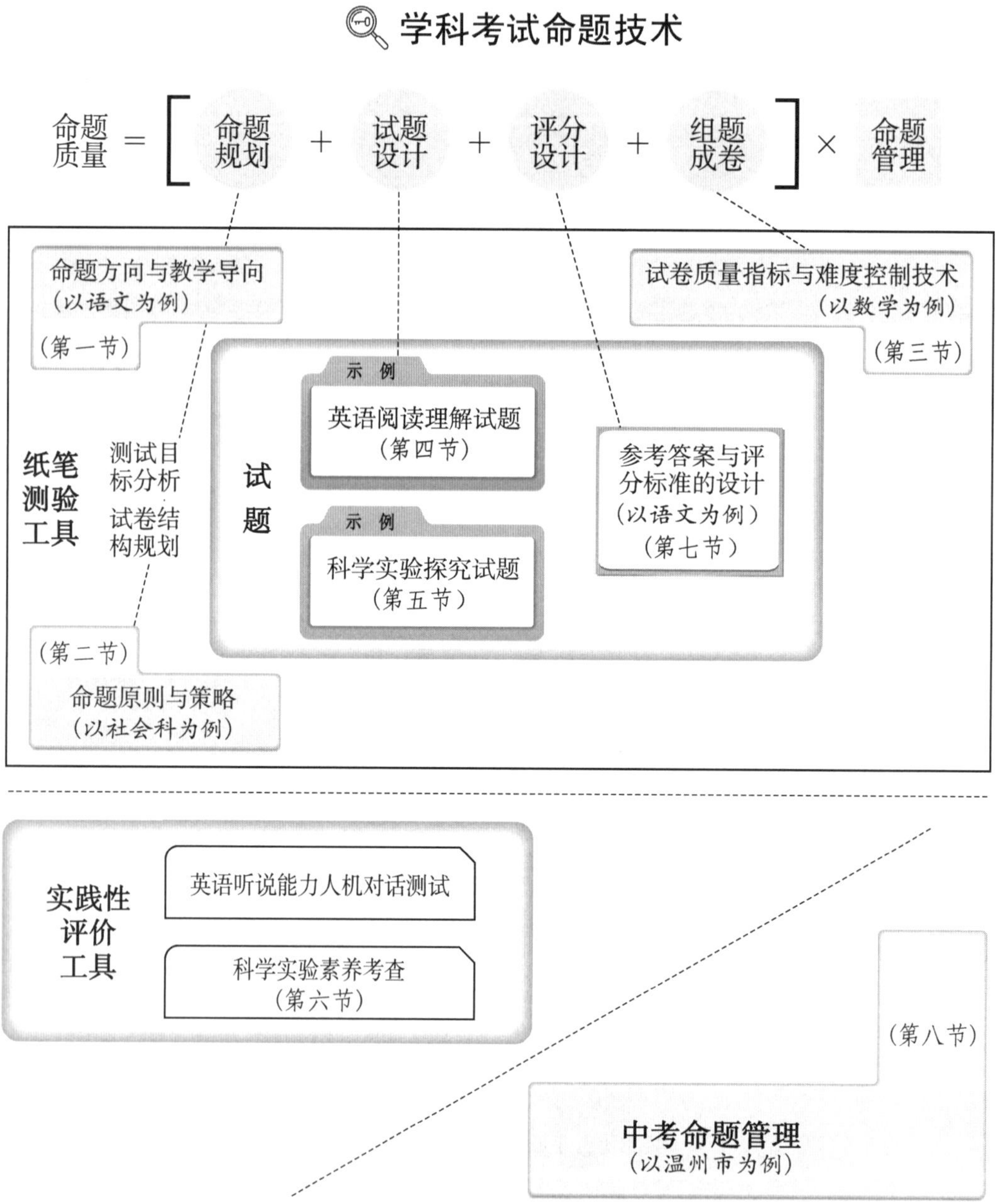
学科考试命题技术
命题质量 = [命题规划 + 试题设计 + 评分设计 + 组题成卷] × 命题管理
命题方向与教学导向
（以语文为例）
（第一节）
试卷质量指标与难度控制技术
（以数学为例）
（第三节）
纸笔测验工具
测试目标分析
试卷结构规划
试题
示例
英语阅读理解试题
（第四节）
示例
科学实验探究试题
（第五节）
参考答案与评分标准的设计
（以语文为例）
（第七节）
（第二节）
命题原则与策略
（以社会科为例）
实践性评价工具
英语听说能力人机对话测试
科学实验素养考查
（第六节）
（第八节）
中考命题管理
（以温州市为例）

图7.1　本章结构图

初中阶段的学业评价改革较多地聚焦于考试命题的研究。浙江省教育厅自2000年起建立了中考试卷质量评价制度，加强中考命题研究，开展命题人员培训，并于2017年出版“初中学科考试命题研究丛书”，将命题技术研究发展为一个研究领域。本章主要节选自该丛书，勾勒了学科命题技术的框架。以不同学科为例的阐述，虽然不是很连贯，但从方法论层面去体会，还是能帮助读者形成关于命题技术的系统思考。

一份高质量的试卷，必须从高质量的命题规划开始。命题规划包括两个方面：一是深刻理解学科教学的方向，从导向的角度形成指导命题的基本原则（第一节以语文学科为例阐述把握命题方向的要点）；二是明确考试的功能、命题的依据，规范形成测试目标的结构规划和命题进程的主要策略（第二节以社会科为例讨论基于核心素养的命题原则与策略）。

试题命制与评分设计有很强的技术性，不同学科有各自的特点。本章以英语阅读理解（第四节）与科学实验探究题（第五节）为例，解说命题中选择材料、题干设计、选项设置的原则与方法。在能力立意的命题取向下，增加开放性试题将是一种趋势，开放性试题评分标准的设计与阅卷管理将是今后关注的要点（第七节以语文学科为例介绍了分层评分方式）。试卷并不是试题的简单集合，在集题成卷的过程中，难度控制是一项基本的技术（第三节以数学学科为例，讨论如何控制试卷难度，调整试题难度的方法）。

学业评价不等于纸笔测试。加强学科实践性评价是初中学业评价改革新的重点。英语学科的听说能力人机对话测试与科学学科的实验素养考查已被列入中考改革的计划之中（第六节介绍衢州关于科学实验操作考查的探索）。

当然，要提高命题质量，切实发挥中考的积极导向作用，离不开命题与阅卷的管理水平。本章最后以温州市为例，介绍他们在命题管理方面的机制保障和实践经验。

Evaluation

第一节　初中学业考试命题方向（以语文学科为例）[①]

2014年，教育部下发《关于全面深化课程改革落实立德树人根本任务的意见》。2016年，《中国学生发展核心素养》发布，进一步确立了教育教学的纲领，同时也指明了学业评价试卷命题的方向。基于学科核心素养的考试命题，自然会有不同于以往的新的表现特征，它对教学的导向以及学生的成长都会产生深远的影响。

要将核心素养真正落在“人”上，学科教学是关键的一环。以语文学科为例，要将“学生发展核心素养”的相关部分融入语文学科教学中，使学生通过各项语文学习活动，在语言建构与运用、思维发展与提升、审美鉴赏与创造、文化传承与理解等语文核心素养上获得较大的发展，是语文教师教学工作的不懈追求。表现在语文学科考试的命题上，应着力于语言、思维、审美和文化等语文核心要素的融合考查，从而对教学发挥正确的导向作用。

从初中语文学科来看，为学生打好精神的底子、指导学生如何开展学习、培育学生的高阶思维、运用语言文字解决现实问题等方面仍将是今后考试命题要体现的重要内容。这对其他学科也是有启示作用的。

一、打好精神底子

“人文底蕴”是学生发展核心素养的重要方面，也是语文学科教学的关键内容。钱理群教授曾经强调过，语文教育的任务就是要通过“立言”以“立人”，为学生打下“精神的底子”。在语文教学中，教师要积极引导学生在读写实践中进行充分的积累，以厚实其人文底蕴。

“积累”对于语文学习至关重要。借助对近些年各地试卷进行的分析和讨论，可以发现目前语文教育与学习的理念不再因循守旧，知识的积累与能力的培养同等重要，具备语文能力与语文素养，学生可以更好地吸收知识、传承中华民族文化。

① 节选自章新其等著的《语文命题技术研究》第一章，有改动。

“积累”一词本为“逐渐聚集”之意。对于语文学科而言，学生需要积累丰富多样的语言材料及语言表达的经验，而这种行为指向未来生活实践，即积累是为了更好地指导实践过程。那么，我们可以对从前的实践经验进行反思，学生积累大量的字音、字形、语法结构等不同类型的语言知识，倘若仅仅将积累等同于识记，而忽略对于语言材料的实践性操作，“积累”的行为可能无法在个体生命发展的过程中生成价值和意义。因此，语文课程应该让学生积累富有价值与意义并能够促进学生自身语言能力发展、提升语文素养的语言材料。“积累”的对象指向经典且富有生成意义的语言材料，“积累”的目的指向现实的运用。

以浙江省各地市中考试卷为例，近几年绝大多数试卷都将“优秀诗文”和“名著阅读”作为“积累”考查的核心领域，而且都注重基于理解和运用的考查。所考查的诗文名句都较有生命力和哲理，具有较高的典范性与流行度。基于理解运用性默写题的情境设置合理，且自然融进文化热点，着力体现语文学习与社会生活的密切联系。浙江省近年来对诗文默写的考查越来越注重在情境中的运用，各卷中这类试题占比均超过50%，这是对教学中机械记忆和默写的一种强力矫正。浙江省各地市中考试卷还重视对名著阅读内容的考查，而且已经从琐碎的机械记忆性试题全面走向理解、感悟、体验性试题，试题已经较为成熟地遵循阅读的规律，体现阅读的本质。

优秀诗文、经典名著是一个国家或民族文化传统的重要构成，这些厚重的语言文字具有较强的生成性。借助对优秀诗文的诵读，学生的语言世界得以充实与丰富，而且为日后语言能力的发展积累了丰富的资源。此外，经典诗文还会给学生展示丰富多彩的文章样式以及作者对社会、人生等方面深刻的认识与体验。这些作品从内容到形式都是对社会、自然和人生的典型认识，具有普适性意义，而对这些作品的理解又是永无止境的，会随着社会生活体验和阅历的丰富而不断变化。因此，这些经典诗文对今后人生的发展具有奠基性作用，常读常新，会使人时时受益。

除“积累”部分的考查试题外，“现代文阅读”和“古诗文阅读”部分以文质兼美的要求来选材，重视材料价值的永恒性与辐射力，以起到对学生的熏陶和感染的作用。大多数命题文章都能“让学生感受语言文字的美，进而感受、体验人的精神的美，追求美好的理想……在人生的起始阶段，赋予他们的生命以最基本的亮色”①。而命制的试题，则引导学生进行理性思考，以使命题文章的文化、精神融入其血液，成为其生命的底色。这一点，在语文教学中尤其要认真贯彻。

① 钱理群.语文教育门外谈[M].桂林：广西师范大学出版社，2003.

二、体现学习指导

学习与创新是一脉相承的。在这个瞬息万变的信息时代，学校要努力培养具备未来素养的国际人才，而学会学习、自主发展等核心素养是必备前提。当然，学会学习是一种指向终身学习的高级素养，它不是天生的，它与教师的精心指导息息相关。应该说，“考试既是检测评价，也是学习指导”是基本的命题思想。综观这几年的大多数试卷，这一命题思想最突出地表现在文本类型的社会化特征和语文知识的运用性指导等方面。

文本类型的多样化，表明了阅读的社会性特征。教科书受一定条件的制约，一般只是短小的经典文章或优秀时文，但那样的阅读不能全面反映社会性阅读。随着信息和媒体技术的发展，阅读的方式催生了阅读类型的多样化，在非连续性文本外，当前混合文本、组合文本等阅读文类越来越多，极大地改变着人们的阅读习惯。这些新的文本类型是更接近真实阅读的语言材料。值得一提的是，在PISA阅读测试中，组合文本、混合文本等的比例达到70%。组合文本等考查形式，体现了信息社会的特点，即要求学生寻找、比较多种相关的信息，然后根据需要选用相关的信息，以解决实际问题。从国际上的相关研究来看，这种测试结果可较好地预测学生日后的语文能力。

以浙江省为例，2015年至2017年，各地市12份中考试卷中，非连续性文本、组合文本、混合文本等阅读文类的集中式出现，既表明了浙江省命题评价的国际化特征，也鲜明地表达了阅读实践与社会生活相互关联的学习路径。表现在课堂阅读教学中，教师不能只专注于课堂那一方“小语文”天地，不能忽略语文的社会化特征，而要打开“大语文”的社会生活的大门，指导学生如何在真实世界里开展阅读实践，形成区别于应试阅读技能的真实语文阅读能力。组合文本的考查指向阅读策略的教学，但从考试情况来看，学生在阅读组合文本、混合文本等方面的表现不如连续性文本，这既可能跟这种文本类型对学生的能力要求高有关，也跟我们忽视对阅读策略的教学有关。当下，阅读策略教学正逐步取代阅读技能训练而成为阅读教学的主流。

组合文本的考查形式是对阅读策略教学的鲜明引导。2016年绍兴市中考试题将陶渊明的诗、文与作家介绍等文本进行组合，探究作者的作品、人生与哲学观；2016年台州市中考试题采用了“主题阅读”的方式，围绕“童趣”这个共同话题，选择不同作家和体裁的短文进行比较阅读；2017年金华市中考试题将小说文本与作者信件、内容提要等组合在一起，引导学生通过不同文本的比较、提炼、整合、分析，从不同角度进行探讨；2017年丽水市中考试题的非文学类文本阅读，围绕职业生涯规划，将连续性文本和非连续性文本进行组合，将不同专题内容板块文字进行组合，引导学生从纷繁复杂的信息中提炼内容并解决问题；等等。这些试题命制角度各异，不仅是关于作者和作品的探究，更是阅读方法和阅读策略的指引。学生在“学习阅读”过程中应该掌握一些阅读策略，才能在下一阶段，即“从阅读中学习”的过程中学到更多的知识。因此，在阅读教学中有必要进行联系个人经验、结合作家背景、符号批注式阅读等多种阅读策略的教学。

通过语文知识的介入，在完成规定任务的过程中引导学生学习、运用并掌握知识，是近年来浙江省各地市中考试卷的一大特点。这对语文教学具有重要的引导意义。我们知道，语文知识是语文能力形成的“支点”，语文教学和语文命题不仅不能回避，而且要将其作为学科本位的重要体现。比如2016年宁波市中考试题中的文学作品阅读，选用的作品是卡尔维诺的童话《满足的人的衬衫》，试题分别从故事、语言、形象、意义等方面拟制。其中“故事”层面以“重复中有变化”这一重要的童话创作规则为命题的出发点，用活泼自然的对话形式，引导学生梳理故事的情节结构，考查对整体情节的把握和概括能力；“语言”层面则完全区别于散文语言优美、含蓄的品析角度，要求学生分析“哪种译文更能体现童话语言的特点”，命题指向童话语言通俗易懂的特质；“形象”层面的命题，依据童话较多使用类型化形象和象征艺术手法的特点，要求学生回答“他们分别代表了怎样一类人”；童话创作的本源就有教育的因素，因此，引导学生探究童话丰富而深刻的意义，是童话阅读的旨归。四个层面的设题，序列性地以童话的知识作为支撑，学生在教师（试题题干）的指导下，有序地根据任务完成对童话的解读，这既是检测学生的童话阅读能力，也是在教授童话的知识，指导学生进行童话阅读。

可见，“学习指导”的主导是教师，但主体却是学生，根本目的是使学生掌握学习的方法，为其终身学习做好铺垫。在语文课程方面，学生要学会学习，切入口是“语文知识”。《义务教育语文课程标准》强调“语文教学不追求语文知识的系统性和完整性”，但不等于不承认知识系统的存在。不把“知识”纳入语文命题的视野，既不符合实际也不利于教学。温儒敏教授在介绍部编七年级语文教科书时，认为中小学语文的知识教学不要过分追求体系化，但要有体系。语文教学不是要围绕知识体系教学，那样会陷入“知识本位”的泥淖；要通过系统的知识教学，引导学生运用知识去学会阅读和写作，以培育学生的思维，加深学生的文化底蕴。

三、指向高阶思维

以往在纸笔测试的简答题和论述题中，一般都采用采点评分的方法，这种评分方法的局限性在于它更关注学生回答的具体内容是否与标准答案一致，更注重回答的结果。实践证明，这并不能很好地区分不同学生的思维发展水平。近几年来，浙江省在努力尝试基于SOLO分类理论的评分机制，这种评分方法在各试卷中得到较为全面的展现，评价内容也从现代文阅读扩展到古诗文阅读，实施和操作更加科学和深入。SOLO分类理论基于学生对某一具体问题的分析，对学生解决问题时所达到的思维水平进行了由低到高的五个基本结构层次的等级划分，分别是前结构层次、单点结构层次、多点结构层次、关联结构层次和抽象拓展结构层次。这种被称为“可观测的学习结果的结构”，可以直接衡量学生在回答某个具体问题时思维结构复杂性的不同水平。①这种评分方式所指向的核心是学生的思维能力。如2016年温州市中考试题文学作品阅读《为了水晶心》第8题，依据学生“是否深入理解小说、有无正确理解导语内涵，进而在此基础上推导编者意图，并形成内在的逻辑关系”的思维序列分四层赋分（并且分别附有两三个答案示例），更是鼓励给“对文学的意义有独到的认识”的答案酌情加分。这样的评价方式不仅关注学生对文本内容的理解程度，更关注学生答题时表达的逻辑思维。这使得师生在常态阅读中不仅要重视阅读后获得的具体内容，还要关注阅读时的思维动态与过程。

学生的思维发展与提升是语文学科的核心素养之一。然而，当前普遍采用的采点评分评价方法，与教学过程以“点对点”方式推进的所谓“点式课堂”相呼应，这种课堂的表现形式是一问一答，目标是指向低层次的零碎的知识点。基于SOLO分类理论的评分机制，为课堂教学注入了思维的因子，教学过程必然要求学生有完成一个完整任务的经过，经历知识深度建构的过程，也就是说教学过程中有指向高级的、复杂的学习目标的表现。这与PISA阅读测试所倡导的理念一致。

随着教育教学的发展，特别是PISA阅读测试理念的推广，如今的教学与测试都着重于应用及情境化，考查学生灵活运用学科知识与认知技能，针对情境化的问题自行建构答案以解决生活实际问题的能力。PISA阅读测试强调阅读与生活的无缝对接，在学生解决实际问题的过程中区分其不同能力层次。这种测试理念在浙江省近年的中考试题中体现得比以往更加充分。

① 夏雪梅.以学习为中心的课堂观察[M].北京：教育科学出版社，2012.

通过考试数据分析，结合国际相关情况看，大部分学生具有一般的阅读能力，但是反思、评价、创造等高阶思维能力仍有不足。基于此，情境性、专题性、研究性等教学形式为当前语文教学着力关注，而高阶思维能力是其中的灵魂所在。2017年秋季启用的部编七年级语文教科书就非常重视对学生高阶思维能力的培养，这不仅体现在课后的练习中，还不断地渗透在“名著阅读”等版块中，如在推荐《朝花夕拾》一书后，引导学生进行“专题探究”。一是将书中相关作品联系起来考查“鲁迅的童年”，以全面地认识鲁迅的成长经历；二是研读书中几篇涉及儿童教育问题的文章，思考鲁迅对于儿童教育有些什么体验和看法，并联系实际，看看鲁迅的哪些观点在今天仍有借鉴价值。应该说这样的专题探究，包含分析、评价、创造等多种深度思维，都指向学生高阶认知能力的培养，是对语文教学培养学生理性思维、批判质疑和勇于探究的品质等核心素养的重要指引，对培养学生的审美意识和文化内涵有重要意义。

四、强调情境表达

近年来，国内写作教学领域一直有个讨论的热点，就是“真实写作”和“虚假写作”。“虚假写作”就是指为了应试而反复操练的那种没有实际用途的作文训练，这种写作远离生活，阅读对象只是教师或评卷者。在舆论的大肆批判下，“虚假写作”在慢慢地向“写真实生活”过渡，包括考试命题在内，倡导作文命题要契合学生生活实际，要让学生有东西写。然而反映在教学中，那些“真实生活”又演变为深刻的、有生活哲理的、有真实情感的生活材料，这就把生活经历比较简单的学生“逼上梁山”，于是他们各显神通地“瞎编乱造”，辅之以优美华丽的辞藻。这都让写作教学陷入难堪的境地。

浙江省大多数试卷在作文命题上显然有自己深入的研究和思考，力求通过“情境性写作”来打开写作教学的广阔天地。有具体的情境，就意味着有交际的语境，也就有了交流的对象，写作行为才有可能展开。国内写作教学的核心问题是写作情境的缺失，写作成了在自我封闭的“真空”中进行的自言自语，于是显得苍白无力、毫无生气。情境化的写作，因为有了交流对象的存在，使写作名副其实地变成了一种交流活动。

写作是生活、学习、工作和思考的工具，具有书面交流、生命塑造等多重功能。作文教学应该在真实的或模拟真实的情境世界里，打开学生的思维空间，引发学生的深度思考，让学生通过书面表达的形式，跟确定的对象进行沟通、交流，以此培养学生为了当下学习、成长和将来生存、发展需要的真实写作能力。2016年衢州市中考试题设置“文文在学校被同学欺负”的情境，要求学生探讨“要不要打回来”的问题，并在试题后特意列出三列表格，要求学生从“写给谁看”“写作目的”“用于何处”三个维度思考自己的写作。命题者从了解读者（受众）、识别写作目的、明确语境出发，具体引导学生能够针对不同的目的（如传递经验、传达信息、谈判劝说等）和受众（读者），清晰明确地表达自己的想法，能在不同语境、不同文化背景下进行得体、高效的信息传达和沟通交流。这绝对不是那种“文学表达”能力所能够涵盖的，其中还包括读者意识、文体意识、目的意识、交流意识、媒体意识、效果意识等。命题者意在拓宽学生的思考空间，点燃学生思维的火花，引导学生对人际关系、教育方式等问题进行深度思考，以形成自己正确的人生观和价值观。这道题注重情境设置，关注交流功能，倡导生活中的思辨，是对日常写作教学的强力引导。

优秀的写作命题会尽可能在情境设置中引导学生进行理性思考、实证推理和批判质疑。基于情境的思辨性写作命题在教学和考试中已被广泛接受。确实，记叙性写作若没有思想作为支撑，那就是无意义的流水账；情感的抒发若不是以思想为基础，那就是不真实的滥情。当然，思辨性写作和议论文写作并非一回事。倡导思辨性写作，并不等同于只倡导议论文写作。

章新其（浙江省教育厅教研室）

第二节 基于学科核心素养的命题原则与策略（以社会科为例）[①]

就好像建筑施工之前必须先进行建筑设计一样，考试命题也需要先进行命题规划，明确命题的原则与依据，研究测评的目标，形成试卷结构规划；再根据命题规范规划命题工作进程，结合学科特点，形成相关策略，以指导具体的命题过程。

在推进考试评价从“知识立意”向“能力立意”发展的进程中，《中国学生发展核心素养》的发布进一步明确了命题改进的方向。如何基于学科核心素养，探索“素养立意”的考试命题成为学科评价研究的重要课题。下面以社会科为例，讨论基于学科素养的命题原则和策略。

一、社会科核心素养

社会科核心素养是人文素养的重要组成部分之一，是学生在接受社会科教育过程中逐步形成的知识与技能、过程与方法、情感态度与价值观等方面的综合表现，是学生通过社会科学习能够体现出的带有本学科特性的正确价值观、必备品质和关键能力，主要由“空间感知”“历史意识”“公民自觉”“综合思维”“社会实践”等要素构成。

空间感知是指人们对不同尺度的人类生存空间（区域）的感性、理性认识过程，包括区域认知和人地协调观。区域认知，指借助各种空间认知工具，对有关区域位置、特征、差异、联系等进行解释、比较、说明，进而形成客观、正确的地理认识；人地协调观，指对人类与地理环境之间关系秉持的正确的价值观，包括正确的人口观、资源观、环境观，以及可持续发展观。

历史意识是指在观察、认识现实社会现象时，对人类社会发展过程的自觉反应，包括历史理解和历史评判。历史理解，指以史料实证为基础，对历史事件、历史人物、历史现象进行解释、比较、说明，进而形成客观、正确的历史认识；历史评判，

① 节选自牛学文著的《中学社会科考试评价研究》，有改动。

指以历史理解为基础，对历史人物、历史事件、历史现象等从事实和价值方面做出客观评价或判断。

公民自觉是指在认识自我，处理与他人、集体、国家和社会等方面关系的情感态度和行为表现，包括道德修养、法治观念、家国情怀和国际视野。道德修养，指对自身道德意识、道德品质的客观认识，对自身道德行为的内化和提升；法治观念，指对法律的认可、崇尚与敬畏，发自内心地尊法、学法、守法、用法；家国情怀，指关于国家富强、人民幸福的情感，以及对国家的认同感、责任感和使命感；国际视野，指对世界动态、多元文化、人类共同命运等方面的认知和关切。

综合思维是指借助历史的眼光观照今天的社会，纵向认识人类历史进程，横向关注人们社会生活及生活环境，包括时空观念、理性思辨、多元联系和融通创新。时空观念，指在特定的时间和空间联系中对事物进行观察、分析的意识和思维方式；理性思辨，指尊重事实和证据，有实证意识和辩证思维能力；多元联系，指对古今、中外、时空，以及理论知识与现实社会的关联或整合；融通创新，指在对相关知识融会贯通的基础上，提出问题，并找到解决问题的办法。

社会实践是指参与社会生活的活动过程，是公民意识、社会实践力和社会责任感的综合体现，包括实践取向、社会活动和公共参与。实践取向，指具有实践意识和规划或设计实践活动的能力；社会活动，指在日常学习、野外活动和其他环境下实施的解决与社会有关问题的行动；公共参与，指主动、有序地参与社会公共事务，承担公共责任，维护公共利益，践行公共精神的活动。

二、基于核心素养的命题原则

（一）以发展学生核心素养为根本目的

社会科命题应坚持以人为本，以促进人的发展和人的价值实现为最高目标。具体地说，就是以发展学生核心素养为根本目的，使评价成为社会科核心素养的发展方式。

核心素养是个体在解决复杂的、不确定性的现实问题的过程中表现出来的综合性品质。学生发展核心素养是指学生应具备的、能够适应终身发展和社会发展需要的必备品格和关键能力。学科核心素养是学生发展核心素养在特定学科或学习领域的具体化，是学生学习一门学科或特定学习领域之后所形成的、具有学科本质特征的关键成就，是学科育人价值的集中体现。

（二）以学业质量标准为主要依据

对事物做出评价一定要有准则和标准，只有运用标准做出的判断才是评价。对社会科评价的标准就是学业质量标准。

学业质量是学生在接受教育过程中形成的知识与技能、过程与方法、情感态度与价值观等方面的综合表现。简言之，就是三维目标的综合达成度。学业质量标准是衡量学生学业质量高低的准则。具体说，是指基础教育阶段的学生在完成各学段教育，或者完成基础教育阶段教育时应该具备的各种核心素养以及在这些素养上应该达到具体水平的明确界定和描述。

社会科学业质量标准是对“空间感知”“历史意识”“公民自觉”“综合思维”“社会实践”等学科核心素养的具体化、层级化、操作化描述。它是社会科阶段性评价、毕业考试和升学考试命题的主要依据。如综合思维（理性思辨）的学业质量标准为：

水平一：能够在简单的学科情境中区分第一手资料和第二手资料，从常见的维度解释它们各自的意义和功用。能够运用常见的典型资料对已有的原理、结论或自己的探究结论进行实证。

水平二：能够在整合的学科情境中区分第一手资料和第二手资料，从多个维度解释它们各自的意义和功用。能够运用不同类型的资料对已有的原理、结论或自己的探究结论有理有据地论证。

水平三：能够在复杂的真实情境中区分第一手资料和第二手资料，选择合适的维度解释它们各自的意义和功用。能够根据具体情境选择合适的资料，创造性运用或综合运用论证方式论证问题。

那么，学业质量标准和考试说明（或考试大纲）有什么关系呢？从理论上说，有了学业质量标准就无需考试说明，学业质量标准就是考试说明，就是考试命题的依据。但实践中，由于种种原因，还是编制了考试说明。学业质量标准是基于学科核心素养编制的，是课程标准的重要组成部分，它涵盖了三维目标的所有内容，全面体现了学科核心素养；考试说明则是依据学业质量标准、结合学科内容进行编制的，是学业质量标准、学科内容的一部分，主要是便于纸笔测试的那一部分内容。所以，不能认为社会科考试命题以课程标准为依据，因为课程标准范围太大了；也不能认为社会科考试命题以考试说明为依据，因为那样范围又太小了。社会科考试命题应以学业质量标准为主要依据，这种判断比较科学、合理。

(三)以表现性评价为主要方式

核心素养作为人的内在品质和能力,不可直接观测和度量,但它会通过各种具体任务的执行,外显为行为表现特征,以此表现推断与评价社会科核心素养发展水平。

基于核心素养的评价,从某种意义上说,就是为学生设定一个在真实情境中的具体任务,通过这个任务的完成情况或问题的解决情况,来评判学生的核心素养水平。这种评价方式就是表现性评价,它强调“实作”与“表现”。

这种“表现”有统一标准,但无标准答案,又称为“差别式评价”。有统一标准,就是“求同”取向,即认同基本立场、基本观点、价值观;无标准答案,就是“求异”取向,即无论站在哪个视角,引用什么材料,归纳几个要点都可以。

具体说,这种评价以基本观点为统一标准,在此前提下,采用多种活动方式,鼓励学生运用相关学科知识和技能,基于不同经验、运用不同视角、利用不同素材,表达不同见解、提出不同的问题解决方案。

需要说明的是,社会科核心素养的行为表现和具体任务类型并非一一对应:同一项任务的完成,可以反映多个核心素养要素的发展水平;同一个核心素养要素的发展水平,也可以通过不同类型的任务执行体现出来。

三、素养立意的社会科命题策略

(一)确定考查的核心素养

命题时,首先确定所要考查的学科核心素养。社会科核心素养包括“空间感知”“历史意识”“公民自觉”“综合思维”“社会实践”等,其中每一个核心素养又可以有多个素养目标。例如,“综合思维”核心素养目标有:

1. 运用不同的资料有理有据地论证问题、辨析是非。

2. 解释自然环境对古今区域文明发展的作用,以及人类活动对古今自然环境的影响。

3. 明确中华文明与世界各区域文明之间交流互鉴的意义。

4. 在具体的时空条件下,认识生活的区域和生活的变化。

5. 采用分析、综合等方法,探究历史发展规律和社会现实问题。

（二）明确涉及的学科任务

如果确定考查某一核心素养，就要明确涉及的学科任务。学科任务就是过去所说的教学目标，它一定是跟学科相关联的，一定是社会科的任务。同时，这个目标跟过去不一样，每个教学目标都是三维目标的整合，这就是核心素养目标。所以说，学科任务即学科核心素养目标。它既可以是中观核心素养目标，如运用不同的资料有理有据地论证问题、辨析是非等；又可以是微观的核心素养目标，如课标条目1-4-5区分第一手资料和第二手资料，解释它们各自的意义和功用，运用不同的资料有理有据地论述问题等。

例如，运用有关资料，论证中日两国发展友好关系的重要性，就涉及“运用不同的资料有理有据地论证问题、辨析是非”“明确中华文明与世界各区域文明之间交流互鉴的意义”等学科任务，前者为理性思辨，后者为多元联系。针对这两个学科任务，首先要梳理中日交往的历史脉络，然后搜集有关资料，创设任务情境，用实证的方法证实上述结论。

第一，隋唐时期，日本积极向中国学习，促进了日本国内的社会发展。

第二，近代以来，特别是日本明治维新以后，中国曾以日为师，通过日本学习西方先进的科技、文化和制度，一定程度上促进了中国的社会发展与思想觉醒。但是，强大起来的日本发动了侵华战争，给中日两国人民带来了巨大灾难。

第三，1972年实现邦交正常化后，中日经贸关系日益密切，反映了中日经济发展的高度依赖性。

结论：中日两国和则两利，斗则两害。因此，发展中日友好关系至关重要，不仅有利于两国社会经济发展，也符合当今世界和平与发展的主题。

（三）创设适切的任务情境

任务情境要具备三个特点：第一，任务性，一定要完成一个学科任务；第二，真实性，尽可能地贴近现实；第三，开放性，放飞学生的思维。基于此，任务情境至少包括三种：一是简单的学科情境，就是在学科中设计一个情境。如“《全球通史》是这样介绍抗日战争的，请你概括这段文字的含义”，这就是“学科情境”，直接从学科到学科，是有良好的结构的。二是整合的学科化情境，就是由学科情境往实践方面靠近了一步，是理论向实践的整合。如“模拟法庭”“模拟人大”“模拟政协”等，接近实践，但还不是真正的实践，即“学科化情境”。三是复杂的真实情境。如，请你暑期到埃及游学，回来之后说说情况。“埃及游学”就是“真实的情境”。再如，学习了“规则”后，学生走到大街上就不闯红灯了。“走到大街上不闯红灯”，这就是一个真实的情境，说明学生有了规则意识，养成了遵纪守法的习惯。如为了“论证中日两国发展友好关系的重要性”，可以设置如下的情境：

材料一：隋唐时期是中日文化交流的一次高潮，两国人民谱写了极其壮丽的篇章。

——何芳川《中外文化交流史》

材料二：1873年，同治皇帝接受外国公使觐见那一回，主持仪式的大臣，把品级较高的日本外务大臣副岛种臣的班次排到了品级较低的英、法、俄、德、美公使的后面，以寓区别对待之意。

——陈旭麓《近代中国社会的新陈代谢》

材料三：1898年，光绪皇帝在会晤日本前首相伊藤博文时表示：“贵国维新以来之政治，为各国所称许。”并希望伊藤博文能向中国详细介绍“变法之顺序、方法等事”。

——摘编自邓嗣禹、费正清《中国对西方的反应》

材料四：大陆政策是近代日本对亚洲大陆的长期侵略政策。基本内容是，首先侵占朝鲜，然后侵占中国东北，进而扩展到整个中国，获得在东亚的霸权。

——摘编自宋志勇、田庆立《日本近现代对华关系史》

材料五：1945年日本战败，抗日战争结束；1972年中日实现邦交正常化，结束了两国长期敌对的历史。进入21世纪，中日关系面临着新的挑战与机遇。

▲2012年，日本悍然宣布钓鱼岛“国有化”。此举引发中国国内大规模抗议活动。

▲2014年，我国将9月3日设立为中国人民抗日战争胜利纪念日。2015年恰逢抗战胜利70周年，国务院决定这一天放假，以便于全国人民广泛参与各类纪念活动。

▲日本右翼分子编写的中学历史教科书多次篡改历史，企图抹杀日本军国主义在中国犯下的罪行。

▲日本京都立命馆大学有个国际和平博物馆，它收集、整理并展示了许多“二战”期间日军犯下的战争罪行。

▲中日双方经贸关系密切，1980年双边贸易总额为92亿美元，30年后的2010年达到2977.7亿美元。在中日关系趋冷的2014年，双边贸易总额仍保持在3000亿美元以上。

▲2015年4月以来，习近平主席多次强调，“中国坚定不移走和平发展道路，希望日本同中国一道沿着和平发展的道路走下去”“中日友好事业对两国和两国人民有利，对亚洲和世界有利”。

材料一、材料四是从书上抄下来的，只不过是做了“搬运工”，就是从书本到书本，属于简单的学科情境；材料二、材料三尽管也是从书上抄下来的，但是非常生活化，接近整合的学科化情境；材料五是一些鲜活的时政资料，是活生生的现实，是比较复杂的真实情境。

（四）拟定可能的行为表现

行为表现，即学生在具体任务情境中的表现，就是人们的行为及其结果，如解答、展示、产品等，也就是我们常说的评分标准。如“结合上述材料一至材料五，运用所学知识，论证中日两国发展友好关系的重要性”的行为表现标准如下：

表7.1　试题评分设计中行为表现标准示例

	行为表现水平	主要特征	样例
不同水平学生作答	行为表现水平一（得分1—2分）	使用一个材料（事件及其影响）就直接得出结论，对材料的解读角度单一，事件与影响没有联系	如“侵华战争给中日两国带来灾难，因此两国要友好交往”
	行为表现水平二（得分3—4分）	使用多个材料（事件及其影响）得出结论，但未建构其逻辑关系或逻辑关系不严密	如“中日友好交往带给两国切实好处”“侵华战争给中日两国带来无尽灾难”，“因此中日要友好交往，反对战争”
	行为表现水平三（得分5—6分）	与多个材料（事件及其影响）建立起联系，结合国际背景，得出合乎逻辑的结论。材料运用较充分，论证较严密，表达较清晰	如“中日两国友好交往是符合当今世界主题和两国利益的必然选择”，并对此做出一定解释

牛学文（浙江省教育厅教研室）

第三节　试卷质量指标与难度控制技术（以数学学科为例）

考试命题是一项复杂的工作。试卷本身的质量直接影响考试的成效。衡量一份试卷的质量不能仅凭经验，而要综合考量，要看其对日常教学的“导向性”，看其在专业把握上的“科学性”，看其是否遵循课程标准的“适标性”，看试题设计在学习目标测评上的“有效性”，以及试卷试题的统计学特征（如信度、效度、难度和区分度）等。浙江省教育厅教研室就以“导向性”“科学性”“适标性”“有效性”和“难易度”作为中考试卷质量评价的关键指标，引导各地市改进中考命题。

表7.2　浙江省中考试卷质量评价的指标

维度	具体要求
导向性	试卷内容须体现义务教育课程改革的理念，面向全体学生，加强与社会实际和学生生活实际的联系，重视对过程与方法的考核，并对“过度学习”与“题海训练”有一定的抑制作用
科学性	试卷内容科学、无差错；试题表述准确、用词规范，图文匹配、题意明确；参考答案和评分标准科学合理、关注过程、易于操作
适标性	试卷命题以《课程标准》、现行教材与《考试说明》为依据，在重视知识覆盖的基础上，重视对各部分能力要求的分层考查，试题要重点考核学科素养，以及运用所学知识分析问题和解决问题的能力
有效性	试题的代表性较好，能力考查全面、恰当；试题情境合理、素材真实，无陈题、偏题、怪题，有新题型；试卷结构简约、题量（阅读量）适当、编排科学、梯度合理
难易度	试卷整卷难度控制适当（难度系数在0.70—0.75），试卷难度基本稳定，波动范围小（相对于前一年波动范围控制在±0.03以内）

在反映试卷质量的许多统计量中，难易度是最基本、最重要的统计量，是最受关注的敏感指标，它反映出试卷与试题跟学生实际情况的相符程度。通常以学生正答率或平均得分率来表示试题或试卷的难度系数。与难度系数相关的试卷质量指标还有整卷难度的稳定性、各档得分率的学生数分布、试卷中不同难度的试题的结构配比等。这些数据也是试卷评价功能能否较好实现的表征。本节以数学学科试题的命制为例，讨论命题中的难度控制技术。

一、难度预估与难度调整

参与命题的教师都清楚,难度适当是一份合格试卷的基本要求。但何谓“适当”呢?这要由考试的性质来决定。水平性考试难度不能太大,要以大多数学生合格为目标;而选拔性考试要追求较好的区分度,即便让多数参试者产生消极体验也不惜加大难度。

虽然浙江省初中毕业生学业考试也被各地用作高中招生的依据,但其性质是水平性考试,因而难度系数要求在0.70—0.75。要让全体考生的平均得分率在70%以上,大部分学生的得分率达到或接近60%。这是一个看似容易,其实并不容易达到的目标。因为命题者的潜意识里会有命难题的成就感,而教学管理者常有试卷越难越有利于选拔,更容易出尖子生的误解。所以,在命题管理时,难度控制的“弦”一刻都不能松。这既有认识的斗争,还有技术的考验。

把握试卷难度是一项重要的工作。具体要做两件事,一是难度预估,二是难度调整。而且要从整卷的难度与试题的难度两方面一起把握。

(一)难度预估

在命题的全过程中,命题者一直要有难度预估的意识。命题前要梳理一下影响难度系数的主要因素,以便命题过程中时时提醒自己。

影响试卷难度的因素主要有:试题的新颖程度、试题的可理解程度、试题所涉及知识的综合程度、试题的阅读量、试题的呈现方式(文字、图、表)、问题及子问题的设置、选择支的设置以及试卷中不同难度的试题的结构配比等。命题时还可以与往年测试相同内容的试卷进行比较,由这些试卷中相同位置、相同内容、相同类型的试题来推断试卷的难度。

在命题时,应认真预估每道试题的难度。在此基础上,命题者再对整卷的难度进行预估。

(二)难度调整

难度调整一般发生在试卷初步成型的时候。命题者根据预估难度,对照难度的控制目标,再对试题进行调整。不过,有时难度调整发生在组卷前,命题者在推敲试题时就进行难度调整。

试卷难度要控制得当。首先要做好全卷规划,将不同预估难度的试题的结构配比合理,然后是对具体试题难度的调整。将偏难的试题修改得容易些,将偏容易的试题修改得难一些。当遇到无法修改的试题,不能调整难度时,可以考虑换题。评价命题质量绝不是简单地看难题或易题的多少,好的命题应该难则难、该易则易。更确切地说,命题要追求"易而不死,活而不难",要让简单题得体不难看,不是死记硬背的内容堆积;让灵活的题目灵动且有分寸,大部分学生都能参与思考;要让难题难在有意义的地方,让有限的、不多的难题难在对学生思维深度的考查上。

试卷难度要保持稳定。大规模考试的试题的难度不能大起大落(浙江省要求难度系数的波动范围控制在±0.03以内)。但为了适应课程教学改革的需要,试题内容与形式等可能都会有微调,但在进行微调时,整卷必须保持"等值",即甲题调高了难度,乙题就必须调低难度,以保证整卷的难度不变或变化很小。这样的试卷,利于日常的教师教学、学生学习,利于稳定教学秩序,确保教与学按照其规律进行,努力减少因为试卷难度的变化给教学带来的负面影响。

二、控制试卷难度的主要方法①

(一)重视整卷难度结构的规划

命题前应明确各题型试题的大致难度,尤其要确定好各解答题的难度结构,使整卷的难度在预期控制之中。

同时要注意试题难度排列平缓,有梯度地上升,以利于学生在考试过程中的心态调适。

(二)独立进行试题难度预估

每位命题人员以所教班级中等偏下水平学生的平均水平为基准,独立估计他们能够正确作答每一道题的可能性,以分别估算每道题目的难度,最终累加形成一份试卷的难度预估。

试卷初稿成型后,命题人员必须调整思维方向,克服思维定式,重新认识和审查各试题,对试卷的难度再作独立审视,实实在在地把握好整卷的难度。

---

① 许芬英,等.数学命题技术研究[M].杭州:浙江教育出版社,2017.

（三）以往年大规模测验为参照预估试题难度

在大规模测验命题中，要进行试题难度预估，还可以与相同性质的往年试卷进行比较，以这些试卷中相同位置、相同内容、相同类型的试题的实际难度为参照来推断试卷的难度。

（四）以两端学生为参照推算试卷难度

预估试卷难度时，还可借鉴书签法，根据学习成绩优异的学生和学习有困难的学生的水平分别估计难度。在试题难度预估的基础上，按照由易到难的顺序讨论每道题目，判断"基本掌握该领域知识的考生"能否正确作答所讨论的题目，在考生不能通过的题目上做出标识①，以对不同难度系数的题目做出解释。测算"学困生"最多能得几分，而"学优生"一般会失几分。如难度系数0.9左右的选择题和填空题，要求解答能一步到位，不用转弯，不设陷阱，使学习有困难的学生也能一看便知答案。同样，命题者要以此推算试卷中需设置多少比例的有一定思维能力要求的试题。

（五）倡导试题取材源于教材，联系生活

试题设计应以教材中的例题、习题为素材进行改编，一方面学生熟悉素材，易于难度控制；另一方面引导学生重视课本内容的学习及对课本问题的举一反三。

试题取材应紧密联系学生的生活和社会实际，努力创设能引起学生兴趣、符合学生认知水平且能联系实际的情境。

情境设置应合理真实，对复杂的实际事物的表述尽量简化。

（六）规范表述，便于答题，杜绝无关的干扰因素影响难度

命题要遵守试卷呈现与表述的规范，从便于学生作答的角度编排试卷，注意整卷题量和题目字数的控制，排版合理，图形简明，表述清楚，减少不必要的提示性、说明性语言，并留出足够的解答空间。

命题要鼓励创新，但"新"题又应平和，"有点新意"却又不是全然陌生，防范个别题目对学生整个考试结果可能造成的不利影响。

① 陈梦竹，张敏强. Bookmark 法设置划界分数的研究述评[J]. 心理科学进展. 2009(5).

三、如何让试题难得有价值

控制试卷的难度，必然要通过试题的难度控制来实现。当需要将试题调整得更难或更易时，必须选择正确的方式，谨防采用不当的方式而适得其反。

在当前中考命题中，难度控制的主要任务是防止试卷太难。因而，不多的难题往往是一份试卷中最受关注的题目。有限的难题必须难得有价值，难在值得处。

在数学试卷的命题中，要使试题变得更难些，最主要的方法是增加考查思维的深度，而不是将各种知识罗列、堆积在一起，通过一些非本质、非核心的关联，将原来不相关的知识结合在一起，构成所谓的"综合题"，以知识的叠加来增加试题的难度；也不是需要运用特殊方法、特殊技巧来解答，构成所谓的"技巧题"，以解答问题的方法的特殊性来提高试题的难度；更不是虚构情境，添加许多非学科内容，构成所谓的"新颖题"，以陌生的内容、陌生的呈现方式来增加试题的难度。

【例1】 利用同一素材命制四道不同思维深度的试题①

原题：（浙教版教材八年级上册第一章第六节《尺规作图》作业题第6题） 已知$\angle\beta$和线段a,b（如图1）. 用直尺和圆规作$\triangle ABC$，使$\angle B=\beta, BC=a, AC=b$. 这样的三角形能作几个？

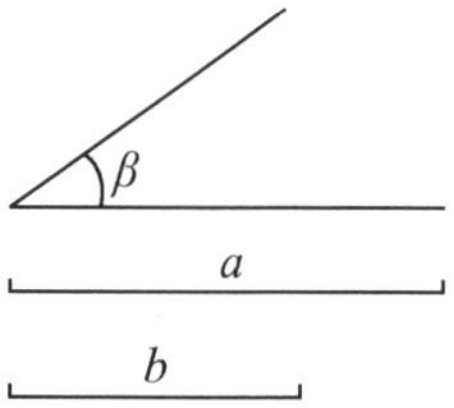

（图1）

（答案：2个，图略）

该题是已知两条边长及一条边的对角作三角形，一般条件下结果有三种情况，如图2所示。

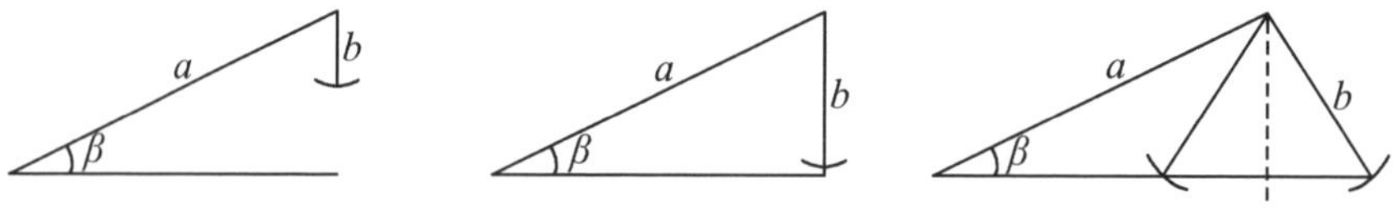

（图2）

而原题的条件属第三种情况，能作2个三角形。

如果要增加该题难度，进一步考查学生的思维能力，可将原题中的已知图形去掉，并改为告知作图结果求满足的条件。

① 许芬英，等."浙江省中小学学科教学建议"案例解读·初中数学[M].杭州：浙江教育出版社，2015.

改编题1 用直尺和圆规作△ABC,使$BC=a$,$AC=b$,$\angle B=30^\circ$,若这样的三角形只能作一个,则a,b间满足的关系式是________.

(答案:$a=2b$或$b\geqslant a$)

如果要再增加难度还可以改编成下面两题,将已知的"$\angle B=30^\circ$"改为"$\angle B=35^\circ$",即$\angle B$为非特殊角,这时要结合三角函数的知识来解答(该改编题只适合九年级学生)。进一步改编,可将"$\angle B=35^\circ$"改为"$\angle B=\beta$",这时的解答需要有更好的抽象思维能力,可以将题中的部分条件特殊化,如令$\beta=35^\circ$,来尝试寻找解题方法。

改编题2 用直尺和圆规作△ABC,使$BC=a$,$AC=b$,$\angle B=35^\circ$,若这样的三角形只能作一个,则a,b间满足的关系式是________.

(答案:$b=a\sin35^\circ$或$b\geqslant a$)

改编题3 用直尺和圆规作△ABC,使$BC=a$,$AC=b$,$\angle B=\beta$(β为锐角),若这样的三角形只能作一个,则a,b,β间满足的关系式是________.

(答案:$b\geqslant a$或$b=a\sin\beta$)

【评析】以上四道题目,难度逐步加大,在某项测试中,通过大样本的统计(1000份试卷以上),得到作业题6的实测难度系数为0.71,而改编题3的实测难度系数为0.32,可见试题的难度是根据题目中图形和具体数据的抽象程度的增加而增加的。

综上,将题目中直观的图形删去,只留下文字叙述,或将部分已知值改用字母表示,能增加试题的抽象程度和考查的思维深度,从而加大试题难度。

四、降低试题难度的方法

使试题变得更难的方法有限多,让试题难度降低的方法也有很多。常见的有以下几种。

(一) 减少运算量,降低解题起点

解题需要一定的运算量,但过大的运算量会偏离试题的考查目标,将能否得出正确答案"押宝"在计算上。所以,减少运算量是降低数学试题难度的常见方法。

【例2】

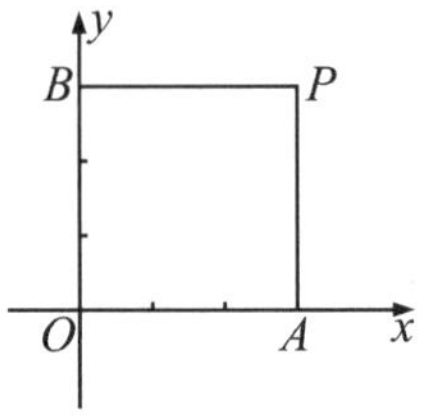

在平面直角坐标系中,过一点作坐标轴的垂线,若与坐标轴围成矩形的周长与面积相等,则称此点为和谐点.

如图,过点P作x轴,y轴的垂线,与坐标轴围成矩形$OAPB$的周长与面积相等,则称点P为和谐点.

(1) 若和谐点$P(a,3)$在直线$y=-x+b$上,求a,b的值.

(2) 问曲线$y=-\dfrac{30}{x}$ $(x>1)$上是否存在和谐点P?若存在,求出点P坐标;若不存在,请说明理由.

$\left[\text{答案:(1) } a=6, b=9 \quad \text{(2) } P\left(\dfrac{\sqrt{345}-15}{2}, \dfrac{-\sqrt{345}-15}{2}\right)\right]$

本题是阅读理解题,对"和谐点"下定义,并围绕其定义,进行新概念的运用。解答该题时,在概念的理解、应用及运算等方面均有一定的要求。命题组感觉试题偏难,于是对第(2)题作了修改,删去"曲线$y=-\dfrac{30}{x}$ $(x>1)$",将结论的不确定改为确定,使问题的指向性更加明确,并减少运算量。

改编题1 在平面直角坐标系中,过一点作坐标轴的垂线,若与坐标轴围成矩形的周长与面积相等,则称此点为和谐点.

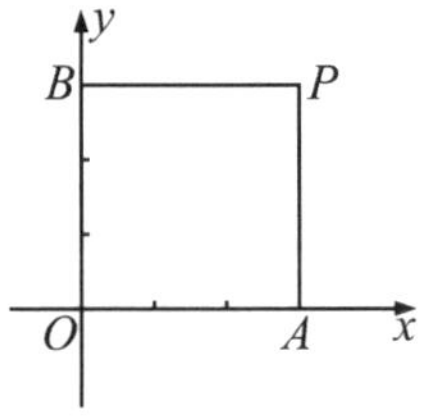

如图,过点P作x轴,y轴的垂线,与坐标轴围成矩形$OAPB$的周长与面积相等,则称点P为和谐点.

(1) 若和谐点$P(a,3)$在直线$y=-x+b$上,求a,b的值.

(2) 若点$P(a,-3a)$是和谐点,求a的值.

$\left[\text{答案:(1) } a=6, b=9 \quad \text{(2) } a=\dfrac{8}{3}\text{或}-\dfrac{8}{3}\right]$

仔细审查改编题1,发现两个小题都是在"和谐点"这个条件下求所含参数的值,出现内容同质化现象,于是继续修改。

改编题2 在平面直角坐标系中,过一点作坐标轴的垂线,若与坐标轴围成矩形的周长与面积相等,则称此点为和谐点.

如图,过点P作x轴,y轴的垂线,与坐标轴围成矩形$OAPB$的周长与面积相等,则称点P为和谐点.

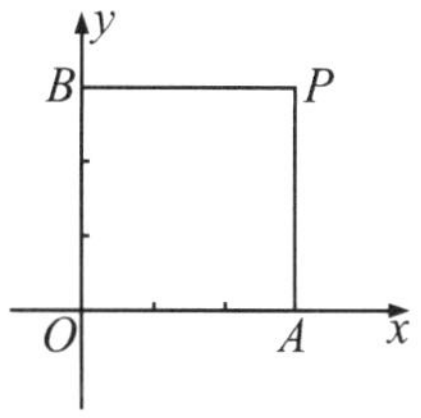

(1) 试写出两个和谐点的坐标.

(2) 若和谐点$P(a,3)$在直线$y=-x+b$上,求a,b的值.

[答案:(1) 略 (2) $a=6,b=9$或$a=-6,b=-3$]

改编题2的第(1)题仅仅考查对新定义“和谐点”的理解辨析,降低了考查起点,将原来的第(1)题改为第(2)题,考查新概念的应用,同时考查学生的方程意识。

在例2的两次改编过程中,通过减少运算量、降低题目起点等,使难度逐步降低,且题目整体的构造、文字表述等也更加合理,更加自然。

(二) 改变已知量,扩大入口宽度

题目的已知条件是解题的前提,是分析的基础,也是达成目标的起点。如果题目的条件表述较隐晦,或表述方式不常用、叙述不直接等,都会影响学生对已知条件的运用,增加试题的难度。因此,命题时常从已知条件入手,降低试题难度。

【例3】

鸡兔同笼问题是中国古代数学名题,它是这样叙述的:“今有鸡兔同笼,上有三十五头,下有九十四足,问鸡兔各几何?”此题的答案是:鸡有____只,兔子有____只.

(答案:23,12)

此题是根据浙教版教材七年级下册第二章第三节《解二元一次方程组》中的节前语引用的典故——鸡兔同笼改编而成的填空题,通过列二元一次方程组即可求得答案。但从整卷看,该题难度过大,需要降低难度,于是进行了下面两次修改。

改编题1 我国古代数学名著《孙子算经》中有这样一题:今有鸡兔同笼,上有35头,下有94足,问鸡兔各几何?现在小敏将此题改编为:今有鸡兔同笼,上有40头,下有110足,问鸡兔各几何?则此时的答案是:鸡有________只,兔有________只.

(答案:25,15)

对于改编题1,题目形式改变了,解答方法也增多了,如可与原题目一样列出二元一次方程组$\begin{cases}x+y=40,\\2x+4y=110,\end{cases}$然后解答。也可设$x$是改编题1中鸡的数量与原题

中鸡的数量的差,y是改编题1中兔的数量与原题中兔的数量的差,那么可得方程组$\begin{cases}x+y=5,\\2x+4y=16,\end{cases}$解得$\begin{cases}x=2,\\y=3.\end{cases}$这样可知鸡增加了2只,兔增加了3只,即可得到结果。但用第二种方法来解答,仍需解出原题中鸡和兔的数量,实质上仍是同质的,并且随着文字量的增加,题目难度似乎更大,于是继续修改,得到改编题2。

改编题2 我国古代数学名著《孙子算经》中有这样一题:今有鸡兔同笼,上有35头,下有94足,问鸡兔各几何?此题的答案是:鸡有23只,兔有12只.现在小敏将此题改编为:今有鸡兔同笼,上有40头,下有110足,问鸡兔各几何?则此时的答案是:鸡有________只,兔有________只.

(答案:25,15)

改编题2与改编题1相比,增加了条件"此题的答案是:鸡有23只,兔有12只",这样在解答时,既可解方程组$\begin{cases}x+y=5,\\2x+4y=16,\end{cases}$并利用原题的答案"鸡有23只,兔有12只"得到该题的答案,也可解方程组$\begin{cases}x+y=40,\\2x+4y=110,\end{cases}$直接解得答案,解法变得多样,体现了试题起点低、入口宽的特点,这样改编题2的难度明显低于前两道题的难度。

命题中无论是像解答题这样的主观性试题,还是像选择题、填空题这样的客观性试题,都会遇到需要调整难度的时候。从对例3原题的修改中可以看出,适当增加条件,增加试题解答的入口宽度,也能降低试题难度。

(三)添加小问题,设置过程台阶

试题初稿形成后,除了要关注试题有无偏离考试目标、导向是否正确等问题外,更多、更直接的是要关注该题的难度如何。当预估难度偏大时,常会通过增设小问题,为解答原题设置过程台阶,从而达到降低原题难度的目的。

【例4】

实验室里有一个水平放置的长方体容器,从内部量得它的高是15 cm,底面的长是30 cm,宽是20 cm,容器内的水深为x cm。现往容器内放入如图所示的长方体实心铁块(铁块一面平放在容器底面),过顶点A的三条棱的长分别是10 cm,10 cm,y cm($y\leqslant15$)。当铁

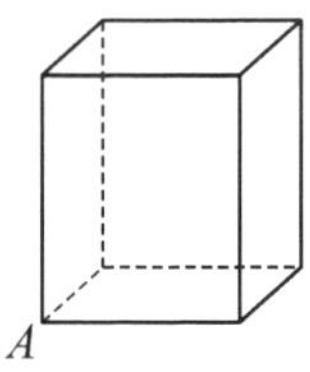

块的顶部高出水面2 cm时，求x,y满足的关系式.

$$\left[\text{答案：}y=\frac{6x+10}{5}\left(0<x\leqslant\frac{65}{6}\right)\text{或}y=\frac{120-15x}{2}\ (6\leqslant x<8)\right]$$

解答该题时，需要分两种情况讨论：一种是铁块向下底面的边长均为10 cm，另一种是铁块向下底面的边长分别为y cm和10 cm，而这两种情况的分类不太明显，即分类的标准较难把握。这样在解题时，往往一开始就没有分类讨论，走了弯路，或者对分类标准的确定耗时过多，影响答案的正确性。

我们可以增设小题，达到对分类的提示作用，从而降低解答的难度。

改编题1 实验室里有一个水平放置的长方体容器，从内部量得它的高是15 cm，底面的长是30 cm，宽是20 cm，容器内的水深为x cm. 现往容器内放入如图所示的长方体实心铁块(铁块的一面平放在容器底面)，过顶点A的三条棱长分别是10 cm，10 cm，y cm($y\leqslant 15$). 当铁块的顶部高出水面2 cm时，求：

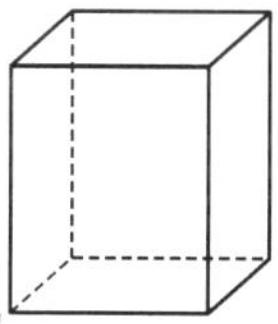

(1) 若铁块向下底面的边长分别为10 cm，10 cm，x,y满足的关系式.

(2) x,y满足的关系式.

$$\left[\text{答案：(1) }y=\frac{6x+10}{5}\left(0<x\leqslant\frac{65}{6}\right)\right.$$

$$\left.\text{(2) }y=\frac{6x+10}{5}\left(0<x\leqslant\frac{65}{6}\right)\text{或}y=\frac{120-15x}{2}\ (6\leqslant x<8)\right]$$

可以看出，设置的第(1)题，起到了提示解答需分类的要求和方法，这样原题的难度明显降低。更进一步增设小题也可以提示解答方法，如改编题2。

改编题2 实验室里有一个水平放置的长方体容器，从内部量得它的高是15 cm，底面的长是30 cm，宽是20 cm. 容器内的水深为x cm. 现往容器内放入如图所示的长方体实心铁块(铁块的一面平放在容器底面)，过顶点A的三条棱长分别是10 cm，10 cm，y cm($y\leqslant 15$). 当铁块的顶部高出水面2 cm时，求：

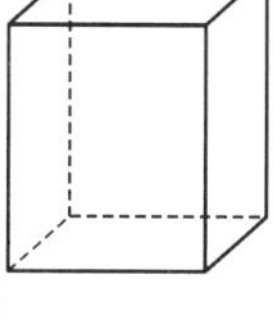

(1) 当$x=10$时，y的值.

(2) 若铁块向下底面的边长分别为10 cm，10 cm，x,y满足的关系式.

(3) x,y满足的关系式.

[答案：(1)14　(2) $y=\dfrac{6x+10}{5}\left(0<x\leqslant\dfrac{65}{6}\right)$

(3) $y=\dfrac{6x+10}{5}\left(0<x\leqslant\dfrac{65}{6}\right)$ 或 $y=\dfrac{120-15x}{2}$ $(6\leqslant x<8)$]

改编题2设置的第(1)题，是在“$x=10$”这一特殊情况下，来解决问题，而此时解决问题的方法，也适用于一般情况。所以，增设小题的功能之一是提示方法，即特殊到一般的方法，启发在一般情况下的问题解决方法。

命题中，小问题的设置，实际上或多或少地起到了降低试题难度的作用。方法的提示、难点的突破、关键思路的指引等，都是小题所能发挥的作用。但是设置小题也有“副作用”，它会降低原题解答的思维层次，会偏离试题考查的目标，所以不能一味为降低难度而设置小题，应结合多种方法来降低试题、试卷的难度。

(四) 增加图文式，引导解决思路

试题的已知条件的呈现，可以有多种形式，如文字、图形、表格、图表等。不同的条件需要不同的呈现方式，有的适合用文字叙述，有的适合用图形说明，有的适合用表格表达，这也是不同思维方式的转换。命题中常会采用各种呈现方式的结合，以更充分地揭示已知条件，有利于降低解答试题的难度。

【例5】

等边三角形ABC的边长是定值，点O是它的外心，过点O任意作一条直线分别交AB，BC于点D，点E，将$\triangle BDE$沿直线DE折叠，得到$\triangle B'DE$，若$B'D$，$B'E$分别交AC于点F，点G，连结OF，OG，则下列判断错误的是(　　)

A. $\triangle ADF\cong\triangle CGE$

B. $\triangle B'FG$的周长是一个定值

C. 四边形$FOEC$的面积是一个定值

D. 四边形$OGB'F$的面积是一个定值

(答案：D)

该题是平面几何问题，但没有给出图形。所以解答问题之前，学生须逐句分析题目条件，结合条件自己画出图形。如果本题给出图形(见例5改编题图)，必定降低解答的难度。

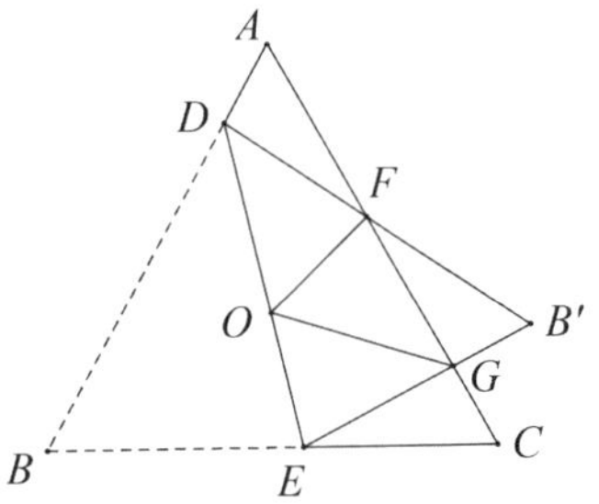

(例5改编题图)

根据题目已知条件添加图形,有利于解题分析,这个图形不一定局限于几何图形,有时添加物体的直观图,也能对解题分析有明显帮助。

【例6】

实验室里,水平桌面上有甲、乙、丙三个圆柱形容器(容器足够高),底面半径之比为1∶2∶1,用两个相同的管子在容器的5 cm高度处连通(即管子底离容器底5 cm).三个容器中,只有甲中有水,水位高1 cm.若每分钟同时向乙和丙注入相同量的水,开始注水1分钟,乙的水位上升$\frac{5}{6}$ cm,则注入________分钟的水量后,甲与乙的水位高度之差是0.5 cm.

(答案:$\frac{3}{5}$,$\frac{33}{20}$,$\frac{171}{40}$)

该题中,已知条件都用文字叙述,若要将条件进行分析,则最好在草稿纸上画出相应的物体直观图,帮助引导解决思路。但如果题目给出物体直观图(见例6改编题图),这样就能直观地反映出题目中有关量的变化,帮助解答问题。

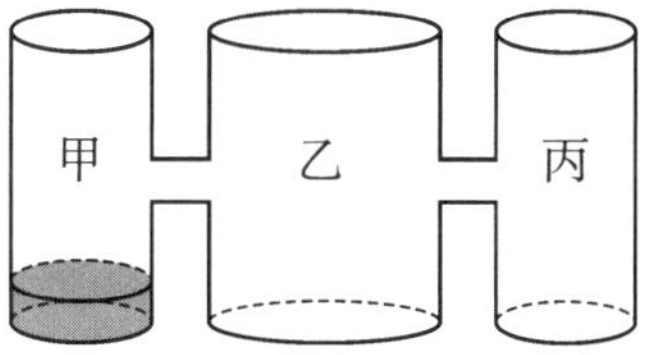

(例6改编题图)

题目已知条件中给出图形,能有利于解题,而添加表格或统计图等,也是降低难度的常用方法。

【例7】

某企业安排65名工人生产甲、乙两种产品,每人每天生产2件甲产品或1件乙产品,甲产品每件可获利15元.根据市场需求和生产经验,乙产品每天产量不少于5件,当每天生产5件时,每件可获利120元,每增加1件,当天平均每件利润减少2元.设每天安排x人生产乙产品.

(1) 若每天生产甲产品可获得的利润比生产乙产品可获得的利润多550元,求每件乙产品可获得的利润.

(2) 该企业在不增加工人人数的情况下,增加生产丙产品,要求每天甲、丙两种产品的产量相等.已知每人每天可生产1件丙产品(每人每天只能生产一种产品),丙产品每件可获利30元,求每天生产三种产品可获得的总利润W(元)的最大值及相应x的值.

[答案:(1) 110元 (2) 3198元,$x=26$]

该题是应用问题,解答该题需要从条件分析,得出等量关系,列出方程、函数式来解决问题,所以整体分析后发现有一定的难度,且第(1)题起点高,不利于考生水平的发挥,所以我们改编为如下试题。

改编题 某企业安排65名工人生产甲、乙两种产品,每人每天生产2件甲产品或1件乙产品,甲产品每件可获利15元. 根据市场需求和生产经验,乙产品每天产量不少于5件,当每天生产5件时,每件可获利120元,每增加1件,当天平均每件利润减少2元. 设每天安排x人生产乙产品.

(1) 根据信息填表:

产品种类	每天工人数(人)	每天产量(件)	每件产品可获利润(元)
甲	▲	▲	15
乙	x	x	▲

(2) 若每天生产甲产品可获得的利润比生产乙产品可获得的利润多550元,求每件乙产品可获得的利润.

(3) 该企业在不增加工人人数的情况下,增加生产丙产品,要求每天甲、丙两种产品的产量相等. 已知每人每天可生产1件丙产品(每人每天只能生产一种产品),丙产品每件可获利30元,求每天生产三种产品可获得的总利润W(元)的最大值及相应x的值.

[答案:(1) $65-x$, $2(65-x)$, $130-2x$ (2) 110元 (3) 3198元,$x=26$]

该改编题比原题增加了一道小题,这道小题以表格的形式呈现,有利于引导考生找到解题思路。表格实际上就是解题的思路分析表、条件归纳表,这是中考命题时降低试题难度的常用方法。

例5、例6、例7这三个例子,说明了命题中降低试题难度的几种常用方法。实际上,命题的难度控制往往是多种方法、多种措施的综合。当然,在降低试题难度的同时,也不能偏离考查目标。降低难度只是一种手段,一种为进一步考查考生真实水平的手段,而不是目的。不能为降难度而降难度,而不顾学科核心素养的考查。

考试命题时，对试卷质量指标的控制，是编制高质量试卷的前提条件。质量指标的控制是预设。只有正确的预设，才能达到命题的高效。而命题控制技术的掌握，是达成命题高效的保证。要提升命题质量，教师不仅需要不断地学习命题技术，更需要对命题技术进行实践与运用。

周伟扬(绍兴市教育教学研究院)

第四节　初中英语阅读理解的命题原则[①]

阅读是人们获取信息最主要的渠道之一，也是进行人际交往的必备技能。作为一种重要的语言技能，阅读在英语教学中占有十分重要的位置，是课程标准中规定的主要教学目标。不仅如此，阅读在各地的英语测试卷中均占有很大的分值。以浙江省中考英语卷为例，绝大多数地市的试卷中阅读理解的分值达到30分，占整卷总分的25%。因此，提高阅读测试命题的效度，确保阅读测试能真正考查学生的阅读能力，是决定测试效度及学生获得考试成功的关键因素。

根据英语课程标准的要求，在初中英语阅读测试中应重点考查六种技能，即理解主旨和要义，理解文章中的具体信息（包括图文转换的信息），根据上下文推测生词的意义，进行简单的判断和推理，理解文章的基本结构，理解作者的意图和态度。

阅读理解的题型很多，从形式上可分为选择题和非选择题两类，从功能上可分为传统意义上的阅读理解（通常是单项选择题形式）和任务型阅读两类，从答案上可分为主观题和客观题两类。初中段常用的阅读理解考试题型中，客观题主要有单项选择题、排序题、匹配题、判断正误题等，主观题主要有简答题、完成文段题等。

阅读理解试题的命制主要涉及语篇材料的选用、题干和选项的设置等。首先，试题要尽可能包括测试目标的各个方面[②]，即尽可能考查不同的阅读技能。其次，要选择符合学生认知水平、生活经验、兴趣爱好的材料，同时要科学、合理地编制题干和选项。一般来说，阅读理解试题的选材与命制应遵循以下基本原则。

一、选材原则

阅读测试的首要问题是选材[③]。要做到题材广泛，体裁、结构有变化；所选文章的长度、难易度要得当；文章的内容要尽可能接近学生的生活、兴趣和认知水平。

---

① 节选自李冬梅等编著的《英语命题技术研究》，略有改动。

② Hughes, A. Testing for Language Teachers[M]. Cambridge: Cambridge University Press. 2002.

③ Heaton, J. B. Writing English Language Tests[M]. Beijing: Foreign Language Teaching and Learning Press. 2000.

（一）材料要力求真实

阅读材料的选择非常重要，必须和语言教学更广泛的目标联系起来。首先，在内容和形式上要力求真实。新闻报道、说明书、会议通知、广告、地图、时刻表等，都可以作为阅读测试材料[①]。这些材料都是学生在生活中经常接触到的，可以提高阅读测试的效度。这些应用性文本，通常情况下属于或含有非连续性文本。所谓非连续性文本是相对于连续性文本而言的，不是以句子为最小单位，而是由表单构成的文本，包括清单、图标、表格、标签、时间表、收据、目录、索引等。其次，语言上要力求准确、地道。所有材料在语言方面应该保持与英语国家文本相似，具有原汁原味的特点。由于初中段学生所学词汇有限，命题时需要对原有材料进行“加工处理”，这在一定程度上可能会使材料略有“失真”。因此，要确保不使用编造的语言材料。在对真实、地道的素材进行改写时，要尽可能保证语言的准确、地道。

（二）材料要体现多样

阅读测试材料应尽可能包含各种不同题材、不同体裁的材料。阅读文章的体裁主要分说明文、应用文、记叙文和议论文，在命题时要注意根据学生的心理和认知特点合理挑选不同体裁的阅读材料，并有所侧重。总体来说，初中阅读测试应更多地倾向于选择故事类的记叙文、客观性的说明文和生活化的应用文，同时适当考虑更具逻辑性、思辨性的议论文。阅读材料的多样性还体现在文章题材的多样化上，这既可以满足不同学生的学习需要，适合不同学生的正常发挥，也可以避免因体裁类型过少而可能造成的测试不公，因为有些学生可能对某一类型的文章特别感兴趣。同时，测试中出现有限类型的文章会鼓励潜在的参试者只阅读某些特定类型的文章[②]。

（三）材料要确保适中

首先，阅读测试材料的长度，即阅读量要适中。休斯认为，对于初级水平的学生，长度应控制在100词以内；对于中等水平的学生，以200—300词为宜；对于高级水平的学生，以400—600词为宜[③]。由此，中考阅读测试材料应控制在300词左右。同时，要注意同一份试卷中不同语篇的长度是否均衡，不能过长，也不能过短。文章过长会增加学生的阅读负担和理解压力，文章过短会因为信息量过少增加命题的

①②③ Hughes, A. Testing for Language Teachers[M]. Cambridge: Cambridge University Press. 2002.

难度。其次,阅读测试材料的难度要适中,符合大多数学生的阅读水平。影响材料本身难度的因素有生词量、句法结构、易读度等。所谓生词,是指学生没有学过且没有标注中文释义的单词或短语(不包括可以通过构词法理解的词或短语)。生词越多,句子结构越复杂,文章的难度就越大。根据英语课程标准的要求,阅读测试材料中的生词率不能超过该文章总词数的3%。易读度是指文字材料易于阅读和理解的程度。阅读文章的易读度可用Flesh易读度公式计算。一般来说,标准文章的易读度指数为60—70。指数越大,文本越简单;反之,则文本越难。

(四)材料要兼顾人文性和科普性

情感态度是体现学生人文素养与语言知识综合运用能力的一个重要因素。在语篇的选择上要充分考虑学生的实际生活,关注学生的情感体验,体现材料的价值立意和教育功能。所选的语篇内容要富有时代气息,主题积极向上,突出对学生积极正面的引导,唤起学生心灵的真实感受,陶冶学生的情操,帮助他们形成正确的世界观、人生观和价值观。同时要避免那些内容陈旧或常识性的篇章材料。除了人文性,选材还应兼顾科普性。科普性阅读材料不仅能够传播科学知识、科学方法,更能传播先进的科学思想和科学精神,对开发学生智力,提高他们的科学素养有很大的促进作用。同时,这类文章往往科技类词汇多,句子结构复杂,理论性强,逻辑严谨,能够与故事类文章形成互补。

在命题时,要充分考虑大题内各个语篇的合理搭配,做到人文性和科普性完美结合。多样化的材料选择不但能缓解学生的阅读解题压力,还能最大限度地结合不同学生的阅读兴趣和特长,并确保测试的公平性。

二、试题设置原则

在命制阅读理解题的过程中,需要对文本进行深入的解读和梳理,理清文本的结构特点和信息要求,结合文本特点和信息要点来进行试题命制,从语言材料的内容、语言材料的形式、语言现象和作者的写作目的等方面来命制试题。总而言之,阅读理解的出题方式有多种,应依具体的材料而定[①]。鉴于目前阅读理解题型主要以单项选择题为主,因此本节着重探讨阅读理解题中单项选择题的命制方法。

---

① Heaton, J. B. Writing English Language Tests[M]. Beijing: Foreign Language Teaching and Learning Press. 2000.

（一）试题命制的总体要求

首先，同一语篇的试题要按照其答案在文本中的顺序进行排列。如果不按文本叙事的正常顺序命制题目，会增加测试的随机变量，从而降低测试的效度[①]。只有题目的编排完全按照文本叙事的走向，才符合学生的阅读心理特点。其次，试题的答案应必须通过理解文本才能得出。有的题目只需要将题目本身所包含的词的语序与文本中同样词汇的语序相匹配就能得出正确答案，而不用理解文本的意义，这种题目就达不到考查学生阅读能力的目的。有的题目仅通过常识就可以得出正确答案，也无须理解文本，这种题目同样不能真正考查出学生理解文本意义的能力。

（二）题干的设计

题干可以是一个问题或一个需要补全的句子。要注意的是，即使是初级英语水平的考试，题干也不能照搬原文，应该有所变化[②]。题干应包含选项中共有的信息，以避免各选项内容重复；表述应简洁清晰无生词，但不能过于简短以至于无法限定考点；应尽可能避免出现带有否定结构的形式，如：

Visitors can do the following EXCEPT ________ in the zoo.

Which of the following is NOT true according to the passage?

The room in the hotel **hasn't** got ________.

首先使用否定形式的题干所考查的内容往往是不应该考查的、所读语篇之外的内容。其次，带有否定的题干容易引起思维混乱，容易产生歧义[③]。

在设置考查不同技能的题目的题干时，应注意有所侧重。

1. 细节理解类题干。

这类试题主要考查学生对文本材料中的细节及主要事实的理解能力，题干主要包括询问人、物、时间、地点、原因、结果、数据等。在众多细节理解题中，特别是在记叙文中，排序题是经常采用的一种命题方式。这种题型在考查学生对于文本主题统揽下的系列事件的快速理解、排序等宏观思维能力方面具有独到的作用。

2. 主旨归纳类题干。

这类试题主要考查学生对文本的整体或局部进行分析和概括的能力，要求归纳相关部分的中心大意、选择最佳标题及分析作者的写作目的等。常见的题干有：

---

① Hughes, A. Testing for Language Teachers[M]. Cambridge: Cambridge University Press, 2002.

② 武尊民. 英语测试的理论与实践[M]. 北京：外语教学与研究出版社，2003.

③ 刘庆思. 从试卷设计看高考英语对语言知识的考查[J]. 中学外语教与学，2009(5).

● 主旨大意型:The story mainly tells us about ________.
What's the main idea of this passage?
What does the 4th paragraph talk about?

● 标题判断型:The best title of this passage is ________.
What's the best title of this passage?

● 写作目的型:The passage is written mainly to ________.
What's the writer's purpose of writing this story?

3. 推断类题干。

这类试题主要考查学生的逻辑分析能力和推理判断能力,即根据文本的表层信息或事实,结合学生已有的背景知识,对文本的论调、文本隐含的意义、作者的观点态度、故事发展的可能或结局以及其他深层含义做出合乎逻辑的判断。题干一般可采用以下句型:

● 陈述句式:It can be inferred / seen from the passage that ________.
In the passage, the writer mainly wanted to tell us that ________.
The story suggests that ________.

● 问句式:Which of the following conclusions can we draw according to the passage?
Which of the following might happen later?
Which of the following best describes the character of ...?

4. 文本特征类题干。

这类试题主要考查学生对文本的结构、出处以及类型的认知能力,能帮助学生更有效地处理阅读信息,提高阅读速度,增强阅读效果。常见的题干句型有:

The passage is probably taken from a(n) ________.
Where is the passage probably chosen from?
Which of the following can be put into the blank in Paragraph ...?

5. 词义理解类题干。

这类试题主要从两个方面来命制。一是对不熟悉单词词义的考查,主要从上下文、构词法、同义词、反义词以及定义等方面进行考查。二是对熟悉词汇的指代考查,比如代词等。其题干设置可采用以下句型:

The underlined word "________" in Paragraph ... means ________.
What does the underlined word "________" probably mean?
The underlined word "..." refers to ________.

（三）选项的设置

总体来说，各选项的形式、长度、结构应基本一致，而且不应相互包容。

1. 正确选项的设置。

正确选项在意义上要尊重原文，或是基于原文的合乎逻辑的推断、归纳和总结；要尽可能避免采用原文中的词句。如果正确选项与原文一模一样，就无法真正考查学生的理解能力。学生不需要通过理解来解答题目，会导致题目的效度过低。在设置正确选项时，首先应使用原文中的同义词或相似结构。这是一种常见且十分重要的命题方式，能够考查学生的语义转换和理解能力，并间接考查学生的语言知识。在细节理解和词义理解等考题中经常采用这种方法来设置正确选项。

【例1】（选自2016年金华市中考卷）

Oliver is a young boy who ________.

A. gets lost in a big city　　B. wants to learn to dance

C. is not good at art　　D. was born in America

原文（节选）：Oliver is a lost little boy. He doesn't know anybody and is afraid in a big city. One day he meets Patch, a little dog who is also lost. The two become best friends. They help each other. Together they have an adventure in the city. However, Oliver knows that Patch's owner must be very worried and missing Patch. What should Oliver do?

（答案：A）

上例中，原文画线部分与题目中的正确选项gets lost in a big city在意义和语法形式上都十分相似，但又不完全相同，从而达到考查学生对意义转换和理解能力的目的。

其次，正确选项应采用改编原文句子结构或转变表述角度的方式来设置。这样能从多角度考查学生的语言基础知识，同时对课堂教学也有较好的引领作用。

【例2】（选自2015年绍兴市中考卷）

According to the passage, Jennifer Morozowich ________.

A. is a star from Toronto　　B. likes cats very much

C. owns a cat café now　　D. lives under much stress

原文：Morozowich is a cat lover who says that cats help to lower people's stress levels.

（答案：B）

从上述原文“Morozowich is a cat lover”中可以看出Morozowich是一个猫咪爱好者。但在命题时，没有直接采用原文中的句子，而是就原文意义进行了语言表述上的转换，将语法结构中的“系表结构”转换成“动宾结构”，较好地回避了低效度的弊端。

再次，正确选项是对原文词句或段落的归纳、推理或演绎。阅读测试中，涉及考查深层理解和综合技能时，正确选项往往需要体现出对文本信息（词句、段落乃至全文）的归纳、推理和演绎等。这类题的正确选项一般内容含义比较丰富，更具有综合性和概括性。其表述一般不用always, never等较为绝对的词汇，而使用一些留有余地的词汇，如often, usually, sometimes, some, may, might, can, could, possibly, probably, mainly等。

【例3】（选自2014年嘉兴市中考卷）

The last paragraph mainly talks about ________.

A. club leaders　　B. cultural studies

C. meeting times for students　　D. club activities after school

原文（节选）：Club activities after class hours are an important part of students' school life. There are a number of sports and cultural study clubs that students may join. Students are free to choose the clubs they are interested in. The clubs meet two to four times a week after school. Sports coaches and club leaders are often school graduates who come back to help.

（答案：D）

2. 干扰项的设置。

干扰项要尽可能基于文本内容来设置。干扰项如果与文本内容无关，就很容易被排除，起不到干扰的作用。因此，在设置干扰项的时候，要深度解读文本内容，全面把握文本信息，在此基础上，围绕正确选项进行基于文本信息的再创造，形成最后的干扰项。

【例4】（选自2015年绍兴市中考卷）

The fourth paragraph mainly tells us ________.

A. where the new camera is placed　　B. what the new camera looks like

C. when the new camera is used　　D. how the new camera works

原文（节选）：When family members enter a home, the new camera "recognizes"（识别）them and sends information to the owner's smartphone. The owner can choose to see the video then or later. But if an unknown person enters a home, the camera will send the owner a warning that will cause an alarm to sound on the owner's smartphone.

（答案：D）

从原文中不难发现，本题三个干扰项所描述的信息在文本的其他地方都有所体现，但综合第四段内容，可以发现主要讲的是新型照相机的工作原理。

（四）填空型题干选项的设置

填空型题干选项的设置必须确保所有选项都能还原到句子中，而且在语言形式上要尽可能保持一致，特别是词汇推断题，只有这样才能真正考查学生通过上下文推断词义的能力。

【例5】（选自2017年金华市中考卷）

The underlined word "hunt" in Paragraph 5 probably means ________.

A. offer to help　　B. come to teach

C. refuse to protect　　D. want to kill

原文（节选）：Seals breathe air, but that doesn't stop some of them from sleeping underwater. They hold their breath and dive deep to sleep for up to twenty minutes at a time. Sleeping deep underwater helps these seals stay safe from animals that hunt them near the surface.

（答案：D）

本题中的三个干扰项都能够与原文中的them搭配，学生需要通过上下文推断才能准确判断词义，这样的题目效度就较高。

综上所述，阅读类试题的命制应结合所选语篇特点，选择不同题型，考查不同的阅读能力。在题型的选择上要有利于学校课堂教学方式和学生学习方式的改善，题型要反映高质量的教学活动和学习活动①。

李冬梅（浙江省教育厅教研室）

① 雷新勇. 大规模教育考试：命题与评价[M]. 上海：华东师范大学出版社，2006.

第五节　初中科学实验探究的命题技术①

科学探究是初中科学课程主要的课程目标之一。它不仅是一种教学方法,还是学生获取科学知识的一种基本方式。科学探究不仅可以使学生亲身体会科学精神的实质,还可以使学生更深刻地理解科学知识,更好地掌握科学方法,培养学生持之以恒、严谨认真的科学态度和不惧权威、敢于怀疑、勇于创新的科学精神,发展学生逻辑思维和批判性思维能力,从而更有效地提高科学素养。因此,考查学生科学探究能力高低的实验探究题,是浙江省初中科学毕业升学考试的重要题型。

一、实验探究试题的特点

初中科学毕业升学考试在重视考查基础知识与基本技能的同时,注重考查提出科学问题,进行猜想和假设,制定探究方案,获取事实与证据,解释、检验与评价,表达与交流等科学探究的能力,注重考查观察、比较、分类、应用数学、测量、预测、推论、形成操作性定义、解释数据、控制变量、实验等科学探究的过程技能,以及初步的分析、综合、归纳、演绎等思维能力和运用所学知识解释常见的自然现象、解决简单实际问题的能力,同时还要结合具体的情境考查学生在科学态度、情感与价值观方面的教育效果。初中科学毕业升学考试中的实验探究试题主要是用来考查科学探究过程中学生是否具有上述能力的题型。一般来说,实验探究试题主要具有以下特点:

(一) 实验探究试题应围绕探究环节编制

科学探究源自问题的发现,一般涉及六个要素,即提出问题、猜想与假设、设计研究方案、获取分析证据、得出结论、评价与交流。初中毕业升学考试的试题中,尽管实验探究试题的数量较多、题型多样,但试题一般都紧紧围绕科学探究的六个要素进行编制。

① 节选自王耀村等编著的《科学命题技术研究》,有改动。

（二）实验探究试题应以科学知识为载体

科学探究是科学家用来解决科学问题的一种思维方式，其过程离不开科学知识。实验探究试题不能脱离探究过程而直接对探究能力进行考查，这是科学探究试题与传统实验试题的根本区别。因此，在进行试卷编制时，科学探究和科学内容是两个并列的维度，不应该把科学探究作为科学内容的一个分支。对科学探究的考查，包括考查学生对科学探究的理解和科学探究能力两个方面。一道题目既可以考查某一科学知识内容，也可以同时考查科学探究能力。对科学探究的考查，与对科学知识的考查是联系在一起的。所以编制实验探究性试题时，必须以科学知识为载体，结合科学探究的相关要素，设置考查问题，实现对学生探究能力的准确评价。

（三）实验探究试题应有较完整的过程

在教育测量学中，考试是一种测量工具，其中能力测量主要通过学生解决问题的心理外显行为来鉴别。因此，科学探究能力的高低可以用学生在科学探究问题的解决过程中所表现出来的探究行为水平的高低来衡量。这就是说实验探究试题的设计必须让学生经历一定的探究过程，使学生的探究行为在探究过程中表现出来，从而鉴别其能力水平。这里所说的探究过程，是指一定的活动程序或阶段，从发现问题到解决问题的过程。当然，实验探究试题的设计不要求具备一个完整的探究过程，可以是科学探究的一个或若干个要素片段作为过程的体现。

（四）实验探究试题应突出考查思维品质

思维能力是一个人最核心的能力，而思维品质更是衡量思维能力好坏的最重要指标。它一般包括思维的严密性、灵活性、发散性等。初中科学毕业升学考试中，实验探究试题是考查学生思维品质优劣的重要题型。考查思维品质的试题符合能力立意的命题理念，对引导教师重视学生高阶思维能力的培养、重视科学探究能力的培养，都具有很好的示范作用。

（五）实验探究试题应强调探究性

科学探究是科学家用以研究自然界未知领域的基本途径。科学教育中的科学探究则是指学生经历与科学家相似的探究过程，以获取知识、领悟科学的思想观念、学习和掌握科学方法的各种活动。因此，实验探究试题应该具有探究性，试题所呈现的探究背景材料对于学生来讲应该是新奇的，具有探究意味和探究价值的。

二、实验探究试题的素材来源及处理技术

编制实验探究试题需要具体的、恰当的问题情境，合适的素材是编制出优秀实验探究试题的关键。通常情况下，命题者可以从以下五个方面寻找、获取并处理实验探究试题的命题素材。

（一）教材上的探究、活动、阅读、读图、思考与讨论等栏目内容

为了增加教材的可读性、趣味性，浙教版初中《科学》教材设置了探究、活动、阅读、读图、思考与讨论等栏目。命题者在命题时可以选用这些材料。由于这些材料来自教材，对于所有参加考试的同学而言，都同样拥有，从理论上讲也都同样熟悉，所以具有公平性、适切性等特征，这是任何其他资料都不具有的优点。因此，教材中的素材是命题者命题时首先应该考虑的材料。

（二）生产常识、生活现象、科技作品的工作原理等

科学与生产、生活息息相关，科学、技术、社会和环境的关系是初中科学的重要内容，这些密切联系实际的材料，对于全体学生而言，都具有新颖性、实用性等特征。因此，有关生活现象、生产常识、科技产品工作原理等素材，也是实验探究试题命题者要收集和积累的重要材料。

【例1】

听长辈说制作凉拌菜不能添加黄瓜，难道黄瓜能使蔬菜中的营养素流失吗？

［查阅资料］

青椒等蔬菜中含有大量的维生素C，且维生素C能使蓝色淀粉—碘溶液褪色。

［实验操作］

步骤一：配制淀粉—碘溶液：取1克淀粉，加入100毫升水，搅拌均匀，再加入1毫升碘酒溶液。

步骤二：分别榨取新鲜黄瓜汁与青椒汁。取两个锥形瓶，编号A、B。先在两个锥形瓶中各加入20毫升青椒汁，再分别加入黄瓜汁、蒸馏水各40毫升混匀，放置60分钟，中间每隔10分钟搅拌一次。

步骤三：取等量蓝色淀粉—碘溶液，分别加入到两个烧杯中，再分别倒入A、B两个锥形瓶中，搅拌均匀，静置观察。

［现象记录］

实验操作
淀粉—碘溶液＋青椒和黄瓜混合汁
淀粉—碘溶液＋青椒汁和蒸馏水

根据上述过程回答下列问题：

（1）科学实验需要控制变量。下列情况会影响测定结果的是______（填字母）。

A. 混合液放置时间不同　　　　B. 被测物质的体积不同

C. 锥形瓶的大小不同

（2）在步骤二中每隔10分钟搅拌一次，其目的是________。

（3）能证实黄瓜汁把维生素C分解了的实验现象是________。

（4）请指出该实验存在的缺陷：________。

本题素材来自常见的生活现象，材料鲜活真实，体现了课程的基本理念。命题者立足"黄瓜能否使蔬菜中的营养素流失"这个话题，通过比较完整的实验过程，结合具体情境，从"控制变量法""实验操作目的""证据的收集"和"对观察和策略的精确性做出评价"四个方面编制试题，考查学生的科学思维、交流评价等能力。试题把知识的落脚点放在现实的问题情境之中，让"科学的生活，生活的科学"这一理念渗透到学生的思想中，促进学生认识到科学无处不在，引导学生关注生活，并从中发现科学问题。

（三）学术论文、医学案例等文献资料

关注人口、环境、资源、生物多样性等话题的学术论文，标志医学进步的典型案例，都具有科学性、典型性、时代性等特征，是编制实验探究试题的良好素材。节选各类科学学术论文信息，或典型医学案例材料等，对其进行适当删减、改编是编制实验探究试题的一种常见方法。

【例2】

19世纪中叶，欧洲的产妇在医院分娩的死亡率比在家中分娩的高很多。塞曼尔维斯偶然发现，一位医生在解剖尸体时割伤手指，不久就死了，其症状与其他死亡的产妇一样。他猜测，产妇的尸体中有一种"尸体物质"，可能经医生的手或手术器具，进入分娩的产妇体内，导致产妇死亡。经观察、实验，他得到以下信息：

A. 医院对手术器具不消毒，医生在进行手术和解剖尸体时不戴手套。

B. 维也纳总医院的第一妇产科医生解剖尸体后常常直接从解剖室去帮助产妇分娩，而第二妇产科医生无须解剖尸体。

C. 塞曼尔维斯要求医生对手术器械进行消毒，助产医生在进病房之前要用氯水消毒液清洗双手。

D. 调查实验部分结果记录如下表。

维也纳总医院产妇死亡率（19世纪中叶）		
	1848年前：用氯水消毒之前	1848年：用氯水消毒之后
第二妇产科	200/10000	130/10000
第一妇产科	2000/10000	120/10000

请回答：

（1）下列物质或生物中，不是塞曼尔维斯医生认为的“尸体物质”是________（填字母）。

A. 病毒　　B. 细菌　　C. 真菌　　D. 水

（2）分析维也纳总医院产妇死亡率统计表，可以得出的结论是________。

（3）综合分析塞曼尔维斯收集的信息，你认为导致产妇在医院分娩的死亡率比在家中分娩的高的原因是________。

本题材料来自医学类论文，以真实医学案例为素材，信息承接历史，体现医学进步。命题者选取了“19世纪中叶，欧洲产妇在医院分娩的死亡率比在家中分娩的高很多”这个历史事件，并针对该问题研究的真实情境重点选取了“做出猜测”“分析数据，得出结论”和“综合分析能力”三个方面设置问题，考查学生的多种能力。尤其是第(3)题，要求学生解释异常医学现象，切中本题核心。解答该题时，学生要拥有较强的综合分析能力，以及变量控制思想。此题材料数据真实、可靠，对每个学生来说都具有新颖性、科学性和真实性，是初中科学毕业升学考试试题的优秀背景材料。

（四）科学史实、重大发现和经典发明等

一部由“正确”与“错误”交织书写的科学史，汇集了科学家在科学研究中所采用的研究方式、思维方法和智慧结晶。科学史不仅呈现了相关科学知识的发现过程，还蕴含着科学探究方法、思维方式等科学教育的重要元素，能帮助学生理解科学本质，领悟科学的批判性和统一性，是提升学生科学素养的重要资源。科学史实、重大发现、经典发明等材料具有过程性、事实性、思维性等特征，它们都是初中科学毕业升学考试中考查学生探究能力、体现科学本质试题的重要素材来源。

【例3】

材料一：1820年，丹麦物理学家奥斯特发现了通电导体周围存在磁场。

材料二：1825年，瑞士物理学家科拉顿做了如下实验：他将一个能反映微小变化的电流表，通过导线与螺旋线圈串联成闭合电路，并将螺旋线圈和电流表分别放置在两个相连的房间，如图。他将一个条形磁铁插入螺旋线圈内，同时跑到另一个房间里，观察电流表的指针是否偏转。进行多次实验，他都没有发现电流表指针发生偏转。

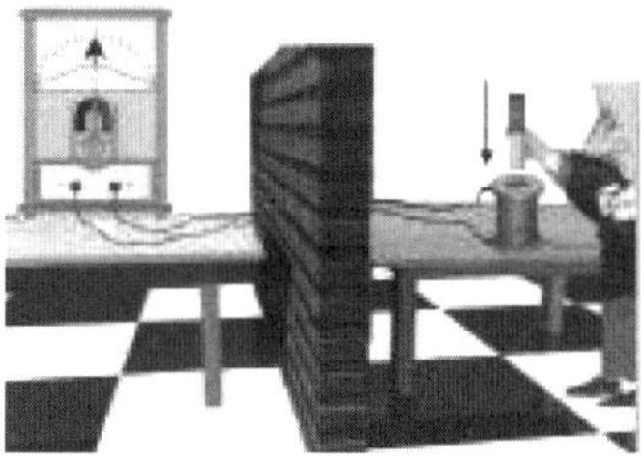

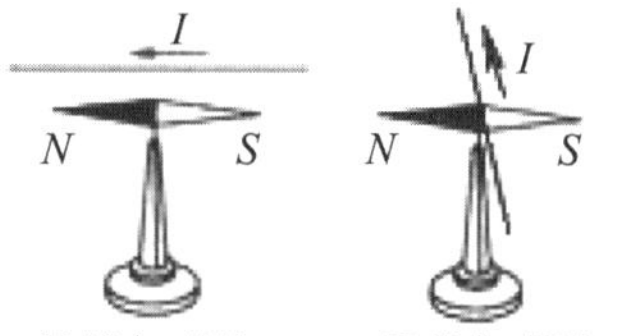

导线与磁针
NS极指向平行
甲

导线与磁针
NS极指向垂直
乙

材料三：1831年，英国物理学家法拉第用闭合电路的一部分导体，在磁场里切割磁感线的时候，发现导体中产生电流，从而实现了利用磁场获得电流的愿望。

(1) 进行奥斯特实验时，在静止的小磁针上方，分别用图甲和乙两种方式放置一根导线。当导线通电时，小磁针发生明显偏转的是________(填“甲”或“乙”)。

(2) 科拉顿、法拉第等物理学家相继进行如材料所说的实验研究，是基于____________________的科学猜想。

(3) 科拉顿的实验中，________(填“已经”或“没有”)满足产生感应电流的条件。要使他能观察到电流表指针偏转，你能提出的一种改进方法是________。

本题以“电与磁”科学研究史中的三个典型事件为素材。第(1)题，命题者对教材中奥斯特实验进行了延伸考查。第(2)(3)题，命题者从“实验的设计与改进”“科学猜想能力”两个角度设置问题，考查电与磁、科学探究的基础知识，同时引导学生建立科学发展的基本特点是科学知识和科学方法的历史继承和发展的观点。试题以科学家对“磁生电”的研究设置情境有教育意义，问题设置时做到了落点低、要求高。由于试题具有上述优点，所以本题不仅对今后教师的教学有积极的引导作用，而且让学生进一步体会到科学不是哪一个时代的产物,而是历史的积累和发展的结果,是人们认识自然的去粗取精,去伪存真,由表及里,由此及彼的过程,并逐步发展成系统的科学知识。

(五)教学实践创新成果

课堂不仅是教师为学生传授知识的场所,还是教师践行自己教育理想、落实教学理念、创新教学方法的殿堂。教师的许多教学尝试、教学收获都是原创实验探究试题的第一手资料。现有的许多优秀实验探究试题的素材就来自于教师的教学实践创新成果。可以这么说,教学实践是实验探究试题素材的不竭源泉。教学实践创新成果往往具有原创性、新颖性和公平性等特征。命题者使用这些材料编制试题时,要特别注意试题的科学性和规范性。

【例4】

小峰和小刚阅读试剂标签后发现,市场销售的高锰酸钾晶体纯度高达99.5%,含水量可以忽略不计。为了探究"试管放置方式对高锰酸钾制取氧气速度和体积的影响",他们设计了制取氧气的直立型装置(如图),并与斜卧型装置比较。在气密性良好的装置中分别加入5.0克高锰酸钾晶体,用同一酒精灯分别加热,用同一型号的集气瓶收集气体,每组实验进行五次,实验数据取平均值后记录如下表。

装置类型	直立型	斜卧型
收集1瓶氧气所需时间/秒	59	68
收集2瓶氧气所需时间/秒	95	108
收集氧气的总体积/毫升	525	476

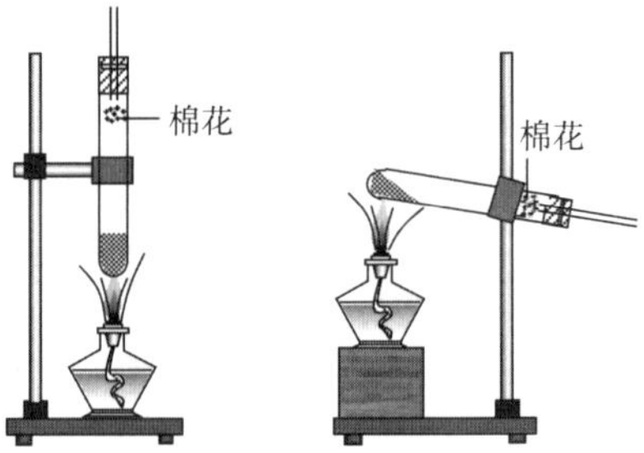

直立型　　　斜卧型

(1) 收集2瓶氧气,所需时间较短的装置类型是________。

(2) 等质量的高锰酸钾加热到不再产生气体,斜卧型装置收集到氧气的总体积比直立型装置少的原因是____________。

(3) 根据 $2KMnO_4 \overset{\triangle}{=\!=} K_2MnO_4 + MnO_2 + O_2\uparrow$,算出5.0克高锰酸钾生成的氧气体积的理论值。在实验中,他们发现斜卧型装置收集到的氧气体积明显大于理论值。他们对其原因进行了探究:

【提出假设】

小峰假设：反应生成的二氧化锰在较高温度下受热分解，放出氧气。

你的假设：____。

【设计实验】要验证小峰的假设能否成立，请设计简明的实验方案。

本题以实验室利用加热高锰酸钾固体制取氧气创新实验为素材，根据教学中发现的“试管放置方式对高锰酸钾制取氧气速度和体积的影响”，通过创新实验设计问题，考查学生的假设能力、方案设计能力、综合分析能力。教师教学创新成果这类素材具有很大的灵活性，可以要求学生回答实验要解决的问题、实验中的变量控制、数据的读取与分析解释等。与学生做过的实验相比，这类创新实验试题能够有效避免学生的简单机械记忆，将试题的考查目标引向更深层次的高阶思维。

三、结语

优秀的实验探究试题有利于引导初中科学教学的改革方向，有利于改变学生的学习方式和教师的教学方式，有利于培养学生的科学态度、科学精神和科学思维。因此，实验探究试题从它“诞生”的那一刻起就受到教师、学生、家长和专家们的高度关注，对于一份承担毕业过关和升学选拔双重功能的毕业升学考试试卷来讲，实验探究试题是其中最引人注目的“亮点题”和“明星题”，是衡量一份试卷质量优劣的重要评价内容。因此，提高命题者的实验探究试题的编制能力具有很强的现实意义。编制实验探究试题不仅需要具有新颖性、科学性、原创性、适切性、公平性等特点的素材，还需要命题者具有对命题材料的选择、整理、加工、打磨等系列核心能力。

王耀村（浙江省教育厅教研室）

第六节　初中科学实践性评价的探索

衢州市一直坚持将“初中毕业生实验操作能力考核”纳入普通高中招生考试之中。2003—2005年，毕业生实验操作考试实际得分的分值计入中考科学总分(实验操作项目满分分值为10分)；2006年至今，学生实验操作考试列入综合素质测评项目，实际得分划分为优秀、合格、不合格三个等级，作为重点高中入学的前置条件。

教育行政部门设置学生实验操作能力测评的目的是促进实验教学，提升学生的实验能力。然而，十余年的实践均未能较好地促进实验教学并客观公正地评价学生。究其原因，在于缺乏一套科学的初中毕业生实验素质综合评价体系。为此，衢州市在这方面进行了针对性的改革和探索。

一、现行评价体系的缺陷

现行的“初中毕业生实验操作能力考核”评价方案采用单一的终结性评价方式，各县教育行政部门每年4月面向当年的初中毕业生组织一次统一的实验操作能力测试。在考核时，学生只需按照要求完成提前一天告知的三个实验中的一个，获取相应的分数，便可以根据分数换算得到相应等级。但这个测评方案存在较多缺陷。

首先，列入学生操作考核范围的实验过少。每年的实验考核仅仅局限于三个最基础的实验，而且考试前一天还会公布这三个考核实验的名称和考核要求，这使得考前突击训练成为应对实验操作考试的最佳方法，学生实验操作能力考核不仅没有从根本上起到推进实验教学的作用，反而从另一方面阻碍了实验的常态化教学。

其次，实验考核内容单调。目前的实验考核仅仅是学生的实验操作，考试的采分点仅仅停留在简单的实验操作上。对于更深层次的实验品质、实验思维、实验创新等维度的评价，并没能在测试中体现和强化。

最后，实验考核采用集中测试的终结性评价方式。每个初中毕业生只在九年级第二学期参加一次实验操作考试，而在之前五个学期的学习过程中缺少相应的阶段性评价，导致师生在日常科学学习过程中忽视实验操作，轻视实验教学。

二、初中科学实践性评价的主要思路

推进“学生实验操作能力考核”评价的工作，须针对现行评价体系的不足展开。

（一）提高测评实验的覆盖范围

将考核实验的数量从3个增加到30个，实验操作能力考试内容由点覆盖到面，几乎涵盖六册科学教材和学生实验活动册所有的学生实验。

（二）改变考试只考实验操作的现状，增加测评的维度

新方案应当将学生的实验品质、实验理解等情感性、思维性等维度也渗透到测评之中，让实验测评由单一的技能操作考核走向多元化的综合评价。

（三）改变单一的终结性评价考试方式

在原有测评的基础上，实施“三年三测”。要求在八、九年级第一学期开学一个月的时间内，对上一学年的实验进行统一测试，作为过程性评价；再加上每年12月对九年级学生进行以初中前五个学期的实验为考核范围的实验操作能力考核，最终以三次测试的等级为依据确定每位毕业生的实验素质能力等级。

（四）改变测评的主体

设置学校评价和教育行政部门评价并行的机制。学校评价包括学生实验品质、学生实验操作能力过程性测评，教育行政部门评价包括学校实验教学管理评估和学生实验能力测评的抽检或全检。

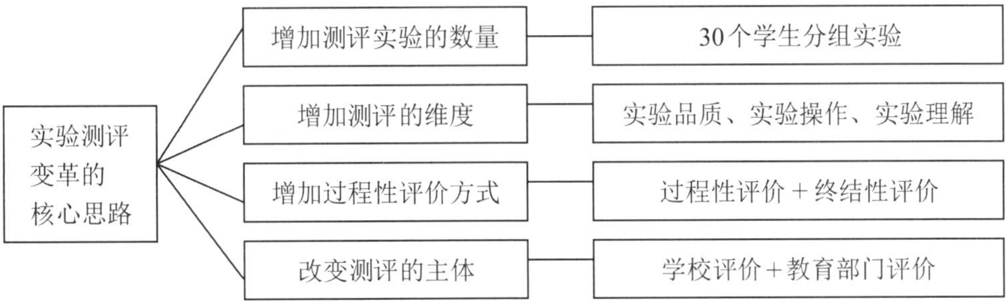

图7.2　初中科学实验素养评价改革的核心思路

三、改革推进的困难与阻力

(一)测评工作的公信力存在潜在的风险

初中毕业生学业水平考试是关系民生的大事,学生实验操作能力测评方式的改革势必会成为社会的焦点话题。近年来,学生实验操作能力考核等级分数化的呼声越来越高,教育部门也计划于2020年将其纳入学业水平考试科学学科总分中。然而实验操作能力考核的改革却举步维艰,主要原因是学生的实验操作行为是在瞬间完成的,其原始资料难以保存和再现,而实验分数的评定又很容易受测评者主观因素的影响。在这样的情况下,测评工作的公信力存在着极大的挑战。如何通过技术手段与实验操作考核试题的完美结合解决这个难题,是今后实验测评改革工作继续深化的方向和路径。

(二)测评试题的命制缺乏核心技术支撑

实验操作测评试题的质量决定着学生实验操作能力测评的走向,学生实验能力的考核不能只局限于实验操作,而应囊括实验品质、实验操作、实验理解三个维度,并使之融合,实施“三位一体”的综合性评价。在这样的要求下,学生实验操作能力测评试题就不能照搬照抄教材上的实验,而应该依托教材实验,根据初中生实验核心能力进行试题的创新、创造。然而,如何考查学生的实验品质?何以体现学生对实验的理解?三者之间怎样融合?如何考核长期实验?怎样的评价试题才是科学的?这一系列问题在很长一段时间内还将继续困扰项目组的教师。试题命制缺乏核心技术的支持,成了命制高质量试题的最大瓶颈。

(三)测评者缺乏专业的指导

教师是评价的主体,是测评工作顺利进行最重要的因素。在市、区两级的教师实验技能大赛过程中,我们发现教师自身的实验技能参差不齐,其原因在于初中科学是综合性学科,而教师大多只有物理、化学、生物中的某一专业背景,对于涉及的非原专业的实验并不是非常了解。在这样的背景下,要科学合理、公平公正地开展实验测评工作,需要先对测评者进行专业化的指导。

（四）过程性的评价遇到了学校和教师的阻力

过程性的评价需要各校组织测评小组实施评价，这一过程会耗费教师大量的时间和精力，增加教师的工作负担。因而，不少教师有抵触情绪。加之过程性评价的方式打破了校际之间原有的平衡关系，学生的实验考核等级会出现较为严重的分化，这也增加了一些阻力。因此，推进实验操作能力考核既需要全体科学教师和学校的支持，也需要一定的资金保证，更需要有针对性的行政支持。

四、推进科学实践性评价的实践与创新

尽管实践中有许多困难，尽管改革的目标难以较快地达成，但衢州市教研系统围绕初中科学实验教学与评价进行的实践一直没有停止。

（一）提高教师实验能力，推进实验教学改革

实现常态开展科学实验教学，是衢州市推进实验操作考核的"初心"。而要实现这一"初心"，必然要以提高教师实验能力、推进实验教学改革为前提。

为此，全市教研系统与电教系统积极开展教师实验能力培训与竞赛。2014年以来，市教研室每年开展教师实验教学能力培训活动，让多数非物理、化学、生物专业背景的教师得到初中科学12个重点实验的针对性操作训练和教学指导。2012年起，组织教师实验操作或实验创新的比赛，五年来参加教师共计160人次，约占全市科学教师人数的六分之一。每学期还开展以"动手动脑做实验"为主题的实验教学改革研讨活动。组织初三实验复习课研讨展示活动，将物理、化学、生物实验复习课作为初三复习课教学设计培训活动的必须内容。

这些比赛、培训、研讨，激发了广大教师的工作热情和对实验教学的思考，内化了教师对实验教学的理解，提高了教师的实验教学水平。

（二）组建核心研究团队，加强考核命题研究

制约实验操作考核推广的主要因素是测评工具与组织实施办法的不完善。要解决这些难题，必须有核心研究力量的集体攻关。为此，衢州市在全市范围内招募了22名教师，建立实验教学改革研讨小组、实验考核试题命制小组，切实加强实验教学改革工作研讨和实验操作考核的命题研究，为制定科学合理的改革方案和试题命制打下了良好的专业基础。

近三年来,我们共召开过6次实验教学改革研讨会议;研讨形成了过程性评价+终结性评价的学生实验能力测评方案;组织编制了学生实验能力测评目录、测评试题和检核标准;研究学生实验操作考核试题的命制,坚持在"命题实战"中培养命题教师,建设实验操作考试试题库,基地学校的志愿者教师命制了部分SOLO评价的实验考核试题,针对不同层次的学生进行了不同赋分,实现了实验品质、实验操作、实验理解三个维度考核的深度融合;因为对学生的实验能力进行档案袋管理能较好地体现过程性,长期实验又是培养学生科学态度和科学精神的重要抓手,我们还开展了学生实验能力成长档案袋研究和学生长期实验的评价探索,努力以实验品质为切入点推动实验教学改革。

(三)设立改革基地学校,先行试点逐步推广

鉴于实验操作考核组织实施的复杂性,要全面推广这一做法,必须先行试点,积累经验,完善方案,才能稳妥前进。于是,市教育局于2015年确立了12所实验素质综合评价改革基地学校,在基地学校试行各套方案,并对测评的实际效果进行比照。

2015年年底,通过多轮修改的实验操作检核表(包括长期实验)成稿,并下发至各个基地学校进行使用。2016年6月,试题的征集工作已经初步完成,试题命制小组的成员对试题进行了筛选和修改。在基地学校,测评已经进入部分班级尝试实施。从2018年开始,全市基地学校进行学生实验技能全面考核。预计两三年内,新的学生实验技能测评手册会在全市范围内全面铺开使用。

(四)行政部门积极行动,坚定方向小步前进

针对实验教学评价改革展开的工作,衢州市和辖属县(市、区)教育行政部门都高度重视,积极推进相关改革,坚持"小步前进不停步"。相关探索还包括:

1. 构建通过插标确定学校优秀等级学生百分比的思路。

教育行政部门在学校自查上报学生实验操作能力成绩的基础上,组织专家组随机抽查每个学校学生实验操作的情况,将抽查学生中获得优秀等级的比率作为该校学生实验操作能力的优秀等级比例。这样做既可以促使学校重视实验教学,也可以保证检查结果科学合理,还可以在一定程度上节约组织测试的成本。

2. 引入过程性评价与终结性评价相结合的评价方式。

各县(市、区)综合素质测评方案中增加了考查学生平时科学实验情况和测评学生基本操作技能的规定,学生平时科学实验情况按前五个学期评定,每个学期各

2分,共10分。

3. 实验操作考试成绩纳入期末考试成绩。

衢江区教研室开始试点,将实验考核成绩纳入学生期末考试科学成绩。七、八年级期末考试前,先组织学生进行实验操作考试,实验操作考试成绩纳入期末考试总分。

4. 尝试利用实验大数据进行管理。

柯城区教研室启用微信企业号,对学校实验教学管理工作进行大数据管理。要求教师根据教学进度,将能反映实验教学情况的照片上传至企业号中,进行日常实验教学规范化、过程化管理,为教育部门测评学校实验教学管理工作提供基础性数据。

5. 形成主实验加副实验的试题结构。

为尽量确保不同考试试题的同质性和同难度,形成一份由一个主实验加一两个副实验组成的试题,当主实验难度较大时,副实验可以稍微简单一些;同样,主实验难度较小时,副实验的难度可以增大一些。这有利于实现试题的异题同质同难度。

任何事物的变革都不可能一蹴而就,都需要我们持续不断地努力。从试点(基地)学校、区域的调研情况来看,要达到改革的最终目标,形成科学的初中毕业生实验素质综合评价体系,仍然有很长的路要走。根据实际,课题组制订了“三步走”的规划:首先在全市范围内扩大学生实验能力检核的数目;进一步落实和完善“过程性评价+终结性评价、学校评价+教育部门评价”的评价方式,同时完成高清摄像头的安装建设工作;进一步加强变革测评试题,命制出高质量、高水平、异题同质同难度的试题,从多个维度综合考核学生的实验能力。

徐宏武(衢州市教育局教研室)

第七节　改进语文开放性试题评分方式的研究

随着课改的深入,语文中考命题中的开放题越来越受到人们的关注。相比于客观性试题,开放性试题在考查学生学科思维能力、综合分析并解决问题能力方面有其独有的优势。然而,因为其灵活性与开放性,评分容易主观、随意,试题信度不高。而且,学生面对开放性试题的作答表现较为复杂,在鼓励学生独立思考和个性表达的当下,传统的采点评分方式在解释学生学业表现方面的局限性越来越明显。我们在保持试题开放度的同时,如何尽可能地以科学、合理的标准来衡量学生的思维水平,这对开放性试题评分标准的制定与评分方式的选择提出了挑战。

近几年来,浙江省中考在开放题的评分方式上正在悄然改变。不少学科正借助SOLO分类评价法开展评分方式的探索,尝试构建一种分层、多维的评量模型,通过评量等级的细化,从不同维度对学生在开放性试题中反映出的认知层次与策略,以及表现出来的学科核心素养进行更为有效的区分和评价,为实现开放性试题评分的可解释性提供新思路。

相对来说,在分层评分的应用上,语文、社会等学科较为成熟,推进较快。温州、嘉兴等地基于学生思维的多元化和丰盈性发展,改进初中语文开放性试题的评分方式已进入深入阶段。本节在介绍分层评价改革相关理论的基础上,以嘉兴初中语文学科的实践为例呈现这一研究方向的进展与思考。

一、关注思维的评量:改进开放题评分方式的原点

如何在阅读中促进学生的思维发展,是语文教学与评价的重要任务。但当前普遍采用的采点评分评价法,忽视了学生的思维方式,也忽视了阅读本身可多元解读的特点,不能真实有效地评价学生的阅读能力水平,这种评价方式与以“点对点”方式推进的所谓“点式课堂”相呼应,课堂表现是一问一答,目标指向低层次的零碎的知识点。

因此,我们认为,基于考查学生语文素养的需要,语文阅读教学要建立思维能力与评价方式之间的联系。一方面,教师要明确学生应该被培养的阅读思维能力的

内涵;另一方面,教师又要用一些良好的评价方式去改进教学的过程,以促进学生阅读思维能力的发展。

二、改进开放题评分方式的理论基础

(一) SOLO分类评价法

SOLO分类评价法是一种以评价学生高阶思维能力为目标的评价方法。作为评价学生学习质量的新方式。能有效地评价学生的真实学习情况,体现“评价促进学生发展”的理念,为建构科学的课程评价机制提供一个崭新的突破口①。

SOLO是英文“Structure of the Observed Learning Outcome”的缩写,意为“可观察的学习成果结构”。通过观察学生在解决某个具体问题时所表现出来的思维结构来间接测量学生的思维水平,是一种以等级描述为特征的质性评价方法。

其理论依据是:学生在应答某个问题时所表现出来的思维结构是可以检测的。我们能清晰地观察到学生面对某一项任务或者某一个问题时所表现出来的认知结果在思维结构上的复杂性。学习行为是不可测的,但是学生学习行为的结果却是可以观察和评判的。

彼格斯(J. B.Biggs)等通过大量的实践研究,根据学生的回答能力、回答思路、回答的一致性和相对收敛程度、回答的整体结构等四个特征,对学习者进行分类,将学生的学习结果(对问题的回答)由低到高划分为前结构、单点结构、多点结构、关联结构和抽象拓展结构五个层次。前结构、单点结构、多点结构指向学生分析问题的完整程度,是思维的初级阶段;关联结构和抽象拓展结构指向学生综合分析问题、由具体问题抽象出本质并尝试应用解决新的问题,是比较高级的思维方式。学生思维的发展往往遵循从具体到抽象,从单维到多维,从组织的无序到有序的规律。因而,从学习行为的结果可以间接地判断学习者的认知发展水平。前一种水平的发展是后一种水平发展的基础。

SOLO分类评价法不在乎学生答对了多少个与标准答案相近的字眼,更不在乎学生写出多少字,只是力求从学生的回答中分析出他能够达到哪一思维层次。避开了具体知识点的影响,而着眼于整体的思维结构,增加了开放性试题评价的伸缩

① [澳]彼格斯(Biggs, J. B.),[澳]科利斯(Collis, K. F.)著,高凌飚,张洪岩主译.学习质量评价:SOLO分类理论(可观察的学习成果结构)[M].北京:人民教育出版社,2010.

性,这样就暗含了对学生自主阅读、自由表达的鼓励,有助于学生对阅读文本形成多层次多角度的理解,对文本进行创意解读与探究的能力,从而引导学生通过现象抽象本质的思维方式,拓展思维高度和广度。其次,还有助于发挥新课程理念所要求的“诊断、激励和发展的功能”①。

总之,作为一种以等级描述为特征的质性评价方法,SOLO分类评价法的核心精神是追求思维的广阔性和深刻性,内在地体现了课程标准提出的“积极倡导自主、合作、探究的学习方式”,符合新课程改革的理念。

(二)PISA、PIRLS阅读素养评价理念

由经济合作与发展组织(OECD)组织的国际学生评价项目,是在全球范围内进行的一项大型学生学习质量比较研究项目。

PISA阅读标准认为,“获取信息”“解释信息”“反思和评价信息”的内容和形式等并不存在高下之别,倒是在这三大类的内部存在细微的层级差别。因此,PISA将每一大项能力分为若干层级。其评分标准的拟定,也采用分层评价的方式(见表7.3)。PISA测试中的阅读评价层级标准对于阅读开放题的评价标准的拟制很有启发意义。

表7.3 PISA测试的阅读评价层级标准②

检索信息	理解课文	思考和评估
5. 找出、排序或连接多项内隐的信息(一些可能在文章主体之外),推断文中哪些信息与任务有关。处置各种似是而非的竞争性信息	解释意义有细微差别的语言的意义,或说明对一篇文章的充分和详细的理解	运用专业知识进行批评性评估和假设。依靠对一篇又长又复杂的文章的深刻理解来处理和预想相反的概念
4. 找出、排序或连接多项内隐信息,每项需要应对多项标准,并在一篇上下文和结构都不熟悉的文章中进行。推断文中哪些信息与任务有关	使用以原文为基础的高水平的推断去理解,并在一个不熟悉的上下文中运用分类,把文章当作一个整体来解释文章的一个片段的意义。处理含糊,出现与预期相反的思想及消极表达的思想	运用正式的或公开的知识假定或批评、评估一篇文章。精确理解又长又复杂的文章

① [澳]彼格斯(Biggs, J. B.),[澳]科利斯(Collis, K. F.)著,高凌飚,张洪岩主译.学习质量评价:SOLO分类理论(可观察的学习成果结构)[M].北京:人民教育出版社,2010.

② 乐中保. PISA中阅读测试的测评框架与设计思路——兼谈对我国阅读测试的启示[J]. 河北师范大学学报(教育科学版),2008(6).

续表

检索信息	理解课文	思考和评估
3. 在某些情况下认出信息间的关系，每个信息要应对多项标准，处理凸现的竞争性信息	把一篇文章的几个部分连接起来用以认定主要思想，理解一个关系或解释一个字或词语的意思。考虑多种标准，进行比较、对比或分类。处理竞争性信息	连接、比较、解释或评价一篇文章的特点。说明对一篇文章的详细理解，并与熟悉的日常知识联系起来，或利用不寻常的知识
2. 找出一项或多项信息，每项需要应对多项标准，处理竞争性信息	认出文章的主要思想，理解关系、结构，或运用简单分类，或在文章的有限的部分中解释意义，文中的信息不凸显，只要求低水平的推断	在文章和外部知识之间比较或连接，或运用个人经验和态度来解释文章的特点
1. 在一个标准列表中找出一项或多项独立的明晰陈述的信息	在一篇关于熟悉话题的文章中，认定主题或作者的意图，所要求的信息在文中凸显	在文章信息和普通的日常知识之间建立简单的联系

仔细研究比较SOLO分类评价法与PISA理论，我们发现两者在评价方面有“异曲同工”之妙：

表7.4　PISA阅读素养评估等级水平表①

能力水平	描述
5级	处于水平5的学生能够进行严格的评价或者假设。典型的题目要求学生处理与预期概念相反的概念，并且需要对长的或复杂的文本进行深入的理解
4级	处于水平4的学生能够使用大众的知识，严格地评价文本或文本中有关信息的假设。学生必须对文本有精确的理解，这些文本通常是较长的或者是较为复杂的
3级	处于水平3的学生能够连接、比较、解释、评价文本的特征。这些文本通常与熟悉的日常生活知识相关
2级	处于水平2的学生能够对文本和知识以外的东西进行连接或比较。学生需要利用个人的经验和态度解释文本的特征，对文本有主要的理解
1级	处于水平1的学生能够对文本中的信息和日常生活中的知识进行简单的连接。学生能在题目和文本中看到明显的关联

表7.5　SOLO层次的水平特征②

思维结构	水平特征
拓展结构	学生在充分利用文本信息进行多角度联系的基础上，还能联系其他类似的文本或文学派别进行比较性质的评价，或抽象出一般意义、社会意义，或者能对文本的相关内容质疑
关联结构	能充分利用文本信息，从相互联系的几个角度，结合文章的整体进行评价
多元结构	能利用文本中的两个或以上信息从一个角度进行深入的评价，或者试图从多个角度进行评价，但是几个角度之间是相互孤立的
单元结构	能从一个角度进行评价，并且能利用文本中的某个信息支持自己的观点
前结构	不能进行评价，或者虽然能说出“好”或“不好”，但是不能利用文本信息对观点进行解释和论证

① 陆璟. PISA测试的理论与实践[M]. 上海：华东师范大学出版社，2013.
② 李佳，高凌飚，曹琦明.SOLO水平层次与PISA的评估等级水平比较研究[J].课程·教材·教法，2011(04).

从上页表7.4与表7.5的对比可见，在理论上，PISA的评估等级水平与SOLO分类思想基本一致。SOLO分类水平与PISA评估等级的划分都立足于发展阶段论，对于某个问题而言，学生的回答是可测的。且两大理论的水平层次划分的内在一致性，进一步表明学生思维发展存在的阶段性特征。

国际教育成就评价协会的国际阅读素养进展研究项目（PIRLS）在评价主观题时也采用分层标准的方法。两大阅读项目在评价标准的拟订时，均建立起了思维能力与评价方式之间的联系，均从学生思维的准确性、全面性、深刻性、变通性、独特性、批判性等角度来进行分层评价。

（三）PTA量表法评价（基本要素特征分析法）

PTA是英文“Primary Trait Analysis”的缩写，译作“基本要素特征分析法”。它是一种用来评价学生任何一种表现或者若干综合表现（如英语口语、语文作文、历史论文、试验操作、研究报告等）的评分方法。

上述理论为我们改进中考开放题的评分方式提供了学理支撑。

三、中考语文开放题的分层评分设计

（一）对SOLO分类评价法的学习与理解

采用分类评价的方法，既是一种评价技术，更是一种评价理念。目的既是为了真实地检测，更是为了促进教学，培养学生整体把握问题的能力，通过现象抽象本质的思维方式，拓展学生的思维。

嘉兴通过举办命题研究班的形式，培养有一定素质的命题领头人，以一人带动一批；以命题竞赛等评比活动为载体，助推教师对SOLO分类评价法有更加深入、科学的理解。

通过学习，教师认识到SOLO分类评价法是基于学生思维的一种评价方法，其评价操作需要根据各学科领域的本质特征和情境进行相对应的细化。教师在运用时不能照搬理论。并非所有的题目都按照“五步曲”来评分，有些题目可以低于五层，而有些题目则可以高于五层，这是根据题目所具有的思维含量来确定的。也并不是所有题目的层级都必须达到SOLO分类评价的最高层，可根据学生的心理发展规律或题目本身的难度值，降低这一评分项的赋分权重，这样使评价更科学、客观。运用SOLO分类评价法，要注意理论与实践相结合，在具体操作中要灵活使用。

为便于教师理解和记忆,嘉兴对SOLO分类评价理论进一步作了简化的概括:

前结构:错误理解或不理解。

单点结构:单一浅层概括(肤浅、表层、单一理解)。

多点(元)结构:局部散点概括(零散、不完整理解)。

关联结构:整体条理、系统概括(完全充分的整体化理解)。

抽象拓展结构:抽象的理论概括。

(二)评分设计与命题同步启动

对于技术的理解并没有局限在"怎么做"的情境下操作,而是统整了"为什么这样做"的宏观视野。从开放题评分的系统性理解和整体性考虑,嘉兴的试题及评价标准制定的思路如下:

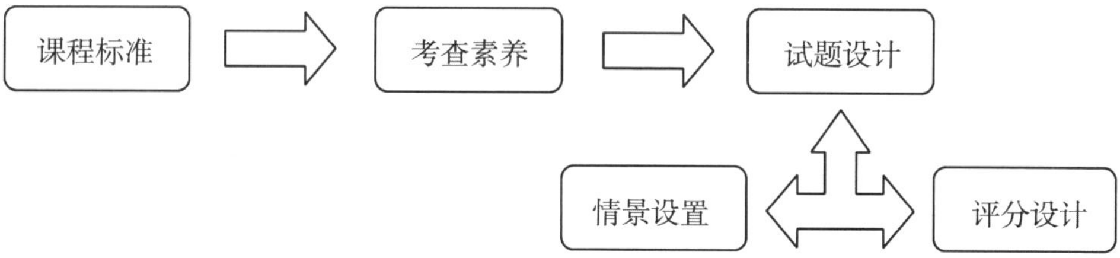

图7.3　开放题命题与评分设计的思路

开放题命题与试题的分层评分评价标准是一体的,应同步进行,以保证试题和分层评分评价标准指向一致和协调。在制定开放题分层评分标准的同时,命题者应考虑学生的表现期望(具体考查目标、要求等)以及能表明学生的知识、理解水平不断提高的不同反应种类,体现教学导向性——为引导学生学会阅读而设计。

阅读开放题的文本选用与问题设计均要充分考虑思维发展的特点,明晰思维结构层次,文本本身要具有意蕴,试题本身要具有开放性,要给学生留有充分的思维空间。既要为学生的思维活动指明方向,又不能限制学生的思维活动;既要能调动学生运用文章材料去分析和解决问题,又要能调动学生运用文中没有的材料去认识问题;还要有利于回答结构思维层次的划分,对学生可能的回答结构做出SOLO层级的预期分析。

(三)开放题分层评分的框架拟制

基于学生思维发展的差异,嘉兴在拟制开放题分层评分的框架时会有相对固定的步骤。下面以2017年嘉兴中考现代文阅读第8题为例,来具体说明我们是如何从系统性和整体性角度，进行开放题命制与分层评分的统整设计的。

2017年嘉兴中考现代文阅读，选取了富有时代特征的小说《搭车记》作为测试材料（限于篇幅，具体文本略）。小说内容富有生活气息，思想性、艺术性、可读性融为一体，叙述的虽然是一件小事，但却折射出如何处理"情与理，情与法"的深层思考。我们以为，这样的材料内涵丰富、富有张力、信息明确，是具有促进学生思维发展空间作用的作品，可作为应用SOLO分类理论检测学生阅读水平的文本。根据文本内容与特质，命制了如下开放题：

【例1】

8. 文中马厅长、公安局局长没有对黎鸣的违纪行为进行严肃处理。你是否认同他们的做法？请结合文本和生活经验，陈述观点和理由。（5分）

对照课程标准，这一题目符合新课标鼓励考生从不同层面和角度发掘作品的丰富内涵，探讨作品中蕴含的民族心理和人文精神，对作品进行个性化阅读和有创意阅读之理念，也契合文学类文本阅读的本质特征。是基于考查学生对作品表现出来的价值判断和审美取向所做的评价而命制的，是符合"素养考查"的价值取向的。

从题目的性质分析，此题属于"非结构化"的开放题，能有效地考查学生思维的深度与全面性。试题立足于引导学生在深读文本的基础上围绕"情与理"做出思考，学生在生活中有类似情境体验，符合开放题"情境真实性"的特点，解答时需要学生回顾自身的生活经验和价值体验，培养自我探索意识和反省意识。并且，此题的答案是不唯一与不确定的，符合开放题"结论开放性"的特征。另外，此题答案在选文中或者在字面上是找不到的，需要从文字背后寻找答案，需要学生积极思考，归纳提炼，形成思想结果，并组织语言呈现出来，包含复杂的认知活动，需要由高级认知技能来应对，具有"结构复杂性"。①

基于本题的开放性，不同的学生对于同一问题往往有不同的理解，他们没有对与错之分，只是思维层次达到的高度不同。这样，此题天然地适合采用分层评分的方式来评价。因为采用传统采点给分，仅凭几个所谓的关键词是无法涵盖所有的能力水平的。而采用分层评分的方法，阅卷者从学生的答案中，寻找的却是学生的思维层次达到哪一个水平，这就说明，只有对学生的行文逻辑和总体的表述效果做出综合分析，才能做出判断。

① 崔允漷主编，张雨强，冯翠典著．开放题编制的理论与技术研究［M］．上海：华东师范大学出版社，2009.

基于以上分析，我们有序按照以下步骤制定评分标准。

1. 任务要素分析。

发挥群体智慧，通过命题组讨论的形式，分析题目考查的能力要素、题目的内容类型及答题的一般任务要素。上面题目的能力要素分析如下：正确理解文意的能力；正确把握作者或文中人物的观点；知识关联的能力；批判性或逻辑思维能力；等等。

一般来说，现代文阅读题目按内容可分人物形象概括类、景物描写作用类、阐释艺术手法、思想（观点）内容评价类，每种类型都有其答题的任务要素。通过讨论，我们明确此题为非结构化的开放题，属于思想（观点）内容评价类，据此，经过命题组讨论，拟出回答此类试题的任务要素：

（1）观点是否明确。应该是明确的，不能含糊其辞，或者自相矛盾。

（2）评价角度是否明确。应有一个明确的组织核心，不是东扯一句、西扯一句。

（3）是否能依据评价角度联系文本进行有说服力的分析。结合文本的分析才能显示作答者是真正理解了文章，是对文章相关问题的思考，而不是随意、简单贴标签。结合文本的分析体现了作答者之所以做出结论的理由，显示了作答者的思路。

（4）能否联系文本内外的素材来评价问题。我们认为，较高思维水平的学生不仅能结合文本素材分析问题，而且能跳出文本情境，结合与文本问题相关的背景知识（生活经验）分析问题。

（5）表达是否流利、有条理。

2. 运用SOLO分类评价理论对上述任务要素进行分析印证。

根据SOLO分类评价理论关于学生思维结构维度要求的理论，来检验并提炼我们的经验认识，使之更具科学性和条理性。同时，这一过程也是回溯文本与试题本身，思考文本、试题与分层评分三者是否相协调，是否与课程标准相匹配，还有试题要求与分层评分角度是否相一致的过程。

我们把前期解答此类题的任务要素分析与SOLO分类评价理论进行了分析印证：

能否联系文本内外的素材来评价问题——能力维度（知识容量）。

评价角度是否明确，是否能依据评价角度联系文本进行有说服力的分析，能否围绕问题对文本进行假设演绎，进行拓展——思维操作的维度。

材料是否能充分准确说明结论——一致性与收敛的维度。

观点是否明确，表达是否流利、有条理——回答结构角度。

从上可以看出,前期的任务要素分析与SOLO分层评价理论是吻合的。

3. 根据SOLO理论,编制出该类题型的通用SOLO分层评价方案。

按照SOLO理论,提炼作答此题的SOLO层级的要素,用简洁的语言表述,编制出此类题型通用的SOLO分层评价方案,并以简明的图表形式呈现(见表7.6):

表7.6　例1的SOLO层级的要素

层次	要素
单点结构	明确的观点
多点结构	结合文本的论证缺失或论证不足 事实的罗列 缺乏条理与层次 论证观点中多余信息的掺杂
关联结构	立场单一明确的观点 文本情境中的合理论证 论证整体性
抽象拓展结构	抽象原则的使用 思想内容的一般意义 假设演绎拓展 联系社会现实的评价

4. 拟制试题分层评分的具体细则。

在该题型通用评价方案的基础上,结合学情分析,制定该题目分层评分的具体细则。具体过程如下:

(1) 命题人员独立作答,拟出答案。利用命题人员的个人经验,从答题实践角度对前期讨论的标准进行补充完善。

(2) 针对该题目,讨论分析学生的思维状态,预想学生作答的可能情况,把握学生作答时的思维水平,在原有评价方案基础上进行微调,做到因"题"制宜,准确定位。

如何给各层级表现赋分?经过讨论,我们形成了如下共识:

应立足于学生当下的思维特点。大多数学生能根据文本内容或多或少来论述自己的观点,但缺乏有机整合。这应成为测评赋分的基础。我们强调要检测出学生阅读的质量特征——能够在多角度思考的基础上有机整合文本内容。这是绝大部分学生不具备但经过努力能达到的思维层次,而这正是需要引导的,故能达到这个层次的学生,应给予满分。

我们希望有学生体现出深度(创新)思维——对问题不仅有整体把握,还能迁移到新的问题情境中去，但对初中生来说，要求较高，只有绝少数学生（异于普通学生）能达到这一思维层次，故学生能达到这一层次，适当奖励1—2分。

以上分析为对每个层级赋分定位提供了重要依据。

（3）在讨论基础上，用简明通俗的语言制定出各个层级的评分细则（提供详细的解释）并给出各层次的分值、参考示例，最终形成试题具体的评分框架。

表7.7 例1的分层评分细则框架

分值	赋分描述	答案示例
5分	观点明确。能充分把握文本信息并联系自己的阅读和生活经验分析，理由充分合理，表述有条理	例1：认同。一是因为黎鸣是个优秀的青年，为人诚实，懂礼貌，孝顺母亲，工作出色；二是黎鸣的违规行为并不严重，通过对他的约谈、警示，黎鸣已经认识到错误，不必再处分。事实证明“黎鸣从此再也没有搭过车”。这样的人性化处理，体现了领导者的通情达理、体察民情，起到了保护、鞭策作用 例2：不认同。一方面，原则、制度必须遵守，人情不能超越法纪。因人而异的处理会导致不公。另一方面，千里之堤溃于蚁穴，如果因为情节轻微而不加以重视，就有可能会使一些违纪者产生侥幸心理，进而一犯再犯，最终走到无法挽救的地步。文中黎鸣起先在县城搭车，后来逐渐发展到从市内开始搭车即是明证
4分	观点明确。能结合文本信息，理解正确但不全面，理由较充分且能自圆其说	例1：认同（略） 例2：不认同（略）
3分	观点明确。理由正确但未能结合文本信息展开阐述。语言表达基本有条理，或在某一方面阐述较深入	例1：认同（略） 例2：不认同（略）
2分	观点明确。理解基本正确，理由不够充分，表述有欠缺或夹杂错误信息	例1：认同（略） 例2：不认同（略）
1分	观点不明确。只答出一条正确但简单的信息或几个简单词语	例1：工作出色，有困难 例2：违规行为并不严重 例3：黎鸣孝顺母亲，搭车有理由 例4：马厅长认为黎鸣孝顺，局长也认同 ……

（四）开放性试题分层评分阅卷的组织

为确保分层评价的有效实施，阅卷过程也应改革。首先，召开阅卷组长评价标准讨论会，进一步集思广益，提出修订意见，初步完善。其次，组织阅卷教师培训，在教师集中试评以后，收集开放题的学生作答情况，在教师充分讨论的基础上，针对每道具体题目，进行修正、补充、完善，制定出分层评分的评价标准。最后，通过再次培训，统一认识，颁布分层评分的标准并予以实施。

四、语文开放题分层评分方式的实践发展

嘉兴市于2013年下半年开始组织语文教师学习SOLO分类评价理论及应用；2014年开始在中考语文命题中少量尝试分层评分的方式；2016年中考语文阅读模块试题全面采用分层评分；2017年，阅读与写作均实行分层评分。在分层评分方式逐步推开的过程中，教研员加强研究，积极推广，组织教师开展相应的命题实践研修，帮助教师理解评价的改变及其对教学的导向作用。

经过近五年的学习与探索，嘉兴中考的分层评分实践经历了渐进发展的过程。

（一）从反思“采点计分”开始，回归开放题的思维评价功能

语文阅读开放性试题可以根据SOLO分类评价法进行思维层次划分。SOLO层级划分关心学生在学习结果上所表现出来的思维广度与深度，不仅关心学习的数量积累，更关心学习的质量水平。[①]与其他评价方式相比，分层评分有效参考学生合理的作答，有利于还原阅读可多样解读的本质，有利于真实有效地测量学生的思维水平。

五年来，嘉兴坚持在中考、期末考试的开放题评价中采用分层评分的方法，使开放题真正指向学生的思维能力，回归开放题应有的思维评价功能。

以下以2014年嘉兴中考现代文阅读第8题为例看评分标准的改进过程。

【例2】

作者说“江声浩荡，自屋后上升”这声音到现在还在回响。阅读全文后，请探究其中的原因。(6分)

评分标准及答案(第一稿，传统的采点计分)：

①因为这句话是名著《约翰·克利斯朵夫》开头的话，描写了大江的壮美景象，极有画面感，给“我”以震撼。

②这句话使“我”想起在家境极为艰难的情况下，购买《约翰·克利斯朵夫》这本

① 蔡永红.SOLO分类理论及其在教学中的应用[J].教师教育研究，2006(1).

书的经历以及母亲对“我”的关爱;流露出“我”对母亲的感激、歉疚和思念之情。

③这句话包含了物质匮乏年代,偏僻农村里一个少年追求知识与梦想,渴望别样人生的情怀。包含着一种不向命运屈服,顽强拼搏、奋力向上的精神力量。(每点2分,意义符合即可)

试题命制后,在如何评分的问题上出现不同意见。但通过讨论分析,我们认识到虽然采点计分操作简便、教师熟悉、便于阅卷,但如果采用“采点评分”来评卷,对照标准答案,那么答第①点的学生和答第③点的学生得分一样,均为2分。这样的采点计分所评判的只是结果而非能力层次和思维过程,采点计分关注学生答出的点的多少,却忽视学生的思维深度,忽视知识点之间的联系和逻辑关系。这样就会让开放性试题被人为地封闭化了,这样的评分限制了学生思维的多元化和丰盈性发展。

运用SOLO理论分析,答案①呈现的逻辑思维远不及答案③,答案①属于单点结构层次,是对文本的浅层次理解,答案③属于关联结构,说明学生对文本已有较充分、深刻的理解,再进一步分析,学生即使答出①②两点,仍属于多元结构,显然只比答出一点的学生的思维要全面些,而答出第③点的学生,尽管文字量少,但其思维品质仍高于前两者,得分也应该高于前两者。

基于以上认识,在2014年的开放题评价中,嘉兴采用了分层评分的方法,取得了良好的效果,得到了教师的认可。

(二)结合文本特征,灵活运用SOLO五层分类

在实践运用中,我们对SOLO理论的认识有个逐渐加深的过程,因而分层评分标准的制订也有一个过程:从照搬理论术语到扣住文本特征、依据试题类型灵活制订评分标准。

【例2续】

评分标准及答案(第二稿,修改后的分层评分细则)

第一层:只关注文章语句表象,思维单一肤浅,表达较笼统。(1—2分)

第二层:思维不全面,只找到一两点,但思考较深入,表述较有条理。(3—4分)

第三层:思维较全面,有深度(提升到抽象拓展的层次),表述简明。(5—6分)

在实践中,上述评分细则过于专业,过多地照搬SOLO分类评价理论的术语,

表述过于抽象,缺乏具体可操作性,教师可能会理解困难,阅卷操作也会有难度。分层评分细则必须基于文本特质及学生的思维,找到该题特有的解答思路。因此,这一题目评分细则后来又改为:

【例2续】 改进后的评分细则

评分项1:基于"我"与此话(书)关系【2分】

2分 解释了"我"与此话的深层关系。(渴望、梦想)

1分 仅解释了"我"与此话的浅层关系。(喜欢,写得好)

0分 没有解释。

评分项2:基于"我"与母亲的情感【2分】

2分 指出了双方的关系。(关爱;感激、歉疚和思念)

1分 仅指出了母亲对我的影响。(关爱)

0分 没有表明。

评分项3:基于"我"对买书经历(少年生活)的认识【2分】

2分 指出了买书经历对我的深层影响。(对命运的不屈,精神力量)

1分 仅指出了买书经历对我的浅层影响。(贫困生活的刻骨记忆)

0分 没有陈述买书经历对我的影响。

这样调整后,教师更容易理解和把握。因此,2015年中考阅读开放题分层评分的框架又作了变化,采用更"接地气"的表述,使标准更明晰,更具操作性。

第一层级:只关注文章的表层内容,仅仅从"孩子""小伙""众人"等单个行为的角度考虑,理解肤浅,或有偏差,或笼统含糊。(1—2分)

第二层级:从写作意图角度阐发,理解较深刻,表达清楚。(3—4分)

第三层级:从表现主题和艺术效果角度来分析,理解深刻,阐述全面,表达简明。(5分)

SOLO分类法应以灵活的操作性来应对开放性试题的主观与模糊,它并没有要求对所有的题目都按照"五步曲"来评分,有些题目可以低于五层,而有些题目则可以高于五层,这是根据题目所具有的思维含量来确定的。并不是所有题目的层级都必须要达到SOLO的最高层,要根据学生的心理发展规律或题目本身的难度值设置。在实践中,可降低这一评分项的赋分权重,使评价更科学、客观。

(三)语文开放题分层评价的实践反思

随着时代的发展,阅读素养的内涵也在不断发展,特别是PISA的最新变化,为语文阅读教学与测评提供了借鉴。

PISA2018重新诠释了“阅读素养”的定义——为了实现个人目标、增进知识、发掘潜能与有效参与社会生活,而对文本进行理解、运用、评估、反思的能力以及对阅读活动的参与。阅读的目的不仅是为了增进知识,更是为了帮助学生为未来生活做准备;PISA以阅读认知思维活动去探讨阅读素养测试维度,认为阅读包括寻找特定信息、推论、综合等阅读过程中的各种推理、归纳、诠释、分析、质疑、反省、评价等思维能力。

因此,基于SOLO分类评价、PISA阅读素养等理论,进行开放题分层评分的改革,一方面,体现了评价的公正性和科学性;另一方面,促进了教与学的改进,引导学生思维的深化,提高学生的高阶思维能力。这一改革实践的方向是正确的,值得进一步深入探索。

徐玉根(嘉兴教育学院)

第八节 完善中考命题管理的实践

提高中考命题的质量，除了加强命题技术研究外，完善命题及阅卷管理也十分重要。受浙江省教育厅的委托，浙江省教研室坚持开展各地市中考试卷质量评价已近20年，每年11月都要进行各地市中考试卷质量的评价反馈。反馈报告内容丰富，既有当年试卷的总体评价，又有各学科的试卷评价；既呈现了各地市各学科试卷的亮点与特色，也反映出各地命题中存在的问题与不足。特别是各学科试卷报告中的思考与建议成为各地改进命题的指导。浙江省教研室对中考命题的评价与管理，提升了各地市教育行政部门对命题工作的重视程度和命题组织的规范化水平，也积极引导着教育部门、学校师生以及社会舆论对考试命题的正确理解。

近五年来，温州市中考试卷质量有明显的提高，在省教研室组织的全省中考试卷评价中，温州市每年至少有三份试卷被评为A类卷。特别在如何进行初中毕业生的学业水平的精准测量、对学生进行正确的价值观引导和思想教育以及对课堂教学进行积极引导等方面，温州中考命题确实进行了精心实践。这与温州市教育局重视中考命题管理工作是分不开的。本节将以温州为例，探讨地市完善中考命题管理的主要经验。

一、建立严格的命题工作规程

几年来，温州市已建立严格的命题人员遴选制度，规范审题人员的工作流程，在整个命题过程中将审题与命题置于同等重要的地位，进一步提高命题质量。具体制度列举如下：

（一）遴选命题与审卷人员

组建高素质的命题队伍是确保成功命题的关键。几年来，我们设计了“设定要求→按要求推荐→多重审查→协商补充”的命题人员遴选制度。对命题人员的推荐设定具体要求：命题教师要新老结合、以老带新、城乡结合，关注区域分布，让欠发达乡镇学校的教师参与，更好地保证试题的公平性及对难度预估的准确性。命题成员各有所长，专长互补，解决命题过程中遇到的各种挑战。

设计严密有效的审卷制度是命制高质量试卷的重要保障。市教育考试院与教育教学研究院对审题人员也进行了严格的封闭管理，要求等同命题人员，以确保审题的持续性与保密性。

（二）命题工作流程

"入帷"后，命题组长根据事先制定的命题计划表对命题任务进行分工，并结合相关要求精心制作命题进程表，确保每位命题者明晰命题任务及进度要求，体现合作与分工相结合，发挥每位命题人员的工作积极性。

各命题人员结合计划表中分配的任务制作细目表，并精心构建试题情境，设计问题，充分体现所命试题的适标性、科学性、有效性及创新性。

待各命题人员完成命题任务后，根据命题计划进行悉心组卷，并编制试卷报审表，力求试卷结构、命题立意等符合省考试说明的相关要求。

（三）重视独立审卷的磨题规范

在各命题组组卷完毕后，立即要求审卷人员"入帷"。按照"三审定初稿"的规范，审卷分初审、复审与三审三个轮次。

初审时，审卷人员不能与命题人员相接触。通过审卷者的独立答题，而后与参考答案与评分细则、命题计划表、细目表以及报审表等作比对，评估试卷的整体架构以及试题的适标性、科学性、难易度、答题时间等方面并提出改进建议。命题组在两天内结合初审修改建议对试题进行针对性的修改，再将修改稿送审卷人员进行二审。审卷人员结合初审意见对修改稿进行二审，并在一天内再次提出修改意见。此后，审卷人员可以参加后续的磨题过程。命题组在一日内结合二审意见进行再次修改，并接受三审。三审通过后交付印刷。

重视审卷人员的独立判断，避免过早讨论，是保证命题质量的一把"锁"。

（四）重视"六读三做"的校对定稿规范

按照"六读三做定终稿"的校对定稿规范，命题人员与审卷人员一起完成最后成卷前的磨题工作。

试卷初稿印刷后，还至少需经历六次读题、三次独立做题的磨题过程，对每道题的科学性、语词表达的精练程度、参考答案的规范性等进行审查并提出修改意见，命题组在磨题过程中必须结合每次修改意见进行针对性修改，经历这些程序后，方可定稿清样。

二、命题理论的学习与实践

几年来，温州市有计划地开展了关于PISA试题的研究，学习了PISA的测量理论以及测量技术，特别是在情境的教育性、问题的多样化、能力的精细化等方面有一些理解与感悟。同时重视对SOLO分层评价的相关理论的学习与实践，在部分测量高阶思维的试题的评分设计中进行了积极尝试，并结合区域实际与学科特点有所创新。自2015年以来，初中多数学科都设计了分值在5分以上的试题来践行SOLO分层评价理论。此外，在结合经典测量理论、项目反应理论、云技术融入测量与评价、人机对话等方面，进行了相关命题的探索。几年来，通过持续学习与命题实践，各学科均已形成一定的特色。

（一）语文学科

语文学科命题稳定中有变化，继承中有创新，充分体现命题者对科学规范的语文评价的不懈追求。在“大阅读”理念的指引下，不断丰富考查方式，探寻语文教学的本质，扎实有效地提升学生的语文素养。2013年首次在非文学类作品中进行非连续文本的阅读，重视文本内在的逻辑关系，突出阅读的思维过程，着力追求真实阅读。2014年打通文学作品和非文学作品的文本组合，把两篇文章整合在一起进行联读，综合考查学生现代文阅读能力。2015年课内外作品相连、古今贯通的选材与设题思路，最终引导学生联系已有的阅读经验拓展对文本内涵的认识。这五年不断拓展文本类型，丰富阅读方式。2016年关注单元整体阅读，注重读写联系。2017年凸显学习方法策略指导，呈现阅读指导的过程。2018年立足专题阅读，引领学生走近名家，走进经典，展现读好一本书的相对完整过程和有效策略，借此引导学生重视日常阅读的方法，帮助学生养成良好的阅读习惯，也提醒教师在名著阅读指导过程中，要注意过程性和方法的科学性，让语文真正走进学生的生活，丰满学生的精神世界。

（二）数学学科

以引导数学教学走向培养学生核心素养为目的进行命题。重视用发展的眼光看待数感、符号意识、空间观念、几何直观、数据分析观念、运算能力、推理能力和模型思想等方面的发展；要求学生能准确理解“问题背景”提出的信息并能在此基础上进一步解决问题，将作图与简单计算融为一体，既具备了一定的开放度，又包含了一定的思维含量，让学生充分感受数学史的丰富文化内涵，彰显了数学的魅力，使初中学业考试成为数学文化传播的有效途径，关注数学建模，关注逻辑推理。引领课堂关注数学文化，让学生在学习数学知识的同时沐浴在数学文化之中。

（三）英语学科

英语中考由听力口语考试和笔试两部分组成，其中听力口语测试采用人机对话，是全省唯一连续九年进行人机对话测试的地区。试卷近几年在模拟真实生活的语言任务中较有效地测试了考生的英语知识水平、实际运用能力、跨文化交际能力、交际策略和学习策略能力，特别在阅读理解设题上通过阅读上下文，分析推理作者的写作意图，并在此基础上归纳总结文本主旨，从思维品质和文化品格方面对学生提出新的学习要求，即关注学生英语高阶阅读能力的提高。温州的英语试卷同时还关注学生未来学习和生活的需要。对考生的跨文化交际能力和自身人文素养也提出了较高的要求。温州英语试卷兼顾不同县（市、区）的教学水平，让不同层次的考生都能在这份试卷中展示自己的水平。引导教师平时注重核心素养培养，关注学生未来发展，对初中英语教学起到了积极的导向作用。

（四）科学学科

科学学科重视对学科核心知识和关键能力的考查，突出对学生科学核心素养的全面考查；重视对教材实验和课堂教学资源的利用，关注学生的课堂体验；重视对高阶思维的考查，减少对记忆类知识的考查，以引导教师在教学中关注情境的真实性、问题的科学性以及问题解决的有效性；重视对“信息获取、数据应用、构建模型和逻辑表达”等多种基于情境分析问题、解决问题能力的考查，以引导教师关注“科学、技术、工程和数学”相结合（STEM）的教育理念。同时，学习和实践了“PISA”“TIMSS”（国际数学和科学评测趋势）等测评技术，体现了试题的探究性、综合性、时代性与适度开放性，以引导初中科学教师逐步更新教学理念，关注学科核心能力发展，改良课堂教学行为。

（五）社会·思品学科

社会·思品学科突显价值引领，落实立德树人。坚持素养立意，知识、能力和素养有机统一，重思维、重应用，促进学生融会贯通、学以致用。在学科关键能力的培养方面，聚焦问题解决，强调“信息获取—逻辑推导—观点表述”的综合思维能力。以具体的社会现象、时政热点、历史事件为情境，引导学生深入思考，形成个性化的主体性反思，并能合理地、严谨地予以表述。为尽量避免单纯地考查死记硬背，突出对素养目标的考查，试题提供了充分翔实的材料，让学生在充分掌握有效信息的基础上解决问题，理解证据（材料信息）在进行观点论证时的重要性，能够结合材料对社会现象和历史问题进行思考，在问题解决的过程中强化学生的实证意识和逻辑推导能力。

三、基于大数据的分析与反馈

近三年来，每年的八九月份，温州市教育教学研究院初中教研室都要对各学科的考试数据进行系统整理与分析，了解全市以及各县（市、区）教学质量的发展状况，既总结经验，提炼好的做法，又发现问题，寻找有效的对策，并撰写初中各学科质量分析报告、初中教研室命题工作总结、各县（市、区）质量分析报告等。

（一）基于数据，精准分析

1. 基于数据分析考试。通过对各分数段学生的分布情况以及各小题学生的得分状况等进行分析，了解全市以及各县（市、区）学生在本次考试中的总体表现，较系统地分析学生在考试中存在的各种各样的问题等。

2. 基于数据分析教学。通过对不同难度的试题以及学生答题状况的统计分析，可以发现学生的典型错误，通过对这些典型错误归因分析，进而反思教学，以寻找教学中的问题以及相应的教学改进建议。

3. 基于数据分析命题。通过对试题的信度、效度、难度、区分度以及预设难度与实测难度的比较分析等，可以了解试卷的整体质量以及各小题的命题质量等，这些数据对命题者改进试题起到引领作用，这种基于数据的命题改进可以为后续命题积累宝贵的经验。

（二）市县联动，逐县反馈

分析与反馈的具体流程有三步：一是以项目为单位按时段将基础数据反馈到各县（市、区），确保数据使用的时效性；二是召开由市教育局党委全体领导、所有有关处室（单位）负责人参加的质量分析反馈专题会议，让所有教育行政领导都能通过大数据实证分析了解温州教育的现状、存在的突出问题，为行政决策提供依据；三是逐县（市、区）“送评价分析反馈到基层”。

为了更好地提升“市县联动，逐县反馈”的效果，要求市、县（市、区）两个层面分别进行独立的数据分析,再进行研讨交流。

首先,我们基于全市层面的相关数据设计出市常模,并为各县(市、区)提供市常模以及本县的相关数据,要求结合相关数据对本县(市、区)的考试与教学进行系统地分析,找准教学中的问题,思考问题的解决策略,在此基础上撰写分析报告,并做好分析准备。

通过系统地梳理各种数据,市教研院主管初中的院长领导、各学科教研员对各县(市、区)的考试与教学状况进行独立分析,并将分析的过程与结果由主管院长按序"送"到各县,与各县(市、区)一起在现场进行分析。通过两种分析既可以使各县(市、区)对教学中的问题认识更充分,同时也为各县(市、区)如何利用好数据进行精准分析提供示范与引领作用,提高其分析水平,从而为提高其教学质量起到一定的促进作用。

四、加强命题队伍建设

为了促进初中各学科教师更好地研究目标、研究学生、研究考试,提升各学科教师的命题素养,形成如金字塔形的命题人才库,从而提高全市中考与各县(市、区)平时阶段性质量检测等命题水平。近六年来,温州市教育教学研究院精心策划并实施了"命题素养提升"工程,该工程以1—2年为一个周期。

"命题素养提升工程"由"学业考试质量分析研讨活动""学业考试复习研讨活动""命题研究班活动"及"命题竞赛活动"等四大活动组成。其中前两项为普及活动,面向广大初中各学科教师,市县联动,力求人人参与,以提高各学科教师研究目标、研究学生、研究考试的意识。同时,以评价引导课堂教学,提升其命题素养。后两项是在前两项活动的基础上,选择优秀的命题人才进行跟进式研训,以进一步提升他们的命题素养,为初中毕业升学考试、阶段性考试等提供后备命题人才。

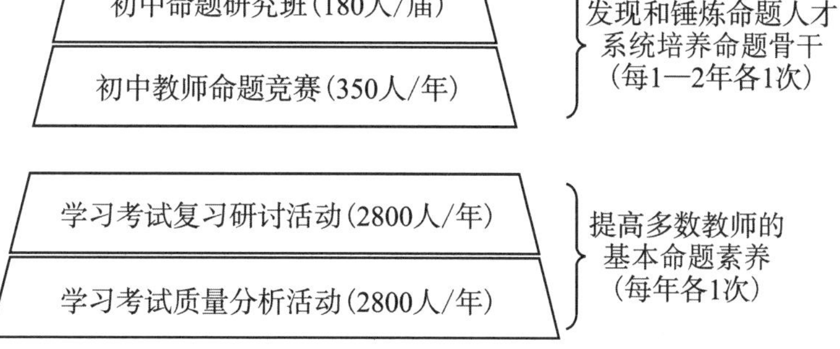

图7.4 温州市"命题素养提升工程"示意图

（一）基于数据的真实分析——学业考试质量诊断活动

每年9—10月，开展初中毕业生学业考试质量分析，以对学业考试相关数据的解读以及典型答题错误分析为主要手段，帮助各学科教师了解学业考试的命题特点以及学生的考试情况，增进对命题的了解以及数据分析的体验，达成考试评价导向课堂教学的目的。

（二）基于目标的有效复习——学业考试复习研讨活动

每年3—4月，开展各学科复习研讨活动。通过对复习阶段一些典型课例的研讨，引导教师学习如何设计教学目标以及如何基于目标设计合理的检测练习等，在此过程中进一步提升广大教师的命题技术与目标评价能力。

（三）基于命题能力的实际演练——初中各学科命题竞赛活动

每年4—5月，初中各学科组织全市性的命题竞赛活动，参加对象包括命题研究班学员以及各县（市、区）推荐的优秀教师。通过合作命题、现场答辩、个人独立命题等多种形式的命题竞赛活动，不仅给全市的骨干教师提供了一个展示命题才华的平台，而且提供了命题锤炼的机会，使参赛教师在命题准备的过程中加强对教学目标的把握，促进初中教师对考试要求的了解，从而促进提高课堂教学质量；同时还可以发现优秀命题人才，为学业考试命题选拔后备人才。

（四）基于提升命题技术的项目学习——学业考试命题研究班培训活动

每隔一年的9月，组建初中各学科命题研究班。每班每学期活动不少于2次，每次活动不少于2天。精心设计包括命题基础理论、测量技术、案例分析及命题实践与指导等主题的系列研讨活动，拓展学员的命题理论视野，提升其命题实践水平。

近五年来，全市参与质量分析活动、复习研讨活动的初中教师有5000多人次，参与命题竞赛活动的教师400多名。至今约有720名教师参与命题研修班。通过此工程，引导教师严格按照课程标准命题，体现目标、教学、评价的一致性，各地期末试卷、学业考试模拟试卷等质量显著提高。温州市将继续推进基于自主命题的校本研修，进一步探索凸显核心素养、真实情境、学科思维能力、高层次认知能力的测评技术。

杨向群　黄鹏飞（温州市教育教学研究院）

第八章

挖掘综合素质评价的多元价值

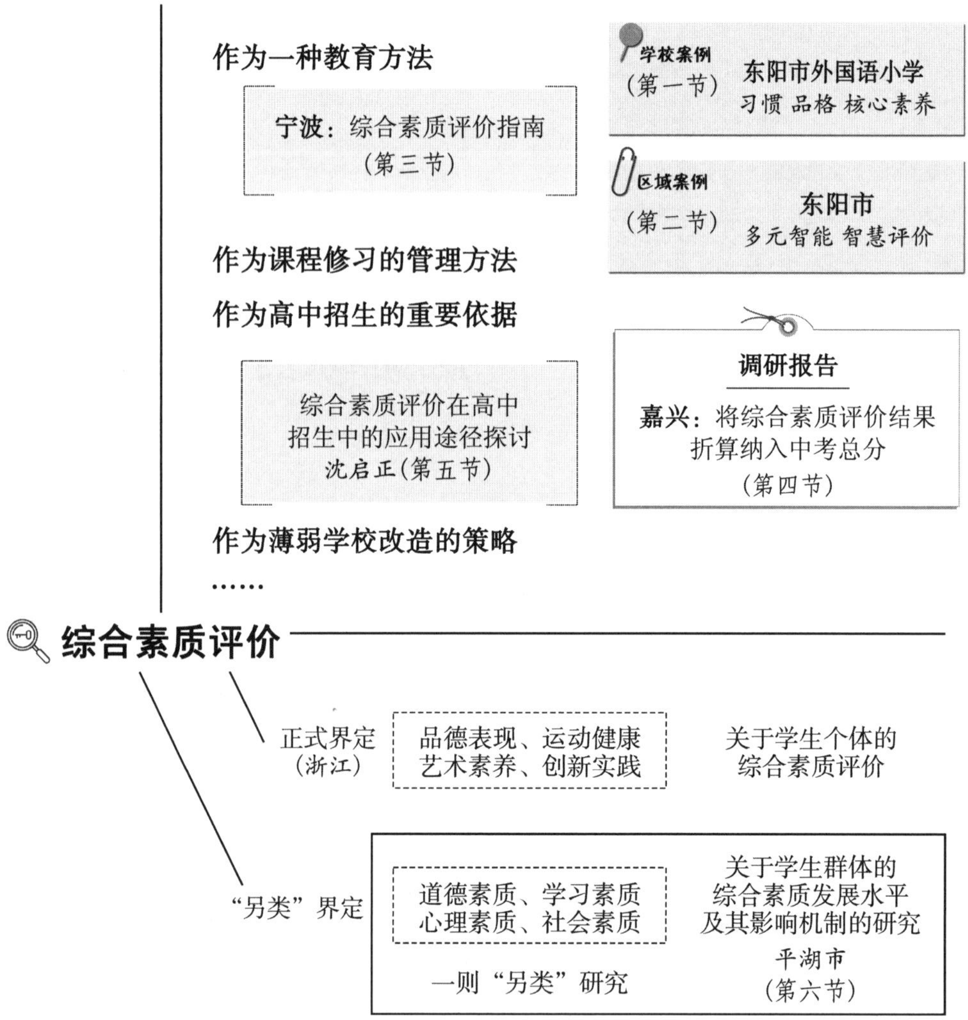
作为一种教育方法
宁波：综合素质评价指南
（第三节）
学校案例
（第一节）
东阳市外国语小学
习惯 品格 核心素养
区域案例
（第二节）
东阳市
多元智能 智慧评价
作为课程修习的管理方法
作为高中招生的重要依据
综合素质评价在高中
招生中的应用途径探讨
沈启正（第五节）
调研报告
嘉兴：将综合素质评价结果
折算纳入中考总分
（第四节）
作为薄弱学校改造的策略
……
综合素质评价
正式界定
（浙江）
品德表现、运动健康
艺术素养、创新实践
关于学生个体的
综合素质评价
“另类”界定
道德素质、学习素质
心理素质、社会素质
一则“另类”研究
关于学生群体的
综合素质发展水平
及其影响机制的研究
平湖市
（第六节）

图8.1　本章结构图

作为克服学校教育中“唯分数”现象的重要切入点，综合素质评价既是关注全面发展、鼓励个性发展的评价观的体现，又是兼具自我教育功能的过程性评价方式。在实践中，综合素质评价具有多样功能：“作为一种教育方法”的综合素质评价，“作为一种课程修习管理”的综合素质评价，“作为薄弱学校改造策略”的综合素质评价，“作为高中招生重要依据”的综合素质评价……基层实践的智慧令人感动。

综合素质评价通常被认为是学校的教育评价活动。不过从学校实践的育人意义看，它更是一种重要的教育方法，具有多元的价值。

综合素质评价是促使学生多元发展的重要方式

学生综合素质评价通常分为思想品德、学业水平、身心健康、艺术素养、社会实践五个维度。这五个维度基本可描述学生大致的发展状态。如果从目标的角度理解，综合素质评价旨在引导学生全面发展。从方法的角度理解，综合素质评价是促使学生多元发展的重要方法，重视这些维度的独立意义，让学生的“兴趣”发展为“特长”。东阳市从2002年起以“多元智能理论”为基础，构建起儿童智能五项拓展评价体系，并形成相配合的学校课程实践，将支持学生多元发展作为综合素质评价的区域特征。

综合素质评价是促进学生自我教育的有效手段

建立综合素质评价制度并非为了给每个学生评价结论，而是为了形成促进学生自我教育的机制，让学校多一套指导学生的工作系统。综合素质评价通过目标明示、过程积累、自我展示、民主参与，变评价为自我学习与激励，帮助学生认识自我、建立自信，切实发挥评价过程中的教育作用，同时通过综合素质评价体系的完善，加强教育过程中薄弱环节的建设。东阳市外国语小学以习惯的培养、能力的提升、品格的养成为目标，构建促进学生素质发展的综合评价体系，将综合评价与养成教育相结合，很好地发挥了评价促进自我教育的功能。

Evaluation

综合素质评价是促使学生过程参与的教育方法

在人们较多地关注纸笔测试的今天,综合素质评价反映了重在过程表现的教育思想,它关注学生参与的情况,关注课程修习的经历。

在常用的课程考核、民主评定、过程记载与采证加分等综合素质评价方式中,不同学段、不同考查点会选择有不同侧重点的评价工具与方法。如社会实践要更多地体现参与,研究性学习侧重于体验与探索。宁波市构建初中综合素质评价体系,制定实施指南,结合课程与领域的特点,规范评价方法和评定过程,让综合素质评价成为促进课程落实与学生参与的抓手。多采用促进学习的过程性评价,少一些横断式的终结性评价,避免过于关注评价结果的所谓的公正公平,坚持关注过程性的内核,是综合素质评价的基本原则。

综合素质评价是高中学校招生录取的参考依据

要切实发挥综合素质评价的作用,须将它与高中招生“硬挂钩”。常见的刚性应用思路有“学业分数等级化”或“综合素质分数化”等。

嘉兴市从本土实际出发,采用后一思路,以“综合素质评价等第赋分制”走“中间路线”,实现与高中招生的“硬挂钩”。面对综合素质评价如何在高中招生中应用这一难题,嘉兴市的率先实践在全国都有一定的影响,虽然还有进一步完善的空间,但它为中考成绩等级制与综合素质评价结果的有机融合提供了很好的思路。

通常所说的“综合素质评价”,其实是一个自定义的概念。它是关于学生个体综合素质的评价描述,并不具有统计意义;它是与学生修习课程有联系的评定记载,与心理学意义上的“素质”未必相对应。平湖市尝试进行了关于综合素质的另类研究。他们从可统计测量的心理学定义切入,基于调查形成初中生综合素质测评指标体系,并在数次试测后形成具有较高信度和效度的评价量表,在进行学生群体综合素质发展评价,分析相应的影响机制,提出教育改进的建议。

Evaluation

第一节　小学生核心素养发展的综合评价实践

在我国学校教育的传统思维中，一直重视学生学业评价，而相对忽视对学生综合素养的评价，于是“唯智主义”占据上风。这既有教育认识的原因，也有评价技术的原因。因为学业评价的方法相对简便，结果更为刚性，而学生综合素养的评价不仅内容芜杂、标准模糊，而且孤立地为评价而评价也意义不大。

东阳市外国语小学是一所小班化、全寄宿的民办小学。学生的学业成绩比较出色。但从“立德树人”的根本宗旨看，除了关注学业成绩，更要关注学生的综合素养，致力于习惯的培养、能力的提升、品格的养成，促成学生的终生幸福。

一、小学生综合评价的认识

从2013年至今的五年探索中，我们从草根实践到文化自觉，从茫然摸索到科学规划，关于小学生综合评价的认识的发展经历了三个阶段。

（一）从学业成绩到更多的习惯与品格——梳理学生发展的关键点

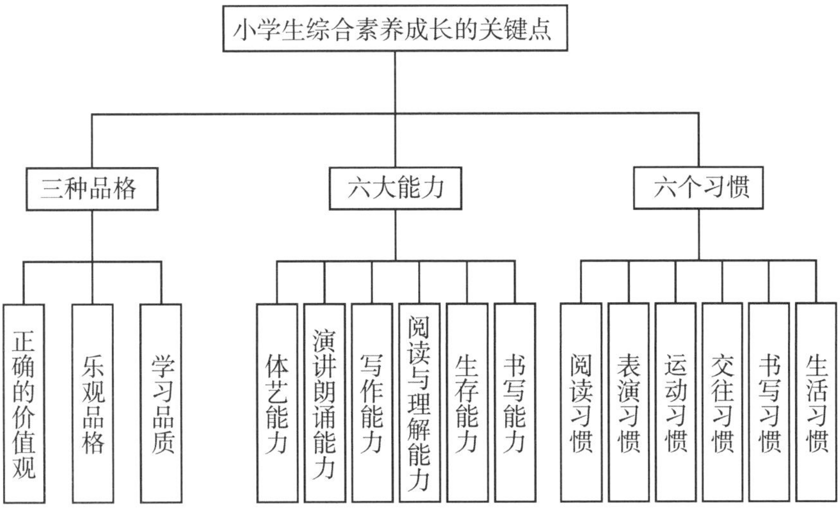

图8.2　小学生综合素养成长的关键点

对于学生一生的幸福来说，哪些素养是至关重要的？小学六年应该重在培养哪些方面的素养？经过相当长时间的教师全员大讨论，教师达成了共识：除了学业成绩之外，还应更多地致力于习惯的培养、能力的提升、品格的养成，这才是真正着眼于学生的终生幸福、服务于中华民族伟大复兴的有益之举。

针对学生综合发展的目标，学校梳理出“六个习惯，六大能力，三种品格”作为学生成长的关键点（见上页图8.2），并根据学生发展的关键期，将这些培养要点各有侧重地分解落实到六个年级12个学期（见表8.1），整体纳入学生评价体系。

“六个习惯”指生活有规律，书写正姿势，交往脸微笑，运动常相伴，表演常自信，阅读是日常；“六大能力”指书写能力、生存能力、阅读与理解能力、写作能力、演讲朗诵能力、体艺能力，其中书写能力包括铅笔字和钢笔字书写能力；“三种品格”指学习品质、乐观品格和正确的价值观，其中学习品质包括倾听、静思、畅言、自主。

表8.1　小学生综合评价框架

学期		培养内容
一年级	上	1. 生活习惯（洗漱、喝水、上厕所、就餐等） 2. 书写习惯（写字姿势）
	下	3. 学习品质（倾听） 4. 交往习惯（微笑问好、大方有礼）
二年级	上	5. 运动习惯 6. 表演习惯
	下	7. 书写能力（铅笔字）
三年级	上	8. 阅读习惯
	下	9. 乐观品格
四年级	上	10. 学习品质（静思、畅言、自主） 11. 生存能力
	下	12. 书写能力（钢笔字）
五年级	上	13. 阅读与理解能力（含国际理解）
	下	14. 写作能力 15. 正确的价值观（诚信、节俭、感恩、爱国）
六年级	上	16. 演讲朗诵能力
	下	17. 体艺能力

（二）从关键点到育人目标——学校课程的顶层设计

2014年，“核心素养”一说广泛出现于基础教育研究领域。它回应了学校关于“哪些素养对一个人的一生幸福来说是至关重要的”这个命题的追寻。所谓核心素养，指的是学生应具备的适应终生发展和社会发展所必备的品格和关键能力。

基于此，学校确定育人目标为：遵循“全息关怀，走进心灵，全面精彩”的核心理念，致力于培养有健全人格、有自主行动力、能和谐发展的现代公民。“全息关怀”是对教育本质的思考，认为教育的本质在于育人，育人就应该全方位、全时空关注人的生存状态，关怀其身心健康、学业发展、精神成长……“走进心灵”是育人的核心途径，育人先育心，教师要走进学生的心灵，充分考虑学生的需求，尊重生命成长的规律，发现每一个生命的独特之处，让每一个心灵在教师精神的感召下自由成长。“全面精彩”是育人的目标，即希望每一个生命都是全面发展的，是个性充分张扬的，是独特而精彩的。“有健全人格、有自主行动力、能和谐发展”是对学生核心素养的校本表达，这三大领域可进一步细分为九大核心素养，分别是身心健康、富有教养、审美情趣、家国情怀、学会学习、科学精神、实践创新、人文底蕴、国际视野。

表8.2　关于小学生核心素养的校本化诠释

领域	核心素养	具体要求
有健全人格	身心健康	要养成良好的生活习惯，拥有健康生活，努力达到身体发育良好、视力达标、体态匀称、体质强健，每个学生至少有一项自己喜爱的体育运动。要豁达乐观，积极向上，拥有朝气蓬勃的“精气神”
	富有教养	学会微笑、感谢和赞美，言行符合礼仪规范，举止合乎公德
	审美情趣	有一定的艺术素养，具备符合社会主义核心价值的审美意识和创造美的能力。每一个学生至少有一项自己喜欢的艺术特长
	家国情怀	有爱家人、爱家乡、爱集体、爱祖国的情怀，有社会责任担当，扎中华根，铸民族魂
有自主行动力	学会学习	学习时有较好的独立思考能力和主动学习意识，能选择适合自己的学习方式，能评估调控自己的学习进程，并能将所学运用于社会生活，做到知行合一
	科学精神	善于主动探索，具有理性思维，敢于质疑批判
	实践创新	会有计划地做事，有较敏锐的环境感知能力和信息捕捉能力，面对不断发展进步的社会，能掌握较强的生存技能，能灵活应变，勇于创新，不断自我超越

续表

领域	核心素养	具体要求
能和谐发展	人文底蕴	具有古今中外人文领域基本知识和成果的积累,能理解和掌握人文思想中所蕴含的认识方法和实践方法等。具有以人为本的意识,尊重、维护人的尊严和价值;能关切人的生存、发展和幸福等
	国际视野	有开阔的视野,能感受、理解并尊重多元文化,能与不同文化背景的人进行平等交流,友善交往

(三)从育人目标到系统评价设计——构建核心素养的综合评价体系

2013年,学校将自己所理解的九方面的小学生核心素养,融入日常的学校生活、学科教学的系统评价之中,将评价视为促进学习与成长的方法。将关键点“六个习惯、六大能力、三种品格”前置到日常的生活与学习中。习惯类的目标多采用关注过程的形成性评价方式,伴随着学生的学习与生活,以评估促养育;能力类的目标更多地采用表现性活动的方式来评价,在实践操作中提升能力;品格类的目标则主要运用诊断性评价,强化个性化的指导。

也正是因为评价目标、评价内容与评价方式等方面的综合性,基于核心素养发展的综合评价,不仅关注学生的学业进步,而且重视品德与习惯的养成;不仅采用纸笔形式的测评,而且采用大量参与式的活动评价;不仅关注学生的学习成果,而且关注其形成过程与学生的学习品质;不仅完成了学生素养发展的阶段性评定,而且将评价视作促进学生学习与成长的方法与机制。

二、核心素养综合评价的基本理念

(一)文化认同,全员行动

要将学校评价工作的重点从学业评价转向核心素养的综合评价,将评价功能从甄别认定转向促进发展,首先需要所有参与者都达成这样的共识:学生的学业成绩固然重要,但习惯、能力与品格等素养对于学生的终生发展来说更为重要。

有了这一文化认同,才能解决评价实施过程中的根本宗旨问题,才能真正落实评价的方式方法,才能将评价自然融入育人的各个环节,成为育人的一种力量。

（二）融入生活，还原生活

核心素养重在习惯、能力与品格。它是“应对和解决复杂的、不确定的现实生活情境的综合性品质”[①]。我们倡导将评价过程融入生活，贯穿于日常活动，成为学习过程的一部分，成为解决真实问题的一环节。这样才能充分发挥评价的激励功能，让评价成为激励孩子成长的动力源。融入生活的评价需要动员更多的教育力量，使全员育人成为可能，常态落实也能保证。

基于核心素养的评价应更多地还原学生的生活，强调在任务形式上更加整合、开放，强调具有不确定性的学科探究主题和社会实践活动的开展，让学生经历有现实价值的真实问题解决过程和社会活动，为学生提供充分展示的空间。要将各学科所学的知识和应具备的多种素养进行统整，设计既贴近学生经验，又能整合多种素养的、情景化的真实任务，评估学生的学业成就。

（三）简明有效，固化素质

要用最简洁的评价方式，达到最优的育人效果。从评价设计来看，内容表述力求简洁，一读就懂，一看就能落实，与实践能紧密结合。从操作来看，必须直观，简便易行。评价框架科学严密，整体性强，便于教师对学生进行个性化诊断，有的放矢地帮助学生健康成长。有了这样简明有效的体系，评价行为才能够长久坚持，充分发挥评价的诊断激励功能，慢慢固化为学生的良好品行，同时成为学校课程开发、文化建设的一部分，成为整体育人的强大力量。

三、贯通课程、教学与评价的《学生核心素养发展记录册》

东阳市外国语小学围绕育人目标，根据对核心素养的理解与架构（如表8.2）规划了课程，将“课程设计—教学改进—评价要点”全部贯通，开发了《学生核心素养发展记录册》（以下简称《记录册》），对学生参与基础课程、拓展课程（包括社团活动、文化日和文化周）的全部学习表现进行记录评价。

《学生核心素养发展记录册》内容以设置的课程为纲，以核心素养为目的，评价内容涵盖小学一至六年级。从一年级的学习习惯和生活习惯（喝水、上厕所、就餐、问好等）开始，到高年级的倾听、运动、说话、阅读、解题、独立价值判断、心理品质养

① 杨向东.核心素养与素质教育、三维目标、课程改革的关系[J].人民教育，2016(19).

成等。主要采用三种评价方式:争章活动,侧重的是学生平时习惯的养成;期中过关,关注的是评价的落实情况;期末考评,鉴定的是学生的全面发展情况。

《记录册》主要分基础课程评价、拓展课程评价、社团活动评价、盘点我的成长四大板块,以学生的视角来表述成长目标、课程目标与评价要点。其功能是全面记录学生在校的学习和生活情况,详细地反映学生核心素养的养成情况,成为学生独一无二的个人成长专著;通过详尽的评价要点,唤醒学生的自我发展意识,培养学生的自我教育与自我管理能力,真正发挥评价促进发展的功能。

制定评价要点以"基于课标、体现校本、择取精要"为原则,以学科核心素养为评价维度,用星级标注关键点,突出以校为本的特色。譬如,从阅读品质的角度看学生的阅读能力,制订了对学生阅读品质的要求(见表8.3)。

表8.3　东阳市外国语小学对学生阅读品质的要求

年级	对阅读品质的要求
一年级	我已养成每天晚上静静地看会儿书再入睡的习惯
二年级	我会一边阅读一边思考,有自己的感受和疑问
三年级	我能做到不动笔墨不读书,能不断产生问题并尝试着解决
四年级	我能在阅读过程中生成一些有价值的问题,并尝试用多种方法去解决
五年级	我能在阅读时找到主题性的研究方向,并能有策略地展开研究
六年级	我能借助阅读进行专题性的研究,并能写出研究报告

四、核心素养综合评价的操作实施

(一) 日常争章:融入生活,即行即评

习惯是在学习过程中经过反复练习形成发展,成为一种个体需要的自动化学习行为方式。叶圣陶先生曾说:"大凡传授技能技巧,讲说一遍,指点一番,只是个开始而不是终结。要待技能技巧在受教育的人身上生根,习惯成自然,再不会离谱走样,那才是终结。所以讲说和指点之后,接下去有一段必要的工夫,督促受教育的人多多练习,硬是要按照规格练习,练成技能技巧不是别人能够代劳的,非自己动手,认真练习不可。"可见,习惯的培养需要一个科学有序的过程,必须经过训练,而且要经常训练,反复训练,适应各种不同环境的不同内容和不同方式的训练。训练到自动化的程度才能成为习惯,成为习惯才能随时运用。

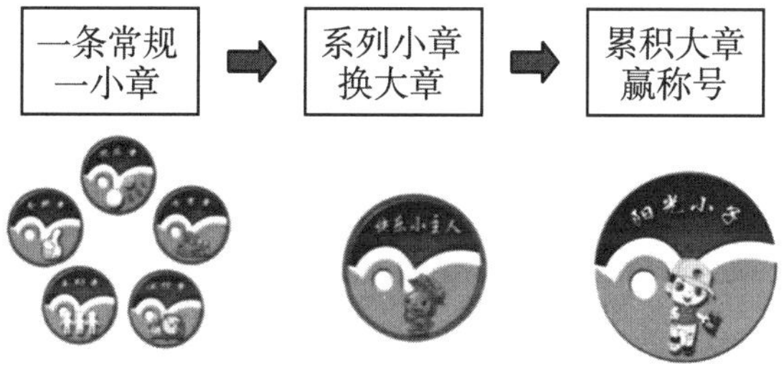

图8.3　日常争章模式图

为了将生活习惯、学习品质、心理品格等融入学生的日常生活与学习之中，学校开展了争章活动，形成了“一条常规一小章，系列小章换大章，累积大章赢称号”的争章模式，构建起以“阳光小子”“甜心女孩”为最高荣誉的过程评价体系。这是让学生在生活的浸润中、在每天的践行中养成习惯的有序的过程。因为规划是经学生充分讨论后形成的，学生就容易将规划变为自觉的行动，达到较好的养成效果。

1. 核心素养的可操作性分解。

上述核心素养可归为六类：价值观、生活习惯与能力、心理品质、学习习惯与品质、阅读习惯与品质、体艺习惯与特长。相应地设立六枚大章：爱国小传人、生活小能人、快乐小主人、学习小能手、阅读小明星、体艺小达人。根据可操作性分解其内涵，设立相应的小章，在争章中培育相应的文化。如“爱国小传人”要求学校格外重视培养优秀的品质，即感恩、诚信、节俭、爱国；如“学习小能手”诠释的是精彩课堂的核心文化，即倾听、静思、畅言、自主；“生活小能人”强化良好的生活习惯，即每天早晚洗漱、每天喝水三杯、每天坚持运动、每天看天气预报，以及良好的就餐礼仪。

表8.4　东阳市外国语小学核心素养争章体系

大章	小章（内容及目标）				
爱国小传人	**感恩章：** 包容他人 善待自己 感恩一切	**诚信章：** 诚实守信 有担当	**节俭章：** 就餐光盘 生活节俭 不攀比	**爱国章：** 珍视国家荣誉 热爱中国共产党 热爱家乡与人民	
生活小能人	**洗漱章：** 每天早晚洗漱	**滋润章：** 每天喝水三杯	**保健章：** 每天坚持运动 每天看天气预报	**就餐章：** 饭前先洗手，餐中不喧哗 嚼饭不张嘴，喝汤不出声 吃饭不挑食，放盘轻又轻 常怀感恩心，节俭又文明	
快乐小主人	**夸奖章：** 每天夸人一回	**互助章：** 每天助人一次	**分享章：** 每天分享一事	**调控章：** 调控自己情绪	**思乐章：** 睡前回味乐事

续表

大章	小章（内容及目标）			
学习小能手	**倾听章：** 眼看对方 神情专注	**静思章：** 静心思考 勇于挑战	**畅言章：** 乐于发言 富有条理	**自主章：** 自主学习 自我安排 合作分享
阅读小明星	**悦读章：** 爱好阅读 博览群书 善于积累	**口才章：** 讲故事有声有色 诵读抑扬顿挫 演讲观点清晰	**金笔章：** 乐于动笔 表达真情实感	**书写章：** 书写工整美观
体艺小达人	**参与章：** 不迟到 不早退 积极参与	**技能章：** 掌握相应的技能 通过阶段性评估		

2. 各学科教师分头落实。

为形成全员育人的态势，学校将所有的章分解到各个学科，由相应的学科教师强化落实。这样既有针对性，又减轻教师的负担，且让评价成为教学中促进学生发展的重要抓手。

3. 简单管用的争章活动。

（1）能日日坚持。比如“生活小能人”包含的洗漱章、滋润章、保健章和就餐章，意在培养学生良好的生活习惯。日常就由生活教师每天逐项检查，一周内表现好的即得小章。

再比如“阅读小明星”中的悦读章，也是每天要常态坚持的，因为学校的阅读文化就是“让书香像空气一样弥漫，让阅读像呼吸一样自然”，倡导阅读成为学生的一种生活方式，寝室里每天睡前有半小时的晚读，还有20分钟的听故事时间，学校图书馆全天候开放。为了强化学生的阅读意识，寄宿学生由生活教师记录，走读学生由家长反馈，每晚认真阅读半小时以上且持续两周，即可得一枚悦读章，有间断就要重新计分。长此以往，学生的阅读习惯必然养成。书写章则更简单，在每次作业批改的同时加一个书写分，根据一段时间的积分汇总颁发，并没有增加师生的负担。但是这些章所强化的意识，也许是目前急功近利的教育中最欠缺的。

（2）有难度的阶段性强化。有些习惯和品格并不会如前所述轻易地融入日常生活，而是需要教师着力培养、学生努力改变才能养成。比如为了让学生拥有健康的身心，学校借鉴积极心理学理论，着力培育学生乐观的品质，自创了《快乐宝典》：“每天夸人一回，每天助人一次，每天分享一事，调控自己情绪，睡前回味乐事。”这么好的秘籍如何才能发挥作用呢?每天用争章来促进。但由于这些行为不好量化,就采用自评与他评结合的方式进行。尤其要注意的是一段时间内应集中选其中的一个小章强化,这样才能切实有效。

在以往,课堂只是一小部分学生的舞台,大部分学生都是"观众"和"听众",表现沉默。沉默的学生往往表现各有不同,根据原因,主要有以下几种:①没有参与学习进程,心不在焉;②思维迟钝跟不上教学进程;③没有发言的习惯;④没有良好的心理素质。这些沉默的学生往往被教师忽视,失去了许多对话和交流的机会,不利于他们的成长。

于是,在教学过程中,学校按照由易到难、由浅入深、由分解到创造的原则开展了争畅言章活动,有意识地注重问题的层次性和学生的差异性,尽可能兼顾到每一层次的学生,以便增强学生的自信心,激发学生的说话欲望。通过近一个月的实施和观察,学生的发言积极性和发言质量都有了很大的改善。实施争畅言章活动前,课堂上的发言人数大约为总人数的20%,实施争章活动后,发言人数达到了75%。

案例 8.1

学习品质培养中的静思章评价

学习品质培养中的静思章评价由数学老师来承担,依据班级的实际情况分阶段强化。

评价主体:自评+同桌评+老师评价。

评价要求:①深入思考,归纳观点;②挑战难题,持续思考;③完成作业,一气呵成;④自己错误,反思改进。

以上四种要求,每个学生在每天作业整理时间对自己进行自评,自评分"A/B/C"三档。自评完成后,与同桌互评,互评结果交给小组长统计,其中A档得1分,B档得0分,C档扣1分。教师每周对学生进行评价。累积获得20积分即可得到一颗静思章。

记录方法:由每个小组的组长负责记录本小组的得分情况,课后再登记到积分记录表上。

(二)期中过关:真实情境,动态展示

为确保学生的素养发展能落到实处,学校研制了《学生核心素养评价教师手册》(以下简称《教师手册》),用以指导期中的核心素养过关。评估的原则是基于真

实的观察、记录，尽可能在不知不觉间对学生进行诊断，而后提供帮助。

在《记录册》中，各年段学生的14项过关内容，17项过关点都用星号一一标注。这些过关点代表着一个动态、稳固的框架，搭建起学生的成长阶梯，使教师有机会将比如执笔姿势、阅读习惯、乐观心态、礼仪修养、合作能力等在传统的学业测评中未予关注的项目，以较为科学的方法列入评价的范畴，更好地促进学生的全面发展。

表8.1的过关点的设置并不是粗放的。联系学生的生活实际，我们发现"生活习惯、书写习惯、交往习惯"等方面是学生初进学校时就会经历的考验，这些将影响他们能否适应和喜欢学校生活，可谓"基础中的基础"。因此，我们将这些作为一、二年级的过关的重点。

"阅读习惯、生存能力、乐观品格"等项目比较适合中段的学生，因为他们经过一、二年级的学习，已具备了一定的自主意识，对各项习惯的养成和能力的提升，表现出较大的兴趣。十岁左右是儿童阅读习惯和阅读能力形成的关键期，相应的过关评估也就落在这个时间点。

到了五、六年级，学生已有较强的独立判断能力，价值观初步形成，此时设立"正确的价值观"过关评估，能起到较好的导向作用。

理清各过关点后，学校制定了测评细则，作为教师日常教育教学过关点测评时的参考。每项细则都从培养目标、训练建议、评价方法三方面考虑，同时又体现项目特色。如"乐观品格"最好结合个人心理考评量表；"运动习惯"则将国家体质健康标准作为科学参考的评价依据。以下列举几种评价设计：

1. 价值观：情景化观察＋问卷调查。

五年级独立价值判断的评估采用此种评价方式：根据《教师手册》中设计的情境题，由一名教师进行聊天式的教学，其他教师一人一组边听课边悄悄地观察和记录，然后分析诊断。

案例8.2

情境测验——"便民伞"

2001年9月，安徽省合肥市公交公司为了使没带雨伞的乘客免受雨淋之苦，先后在102路和1路汽车上配置了"便民伞"。几个星期过后，1路汽车上的150把雨伞只剩下了10把，而102路汽车上的150把雨伞仅丢了两三把。其原因是102路实行收押金制度，使用1把伞收10元押金，用后随便还到哪一辆102路车上，都将退还你10元钱。而1路汽车没收押金。

（1）1路汽车上的雨伞和102路汽车上的雨伞，命运为什么会如此不同？你喜欢哪种制度？为什么？(6分)

（2）结合以上事例，以“诚信”为主题，谈谈你的想法。(4分)

除了情境式的闲聊观察，还可以用问卷进行同伴评价与自我评价。自我测评的问卷为防止学生不够坦诚，以《了解内心深处的我》作为卷面的标题，并设引言：同学们，要想真正了解自己，就要走进自己的内心深处，让“内心”来说真话，你想试试吗？请拿起笔，摸摸自己的心，让自己的心来做一回主人。

2. 生存能力：实战模拟＋知识测评。

四年级生存能力过关评估采用实战模拟和知识问卷相结合的方式，两者均通过才算过关，未过关者有一次申请重考的机会，内容有防止溺水、独自出行、银行存款、火险逃生四项。

案例8.3

生存能力评价——火险逃生

器材准备：灭火器一个，毛巾若干，装着水的水桶若干，电话机一台。

情境模拟：报告厅里坐满了人，突然前排的音响设施起火，一瞬间，前半个报告厅浓烟滚滚，气味呛鼻。请你们五名学生仔细观察室内环境及相应物品，选择一种正确的逃生方式。

评价参考：(得80分以上的学生过关)

（1）拨打火灾报警电话时要沉着冷静，说清起火单位、地址、燃烧对象、火势情况(20分)；并将报警人的姓名、电话号码告诉消防队，以便联系(20分)。

（2）火警警报响起，马上做出应急反应，不大喊大叫，并按逃生路线有序疏散，不你推我挤(20分)；能用正确的姿势(放低身体，躬着腰，俯首低行，用湿毛巾捂住口鼻)行进，态度严肃，认真，到达疏散场地后，能寻找其他同学(40分)。

3. 乐观品格：量表测试＋同伴评估。

三年级的乐观品格评价通过由教师带着做游戏的方式进行，一是用量表自评，即在“跟着感觉走”游戏中，借用《教出乐观的孩子》一书的量表，进行必要的儿童化调整后，让学生进行隐藏目的的自我测试，而后进行同伴互评，组织游戏“送出你的最佳人气奖”，让学生在三秒钟内将手中的一张“笑脸”（表示“你最喜欢的，一想到他就非常愉快的，甚至很期待自己也变成他那样的人”）贴到符合标准的同学胸前。游戏结束后，教师公布测评标准，评出相应的等级，并进行适时的心理疏导。

4. 阅读能力：计算机考级系统＋阶段性阅读能力评估。

在课外阅读测试题库中，有一到十二级的课外阅读选择题。这些题目源于教师和学生，难度一般不大，主要考查学生是否阅读，重在读书习惯的养成，重在对阅读积极性的呵护。由于采用计算机自动组卷的方式，学生可以随时随地上网挑战任何一级，电脑即时评价，非常自主。

（三）期末评估：综合任务，标志行为

1. 低段学生语文、数学、英语统整的情景化评估。

现有的考试和评价过多拘泥于纸笔形式，强调孤立的确定性学科知识和技能的习得，这些知识和技能又往往脱离学生的生活情境。为改变这种现象，学校尝试将一到三年级的语文、数学、英语考试进行学科融合，统整为情景化评估。出试题分两步走，先是教师将本学科知识要点充分罗列，然后由三个学科的教师共同整合到生活情境之中，同时注意考试过程的趣味性。

2. 高段学生基于真实任务的综合性评估。

真实任务是建立在学习与评价的智能相关的基础之上，同时考虑学生的兴趣，链接相应的生活，反映现实生活中通常所要面对的一些真实表现或挑战的任务。真实任务的完成过程就是综合运用所学知识与技能，充分调动有效的问题解决能力，创造性地完成任务的过程。因此，在高段学生的综合性评估中，通过创设真实生活情境来检验学生的综合能力是可行的举措。比如六年级时，学校会对学生的演讲能力逐一考核，考核的题目基于真实任务，如：

越来越多的家长不愿意让自己的孩子随便过十岁生日，而往往宴请同学、老师，举办一场盛大的生日晚会。针对这一现象，请你以“大手”的身份对三年级的“小手”或他们的父母发表一次演讲，请注意说话的场合。

核心素养综合评价的核心是“以评价促养成”。让评价过程融入学生日常的学习生活中，成为学习过程的一部分，成为促进学生习惯养成、能力提升、品格形成的一种教育方法，成为学生自我教育的一种途径。

卢雁红（东阳市外国语小学）

第二节　构建多元智能评价体系的区域实践

“尊重每一个学生的自然个性，公平地看待全体学生，最后必能比较全面地评估个别学生的成就，并发展学生的潜能，从而重建学生的自信和学习兴趣，最终达到个人的全面发展。”美国哈佛大学教授霍德华·加德纳（H.Gardner）提出的多元智能理论，成为东阳市教育评价改革的重要理论基础。2002年开始的儿童智能五项拓展评价，如今实践的中小学生综合素质发展评价，以及正在筹划的综合素质“智慧评价”，恰好展现了东阳市区域性综合素质发展评价的昨天、今天和明天。

一、区域儿童智能五项拓展评价的前期探索

早在2002年，东阳市基于“多元智能”这一理论突破，以基础教育课程改革为背景，开展区域性儿童多元智能拓展五项测评实验，通过对小学多元智能教学策略的改革，探索一条课内外、校内外结合的拓展儿童多元智能和评价改革的新路子。该区域性的综合实验后被列为全国教育科学“十五”规划课题，涉及小学生培养目标、智能课程标准、课堂教学策略、智能拓展评价等各方面。

十年前的学生素质发展评价，东阳市聚焦于学生多元智能拓展课堂教学，全面系统地总结了区域性学生智能五项测评的背景意义、理论依据、操作原则、实践模式等，创造性地制定了《东阳市小学生多元智能课程标准》（全套6项）、《东阳市幼儿园大班幼儿多元智能发展大纲》、《多元智能拓展五项评价（FEID）教师手册》、《小学生智能发展记载册》等，收集并精选了广大教师、学生和家长撰写的多元智能拓展五项评价项目设计、典型个案、活动征文等，对探索新课改学生综合素质发展评价制度，深化素质教育实践，具有一定的理论价值和现实指导意义。

（一）顶层设计：构建智能发展评价体系

东阳市大胆地提出了“学生多元智能发展课程化”的新思路。“多元智能发展课程化”包含两大块：一是多元智能的课堂教学与评价活动；二是多元智能的课外教学与评价活动。鉴于国内中小学课堂教学长期以来只重视语言智能和数学逻辑智

能的发展,忽视甚至放弃开发学生的空间智能、音乐智能、运动智能、人际交往智能、内省智能和自然观察智能的现状,东阳市将研究实践的重点放在除语言智能和数学逻辑智能外的其他六项智能的教学与评价上,试图整体构建区域性多元智能的课堂教学评价与课外拓展评价两相呼应的课程改革环境。

2003年4月,东阳市率先创建了“多元智能拓展五项评价”系统。在除语言智能和数学逻辑智能外的六项智能中,由小学生自选三项参加评价。具体来说,空间智能方面,要学会一项美术表现技能并能写一手规范漂亮的汉字;音乐智能方面,要学会一项艺术表现技能;运动智能方面,要爱好并掌握一种健体技能;人际交往智能方面,要有良好的人缘和人际交往的能力;内省智能方面,能在特定情景中与他人交往并了解自我;自然观察智能方面,要掌握一种观察、识别和分类区别大自然事物的技能。

为此,东阳市采用“积分制”,把每项智能分为三等,即优秀积100分,合格积80分,基本合格积60分。五项智能评价积满400分即为合格,同时允许学生以强项智能弥补弱项智能,允许多次测评,上不封顶,下要保底。

(二)丰富“菜谱”:多把尺子“量”学生

苏霍姆林斯基说,每个孩子都是一个世界——完全特殊的、独一无二的世界。儿童的天赋,往往是在解决自己感兴趣的问题时,才表现得最为充分。为了尊重学生的世界,尊重学生智能组合间的差异,让学生有更多的机会发现和识别自己的智能强项,体验成功,东阳市在空间、音乐、人际交往等六项智能方面,为小学生精心设计了儿童画、书法(硬笔、软笔)、作品欣赏、手工制作(折纸、橡皮泥、雕刻等)、封面或小报设计、交往技巧与效果、自我意识与评价、动手操作、普通话、英语会话、信息技术、摄影、声乐、器乐、舞蹈、音乐欣赏、跑、跳、掷等四十余种测评相关智能的“菜谱”,供小学生自主“点菜”,形成各自与众不同的智能测评“菜单”,经学生填报“测评预约单”,最后由师生协商测评。“学校提供‘菜谱’,学生自主‘点菜’,使教师真正认识了人‘各有所长,各有所短’‘每一个孩子都是天才’的内涵”。

(三)创设情境:提高解决问题的能力

以往的音乐课考试,无非是唱歌、视唱、乐理等内容,范围一般由教师划定,评估标准也由教师一人制定。实施多元智能拓展五项评价后,这一情况发生了很大变化。如东阳市实验小学的音乐智能测评的内容由学生自主选择,表达方式也由学生自己决定,可以唱流行歌曲或课外学的少儿歌曲、戏曲等,也可以弹钢琴、吹笛子、拉二胡、跳舞等，教师和学生一起当考官，共同合作进行现场综合评估，通过学生喜爱的表现形式评定学生音乐智能的强弱，促进学生音乐潜能的发展。又如吴宁镇第五小学精心设计了“多元智能美术屋”。“美术屋”里藏着多元智能美术评价卡、自己喜欢的画、老师喜欢的画、同学喜欢的画、自己的想法、老师的建议、同学的评价等。通过对学生日常教学过程的观察，每月一次总结，看谁得“笑太阳”最多，期末把美术卡和其他内容综合，从各个方面对学生进行充分的评价。又如地处农村的李宅小学，结合学校书画和手工制作的办学特色，引导学生采用农村随手可得的玉米、黄豆、麦秸、毛线、布头、毛竹等做材料，精心制作了一大批充满童趣的手工艺品，并到市中心进行“现场大展卖”。教师寓空间智能、人际交往等智能开发与评价于考生作品创作和实际营销活动之中。

（四）家校互动：评价主体多元化

在东阳，开学初各小学都要求学生在家长的参谋下，自我分析智力特点，并绘制“智能发展自我期望图”。同时，学校、学生、家长三方签订《促进儿童多元智能发展契约》，契约规定：甲方（学校）为乙方（学生）提供必要的场地、设施、信息和辅导等服务，并热情、实事求是地做出评价；丙方（家长）要坚信自己的孩子必有强项智能，全力帮助孩子实现拓展目标，并在时间、费用等方面提供保障。班主任、学生和家长都在契约上郑重签下自己的姓名。

尤其让学生耳目一新的是，确定测评项目后，还要制订五份“智能拓展行动计划书”，学生围绕“完成目标我须具备哪些技巧”“我能达成目标的理由”“我可能面临的挑战”“我可寻求协助的资源与人”等问题进行自我分析，并记载在《综合素质发展评价记录册》（以下简称《记录册》）中，以备提醒之用。与以往单一评价不同的是，东阳市通过学生自测、同学互测、父母检测、社区专家测试、教师学生寄语等，促进家校互动。通过智能拓展五项测评，学生学习的劲头更足了，兴趣更广了，同时家长也更加了解孩子的特长了。

（五）智能课程：评价重点转向过程

在实践中，东阳市强调智能拓展五项测评重在学生纵向发展比较，即“现在”的自己与“过去”的自己比，而不搞传统的横向比较排名。东阳市把多元智能拓展五项评价统称为“智能课程”，并将其定位为一门全市小学生的“必修课”，倡导每个儿童和家长把双休日视为“拓智日”，要求学生在双休日至少安排一个课时（40分钟，每学年不少于40课时）用于校外多元智能拓展活动。

在学校，从每周综合实践活动课中拿出一课时，用于学生多元智能的训练和开发。学校实行智能课程导师制，教导处统一确定任课教师、班主任或有专长的家长及校外辅导员担任智能课程的导师。学校开设“智能课超市”“智能沙龙”“智能俱乐部”“智能评价中心”等，由学生凭兴趣自主选择参加，允许学生和导师跨班或跨年级组合，从而让学生充分自主地参与学校智能课的智能训练和智能展示活动。

二、中小学生综合素养发展评价

2014年，东阳市启动“县域中小学教育质量综合评价与管理”项目，将小学生智能拓展五项评价实践积累的理念和经验，延伸至初中生综合素质发展评价。

（一）县域设计初中综合素质发展评价的指导思想和基本原则

初中综合素质发展评价的指导思想是：坚持“立德树人”根本任务，落实教育质量综合评价精神，通过全面观察、记录、分析学生综合素质和个性智能特长的发展状况，促进学生多元智能和核心素养的全面发展，切实转变育人模式，实施素质教育，转变以考试成绩为唯一标准评价学生的做法，推动评价与考试制度改革。

为此，东阳市提出了综合素质发展评价的基本原则：一是“全面客观原则”，基于学生相关课程的修习情况的写实记录和相关领域的标志性成果，进行学生综合素质评价；二是“过程积累原则”，综合素质各维度的评价要在学生初中各学期评价的基础上，分项汇总合成；三是“公正公开原则”，在实证的基础上，让学生和教师依据科学规范的评价程序，民主确定评价结论，确保评价过程公开透明，评价结果真实可信。

（二）顶层架构初中综合素质评价内容

东阳市每一所初中学校为每个学生单独建立《记录册》。《记录册》基于多元智能理论和东阳市智能五项评价的实践，将学生在初中阶段的身体素质、心理素质、体艺素质、道德素质、学力素质以及研究性学习、社会实践、才艺特长等方面的发展和评价情况全面、全程加以记录。开通学生、学校、家长网络空间，实施空间互联互通，变一次性终端评价为全过程、全方位、可视化的评价；变考试成绩的单一评价为学生综合素质发展的多元评价，促进学生的全面发展。

1. 品德与习惯。

主要反映学生道德认知和行为表现等方面的情况，包括学生在社会责任感、诚实守信、合作友善、自尊自信等方面的认识及相应表现，重点是日常表现、参与公益劳动和志愿服务活动等情况。

《记录册》的“政治面貌”记录学生的《中学生守则》执行情况、《日常行为规范》达标情况、道德和行为表现（包括社会责任感、诚实守信、合作友善、自尊自信等）的评价情况以及获得荣誉的情况。

《记录册》还特设“心理素质”项目，主要评价学生的人际交往智能、内省智能。其中，人际交往智能主要观察并评价学生能否与他人保持良好的人际关系，在集体中是否受到大多数人的欢迎，有没有朋友，是否善于与同学交往、与社会接触。内省智能主要观察并评价学生能否正确认识和悦纳自我，行为是否符合常规和自己的身份，反应是否适度，有没有自制力和自我管理的能力，情绪、情感是否积极、良好。

2. 运动与健康。

主要反映学生初中体育与健康课程的修习情况以及体育运动方面的特长发展，包括学生的运动体质、运动技能、体育精神等，体现学生运动智能的发展水平。重点是《国家学生体质健康标准》达标测试的情况，参加日常体育锻炼、“体艺2＋1项目”与各级各类体育竞赛等活动的表现。

3. 审美与艺术。

主要反映学生初中音乐与美术课程的修习情况、艺术方面的特长发展以及参加“体艺2＋1项目”的表现和进步，进行学生空间智能、音乐智能的拓展评价。重点是音乐与美术课程的过程性评价和学业考查以及参与教育行政部门认可的、与艺术相关的教育教学活动情况。

4. 创新与实践。

主要反映学生综合实践活动课程的修习情况，科学与技术的实践操作，社会实践与科技创新活动以及相关成果与作品等。包括拓展性课程、研究性学习、社会实践等方面的学习经历与标志性成果的获得。

5. 学业与成绩。

主要指思想品德、语文、数学、英语、科学、历史与社会等国家课程的完成情况、学业成绩或等第。主要反映学生语言智能、数学逻辑智能等发展情况。

（三）初中生综合素质评价程序与方法

1. 评价等第设置。

评价结果分四等，用A、B、C、D表示，分别代表优秀、良好、合格、还需努力。各维度评价的等第比例由学校实行总量控制，各类学校比例相同。A等比例不超过应届学籍人数的25%。

2. 学期末的项目评价。

每学期期末以班级为单位进行各项目的等级评价，具体包括日常常规评价、项目测评和标志性成果等方面。日常常规评价主要反映学生课程修习中的学习表现与学习习惯；项目测评一般以对应课程的考查成绩反映学生素养与能力的提升；标志性成果是指学生参加相关领域活动所取得的成果，以反映学生的特长发展。在实证的基础上，组织学生的自评、互评和教师考评，最后将上述评价结果按20%、40%、40%的比例合成该学期的项目评价结果，在班级内公示，并上报学校。

3. 毕业前的维度评价。

（1）制定规则。学校成立综合素质评价工作委员会，讨论通过依据各学期诸项目的评价结果合成各维度的评价等第的操作规则，确定各班各维度A等指标的分配规则，并向全校公布。

（2）班级评价。毕业班成立综合素质评价小组，以学生各学期综合素质评定的结果及日常表现为依据，查阅学生成长记录，根据操作规则，形成每个学生综合素质各维度的评价等第，经全班学生民主通过后，报学校综合素质评价工作委员会。

（3）学校评价。学校综合素质评价工作委员会对所有学生的评价材料进行复审与认定，再将全体毕业生的评价结果及必要的实证材料在校内公示，如无争议，即可生效。

三、综合素质智慧评价的思维和路径

前几年，东阳市作为国家教育云信息技术规模化应用试点市，新建了东阳教育云，升级改造了主干万兆、千兆到校的东阳教育城域网，实现了“宽带网络校校通”“优质资源班班通”“网络学习空间人人通”，初步创建了“云＋端”智慧教育新环境。承担教育质量综合评价改革实验的试点项目后，东阳市综合素质发展评价趁势而为，全面实施智慧评价，推进“互联网＋”模式与综合素质发展评价创新的结合，促进国家教育云信息技术规模化应用试点与省级中小学教育质量综合评价改革试点相关内容的深度融合。

（一）综合素质智慧评价的新思维

我们认为，智慧评价是在互联网思维下，重新审视传统教育评价在管理、决策、活动、装备等方面存在的滞后问题，推进“互联网＋”模式在教育评价领域中的规模化应用，构建教育评价工作走向人机智能结合的更优发展的新模式。

智慧评价以教育信息化、智能化和大数据为基础，以开放、共享、协作为目标，以建设和应用学生综合素养评价网络平台为重点，以人智机智结合、云端校本相融、线上线下互动、数媒纸媒两用为基本特征，区域实施网上综合评价工程，建设工作网、联系网、服务网"三网合一"的网上教育质量综合评价，创造性地构建了区域性"互联网＋质量评价"的新格局。

（二）综合素质智慧评价的新路径

2017年，东阳市联合北京"云校"，联合开发东阳市中小学教育质量综合评价系统。

中小学开通网络学习"五大空间"。搭建少先队信息交互平台，以"一生一空间、生生有特色"为目标，全市义务教育阶段87000余名学生和2100余名班主任人人创建"我的空间"，实现学生—班级—学校—基地—市局"五大空间"互联互通，为综合素质评价、证据采集、成果展示提供了平台。

开展学校网上综合评价活动。借助信息化优势，依托"国家教育云"和校园网站，建立学校综合评价网站与综合评价系统。如东阳市外国语小学探索评价活动与学生核心素养发展评价相结合，将核心素养近百个实践点用"雏鹰争章"形式进行评价，并将评价信息点导入综合素养评价网络系统。东阳市教育局将建设网上评价平台列入《东阳市义务段学校教育质量综合评价十大考核指标》进行考核，变事后一次性终端评价为事前、事中、事后的全过程、全方位、全透明的公正评价。

"数媒纸媒两用"的学生综合素质评价。东阳市将建立学生综合素质发展评价的在线评价制度，倡导将《记录册》以及文字、照片、视频等活动资源和评价证据上传到学生和班级网络空间，逐步以电子版的《记录册》替代纸质版，实现综合素质活动可视化。学校开展非纸质调查问卷，学生登录"红领巾东阳云"个人空间，将个人云空间与调查问卷绑定，参与问卷调查。运用大数据对每个学生进行个性化评价，生成学生各自不同的多元智能发展雷达图，把分析数据传达给班主任，推送给家长，让教师和家长充分了解、发挥学生的长处，让课堂教学、家庭教育呈现更加激情活力的一面。

沈　兵（东阳市教育局）

第三节　作为一种教育方法的综合素质评价

基础教育课程改革以来,综合素质评价一直被作为破除“唯分数论”的教育评价制度的突破口。然而实践十多年后,在很多地区,综合素质评价仍然是空中楼阁。尽管大家认同综合素质评价的理念,但是在实践中却存在难以操作、难以落地的困难。

2014年,宁波市教育局主持的“宁波市义务教育段综合素质评价的研究与实践”被列入中小学教育质量综合评价改革实验省级试点项目。宁波市以试点项目为载体,充分研究综合素质评价的内涵及过程性评价的方法,在市级层面出台了《宁波市初中阶段学生综合素质评价实施意见》(甬教基〔2016〕124号)(以下简称《实施意见》)以及《宁波市初中学生综合素质评价指南》(作为《实施意见》的附件,以下简称《指南》),意在改变在市级层面上综合素质评价体系不落地、不实用的现状。另外,对典型区域和学校进行定期的调研和指导,旨在了解在《实施意见》的指导下,地区和学校对《实施意见》的理解以及结合本土本校实际的实践发展。这些工作对于完善与创新综合素质评价的体系及方式方法,充分发挥教育评价的引导、诊断、改进、激励作用,切实转变育人模式,有效引领课程改革,促使学生全面和谐地发展有着积极的影响。

一、从比较评定到促进发展:理念的转变

通常看来,综合素质评价是一种学校的评价活动。区别于人们比较熟悉的考试,综合素质评价侧重于考查学生的非学术能力,力求重点关注学生的学习兴趣、愿望和习惯。虽然从理念上而言,综合素质评价貌似能够脱离“唯分数”,更多地关注学生的学习过程以及学习品质,但是作为评价的一种,对其进行研究时思维还是很难跳脱出对于结果的关注,探讨的主题大多还是集中在评价结果的公平性、评价的实施操作以及评价结果的运用上。

在改革之初,综合素质评价的重点放在指标的科学性和可操作性上,想着如何细化浙江省出台的初中生综合素质评价指标,如何让学校认可并贯彻执行市级层

面的初中生综合素质评价指标。但经过多次调研、讨论、修改，我们发现，一直秉持的“比较与评定”的思想在实践推行中困难重重。首先，因为各校的情况不同，用一套标准决定每个学校的情况是不科学、不公平的，难以得到所有学校的共鸣。其次，有些指标难以测量，若硬性规定要评出等级、进行比较，会有不良影响，也违背“促进学生发展”的初衷。如关于品德表现，浙江省要求根据学生道德认知和行为表现等情况，进行A、B、C、D四个等级的评定，其中A等不超过25%。这很容易出现争议。比如道德认知的内容应该包括哪些？如何表明认知优秀？A等如何评定？能否有确凿的证据防止引起争议？这种导向是否会造成学生对某些同学的道德批判？等等。由此可知，尽管综合素质评价的主体、内容和手段都丰富了，也鼓励大家采用等级制了，但是大家对于评价的理解仍然停留在一定要“比出大小”以及“分出胜负”的层面。

在进一步调研的基础上，宁波市修改了《实施意见》，从学校教育实践和育人的长远意义确定综合素质评价的理念：综合素质评价应该成为一种能够促进学生全面发展、鼓励学生个性发展、促进学生进步的重要教育方法。它应该是与新课程改革并行、基于学校课程与学校实际的教学传统和实践而生成的评价。

此后的实践正是遵循了这一理念，综合素质评价正是一种促进学生多元发展、过程参与、自我教育的重要方法。

二、促进学生多元发展的重要教育方法

宁波市初中生综合素质评价始终秉持多元评价理念，既关注学生的全面发展，又鼓励学生的个性发展，是一种“全面”“扬长”的评价。从测评内容上看，《实施意见》中的评价内容为品德表现、运动健康、艺术素养（包括音乐与美术）以及创新实践（包括研究性学习、科学实验、信息技术、劳动技术以及社会实践项目），与学校课程内容紧密对接，基本涵盖了学生发展所需的各个方面。另外，对单个项目的测评不再仅关注认知、技能等方面，也对情感、态度等非认知因素进行了详细的评定，对学生的评价更加全面。从测评目标上看，综合素质评价旨在引导学生全面发展。

（一）以适切的评价方法促进学生的多元发展

对于不同的测评内容，《实施意见》采用了不同的测评方法来切实促进学生各方面能力的发展。

例如，品德表现是一种难以直接测量又容易引起争议的指标，无论是将行为的

指标细化,还是将品德认知的内容通过纸笔考试进行测评,都不能直接实现以德育人的目的。争议的焦点主要是:品德该考哪些内容?哪些行为能够真正说明学生是个有道德的人?每所学校的学生素质参差不齐,培养目标千差万别,统一的行为标准是否合理?使用这些细则评价学生后,又该通过什么样的方式引导学生注意自身的道德行为规范?为解决上述问题,宁波市的做法是将道德认知的内容去除,通过显性的品德表现行为来间接测评道德认知,将重点放在显性的学生日常行为,参与公益劳动、社区服务以及志愿服务活动等情况上,通过活动和日常行为规范,对学生进行道德教育。

又如,运动健康和艺术素养测评困难,用传统的试卷分数和体测成绩难以涵盖学生的综合表现。宁波市的处理方法是将评价内容与学生必修的音乐、体育、美术课程的相关评价紧密结合,重点关注学生日常的修习情况以及特长发展情况。日常修习情况的测评包括课堂的主要表现、课堂内容的考查以及参加课外活动的经历和表现等。这是所有学生应该达到的基本要求。特长发展情况主要针对在某些方面特别优秀的学生,取得一定的奖项可以在某个测评内容上加分,不过《指南》也强调,三个方面的测评是彼此独立的,若是某一方面存在E等,综合评价则无缘A等。这是为了防止某些有特长的学生出现学习懈怠的现象。

再如,创新实践内容的测评同样关注日常的修习情况以及实践活动经历和成果,但是不同的测评内容又各有侧重。如研究性学习侧重于学生在课程学习中的态度、体验、研究方法的掌握以及实践情况,重点关注学生能否运用科学方法进行不同研究,重在体验和运用。而科学实验则采用结构化的测试来衡量学生的学术能力,通过受控评价的方式观测和分析学生在模拟真实环境(实验)中的表现,包括平常课内实验的兴趣、态度、小组合作精神与实验结果,以及每年一次实验技能考试的表现,来评价学生的实验操作能力以及合作交流能力。

这些测评内容既体现初中生打好共同基础的要求,又充分尊重学生个性发展的需要,积极引领学生全面而有个性地主动发展。

(二)多元的测评主体,促使师生全员参与

宁波市的综合素质评价使得测评主体由一元走向多元,从多个角度实现了全员参与、共同推进的多元化整体格局,全面推动了评价常态化的进程。

综合素质评价重视民主评议环节。《实施意见》指出:学校要结合项目特点,采取过程记录、测评结合、民主评议等方式,对学生的品德表现、运动健康、艺术素养、创新实践进行评定。评定在过程记录与分项测评的基础上,采用学生自评、学生互

评和教师评议相结合的方式，要求全体学生共同参与。多主体的评价方式既保证了评价结果的公平性，同时也是学生学习自我评价和对他人进行正确评价的好机会。

《实施意见》强调“以校为本”的实践原则，认同学校是评价的主体并享有评价自主的权利，鼓励学校根据本校实际情况和发展需求，与本校特色项目结合，对市级综合素质评价做校本化处理。比如宁波市实验学校将品德表现与学校特色化的德育活动相结合，在制订标准的时候将《实施意见》对学生德育的要求与学校原来的德育活动评价标准相整合，能沿用原有评价标准的尽量沿用，从而方便教师快速适应工作要求，保证指标的可操作性。

（三）加强综合素质评价结果在高中招生录取中的运用

宁波市稳步推进基于综合素质评价信息的多元招生录取机制，推动高中学校特色发展，促进义务教育高水平均衡发展。这是推进初中生综合素质评价的实质性举措，多元录取的实质在于帮助学生找到正确的自身定位，并将学生放到合适的平台，这样才能保证他们的良性发展，让每个学生都有所成就，这是符合教育规律的举措。同时，对于高中学校，只有招到与学校特色相匹配的学生，才能保证学校特色的可持续发展。基于这个理念，宁波市各地在多元录取方面做了不少尝试。

如慈溪市借助市里开发的综合素质评价系统，将综合素质评价的量化与写实记录相结合的数据和材料进行筛选、匹配和分析，把具有个性特长和发展潜力且与高中学校培养目标相吻合的学生选拔出来，真正实现“招人”。充分重视维度的独立意义，避免因总分相加而抵消，让学生的“兴趣”发展为“特长”。

又如，对于综合素质评价与高中招生的关系，慈溪市在推进初期，把综合素质测评的结果作为高中段录取的前置条件，不同层次的学校有不同的要求，如普通高中要求全P及以上，一级特色示范高中要求2A2P及以上；在推进中期，慈溪市把综合素质测评结果列为中考招生录取的实质性要素，在中考成绩相同的情况下，把综合素质评价结果作为排名先后的依据；从2017年起，慈溪市除了在“三位一体”招生时把综合素质评价作为前置条件外，还拟尝试把录取分数线改为投档分数线，由高中段学校根据自身的评价方案，在投档线以上的考生中，依据综合素质测评结果自主录取。这样稳步推进的方式保证了综合素质评价的落地，既避免因高利害挂钩带来的争议，又防止因低利害造成“走过场”的尴尬局面。

总之，在整个评价过程中，宁波市各地区始终秉持“多元”理念，从评价方法、评价主体以及评价结果在录取上的运用等方面着手，大力促进学生的多元发展，为每个学生搭建发展的舞台。

三、促进学生过程参与的重要教育方法

学生的成长源于学校、家庭和学生的参与。缺乏参与的教育势必是空中楼阁,难以让学生有真正的发展。这就对过程性评价提出了很高的要求。宁波市初中生综合素质评价正是一种注重过程管理的评价。

(一)以适切的过程性评价体系加强对初中生学习过程的管理

考虑到初中生正处于自我意识觉醒的阶段,宁波市逐渐规范初中生综合素质过程性评价体系,关注学生的修习经历与体验,强调民主评议、过程记载、课程考核、采证加分等多种方式的融合。无论从品德表现、运动健康、艺术素养,还是创新实践等评价内容,都按照项目的特点,通过学期评价加强对学生学习的过程管理。

如品德表现关注学生日常行为的规范以及参加校内外公益劳动、社区服务、志愿服务活动的情况,要求教师做好相应的记录,要求学生提供相关的描述性材料。同时,每学期至少开展一次学生自评、互评和教师评价,保证学生全程的深度参与。

再如运动健康、艺术素养、创新实践中的信息技术、劳动技术、科学实验等项目都与校内的常规性课程的评价挂钩,除了保留传统的考试,还增加了很多过程性记录,比如每门课程要求记录课堂上的学习态度、课堂体验以及相关学习品质(日常作业、日常测验和日常活动参与的质量)的表现。科学实验考查由传统的三年一次、统一组织的考试改为综合测评,具体包含两块内容,一是对学生参与科学实验探究的兴趣、态度、小组合作精神、表现及日常课堂内实验结果和课堂外实验探究等科学实验品质的测评,二是一年一次的科学实验测试。其中七、八年级的实验由本校自行组织测试,九年级的实验由教育行政部门统一组织测试,充分重视学校的主体地位,认同学校是做好过程管理的关键因素的理念。

例如有些研究性学校和社会实践活动等活动类的课程,要求学校结合本校的校本课程进行评价细则的改进,充分体现过程管理,要求考评学生平时参加活动的次数、态度、实际的体验与学习成果等方面,全方位地记录学生的成长过程,尤其注重学生的体验。

在宁波市初中生综合素质评价中,每个项目都要求有学生自评、学生互评,而且要求学生互评不少于50%。这种多元评价既保证了评价的公平性,也给予学生参与评价的过程体验,培养学生的民主和自主意识。学生在参与评价的过程中,能够了解评价细则,有机会学习评价自我与他人的方法,在自我评价和互评的体验中

找到自己的优势和不足，找准定位，真正实现自我唤醒，自主成长。

另外，《实施意见》还特别注重"依据评价"，要求对学生学习成果的评价必须有相应的证据材料，尤其对于比较重要的典型事例，一定要有实证材料。《指南》按照《实施意见》的文件精神，建议学校在学生整个学习过程中，培养学生的证据意识，指导学生进行典型实证材料的收集，这既反映出学校对学生的过程管理，也为学生对自我学习进程的过程管理提供了很好的学习机会。从操作层面来看，也能够减轻教师的工作，使得综合素质评价能够真正实行。

（二）综合素质评价信息系统贯穿学生成长的全过程

当然，综合素质评价不应该仅仅停留在初中阶段，而应该贯穿学生整个学习生涯，贯穿学生成长的全过程。在这点上，慈溪市已经有了很好的尝试。

慈溪市教育局以"教育大数据"为视角，建立了慈溪市教育大数据平台，初步建立小学、初中、高中全过程的综合素质评价数据库，并实现全学段数据采集、存储、处理和应用等功能。综合素质评价系统（见下页图8.4）充分考虑了小学、初中、高中三个学段的衔接，三个学段的评价方案在统一设计的前提下，测评框架、内容、标准和方法各有不同，体现各学段的特点。比如小学生的综合评价系统更侧重于习惯的养成和良好品质的形成，主要以过程性的记录和典型事例为主。初中生的综合素质评价沿用宁波市初中生综合素质评价的框架，从思想品德、身心健康、艺术素养和社会实践四个方面考察初中生课程修习经历，强调多方民主评议。高中生的综合素质评价则主要关注学生的表现和学习成果。整个系统在数据结构上充分考虑了统一使用需求，实现了数据的全程跟踪，三个学段的综合素质评价既相对独立，又整体统 ·。

除了纵向数据的完备性，学校的个性化需求也在系统中得到体现。学校是评价的主体，只有符合学校学生实际情况的评价才是落地的、能够帮助学生成长的评价。在统一框架、保证数据出口一致的前提下，系统创造性地采用模型定制的方法，不同地区、不同学校可以通过简单的个性化设置，由学校自定义最底层一级的源头框架并逐级细化，即可生成符合个性需求的操作系统，避免了千校一面。在操作上，力求最简化，不加重教师的工作负担，追求最佳的使用体验，最大程度上实现了综合素质评价的规范性与灵活性的和谐统一。①

① 马建军，郭拯. 区域推进初中综合素质评价的思考与实践——以浙江省慈溪市为例[J]. 基础教育参考，2018(14).

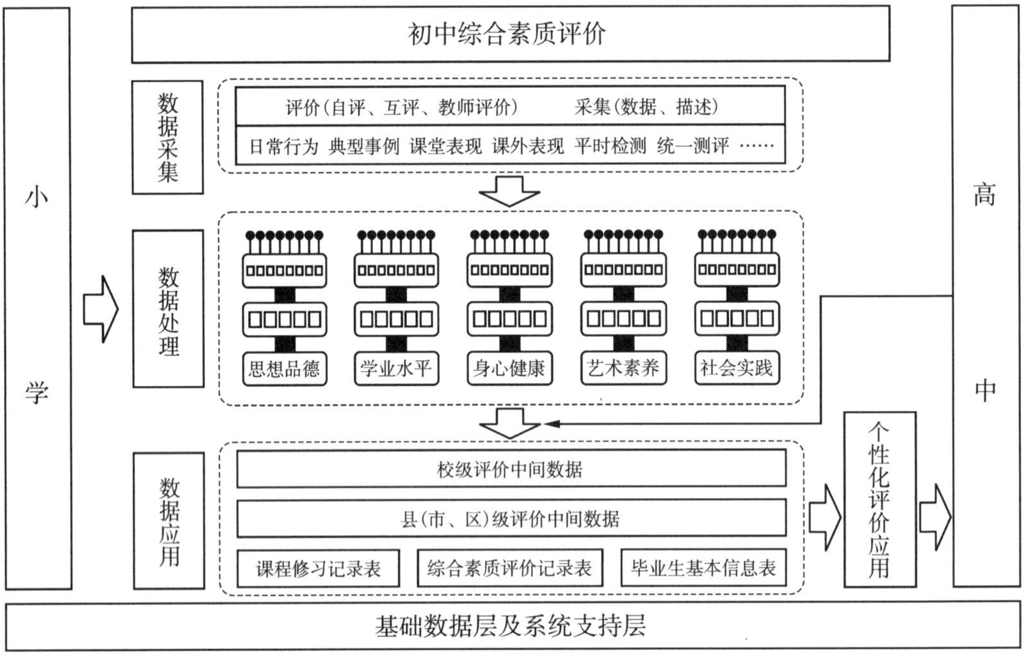

图8.4 慈溪市综合素质评价系统架构示意图

（三）过程性评价唤醒学校的自主意识

《实施意见》充分体现了学校在过程性评价中的主体地位。以往，在制定综合素质评价细则的时候，往往只考虑高中的多元录取，指标的制定以高中学校关心的细则为准，却总是苦于缺乏高中学校的相关信息支撑，以高中学校为准的综合素质评价指标难以在初中学校落地。诚然，初中生综合素质评价是为多元录取服务，让高中学校能够选出与本校发展相适应的学生，但是更不能忘了它的真正意义在于促进学生的发展和办学水平的提升，在于促进教师的专业发展，促进学校课程及其实施水平的提高。在此理念的指导下，学校应该不仅仅是数据的采集者、处理者，更是应用者。初中学校应该根据《实施意见》和《指南》的框架，以及学校本身的特色，逐级细化，制订相应的特色指标，为学生的发展服务。同时，初中学校负责日常评价数据及材料的收集、归档、期末总评和毕业总评等工作，即负责采集数据，建立学生个人综合素质发展数据库。而高中学校可以通过云平台共享该数据，并根据学校需求和特色制定具体办法，遴选学生。他们使用的是共同的数据源，但有不同的评价方法，有不同的考量视角，遵循“谁使用谁评价”的原则。

四、促进学生自我教育的重要方法

综合素质评价不仅是停留在记录学生的成长以及给予他们一系列的结论，也为促进学生自我教育的机制提供了一个良好的平台。

在一系列的过程性评价中，首先要求学生了解评价的内容和细则，在目标明确的基础上，促使他们有机会能够根据明确的目标自主地调整学习策略，学会带着一定的学习目的去学习；同时，《实施意见》中的学期评价非常强调民主评议，要求过程性评价中必须有学生的自评以及对于其他学生的评价，这个过程不仅仅是为了保证综合评价的公正公平，实际上它也暗含了对学生的教育。学生自评的过程实际上是一个自我反省、自我教育的过程，通过对自己过去一段时间的回顾和反思，学会调整策略，改变自己的行为，至此，评价变为一种自我学习和激励的手段。学生的他评也不仅仅是给予同伴一个结果，而是要学会通过观察他人的行为，根据一定的评价细则和实证材料，进行较为科学的评价。在这个过程中，学生要学习如何观察、如何审查材料以及如何根据标准做出判断。综合素质评价对于学生学会正确地评价他人并在对他人的评价中反思自身行为，是很好的平台。

另外，《指南》还鼓励各校将综合素质评价纳入学校的课程体系，将其转化为一种课程实践。综合素质评价涉及学生学习过程中的方方面面，单纯依靠教师去做记录、做典型材料的撰写和收集，工作量是难以预估的，更何况教师并不能完全了解学生的方方面面。事实上，教师辛辛苦苦做好的材料对于学生来说，除了证明学生足够优秀，没有任何实质性的作用。若是能够通过相关的课程对学生进行指导，从平常的教学中培养他们的实证意识，培养他们独立收集和分类实证材料的能力以及撰写个人陈述等文书推销自己的能力，可以为学生的升学、工作打下良好的基础。

除此之外，综合评价课程也是学生展示自我的平台。学生的他评建立在一定的证据的基础之上，证据需要被评价的学生自己进行展示。评价课让每个学生有了向全班同学展示自己的学习成果的机会，也让他评更为科学客观。

最后，《实施意见》充分体现了进步性的思想，督促教育学生关注过程，积极向上。《指南》指出“在校表现若均为E等，则最后的汇总等第必须为E等，若七、八年级有E等，但是九年级的评价为非E等，则在最后的评定汇总中视情况而定”。如宁波市实验学校尝试将所有评价指标(包括特长获奖)情况全部纳入学期指标，即无论是在国家健康体系测试还是在各种活动中得奖，都仅仅在本学期有效。而且学期过程性评价必须作为评优的前置条件。这样，有特长的、容易在各类比赛中获奖的学生，并不能“一赛定江山”。这种导向对学生也是一种教育。

宁波市初中生综合素质评价的理念是“一切为了学生的发展”，任何评价指标、评价手段都不是为了给学生定一个结果，而是为了给学生搭建一个舞台，充分展示他们的风采。宁波市的综合素质评价是一种“扬长的评价”，不过多关注结果，而是关注在这个过程中学生的态度、体验、所得，对于有特长的学生积极鼓励他发挥特长，对于某方面薄弱的学生则重在鼓励他努力向上。通过综合素质评价，推动学校发展各类活动，帮助学生在集体活动中认识自我，建立信心，切实做好育人的目的。

刘　倩（宁波市教育局教研室）

第四节　推进综合素质评价的先行实践[①]

嘉兴市教育局根据浙江省教育厅《关于完善初中毕业升学考试与普通高中学校招生改革的指导意见》(浙教基〔2014〕138号)的要求,积极改革,敢于实践,先后出台了《关于进一步完善初中毕业升学考试与高中招生工作的实施意见》(嘉教基〔2015〕19号)和《关于印发嘉兴市初中学校学生综合素质评价实施办法(试行)的通知》(嘉教基〔2015〕111号),大胆地把综合素质评价结果纳入中考招生中,利用高利害的高中招生撬动初中学校的综合素质评价工作,促进学生的全面发展。为此,省教研室于2016年1月和3月,两次组织调研组前往调研,了解改革的制度设计与实施情况。

一、嘉兴市初中综合素质评价工作的进展

嘉兴市教育局酝酿推进初中综合素质评价工作的进展分为以下四个阶段:

(一)调研论证阶段(2014年7月—2015年3月)

自2014年7月开始,市教育局开展广泛的基层调研,摸清综合素质评价和中考改革现状,了解初中学校校长和教师的疑虑与困惑;组织调研组赴山东潍坊考察中考改革经验,特别是综合素质评价等级与高中招生硬挂钩的做法。在此基础上,起草嘉兴市《关于进一步完善我市初中毕业升学考试与高中招生改革的意见(征求意见稿)》,经反复讨论和完善,达成共识,形成文件初稿。

(二)政策制定与宣传学习阶段(2015年3月—9月)

这一阶段的重点是统一思想,建立市、县、校工作机制。以《关于进一步完善初中毕业升学考试与高中招生工作的实施意见》为总动员令,嘉兴市教育局先破后

① 本节为浙江省教育厅教研室2016年就嘉兴市初中综合素质评价工作的调研报告。参加调研的有张丰、方张松、沈启正、周彩莺、马婷。嘉兴市教育局王幸平,嘉兴教育学院陆福根、张建芳协助调研。

立，改进招生计划编制及定向分配办法，减少中考加分项目和分值，分年度实施改革计划。在此期间，嘉兴市教育局下发《关于印发〈嘉兴市初中学校学生综合素质评价实施办法（试行）〉的通知》，建立市、县、校三级工作协同机制，明确各级职责，完善综合素质评价的程序和办法，标志着嘉兴市初中综合素质评价从宣传学习阶段进入实施探索阶段。

（三）学校实施方案制定阶段（2015年9月—2016年3月）

2015年9月，嘉兴市教育局下发《关于做好初中学生综合素质评价实施方案制定工作的通知》，多次组织关于学校实施方案的交流研讨会，形成共识，发扬特色，取长补短。在政策的大力推动下，全市130多所初中学校积极行动起来，制定校本化的综合素质评价实施方案与细则，开展教师、学生、家长的培训和宣传工作，完成第一轮的记录与评定。

调研中的问卷调查显示，目前教师对学生综合素质评价方案大多表示认可。70.7%的教师认为本校综合素质评价实施规范，评价结果可靠；27.3%的教师认为实施较规范，评价结果较可靠。所有受访教师都表示学校已对所有任课教师进行过全员培训。

（四）阶段小结与再完善阶段（2016年3月至今）

这一阶段的重点是总结第一轮实际操作的经验与问题，继续完善评价的工具与方法。为了交流初中学校综合素质评价改革的阶段性经验和遇到的问题，深入研究解决对策，同时配合推进高中综合素质评价与小学综合评价工作，嘉兴市教育局在海盐县召开中小学综合素质评价改革工作推进会，为后续综合素质评价的进一步推进打下了扎实的基础。

二、嘉兴市综合素质评价工作的主要特点

在《嘉兴市教育局关于进一步完善初中毕业升学考试与高中招生工作的实施意见》中，明确从2018年起（即从2015年入学的初一学生开始），降低中考考试科目的满分值，将综合素质评价情况按等第折算为相应分值纳入升学考试总分。嘉兴市成为浙江省第一个将学生的综合素质评价结果实质性纳入高中招生的地级市。

嘉兴市推进初中生综合素质评价工作的主要特点是：

（一）准确把握综合素质评价的实质，注重中小学的整体衔接

嘉兴市的综合素质评价改革是贯彻落实《教育部关于推进中小学教育质量综合评价改革的意见》《浙江省教育厅关于深化义务教育课程改革的指导意见》《浙江省教育厅关于完善初中毕业升学考试与普通高中学校招生改革的指导意见》等文件的具体实践，将综合素质评价作为克服学校教育中的“唯分数”现象的一个切入点，既将综合素质评价作为关注全面发展、鼓励个性发展的评价观，又将此作为兼具自我教育功能的过程性评价方式。综合素质评价是以学生的发展状态与水平为对象的教育评价活动，是对学生素质的各方面、各过程进行多渠道认证的个性发展评价活动，是一种真实性、过程性、全面性的评价。嘉兴市坚持正确的定位与清醒的判断，积极将综合素质评价与中考、高考等外部评价相结合，共同构成学生评价体系。

嘉兴市是浙江省中小学教育质量综合评价改革项目的试点单位，他们将初中综合素质评价工作与高中、小学的综合评价结合推进。不同学段的综合素质应有不同的要求和侧重点。小学阶段综合评价要从学生养成教育切入，采用丰富多彩的评价方式，积极促进学生良好行为习惯的养成、良好学习品质的形成；初中阶段的关键是促进学生的自我觉醒，逐步建立过程性评价的规范，关注课程修习经历，强调多方民主评议；高中阶段的综合评价更倾向于学生的表现与成果性评价，学校应认真执行省厅有关文件的规定，为高校招生提供真实可行的依据。

（二）以“中间路线”巧妙实现综合素质评价“硬挂钩”

要切实发挥综合素质评价的作用，须将它与高中招生“硬挂钩”。山东潍坊是国内的一个成功案例。嘉兴市在认真论证后，从本土实际考虑，较为灵活地采用综合素质评价等第赋分制，将综合素质评价结果分数化，实现其与高中招生的“硬挂钩”。

嘉兴市在评定结果运用上选择“中间路线”是一种创造性做法。综合素质评价等第赋分制是将学生的评定等第分为A、B、C、E四等，A等赋20分，B等赋17分，C等赋15分，E等赋12分。评价等第比例按学校实行总量控制，各学校比例相同。A等比例不超过本学年学籍人数的25%，B等不超过50%，E等不超过5%，除有严重违纪及以上情况的学生外，一般不评E等。

嘉兴市的做法虽然有负面效应，但强力地推进了过程性评价和质性评价在高中招生中的运用，为艰难的综合评价改革打开了窗口。

（三）行政部门坚决稳健，校长成了推进工作的主力军

改革能否成功，在很大程度上取决于决策层的意志是否坚决。嘉兴市将学生综合素质评价结果实质性纳入高中招生是项重大改革。由于事先已充分预计到来自各方面的可能阻力，嘉兴市采取了小步快跑的方式，用升学考满分650分中的20分（最大分差其实只有5分）撬动综合评价改革，走得稳健有效。

综合素质评价的推进必须依靠校长。让校长认同改革，形成共识十分重要。嘉兴市在制定文件时充分发扬民主，促成共识，文件颁发后宣传到位，得到了学校、教师、家长的充分理解与支持。校长认识到实施综合素质评价是大势所趋，一些生源较好的学校对各校均分A等比例也表示理解与支持。校长表示，实施细则制定得越细致，以后操作起来难度就越小；如起初观望等待，实施阶段就会漏洞百出，陷于被动。学校层面形成这样的共识是不容易的，这与教育行政部门的坚决稳健、细致工作有很大关系。

（四）规范学校操作，突出评价的过程性，强调民主评议

嘉兴市教育局按照“充分酝酿，有言在先”的原则，取得了家长的广泛认同，这为规范学校操作打下了良好的信任基础。教育局要求各校建立规范的学生综合素质档案，客观记录学生成长过程，严格程序，强化监督。

在各校的综合素质评价方案中，过程性评价得到淋漓尽致的发挥。各学校以事实为依据，对学生成长过程中的主要经历和典型事例做客观记录和写实描述，指导学生及时收集标志性成果和整理公示的实证材料，每学期填写《初中学生成长记录册》，真实反映学生的发展状况。

各初中学校采用多元和民主等评议方式，以学生自评、学生互评和教师评议相结合的方式进行评定，各个评价主体占一定的比例，其中学生自评占10%，学生互评占50%，教师评议占40%，有效避免了评价结果人为失真的可能。

（五）发挥学校创造性，促进课程规范实施，有利于校园文化建设

嘉兴市一直比较重视非考试课程的常态实施。“嘉兴市初中生体艺等素养专项视导与抽测”就曾被评为浙江省教研工作创新项目。因而，加强综合素质评价，在嘉兴市有较好的思想与工作基础。

各学校在制订综合评价方案时，能较好地体现综合素质评价的整体要求，体现纸笔考试所不能体现的非学术的品质与能力。比如，所有学校评价内容都能根据要

求从品德表现、运动健康、艺术素养和创新实践四个评价维度细化评价的标准，并对每个评价维度设计可操作的评价工作用表。品德表现侧重社会责任感、诚实守信、合作友善、自尊自信、遵守纪律和人生态度等方面的表现；运动健康侧重反映学生初中体育与健康课程的修习情况、体育运动方面的特长发展和心理品质的发展水平；艺术素养侧重反映学生对艺术的审美感受、理解、鉴赏和表现能力，反映学生音乐与美术课程修习情况及艺术特长发展等。创新实践侧重反映学生的创新思维、调查研究能力、动手操作能力和实践体验经历等情况。

三、综合素质评价“等级赋分制”的学校实施要点

到2016年3月，嘉兴市全部初中学校完成了第一学期的综合素质评价工作。通过第一轮的完整的实践，可以梳理出嘉兴市“等级赋分制”综合素质评价的实施要点：

（一）制度设计与实施方案

学校制度设计的要点有：维度权重、等第比例、A等第尾数分配、自（互）评程序、审核公示、投诉复议等方面的预先规定。

嘉兴市没有统一规定品德表现、运动健康、艺术素养和创新实践等四个维度的权重比例，允许学校根据本校实际有所区别。大部分学校四个维度平均权重，也有部分学校有个性化的调整（如表8.5所示）。这样给学校留有空间是有道理的。学校应清楚本校各维度权重设置的理由。

表8.5　四个维度权重的通常比例与部分特例

评价维度	品德表现	运动健康	艺术素养	创新实践
大部分学校	25%	25%	25%	25%
嘉兴一中实验学校	25%	27%	19%	29%
南湖国际实验学校	40%	20%	16%	24%
秀洲现代实验学校 北师大南湖附属学校	40%	20%	20%	20%
上外秀洲外国语学校 秀洲区新塍镇中学	50%	20%	10%	20%

问卷中发现有36%的教师认为“品德表现”最难评定，有63.3%的教师认为“创新实践”维度最难评定。各维度的权重与设计者意图和学校的办学理念有关。

刚性的等第比例是制度设计的关键，但这也是家长站在个体立场异议较多的地方。较为突出的质疑是“学校生源有差异，为什么A等比例各校统一不超过25％”。嘉兴市教育局首先要做好当地生源基础较好的学校的思想工作，因为“文化课成绩的优秀并不等同于综合素质优秀”。只有他们接受“综合素质评价的教育意义比多一点A等率更重要”的观点，当地的综合素质评价工作推进才不会有大的困难。

（二）评价工具与方法

在各维度中，一般包含课程成绩、表现情况、所获荣誉等考查点，这些考查点分别对应不同的评价工具与方法。主要评价方式有民主评定、课程考查、采证评分与附加加分等。

表8.6　海盐博才实验学校综合素质评价各维度的考查点

评价方法	品德表现	运动健康	艺术素养	创新实践	合计
民主评定	日常行为习惯22分，承担班级、学校事务等3分	体育课修习出勤率8分，日常体育锻炼3分，心理健康2分	音乐课程学习情况3.5分，美术课程学习情况3.5分	信息课程学习情况5分，劳技课程学习情况5分，科学实验课修习情况3分	58分
课程考查	—	体质测试7分	音乐课程考查6分，美术课程考查6分	信息技术课程成绩4分，劳动技术课程成绩4分	27分
采证评分	—	体育竞技5分	音乐特长3分，美术特长3分	技术特长4分	15分
附加加分	—	—	演讲、朗诵等比赛3分	社会实践活动等2分	—
合计	25分	25分	25分＋3分	25分＋2分	100分

（三）过程性的写实记录

写实记录是综合素质评价真实性的基础。教师指导学生整理、遴选具有代表性的重要活动记录和典型事实材料及其他有关材料，做好学生成长记录工作。

有些学校由专人客观地记录本小组人员在各评价维度中的突出表现和明显不足；有些学校则先由学生本人记录在成长记录袋中，期末再组织互评展示，接受监督核实。

虽然有些学校仍采用由学生自行管理的纸质成长记录袋，但不少学校已在开发“电子成长档案”,借助电子化管理平台进行过程性记载。

(四)期末考核与评定的区分作用

综合素质评价关注学生体育、艺术、综合实践活动等课程的修习情况和特长发展。在课程考核、民主评定与采证加分等三种评价方式中,课程考核与采证加分较为刚性,合计权重在25%—40%,而民主评定相对主观。所以,民主评定环节的区分度是反映评价作用的关键之一。

民主评定一般包括学生自评、学生互评、教师评价三部分。首先,是学生根据自己平时的表现,依据评价项目的具体指标,对自己进行客观公正的评价并赋分,在班内书面公示,接受同学、教师和班主任的共同监督。然后是学生互评,每个学生对同学的相应项目做出评价。接着,班主任组织任课教师以学生平时(或相关维度的学习活动)表现为依据,参考本人自我评定和实证材料进行评分。最后按个人评价占10%、同学评价占50%、教师评价占40%的比例进行汇总,确定每名学生的学期评定结果,告知学生并在班内公示。

我们设定一个反映民主评定项目的区分贡献的系数(Q),来评价该学校各维度民主评定环节的实施质量。

$$Q=\frac{\dfrac{\text{评定项目的最大分差}}{\text{评定项目的分值}}}{\dfrac{\text{该维度的最大分差}}{\text{该维度的总分}}}$$

如Q值等于1,说明评定项目所产生的区分作用与该维度的总区分度是相当的;Q值越大,说明评定环节越有区分性。如果Q值小于1,表示评定项目区分作用一般,部分抵消其他评价方式所产生的区分作用;如Q值低至0.5以下的话,则民主评定环节已被虚化,流于形式。

区分贡献的系数的提出有助于形成对综合素质评价工作是否“走过场”的观察督促机制。起始阶段如不重视这一问题,后期的评价工作逐渐会流于形式。

要保证这一环节的真实性与区分性,必须重视教师对评价项目的目的、功能与操作的准确理解,必须重视教师在学生自评与互评环节中的指导作用。教师应通过适当的方式或工具,帮助学生如实呈现、充分展示、公正表达评价意见。学校要在实践中完善组织实施的方法,保证民主评定结论的区分度。

（五）确定学期等第与公示

按照“等级赋分制”的设计，每学期末，各班都要根据学生综合素质四个维度的总得分（总分100分），按照等第比例的规定，由高分到低分确定学生学期综合素质评价等第。若出现班内分数并列情况，可事先设定优先考虑的维度。对于各班A等边缘的难以确定的学生可采用优秀班级奖励的办法处理，或由学校领导小组集中商议对比决定。每学期末，均要公示学生本学期综合素质评价结果。

（六）毕业前合成评价结论

初中第六学期末，在完成该学期综合素质评价后，各学校按照嘉兴市教育局规定的三学年各学期15%、15%、20%、20%、15%、15%的比例合计得出每名毕业生的总得分。然后再按等第比例的规定，确定每名毕业生初中综合素质评价的最终等第，并在班内公示。

四、进一步推进综合素质评价的建议

（一）建立有利于推广综合素质评价的政策环境

综合素质评价工作意在建立关注全面发展、尊重个性发展和过程意义的学生评价制度。它是中小学教育质量综合评价改革的一部分，但它与各地区域教育质量管理的现实有不小的冲突。如果各地仍然沿袭依靠学业统考统测来鞭策教学的传统，或者公开使用或高利害使用学业抽测结果，当地的综合素质评价工作必将流于形式。

综合素质评价工作之所以在嘉兴市率先突围，与嘉兴市一直以来较为宽松、“绿色”的教育质量管理氛围有关。南湖、桐乡、海盐等地一直克制统考及对统考结果的强势运用，坚持重视非纸笔考试科目。这样的政策环境是综合素质评价可持续推进的土壤。

不过，虽然全省在积极推进中小学教育质量综合评价改革，但现实中，反其道而行的学业成绩政绩化倾向还相当严重，狭隘关注分数、加剧横向比较的错误做法在某些地区有进一步加强的可能。政府层面对教育质量管理的认识是否正确，对综合素质评价工作有决定性的影响。

（二）重视综合素质评价四个维度的独立意义

综合素质评价的四个维度的内涵、测评内容与方法是不同的。它们分别描述学生在品德表现、运动健康、艺术素养和创新实践等方面的大致发展状态，是具有独立意义的四个方面。但四个维度的评价结果相加求和与综合却无具体意义，某一维度应占多少比例的讨论也缺乏依据。嘉兴市允许学校调整各维度的权重是合理的，它赋予学校引导学生成长的杠杆。将各维度的得分相加求和，可能会使一些学生的特长因为另外的弱项而抵消，这会削弱制度的积极意义。

重视各维度的独立意义并非对目前制度的批评。因为语文、数学、英语等学科的成绩也是一些有独立意义的描述，但我们依然能接受它们的“总分”，综合素质的得分合计也是一样的道理。不过，重视各维度的独立意义可以体现在评价结果的反馈上。学校每学期向家长报告的学生综合素质发展状况应是分项等级呈现的。在初中毕业生的档案中，除了有综合素质总评等第外，还应有四个维度的分项等第。

（三）尊重项目特点，完善评价方法，避免横截式的终结性评价

综合素质评价要以分数的形式纳入高中招生的升学成绩，这就要求评价内容和方法相对统一与稳定。根据浙教基〔2014〕138号文件，综合素质评价的各维度重点关注学生该领域课程的修习情况与特长发展。学校目前多采用期末考查成绩与师生民主评议课堂表现的形式。不过评价方法的设计非常重要。

譬如目前运动健康维度过于注重体质健康标准测试的结果。这容易与体育中考测试重复评价，削弱体育课与体育活动，使体育学习应试化。又如在创新实践维度中，社会实践更多体现在参与性，研究性学习侧重于体验与探索，实验及操作技能主要关注学生在科学和劳技等课程中动手操作的能力与意识。它们的着眼点不同，考查方法也应该不同，不能完全由学生之间的民主评议代替。再如品德表现维度着重于学生的平时表现，这不可以用学习成绩或是否做班干部来替代衡量，更不应该在无客观记述的情况下，不经过充分的自评和互评，草率民主投票确定。

总之，各维度的评价应尊重项目特点，要成为促进学习的过程性评价，而非横断式的终结性评价；要重视评价的正面导向作用，而不仅仅得到一个结果就了事。

（四）质性评价须防止出现分分计较的现象

因为学生成长的许多重要素质难以用分数衡量，所以须采用质性评价方法进行综合素质评价。但质性评价需要建立在社会诚信的基础上，其初衷不是为了横向

比较。目前嘉兴市采用综合素质评价结果分数化，虽然操作方便，容易为人接受，但也容易导致学生、家长和教师分分计较，放大评价的负面作用。

当前国内教育评价的误区是依然坚持具有“应试教育”性质的“工具主义评价观”，致使综合素质评价蜕变为“强化的外部评价”，进而成为“变相应试教育”。正如体育测试分数纳入中考后，体育课变成某些项目的专项练习课一样，这一问题很可能会导致综合素质评价的异化。

（五）加强评价活动策划，发挥评价过程中的教育意义

作为包含自我教育意义的质性评价方式，综合素质评价的另一意义是锻炼。课程考核的设计应有所策划，多采用表现性任务，而非简单的纸笔测验。在民主评定过程中，要让学生充分进行自我展示，变评价为自我学习与激励。

深入嘉兴市的两次调研，我们较为全面地了解了嘉兴市以综合素质评价“硬挂钩”为突破的中考改革的思路与探索。他们心系育人使命，敢为人先的决心令人佩服；他们系统运筹，以高利害的高中招生撬动初中综合素质评价的智慧值得借鉴。不过，“等级赋分制”只是综合素质评价改革的阶段成果，是一个权宜的做法。它只是先解决初中学生评价中，综合素质有无真正体现的问题。至于怎样更合理，须在“站稳脚跟”后，再图前进。嘉兴市探索的意义，是巧妙而稳妥地以“权宜之计”勇敢地突破“荆棘林”。

张　丰　沈启正（浙江省教育厅教研室）

第五节　综合素质评价在高中招生中的应用途径探讨

国内基础教育评价制度改革已进入攻坚阶段。如何在高中招生中引入综合素质评价，是当今中考改革的一大难点。要让综合素质评价与高中招生“硬挂钩”，常见的有“中考成绩等级制”（以山东省潍坊市为代表）与“综合素质等第赋分制”（以浙江省嘉兴市为代表）。前四节对“综合素质等第赋分制”已有讨论，本节将就推进“中考成绩等级制”下如何更合理地应用综合素质评价结果的招生模式做一探讨，希望能为各地制定高中阶段学校招生政策拓展思路，以进一步推进中考改革。

一、做好学生综合素质评价的基础性工作

建立基于互联网的学生综合素质评价系统是做好综合素质实施与应用的基础性工作，根据浙江省近年的实践，以下三方面必不可少。

（一）建设区域性的学生电子学籍管理系统

目前很多省市在高中招生改革中，都考虑把学生的综合素质评价内容纳入录取与否的参考因素，并构建起基于互联网的电子学籍管理系统。浙江省电子学籍管理系统顶层设计做得较好，学生成长记录及其综合素质评价都作为一个子系统并入，总体平稳便捷。在该系统中，中小学生都拥有属于自己的学籍号，实行一生一号，学籍号将伴随学生从小学到高中的整个过程，采用“小学入学建档，各学段随转”的原则进行管理。该系统不仅是规范办学行为的利器，也是在推进过程评价以及高中招生制度改革中发挥综合素质评价作用的重要基础和成功保障。

（二）制定综合素质评价的指导文件规范实施程序与方法

浙江省制定了《初中学生成长记录与综合素质评价实施指导意见》，来规范各学校的成长记录，特别强调要强化程序规范，切实做好客观记录、民主评定、公示审核、结果运用等环节的监督与保障。浙江省明确要求各地根据省综合素质评价指导意见，制定各地的初中学生成长记录与综合素质评价实施方案，以中小学生学籍信

息管理系统为基础，建立初中学生综合素质评价工作电子化管理平台，各县(市、区)教育局负责对学校评价工作的监督指导以及处理咨询、投诉和复议等事宜。

(三) 建立初中学生综合素质评价的成长记录系统

为了提高学生过程性评价的便捷性和高中招生工作的可操作性与客观公正性，基于初中三年学习过程的综合素质评价应切实可行地嵌入到学生的录取过程中。因此要建立一套基于省级电子学籍管理系统的地区性的(以高中招生实施辖区为宜)初中生综合素质评价的成长记录电子系统。以浙江省为例，拟建的初中生综合素质评价的成长记录电子系统包括品德表现、学习能力、运动健康、艺术素养、创新实践等维度。其中学习能力、运动健康、艺术素养三大领域可以用各学期有关学科的总评成绩来采集，品德表现以班主任评语的形式用文字来描述，爱好与特长也采用文字形式描述。

学生成长记录电子系统有助于规范学校的记录与评定。例如，通过系统操作平台防止个别学校恶意提高等第比例的行为。

二、综合素质评价在高中招生中的应用途径

当前，在高中招生中，综合素质评价的常见应用模式有三类。

(一) 前置后置型

综合素质评价分前置型和后置型两种形式。前置型要求学生的综合素质评价必须达到适当水准，这样才有机会通过中考升入重点高中；后置型要求学生的中考成绩必须上线，招生部门再根据综合素质评价录取考生。

这两种形式其实仍是中考成绩起决定作用。前置型往往规定重点高中录取的综合素质评价的最低门槛，很多地区只要求综合素质评价达到合格，这实际上放弃了综合素质评价在招生中的作用。也有一些地区要求稍高，但有些学校在评定时会把有可能考入重点高中的学生的综合素质评价等级预先定在规定的门槛(例如2A2B)以上。在实践中，确实也出现个别学生中考发挥较好，因未达综合素质评价门槛而进不了重点高中的情况，而此时这些学生家长往往会向学校申诉，要求学校修改评定结果，给学校带来不良的影响。后置型综合素质评价基本取消了综合素质评价在高中招生中的作用，因为综合素质评价的要求定得过低，人人都能够过关。

除了上述两种形式之外，浙江省为了促进普通高中学校形成办学特色，还尝试

留出一定名额进行特长招生和特色招生。特长招生是根据学生的学业水平考试成绩、学校面试或专业测试成绩、综合素质评价结果，按一定权重进行考核录取。特色招生是根据学校办学定位和特色，选择一至两门学科学业水平考试成绩作为录取的前置要求，再结合学业水平考试总成绩和综合素质评价结果择优录取。综合素质评价在特长招生和特色招生中均是附属参考的依据。

综合素质评价结果之所以难在前置型与后置型中起作用，关键原因是中考成绩采取分数制，使描述性或等级制呈现的综合素质评价难以嵌入其中，因此综合素质评价作为新增附着物只能软挂钩而处于空转状态。

（二）等级赋分制

浙江省的学生综合素质评价，多年来一直实行各维度的等级评定。例如嘉兴市将品德表现、运动健康、艺术素养、创新实践维度的评价结果分四个等第，用A、B、C、E表示，评价等第比例各学校相同。其中A等比例不超过本校本学年度学籍人数的25%，B等不超过50%，E等不超过5%，除有严重违纪及以上情况的学生外，一般不评E等。

嘉兴市将学生综合素质评价结果实质纳入高中招生，采用了硬挂钩的办法，把综合素质评价等第折算成20分加入中考总分进行录取。由于事先充分预见到来自各方面的可能阻力，嘉兴市采取了小步快跑的方式，用升学考满分650分中的20分（最大分差其实只有5分）撬动综合评价改革。

嘉兴市以高利害的高中招生撬动初中综合素质评价的智慧值得借鉴。不过，“等级赋分制”只是综合素质评价改革的阶段成果，只是先解决高中招生中综合素质有无真正体现的问题。至于综合素质评价改革怎样更合理，只有在站稳脚跟后，再图前进。

（三）中考成绩等级制

中考成绩等级制是前几年基础教育界讨论的热门话题，即中考成绩不采用百分制表示，而以等级的形式呈现。等级制比分数制粗略，它的模糊性为嵌入综合素质评价预留了一定的空间与宽度，这样就有可能在录取时两者协同匹配，使综合素质评价在高中招生中起到实质性的作用。

中考成绩等级制是一个大胆的尝试，虽然讨论较多，但真正实施的地区却很少。这方面做得较好的是山东省潍坊市。潍坊市中考及招生改革将学业水平考试成绩等级化，按考试成绩划成A、B、C、D、E共五个等级。学生的综合素质评价结果也是按五个等级评价。具体的录取方式有以下三种：

1. 综合录取。

把综合素质评价作为一门学科，高中学校依据学业水平考试等级和考生综合素质评价等级直接进行录取。综合录取的学生一般占招生总人数的80%左右。

2. 诚信推荐录取。

主要通过两名具有一定诚信资质的初中教师联名直接向高中学校推荐，高中学校据此直接录取这些具有发展潜力的学生。有推荐资质的初中教师由教育部门考察，依照标准认定，并向社会公示。通过这种方式推荐的学生都具有较大的发展潜力，成为综合录取的有益补充。推荐生一般占招生总人数的5%左右。

3. 艺体特长生录取。

对具有艺体特长或潜能的考生，参考学业水平考试成绩和综合素质评价单独录取。通过这种录取方式的学生占招生总人数的15%左右。

潍坊市实行中考等级制，真正将综合素质评价结果与中考硬挂钩，由原来的软指标变为硬指标，保证了综合素质评价结果的实用性，极大地激发了学生参与活动、开展自主创新的积极性，也极大地改变了沉闷的校园生活状态，调动了学校组织活动的积极性，学生踊跃地参加各类实践活动、教育活动和社区服务活动。

三、中考成绩等级制的简便操作模式探索

近十年来，教育部一直在宣传和推广潍坊市中考改革的成功经验。大家也都认同他们的做法，但在全国推广仍然存在诸多困难。主要原因可能有二。一是潍坊市高中学校发展较为均衡，各校特点和学科优势相互错开。二是潍坊市把中考改革上升为政府行为，中考改革方案由市政府常务会议研究，再由潍坊市主要媒体发布和监督。在综合素质评价上投入的社会成本和时间成本相对较大。

如何找到中考成绩等级制的简便操作模式，为全国中考改革探索出新思路?下面是笔者的一些思考。

（一）综合素质等级制

前文已提及，浙江省按品德表现、运动健康、艺术素养、创新实践等维度把初中学生的综合素质评价结果等级化。等级制实验在浙江省试行已超过十个年头，已被大部分学校理解与认可。

浙江省综合素质评价维度中没有学习能力维度，学习能力体现在平时成绩和

中考成绩中。如果有地区打算把学生平时成绩在高中招生时有所体现，例如在中考成绩相同时有一定的排序优先权，则可把综合素质评价中的各学科学生成绩等第采用相对标准的划分形式，以每个学校为单位，等第比例全地区一致。这种制度设计既有利于促进教育资源的均衡化、遏制择校现象、减轻初中薄弱学校的生源流失，又有利于提高成长记录的可操作性，增加高中录取的有效信息采集点。学生电子学籍系统以学校登记的年级学生总数为基数，根据统一比例确定各学科总评成绩的各级等第划分线，自动转换为等级制登记，即学校平时成绩百分制计分，系统总评成绩等级制记录。

各学科总评成绩各级等第比例可作如下划分（以5级等第为例）：以年级学生总数为基数，总评成绩前15%的学生记为A等第，其后25%的学生记为B等第，35%的学生记为C等第，20%的学生记为D等第，余下5%的学生记为E等第。采用比例等级记录，符合一般中学成绩的正态分布规律。

（二）中考成绩等级制

等级制分绝对评价等级制和相对评价等级制。绝对评价等级制按照既定的学业标准，把学生的学业成绩与表现划定为若干等级。相对评价等级制分为两类，一是按事先确定的符合正态分布规律的固定比例，把学生的学业成绩与表现划定为若干等级；二是按照当地教育资源状况与招生录取批次以及名额确定每个等级所占的比例，再进行学生学业成绩的等第划定。

绝对评价等级制往往按事先规定的分数段确定等级，等第比例难以符合正态分布规律，而且录取线附近重分现象可能较多。第一类相对评价等级制也可能在录取线附近重分较多，这些都会给招生带来不必要的困难。从操作性强、录取线容易确定的角度考虑，第二类相对评价等级制（又称资源划分法）相较另两种更具优势，但这种方法的等第比例往往不符合正态分布规律。

海南省从2005年开始采用的“测量结果转换法”属于绝对评价等级制。这种方法通常在正式考试后，把分数按照事先规定的分数段标准转换成等级分数，等级设置为：90—100分为A等，80—89分为B等，70—79分为C等，60—69分为D等，50—59分为E等……这种等级制与分数制相对接近，改革力度较为温和[①]。

江西省从2005年开始在课改实验区采用中考成绩等级制，根据当地高中教育资源的情况和报考人数确定各等级比例，并设置了A、B、C、D、E共计五个等级。辽

① 《现代教育科学》编辑部. 2015年全国各地中考改革新方案[J]. 现代教育科学，2015(6).

宁省中考成绩也以A、B、C、D、E共五级方式呈现,各等级比例由各市确定,但E级比例控制在5%以内。安徽省合肥市2017年的中考成绩等级分为12个等级,级差为5%和10%,采用分数与等级共同呈现的方式。青岛市的中考成绩等级制也属于相对评价等级制[①]。

(三)综合素质评价与中考成绩等级制的匹配模式[②]

1. 中考成绩等级制的弊端。

(1)不考虑信度,造成新的不公平。据统计,中考的标准差一般为10—15,因此,当考试信度为0.95时,考试标准误在2.24—3.35,此时可根据实际情况,选取4—6分为一个分数段。若盲目地以10分为一档,将81分与90分归入同一个等级,就会大大打击高分者的积极性。[③]

(2)仅单纯实行中考成绩等级制的意义不大。等级制的实质是较粗略的分数制(就像分数制实质是较细致的等级制一样),仍然不能与综合素质评价相融,这就失去了中考成绩等级制的作用。因为综合素质评价的结论是较粗略的,从招生信度角度出发,中考成绩实行等级制与综合素质评价深度融合才能从教育测量学中找到理论依据。

(3)高中无法根据自身特色,招收有特长偏向的学生。仅根据几A几B录取,难以满足学校的选择需求。

2. 综合素质评价嵌入模式。

实行中考成绩等级制宜实施综合素质评价嵌入模式,此模式的主要特征是:

(1)中考各科成绩与综合素质评价分项结论全部等级化,为了提高信度,中考等级数适当细分一些。

(2)按照各地的招生规模和高中学校类型的比例情况,事先制定中考成绩等级和综合素质评价等级划分法。

(3)允许不同地区和学校事先提出综合素质评价中哪些维度嵌入中考成绩录取模式的合理要求。

(4)制定录取排序规则(包括同等级条件下的优先规则)。

(5)有条件的省市,还可以把平时成绩折算进去。

3. 综合素质评价嵌入匹配模式示例。

---

① 徐敏,黄光扬. 从考试信度角度解析中考等级制. 中小学管理,2006(6).
② 沈启正. 初中毕业生学业考试成绩等级制的可行性思考[J]. 浙江教学研究,2010(5).
③ 徐敏,黄光扬. 从考试信度角度解析中考等级制. 中小学管理,2006(6).

为了更清楚地解释综合素质评价与中考成绩等级制的匹配模式，以下就综合素质评价嵌入匹配模式做一示例：

（1）假设某地中考科目为语文、数学、外语、科学、社会5科，每科目分A、B、C、D、E……共10个等级。

（2）提取平时学生的综合素质评价各维度等第，学生各维度综合素质评价分A、B、C三个等第（按浙江省最新的文件精神，只有运动健康、艺术素养、创新实践3个维度有等第）。

（3）录取排序原则：中考科目A等多者，综合素质评价A等多者优先，例如5A/3A，4A1B/2A1B，3A2B/1A2B……当出现斜杠前的中考等第相同时，就按照斜杠后综合素质评价等第高的优先排入。

（4）当在分数线前后出现重分而难以取舍时，可根据事先公布的招生简章，参考综合素质评价班主任评语、表现与特长中记录的可采信材料。也可以把每个学生的中考成绩等级进行赋分，总赋分高者优先；总赋分仍相同时，则综合素质评价等第总赋分高者优先。

（5）若仍出现重分情况，无法判定高低时，则可采取事先设定的优先原则（各高中在各自的招生简章中事先颁布），如以中考语文和数学等第为第一优先；以综合素质评价A等第数为第二优先；以综合素质评价中考科目的初二年级和初三年级每学期系统总评等第A等第数为第三优先；以综合素质评价语文和数学初二年级和初三年级每学期系统总评等第A等第数为第四优先；以所有中考科目总分为第五优先。（如安徽省合肥市采用分数与等级共同呈现的模式）

四、结语

全国各地要根据本地特点，因地制宜地设计方案，遵循“积极稳妥，自然衔接，逐渐深化，统筹兼顾”的原则，充分模拟与论证方案，完善实施细则。解决综合素质评价在高中招生中的应用就好比是中考改革的“最后一公里”，是必须走的路。既然如此，我们就应该勇于探索中考成绩与综合素质评价结果相结合的招生模式，从源头上端正指挥棒的指向，根除分数至上的顽疾，纠正过度学习的弊端，用综合素质评价来引导学生健康发展，还教育生态的自然与纯净。

沈启正（浙江省教育厅教研室）

第六节　初中生综合素质发展水平及其影响机制的研究[①]

基础教育质量的核心是学生的综合素质。建立一套兼具科学性、全面性、动态性与可操作性的初中生综合素质评价指标体系，是实施教育质量监测与评价最便捷、最有效、最有力的工具，其目的在于对初中生综合素质方面的状况进行全面、科学、动态的监测评估，以指标指数等简明有效的方式来反映学校教育质量的状况，以发现成绩、比较差距、找出问题、寻找原因、寻求对策为具体目标指向[②]。它能帮助教育者全面了解学生成长的真实轨迹、及时发现学生成长与发展过程中可能出现的预警信息，采取必要的措施应对和解决学生发展中的问题，同时还能为教育行政及业务部门科学化决策提供实证数据和建议，进而为促进学校全面实施素质教育，提高教育质量提供科学依据。

目前，各地区也在不同程度地实施学生综合素质评价，但还存在如下问题：①从评价内容上看，尚缺乏能够对学生成长整体状况做出动态、灵敏、科学的监测的指标体系和监测工具；②从评价实施过程来看，科学高效的监测评价机制尚未建立，开展学生综合素质测评时工作量巨大，评价的便捷性明显滞后；③从评价结果的运用来看，学生综合素质评价多以质性的个体化结论为主，虽然也转化为定量的分数，但这种转化并无测量学依据，其科学性值得商榷，评价结果也不具备诊断与改进的功能，导致学生综合素质评价既无法克服应试教育的强大阻力，也无法为教育决策服务。

基于以上思考，本研究力图建立一套相对便捷的、符合实际的初中生综合素质评价指标体系及其评价工具，以教育质量监测的形式开展初中学生综合素质评价，以诊断初中生综合素质整体发展水平和结构特征，厘清初中生综合素质发展的影响机制，为教育行政部门、业务部门以及学校教育科学化决策与行动改进提供实证依据。

下面以浙江省平湖市的相关实践为例进行论述。

① 本文发表在《浙江教育科学》2018年第5期上。
② 马亮，马和民，等.学生综合素质评价指标体系建设中的若干问题[J].中国教育信息化，2008(8).

一、研究工具

（一）初中生综合素质评价指标体系

平湖市在充分借鉴核心素养指标体系研究成果并综合权衡评价指标可操作性的基础上，通过问卷星系统面向浙江省内初中学校领导、教师、学生、家长、相关教育研究者及社会人士（共1108人）进行了综合素质评价指标重要程度的问卷调查，并据此建立起区域性的初中学生综合素质评价指标体系（见表8.7）。此外，研究者将教师工作状况、学校管理状况以及家庭教育状况作为影响因素也一并进行了测量（见表8.8）。

表8.7 初中生综合素质评价指标体系

一级指标	二级指标	三级指标	评价主体及权重
学生综合素质	道德素质	责任、诚信、友善	学生40%、家长30%、教师30%，期末成绩除外
	学习素质	学习策略、学习动力、学业水平	
	心理素质	情绪控制、自信心、幸福感	
	社会素质	人际交往、合作性、社会适应	

表8.8 影响学生综合素质发展的因素

一级指标	二级指标	三级指标	评价主体及权重
教师工作状态	教师课堂教学	课堂气氛、学法指导、课堂民主、课堂激励、课堂调控、学生主体性、因材施教、交流反馈	教师50% 学生50%
	教师精神状况	职业效能感、职业倦怠、职业幸福感	教师
学校管理效能	校长领导力	民主管理、愿景规划、协调沟通、集权管理、工作激励	教师
	学校运行机制	制度建设、团队协作、评价机制	教师
	学校组织文化	敬业文化、民主文化、创新文化	教师
家庭教育方式		成长期望、民主平等、正面鼓励、亲子陪伴、亲子沟通、品格培养	学生50% 家长50%

（二）初中生综合素质评价工具

1. 评价量表。

在上述评价指标体系中，除学生学业成绩外，其他评价均采用标准化量表来进行。以二级指标作为量表名称,三级指标作为测量维度,每一维度下编制四至五个项目,在全市初中学校进行两次大规模试测,通过SPSS和AMOS进行信度和效度分析,最终形成一整套质量稳定的评价工具。以学习素质量表的信度和效度分析为例:

表8.9 学习素质量表信度和效度分析

学习素质维度	信度	收敛效度	区别效度				
	克隆巴赫α系数	AVE	求知欲	学习自控力	认知策略	元认知策略	资源管理策略
求知欲	0.816	0.645	0.803				
自控力	0.804	0.716	0.217**	0.846			
认知策略	0.823	0.655	0.484**	0.321**	0.810		
元认知	0.735	0.656	0.520**	0.332**	0.738**	0.810	
资源管理	0.748	0.574	0.480**	0.310**	0.744**	0.756**	0.757

注:区别效度对角线为AVE开根号值

2. 计分方式。

除学业成绩外,评价体系中的每个三级指标均采用李克特5点计分的量表方式进行评价,量表中的负向题得分转化为正向题分数后,将题目得分按照验证性因子分析的权重结果加总,并转化为百分制分数,然后将三级指标得分进行加权平均,得到二级指标分数。以此类推,得到一级指标分数。

3. 评价标准。

本研究以诊断与改进为目的,所以除学业成绩外,其他评价指标均采用标准参照来进行,不采用常模参照评价。各级指标评价标准如下:[85,100]为优秀等级,[70,85)为良好等级,[50,70)为中等等级,[25,50)为预警等级,[0,25)为亟待干预等级。

二、研究结果

正式评价采用分层随机抽样方式,平湖市共12所初中学校参加,剔除无效问卷后,有效学生人数为646人,有效教师人数为170人,有效家长人数为400人。

(一)学生综合素质总体水平

总体来看,学生对自身综合素质的评价与教师、家长一样,处于中等水平,其中对自身道德素质的评价略高，心理素质评价略低，社会素质和学习素质居中；而在教师眼中，学生的学习素质相对于其他素质而言略低；在家长眼中，孩子的社会素质中人际关系良好，也有较强的社会适应能力，但对孩子其他三方面的素质评价并不高。从三方评价结果判断，平湖市初中学生综合素质无论整体上还是分项指标上都不是很突出（见表8.10）。

表8.10　学生综合素质各指标评价情况

学生综合素质指标		学生自评		教师评价		家长评价	
		平均值	标准差	平均值	标准差	平均值	标准差
二级指标	学习素质	68.6	14.9	61.4	21.3	63.1	19.9
	道德素质	73.5	12.9	71.5	15.7	60.3	17.2
	心理素质	59.5	13	65.2	17.6	57.6	17.4
	社会素质	68.6	14.3	65.6	20.3	81.5	13.2
一级指标	综合素质	67.5	11.3	65.9	17.0	65.7	12.3

从学生综合素质的水平等级分布情况来看，虽然整体上没有需要教育干预的学生，但是优秀等级学生占比不足10%，和预警等级的学生占比相近，而50%左右的学生处于中等水平（见图8.5）。

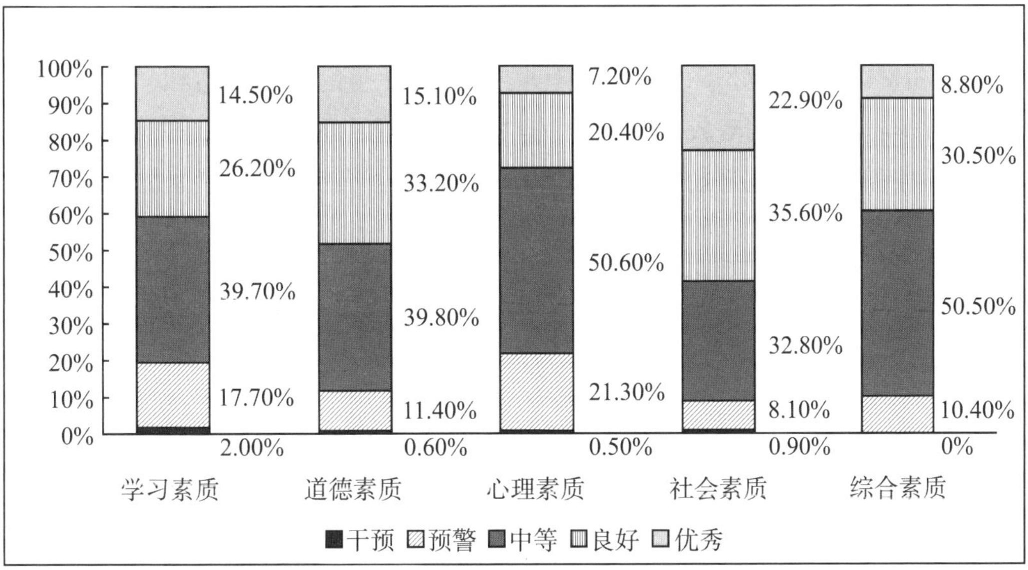

图8.5　学生综合素质水平等级分布

(二)学生、家长与教师对学生综合素质评价的差异比较

方差分析结果发现,对于学习素质,家长和教师的判断较为一致,他们的评价明显低于学生的自我评价;对于道德素质,教师和学生的评价较为一致,家长的评价相对较低;对于心理素质,学生和家长的评价较为一致,教师的评价明显较高;而对于社会素质,家长、教师、学生的评价均不一致。综合上述四个指标来看,三方对学生综合素质的评价趋于一致,均认为学生综合素质处于中等水平(见表8.11)。

表8.11 学生对自身综合素质的评价与教师、家长的差异比较

对象	N	学习素质		道德素质		心理素质		社会素质			学生综合素质
		等级1	等级2	等级1	等级2	等级1	等级2	等级1	等级2	等级3	等级1
学生	646	—	68.6	—	73.5	59.5	—	—	68.6	—	67.5
教师	170	61.4	—	—	71.5	—	65.2	65.6	—	—	65.9
家长	400	63.1	—	60.3	—	57.6	—	—	—	81.5	65.7
显著性	—	0.237	1	1	0.092	0.145	1	1	1	1	0.155

(三)学生综合素质发展水平的具体维度分析

具体分析学生综合素质二级指标下的三、四级指标,发现学生学习素质中的学习策略和学习动力均处于中等略偏上水平,其中学生的认知策略和学习求知欲相对较弱,学习自控力相对较强,而涉及学习计划、监控、调节的元认知策略和对学习时间、任务和信息等统筹规划的资源管理策略均为中等水平(见表8.12)。

表8.12 学生学习素质各指标评价情况

学习素质(成绩单列)		平均值	标准差
四级指标	认知策略	64.3	20.2
	元认知策略	68.5	19.1
	学习资源管理	68.8	16.8
三级指标	学习策略	67.2	17.2
四级指标	学习求知欲	65.2	19.0
	学习自控力	74.9	16.8
三级指标	学习动力	70.0	15.4
二级指标	学习素质	65.8	17.9

从学生社会素质方面来看，学生的合作性和社会适应能力相对较高而人际交往能力相对较低。学生的总体心理素质不容乐观，幸福感处于中等水平，自信心偏低，情绪控制能力也不高。道德素质的三级指标中，学生都非常友善，热心助人，具有比较强的责任感和诚信意识(见图8.6)。

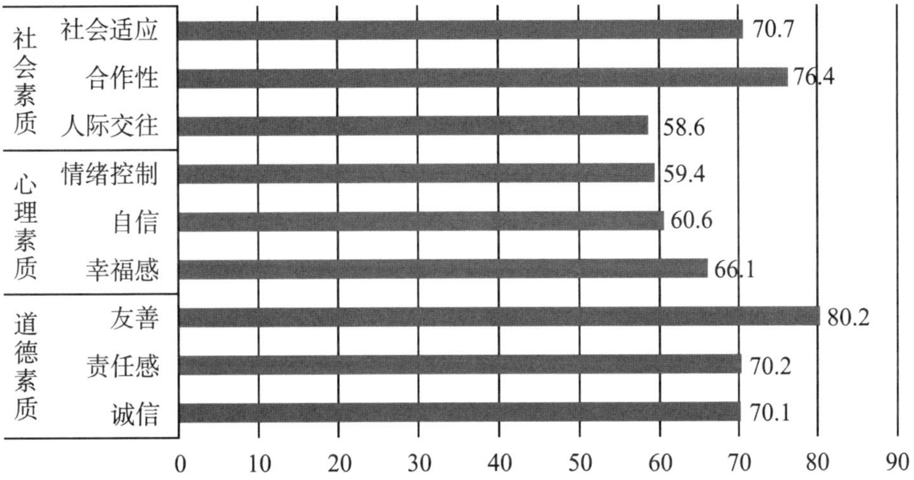

图8.6 学生社会素质、心理素质、道德素质发展水平剖析图

(四) 学生综合素质发展与学业成绩的关系分析

表8.13 学生综合素质与学业成绩的相关系数

学生综合素质			学生学业成绩			
一级指标	二级指标	三级指标	全体学生	成绩后进生	成绩中等生	成绩优秀生
综合素质	学习素质	学习策略	0.103**	0.348**	0.010	0.070
		学习动力	0.190**	0.324**	0.080	0.177**
	学习素质		0.158**	0.371**	0.040	0.128*
	道德素质	诚信	0.100*	0.374**	0.110	0.010
		责任感	0.102**	0.383**	0.010	0.100
		友善	0.116**	0.419**	0.130	0.117*
	道德素质		0.132**	0.491**	0.100	0.100
	心理素质	幸福感	0.121**	0.387**	0.200	0.190
		自信	0.156**	0.152*	0.190	0.139**
		乐观	0.079*	0.110	0.220*	0.070

续表

学生综合素质			学生学业成绩			
一级指标	二级指标	三级指标	全体学生	成绩后进生	成绩中等生	成绩优秀生
综合素质	心理素质		0.148**	0.213**	0.140	0.168**
	社会素质	人际交往	0.070	0.209**	0.160	0.080
		合作性	0.060	0.306**	−0.070	−0.050
		社会适应	0.030	0.299**	0.090	−0.020
	社会素质		0.070	0.397**	0.080	0.010
综合素质			0.154**	0.453**	0.110	0.121*

结果显示，学生学习素质、道德素质以及心理素质与学生学业水平呈低度相关，社会素质与学生学业成绩之间不存在相关性。这种相关性更多地体现在学困生群体中，而中等生和学优生的学业成绩与综合素质发展水平之间没有多少相关性。也就是说，学生成绩越好，综合素质发展水平未必越高，但成绩越落后，综合素质发展水平越低（见表8.13）。

三、初中生综合素质发展影响机制

（一）学校管理因素

1. 学校管理现状。

研究者从校长领导力、学校组织文化以及学校运行机制三个方面考察学校管理效能。结果显示，平湖市初中校长领导力和学校组织文化处于中等水平，其中校长协调沟通能力得到广大教师的认可，学校运行机制较为顺畅（见下页图8.7）。

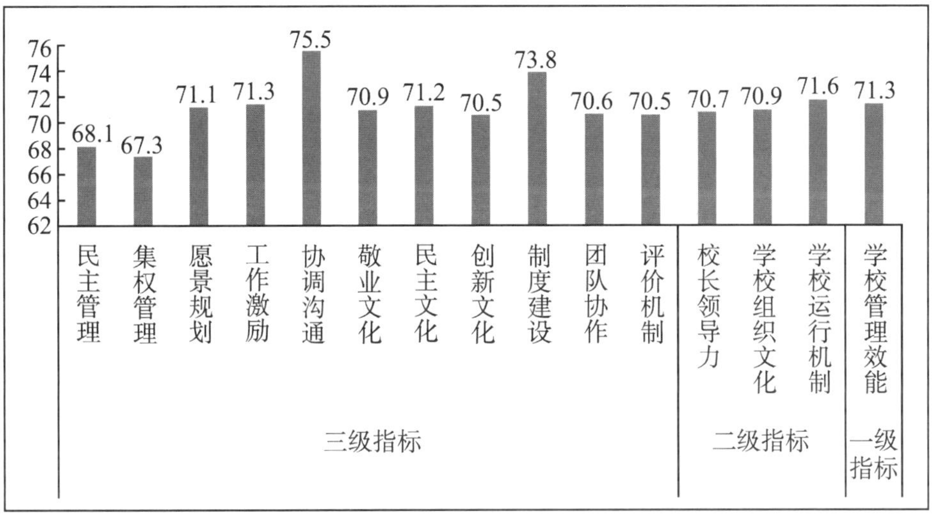

图8.7 初中学校管理效能剖析图(教师为评价主体)

2. 学校管理因素对学生综合素质的影响。

相关分析结果发现,学校管理效能与学生综合素质之间呈现显著的中度相关。但控制教师因素后,这种相关性明显降低。因此,学校管理效能与学生综合素质发展之间的关系,更多地受到教师因素这个中间变量的影响(见表8.14与表8.15)。

表8.14 学校管理效能与学生综合素质的相关分析

	学习素质	道德素质	心理素质	社会素质	综合素质
校长领导力	0.474**	0.487**	0.502**	0.432**	0.520**
学校组织文化	0.578**	0.575**	0.563**	0.505**	0.611**
学校运行机制	0.394**	0.455**	0.491**	0.439**	0.487**

表8.15 控制教师因素后学校管理效能与学生综合素质的偏相关分析

控制变数			学习素质	道德素质	心理素质	社会素质	综合素质
教师课堂教学、教师精神状况	校长领导力	相关	0.257	0.231	0.247	0.163	0.270
		显著性	0.001	0.003	0.001	0.037	0.000
	学校组织文化	相关	0.328	0.259	0.221	0.162	0.296
		显著性	0.000	0.001	0.005	0.038	0.000
	学校运行机制	相关	0.110	0.142	0.189	0.138	0.170
		显著性	0.162	0.071	0.016	0.079	0.029
	学校管理效能	相关	0.232	0.214	0.222	0.162	0.250
		显著性	0.003	0.006	0.004	0.038	0.001

(二)教师因素

关于影响学生综合素质发展的教师因素,研究者从教师精神状态与课堂教学方式两个指标加以评价。教师精神状态是教师专业发展的动力因素,而课堂教学方式则是教师专业发展的外在表现。

1. 教师工作状况。

评价结果显示,教师职业效能感良好,这表明初中教师对于自身教学能力和教学成效有充分的自信,教师的幸福感水平中等,职业倦怠倾向不明显。从课堂教学方式来看,教师普遍注重学习方法指导和师生交流反馈,课堂调控得力,教学语言具有较高的艺术性,但因材施教的个别化教育还很难在当下的课堂中得到实现,此外课堂气氛也不算十分活跃(见图8.8)。

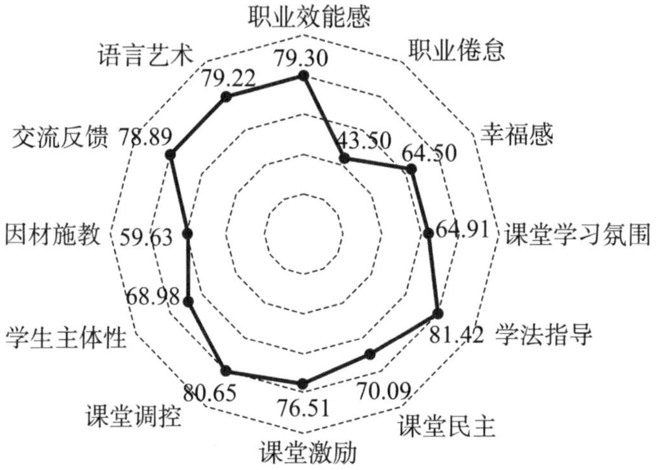

图8.8 教师工作总体情况

2. 教师因素对学生综合素质发展的影响。

总体上来看,教师课堂教学、精神状况与学生综合素质的各个维度均呈显著的中高度相关,回归结果也表明,教师课堂教学与精神状况对学生综合素质产生了显著的影响(见表8.16与下页表8.17)。

表8.16 教师因素与学生综合素质的相关分析

相关因素	学习素质	道德素质	心理素质	社会素质	综合素质
教师课堂教学方式	0.579**	0.680**	0.692**	0.639**	0.709**
教师精神状况	0.516**	0.578**	0.606**	0.563**	0.620**

表8.17　教师因素对学生综合素质的总体影响情况回归分析结果

	非标准化系数	标准化系数	T	显著性	R^2	调整后 R^2
	B	Beta				
(常数)	−28.913	—	−4.12	0.000	0.540	0.534
教师课堂教学方式	0.885	0.532	7.415	0.000		
教师精神状况	0.374	0.263	3.666	0.000		

注:因篇幅所限,教师因素与学生综合素质发展二级维度之间的相关回归分析略,在研究成效中将分析结果做了简要说明(见表8.22)

(三)家庭教育因素

学生的家庭教育状况评价主要从父母的教育方式方面进行,包括民主平等、亲子沟通、亲子陪伴、成长期望、正面鼓励与品格培养等六个维度。

1. 家庭教育总体情况。

调查表明,家长对家庭教育状况的自我评价处于中上等水平,而学生对自己家庭教育状况的评价则处于中等水平,且家长与孩子的评价之间存在着极其显著的差异,家长自我评价明显高于孩子的评价。其中,成长期望维度分值最高,这表明家长对于孩子成才和学校教育予以了高度的重视;在民主平等、正面鼓励两个维度,虽然家长和孩子的评价相对良好,但是孩子的评价明显低于家长;而在亲子沟通、亲子陪伴两个维度处于中等水平且学生的评价明显高于家长;在品格培养维度,家长与孩子的评价较为一致。(见表8.18)

表8.18　学生与家长对家庭教育评价状况的差异显著性检验

家庭教育维度		学生N=646		家长N=400		T	显著性(双尾)
		平均值	标准差	平均值	标准差		
二级维度	民主平等	69.9	21.7	79.2	15.7	−8.050	0.000
	亲子沟通	69.4	23.2	64.5	16.6	3.952	0.000
	亲子陪伴	69.4	23.2	62.0	22.5	5.055	0.000
	成长期望	84.2	14.4	81.0	13.5	3.507	0.000
	正面鼓励	74.6	20.3	80.3	14.7	−5.259	0.000
	品格培养	73.4	17.8	72.8	16.6	0.542	0.588
一级维度	家庭教育	67.3	13.9	73.3	11.8	−7.458	0.000

2. 家庭教育对学生综合素质的影响。

研究者对初中学生综合素质与家庭教育方式做了相关分析，结果表明，学生家庭教育与学生的综合素质各个方面均存在着显著的正相关，但家庭教育水平与学生学业成绩之间的相关性较低。（见表8.19）

表8.19　学生家庭教育、学生综合素质、学业成绩相关分析结果

维度	学业成绩	民主平等	亲子沟通	亲子陪伴	成长期望	正面鼓励	品格培养	家庭教育
学业成绩	1	0.073	0.121**	0.121**	0.157**	0.115**	0.118**	0.133**
学习素质	0.158**	0.383**	0.413**	0.372**	0.511**	0.513**	0.500**	0.531**
道德素质	0.132**	0.231**	0.359**	0.318**	0.415**	0.365**	0.543**	0.378**
心理素质	0.148**	0.313**	0.363**	0.351**	0.340**	0.368**	0.337**	0.423**
社会素质	0.072	0.439**	0.303**	0.242**	0.339**	0.468**	0.401**	0.559**
综合素质	0.154**	0.460**	0.487**	0.434**	0.546**	0.580**	0.605**	0.639**

将学生综合素质作为因变量，家庭教育方式作为自变量，进行逐步回归分析，结果发现，显著影响学生综合素质发展的因素主要是品格培养、成长期望、正面鼓励和亲子沟通。（见表8.20）

表8.20　学生综合素质发展的家庭教育影响因素回归分析结果

	非标准化系数		标准系数	T	显著性	R^2	调整后的R^2
	B	标准错误	Beta				
（常量）	16.031	1.551	—	10.338	0.000	0.553	0.552
品格培养	0.248	0.016	0.367	15.441	0.000		
成长期望	0.194	0.021	0.234	9.394	0.000		
正面鼓励	0.131	0.017	0.207	7.634	0.000		
亲子沟通	0.095	0.014	0.171	6.946	0.000		

（四）初中生综合素质发展影响机制模型

综合上述三大因素，研究者建构了初中生综合素质发展影响机制模型，该结构方程模型相较于上述简单的多元线性回归分析结果，更能综合考虑影响因素之间的相互作用，也可以直观地测量出各因素对学生综合素质影响力的大小。从下页图8.9中可以看到教师对于学生综合素质的影响力为0.49，家庭教育对于学生综合素质的影响力为0.48，教师与家庭对于学生综合素质的影响力基本接近，而学校管理

对学生综合素质的直接影响力仅为0.09,学校管理主要是通过教师工作状况这一中介变量对学生综合素质产生间接影响的,其间接影响力为0.83×0.49=0.41。如图8.9所示。

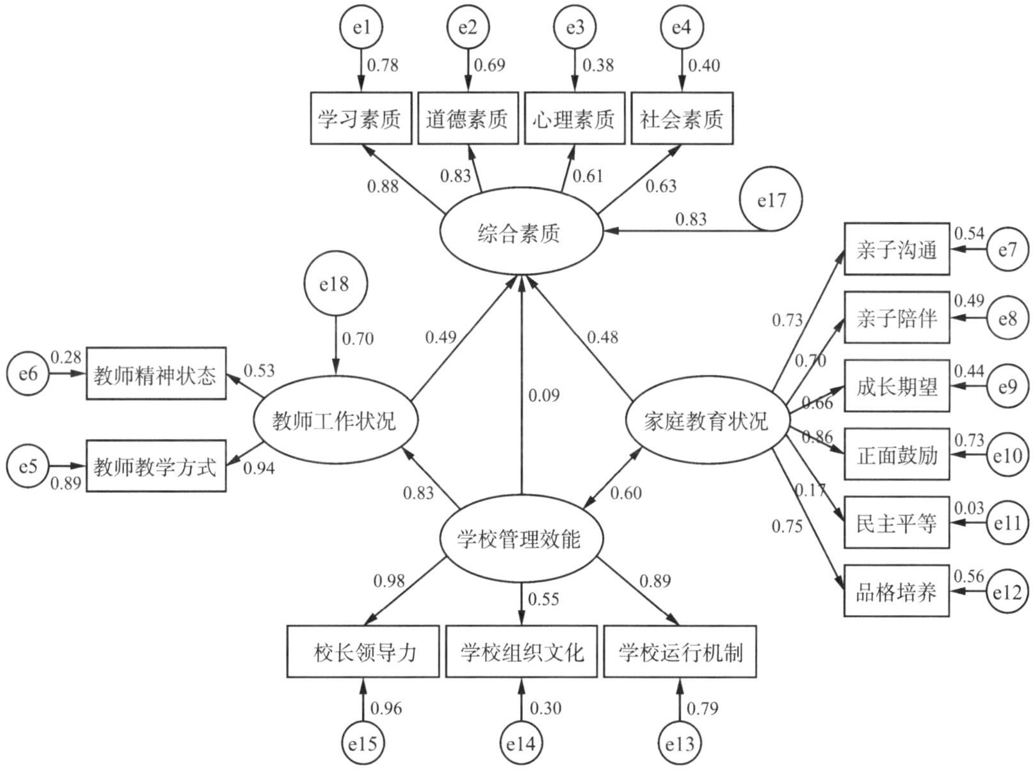

图8.9　学生综合素质影响机制综合模型

表8.21　学生综合素质影响机制综合模型拟合度相关参数

模型参数	CMIN/DF	GFI	AGFI	PGFI	NFI	RFI	IFI	TLI	CFI	RMSEA
Default model	1.63	0.96	0.96	0.94	0.98	0.93	0.99	0.94	0.99	0.06

四、研究结论

(一)初中生综合素质评价指标体系及其评价工具的科学性与可操作性

本研究通过大量文献研究、调查研究和数据分析,建构了一套兼具科学性与可操作性的初中生综合素质评价指标体系。实证研究表明,这个评价指标体系虽然不能面面俱到,但足以涵盖初中学生综合素质的核心要素和主要方面。建立在这一指标体系基础之上的初中生综合素质评价测评量表,具有较高的信度和结构效度,借助于网络调查平台可以很方便地在班级、学校、区域层面上开展学生综合素质测量与评价。指标体系结构见图8.10。

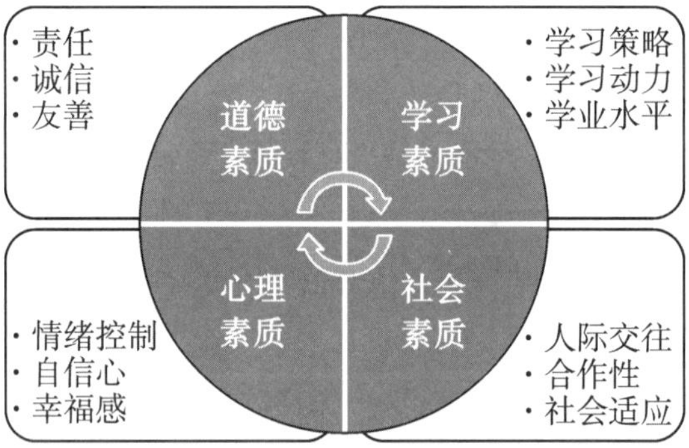

图8.10　初中学生综合素质评价指标体系结构

（二）平湖市初中生综合素质发展状况和结构特征

通过三方互证的规模化实证评价，研究者认为平湖市初中生综合素质总体情况处于中等水平，其中道德素质发展水平略高，心理素质水平略低，社会素质和学习素质居中。具体而言，学生友爱互助和合作性表现良好，但自信乐观的心理需要培养，人际交往能力尚待提升。

（三）影响学生综合素质发展的主要因素及其影响机制模型

1. 学校管理因素。

通过结构方程模型的分析，研究者证实了学校管理因素对学生综合素质的影响，可以分为直接影响和间接影响，就直接影响而言，学校管理中的组织文化因素是影响学生综合素质的主要因素。就间接影响而言，学校管理是通过对教师精神状态和课堂教学方式的影响从而间接地对学生综合素质发展产生影响。

2. 教师因素。

教师课堂教学方式、精神状况与学生综合素质的各个维度均呈显著的中高度相关，且对学生综合素质发展会产生显著的正向影响。其中课堂气氛和教师的职业幸福感对学生综合素质发展的各个方面均有显著影响（见下页表8.22）。

表8.22　影响学生综合素质发展的教师因素

学生综合素质(因变量)	显著影响学生综合素质发展的教师因素(自变量)
学习素质	课堂气氛、职业幸福感、课堂民主、课堂激励、学法指导
道德素质	职业幸福感、课堂调控、学法指导、课堂气氛
心理素质	职业幸福感、学法指导、课堂气氛、课堂激励
社会素质	职业幸福感、课堂民主、课堂气氛

3. 家庭教育因素。

学生家庭教育与学生综合素质的各方面均存在显著的正相关。但家庭教育水平与学生学业成绩之间的相关性较低。家长对孩子的正面鼓励、品格培养,以及较高的成长期望,加上良好的亲子沟通,对孩子的学习素质有明显的正面影响。家长对孩子的品格培养对于孩子道德品质的养成至关重要。家长对孩子正面鼓励越多,越注重品格培养,越是民主平等,并且具有越强烈的成长期望,孩子的社会素质就越高。

4. 区域初中生综合素质发展影响机制模型。

影响机制模型显示,家庭教育与教师教育教学对学生综合素质的发展有着同等重要的影响,学校管理则是通过教师的教育教学与精神状况对学生综合素质产生间接影响。学生的综合素质与学业成绩之间只存在低度相关,成绩中等和优秀的学生学习成绩越好,综合素质发展水平未必越高,而成绩落后的学生的综合素质发展水平越低,成绩就越不理想。

(四) 区域性提升初中生综合素质的行动建议

1. 对于教育行政部门。

对于教育行政部门,最主要的是扭转传统的教育质量观、教育评价观,以及教育管理观。对于教育质量观而言,学生学业成绩与其他各方面综合素质之间并不具有必然的正向联系,且纵观学生一生的发展,后者其实更为重要。因此,教育行政部门在对学校进行督导评价时,应把关注的焦点放在学生综合素质的提升以及学校为提升学生综合素质的工作效能上,在评价指标体系中适当弱化一些与教育教学无关或关系不大的因素,增加学生综合素质评价的指标权重。

对于教育管理观,研究者认为,教育行政部门的主要职责在于通过教育发展远景规划和相应的制度建设,确保学校坚持正确的、科学的办学导向,同时努力争取政府政策资金的支持,为学校、教师创建积极的、宽松的工作条件保障,保障教师的合法权益，不断提高学校教师的物质待遇，从而提高教师的职业幸福感和职业认同感，减轻教师的职业倦怠。这对于学校教师提升学生的综合素质，无疑是最有效的行政作为。

2. 对于学校。

无论是哪一所初中学校，均需要高度重视校园文化建设。校园文化建设不仅是校园硬件环境的改善和制度文化的健全，更重要的是教师层面的工作氛围营造，其中建设教师群体创新、合作、敬业的组织文化应该成为校长和学校管理层重点思考的方向。如能通过制度激励提升教师的士气，那么教师层面的工作氛围将得到显著的改善。通过教师言传身教的文化浸润，学生的综合素质也将会有明显的提升。

学校也需要树立正确的教育质量观和评价观，在追求学生学业成绩的同时，应重视拓展性课程在培养学生综合素质中的重大价值，以学校拓展性课程为抓手，为学生的综合素质发展搭建丰富多样的平台。对于学生的评价，除了学业成绩以外，也应努力建构适合于本校实际的综合素质评价体系，建立操作性较强的表现性、过程性评价制度，加大专业性较强的诊断性评价力度，引导全体师生关注综合素质。

3. 对于教师。

鉴于学生学业成绩与综合素质之间没有必然联系的事实，教师需要审慎地思考自身在教育教学中的理念与行为。特别要重视学法指导和课堂民主气氛的营造，并结合自身的教学实际，深入研究教师的教学方式与学生学习成就之间的中介变量，努力寻找教师教学行为转化为学生学习结果的有效机制，同时也需要以自身的人格魅力与精神面貌给学生潜移默化的影响，后者对学生综合素质的发展甚至其一生的成长，会有很大的影响力。

4. 对于家长。

鉴于孩子对家庭教育的评价明显低于家长的自我评价，家长必须认真审视自己在家庭教育中的理念与方式。初中三年是孩子学习、思想的分化期，家长必须重视与孩子的沟通交流和陪伴质量，倾听并尊重孩子的成长需求，多给青春逆反期的孩子以正面激励，融洽亲子关系。此外，家长有必要参加专业的家庭教育主题培训，掌握一定的亲子教育方法，提升自身的亲子教育能力。

李　强（平湖市教师进修学校）

第九章

改进初中学校教学质量管理

学校教学质量管理机制

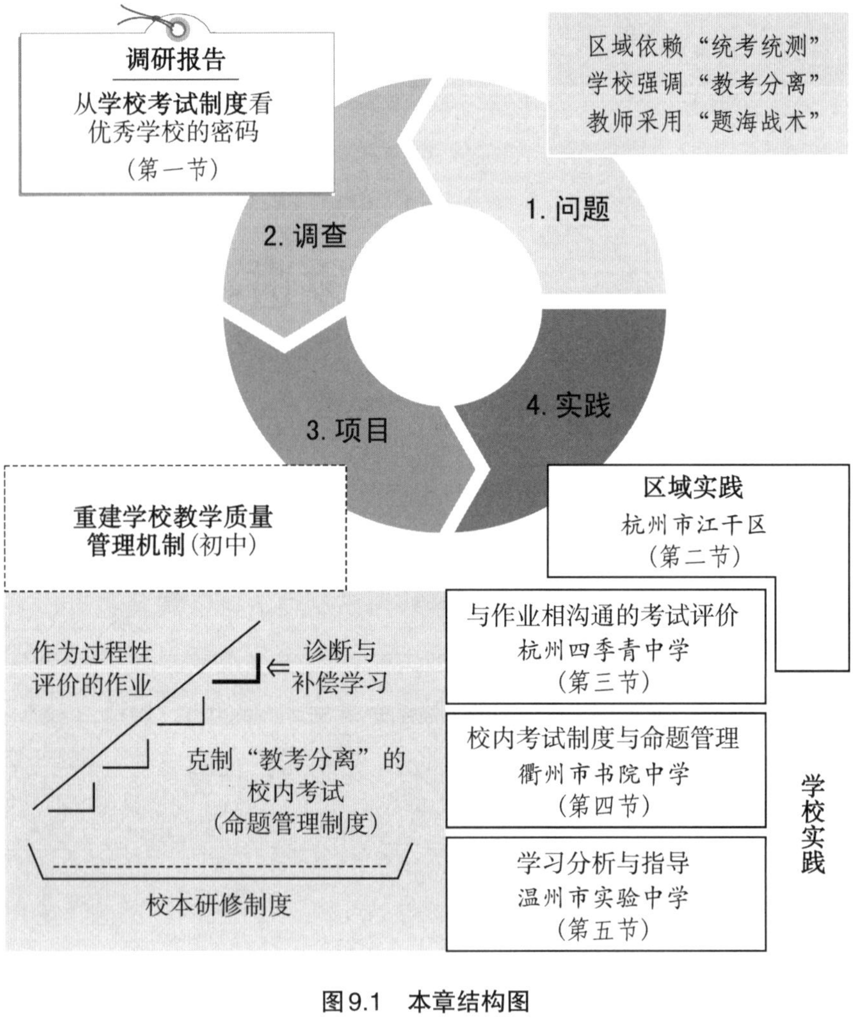

图9.1　本章结构图

目前初中学校的教学现状可以概括为：区域依赖“统考统测”、学校强调“教考分离”、教师采用“题海战术”。多数县(市、区)期末组织初中文化课统考，作为地方教育行政部门抓“质量”的基本手段。多数初中学校除了参加区域统考之外，还有“教考分离”的“月考”甚至“周考”。也有一些学校简单“拿来主义”地购买商家提供的综合练习。这样强化横向比较、无视学生差异、“以考逼学”的教学质量管理制度弊端重重。其症结在于将终结性评价的思路与方法滥用于过程性评价中。

面对各种“教考分离”的考试，教师基本处于被动应对状态。所以，“题海战术”便成为师生应试的选择，通过海量习题的覆盖与重复，把高阶思维能力变成相对低阶的记忆，以此来提高分数。平心而论，这种低效的方法对短期内提高考分有一定的帮助，但对学生能力的培养和长远的发展而言肯定是事倍功半，甚至是有害的。

遏制这种简单依靠统考、盲目的教学质量管理机制，还原学校考试的形成性评价功能，寻求构建目标与过程清晰、体现“学生立场”、激活教师智慧、旨在“促进学习”的科学规范的学校教学质量管理机制，是深化教育评价改革，切实减轻学生过重学业负担的攻坚点之一。

2017年，浙江省教研室组建“初中学校教学质量管理机制的重建”项目，就初中校内考试制度与作业问题进行专题调查，聚焦“学校教学质量管理”，寻找跳出“死循环”的思路与机制。杭州市江干区积极响应，组织四所学校积极改革校内考试制度，完善命题管理机制，推广基于自主命题的校本研修与基于实证改进教学的校本研修，成为这一改革的区域典型。

改进学校教学质量管理是艰难的，学校的改革实践难能可贵。本章按照从作业到考试、从过程性评价到补偿性作业、从考试命题管理到结果分析利用、从学习诊断到学习指导的发展逻辑呈现了三个学校案例，诠释了如何运用评价促进学教改进的策略与方法。

Evaluation

第一节　关于学校考试制度的网络调查[①]

在学校教学管理中，校内考试制度十分重要，但目前较为因循守旧。2016年，我们开始关注学校教学质量管理机制，关注学校层面的教学过程管理与校内考试评价制度。2017年春，浙江省教研室面向初中教师开展了一次以校内考试制度以及考试结果运用情况为重点的网络问卷调查。

本次调查共收到来自全省的30556份有效答卷，其中任教语文、数学、英语、科学、思想品德及历史与社会（以下简称“社会”）的教师27802名，以下分析以此群体为样本。网络问卷调查受访者的任教学科分布较为均匀，语文、数学、英语、科学、社会的任教教师占比分别为20.75％、21.39％、21.23％、21.82％、14.81％；受访者中校级领导占3.8％，学校中层占9.84％，教研组长或年级组长占9.71％，普通教师占76.65％。根据学校在当地的教学质量水平，将学校分为“数一数二”“较为前列”“中等”“较为落后”四类，根据受访者自己陈述的情况，来自四类学校的教师比例分别为18.18％、29.88％、31.78％、20.16％。其分布与全省实际情况较为接近。

一、现状分析

（一）校内考试的频度

除期中和期末考试外，目前学校常见的教学检测还有“周周清”“月月考”“单元检测”等形式。它们反映了教学检测的频度，我们将其统称为“校内考试”。

调查发现17.6％教师所在学校有“周周清”；66.0％教师所在学校有“月月考”；69.3％教师所在学校有“单元检测”。其中“仅单元检测”为29.2％，另外40.1％采用“单元检测”与“月月考”或“周周清”并存的方式。校内考试频度较大。

① 本文以《从学校考试制度看优质学校的密码》为题，发表在2018年1月28日的《中国教育报》上。参与调研的有张丰、沈启正、周鸿与张侃巍。

表9.1　当前初中校内考试的类型与频度

任教学科	仅单元检测	仅月考	周考 ＋月考	单元检测 ＋月考	周考 ＋单元检测	周考＋单元检 测＋月考
语文	27.1%	31.0%	7.9%	26.6%	3.8%	3.5%
数学	31.2%	16.4%	7.4%	32.9%	5.7%	6.4%
英语	27.2%	19.5%	7.2%	35.0%	5.1%	5.9%
科学	29.7%	20.2%	7.8%	30.8%	5.8%	5.8%
社会	31.2%	31.2%	6.8%	23.3%	3.6%	4.0%
总计	29.2%	23.1%	7.5%	30.2%	4.9%	5.2%

从表9.1看，校内考试的主要形式为“单元检测＋月考”“仅单元检测”“仅月考”。三类约占82.5%。调查中，我们也了解了各学科教师期望的合理校内考试频度（见表9.2）。

表9.2　各学科教师认为合理的校内考试频度

任教学科	仅单元检测	仅月考	周考 ＋月考	单元检测 ＋月考	周考 ＋单元检测	周考＋单元检 测＋月考
语文	29.1%	35.7%	5.6%	22.3%	4.3%	3.0%
数学	32.7%	13.6%	5.9%	33.9%	7.0%	6.9%
英语	28.6%	19.2%	6.3%	34.8%	5.4%	5.7%
科学	33.7%	17.3%	6.3%	30.4%	6.5%	5.9%
社会	34.5%	31.2%	4.0%	23.3%	3.9%	3.1%
总计	31.6%	22.8%	5.7%	29.3%	5.5%	5.1%

将表9.1与表9.2的对应值相减，可以发现“当前实际频度”与“教师期望频度”的差别。教师们对于校内考试，希望增加单元检测，减少周考与月考，且所有学科教师在这两点上倾向一致；从变化率看，教师支持相对多的两项均与单元检测有关，而与月考有关的考试形式，教师支持率普遍减低。这是重要的信号。

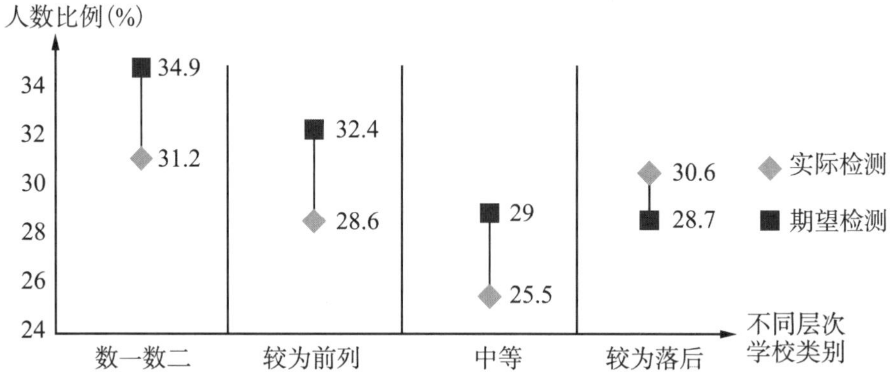

图9.2　不同层次学校关于"仅单元检测"的倾向性比较

从图9.2看,不同层次学校的教师期望不同。前三类学校教师期望"仅单元检测"的比例提高明显,而"较为落后"学校的教师恰恰相反,期望"仅单元检测"的比例降低。这表明,越是教学质量好的学校,教师越希望减少考试次数,认为只要单元检测加期中期末考试就足够了,而教学质量落后的学校则寄希望于增加考试次数来提高成绩。

调查还发现,普通教师反对"周考+月考"和"单元检测+月考",主张"仅单元检测";教研组长或年级组长们希望月考向单元检测转型;校级领导与中层干部也已意识到"单元检测"的重要性,但仍不想放弃"月考",支持"单元检测+月考"模式较多,部分中层干部甚至主张"周考+单元检测"。在考试设置上的分歧与岗位立场有关。

(二)自主命题的难度波动与控制

在校内考试较为频繁的情况下,试卷难度的稳定性与导向对教学的影响较大。

表9.3　不同学科校内考试难度系数的稳定性情况

任教学科	校内考试平均分的波动情况(以100分为满分计)			
	5分左右	10分左右	15分左右	20分左右
语文	80.3%	17.8%	1.5%	0.5%
数学	55.9%	37.9%	4.8%	1.5%
英语	74.4%	22.6%	2.3%	0.8%
科学	57.1%	37.5%	4.2%	1.2%
社会	69.7%	26.2%	3.3%	0.8%
总计	67.2%	28.6%	3.2%	1.0%

校内考试平均分波动在5分左右的占65.9%，10分左右的占29.2%。相比之下，语文学科的难度较为稳定，数学与科学学科波动较大。

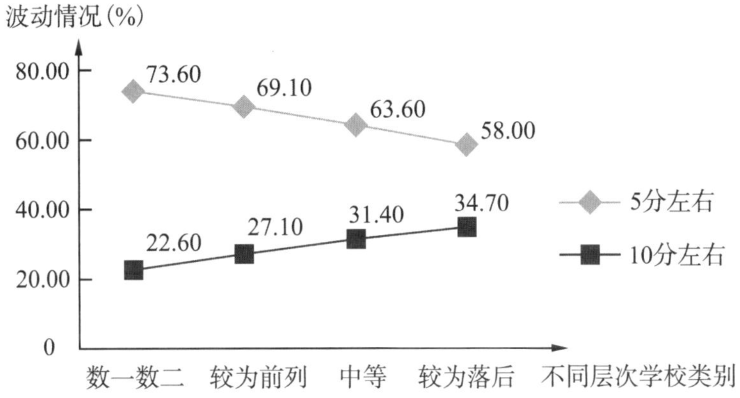

图9.3 不同层次学校校内考试难度系数的波动情况

图9.3反映的是不同层次学校校内考试难度系数的波动情况。“5分左右”比例最高的是“数一数二”的学校，达73.6%，其他层次学校这一比例逐渐降低；“10分左右”比例最低的也是“数一数二”的学校，为22.6%，其他层次学校这一比例逐渐提高。由此可见，校内考试难度波动情况与学校教学质量存在一定的联系，教学质量越高的学校，校内考试命题相对更稳定。

当问及“您所在学校任教学科的月考试卷或单元测试的难度”时，认为县区提供的期末试卷和中考试卷比校内考试试卷“更难”的比例分别为17.4%和26.1%，两者相差7.5个百分点，说明当前县区提供的期末试卷普遍比中考试卷更难。认为校内考试试卷“更难”的比例约为16%，反映约1/6的学校校内考试难度定位较中考试卷更高。庆幸的是选择“差不多”的比例分别为59.2%和48.8%，这一系列数据表明各级考试难度值的协调统一问题，具有深入研究的价值。

（三）教师参与命题的情况

当前学校组织考试时，较多考虑考试成绩排名和教师评价的公平性，因而较多采用其他学校或区域层面统一命制的试卷，“教考分离”渐成习惯。这在不知不觉中剥夺了教师应该拥有的考试命题权。

1. 不同学科教师的命题机会。

在上一学期中，包括期中、期末考试、单元检测和月考，从来没有参与过命题的教师约占21%；命题两次及以上的约占45.4%。总体而言，数学教师命题机会较多，也仅为49.8%。

造成这一现象的原因可以从数学单元检测卷和月考试卷的来源中得到印证。在有单元检测的学校中，非任课教师命题的比例为54.9%，其中80%是市场选购，16%是外校交流提供，4%是跨年级交叉命题。在有月考的学校中，非任课教师命题的比例也达51.9%，其中65%是外部交流提供，25%是跨年级交叉命题，其他为市场选购。

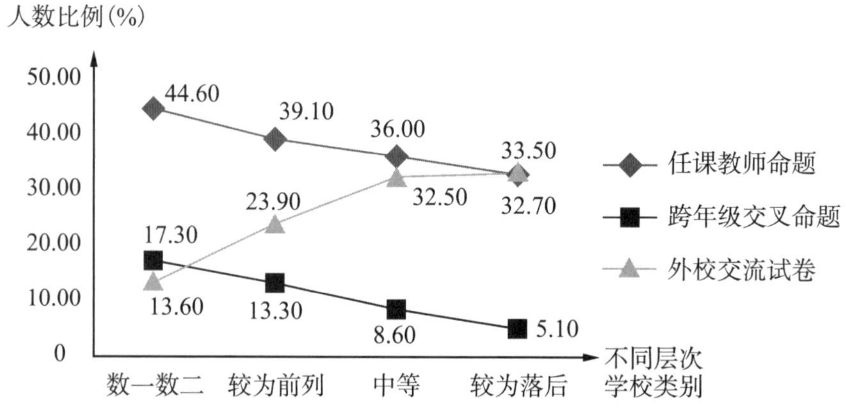

图9.4 不同层次学校的月考试卷来源

根据图9.4的数据，不同层次学校的月考试卷来源有较大的差别。在“数一数二”学校中，任课教师命题和跨年级交叉命题比例最高，外校交流试卷比例最低。而在“较为落后”学校中，外校交流试卷和任课教师命题比例最高，跨年级交叉命题比例最低。四类学校随着教学质量的降低，任课教师命题和跨年级交叉命题比例呈直线下降趋势；而外校交流试卷比例呈直线上升趋势！

通过访谈，我们了解到多数教师，包括资深教师对学生的练习、检测主要采用两种解决途径：一是购买市场上现成的教辅材料；二是下载网上资料后改编使用。这种“拿来主义”的做法，使编制习题、命制试题对许多教师来说越来越陌生，教师命题能力也逐渐退化。由于缺乏针对性的命题研究，课堂教学质量也受到了一定的影响。

不同层次学校的单元检测卷来源分布情况如下页图9.5所示。

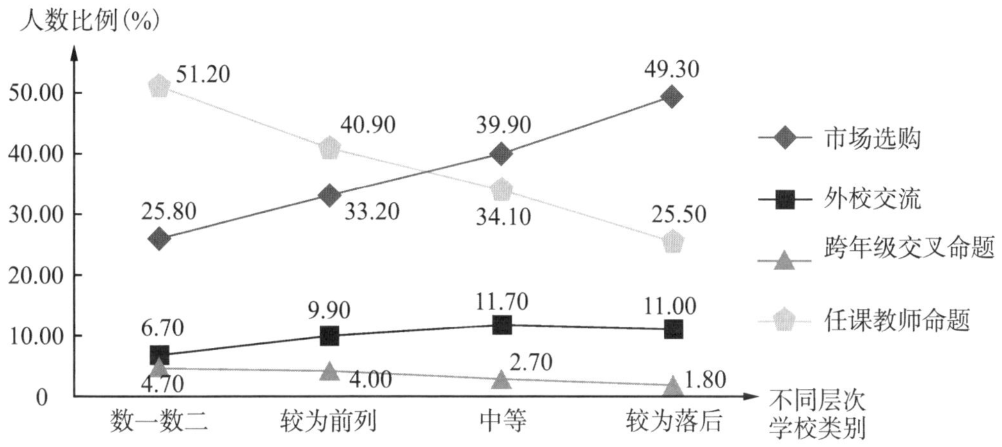

图9.5　不同层次学校单元检测卷的来源

图9.5的数据反映，不同层次学校的单元检测试卷来源有较大的差别。“数一数二”学校自主命题比例最高，达51.2%，而“较为落后”学校自主命题比例最低，只有25.5%。恰恰相反，“数一数二”学校市场选购比例仅为25.8%，而“较为落后”学校市场选购比例高达49.3%。按理论而言，越是成绩落后的学校，越应重视校本命题的研究，而事实却相反。

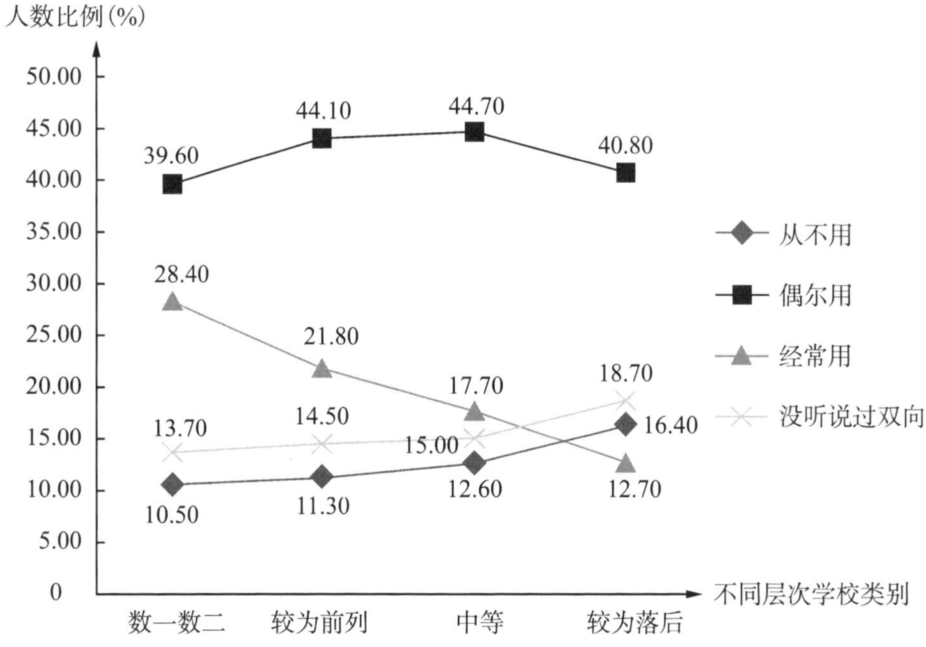

图9.6　不同层次学校教师命题时采用双向细目表的情况

2. 命题的专业性问题。

命题计划一般通过“双向细目表”来体现。教师对命题双向细目表的掌握情况,可以从侧面反映教师命题的专业水准。

调查发现,校内命题时经常采用双向细目表的教师比例为20.1%,其中科学教师使用率最高,但也只有22.7%,语文教师中“没听说过双向细目表”的比例达22.6%,试题的效度难以保证。

图9.6的数据反映,不同层次学校在校内命题时采用命题双向细目表的频度不同。“数一数二”学校“经常使用”的比例最高,为28.4%,“较为落后”的学校仅为12.7%,两者相差15.7个百分点。当然,“数一数二”学校中“没听说过双向细目表”的比例也有13.7%。可见所有学校都有科学命题的需求。数据分析中还发现教学质量的高低与校内自主命题的科学性存在一定联系,即教学质量越高的学校,校内自主命题的科学性也相对较高。

3. 提高教师命题能力的培训。

教师命题能力欠缺的原因主要有两点:一是以“命题”为主题的研修活动较少,教师缺少必要的命题技术培训与指导;二是许多学校为了体现考试公平片面强调“教考分离”,导致教师命题权缺失。因此,必须要提高教师的命题能力。

近两年有半数教师未曾参加过命题培训,16.4%的教师仅参加过学校培训,15.4%的教师仅参加过区县及以上的培训,18.1%的教师参加过学校、区县及以上的培训。反过来说,约2/3的学校未重视在校内组织命题培训与研讨。各学科之间的情况基本相同,可见命题培训工作任重道远。

(四)考试评价结果的运用

1. 试后分析的次数。

根据前面的调查,包括期中、期末考试,一学期校内考试一般有4—6次。教师在校内考试后对学生答题情况是否进行细致统计分析了呢?47.3%的教师上一学期有3次或以上统计分析,29.6%有2次,18%有1次。可见有近半教师没有充分利用好考试的诊断性功能。相对来说,数学教师做得最好,3次及以上的比例为50.3%,不过与其他学科教师的差异不显著。

2. 选择科学的统计量。

问卷试图通过教师试后分析中常用的统计量的使用情况,了解试后分析的科学性水平。调查发现,在问卷所列的11项统计量[整卷平均分、最高分、最低分、高分组均分、低分组均分、每题平均得分(得分率或难度)、各知识点得分率、每种题型的得分率、各班级每题得分率差异、各班级每知识点差异、各种标准差]中，有12%的教师仅用到3项；55.2%的教师用到4—6项（主要是整卷平均分、最高分、最低分、每题平均得分、各知识点得分率、每种题型的得分率）；26.2%的教师用到7—9项，涉及各知识点得分差异性的统计量；仅6.6%的教师用到10项及以上。

由此可见，随着数据库运用的普及，学校普遍已走过仅使用最原始的老三样（平均分、最高分、最低分）的统计阶段；该比例的最高值出现在4—6项，这是技术进步的结果，说明考后的全貌分析更细致了；数据分析用到7项以上的比例不高，说明对试题中各知识点得分差异情况的分析不很普遍，在分析诊断教学状况方面还有很多潜力可以挖掘。

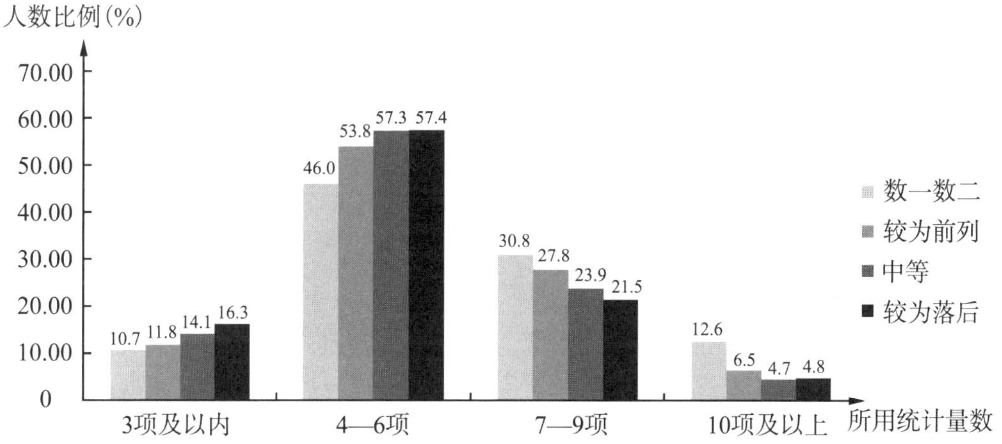

图9.7　不同层次学校的试后分析情况

图9.7的数据表明，在不同层次学校中，选择“10项及以上”统计量比例最高的是“数一数二”的学校，达12.6%，这一比例是“比较前列”学校（6.5%）的两倍多。在教学质量“中等”或“较为落后”的学校中，70%以上只选择应用最基本的统计量（6项以下）。

可见，教学质量的高低与校内考试试后分析技术存在一定的联系，教学质量越高的学校，试后质量分析中选择的统计量越多，分析方法越多样。

3. 试卷分析的教研活动。

表9.4所示的是校内针对试后分析结果开展教研活动的情况。约七成教师反映教研组有组织，但研讨质量好差各半；约两成教师在没有教研组组织的情况下偶尔自发开展研讨。各学科教师反映的情况稍有差别，但总体接近。

表9.4　试后分析的教研活动情况

教研活动开展情况	几乎没有	偶尔自发开展	有组织但不深入	有组织且比较深入	合计
各类情况的百分比%	8.4	20.9	36.4	34.3	100
	29.3		70.7		100

“数一数二”学校针对试后分析结果“教研组有组织且比较深入”开展教研活动的比例最高,达48.6%;其次是“较为前列”学校,比例为39.5%;“较为落后”的学校只有21.2%。教研组针对试后分析结果开展教研活动的质量与学校教学质量的高低存在一定的联系,教学质量越高的学校,越重视试后的教学改进研讨活动。

二、改进工作的切入点

在问卷中,我们设计了一个频度排序题,了解教师对改进工作的建议。

题目:从目前现状看,您认为学校最需要改进的措施是(　　)(从下列选项中选4项,按您认为的最迫切优先顺序排列)

A. 减少各类统考　　B. 减少校内考试

C. 杜绝不经加工直接使用现成试卷　　D. 月考与单元测试由教师自行命题

E. 期中、期末考试由教师自行命题　　F. 开展关于命题的校本研修

G. 鼓励教师使用统计数据改进教学　　H. 开展基于数据改进教学的校本研修

表9.5呈现了两种方案的数据统计结果,一是按被选为最迫切措施第一位的比例排序(最为迫切的角度);二是按被列入迫切性前4项的频度排序(较为迫切的角度)。

表9.5　最需要优先改进的措施的排序

选项	最为迫切的角度		较为迫切的角度	
	排序	比例	排序	比例
杜绝不经加工直接使用现成试卷	1	28.7%	3	65.95%
开展关于命题的校本研修	2	17.2%	1	69.05%
减少各类统考	3	17.2%	6	32.44%
鼓励教师使用统计数据改进教学	4	10.4%	2	67.48%
减少校内考试	5	9.6%	7	30.18%
开展基于数据改进教学的校本研修	6	5.7%	4	52.91%
月考与单元测试由教师自行命题	7	4.9%	5	35.11%
期中、期末考试由教师自行命题	8	3.8%	8	28.22%

根据被选为最迫切措施第一位的排序情况，可以将改进措施分成三组：

第一组是教师意见最集中的“杜绝不经加工直接使用现成试卷”（28.7%）、“开展关于命题的校本研修”（17.2%）与“减少各类统考”（17.2%）。这反映教师对试卷质量与命题研修的关注，同时反衬出当前这两方面问题的突出。而且开展命题研修在“最迫切措施前四位”中比例最高，尤应引起关注。

第二组是约10%的教师认为最迫切的是“鼓励教师使用统计数据改进教学”（10.4%）、“减少校内考试”（9.6%）以及“开展基于数据改进教学的校本研修”（5.7%）。由此可见，减少统考与校内考试的次数也十分迫切。在“最迫切措施前四位”的排序中，“鼓励教师使用统计数据改进教学”以及“开展基于数据改进教学的校本研修”分列第二与第四位。这说明这两个切入点虽未被教师列为最重要，但教师也十分认同两者的重要性与迫切性。

第三组是两项“自行命题”，认为“月考与单元测试自行命题”是最迫切措施第一位的占4.9%，认为“期中期末考试自行命题”是最迫切措施第一位的占3.8%。这反映教师对自主命题的重要性很认同。这也是加强命题研修的立足点与出发点。在“最迫切措施前四位”中，两项“自主命题”与两项“减少考试”的被选情况比较接近，有28%—35%的教师认为这些方面都比较重要。

不同职务教师意见的排序非常接近。只是职务越高，意见越集中。对于“开展关于命题的校本研修”与“杜绝不经加工直接使用现成试卷”的重要性，各群体高度认同，不过较多普通教师认为“减少各类统考”与“减少校内考试”很重要，但校领导与管理干部对“运用数据改进教学”的兴趣更高一些。

无论是从“被选为最迫切措施第一位”的角度还是从“被选入最迫切措施前四位”的角度，不同层次学校教师的意见都相当一致：“关于命题的校本研修”“杜绝不经加工直接使用现成试卷”均列入前三位，这说明这两项改进措施已成为教师普遍的需求，应引起我们的高度重视，务必抓紧落实。调查还发现，“数一数二”的学校的教师更重视命题研修，对于“减少校内考试”的认识比“中等”与“较为落后”的学校要强。这是一个复归理性的信号。

调查数据还表明，不同学科教师的意见排序较为一致。只是三门文科的教师对于命题研修的呼声略高于两门理科；两门理科的教师对“月考与单元测试自行命题”的呼声相对略高；语文教师对“减少校内考试”的期待略高于其他学科的教师。

综合以上信息，可以看到一个共识已基本形成：减少各类统考，杜绝不经加工直接使用现成试卷，开展关于命题的校本研修，鼓励教师应用统计数据改进教学是当前的主要对策。

三、问卷调查的主要结论

（一）校内考试过于频繁

除期中、期末考试以外，约三成学校仅设置“单元检测”，其他学校基本都有月考，或月考与单元检测、周考并存。包括教研组长在内的教师希望减少考试次数，反对周考，希望月考向单元检测转型，主张只要单元检测加期中、期末考试就够了。校级领导与中层干部也已意识到单元检测的重要性，但他们更支持“单元检测＋月月考”的模式。这一分歧的原因不言自明，需要我们认真且辩证地对待。

（二）校内考试试卷质量不高，“拿来主义”现象严重

三分之一学校的校内考试的难度系数波动达到0.1甚至更大；半数以上学校的单元检测试卷与月考试卷非任课教师命制，其中市场购买约在四成。市场购买与网络下载的盛行，导致教师命题能力的退化。约二成教师在校内考试命题中应用“双向细目表”，但有四成教师不了解或未曾使用过“双向细目表”，这一比例之高明显超出了我们的预期。

（三）试后分析得到关注，但总体质量不高

随着技术的进步和数据库的广泛普及，教师对试后数据分析越来越重视，分析项目已比以往有增多，超过一半以上的教师能够分析各知识点的得分情况，但更细致的差异性分析仍有很多潜力可挖。

在目前校内考试较为频繁的背景下，超过一半的教师能够重视试后分析与诊断，一般能做到两次考试后有一次细致的试后分析，而另外近半数教师没有充分利用考试的诊断功能，试后分析开展较少；约七成教师反映教研组在试后组织改进教学的分析研讨，但研讨质量好差各半；约两成教师在教研组未组织的情况下自发开展研讨。这说明试后研讨已得到关注，但尚需提高质量。

（四）教师在考试评价方面亟待专业支持

在学校片面强调“教考分离”的背景下，教师命题能力相对欠缺。半数教师两年内未接触过关于命题的研讨与培训，约三分之二的学校未重视在校内组织命题培训与研讨。区域与学校层面都应加强对教师命题技术的培训与指导。

四、优秀学校校内考试制度的主要特点

校内考试强调自主命题,命题的科学性与稳定性较好。学校月考以本年级教师命题为主,跨年级交叉命题与校际交流试卷为辅;单元检测也以自主命题为主。学校在意的是在自主命题的过程中,教师教学把握能力的提高,以及对教学的配合与支持。这与一些普通学校以为"引进好试卷就能赢得好成绩"的简单逻辑完全不同。

校内考试设置与频度相对理性。学校更重视单元检测,除期中和期末考试外,仅设置单元检测的比例高于其他层次的学校。越是教学质量好的学校,教师越希望减少考试次数,认为只要单元检测加期中、期末考试就够了,而教学质量落后的学校反过来寄望于考试次数的增加。

重视试后分析与教学研讨。学校在试后分析中选择的统计量更多,分析方法更多样,试后分析的教研活动更深入。

五、思考与建议

(一)反思片面"横向比较"的弊端,建立促进学习与发展的评价机制

近二十年来,随着学校规模的扩大,学校管理方式日益简单化,简单的"横向比较"比比皆是。学校管理没有立足于指导与帮助教师,努力激发教师教学的内驱力与创造性,而只是强化给教师加压的粗放式管理。这样容易使教师把横向比较的压力简单传递给学生,对学生进行横向比较,形成恶性循环,徒增教师和学生的负担,题海战术就是在这样的逻辑体系下应运而生的。

我们要建立正向激励机制,努力减少相对评价的负面效应,建立教师教学反馈与诊断的改进机制,通过评价的改进,促进学生的学习与发展。

(二)反思片面强调"教考分离"的弊端,校内考试应增加自主命题的比例

我们要反思片面强调"教考分离"的弊端,探讨建立"教考分离"与"教考一体"相结合的教学质量过程管理模式。探索除区域统考、校际联考和跨年级交叉命题等之外的、更为合理的、有利于教师更为专业地把握教学过程的教学检测途径,增加自主命题的比例。

我们认为,必须减少校内考试次数,减少以横向比较为目的的考试,建议采用

教师自主命题的单元检测加学校命题的期中与期末考试模式。重点探索能充分发挥教师工作能动性的“教学评一致”的日常教学诊断改进模式与工作机制,科学合理地设计教学检测的频度、难度等。要调整考试结果分析策略,重点发挥单元检测的形成性评价功能,重在诊断分析,并与作业相结合。教学检测的频度还应考虑学科特点,不同学科的检测周期可以不同,语文宜长,数学可短。重视作业的批改分析其实是最有效的形成性评价。

多年来,很多同志对考试有一个误解,以为考试是对学生前一阶段学习的总结和甄别,但忽视了考试对学生后续学习的激励作用;以为考试是对教师教学情况的衡量标尺,但忽视了考试应是教师对学生学习的引导。所以,多数学校在强调“教考分离”的权威,但建立规范的自主命题的管理制度更为重要。一是为了提高教考评一致性,有利于提高教学的有效性;二是在实践中提高教师的命题能力,以更好地控制试卷难度;三是将教师的教学精力从拼搏题海移往教学研究,提高教学的效能。在教学中,教师往往会针对学生在学习过程中表现出的一些问题做特殊的要求。这些要求需要在平时的作业和课堂中加以关注,同时也需要通过考试对学生的矫正情况进行诊断,从而促进学生学习改进。

(三) 推广基于自主命题的校本研修,多途径提高教师的评价素养

调查发现,开展关于命题的校本研修是一线教师的迫切需求。提高教师根据学科特点与教学需要设计评价工具的能力,特别是日常测验的命题的能力,引导教师科学运用评价促进学生学习,是中学教学过程管理与校本研修的重中之重。我们可以采取“两个结合”的策略,即比较研究与合作研讨相结合、技术培训与命题实践相结合,让教师在学习、实战和研究中不断提高命题能力。当然,还应该关注最新命题动向,特别是基于核心素养的命题研究,关注表现性评价在纸笔考试中的应用,关注评价理论的发展方向。提高教师根据学科特点与教学需要设计评价工具的能力,特别是命题的能力,引导教师科学运用评价促进学生学习。要重点推进“基于自主命题的校本研修”。在组织教师学习命题规范、命题方法,钻研学习目标与学习进展的表现的同时,要增加教师自主命题的锻炼。要将单元检测的命题权交还给任课教师,在探索自主命题的同时,策划关于命题研究的校本研修,在研究命题的过程中提高教师的教学把握能力。活动策划的重点要从“形成试卷”深入到“形成研究”。

(四) 推广基于实证改进教学的校本研修,充分发挥评价的诊断与改进功能

应用评价数据的统计分析指导教学改进已深入人心,指导教师掌握试后分析

技术是今后的一个重点。学校要建立多维度分析教学情况的工作系统。一要看教师的教学情况。重点研究教师在各知识点教学中的表现,并从表现中发现教师思想意识根源和教学操作问题。二要看班级的教学情况。侧重于以班级为单位研究不同班级的教师组成对各教学点的影响因素,以及班级的文化建设和任课教师的个体素质对所教学生的影响因素,从分析中发现教学规律。

要帮助教师建立起基于学情诊断的教学反思习惯。学生学情诊断与研究的重点主要在学生个体对各知识点的掌握程度,具有不同学习特征的学生的成绩差异,影响学生知识习得的因素,以及学生的优势、弱项的剖析与对策等。

要重点推广“基于评价实证改进教学的校本研修”。实证可从改进课程设置、改进教学内容、改进教学方法、改进实验手段、改进学习方法、改进学生作业等方面分类,应探索实证的不同类型,帮助教师进行如何操作与如何改进的研讨。

(五)区域层面应克制“控制性管理”,指导学校完善教学质量管理

过去一个阶段,区域性统考被视作地方教育行政部门管理学校教学工作的基本制度。但当前,我们必须重新正确定位区域性统考的地位与作用,把区域性统考纳入支持学校教学质量管理改革的机制中去、规范统考的频度、考试内容、范围、难度等。它应是教师需要的阶段性检测和分析依据,而非强加给教师的“压力源”。下一阶段要重点挖掘不过分依赖统考抓教学质量的区域典型,探索区域层面指导学校完善教学质量管理的实践经验。

沈启正(浙江省教育厅教研室)
周　鸿(丽水市莲都区教育局教研室)

第二节　区域推进初中学校改进教学质量管理的探索

2016年12月，杭州市江干区教育局组织相关部门和四所实验学校的领导，召开“初中学校教学质量管理机制的重建”项目研讨会。学习浙江省教研室《初中学校教学质量管理机制的重建》研究方案，探讨相关理论和政策，理解本课题研究的重要意义，统一认识，指导行动。

一、聚焦学校教学质量管理

教育质量管理是指教育行政部门和学校通过教育教学评价，指导学校与教师开展教育教学，促进教育质量科学发展的过程。通过学习讨论，逐渐认识到初中学校教学质量管理机制重建，聚焦的是初中校内考试及其结果运用的教学质量管理过程。目前江干区初中教学质量管理和教学活动与全省其他区域类似，存在部分学校热衷“教考分离”、教师依赖“题海战术”等现象，少数初中学校还采取校际联考、跨年级交叉命题的“教考分离”模式；也有极少数学校无视学生的学习现状，信奉“拿来主义”，简单地购买商家提供的综合练习。这种低效方法对学生能力培养和长远发展肯定是有害的。当教师失去评价权，与学生一起完全成为考试的应对者时，他们对于教学目标的把握能力逐渐退化，教学活动的效率自然下降。

遏制这种“教考分离”的教学质量管理机制，还原学校考试的形成性评价功能，构建清晰的目标与过程，体现“学生立场”，激活教师智慧，建立旨在“促进学习”的科学规范的学校教学质量管理机制，是初中学校评价改革的重点。

二、改进学业质量抽测机制，形成多样化的学习评价模式

江干区学校绿色质量综合评价包含三个维度：学生学业水平评价、学生实践性学习评价、学生学习状态及成长环境评价。其中，学生学业水平评价和学生学习状态及成长环境评价同步进行，目的是以数据的方式提供实证，帮助学校进行教学诊断并改进教学。

（一）规范区域学业水平抽测机制

江干区制定了《中小学学业质量考核办法》（2017版），规范区域学业水平抽测，明确抽测内容与对象，控制抽测次数与试卷难度，建立以学科课程标准为依据的学业水平抽测制度。

抽测内容方面，规定不得超出课程标准和课本内容。如，江干区规定九年级第一学期学业水平抽测内容为九年级上册的内容，而不是为了中考复习赶进度，把九年级下册的内容也纳入抽测范围，有效减轻学生学习负担。

抽测学科方面，规定只抽测部分学科，某年级抽测的学科其他年级不再抽测，抽测的学科在期末考试前两天区教学工作会议上由参会者现场抽签确定。这既保障了随机性、公平性，又避免出现部分学校在期末复习阶段过分重视抽测学科的教学，增加师生工作和学习负担的现象。

抽测学科试卷难度方面，限制各年级试卷难度。如七年级抽测难度值为0.76，误差值为±0.05。引导学校教学面向全体，不随意增加教学难度。

（二）帮助学校建立形式丰富的、促进学习的校内学习评价机制

不知何时开始，学校习惯采用“检测”一词来代替考试与单元测验等学习评价活动。然而检测应是基于标准工具的站在管理者立场上的“检查测量”活动，而日常学习活动中的测验与考试更应该是学生立场的学习活动的一部分，是支持学生更为扎实、更为科学地进行学科学习的安排。它强调“教学评的一致性”；强调评价为教所用，促进学习的服务“角色”；强调体现学科学习特点，以形式丰富的活动评价学习；强调不同学习阶段、不同周期的评价策略的差别，评价的差异策略，以及面对不同学生的差异激励机制。在区域“松绑”的背景下，江干区各项目学校从不同角度形成了形式丰富的探索，或多或少地让评价回归“促进学习”的本质功能。

案例9.1

“导思学练测”：融于学习并服务学习的即时评价

杭州师范大学东城实验学校在思维课堂建模思想的引领下，以常态课教学设计为抓手，扎实推进思维课堂的理论研究与实践模式建构，形成“导学提纲”，基本框架涵盖五个方面：

导——新课导入。导目标，导重难点，导情景，时间控制在5分钟内。目标是激

发学生的学习动机,使学生迅速进入学习状态。

思——问题思考。问题引入,问题设计(问什么、怎么问、为什么问),问题要来自于学生,教师当好引导员,最终帮助学生将问题解决并总结。

学——师生互学。教与学相互渗透,互为补充,做到“定时间、定任务、定问题”,提高单位时间的自主学习效率,关注学生对知识的探究过程,一般时间控制在25分钟内。

练——自主练习。这一环节是为了巩固,采用口头和书面两种方式,一般时间不少于10分钟。

测——当堂检测。这一环节时间为5分钟,针对教学目标达成情况进行自测,以便及时调整教学策略。

思维课堂的教学模式追求教为主导、学为主体、练为主线的思想,提倡把课堂还给学生、把时间还给学生,把学习的主动权还给学生。

案例9.2

体现学科特点的多样化的学习评价

在杭州四季青中学的日常教学与管理中,存在四种形式的学习评价。

校内阶段性测试——学校组织学科单元模块测试。每个学科有规范的命题机制,备课组组内阅卷,考后有评卷、析卷,并进行详细的数据分析,形成阶段性的学业与教学情况报告,以促进教学的调整改进。

减量提质的作业评价——教师关注学生的作业质量,把作业评价作为学习评价的有机组成部分,内容包括按时提交、独立完成、认真作答、正确率、及时订正等方面。教师精选学生作业题,通过对每次作业的多次批改和指导,帮助学生高质量完成作业,达到减量提质的效果。

面向全体的学习竞赛活动——各学科每学期至少设置一次面向各年级的学习竞赛。例如,数学学科设置初一解题竞赛,八年级微课制作竞赛,九年级说题比赛;语文学科设置七年级书法比赛、现场作文竞赛;英语学科设置七年级课本剧表演比赛,八年级双语演讲比赛;科学学科设置七年级科学知识竞赛,八年级实验操作比赛等,这些学习竞赛以班级预赛,年级决赛的形式进行。比赛结果以等级形式反馈。这些结合学科特点的专题活动弥补了纸笔测试的不足,让其他学习方式的学习能够得以坚持与保证。

搭建平台展现优秀的活动式评价——每年组织一次学科节活动,各学科设计朗诵表演、即兴演讲、英语剧、历史知识接龙、小魔术等展示表演,或者设计名著抢答、数学七巧板、英语单词拼写等游戏,展现优秀学生的学习成果。

在第一种常规做法的基础上,增加作业评价是为了引导教师重视学生学习过程的具体积累与进步。后两种做法都是活动式的学习评价,前者面向全体学生,意在加强学生对体现学科特点的技能或学习方式的掌握,弥补纸笔测试评价的局限;后者通过活动展示优秀学生的表现与成果,学生可以通过展示或观摩两种不同的方式参与。

三、拓宽命题研修路径,提升教师命题能力

还原评价促进学习的功能,必须提高教师运用评价促进学习的能力,尤其是命题能力。整体提高教师命题能力要下好“三步棋”。

(一) 种子培育:培养命题骨干与带头人

命题能力是无法通过宣讲的形式来提高的,它必须在实践锻炼中进步,如果同事群体中没有“高手”,形成向上的力量,那再多的实践也只会原地踏步。所以,区教育发展研究院组织学科命题骨干研修,并将他们分散到学校,发挥“种子效应”。

江干区组织区内骨干教师参加以真实试卷命题为任务的“教学质量评价培训班”。以学科为单位、学科教研员为带头人,以形成学业水平抽测试卷为目标,分四个步骤开展活动:个人研修—集体研修—独立思考—形成试卷。

1. 个人研修。

学习命题理论,研究前三个学年学业水平抽测试卷,找出试卷的亮点和不足,提出修改建议。

2. 集体研修。

培训班成员发表自己的见解,从理念、难度、技术等角度进行不同观点的碰撞,达成本次命题的共识,每位成员认领命题任务。开展一项到多项命题技术的学习和实践。

3. 独立思考。

成员针对自己的任务、依据双向细目表开展独立命题,每道试题都至少有两位成员独立命题,便于最后的讨论组卷。

4. 形成试卷。

组织培训班成员进入相对封闭场地，研讨并形成试卷初稿；组织小样本测试，测试试卷的正确度、难度、科学性；在小样本测试的基础上研讨和修改试卷，直到定稿。

（二）区域引导：面向全体教师的学科命题培训

命题是一种专业能力，但它有三个条件：专业功底、对教学导向的正确理解以及命题技术的掌握。要帮助教师正确理解教学导向，而不是追随考试"赌博押宝"，区教育发展研究院要求各学科在学业水平抽测后，主动解读命题意图，指导教师如何理解试题中的教学导向，促使基层在教学导向与命题改进两方面形成积极的互动关系。

一是主动解读命题意图，帮助教师读懂试卷中的教学导向。由参与学业水平抽测试卷命题的教研员和骨干教师解读试卷，解读内容包括双向细目表的形成，每个原创试题的意义、形成过程，每个改编题的原型、改编意图和改编过程，试题与课本问题的联系和区别等。

二是开展教师说题比赛。试卷讲评是基于实证改进教学的一个重要环节，具有激励、矫正、强化、示范的作用。试卷讲评时必须有对试题的分析，才能帮助学生总结经验、拓宽思路、揭示规律、提高能力。同时，开展教师说题比赛能有效提升教师对试题的分析和把握能力，提高试卷命题水平。

三是把试卷命题能力作为教师基本功之一，开展命题竞赛，帮助学科教师学习和掌握命题技术，为学校的校本命题服务。

（三）校本研修：支持与指导考试命题

提高教师的命题能力，必须依靠以校为本的教师研修，并且必须是结合命题实践的基于自主命题的校本研修。学科教研员用不同的方式指导和参与实验学校的命题研修，如与学校的备课组共同商讨考试的时机，审核校内考试的试卷内容，在考试后与备课组成员共同分析试卷的优点和不足，指导和参与实验学校的考试命题比赛等。

案例9.3

青年教师自主命题比赛

丁兰实验中学围绕“学、命、磨、评”四个环节开展教师自主命题的校本研修。

第一步：学。在学期初期，邀请教研员进行全校讲座，组织教师学习命题规范、命题方法、钻研学习目标与学习进展，引导教师科学运用评价促进学生学习方式的改进。

第二步：命。在具体学习命题规范后，组织青年教师命题比赛，增加教师自主命题的锻炼。以青年教师为主体，根据考试内容、考试细目表、难度系数要求等进行命题。

第三步：磨。青年教师完成命题后，备课组内教师进行研卷、磨卷，教研组长进行审卷。命题过程中采用“青—中—老”结合的办法，做到既有分工又有合作。同时教师在探索自主命题、研究命题的过程中提高课堂教学把握能力。

第四步：评。命题的试卷作为期中试卷，以学生的考试结果来验证难度系数的达成情况，分析试卷命题的得失，形成命题反思，同时对命题结果进行学校评比。

研修过程中，教研员与学校教导处密切合作，讨论和确定命题研修的方式，给教师做命题讲座，并参与最后的试卷评比。

案例9.4

基于教师专业发展的“评改创”命题研训

东城实验学校通过“评题、改题、创题”三个步骤，提高对习题的甄别精选能力和自主命题能力，实现命题能力的累积递进、螺旋上升。具体操作如下：

1. 评题反思，提高甄别试题能力。一评题目所考核的三维目标，即题目涉及哪些知识技能，蕴含哪些思想方法；二评学生答题中容易出现的错误及原因；三评题目的命题特点和难度系数，以及可拓展改进之处。

2. 改编试题，学习命题技巧。教师既可以改编经评析认为有缺陷的试题，也可以改编想要进一步挖掘提升的试题，还可以根据自己班级的学情改编一些试题，使之在内容和难度上更加适合学生。在改试题的过程中，反思自己的教学和命题观，研究命题的思想、规则和技术，增加对命题的认识。

3. 原创试题，尝试自主命题。依据本班学生的学习情况，教师在平时作业、单元测试和课堂教学中自主编题,增添原创题,增设对知识的变式情境训练。在每一次自主命题的过程中,都要围绕考核目标,利用命题规则,用心打磨试题。

在开学初,备课组长把每个主题单元(模块)的命题任务分解给备课组每一位成员,让教师自主命题,然后利用备课组活动时间,组织教师“说题”和研讨,最后命题教师根据备课组全体教师的意见和建议修改、完善试题,供备课组每位教师使用。同时,学科教研员认真指导研修策划,提供相关案例进行分析和点评,积极参与备课组的“说题”研讨活动,给学校备课组以专业支持。

四、立足精准数据分析反馈,多措并举驱动教学改进

(一)完善教育质量综合评价的数字化管理平台

江干区充分利用现代信息技术,与网络公司合作开发教育质量监测、诊断与评价服务平台(以下简称数据平台),为区域和学校开展基于实证的评价和教学改进实践提供技术支持。

(二)根据“学习质量调查”,提供区域与学校两个层面的分析报告

自2014年起,开展区域学生学习影响因素的现状调研,根据问卷收集的学生学习状态及成长环境的一系列数据,结合学生学业水平测试的结果,进行相关分析和回归分析,从中发现数据背后的内在联系和变化规律,看到学生对目前学习生活中相关问题的基本反映。(详见第三章第五节)

结合数据平台和教研员的综合分析,从区域、学校、学生三个层面开展学科分析。除了提供精准的数据外,重点研究学生的答题表现,同时根据需要进行数据处理,提炼聚焦数据表象背后的有价值的问题,为学校、教师、学生提供管理、教学、学习方面的针对性建议,实现考试的诊断和导向功能。

结合学业水平抽测和学习状态及成长环境评价,从区域和学校两个层面形成一系列的分析报告,分发给各学校。同时召开全区教学工作会议,由教研员分析和解读系列分析报告,以期促进区域各校更好地思考自身的内涵发展并找到更适切的应对之策,保障学生的绿色学业成绩,促进学生的健康发展。

(三)利用命题技术为数据驱动教学改进提供精准反馈

由于评价技术的缺乏,对某一题目的评价仍停留于整题平均分、小题平均分等

粗放、表面的问题，对学科课程实施的改进意义不大。为进一步发挥测试数据对诊断的作用，江干区尝试通过“评分项分数解释法”对数据进行深度开发与利用。下面以初中数学某次测试中的一道题目为例加以说明。

案例 9.5

采用“评分项分数解释法”，加强数据的深度开发与利用

（本题 8 分）已知函数 $y_1=\frac{1}{2}x^2$ 与函数 $y_2=x+\frac{1}{2}$ 的图象大致如图.若 $y_1<y_2$，试确定自变量 x 的取值范围.

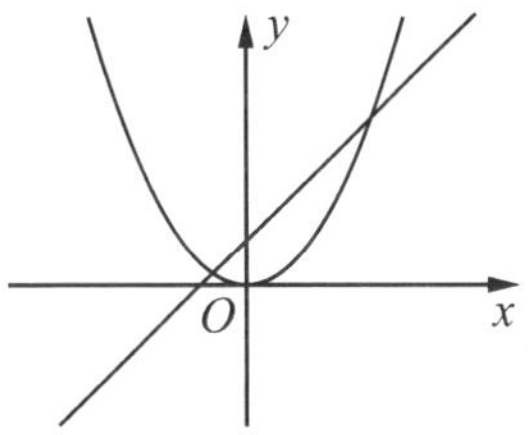

图 9.8

参考答案：

$\frac{1}{2}x^2=x+\frac{1}{2}$ ，……3 分（评分项 1：能否建立函数与方程的联系，明确方程的解即两函数图象交点的横坐标）

得 $x_1=1-\sqrt{2}$ ，$x_2=1+\sqrt{2}$ ，……2 分（评分项 2：能否熟练掌握二次方程的解法）

$\because y_1<y_2$，$\therefore 1-\sqrt{2}<x<1+\sqrt{2}$ ……3 分（评分项 3：能否运用数形结合直接判断自变量的取值范围）

“评分项分数解释法”的具体操作方法包括以下内容：

（1）按每一步骤的重要性合理划分评分项并赋分。本例中，三个步骤较为明确，所以设三个评分项。其中第一步“建立函数与方程的联系”和第三步“运用数形结合直接判断自变量的取值范围”，相较于第二步的“二次方程的解法”更有思想性与难度，所以占更多的分值。

（2）建立评分项分数解释对应表。通过分值与学生学习情况的对应分析，既有助于诊断学生的发展水平，又能评价教师的教学，利用学生学习情况间接评价教师的教学情况，提出改进教学的建议。如例题中评分项 1 可以建立如下评分项分数解释对应表（见表 9.6）。

表 9.6　评分项 1 分数解释对应表

分值	分数解释
3 分	能建立函数与方程的联系，明确方程的解即两函数图象交点的横坐标
0 分	完全不知道函数与方程的联系，没有任何思路

（3）根据测试数据形成评分项得分分布表，诊断全区的学与教情况；形成各校关键得分点分布表，诊断各校学与教情况；形成分数解释总表，明确诊断学生的学习情况。例如：某位学生得5分，可由分数解释总表对应得出其学习情况是“能建立函数与方程的联系，能熟练掌握二次方程的解法，但完全不会运用数形结合解决自变量的取值问题”。这样教师可以进行更有针对性的矫正，实现真正的因材施教。

我们为了追求测试数据价值的最大化，在一次测试中采用评分项分数解释法给整份试卷设置了73个评分项，相当于给每个学生、每个班级、每所学校提供了一个有73个项目的“诊断报告”，这些数据为学校对学生的学和教师的教的评价提供了精准研究的可能。这也是我们的教学研究从基于经验的判断到基于数据的分析的一种重要尝试。

（四）支持基于实证改进教学的校本研修

为帮助学校开展基于实证改进教学的研修活动，江干区开展区数据平台应用的全员培训：聘请网络公司技术人员到全区所有学校，帮助教师学习掌握数据上传、分析解读、分析报告下载等技术方法。同时，开放数据平台，帮助学校进行校内考试的数据分析，提高校内考试数据收集、分析的效率。本书第五章第五节中已有对杭师大东城中学依托江干区“质量调查”的评价数据改进学生课业负担的实践的介绍。

案例9.6

依托极课数据系统驱动教学改进的实践

杭师大东城实验学校运用极课app数据采集与分析系统，可以做到极速批改，极致分析，极便响应。

1. 客观题即扫即阅模式，即时出成绩并上传“极课云”。

2. 及时做出班级整体情况分析：分数段分布图、难度与区分度图、大题均分对比、小题均分对比、小题作答详情表、知识点均分对比表等。

3. 根据上传的数据分析出需要重点关注的学生。自动形成了学生学业档案，包括知识点掌握、进退步预警、班级分层情况、个体学情变化等，切实解决了学校过程性评价问题。

4. 精准定位易错题及高错题。学生错题本一键导出，自动生成电子文档，原始题干、作答记录、批改痕迹完整保留，根据每个学生错误题目的不同，更有针对性地查漏补缺。

通过极课系统的精准数据分析，帮助任课教师在教学中充分了解教情学情、把控全局方向，使得教学更为精细化、个性化、高效化。

案例9.7

依托教学质量检测报告为改进命题和教学质量提供依据

丁兰实验中学在单元测试和期中、期末阶段测试中，通过智学网大数据平台，提供多指标、多维度的学情分析。

1. 大数据平台为学校提供质量分析报告，包括学生学习能力强弱项分析、成绩发展趋势等多项数据。

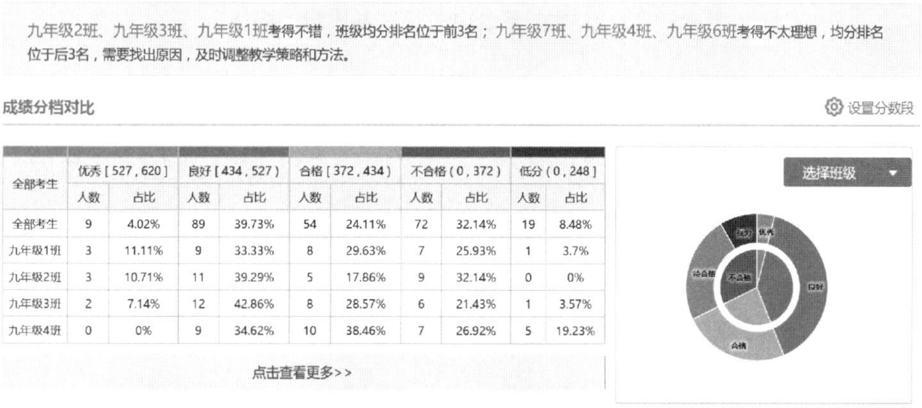
九年级2班、九年级3班、九年级1班考得不错，班级均分排名位于前3名；九年级7班、九年级4班、九年级6班考得不太理想，均分排名位于后3名，需要找出原因，及时调整教学策略和方法。

成绩分档对比

全部考生	优秀[527,620]		良好[434,527)		合格[372,434)		不合格(0,372)		低分(0,248]	
	人数	占比	人数	占比	人数	占比	人数	占比	人数	占比
全部考生	9	4.02%	89	39.73%	54	24.11%	72	32.14%	19	8.48%
九年级1班	3	11.11%	9	33.33%	8	29.63%	7	25.93%	1	3.7%
九年级2班	3	10.71%	11	39.29%	5	17.86%	9	32.14%	0	0%
九年级3班	2	7.14%	12	42.86%	8	28.57%	6	21.43%	1	3.57%
九年级4班	0	0%	9	34.62%	10	38.46%	7	26.92%	5	19.23%

图9.9 大数据平台中质量分析报告的页面

2. 为教师提供班级教学质量报告，包含学生错误类别统计与错误详情等信息。

表9.7 大数据平台中学生知识掌握情况统计

序号	知识点	知识点权重	平均得分率	对应题号
1	说明文文本内容与结构	14.3%	57.5%	12/13/15
2	文言文内容理解	4.8%	46%	19
3	说明文说明方法及其作用	4.8%	43.2%	14
4	文言实词的含义	4.8%	75.4%	16
5	名篇名句	4.8%	72.3%	5
6	成分残缺或赘余	4.8%	65.6%	4

3. 数据平台通过对试卷信度、效度、难度等多维度分析，为考查各学科命题水平、教师命题能力提供数据。

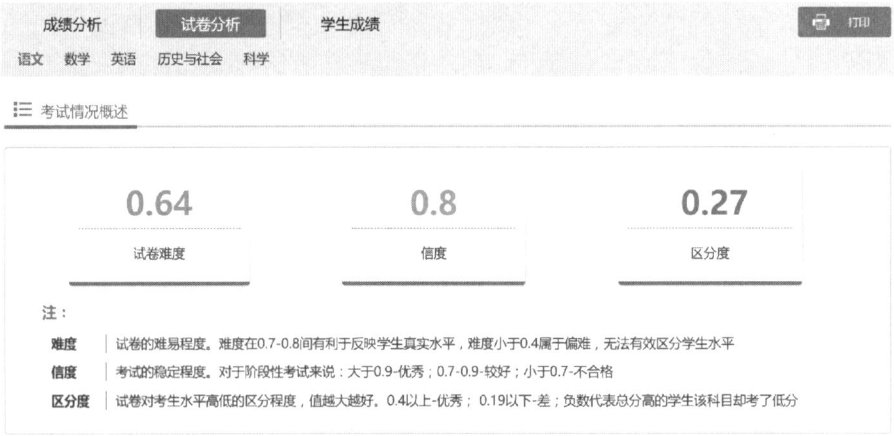

图9.10　大数据平台中关于试卷质量的描述

这些精准的数据分析，有助于教师把握学情的客观状态，改进教学行为，提升教学效率；同时为改进学科命题，提高教师命题能力提供有力的支持。

案例9.8

基于评价数据　解析分化趋势　指导分层教学

初中阶段，数学、英语、科学都出现学生不同程度的成绩分化，导致课堂教学设计有所偏颇，无法达成课堂面向全体的愿景。四季青中学启动“初中阶段各学科分化规律探究”课题，采集2013年至今的两届学生4门学科共24组相对客观的数据，每个数据分为A、B、C、D四档，每个档次的数值由教研组依据本学科特点确定。

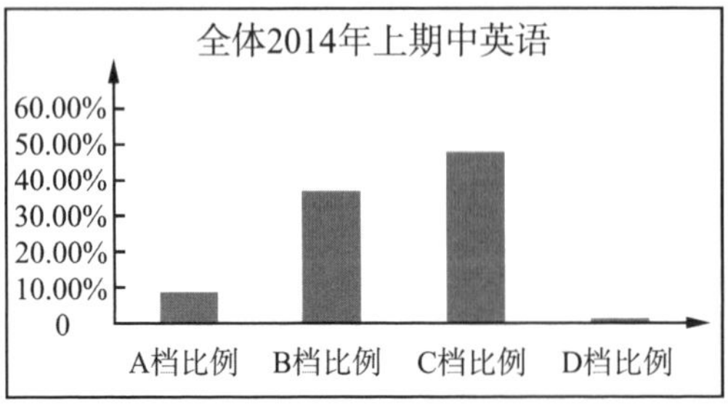

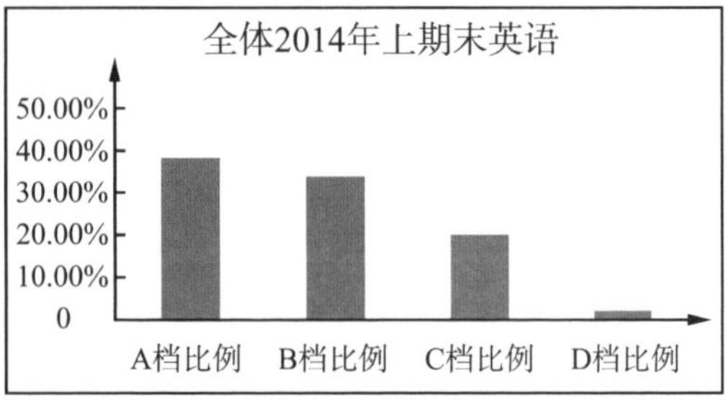

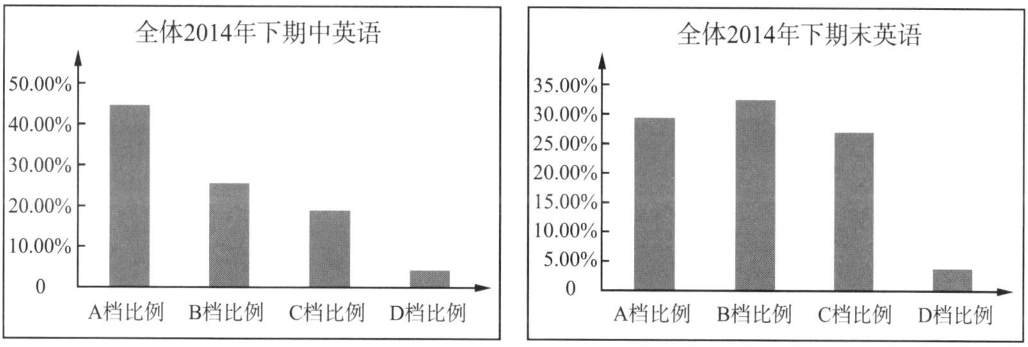

图9.11 学生英语学科学习情况的分布形态

从图9.11的数据分析可以发现，英语学科的明显分化始于七年级第二学期，八年级第一学期末分化度达到顶峰；数据显示，A档人数基本不变，B、C、D档人数变动较大，分化人群主要集中在C档。而数学学科于八年级第一学期开始明显分化，第二学期末分化最严重，且也集中在C档，这一分化态势基本上要延续到九年级。

课题组还通过问卷调查、学生访谈等方式进行学生学习分化的归因调查分析。调查结果显示：第一，分化原因与学科内容特点有直接的关系，英语、数学、科学的教学内容于七年级第二学期、八年级第一学期加大难度，也增加了密度，部分学生因一下子不适应而退步；第二，部分学生缺乏良好的学习习惯，在难度加大的情况下跟不上教学的节奏；第三，处于青春期的学生容易逆反，师生关系、亲子关系都容易紧张，从而影响学习效率。

综合以上情况，学校提出教学改进策略：

1. 开展深度教研，借助pad设计深度学习的路径，开展课堂深度学习，以提升A档生比例。

2. 尝试课内课外的分层教学。英语、科学学科于八年级第一学期开始，以同质小组（同一学习水平）合作学习的方式，进行课堂教学分层，并设计分层作业，以期在学生分化的状态下，最大限度提升教学质量。

3. 化难度为坡度，以学生立场组织教学活动。课前充分了解学情，恰当设计课堂问题，组织丰富的教学活动，以激发后进学生的学习内驱力。

4. 了解学生心理，提升师生、家校的沟通效率，帮助学生端正学习态度，进行基于家庭教育的科学指导，形成教育合力。

5. 从九年级第一学期开始，针对学生的数学成绩的分化，分三个层次开展九年级数学的分层走班教学。

五、重建学校教学质量管理机制的校本实践

随着课改的深化,校情与学情也逐渐发生变化,校内考试制度与命题机制也应有所变化。在此基础上,各实验学校都开展了立足本校实际的机制重建。

(一)开展课堂教学六维诊断机制的探索实践

杭州四季青中学与浙江大学教育学院联合开展教师发展项目研究。项目组通过国际比较和本土实践等方式,提出“课堂六维图”模型,将课堂教学细分为“目标、结构、内容、方法、理答、气氛”六个维度,每一维度给出关键性指标,并依据关键性指标给出从“新教师”到“骨干教师”的六级进阶。制定与六维各指标相对应的教师、学生和家长问卷,通过三方评价,找出教学中个性化的问题。

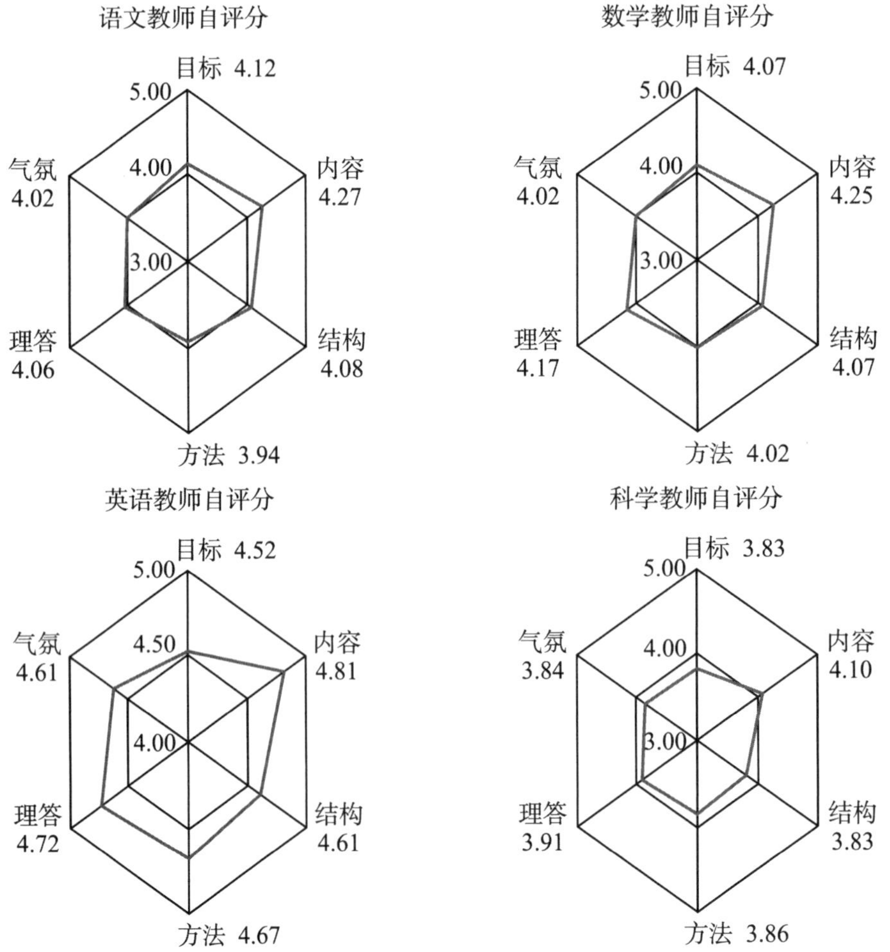

图9.12 不同学科教师的课堂六维雷达图

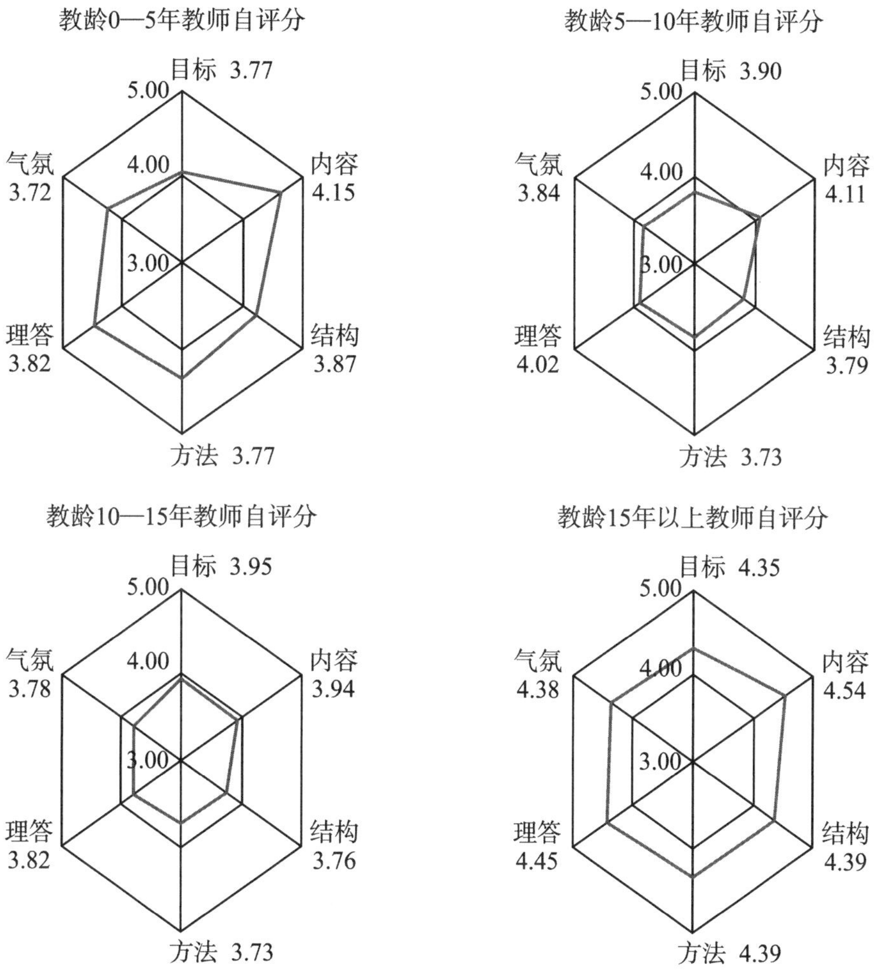

图9.13 不同教龄教师的课堂六维雷达图

依据“六维雷达图”显示的检测结果，针对课堂薄弱维度，引进适合本学科、本校学生的现代教学设计，如合作学习、自然学习设计、优质理答设计等，以此改进教学的薄弱维度，实现课堂高效突破。

（二）开展学业质量数据管理机制的探索实践

杭师大东城实验学校地处九堡城乡接合部，基础薄弱，生源质量不理想，但在短短的几年内，教学质量提升明显。他们不仅脚踏实地抓课堂教学，还在学业质量监测和科学指导上做了大量的研究。在采集测试数据后，采用三维度层层递进分析，在教导处、学科组和教师三个层面各自明确数据的含义，反思教学管理和教学行为，提出改进纠正的方向、措施。

1. 教导处从不同视角对数据进行整合、加工、处理，通过图表形式体现数据含义，站在制高点评价学科组、班级的教学得失，反馈问题。

（1）浅表观察，体现ΔT的不同价值。ΔT能直观明了地反映各级各档数据之间的差异，让学科组更具体需要关注的问题。

表9.8 各档学生ΔT值情况表

学科		A档	B档	C档	D档	E档
语文	区	0.25	0.26	0.25	0.15	0.09
	校	0.33	0.25	0.23	0.14	0.05
	ΔT	0.08	(0.01)	(0.02)	(0.01)	(0.04)
数学	区	0.25	0.25	0.25	0.15	0.09
	校	0.22	0.33	0.20	0.18	0.07
	ΔT	(0.03)	0.08	(0.05)	0.03	(0.02)
英语	区	0.25	0.25	0.26	0.15	0.10
	校	0.19	0.26	0.32	0.17	0.06
	ΔT	(0.06)	0.01	0.07	0.02	(0.04)
科学	区	0.25	0.25	0.25	0.15	0.10
	校	0.30	0.19	0.26	0.16	0.08
	ΔT	0.05	(0.06)	0.01	0.01	(0.02)
社会	区	0.25	0.25	0.25	0.15	0.09
	校	0.16	0.31	0.34	0.13	0.07
	ΔT	(0.09)	0.05	0.08	(0.02)	(0.03)
总分	区	0.25	0.25	0.25	0.15	0.10
	校	0.24	0.28	0.21	0.19	0.07
	ΔT	(0.01)	0.03	(0.04)	0.04	(0.03)

（2）切片分析，均值差异定位教学问题。由于平均分易受极端数据影响，所以只有调整样本的容量，排除极端数据干扰，才能准确反馈各班各学科教学的平均水平。通过数据高低排序，分别选用前1/2、1/3、全部样本制成三张均分统计表，通过横纵对比分析，体现教学质量差异和基本问题所在。

（3）分段透视，寻找问题根源。均值体现的特征反馈的是较大区间的共性问题，为了进一步寻找问题的根源，必须缩小区间的长度，追踪产生问题的根源。

（4）横向比较，学科之间力求平衡。通过图表了解学科教学水平的优势和不足，在学科备课组寻找学科本身教学问题的同时，学校层面更需在辅导时间的分配上寻求平衡，达到保强扶弱的目的。

（5）定性分段，对不同层次提出不同的要求。根据试卷的难度系数，确定不同水平层次学生的划分，对教学工作的指导意义不言而喻。中考难度的控制值在0.78—0.80，参照此标准，结合样本的测试难度系数，就可以明确划分标准。

2. 学科组分析、诊断学科组教学问题。

学科组的分析要建立在教导处分析的基础上，深度归纳，提出计划和纠正措施。学科组主要分析以下三个方面内容：

（1）研究测试的功能。分析试卷命题的立足基础，反观试卷布局，分析试卷对基本数学知识、方法的理解和掌握的要求；分析试卷对运用数学思想方法的要求；分析试卷对数学能力和数学学习潜能开发的要求；通过试卷命题架构，研究命题导向。

（2）通过均分的差异和期望指标定位教学漏洞，寻找问题的根源。

表9.9　客观题每题均分情况表

客观题		选择题1	选择题2	选择题3	选择题4	选择题5	选择题6	选择题7	选择题8	选择题9	选择题10	总分
测试内容		事件	二次函数平移	三视图	圆周角的计算	比例的性质	三角函数的应用	概率计算	二次函数性质	黄金分割的应用	锥体、最值问题	
能力要求		a	b	b	b	b	b	b	b	b	c	
分值		3	3	3	3	3	3	3	3	3	3	30
班均分	901	2.76	2.76	1.92	2.28	0.96	2.04	3.00	2.76	1.92	1.56	21.96
	902	2.70	2.50	2.50	2.70	1.40	2.60	3.00	2.80	2.60	1.80	24.60
	903	2.77	2.65	2.77	2.88	1.62	2.65	3.00	3.00	2.31	1.50	25.15
	904	2.89	2.68	2.46	2.57	1.82	2.57	3.00	2.57	2.46	1.71	24.75
	905	2.90	2.52	1.94	2.61	1.06	2.61	3.00	3.00	2.03	1.84	23.52
	906	2.81	2.52	2.52	2.81	0.87	2.42	3.00	2.81	2.32	1.55	23.61
	907	2.86	2.86	2.45	2.59	1.09	2.45	3.00	3.00	1.91	2.05	24.27
年级均分		2.81	2.63	2.36	2.64	1.26	2.49	3.00	2.84	2.24	1.71	23.98

在表9.9中，以904班为例，客观题的第1、2、4、6、7、8题平均得分率在0.85以上，较为理想；第3、9题的平均得分率在0.82以上，这两个知识点需要改进，直接指

导学生找出问题；第5题的得分率极低，但问题的难度不大，说明教学有失误之处，必须纠正；第10题的得分率低，此题综合性强，说明学生的能力达不到要求，在教学上需改进。

（3）总结教学周期得失，反思纠正。通过备课分析，寻找年级教学的共性问题，反思教学过程和学生的学习情况，客观把握学生与目标距离的差距和不足，分析成因及时改进教学。

3. 班级和学科教师分析，旨在终端落实解决。

这要求在前两个分析的基础上寻找教学问题的根源。

班级的分析关注的是管理目标和学生发展方向的问题，度量的是学生的思想动态、学习态度、学习方法、家庭教育、心理因素、行为方式和学科偏失，应个性辅导学生的分配，考量学生学科之间的发展平衡。

教师的分析侧重教学整体的得失和学生个体的困扰，解决教学行为的失误、方式方法的不足、知识的漏缺等问题。教师分析的是成因，做的是教学的调整和纠正，重视的是个性辅导的制定和落实。

徐　杰（杭州市江干区教育发展研究院）
黄玉芳（杭州四季青中学）
曹建军（杭州市江干区教育发展研究院）

第三节　将作业与考试有机结合的过程性评价

近年来，很多学校试图通过加强校内考试来提升学生学业成绩。其中不少学校的着力点在增加考试频次，强化校内统考，以终结性评价的“总分＋排名”的思路来组织实施过程性评价。但这种加强横向比较的做法，实质上是一种“压力传导”，并不能改进教与学的过程。

其实，学期中的各种类型的考试可以视为特殊的作业，分散在日常教学中，作业的属性更重；阶段性地统一组织时，考试的属性更占上风。不同时间节点的作业应该有不同的功能，且遵循不同的命制思路，它们共同构成促进学习的过程性评价体系。本节以初中数学学科为例，介绍如何将作业与考试有机结合，使以往密集的校内考试还原为以诊断与改进为目的的过程性评价。

一、校内考试的现状

（一）“拿来主义”致使校内考试缺乏针对性

如今网络资源丰富，很多教师已习惯于从网上下载试卷，不选择，不改编，不裁减，完完整整地拿来就用。这种“拿来主义”的试卷在对学习内容和学生学情的把握上都明显缺失针对性，许多试卷因试题超“纲”而失去诊断分析的意义，白白消耗学生的时间与精力。

（二）“依样画瓢”致使校内考试助长“题海训练”

不少教师以为校内考试越紧跟中考试卷与区域测验就越有利。他们在编制平时的练习卷和学科单元测验时也努力模仿这些相对“权威”的试卷，而忽视了学习阶段的特点。于是，综合性练习替代匹配性练习，学生从七年级就开始考中考类试题，从学期初就训练区域测验的期末卷题型。过早、过于频繁地出现这种缺乏适切性的综合性练习，会促使“题海训练”的升级。

（三）“交叉命题”致使校内考试对学情把握不当

目前多数学校认同“教考分离”的思路，校内考试均采用“交叉命题”的方式。由七年级为八年级出卷，八年级为九年级出卷，而九年级为七年级出卷。这种方式的好处是有利于教师研究三年的教学，从而在整体上关注重难点。但这种方式的不足是其他年级的教师不能完全掌握当前年级学生学习的具体情况，导致试卷在学情把握上脱离学生，从而影响试卷的有效性。

（四）“综合练习”导致日常作业都变身为考试

作业本应是针对性的练习，但很多教师已习惯采用综合练习的形式。它们以试卷的形式出现，不选择，不分层，题量大，学生顺利完成需要30—60分钟。如果进一步将“作业考试化”，计总分，排名次，再请家长签名，学生就会因为压力过大而产生心理阴影，学习活动更容易变成简单劳动。

（五）“随意组合”致使考试与作业导向飘忽

在初中阶段，考试确实难以避免。但考试的目的不是为了区分高低，而是为了引导、深化、生成、提升学生的素养。也就是说，校内考试应重在教学导向，引导学生从低阶思维向高阶思维进步，从单向思维向多向思维进步。但是，以剪贴为主要方式的“随意组合”的试卷，貌似题型丰富，涉及的知识点众多，还有创新题型，但这样组合而成的试卷的教学导向很不稳定，往往难以与课堂的学习“无缝对接”，更难以像日常作业那样促进学生有效巩固与知识拓展，引导学生深入思考。

二、伴随学习过程的渐进性的作业与评价

考试与作业在内在上是相互联系的。改进校内考试的重点应该是从作业的角度来看考试，而非将作业转化为考试。

从作业的角度看考试，一要淡化横向比较，关注学生个人的收获与进步；二要减少考试频次，弱化检测功能，让其还原为体现学习阶段特点的作业；三是针对学习阶段特点，注重作业的即时性、针对性与渐进性；四要借鉴命题的思维方法，提高作业质量，促使过程性评价名副其实；五要关注学科特点，不同学科适合不同的作业与考试模式，学校管理不宜“一刀切”。数学学科是一门知识点间存在循序修习关系的学科，因而，数学学习强调及时巩固与循序进阶，以系统的渐进的练习来巩固

所学，并推进思维能力的发展。尽管许多学科不宜采用"日日清""周周清"的教学模式，但数学学科恰巧适宜这样的教学方法。以初中数学学科为例介绍杭州四季青中学的做法。

（一）"课始十分钟"：随堂作业承前启后

不少学校采用课末随堂作业，用来及时巩固本节课的内容。四季青中学数学组采用课始随堂作业"课始十分钟"，承接上一节课的重点知识，内容精要，题型简练，既能帮助学生巩固已学知识，又能承前启后做好新课的衔接。"课始十分钟"一般包括3题，1题巩固2题迁移。其内容往往贯穿新课始终，以一步一回顾的方式即时诊断学生是否能掌握课堂内容并迁移，知识、思维是否存在漏洞。

（二）数学作业本："及时作业"分层布置

每周一至周四布置的作业应该与周五布置的作业不同。前者称为"及时作业"，后者称为"周末作业"。"及时作业"一般与目前使用的《数学作业本》相结合，教师精选必做题、选做题、挑战题。必做题是每位学生必须完成的基础巩固型作业，选做题是学生可以根据自己的程度选择适合自己的作业，挑战题针对学优生，有一定的难度，可以激发学优生探究欲望，从而发展他们的高阶思维能力。

（三）"周末e百分"：周末作业定时梳理

"周末e百分"系列是四季青中学数学组的传统。它能有效地诊断学生对基础知识的掌握情况和对重难点、易错点的巩固情况，更能引导学生对专题性知识进行研究与探索。"周末作业"通常是备课组经过每周一次的集体备课反复讨论而设计的。

1. 周末作业的内容选择。

周末作业的功能主要针对易错点、薄弱点和困难点展开，围绕一周内学生集中出现的易错点加以巩固，在此基础上对特殊题型进行能力拓展，并帮助学生建立知识和问题之间的正确联系与多点联系。

如根据同位角、内错角相等，同旁内角互补证明两直线平行，尤其是在有多组平行线的判断中帮助学生厘清容易混淆的知识。 例如：

在下列四组条件中，能判定$AB /\!/ CD$的是（　　）

A. $\angle 1=\angle 2$　B. $\angle ABD=\angle BDC$　C. $\angle 3=\angle 4$　D. $\angle BAD+\angle ABC=180^{\circ}$

此类问题在作业本和试卷中多次出现，学生都知道怎么做，但还是容易做错。所以在周末作业中我们首选了此类题型，增加考查同旁内角的关系，提高题目的辨识度。

又如一道关于平移的题目，学生由于对平移知识的认识较少，易出现错误。这道题的错误暴露出学生对平移题型的做法未达到理解和掌握的水平。经备课组讨论，在原题的基础上改编成这样的题目：

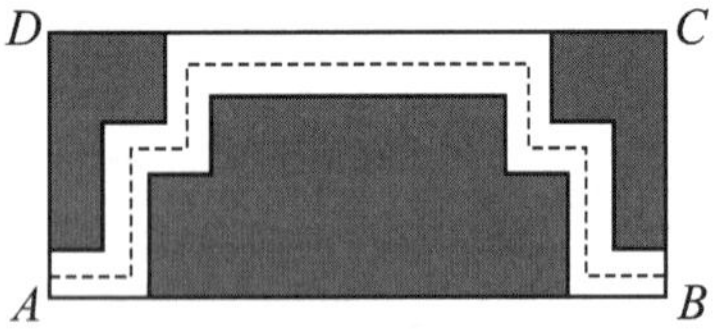

图9.14

如图所示是某公园里一处矩形风景欣赏区ABCD，长AB为50米，宽BC为25米，为方便游人观赏，公园特意修建了如图所示的小路（图中非阴影部分），小路的宽均为1米，那么小明沿着小路的中间，从出口A到出口B所走的路线（图中虚线）长为多少？

2. 周末作业的呈现方式。

周末作业一定要考虑学生的兴趣、学生的承受度，作业的题型、内容、题量必须符合学生双休日的心理。双休日的作业常常让教师欲哭无泪，很多作业都是“龙飞凤舞”“答非所问”“应付了事”，换位思考，累了一周，双休日确实需要放松一下。所以我们的周末作业必须让学生愿意做，喜欢做！

（1）题型多样。一份周末作业，至少有5种题型，填空，选择，计算，证明题，应用题。

（2）内容有趣。学生喜欢与生活密切相关的一些内容，比如生活经济类，设计实验类等。为了吸引学生，我们还常常加一点数学家的励志小故事，比如“蒲丰试验”，华罗庚的故事，陈景润的故事等。

（3）题量适切。通过学生访谈，我们了解到，七年级学生希望双休日的作业每门功课不要超过30分钟，八、九年级学生则希望不要超过40分钟，那么周末作业的题量不能超过30分钟。当然，鉴于学生的差异，一些学生只需要20分钟，而后进生则需要50分钟，因此，备课组讨论统一设计一道附加题，以便有能力的学生可以进一步提升。

（四）“模块练习”：单元作业统整知识

单元作业不仅要诊断、评价这一个单元的教学成效，还要诊断学生综合性运用知识，多角度解决问题的思维情况。基于此，单元作业设计我们要求“六步走”。

第一步是确定目标。难度系数0.8，综合性评估学生本单元的知识与思维能力水平。

第二步是建立小组。一般4人为一小组，选出组长，负责作业终审。出题人2名，审题人1名。审题人过题一遍，最后交给组长终审。

第三步是制定作业细目表。出题前，教师必须要明确本单元有哪些考点，一一罗列出来；还要明确哪些是重难点。教师基本上通过课本、考纲要求和学生平时作业来整理。

如，二次函数单元包含：函数图象的增减性；函数的平移；利用图象判断代数式；求图象与坐标轴围成的三角形的面积；函数图象与方程、不等式之间的关系；二次函数的实际应用；动点在函数中的应用。概率单元包含：事件的分类；求频率和求概率以及它们之间的联系；不是等可能性事件的概率。

此步骤由出题人负责整理考点，然后让审卷人补充。

第四步是编选作业。这是最关键的也是最难的一步。根据之前整理的考点，我们可以从以下方面去寻找题目：课本例题和课后练习的改编题；学生作业、考试中的易错题；各类参考试卷；各地的涉及这些知识点的试卷。

此步骤由出题人完成。出题人在设计时，要注意整个作业的难易度，题型不重复，考点的覆盖面要在90%以上。

第五步是组配成卷，试答修改。试题寻找完毕后，由第一出题人选择题目，定好初稿；然后交由审题人把整个单元卷做一遍。审题人做完后，从难易度、重难点的把握度等方面提出自己的建议，出题后再向审题人说明自己命题的想法。这个讨论顺序是为了避免审题人先入为主。出题人根据讨论结果，再次对试题的相应题目做出调整。调整完毕后，再让审题人做，直至两人意见一致为止。

第六步是设计标准答案和评分细则。参考答案应具体明确，准确无误，各层次的分值要标明，试题赋分根据试题难度和答题时间进行分配，试题难度较大，需花较长时间解答的题目，分值应大一些。

单元作业的设计耗时耗力，往往在一学期开学前完成初步设计，在使用时稍作修改即可。

（五）“期末复习系列”：促进知识迁移与综合性运用

期末复习阶段，是温故知新的阶段，更是知识迁移、思维拓展的重要阶段。这时候的作业必须是兼顾复习与拓展的。难易度必须兼顾好中差，试卷的内容也必须涵盖教科书。那么如何出好期末复习作业系列呢？

四季青中学积极开展命题研修，逐步形成了期末复习作业设计的四个环节：

1. 集体备课，据“纲”提炼复习点。

提炼阶段学习重点，明确复习目标。填空题、选择题一般用来诊断学生对基础知识的掌握，解答题则用来评价学生的知识运用能力；作业内容要涉及学习重点，排除与课本无关的内容，不出现偏题、怪题，作业内容要兼顾知识与能力两个方面。

2. 独立出卷，据“学”收集重难点。

根据提炼出来的复习要点，备课组成员人人都要出一份作业。设计作业时，务必以生为本，围绕学情来选择内容，要求以某模块知识点为基础，围绕学生的难点、弱点、盲点设计多种题型，并适当拓展延伸，对于课本中的题目进行有效改编。

3. 交叉试答，据“本”修改完善。

作业设计好以后，备课组内交叉做题，通过“一出一做一改”，才算基本上完成一份复习作业的设计。

4. 组内反馈，据“导”修正复习策略。

备课组分析复习卷，并交流各班各题复习情况，以便各位教师继续调整自己的复习重点。

表9.10 数学组学期作业与考试的设计与反馈

类型	设计方式	审核方式	反馈方式
随堂作业	集体备课 分工设计	自主审核	向学生反馈
及时作业	备课组商讨 精选《作业本》题目	自主审核	向学生反馈
周末作业	备课组内 轮流设计	自主审核	向学生反馈 组内交流班级情况
单元测验	建立小组 单元分工 假期完成设计	审题人做题，提出修改意见，督促出题人改进	从作业设计、学情、教学情况等方面撰写简练的分析报告，组内交流，形成后期教学建议
期末复习作业	集体备课 分模块设计 复习前一个月完成	交叉做题，提出修改意见，督促修改	指导学生评析 组内交流

三、支持学生自主开展补偿性学习的选择性作业

除了常规的作业系统外，四季青中学还有根据学生的个性差异与自主需求而设计的补偿性学习的资源——“三微学习包”“个人错题集”与“错题库”。

（一）基于个性差异设计选择作业——三微学习包

为适应学生学习差异，转变传统学教方式，满足现代学生“人机对话”的学习需求，2015年，四季青中学数学组开始研制“三微学习包”。它指的是包括“微视频”“微学案”“微测试”的学习包，将“导、学、反馈”链接在一起，放在校园网上，供学生有选择地学习。教师依据学情，分层开发学习包，包括有“重点学习包”“难点学习包”“弱点学习包”“疑点学习包”，学生可以根据需要自行选择。

在“三微学习包”的研发过程中，有制作组、审核组、调查指导组三个小团队。制作组由各备课组数学教师组成，负责研发学习包内容，研究学习包制作技术，研究学习包的使用；制作组负责制作并上交给审核组；审核组由骨干教师组成，负责审核每一个学习包的内容是否符合要求，是否基于学情，知识点有没有价值等。审核组审核完毕，“三微学习包”即可上传至校园网。

“三微学习包”分为学校版和家庭版，学校版是“视频＋纸质稿”的形式，可以在教师的指导下运用，也可以学生自学和帮学。家庭版是“视频＋电子稿”的形式，学生可以完全自学自查，其中微检测另配有教师详细讲解的视频。

（二）基于个体需求设计自助作业——个人错题集、年级错题库

及时纠错、自主整理错题集，都能够很好地帮助学生查漏补缺，重新梳理知识。再次面对疑难问题，有利于学生创新思维的生成，因此学校重视个人错题集、年级错题库的设计。同时把个人错题集、年级错题库作为学生自助学习的材料，学生可以重新订正，再次做题，完成自我提升。

个人错题集应如何形成？教师可以在每次作业或练习中，指导学生收集错题，形成自己个人的错题集。另外，教师摘录典型的错题，形成年级错题库，放在qq群或校园网上，供学生选择自助学习。上学期开始，四季青中学借助“极课数据”，通过学业跟踪、错题扫描，形成了错题库和高频错题集，以减轻学生、教师的负担。

倪　敏（杭州四季青中学）

第四节　完善学校考试制度的探索

学校考试制度是教学质量管理的重要内容。它是对学校过程性评价的规划。通过规范命制试卷、科学运用考试结果,形成关于学生的学习水平、学习状态、教学目标的实现程度以及教师的教学效果等的评价,进而激发学生的学习动力,促进教师调整教学策略是学校教学管理的基本路径。学校考试制度包括考试评价的规划安排、试卷命制管理、教师命题研修、考后诊断管理等方面。

在以往的考试管理中,衢州市书院中学一般直接引进现成试卷作为单元测验卷,期中考试也常常采用兄弟学校试卷。但是学校生源基础相对薄弱,考试结果往往不够理想,严重打击学生的信心,影响学生学习的积极性。针对这些问题,书院中学于2015年探索考试命题管理改革,努力使作业、试题校本化,并尝试了一些具体而务实的做法,取得了一点成效。

一、完善命题管理机制

初中考试通常有四种类型:中考、期末考试、期中考试、单元测试。中考和期末考试分别为全市或全区统考。期中考试以及平时的单元测试等,由学校自主命题与管理。这些颗粒度较小且与教学行为关联密切的校内考试,是反映教学效度的有效抓手。为此,学校完善了命题管理机制。

(一)期中试卷的命制

1. 确定考试范围。

学期初,教务处确定期中考试时间。备课组根据考试时间及教学进度,确定期中考试范围。同时确定难度系数、考试形式、试卷分值等。

2. 安排命题人员。

期中考试范围等确定后,确定命题教师。本着让每一位教师都得到发展的原则,学校由原来专人负责命题,改为每位教师轮流参与,让每位教师亲身体验命题的全过程。同时,对教师本人而言,命题过程也是专业能力提升的过程。

学校规定，每门学科安排三名不同年级的教师负责本年级本学科的试卷，其中必须有一名业务能力较强的教师，以强带弱，确保试卷质量。

3. 提出命题工作标准。

命题教师确定后，召开命题教师会。会上除了讲清命题的要求，还要特别强调双向细目表。在双向细目表上，除了写清楚知识点、能力要求等，命题教师还需写出每题的出处以及对本题的预估值，目的是让命题教师结合学生实际，仔细审题，既能确保试卷质量，又能体现教师的能力。

4. 试卷研磨。

个人命制出来的试卷，肯定存在较多问题，不能直接使用。因而，学校安排一天时间进行封闭式试卷研磨。磨卷前，三位命题教师先把其他两个年级的试卷做一遍，做到心中有数。磨卷时，要求命制者按学科试卷特点逐题讲解题目的出处，设计本题的目的，本题预估的难度系数。然后三名教师一起根据学生的特点、课标要求及《考试说明》，展开三个方面的讨论：一是对试卷的结构、题量、题型、难易度、知识覆盖进行研讨；二是对每道题的信度、效度、科学性、公平性、能力目标等方面进行研讨；三是对题目表述、评分标准、图文匹配等进行研讨，通过研磨修改完善优化。

5. 试卷定稿。

最后将定稿的试卷、答题卷、评分标准以及双向细目表导入专门开发的学校考试组卷与分析系统（以下简称“考试系统”）中。“考试系统”支持学生学业水平和综合素质的评价和平时的命题组卷。考试后，机器扫描学生答卷，即能在“考试系统”中自动生成各项考试数据以及错题集，便于教师及时地收集到丰富的考试数据。

（二）单元测试及月考的管理

布鲁姆主张教师在学期初，应先对学生进行诊断性评价：确定学生是否具备了先决技能和先决习惯；鉴定学生对教学目标的掌握程度；辨别学生需要帮助的程度。根据这一结果，为学生提供预期性知识，“使教学适合学生的需要和背景”。

2015年开始，学校禁止教师直接使用外来现成的单元测试卷。要求教师以备课组为单位，每位教师轮流命制符合本校学生学情的单元测试卷。

单元测试的命制主要有两种类型：一种是“以教定测”，教师根据已经完成的教学内容从“考试系统”自带的云题库中找题组卷；第二种是“以学定测”，教师从作业本、平时的错题本、平时收集到的好题中选题编题命制试卷，然后导入“考试系统”。每次的单元测试卷或“周周评”的试题先由教师个人命制，再由备课组集体研磨定稿。并且针对不同层次的学生，研磨两份试卷。因此试题的针对性相对较强。通过这种方式，学校比较有效地推动教师开展了“不同功能下的测试研究”。

二、建立命题研修制度

由于教师专业水平的限制，多数教师在匹配试题和知识点、考查能力、难度预估等方面存在困难。为此，学校积极采取相应举措提高教师的命题水平。

（一）专家引领，促进提高

学校积极组织教师参加区级以上的各种命题培训，并且邀请专家对教师进行命题指导，使教师明确命题的基本流程、基本原则、基本技术。同时，每次考试结束后，学校还把各个学科的试卷分发给区教研员，让教研员对试卷进行审核评定，指出试卷中存在的问题，提出可行性建议。

（二）团队研磨，激励成长

对评价而言，评价的依据很重要，一般评价测评的依据不外乎教师的课堂提问、配套作业、平时的单元测试、期中期末试卷。试卷就好比测量学生的一把“刻度尺”，“刻度尺”不准确，势必会导致测量结果的失真。因此，试卷质量直接影响测量数据的准确性，从而影响教学的有效性。为命制出适合自己学生特点的试卷，学校专门组织命题小组外出一天磨卷，传帮互带，共同研讨，共同提高。为鼓励教师命好题，学校还专门设立了“优秀命题奖”，奖励命题质量好的教师。

三、建立教学诊断机制

（一）数据采集

对于期中期末考试，要求教师在“考试系统”上进行流水阅卷，而针对平时的测试，一般由任课教师进行有痕阅卷。采用“先批改后扫描”的方式，将教师的批改痕迹都保留下来。阅卷结束后，学生答题的各种数据均在“考试系统”里自动生成。同时学校还可以通过“考试系统”了解教师使用的情况，及时反馈教师的使用情况。

（二）数据分析

对于教师而言，数据应用很重要，学校的“考试系统”能帮助教师分析很多数据，如成绩分析、知识点分析、学业报告、错题本、卷面查阅、综合素质等。而在成绩分析下面有很多子项目，如班级成绩分析、班级试卷分析、年级成绩分析、年级试卷分析、教师对比分析等。

对于学生而言，通过"单科成绩对比图""知识点掌握情况分析表""知识点的个人掌握率和班级平均对比表"等，可以分析出自己对相应知识点的掌握程度。

由于近两年来命题把关较严，试卷质量相对较高，数据采集比较精准，每个学生、每一小题、每个知识点、每个能力层次的得分情况一目了然。所以能比较客观而有效地诊断出学生的薄弱环节，教师也可以从系统中获得全面而客观的数据。由于采用信息化考试管理，教师和学生都能快速、简明地从数据中找到自己的不足之处。

（三）改进教师的"教"和学生的"学"

如果只有数据采集和分析，而不对数据分析结果进行总结、反思，并应用以指导实践改进的话，就好比医生看病仅诊断症状而不对症下药治疗。这显然是不可取的。因此我们要求教师通过对考试数据的分析，了解学生学习中的困惑，以便调整教学内容和教学方法，改进教与学的关系，适应和满足学生的需求。

1. 教师行为改进。

利用诊断数据，教师可以明确班级学生的知识和能力发展水平，为后期教学改进提供数据支撑。根据知识点分析得到雷达图和门牙图，教师就能精准地找到学生集体塌陷的知识点，判断自己的教学效度，改进调整自己的教学策略。另外，还可以将数据分析结果作为教研组和备课组的研讨主题，在关注学生学的同时，也反思教师的教。

这样的数据分析，促使教师思考如何提高课堂效率，缩小本班与其他班的差距，本校与其他学校的差距。

2. 学生个性发展。

学生通过数据分析，可以比较全面地了解自己的学习状况，并且通过个性化的错题本，有针对性地开展自主学习，增强学习效果。这样可以为学生节约大量的时间，解决自己的知识漏洞，使自己更全面地掌握知识，提高效率。

吴文军（衢州市柯城区书院中学）

第五节　基于数据的学习分析与指导[①]

在教育教学评价活动中,我们已积累了丰富的数据资源。随着大数据时代的到来,强有力的信息技术支持,让看似简单的数据折射出丰富的现象,让教与学的行为可视化,为教与学的诊断、改进、指导提供真实的依据。温州市实验中学于2010年开始研究“基于数据的学习分析”,通过数据采集、数据建模、数据解释,改革学业评价,改进教学过程与学校教学管理,促进学校品质的提升和师生的健康发展。这些努力正是针对现实中学业评价活动的问题而展开的。

一、学业评价活动中的主要问题

(一) 凭经验简单评定多,基于数据深入分析少

在学校的教育教学管理中,对各项测量评价的数据应用还习惯于依赖传统经验,导致很多学校对测评数据的处理相当传统,既简单又粗糙,大量数据往往处于沉睡状态。这种数据分析的简单化处理,导致纸笔测试的评定功能被放大,而诊断、分析、反馈指导功能被弱化。

(二) 习惯于教师立场的群体综合分析,缺乏学生立场的个体诊断

很多学校依然按数据处理的老套路如分数排名、总分、平均分、及格率、优秀率等呈现评价结果。这更多的是从教师立场出发的群体综合分析,往往把一群学生当作一个学生来教,其实学生的个体差异很大,需要从每个个体学生的立场出发进行数据分析,对学习个体做精细化的分析诊断评价,以实现学生的个性化学习。

(三) 重视知识点达成的“扫描”,忽视对学生学习行为与学习品质的透视

有效学习发生的影响因素是多维的,而目前的数据分析往往着重于分析学生

① 本节成果曾于2016年获浙江省基础教育教学成果二等奖,并发表在《当代教育家》2016年第4期上。

某一知识点的达成度，忽视了学生的学习行为以及影响要素之间的作用，缺乏对学习影响要素的分析和研究。

（四）区域层面的评价数据分析较成熟，学校层面简便易行的数据分析工具不多

目前国内基于学校范围纸笔测试的数据分析研究大都停留在理论研究层面，多在基于数据对试题的分析、教师如何利用数据等理论性文章，而对基于数据的学习诊断、分析与指导的研究很少。尤其是学校层面，教师评价和数据分析的专业能力不强，往往使用阅卷公司提供的现成的数据分析模板，针对性不强。

二、研究思路与进程

从2010年至今，“基于数据的学习分析”研究经历了四个阶段。

（一）开发针对性的学习报告单，还原纸笔测试的教学指导功能

研究之始，学校开展关于“纸笔测试评价”的调查研究。针对学校考试所涉及的六类群体[校行政人员、学科教研员（教师）、班主任、命题人员、家长和学生]，我们研制确定适合不同群体的数据分析指标、数据分析方法，分别开发对应的学习报告单，建立有针对性的各群体测试数据反馈模板。

（二）基于各群体的数据反馈模板，探究不同主体的数据运用策略

在数据分析报告结果的基础上，开展基于本校的实证研究。各类主体借助专项诊断指标，和数据团队一起分析、解释、跟踪数据，研发适合不同主体的运用策略，从而通过学情诊断、增值评价、异常点分析、补偿性教学等策略改进管理，促进教学质量的发展。

（三）基于数据分析研发学习指导课程

基于纸笔测试的数据分析实现了“模糊评价，精细诊断，有效指导”的功能，但局限于知识点达成度的分析，忽略了影响有效学习发生的多维度要素。2012年，开始尝试从数据透视学习行为，让数据与行为之间建立联系，开展学习影响要素的相关联研究，关注学习品质与环境等相关因素的影响，并基于学习诊断建立指向学习力提升的学习指导课程。

（四）完善基于数据分析的学习指导系统

2014年，在实证研究取得初步成效的基础上，借助温州市推广应用课题的平台，学校加入“学情研判”课题应用的推广群以及各类平台，向兄弟学校推广研究成果，在更广泛的实践应用过程中验证、完善、深化研究成果，形成校本化的学习诊断和指导模式。

三、学情分析系统

学校将数据驱动教学改进的理念落实到日常的教学管理中，建立学情分析系统，挖掘学业评价的数据，形成面向六类对象的学情报告单，提炼出六类学习诊断、分析指导的运用策略。

（一）面向不同对象的可视化的学情报告单

大数据提供了海量的数据，如何在海量的数据中筛选有效的数据成了一道新难题，而且数据统计和解读专业性过强，各种阅卷公司提供的报告单成了教师读不懂也不想读的天书。有必要将数据通俗化，在确保数据分析科学性的前提下，利用先进的计算机系统对数据进行形象的刻画，让数据说简单易懂的话，让一线教师在缺少教育测量与统计知识的情况下，能明白数据所揭示的现象。为此，学校根据不同的定位和功能筛选相应指标，在多维分析的基础上，自主开发设计了六类报告单（见表9.11），通过数据挖掘、数据解释、数据建模，对数据进行精细处理，使之直观呈现，一目了然，有很强的可读性和实用性。

表9.11　六类学情报告单

名称	定位与功能		设计原则	统计指标与图表
行政学情报告单	把握总体情况，关注数据异常点，用数据反馈管理措施的有效性	学科动态变化趋势	呈现班级、学科、个人成绩变化趋势，凸显数据异常点	• 动态分析折线图 • 增值评价图
		班级发展状态分析	发现班级弱势与优势学科；把握班级发展趋势、离散程度	• 全科分析雷达图 • 班级动态雷达图 • 班级均值分析图和群体分布图
		校教学质量发展趋势分析	绝对值评价和相对评价相结合，把握教学质量的发展	• 跨年度段际学科难度值对比图 • 跨年度段际得分率人数对比图
		特殊群体重点关注分析	根据实际情况锁定特殊群体，挖掘、跟踪数据，进行分析	• 根据具体情况选择各类图表、指标：如累计柱状图、折现对比图、相关性散点图等

续表

名称	定位与功能		设计原则	统计指标与图表
学科学情报告	反馈全组的教学成效，锁定各知识模块达成度高的班级	学科宏观分析	直观呈现学科教学结果的基本情况和发展态势	• 学科考试基本情况统计表 • 全段成绩分布条形图 • 各班成绩对比盒式图 • 学科动态变化趋势图
		学科精细分析	从具体的试题入手追踪知识模块的达成情况，锁定高手，分享经验	• 得分率分布折线图（只显示得分率低于85%的试题编号，便于直观发现试题，锁定知识模块） • 知识点分析：低得分率分析表 • 各题班级得分率榜首表
教师学情报告	根据数据精细诊断个人教学中的优势和不足	原汁原味学生考试信息	直观呈现各小题得分情况，每位学生答题信息	• 班校得分率对比表，得分率对比折线图 • 每题错误学生名单表 • 优秀答案和典型错误图
		班级群体教学质量分析	从成绩动态变化以及全科分析来反馈教学质量	• 动态分析折线图 • 学科条形统计图 • 全科雷达动态分析图
		学生个体学习质量分析	关注每个学生个体的动态变化	• 学生个性化全科雷达分析图 • 学生个性化动态折线图
班级学情报告	反馈班级管理的成效，便于更好协调各学科发展和把握个体学情	学科均衡分析	发现短板学科	• 全科雷达分析图
		各科层次人数比例分析	了解各学科学生群体分布情况	• 各科各层次比例分析图
		班级学习成效发展趋势分析	了解班级学习质量的动态变化情况	• 总分各层次变化趋势图和雷达动态图 • 均值变化图
		个体学习分析	把握个体学情	• 见学生学情报告单
学生学情报告单	帮助学生精准判断学习成效，找到学科长短板以及知识技能长短板	学科诊断	精细诊断本次测验中存在的个性化问题	• 错题分析表 • 知识点达成雷达图
		发展趋势	动态变化看趋势	• 学科成绩变化图（按Z标准分来分析） • 百分位增值评价
		长短板分析	寻找弱势学科	• 雷达图对比分析
		学习特点诊断	借助基础题和能力题的得分情况分析学习的着力点	• 基础题得分对比图 • 能力题得分对比图

续表

名称	定位与功能		设计原则	统计指标与图表
试卷质量报告	呈现试卷中异常结构数据的题目,反思跟进提升命题能力	学科学情报告	把握试卷的整体情况	• 见上文
		命题预期与实际结果反常点切入,改进命题	呈现试题、知识条目、预估难度与实测难度的对比	• 得分率对比分析表
		结合学科组错因分析,反思提升命题能力	呈现关键题目错因分析归类统计	• 错因分析归类统计表

(二)学情报告单的应用路径

收集翔实的考试数据,对考试数据进行统计分析,整理出不同功能的学情报告单,最重要的是要引起不同主体对数据背后隐含的教育信息的关注。学校基于不同的主体,运用六类相应的运用策略,为每类群体开展学习诊断与分析提供更具针对性的方法。

1. 学校管理:宏观把握,微观诊断。

通过结果分析反馈,学校行政管理层面可以宏观审视学校教学工作总体情况,有利于趋向性、系统性地制定校本化的教学方针,避免盲目管理。同时有利于学校层面发现教学异常点,分析教师之间的差异,了解他们授课方法的不同之处,教师之间取长补短,及时调整安排,发挥教师最大的能量,让学生得到最大的收益。

2. 备课行为:聚焦问题,分享智慧。

备课组通过总体态势分析达成对教学阶段性成效的客观共识;结合精细诊断确定教学得失,由低得分率的题目入手,总结学科教学存在的漏洞;通过类比成绩、反思提炼,请高得分率的班级任课教师分享成功经验(某个知识点的讲解处理,平时作业的指导落实等)等,制订近阶段教学质量提升的具体策略。

3. 学科教学:巧借数据,精细教学。

学科教师要合理地运用考试结果,通过对考试数据的分析,得到正确的评价意见,联系教学、反馈教学、反思教学和检讨教学,从中发现教学的长处及软肋。温州市实验中学构建了基于学情提升学习能力的试卷讲评课课型,具体分为“整体性考情分析——激励鞭策”“精细化归类分析——诊断归因”“自主性纠错——收获提升”三大版块,有效弥补了传统试卷讲评课“题题分析、均衡用力;就题论题、不求拓展;师讲师评、参与不够”的缺陷。

4. 班级管理:科学管理,有的放矢。

班主任协同任课教师利用班级学情报告单进行数据诊断,明确弱势学科以及该学科不同层次水平学生的表现,共同商量解决对策。对全体学生就"症"分类,按互补原则,构建班级学生学习共同体,跟踪共同体成员的成绩变化,跟进有效评价。借助数据召开"学情诊断主题班会",提升学生数据分析解读的能力,关注数据对应的学习行为改进点。

5. 自主学习:自我诊断,改进行为。

引导学生从关注分数到关注分数背后的原因、行为。让学生通过分析明了自己哪些题目经常会做错,哪些知识点有所遗忘,哪些解题方法并未掌握,而这些恰恰是提高学习的关键环节。

6. 命题能力:及时诊断,研究提高。

召开专门的命题分析研讨会,运用实测数据做分析,借助实测数据进行跟踪,通过对难度对比值差异的原因分析及学生典型错误定性分析,以及挖掘试题内容和能力目标的科学度、表述的清晰度、难易安排的合理度等,引导教师掌控命题的难度,把握命题的质量,促进命题能力的提高。

用学情"诊断书"代替传统分数成绩单,学生、家长和教师改变了对纸笔测试的关注视角,从对分数高低的比较转向对学习诊断的指导,从关注昨天学习成效的评价转向指向明天的学习发展策略,不再盯着每次纸笔测试分数的高低、排名,而是关注学情研判的具体薄弱点和行为改进点。

学情报告单能够还原考试对教与学的指导功能,并在一定程度上缓解很多家长盯着分数看的状况,引导家长正视孩子遇到的具体问题。

四、基于诊断的多维度的学习指导课程

数据评价不是唯一的评价手段,它的背后还有许多文化、环境、个性等无形因素,仅仅用数字说数字,无异于数据的独裁,实践的核心是利用数据并拓宽它运用的深度与广度,去提高和改进学习的过程。基于学情的研判,教师发现学生存在一系列学习习惯与方法不当的问题。为了引导学生更好地学,2013年9月,经班主任、任课教师、学生多方讨论,学校出台了《温州市实验中学学生学习基本规范》,除了共通性的学习规范,还结合学科特点确立具有学科特色的具体要求,形成共识。两年间,温州市实验中学从培养学生学习习惯入手,做了很多的尝试和努力,初步形成了学会学习的指导课程。

表9.12　学会学习的指导课程目标表

总目标	分级目标	
通过养成良好的学习习惯,掌握自己的学习策略,成为自觉、自主、自立,能够监控和管理自己学习的独立学习者	七年级	学而有规。重在做好初小衔接,借助《温州市实验中学学生学习基本规范》,让学生尽快适应初中生活,侧重于学习基本习惯的养成:会早读、会倾听、会发言、会订正、会笔记等较为外显性的习惯
	八年级	学而有法。侧重于内隐性习惯(策略)的养成:会整理、会阅读、会思考、会探究、会提问、会反思等,在良好的学习习惯的基础上掌握一定的学习策略
	九年级	学而得法。在巩固基础上,注重具有学科特色的习惯的养成。在学习的广度和深度上进一步推进,有效运用学习方法与策略

表9.13　根据学习特点布置作业和指导学习

学生类型	主要学习特点	作业和学习方法指导
稳定型	基础扎实、能力较强、学习自主	侧重分析(琢磨题与题之间背景、解决方法的比较、适当归类) 重点推荐“同类项合并”学习法
局部型	局部知识存在短板	侧重纠错(纠思维漏洞、纠计算能力、纠分析障碍) 借助学校自编作业本梳理整合知识结构,寻找短板,精炼突破
刻苦型	学习态度认真,运用变通能力不强,思维容易混乱	侧重提炼(提炼方法、提炼基本图形、隔一段时间重新做同一题直到悟透) 借助网络方式(微信、学校网络平台智慧课堂),运用说题学习法
潜力型	有小聪明,学习态度不端正,对疑问没有“追求”	侧重规范和纠错(呈现订正的过程、需要监督) 推荐实施学习计划表,按时间节点记录完成任务

五、校本化的学习诊断和指导系统

用工业化的生产模式来教育孩子,这是荒谬的,因为每个孩子都是独特的。我们应在数据挖掘、数据建模、数据解释中,发现数据背后的深层信息,并将所捕捉到的这些信息转化成为一个全新的视角,给每个学生提供个性化的教学内容、教学服务以及教学方式,真正促进学生学习自我管理能力的提高,最终实现促进有效学习的目的。

尽管很多教师一开始时回避数据,对数据分析有一定的抵触情绪。但随着实证研究的推进,大家开始达成共识——“21世纪的学习模式就是提倡利用技术收集学生学习过程中的数据,以便多层面评价学生成绩,为改善教和学提供有力的依据”。数据的魅力使得教师的数据挖掘、分析、解释等运用能力大为提升,温州市实验中学的数据团队开始提倡各种具有独创性的数据挖掘建模方式,如九年级数学备课组提出要挖掘不同层次群体学生在不同题目上的得分差异比，据此数据分析出不同层次学生在不同类型题目上的优势和劣势。王利平老师自发对学校的自主学习课堂模式进行数据采集和解释，对学校提出“按学生学习特点分类走班”的课堂变革建议。

数据分析具有很强的专业性，基于学校评价体系开展数据学习分析难度较大，很多地方都采用技术外包的方式来解决。但在自主研发各种指标、策略的过程中，数据分析可以和学校的教育教学各项工作有机地融合在一起，管理、教研、课改和评价相辅相成，良性增长，这是技术外包无法达成的教育品质提升的成效。温州市实验中学在实践中从校本实际问题的需求出发，确定校本维度，引入前沿理念和方法，借助最通用简便的Excel技术，制定核心指标，实验并验证各指标的科学性和可行性，形成基于校情的，有范式、能变通的学校层面的学习诊断和指导系统。

黄　慧（温州市实验中学）

后 记

评价改革：教育回归初心的努力

从2013年6月教育部下发《关于推进中小学教育质量综合评价改革的意见》到今天，已有五年，2000多个日日夜夜。本书是浙江项目团队只争朝夕的思考与实践的“结晶”。

这一项目原是浙江省落实《国家中长期教育改革和发展规划纲要》的“命题作业”，后来变成“主动请缨”的中小学教育质量综合评价改革的国家实验，再进一步发展为浙江教育评价改革的地方实践，省教育厅韩平副厅长是这一项目的主持人。感谢韩平副厅长自始至终的领导与支持。在启动教育质量综合评价监测、布局评价改革省级试点项目、推进中考改革与综合素质评价等方面，是省教育厅的坚定决策与全面支持，让这一难点项目得以坚持和推广。本书应由韩平副厅长担任主编，但他坚决辞让并鼓励我们做好总结，希望我们不辱使命。

教育评价改革是开放的实践。在其深入推进的过程中必须保持积极的学习状态。在过去的几年中，许多领导与学者给予我们重要的帮助。记得本轮评价研究的第一课是2009年原上海市教委副主任张民生先生的讲座，还有教育部基础教育课程教材发展中心“建立中小学学业质量分析反馈与指导系统”项目会议给我们的启蒙。北京师范大学基础教育质量监测协同创新中心刘坚教授主持的团队是浙江省教育质量综合评价监测的最早的专业支持团队,三年的实践帮助我们锻炼起一支队伍,播撒下数据驱动教育改进的实践“种子”。教育部基础教育质量监测中心胡平平主任、李凌艳教授、边玉芳教授等一直关心和指导着我们,在教育质量监测工作规划、调查工具的编制、基于数据的诊断与应用等专题上都提供了帮助。教育部基础教育课程教材发展中心张国华副主任、张珊珊处长2017年初冬在杭的调研促进了浙江实践的深化,他们从中考试卷质量评价、综合素质评价和教育质量综合评价改革国家实验等多方位关注并指导着浙江实践。也正是在这次调研中,我们结识了山西省教育厅原副厅长张卓玉先生,他对基础教育实践的洞察与建议切中肯綮、高屋建瓴,尤其在改进教育质量管理机制方面对我们的鼓励,让我们力量倍增。感谢所有关心并指导过我们的领导与学者,浙江实践是大家共同的成果。

客观地说,浙江教育质量监测工作是在学习借鉴中发展的。在教育质量综合评价监测起步时期,我们向长三角的“老大哥”学习,原上海市教委副主任尹后庆先生、上海市教委教研室徐淀芳主任、纪明泽副主任不止一次向我们介绍“绿色指标”的大政与细节,汪茂华老师和静安教育学院附校张人利校长与我们分享“绿色评价”的校本化实践;江苏省中小学教学研究室董洪亮主任十分敞然地告诉我们省域教育质量监测的组织策略,“以一当三”的周世科老师毫不保留地和大家分享监测技术。在龚春燕院长的带领下,重庆市教育评估院对温州市教育评估院的指导,也为浙江教育评价队伍建设助了一臂之力。还要感谢浙江师范大学李菲茗教授和北京市教育科学研究院张咏梅研究员等在浙江新一轮教育质量综合评价监测中的专业贡献,特别是李菲茗教授与我们研究团队并肩努力,克服了重要的技术课题。感谢大家的专业支援!

在学习借鉴的同时,浙江也有不少国内先行的具创新意义的评价改革探索。如我们坚持二十年的中考试卷质量评价以及逐步发展起来的初中学科考试命题技术研究;从基于实践任务的小学非纸笔测评,到以分项等级为特点的小学生综合评价改革。特别是聚焦教育质量管理机制,从区域与学校两个层面寻求突破的调研与探索,可能是教育质量综合评价改革真正落地的要点。我们提出的“以生态文明思想指导地方政府端正教育质量观”的建议引起很多同仁的共鸣,点在当前基础教育发展与治理的关键“穴位”。

中小学教育质量综合评价改革是省教育厅的重点工作之一。在项目研究的五年间,省教育厅副巡视员方天禄先生曾先后主持基教处与督导处工作,评价改革得到他一如既往的关心与支持。作为省教育体制改革项目,负责项目管理的省教育厅政策法规处的两任处长对本项目都非常重视,陈峰处长主持了省级试点项目的立项,黄亮处长操刀修改项目综述。基教处是主持基础教育评价工作的职能处室,也是我们研究业务的行政指挥。方红峰处长、朱国清副处长等一直在关注和推进教育质量综合评价改革,特别在2017年,基教处领导我们一起启动小学生综合评价改革试点工作,积极将研究转化为实践。督导处是教育质量监测工作的职能处室,在工作机制建设等方面,徐伟标处长等曾给予我们很多支持与帮助。在此一并诚挚致谢!

作为教育质量综合评价改革项目的具体落实部门,省教研室前后两任主任十分重视此项工作。原主任缪水娟女士主持了我省教育质量综合评价监测工作体系的初建,任学宝主任主持我省新一轮独立实施的综合评价监测,从“扶着走”到“独立走”,我省教育质量综合评价工作的主线基本形成。当然,教育质量综合评价改革不只是质量监测工作,更重要的是推动常态的教育教学活动的评价改革,本书第四、六、七、八、九章所阐述的就是常态评价改革实践的发展,第二章从省级层面的叙述总结,将这些实践“串珠成链”。也正是因为以务实的、开阔的视野来看待教育评价改革,省教研室评价部、小幼特部、初中部的教研员们付出了加倍的时间与精力。本书的记录聊作辛劳的告慰。谢谢并肩努力的同志们的智慧实践!

设立省级试点项目是浙江综合评价改革工作的一大特色。综合评价改革不只是省级层面的宏观指挥,更重要的是带动地方实践的真实改进。本书第三章与第五章全部是参与试点的区域实践,在其他各章中,也都有一半以上的篇幅反映区域与学校的探索。感谢各试点地区与学校的创造性实践!感谢在实践中涌现的本土专家!特别是温州市、嘉兴市南湖区、杭州市江干区、台州市、嘉兴市、杭州市上城区、东阳市等成果较为突出的地区,是大家的“足迹”无意间勾勒出每一领域的概念逻辑，于是有了每章章首图的别样表述。

本书由60篇有一定逻辑关系的独立文章组成，其中区域成果31篇，学校案例7篇，作者姓名均注在每篇文章的文末。谢谢每一位笔耕者的智慧分享。全书各章统稿人分别是：马海燕（第一、三章）、方张松（第二、五章）、沈启正（第四、八、九章）、马婷（第六章）、章新其（第七章）。全书由张丰整体统稿，贾海英、李强协助校对。谢谢大家的携手努力！

教育评价改革是基础教育课程改革的重要部分。虽然人们常将“改革”与“创新”联系在一起，但我们更愿意将“改革”视为教育的返璞归真。今天的成果是我们五年实践的小结，更是我们进一步前进的起点。让我们继续以积极而理性的精神开展研究与实践，不忘初心，砥砺前行。

因为时间仓促与水平有限，书中难免会有错漏之处，敬请大家见谅并批评指正。

编 者

2018年10月29日

图书在版编目（CIP）数据

制度与技术 ： 教育质量管理机制在重建 ： 中小学教育质量综合评价改革的浙江实践 / 张丰主编. -- 杭州 ： 浙江教育出版社, 2018.11(2023.4重印)
ISBN 978-7-5536-8164-1

Ⅰ. ①制… Ⅱ. ①张… Ⅲ. ①中小学教育－教育质量－综合评价－改革－浙江 Ⅳ. ①G632.0

中国版本图书馆CIP数据核字(2018)第270553号

责任编辑 吕涵智　**文字编辑** 施懿真
责任校对 杜功元　戴正泉　孟珍真　蔡　耘　**美术编辑** 曾国兴
封面设计 刘　欣　**责任印务** 曹雨辰

制度与技术：教育质量管理机制在重建
——中小学教育质量综合评价改革的浙江实践
ZHIDU YU JISHU: JIAOYU ZHILIANG GUANLI JIZHI ZAI CHONGJIAN
——ZHONGXIAOXUE JIAOYU ZHILIANG ZONGHE PINGJIA GAIGE DE ZHEJIANG SHIJIAN
张　丰　主编

出版发行　浙江教育出版社
（杭州市天目山路40号　电话:0571-85170300-80928）
图文制作　杭州兴邦电子印务有限公司
印　　刷　浙江新华印刷技术有限公司
开　　本　787mm×1092mm　1/16
印　　张　37
字　　数　663 000
版　　次　2018年11月第1版
印　　次　2023年4月第2次印刷
标准书号　ISBN 978－7－5536－8164－1
定　　价　75.00元